신지연, 파고다교육그룹 언어교육연구소 | 저

PAGODA TOEFL

70+ Listening

PAGODA Books

PAGODA

TOEFL

70+ Listening

초판 1쇄 발행 2014년 3월 5일
개정판 1쇄 발행 2022년 12월 13일

지 은 이 | 신지연, 파고다교육그룹 언어교육연구소
펴 낸 이 | 박경실
펴 낸 곳 | **PAGODA Books** 파고다북스
출판등록 | 2005년 5월 27일 제 300-2005-90호
주 소 | 06614 서울특별시 서초구 강남대로 419, 19층(서초동, 파고다타워)
전 화 | (02) 6940-4070
팩 스 | (02) 536-0660
홈페이지 | www.pagodabook.com

ISBN 978-89-6281-888-8 (14740)

파고다북스 www.pagodabook.com
파고다 어학원 www.pagoda21.com
파고다 인강 www.pagodastar.com
테스트 클리닉 www.testclinic.com

낙장 및 파본은 구매처에서 교환해 드립니다.

2019년 8월
New iBT TOEFL®의 시작!

2019년 5월 22일, TOEFL 주관사인 미국 ETS(Educational Testing Service)는 iBT TOEFL® 시험 시간이 기존보다 30분 단축되며, 이에 따라 Writing을 제외한 3가지 시험 영역이 다음과 같이 변경된다고 발표했다. 새로 바뀐 iBT TOEFL® 시험은 2019년 8월 3일 정기 시험부터 시행되고 있다.

- 총 시험 시간 기존 약 3시간 30분 ···› 약 3시간으로 단축
- 시험 점수는 각 영역당 30점씩 총 120점 만점으로 기존과 변함없음

시험 영역	2019년 8월 1일 이전	2019년 8월 1일 이후
Reading	지문 3~4개 각 지문당 12~14문제 시험 시간 60~80분	지문 3~4개 각 지문당 10문제 시험 시간 54~72분
Listening	대화 2~3개, 각 5문제 강의 4~6개, 각 6문제 시험 시간 60~90분	대화 2~3개, 각 5문제 강의 3~4개, 각 6문제 시험 시간 41~57분
Speaking	6개 과제 독립형 과제 2개 통합형 과제 4개 시험 시간 20분	4개 과제 독립형 과제 1개 통합형 과제 3개 시험 시간 17분
Writing	*변함없음 2개 과제 시험 시간 50분	

목차

이 책의 구성과 특징

>> New TOEFL 변경 사항 및 최신 출제 유형 완벽 반영!

2019년 8월부터 변경된 새로운 토플 시험을 반영, iBT TOEFL® 70점 이상을 목표로 하는 학습자를 위해 최근 iBT TOEFL®의 출제 경향을 완벽하게 반영한 문제와 주제를 골고루 다루고 있습니다.

>> Basic Skills로 기본적인 듣기 실력을 길러 청취력 향상시키기!

긴 대화/강의 지문을 한 번만 듣고 5~6문제를 연속으로 푸는 방식인 iBT TOEFL® Listening에서는 듣기 지문을 효율적으로 듣는 것이 하나의 전략인데, 영어의 소리 변화 포착하는 법, 긴 문장 끊어 듣는 법, 효과적인 노트테이킹하는 법으로 구성된 기초 듣기 훈련 세트로 본격적인 학습을 준비할 수 있습니다.

>> TOEFL Listening 시험 입문자를 위한 문제 유형별 공략법 및 자세한 해설 제공!

iBT TOEFL® Listening의 5가지 문제 유형을 효율적으로 공략하기 위한 파고다 토플 스타 강사 저자의 문제 풀이 필수 전략과 더불어, 입문자의 눈높이에 맞는 자세한 문제 풀이 해설로 입문자도 목표 점수에 쉽게 도달할 수 있도록 구성했습니다.

>> 2회분의 Actual Test로 실전 완벽 대비!

실제 시험과 동일하게 구성된 2회분의 Actual Test를 수록해 실전에 철저하게 대비할 수 있도록 구성했습니다.

>> 온라인 모의고사 체험 인증번호 제공!

PC에서 실제 시험과 유사한 형태로 모의 테스트를 볼 수 있는 시험 구현 시스템을 제공합니다. 본 교재에 수록되어 있는 Actual Test 2회분(Test 1, 2)과 동일한 내용을 실제 iBT TOEFL® 시험을 보듯 온라인상에서 풀어 보실 수 있습니다.

▶ 온라인 모의고사 체험 인증번호는 앞표지 안쪽에서 확인하세요.

>> 그룹 스터디와 독학에 유용한 단어 시험지 생성기 제공!

자동 단어 시험지 생성기를 통해 교재를 학습하면서 외운 단어 실력을 테스트해 볼 수 있습니다.

▶ 사용 방법: 파고다북스 홈페이지(www.pagodabook.com)에 로그인한 후 상단 메뉴의 [모의테스트] 클릭 > 모의테스트 메뉴에서 [단어 시험] 클릭 > TOEFL - PAGODA TOEFL 70+ Listening 개정판을 고른 후 원하는 문제 수를 입력하고 문제 유형 선택 > '단어 시험지 생성'을 누르고 별도의 브라우저 창으로 뜬 단어 시험지를 PDF로 내려받거나 인쇄

>> 무료 MP3 다운로드 및 바로듣기 서비스 제공

파고다북스 홈페이지(www.pagodabook.com)에서 교재 MP3 다운로드 및 스트리밍 방식의 바로듣기 서비스를 제공해 드리고 있습니다.

▶ 이용 방법: 파고다북스 홈페이지(www. pagodabook.com)에서 해당 도서 검색 > 도서 상세 페이지의 '도서 자료실' 코너에 등록된 MP3 자료 다운로드 (로그인 필요) 또는 바로듣기

↓ MP3 자료 바로가기

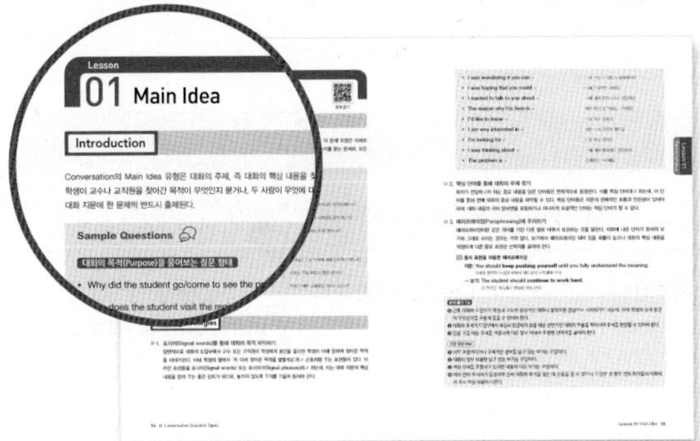

Introduction & Learning Strategies

각각의 문제 유형을 살펴보고, 효과적인 문제 풀이 전략과 예시 문제 학습을 통해 정답을 찾는 능력을 배양합니다.

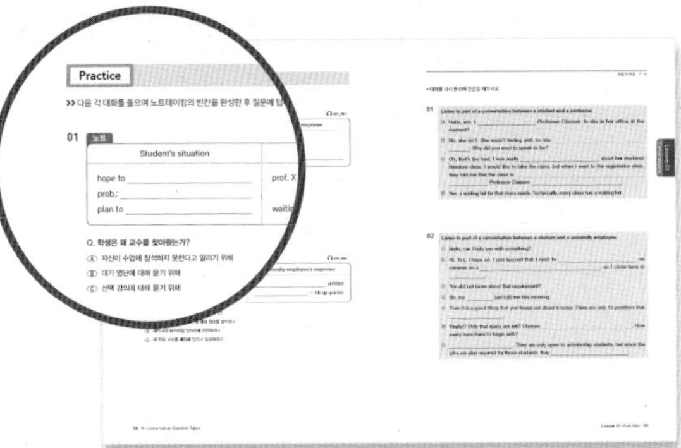

Practice

앞에서 배운 Lesson별 문제 풀이 전략을 적용하여, 점진적으로 난이도가 높아지는 연습 문제를 풀어보며 해당 문제 유형을 집중 공략합니다. 또한 Dictation(받아쓰기)을 통해 집중적인 듣기 훈련까지 달성할 수 있습니다.

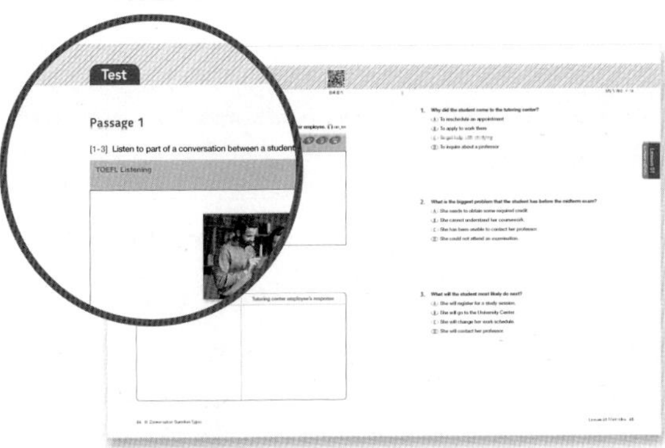

Test

실전과 유사한 유형과 난이도로 구성된 연습 문제를 풀며 iBT TOEFL® 실전 감각을 익힙니다.

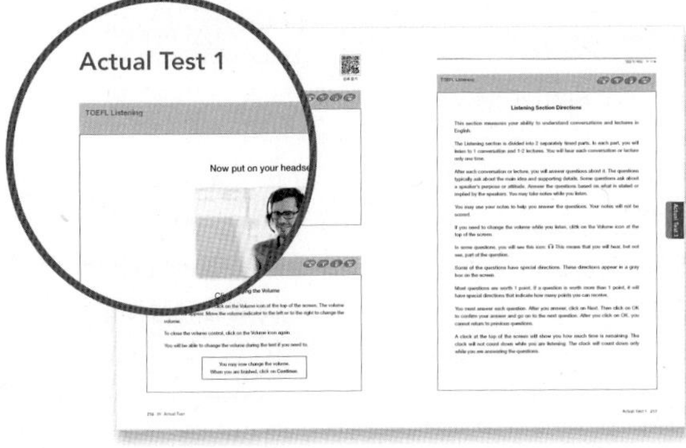

Actual Test

실제 시험과 동일하게 구성된 2회분의 Actual Test를 통해 실전에 대비합니다. 본 교재의 Actual Test는 온라인 모의고사로도 함께 제공되어 iBT TOEFL®과 유사한 환경에서 실제처럼 연습해 볼 수 있습니다.

4주 완성 학습 플랜

DAY 1	DAY 2	DAY 3	DAY 4	DAY 5
I Basic Skills		II Conversation Question Types		
Lesson 01 영어의 소리 변화 이해하기 • 듣기 전략 • Practice	Lesson 02 긴 문장 끊어 듣기, Lesson 03 효과적인 노트테이킹 (Note-taking)하기 • 듣기 전략 • Practice	Lesson 01 Main Idea • 문제 유형 및 전략 • Practice	Lesson 02 Details • 문제 유형 및 전략 • Practice	Lesson 03 Function & Attitude • 문제 유형 및 전략 • Practice
DAY 6	**DAY 7**	**DAY 8**	**DAY 9**	**DAY 10**
II Conversation Question Types				
Lesson 04 Connecting Contents • 문제 유형 및 전략 • Practice	Lesson 05 Inference • 문제 유형 및 전략 • Practice	Lesson 01-03 Review • 틀린 문제 확인하기 • 배경지식 및 어휘 재정리하기	Lesson 04-05 Review • 틀린 문제 확인하기 • 배경지식 및 어휘 재정리하기	Lesson 01 Main Idea • 문제 유형 및 전략 • Practice
DAY 11	**DAY 12**	**DAY 13**	**DAY 14**	**DAY 15**
III Lecture Question Types				
Lesson 02 Details • 문제 유형 및 전략 • Practice	Lesson 03 Function & Attitude • 문제 유형 및 전략 • Practice	Lesson 04 Connecting Contents • 문제 유형 및 전략 • Practice	Lesson 05 Inference • 문제 유형 및 전략 • Practice	Lesson 01-03 Review • 틀린 문제 확인하기 • 배경지식 및 어휘 재정리하기
DAY 16	**DAY 17**	**DAY 18**	**DAY 19**	**DAY 20**
	IV Actual Test			
Lesson 04-05 Review • 틀린 문제 확인하기 • 배경지식 및 어휘 재정리하기	Actual Test 1 • 문제 풀이	Actual Test 1 Review • 틀린 문제 확인하기 • 어휘 재정리하기	Actual Test 2 • 문제 풀이	Actual Test 2 Review • 틀린 문제 확인하기 • 어휘 재정리하기

iBT TOEFL® 개요

1. iBT TOEFL® 이란?

TOEFL은 영어 사용 국가로 유학을 가고자 하는 외국인들의 영어 능력을 평가하기 위해 개발된 시험이다. TOEFL 시험 출제 기관인 ETS는 이러한 TOEFL 본연의 목적에 맞게 문제의 변별력을 더욱 높이고자 PBT(Paper-Based Test), CBT(Computer-Based Test)에 이어 차세대 시험인 인터넷 기반의 iBT(Internet-Based Test)를 2005년 9월부터 시행하고 있다. ETS에서 연간 30~40회 정도로 지정한 날짜에 등록함으로써 치르게 되는 이 시험은 Reading, Listening, Speaking, Writing 총 4개 영역으로 구성되며 총 시험 시간은 약 3시간이다. 각 영역별 점수는 30점으로 총점 120점을 만점으로 하며 성적은 시험 시행 약 10일 후에 온라인에서 확인할 수 있다.

2. iBT TOEFL®의 특징

1) 영어 사용 국가로 유학 시 필요한 언어 능력을 평가한다.

각 시험 영역은 실제 학업이나 캠퍼스 생활에 반드시 필요한 언어 능력을 측정한다. 평가되는 언어 능력에는 자신의 의견 및 선호도 전달하기, 강의 요약하기, 에세이 작성하기, 학술적인 주제의 글을 읽고 내용 이해하기 등이 포함되며, 각 영역에 걸쳐 고르게 평가된다.

2) Reading, Listening, Speaking, Writing 전 영역의 통합적인 영어 능력(Integrated Skill)을 평가한다.

시험이 4개 영역으로 분류되어 있기는 하지만 Speaking과 Writing 영역에서는 [Listening + Speaking], [Reading + Listening + Speaking], [Reading + Listening + Writing]과 같은 형태로 학습자가 둘 또는 세 개의 언어 영역을 통합해서 사용할 수 있는지를 평가한다.

3) Reading 지문 및 Listening 스크립트가 길다.

Reading 지문은 700단어 내외로 A4용지 약 1.5장 분량이며, Listening은 3~4분가량의 대화와 6~8분가량의 강의로 구성된다.

4) 전 영역에서 노트 필기(Note-taking)를 할 수 있다.

긴 지문을 읽거나 강의를 들으면서 핵심 사항을 간략하게 적어 두었다가 문제를 풀 때 참고할 수 있다. 노트 필기한 종이는 시험 후 수거 및 폐기된다.

5) 선형적(Linear) 방식으로 평가된다.

응시자가 시험을 보는 과정에서 실력에 따라 문제의 난이도가 조정되어 출제되는 CAT(Computer Adaptive Test) 방식이 아니라, 정해진 문제가 모든 응시자에게 동일하게 제시되는 선형적인 방식으로 평가된다.

6) 시험 응시일이 제한된다.

시험은 주로 토요일과 일요일에만 시행되며, 시험에 재응시할 경우, 시험 응시일 3일 후부터 재응시 가능하다.

7) Performance Feedback이 주어진다.

온라인 및 우편으로 발송된 성적표에는 수치화된 점수뿐 아니라 각 영역별로 수험자의 과제 수행 정도를 나타내는 표도 제공된다.

3. iBT TOEFL®의 구성

시험 영역	Reading, Listening, Speaking, Writing
시험 시간	약 3시간
시험 횟수	연 30~40회(날짜는 ETS에서 지정)
총점	0~120점
영역별 점수	각 영역별 0~30점
성적 확인	응시일로부터 10일 후 온라인에서 성적 확인 가능

시험 영역	문제 구성	시간
Reading	• 독해 지문 3~4개, 총 30~40문제가 출제된다. • 각 지문 길이 700단어 내외, 지문당 10문제로 이루어져 있다. • 지문 3개가 출제될 경우 54분, 4개가 출제될 경우 72분이 주어진다.	54분~72분
Listening	• 대화(Conversation) 2~3개(각 5문제씩)와 강의(Lecture) 3~4개(각 6문제씩)가 출제된다. • 듣기 5개가 출제될 경우 41분, 7개가 출제될 경우 57분이 주어진다.	41분~57분
Break		10분
Speaking	• 독립형 과제(Independent Task) 1개, 통합형 과제(Integrated Task) 3개 총 4개 문제가 출제된다.	17분
Writing	• 통합형 과제(Integrated Task) 1개(20분), 독립형 과제(Independent Task) 1개(30분) 총 2개 문제가 출제된다.	50분

4. iBT TOEFL®의 점수

1) 영역별 점수

Reading	0~30	Listening	0~30
Speaking	0~30	Writing	0~30

2) iBT, CBT, PBT 간 점수 비교

iBT	CBT	PBT	iBT	CBT	PBT
120	300	677	81~82	217	553
120	297	673	79~80	213	550
119	293	670	77~78	210	547
118	290	667	76	207	540~543
117	287	660~663	74~75	203	537
116	283	657	72~73	200	533
114~115	280	650~653	71	197	527~530
113	277	647	69~70	193	523
111~112	273	640~643	68	190	520
110	270	637	66~67	187	517
109	267	630~033	65	183	513
106~108	263	623~627	64	180	507~510
105	260	617~620	62~63	177	503
103~104	257	613	61	173	500
101~102	253	607~610	59~60	170	497
100	250	600~603	58	167	493
98~99	247	597	57	163	487~490
96~97	243	590~593	56	160	483
94~95	240	587	54~55	157	480
92~93	237	580~583	53	153	477
90~91	233	577	52	150	470~473
88~89	230	570~573	51	147	467
86~87	227	567	49~50	143	463
84~85	223	563	-	-	-
83	220	557~560	0	0	310

5. 시험 등록 및 응시 절차

1) 시험 등록

온라인과 전화로 시험 응시일과 각 지역의 시험장을 확인하여 최대 6개월 전부터 시험 등록을 할 수 있으며, 일반 접수는 시험 희망 응시일 7일 전까지 가능하다.

❶ 온라인 등록

ETS 토플 등록 사이트(https://www.ets.org/mytoefl)에 들어가 화면 지시에 따라 등록한다. 비용은 신용카드로 지불하게 되므로 American Express, Master Card, VISA 등 국제적으로 통용되는 신용카드를 미리 준비해 둔다. 시험을 등록하기 위해서는 회원 가입이 선행되어야 한다.

❷ 전화 등록

한국 프로메트릭 콜센터(00-798-14-203-0248)에 09:00~18:00 사이에 전화를 걸어 등록한다.

2) 추가 등록

시험 희망 응시일 3일(주말 및 공휴일을 제외한 업무일 기준) 전까지 US $40의 추가 비용으로 등록 가능하다.

3) 등록 비용

2022년 현재 US $220(가격 변동이 있을 수 있음)

4) 시험 취소와 변경

ETS 토플 등록 사이트나 한국 프로메트릭(00-798-14-203-0248)으로 전화해서 시험을 취소하거나 응시 날짜를 변경할 수 있다. 등록 취소와 날짜 변경은 시험 날짜 4일(주말 및 공휴일을 제외한 업무일 기준) 전까지 해야 한다. 날짜를 변경하려면 등록 번호와 등록 시 사용했던 성명이 필요하며 비용은 US $60이다.

5) 시험 당일 소지품

❶ 사진이 포함된 신분증(주민등록증, 운전면허증, 여권 중 하나)

❷ 시험 등록 번호(Registration Number)

6) 시험 절차

❶ 사무실에서 신분증과 등록 번호를 통해 등록을 확인한다.

❷ 기밀 서약서(Confidentiality Statement)를 작성한 후 서명한다.

❸ 소지품 검사, 사진 촬영, 음성 녹음 및 최종 신분 확인을 하고 연필과 연습장(Scratch Paper)을 제공받는다.

❹ 감독관의 지시에 따라 시험실에 입실하여 지정된 개인 부스로 이동하여 시험을 시작한다.

❺ Reading과 Listening 영역이 끝난 후 10분간의 휴식이 주어진다.

❻ 시험 진행에 문제가 있을 경우 손을 들어 감독관의 지시에 따르도록 한다.

❼ Writing 영역 답안 작성까지 모두 마치면 화면 종료 메시지를 확인한 후에 신분증을 챙겨 퇴실한다.

7) 성적 확인

응시일로부터 약 4~8일 후부터 온라인으로 점수 확인이 가능하며 성적 공개 후 약 2~3일 이후에 우편 통지서도 발송된다.

6. 실제 시험 화면 구성

TOEFL

CONTINUE

General Test Information

This test measures your ability to use English in an academic context. There are 4 sections.

In the **Reading** section, you will answer questions about 3-4 reading passages.

In the **Listening** section, you will answer questions about 2-3 conversations and 3-5 lectures.

In the **Speaking** section, you will answer 4 questions. One of the questions ask you to speak about familiar topics. Other questions ask you to speak about lectures, conversations, and reading passages.

In the **Writing** section, you will answer 2 questions. The first question asks you to write about relationship between a lecture you will hear and a passage you will read. The second question asks you to write an essay about a topic of general interest based on your experience.

There will be directions for each section which explain how to answer the questions in that section.

Click on **Continue** to go on.

전체 Direction

시험 전체 구성에 대한 설명

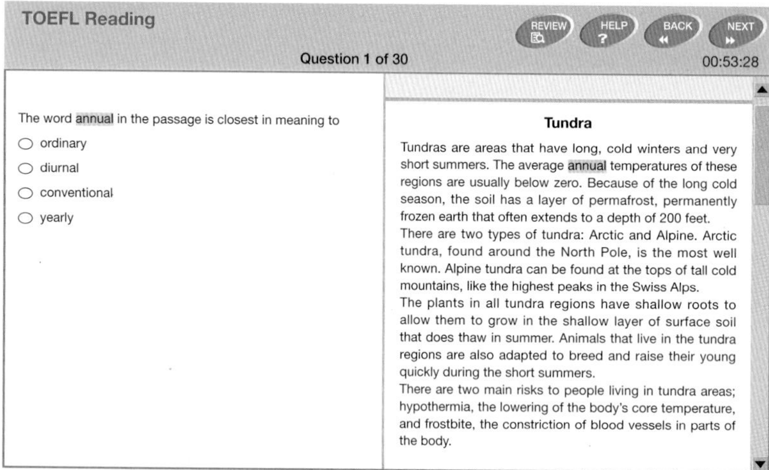

TOEFL Reading

REVIEW HELP BACK NEXT

Question 1 of 30

00:53:28

The word annual in the passage is closest in meaning to

- ○ ordinary
- ○ diurnal
- ○ conventional
- ○ yearly

Tundra

Tundras are areas that have long, cold winters and very short summers. The average annual temperatures of these regions are usually below zero. Because of the long cold season, the soil has a layer of permafrost, permanently frozen earth that often extends to a depth of 200 feet.
There are two types of tundra: Arctic and Alpine. Arctic tundra, found around the North Pole, is the most well known. Alpine tundra can be found at the tops of tall cold mountains, like the highest peaks in the Swiss Alps.
The plants in all tundra regions have shallow roots to allow them to grow in the shallow layer of surface soil that does thaw in summer. Animals that live in the tundra regions are also adapted to breed and raise their young quickly during the short summers.
There are two main risks to people living in tundra areas; hypothermia, the lowering of the body's core temperature, and frostbite, the constriction of blood vessels in parts of the body.

Reading 영역 화면

지문은 오른쪽에, 문제는 왼쪽에 제시됨

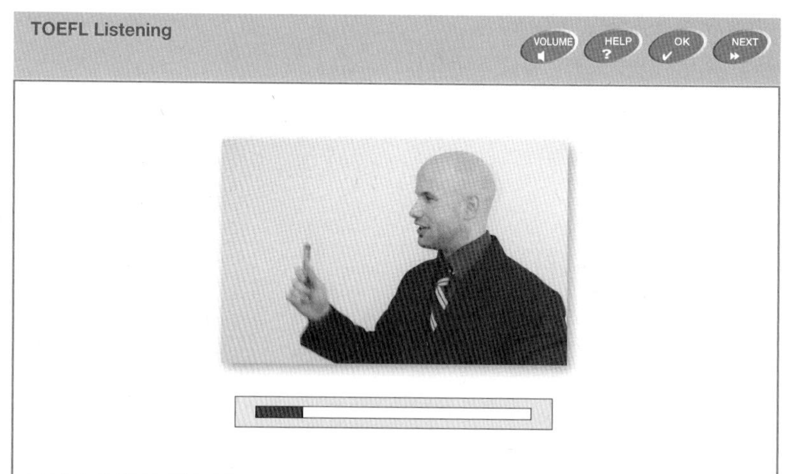

Listening 영역 화면

수험자가 대화나 강의를 듣는 동안 사진이 제시됨

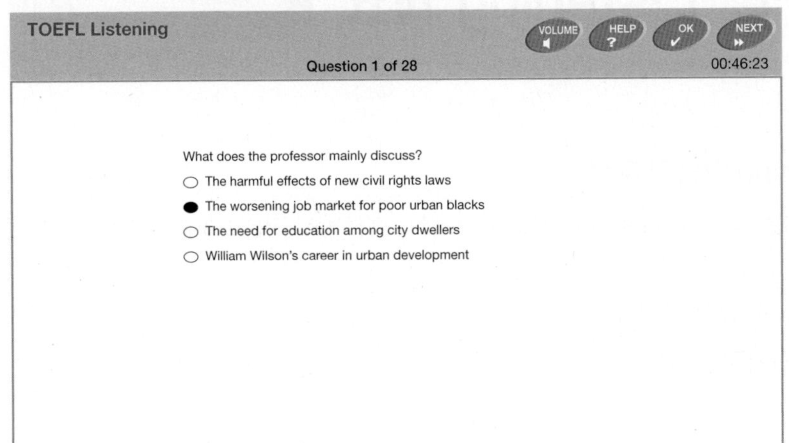

Listening 영역 화면

듣기가 끝난 후 문제 화면이 등장함

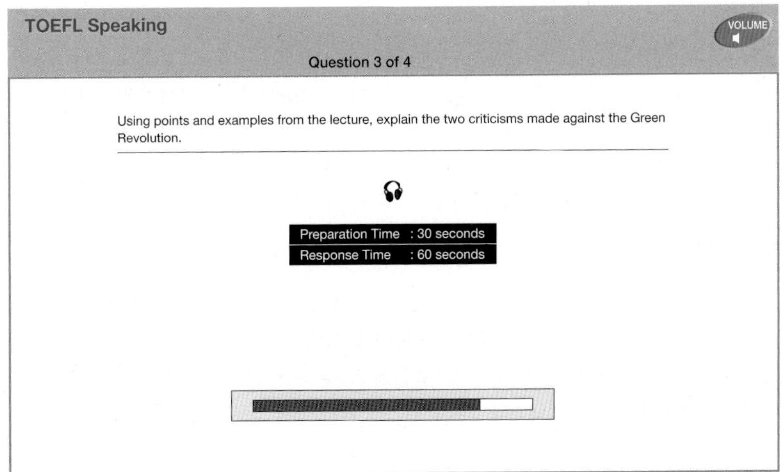

Speaking 영역 화면

문제가 주어진 후, 답변을 준비하는 시간과 말하는 시간을 알려 줌

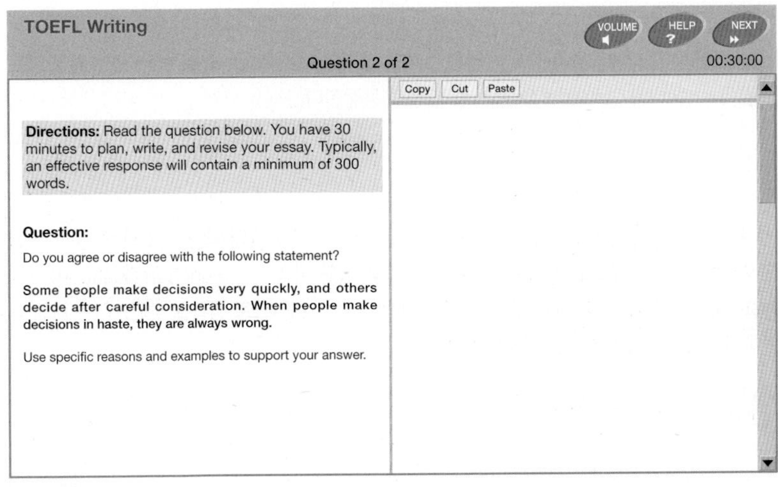

Writing 영역 화면

왼쪽에 문제가 주어지고 오른쪽에 답을 직접 타이핑할 수 있는 공간이 주어짐

복사(Copy), 자르기(Cut), 붙여넣기(Paste) 버튼이 위쪽에 위치함

iBT TOEFL® Listening 개요

1. iBT TOEFL® Listening 영역의 구성

iBT TOEFL® Listening 영역은 대화(Conversation)와 강의(Lecture)로 나뉜다. 대화 지문은 2~3개가 출제되며, 강의 지문은 3~4개가 출제된다.

* Conversation 지문 2~3개, 지문당 각 5문제 출제

* Lecture 지문 3~4개, 지문당 각 6문제 출제

2. iBT TOEFL® Listening 영역의 특징 및 학습 방법

1) 반드시 노트 필기를 한다.

iBT TOEFL® Listening에서는 청취 지문을 듣는 동안 주어진 필기 용지(Scratch Paper)에 들은 내용을 필기할 수 있다. 따라서 강의나 토론과 같은 긴 지문을 들을 때, 기억력에 의존하기보다는 강의의 중요한 내용과 예측 가능한 문제의 답을 미리 노트 필기하면 문제의 정답을 좀 더 쉽게 찾을 수 있다.

2) 다양한 대화와 주제에 익숙해지자.

iBT TOEFL® Listening은 실제 영어 사용 국가에서 학업을 할 수 있는 능력을 평가하는 TOEFL 본래의 목적에 충실하도록 변화한 만큼, 시험의 내용 또한 실제와 흡사하게 변화했다고 볼 수 있다. 대화의 내용이 좀 더 캠퍼스 상황으로 한정되었고, 대화와 강의의 길이가 길어졌으며, 주저하며 말하거나 대화 중간에 끼어든다거나 하는 자연스러운 청취 지문이 제시되고 있다. 발음에 있어서는 미국식 발음 외에 영국이나 호주식 발음도 가끔 청취 지문에 등장하여 다양한 국적의 영어가 사용되는 학업 상황을 좀 더 현실적으로 보여주고 있다.

3) 전체 내용을 이해한다.

iBT TOEFL® Listening에서는 지문 전반의 내용을 이해하여 전체 주제를 찾거나(Main Idea Question) 또는 특정 정보의 상호 관계를 파악하는 문제(Connecting Contents Question)가 많이 등장한다.

4) 억양이나 톤에 주의한다.

iBT TOEFL® Listening에서 특히 눈에 띄는 문제 유형은 지문의 일부분을 다시 듣고 화자의 억양, 목소리 톤, 문맥상 전후 관계를 통해 정보에 대한 화자의 의도나 태도를 파악하는 문제 유형이다. 의도 파악 문제(Function Question)와 태도 파악 문제(Attitude Question)라고 불리는 이 문제 유형들은 지문의 의미 그 자체만으로 정답을 찾기보다는 특정 부분의 문맥상 의미를 파악하여 선택지에서 올바른 답을 골라야 한다.

3. iBT TOEFL® Listening 영역의 문제 유형

iBT TOEFL® Listening 영역에서는 문제가 크게 5가지의 유형으로 출제된다. 아래의 표는 Listening 영역의 문제를 유형별로 나누어 각 유형의 특징과 출제 문항 수를 표시해 놓은 것이다.

< iBT TOEFL® Listening 영역의 5가지 문제 유형>

주제 찾기 문제 Main Idea Question (지문당 1문제)	대화나 강의의 목적 또는 전반적인 흐름을 묻는 문제 예) What is the conversation mainly about? 대화는 주로 무엇에 관한 것인가?
세부 사항 찾기 문제 Details Question (지문당 2~3문제)	대화나 강의의 주요한 정보들에 관해 묻는 문제 예) What are the characteristics of ~? ~의 특징은 무엇인가?
의도 및 태도 파악 문제 Function & Attitude Question (지문당 1문제)	화자가 특정 문장을 언급한 의도나 문장에 담긴 화자의 태도나 관점을 묻는 문제 예) Listen again to part of the conversation. Then answer the question. Why does the student say this: 대화의 일부를 다시 듣고 질문에 답하시오. 학생은 왜 이렇게 말하는가:
관계 파악 문제 Connecting Contents Question (지문당 0~1문제)	대화나 강의에 주어진 정보들 간의 유기적 관계를 묻는 문제 (e.g. 인과 관계 식별하기, 비교하기, 추론하기, 결과 예측하기, 일반화하기, 항목 분류하기) 예) Why does the professor say ~? 교수는 왜 ~라고 말하는가? In the conversation, the speakers discuss ~. Indicate in the table below ~. 대화에서 화자들은 ~에 대해 논의한다. ~인지 아래 표에 표시하시오.
추론 문제 Inference Question (지문당 0~1문제)	대화나 강의를 통해 유추할 수 있는 것을 묻는 문제 예) What is the student most likely to do next? 학생은 다음에 무엇을 할 것 같은가?

4. 기존 시험과 개정 시험 간 Listening 영역 비교

	기존 iBT (~2019년 7월까지)	New iBT (2019년 8월 이후)
지문 개수	대화 2~3개 강의 4~6개	대화 2~3개 강의 3~4개
지문당 문제 수	대화 각 5문제 강의 각 6문제	대화 각 5문제 강의 각 6문제
전체 시험 시간	60~90분	41~57분

* 지문 및 문제 유형은 기존과 동일하다.
* 강의의 지문 수가 4~6개에서 3~4개로 줄었다. 따라서 기존에 있던 한 세트당 '대화 1개/강의 2개'의 개념은 사라졌고, 대신 '대화 1개/강의 1~2개'로 바뀌었다.

I
Basic Skills

- Lesson 01 영어의 소리 변화 이해하기
- Lesson 02 긴 문장 끊어 듣기
- Lesson 03 효과적인 노트테이킹(Note-taking)하기

Basic Skills에서는 기본적인 듣기 실력을 기르는 데 가장 효율적인 방법들을 담았다. 아는 단어인데도 잘 안 들린다면 연음, 탈락, 축약과 같은 영어의 소리 변화의 법칙을 이해하는 단계를 반드시 거쳐야 하며, 들리긴 하는데 바로 이해가 안 된다면 긴 문장을 끊어 듣는 연습으로 영어의 어순에 익숙해지려는 노력이 필요하다. 기초 듣기 훈련으로 어느 정도 귀를 뚫었다면, 노트테이킹 연습을 통해 지문의 구조와 흐름을 파악하고 주요 세부 사항을 효율적으로 기록하는 능력을 키워야 한다.

Lesson

01 영어의 소리 변화 이해하기

문제 듣기

아무리 많은 영어 단어를 암기하고 각 단어의 발음을 정확히 알고 있어도 원어민이 조금만 빨리 말하면 다른 단어로 들리는 경우가 빈번하다. 예를 들어, 유명 팝송 제목인 *Beat it*을 아무리 반복해 들어도 [삐레]라고 들리거나, 원어민이 catch up[kǽtʃʌp, 캐첩]이라고 말하는 것을 ketchup[kétʃʌp, 케첩]이라는 엉뚱한 단어로 알아 듣는 것과 같은 경우이다. 이와 같은 상황은 영어 문장 안에서 일어나는 여러 가지 소리 변화의 법칙 때문에 생긴다.

학습 방법

Step 1 연음, 탈락, 축약과 같은 소리의 변화에 익숙해지자.

각 단어의 발음을 정확히 알고 있더라도 영어 문장 안에서 흔히 일어나는 연음, 탈락, 축약으로 인한 소리의 변화를 이해하지 못한다면 완전히 다른 의미로 이해하여 혼동할 수 있다. 그렇기 때문에 연음 현상을 제대로 이해하고 이로 인한 소리의 변화에 최대한 익숙해지는 연습을 거치는 것이 중요하다.

Step 2 청취력이 약하다면 문맥상 어울리는 단어를 유추해 보자.

어떤 단어를 들리는 대로 해석했을 때 문맥의 의미가 어색하다면 비슷한 발음의 다른 단어를 떠올려 보고 문맥에 더 자연스러운 단어를 파악해 내는 능력도 필요하다.

Step 3 화자가 의도하는 바를 나타내는 강세와 억양에 주목하자.

영어 문장을 들을 때 일정한 음의 흐름이 느껴지는데, 이는 화자가 강조하고 싶은 말은 천천히 강하게 발음하고, 의미를 가지고 있지 않은 말은 빠르고 약하게 발음하는 경향 때문이다. 우리가 TOEFL Listening에서 귀 기울여 들어야 하는 단어가 바로 이러한 천천히 강하게 발음하는 강세를 가지고 있는 핵심 단어들이다.

또 하나, 문장에 리듬을 주는 요소에는 억양이 있다. 음의 끝을 올리거나 내림으로써 문장의 의미가 달라진다. 단순히 의문을 표할 수도 있고, 확실/불확실한 생각을 전할 수도 있다. 따라서 화자가 의도하는 바를 정확히 파악하기 위해선 억양도 주의 깊게 들어야 한다.

1. 연음(Linking sounds)

연음이란 두 개의 단어를 연달아 말할 때 발음하기 편하도록 단어와 단어를 이어 말하는 것이다. 예를 들어, 앞 단어의 끝 자음과 뒤 단어의 첫 모음이 이어져 소리의 변화가 일어나는데, 이때 각각의 단어가 따로 있을 때와는 다른 소리로 바뀌어 들리게 된다. 연음은 더 세련된 영어를 구사하고 멋진 발음을 하기 위해 필수적인 요소이며, 실제 TOEFL Listening 지문에서도 원어민의 말하는 속도가 빠르기 때문에 연음 현상에 익숙해져야 청취력이 향상된다. 여러 가지 다양한 연음 현상을 익히고 문장 속에서 어떻게 들리는지 받아써 본 후 섀도잉(Shadowing) 방식으로 따라 읽으며 발음 훈련을 하는 것이 도움이 된다.

1. 연음 시 하나 되는 소리

B01_01

두 단어가 연달아 발음될 때 각 단어가 따로 발음되지 않고 하나로 합쳐져서 나는 소리이다. 앞 단어의 끝 자음 소리가 뒤 단어의 첫 모음 소리와 만나는 경우, 소리가 하나로 연결되어 마치 두 단어가 한 단어처럼 들린다.

Ex

I couldn't **catch up** with the class today.

저는 오늘 수업을 따라갈 수가 없었어요.

⋯› catch up은 각 단어가 [kǽtʃ ʌp, 캐치 업]처럼 따로 발음되지 않고 마치 하나의 소리로 합쳐져 [kǽtʃʌp, 캐–첩]으로 들린다.

Don't worry. Things will **work out** for the best.

걱정 말아요. 결국엔 잘될 거예요.

⋯› work out은 [wəːrk aʊt, 워얼크 아웃]으로 따로 발음되지 않고 [wə́ːrkàʊt, 월–카웃]으로 합쳐져 들린다.

Practice

B01_P01

정답 및 해설 | P. 2

A 다음 연달아 말하는 각각의 두 단어 혹은 세 단어를 듣고 받아 적어 보시오.

01 ________ ________ **02** ________ ________

03 ________ ________ **04** ________ ________

05 ________ ________ **06** ________ ________

07 ________ ________ **08** ________ ________

09 ________ ________ **10** ________ ________ ________

B 다음 각 문장을 듣고 연음 시 하나 되는 소리에 주의해서 빈칸을 채우시오.

01 We will ________ ________ to the museum.

02 I might ________ ________ failing both classes.

03 Please ________ ________ for this registration card.

04 ________ ________ this form and take a seat.

05 ________ ________ the prices at our store.

C 다음 각 문장을 연음 발음에 주의하며 Shadowing 방식으로 듣고 따라 읽어 보시오.

01 Soldiers started to **march in**.
군인들이 행진하기 시작했습니다.

02 I am more than happy **with it**.
저는 그것에 더없이 행복해요.

03 I think I am about to **pass out**.
제가 정신을 잃기 직전인 것 같아요.

04 Let's not **drag out** this discussion.
이 논의를 너무 오래 끌지 맙시다.

05 I prefer not to **think about** it.
저는 그것에 대해 생각하고 싶지 않아요.

2. 연음 시 탈락되는 소리

B01_02

두 단어가 연달아 발음될 때 앞 단어의 끝소리가 탈락되어 나는 소리이다. 두 개의 똑같은 자음이 겹치거나 혀의 위치가 비슷한 두 개의 자음이 연달아 발음되는 경우, 앞 자음 소리는 탈락하며 발음하지 않는 것이 일반적이다.

Ex

May I **discuss something** with you?
의논 좀 드려도 될까요?

···› discuss[dɪskʌ́s]와 something[sʌ́mθɪŋ]이 연이어 발음되면 두 개의 똑같은 자음 [s]가 겹치게 된다. 이때 앞에 오는 자음 [s]를 탈락시켜 [dɪskʌ-sʌmθɪŋ, 디스커–섬띵]이라고 발음한다.

Call the **front desk** and ask for extra towels.
안내 데스크에 전화해서 여분의 수건을 달라고 요청하세요.

···› front[frʌnt]와 desk[desk]가 연이어 발음되면 혀의 위치가 비슷한 두 개의 자음 [t]와 [d]가 겹치게 된다. 이때 앞에 오는 자음 [t]를 탈락시켜 [frʌn-desk, 프런–데스크]라고 발음한다.

Practice

B01_P02

정답 및 해설 | P. 2

A 다음 연달아 말하는 각각의 두 단어를 듣고 받아 적어 보시오.

01 ________ ________ **02** ________ ________

03 ________ ________ **04** ________ ________

05 ________ ________ **06** ________ ________

07 ________ ________ **08** ________ ________

09 ________ ________ **10** ________ ________

B 다음 각 문장을 듣고 연음 시 탈락되는 소리에 주의해서 빈칸을 채우시오.

01 I need an online ________ ________.

02 ________ ________ can expand learning.

03 Our ________ ________ offers medical care.

04 I should get off at the ________ ________.

05 The sound was delivered through ________ ________.

C 다음 각 문장을 연음 발음에 주의하며 Shadowing 방식으로 듣고 따라 읽어 보시오.

01 I had a **hard time** finishing my physics assignment.
저는 물리학 과제를 끝마치는 데 어려움을 겪었어요.

02 I got an acceptance letter **last November**.
저는 지난해 11월에 입학 허가서를 받았어요.

03 You have to pay your tuition by **next term**.
당신은 다음 학기까지 등록금을 내야 합니다.

04 This kind of work requires a **great deal** of time.
이런 종류의 일은 많은 시간을 필요로 해요.

05 We need to **pass through** the canal.
우리는 운하를 통과해야 해요.

3. 연음 시 변화되는 소리

B01_03

두 단어가 연달아 발음될 때 앞 단어의 끝 자음 소리가 변화되어 나는 소리이다. 자음 소리가 다른 단어와 연결되는 경우 사라지거나 다른 소리로 변화하는 등 다양한 변화가 일어난다.

Ex

Could you extend the due date?

기한을 연장해 줄 수 있나요?

··· could의 끝 자음 [d]와 you의 앞 자음 [j]가 만나 소리 변화를 일으켜 could you가 [쿠–쥬]로 발음된다.

I can't figure it out **at all**.

저는 이것을 전혀 이해할 수가 없어요.

··· at의 끝 자음 [t]와 all의 첫 모음 [ɔ]가 만나서 [애–롤]로 발음된다. 이처럼 자음 [t]가 모음으로 시작하는 또 다른 단어와 이어서 발음될 때 한국어의 'ㄹ' 소리와 유사한 소리가 난다.

I'm not sure if I **want it**.

저는 제가 그것을 원하는지 잘 모르겠어요.

··· 자음 [n] 뒤에 자음 [d], [t], [th]가 바로 이어질 경우 뒤에 오는 자음은 사라지고 자음 [n]만 남는다. 따라서 want의 자음 [t]가 사라지고 자음 [n]만 남아 want it이 [워–닛]으로 발음된다.

Lesson 01
Basic Skills

Practice

B01_P03

정답 및 해설 | P. 3

A 다음 연달아 말하는 각각의 두 단어 혹은 세 단어를 듣고 받아 적어 보시오.

01 ________ ________ **02** ________ ________

03 ________ ________ **04** ________ ________

05 ________ ________ **06** ________ ________

07 ________ ________ **08** ________ ________

09 ________ ________ **10** ________ ________ ________

B 다음 각 문장을 듣고 연음 시 변화되는 소리에 주의해서 빈칸을 채우시오.

01 Why ________ ________ join our study club?

02 I know ________ ________ mean, but I have fallen way behind.

03 They ________ ________ a solution after a long discussion.

04 We ________ ________ a trip to London.

05 The law is in ________ ________ of reform.

C 다음 각 문장을 연음 발음에 주의하며 Shadowing 방식으로 듣고 따라 읽어 보시오.

01 Let me **send you** the schedule for the term paper.
당신에게 학기말 과제 일정을 보내 줄게요.

02 Do I need to **get you** a reference letter?
당신에게 추천서를 줘야 하나요?

03 There doesn't seem to be any information **at all**.
정보가 전혀 없는 것 같네요.

04 The woman **in front of** me asked me for help.
제 앞의 여자가 제게 도움을 요청했어요.

05 A kiosk is a **recent invention**.
키오스크는 최근의 발명품이에요.

4. 발음 축약으로 인해 약해지는 소리

B01_04

구어체 영어에서 빠르고 편하게 발음하기 위해서 두 단어를 축약하여 말하곤 하는데, 이때 소리가 약해지는 변화가 일어난다. 특히, 「주어 + be동사/조동사」가 축약될 때, 부정어가 축약될 때, 「조동사 + have + p.p.」가 축약될 때 이와 같은 현상을 확인할 수 있다.

Ex

I'd rather study in the library than in the dorm room.
기숙사 방에서 공부하느니 도서관에서 공부하는 게 낫겠습니다.

→ 이와 같이, 주어 I와 조동사 would가 축약되면 발음이 약해져 [aɪd]라고 들린다. 자칫 다른 단어로 이해하기 쉬우므로, 여러 번 들으며 익숙해져야 한다.

「주어(인칭대명사의 주격) + be동사/조동사」의 축약

I am → I'm	You are → You're	He is → He's
She is → She's	They are → They're	I would → I'd
You would → You'd	He would → He'd	She would → She'd
I will → I'll	You will → You'll	He will → He'll
She will → She'll	I had better → I'd better	You had better → You'd better
He had better → He'd better		

! 일반동사 have의 과거형인 had는 주어와 함께 축약하여 말하지 않는다. 조동사 had better과 구분하여 알아두도록 하자.

부정어의 축약

is not → isn't	are not → aren't	was not → wasn't
were not → weren't	will not → won't	cannot → can't
would not → wouldn't	should not → shouldn't	could not → couldn't
must not → mustn't	have not → haven't	had not → hadn't

! - am not은 보통 축약하여 쓰지 않지만, 구어체에서 종종 ain't로 쓰기도 한다.
- will not의 축약형인 won't[woʊnt]는 동사 want[wɑnt]의 발음과 구분하도록 한다.

「조동사 + have + p.p.」의 축약

would have p.p. → would've p.p.	should have p.p. → should've p.p.
could have p.p. → could've p.p.	must have p.p. → must've p.p.
might have p.p. → might've p.p.	

Practice

B01_P04

정답 및 해설 | P. 3

A 다음 각 문장을 듣고 발음 축약으로 인해 약해지는 소리에 주의해서 빈칸을 채우시오.

01 ____________ rather go to the dorm room and have a rest.

02 I ____________ finished the research.

03 ____________ better hurry, or you will miss the train.

04 You ____________ discussed that issue.

05 I ____________ applied for the internship program.

B 다음 각 문장을 연음 발음에 주의하며 Shadowing 방식으로 듣고 따라 읽어 보시오.

01 I think **it'd** be helpful for you.
제 생각엔 그것이 당신에게 도움이 될 것 같아요.

02 **It'll** be easier for him to take an introductory course.
그에게는 입문 과정을 듣는 게 더 쉬울 거예요.

03 It **would've** been much better if you had read this reading material.
당신이 이 읽기 자료를 읽었더라면 훨씬 더 나았을 거예요.

04 You **might've** found much more data if you had done a little research on this topic.
당신이 이 주제에 대해 조사를 조금이라도 했더라면 훨씬 더 많은 자료를 찾았을지도 몰라요.

05 You **should've** accepted my advice.
당신은 제 충고를 받아들였어야 해요.

2. 다의어와 비슷한 소리(Similar sounds)

 B01_05

영어 단어에는 동일한 단어이지만 전혀 다른 두 가지 뜻을 가지고 있거나(ex. lie '놓다' / '거짓말하다'), 다른 단어이지만 발음이 같거나(ex. ad[æd] '광고' – add[æd] '더하다'), 하나의 자음이나 모음 소리만 다른 비슷한 발음을 가지고 있는(ex. fast[fæst] '빨리' – past[pæst] '과거') 등 들리는 소리만으로는 구분이 어려운 단어들이 있다. 이러한 단어들은 높은 청취력뿐만 아니라 문맥의 의미로 뜻을 유추해야 하는 능력까지 요구하므로 문장 속의 단어 발음을 구분해서 듣는 연습이 무엇보다 필요하다.

Ex

A student's just **left** the computer lab. So, there is one laptop **left** available for you.
한 학생이 방금 막 컴퓨터실을 떠났습니다. 그래서, 당신이 사용할 수 있는 노트북이 하나 남았어요.

··· 앞 문장의 left는 '떠났다'라는 뜻이고, 뒤 문장의 left는 '남은'이라는 뜻이다.

I think you're all awake in spite of the early **hour**. As part of **our** unit on the Industrial Revolution, I'm going to talk today about the commencement of technological developments.
이른 시간이지만 모두들 잠에서 깨었을 거라 생각해요. 산업 혁명 단원의 일부로서, 저는 오늘 기술 발달의 시작에 대해 말하고자 합니다.

··· hour는 '시간'이라는 뜻의 명사이고 our는 '우리의'라는 뜻의 소유격 대명사이지만, [aʊə(r), 아워]라는 똑같은 발음을 가지고 있다.

I wonder why the author came to have the **wrong long** title of his book.
저는 그 작가가 왜 잘못된 긴 책 제목을 가지게 되었는지 궁금해요.

··· 자음 하나가 다른 wrong[rɔːŋ]과 long[lɔːŋ]은 [r] 소리와 [l] 소리의 차이를 가지고 있다. 한국어에서는 'ㄹ'로 동일한 소리를 내지만, 영어에서는 혀의 위치를 달리 해서 발음해야 한다.

동일한 단어이지만 전혀 다른 두 가지 뜻을 가진 단어(다의어)

fair [fɛər] 행사 / 공평한
mean [miːn] 의미하다 / 못된
story [stɔ́ːri] 이야기 / 건물의 층
act [ækt] 행동 / 법률
tear [tiər] 눈물 – tear [tɛər] 찢다
elaborate [ilǽbərət] 정교한 – elaborate [ilǽbərèit] 자세히 설명하다

다른 단어이지만 같은 발음을 가진 단어

air[εər] 공기 – heir[εər] 상속인
bare[bεər] 벌거벗은 – bear[bεər] 곰, 낳다
buy[baɪ] 사다 – bye[baɪ] 안녕
die[daɪ] 죽다 – dye[daɪ] 염색하다
sent[sent] send(보내다)의 과거형 – scent[sent] 향기
fair[fεər] 행사, 공평한 – fare[fεər] 요금
way[weɪ] 방법, 길 – weigh[weɪ] 무게를 재다
weather[wéðər] 날씨 – whether[wéðər] ~인지
right[raɪt] 옳은, 권리 – write[raɪt] 쓰다
allowed[əláud] 허용된 – aloud[əláud] 소리 내어
dew[dju:] 이슬 – due[dju:] 예정인
flower[fláuər] 꽃 – flour[fláuər] 밀가루
sight[saɪt] 보기, 시각 – site[saɪt] 장소
plane[pleɪn] 비행기 – plain[pleɪn] 평원

하나의 자음이나 모음 소리만 다를 뿐 비슷한 발음을 가진 단어

sing[sɪŋ] 노래하다 – thing[θɪŋ] 것, 일
pull[pʊl] 당기다 – full[fʊl] 가득한
sin[sɪn] 죄 – thin[θɪn] 얇은
wrong[rɔ́:ŋ] 잘못된 – long[lɔ́:ŋ] 긴
play[pleɪ] 극, 연주하다 – pray[preɪ] 기도하다
fit[fɪt] 꼭 맞는 – feet[fi:t] foot의 복수형
sit[sɪt] 앉다 – seat[si:t] 좌석
bad[bæd] 나쁜 – bed[bed] 침대
marry[mǽri] 결혼하다 – merry[méri] 즐거운
had[hǽd] have의 과거·과거 분사형 – head[hed] 머리
cost[kɔ:st] 비용 – coast[koʊst] 해안
light[laɪt] 빛 – right[raɪt] 옳은, 권리
fin[fɪn] 지느러미 – thin[θɪn] 얇은
berry[béri] 베리 – very[véri] 매우
glass[glæs] 유리 – grass[græs] 풀
face[feɪs] 얼굴, 직면하다 – faith[feɪθ] 믿음
knit[nɪt] 뜨개질을 하다 – neat[ni:t] 깔끔한
hit[hɪt] 치다 – heat[hi:t] 열
sad[sæd] 슬픈 – said[sed] say(말하다)의 과거형

Practice

B01_P05

정답 및 해설 | P. 3

A 다음 각각 들려주는 두 단어의 발음이 같으면 O, 틀리면 X 표시를 하시오.

01 ________________

02 ________________

03 ________________

04 ________________

05 ________________

B 다음 각 문장의 의미를 생각하며 들은 단어가 어떤 단어인지 고르시오.

01 waste / waist

02 right / write

03 bare / bear

04 air / heir

05 weather / whether

06 plane / plain

07 hit / heat

08 cost / coast

09 play / pray

10 glass / grass

C 다음 각 문장을 듣고 알맞은 단어로 빈칸을 채우시오.

01 The vegetables were planted in a ________________ row.

02 I miss my boyfriend a ________________.

03 I ________________ that the ________________ is not married.

04 It will ________________ you a lot of money to conduct research in the ________________ area.

05 It's not ________________ to charge the children ________________.

3. 강세(Stress)

B01_06

영어 문장을 이루는 모든 단어를 화자가 일정하게 똑같은 음으로 말하지 않는다. 어떤 단어는 강하게 발음하고, 어떤 단어는 약하게 발음한다. 문장을 정확하게 이해하기 위해서는 어떤 단어를 강하게 또는 약하게 발음하는지 영어 문장의 강세 원리를 알아 두어야 한다.

내용어와 기능어

화자가 전달하고자 하는 중요 내용은 강하게 들린다. 이렇게 강조되어 들리는 단어를 내용어(Content word)라고 하며, 명사, 동사, 형용사, 부사, 의문사가 내용어에 속한다. 반면, 독립적인 의미를 가지지 않고 문법적인 기능을 하는 기능어(Function word)는 빠르고 약하게 들린다. 이렇게 특정 단어들은 강하게 발음하고 나머지는 상대적으로 약하게 발음하면서 영어 고유의 리듬이 생긴다.

강하게 들리는 내용어		약하게 들리는 기능어	
명사	school, picture, reason, location 등	대명사	I, me, you, her, him 등
일반 동사	finish, move, study, wait 등	전치사	to, of, at, in, about 등
형용사	boring, interested, busy, extra 등	be동사	am, are, is, was 등
부사	fast, hard, unfortunately, highly 등	조동사	have, will, would, can, could 등
부정어	not, never	한정사	a, an, the, some 등
의문사	why, what, when, where 등	접속사/관계사	and, but, so, that, who, which 등

Ex

I **want** you to **study harder**.

저는 당신이 공부를 더 열심히 하길 바라요.

⋯› 이 문장에서 want, study, harder는 내용어이므로 강하게 발음하고, I, you, to는 기능어이므로 약하게 발음한다.

Practice

B01_P06

정답 및 해설 | P. 4

A 다음 각 문장을 듣고 강하게 들리는 내용어에 동그라미 친 후, 강세에 주의하며 Shadowing 방식으로 듣고 따라 읽어 보시오.

01 When Chloe moved to a new school, she was very excited.
Chloe는 새 학교로 전학 갔을 때, 매우 신났어요.

02 After all, she was looking forward to new experiences and adventures.
어쨌든, 그녀는 새로운 경험과 모험을 기대하고 있었어요.

03 Chloe had always had friends who were girls.
Chloe는 언제나 여자인 친구들만 있었어요.

04 She was surprised that the first friend she made was a boy named Sam.
그녀는 자신이 사귄 첫 친구가 Sam이라는 남자아이여서 놀랐어요.

05 Chloe and Sam met every day after school, teaching new things about the world to each other.
Chloe와 Sam은 방과 후에 매일 만나서, 세상에 대한 새로운 것들을 서로에게 알려 줬어요.

B 다음 각 문장을 듣고 약하게 들리는 기능어에 동그라미 친 후, 강세에 주의하며 Shadowing 방식으로 듣고 따라 읽어 보시오.

01 I like to study math every day because it helps me stay organized.
저는 매일 수학 공부하는 게 좋아요. 왜냐하면 제가 체계적이게 도와주기 때문이에요.

02 Most people don't mind doing basic math when buying things in stores.
대부분의 사람들은 상점에서 물건을 구매할 때 기초 수학을 하는 것을 꺼리지 않습니다.

03 There are many students I know that need teaching, so I recommend this book.
제가 알기로는 가르침이 필요한 학생들이 많습니다. 그래서 저는 이 책을 추천합니다.

04 Now I regret thinking math was boring.
이제 저는 수학이 지루하다고 생각했던 것을 후회합니다.

05 This book has taught me so much.
이 책은 제게 많은 것을 알려 줬어요.

4. 억양(Intonation)

B01_07

같은 문장이라도 화자의 억양에 따라 의미가 완전히 달라질 수 있다. 화자가 전달하고자 하는 의미를 제대로 파악하기 위해선 영어 문장 속 억양의 원리를 이해해야 하며, 달라지는 억양에 따른 섬세한 의미 변화도 함께 알아 두어야 한다.

Ex

You are leaving early today, aren't you? ↗
당신은 오늘 일찍 떠나려던 게 아니었나요? (불확실함)

You are leaving early today, aren't you? ↘
당신은 오늘 일찍 떠날 거죠, 그렇죠? (확실함)

··· 첫 번째 문장에서 화자가 끝을 올려서 물어보는 것은 상대방이 일찍 떠나는지 아닌지를 확실히 알지 못하기 때문이다. 반면에, 두 번째 문장에서 화자는 상대방이 일찍 떠날 것을 이미 알고 있기에 끝을 내려서 말한다. 이처럼 문장 끝을 올리느냐 내리느냐에 따라 섬세한 의미 변화가 일어날 수 있다.

문장 끝을 올리는 경우

의문문	Have you finished your work? ↗ 당신은 일을 끝냈나요?
Wh-question (들은 정보를 다시 확인하고자 할 때)	What time did you leave the dorm? ↗ 당신은 기숙사를 몇 시에 떠났다고 했죠?
부가의문문 (불확실함을 나타낼 때)	You got your admission letter, didn't you? ↗ 당신은 입학 허가서를 받은 게 아니었던가요?
평서문 (질문할 때)	You are a freshman? ↗ 당신이 신입생이라고요?

문장 끝을 내리는 경우

평서문 (일반적인 사실을 말할 때)	Someone has stolen my wallet. ↘ 누군가가 제 지갑을 훔쳐 갔어요.
명령문	Meet me at the front desk. ↘ 안내 데스크에서 봐요.
일반 Wh-question (모르는 정보를 알고자 할 때)	What time did you leave the dorm? ↘ 당신은 기숙사를 몇 시에 떠났나요?
부가의문문 (확실함을 나타낼 때)	You got your admission letter, didn't you? ↘ 당신은 입학 허가서를 받았죠, 그렇죠?

Practice

B01_P07

정답 및 해설 | P. 5

>> 다음 각 문장을 듣고 억양을 통해 화자의 의도와 일치하는 해석을 고르시오.

01 Ⓐ 이 마을에 언제 이사 왔나요?

Ⓑ 이 마을에 언제 이사 왔다고 하셨죠?

02 Ⓐ 당신은 내 수업에서 그동안 뛰어난 학생이지 않았나요?

Ⓑ 당신은 내 수업에서 그동안 뛰어난 학생이었죠, 그렇죠?

03 Ⓐ 러시아는 지구상에서 가장 큰 나라예요.

Ⓑ 러시아가 지구상에서 가장 큰 나라라고요?

04 Ⓐ 당신은 당신의 현재 직업에 만족하나요?

Ⓑ 당신은 당신의 현재 직업에 만족하는군요.

05 Ⓐ 프랑스에서 가장 유명한 왕비가 누구인가요?

Ⓑ 프랑스에서 가장 유명한 왕비가 누구라고요?

06 Ⓐ 크로커다일(crocodile)과 앨리게이터(alligator)는 같은 동물이 아니에요.

Ⓑ 크로커다일(crocodile)과 앨리게이터(alligator)는 같은 동물이 아니라고요?

07 Ⓐ 이 건물에서 최대한 빨리 나가라고요?

Ⓑ 이 건물에서 최대한 빨리 나가세요.

08 Ⓐ 당신은 대출한 책을 반납하지 않았던가요?

Ⓑ 당신은 대출한 책을 반납했죠, 그렇죠?

09 Ⓐ 어떤 직무 경험이 있었나요?

Ⓑ 어떤 직무 경험이 있었다고 하셨죠?

10 Ⓐ 앉아서 이야기 전부를 그에게 말해 주세요.

Ⓑ 앉아서 이야기 전부를 그에게 말하라고요?

Lesson
02 긴 문장 끊어 듣기

문제 듣기

짧은 문장은 알아듣기 쉽지만, 문장이 길어지면 그 의미를 한 번에 정확히 파악하기가 쉽지 않다. 그 이유는 문장을 의미 단위로 끊어 듣지 못하기 때문이다. 의미 단위란 하나의 의미를 이루는 단어들의 집합으로, 주로 구(명사구, 형용사구, 부사구, to부정사구 등)나 절(명사절, 형용사절, 부사절)이 기준이 된다. 화자는 일반적으로 이러한 의미를 나타내는 단위인 구나 절들을 기준으로 하여 잠시 멈추거나 약간의 어조 변화를 두며 끊어서 말한다. 하지만 청자의 입장에서 문장을 끝까지 다 듣고 난 후 한국어의 어순으로 의미를 파악하려 한다면, 화자는 이미 다음 문장을 말하고 있기 때문에 흐름을 놓치기 마련이다. 또한 영어와 한국어는 어순이 다르기 때문에 긴 문장을 해석할 때 시간이 오래 걸릴 수 있다. 따라서 한국어의 어순으로 파악하기보다는 영어의 어순에 맞춰 의미 덩어리들을 끊어서 듣는 것에 익숙해져야 길고 복잡한 구조의 문장도 그 의미를 정확하게 이해할 수 있다. 이번 Lesson에서는 의미 단위 중 하나인 절을 기준으로 문장을 끊어 듣는 연습을 해 보도록 하자.

1. 명사절

B02_01

명사절은 명사절 접속사 뒤에 주어와 동사로 이루어진 하나의 완전한 문장(절)을 이끌고 있어, 화자가 문장 안에 명사절을 사용할 때에 문장의 길이가 길어진다. 따라서 이러한 명사절 접속사가 이끄는 절의 내용을 끊어서 들어야 긴 문장을 이해하는 데 도움이 된다.

명사절은 명사 기능을 하므로 주어, 목적어, 보어 자리에 올 수 있는데, 주어 자리에 쓰일 경우 명사절 안의 동사를 문장 전체의 본동사와 혼동하지 않아야 한다. 명사절은 that/whether와 같은 접속사로 시작하거나 what/when/where 같은 의문사 혹은 선행사를 포함하는 관계대명사 what으로 시작한다.

▶ 주어 역할을 하는 명사절

What I ate for dinner / was delicious.
주어(명사절) 동사 보어
제가 저녁으로 먹은 것은 / 맛있었어요

▶ 목적어 역할을 하는 명사절

Some scientists believe / **that** dolphins are the smartest animals on the planet.
주어 동사 목적어(명사절)
어떤 과학자들은 믿습니다 / 돌고래가 지구상에서 가장 똑똑한 동물이라고

▶ 보어 역할을 하는 명사절

The question is / **why** dinosaurs became extinct.
주어 동사 보어(명사절)
문제는 ~입니다 / 왜 공룡들이 멸종했는가

Practice

B02_P01

정답 및 해설 | P. 6

A 다음 각 문장을 듣고 문장의 본동사를 찾아 쓰시오.

01 ______________________________

02 ______________________________

03 ______________________________

04 ______________________________

05 ______________________________

B 다음 각 문장을 들으며 빈칸에 들어갈 명사절을 받아 쓰시오.

01 The main problem is ______________________________.

02 ______________________________ was so unpredictable.

03 The happiest day of my life was ______________________________.

04 The police officers told us ______________________________.

05 A young man asked me ______________________________.

C 다음 각 문장을 명사절 접속사를 기준으로 의미 단위로 끊어 Shadowing 방식으로 듣고 따라 읽어 보시오.

01 The question is / **whether** smoking can cause cancer or not.
문제는 ~이에요 / 흡연이 암을 유발할 수 있는지 없는지

02 **That** everyone makes a blunder from time to time / is true.
모든 사람들이 때때로 실수를 하는 것은 / 사실이에요

03 The fact is / **that** human beings lie for many reasons.
사실은 ~이에요 / 인간은 많은 이유로 거짓말을 한다는 것

04 They are worried / **that** there will not be enough job openings for them.
그들은 걱정해요 / 자신들을 위한 일자리가 충분치 않을 것이라고

05 I remember / **when** I first bought an e-Book reader.
저는 기억해요 / 처음으로 전자책 단말기를 샀던 때를

2. 형용사절

명사가 형용사절의 수식을 받아 주어나 보어, (전치사의) 목적어의 길이가 길어지는 경우도 있다. 명사나 대명사 뒤에 who/which/that/whom과 같은 관계대명사로, 또는 when/where/why와 같은 관계부사로 시작하는 형용사절이 붙어 의미가 풍성해지면서 문장의 길이가 길어지는 것이다. 특히 형용사절이 주어를 수식할 경우, 형용사절이 끝나고 그 뒤에 나오는 동사가 문장의 본동사이니 형용사절의 동사를 본동사로 혼동하지 말아야 한다.

▶ 주어를 수식하는 형용사절

The city / **that** we will visit last on our trip / *is located* in central Florida.

주어 형용사절 본동사

도시는 / 우리가 여행 중에 마지막으로 방문할 / 중부 Florida에 위치해 있어요

▶ 보어를 수식하는 형용사절

This is *the place* / **where** most students do their research.

주어 동사 보어 형용사절

이곳은 장소예요 / 대부분의 학생들이 조사를 하는

▶ (전치사의) 목적어를 수식하는 형용사절

She studies at *a university* / **that** is well known for its technology programs.

주어 동사 전치사 전치사의 목적어 형용사절

그녀는 대학에서 공부하고 있어요 / 기술 프로그램으로 잘 알려진

Practice

B02_P02

정답 및 해설 | P. 6

A 다음 각 문장을 듣고 문장의 본동사를 찾아 쓰시오.

01 ______________________

02 ______________________

03 ______________________

04 ______________________

05 ______________________

B 다음 각 문장을 들으며 빈칸에 들어갈 형용사절을 받아 쓰시오.

01 Education ______________________ should be included in a school curriculum.

02 Children ______________________ get along well with their friends.

03 I know a girl ______________________.

04 There are several reasons ______________________.

05 Students ______________________ usually do well on tests.

C 다음 각 문장을 형용사절 접속사를 기준으로 의미 단위로 끊어 Shadowing 방식으로 듣고 따라 읽어 보시오.

01 A good co-worker is the one / **who** is willing to help out at work.
좋은 직장 동료는 사람입니다 / 직장에서 흔쾌히 도와주는

02 Products / **which** are made by hand / often have high quality.
제품은 / 손으로 만들어진 / 흔히 고품질을 갖추고 있어요

03 Parents / **who** push their children too hard / may cause them to rebel.
부모들은 / 자신의 자녀를 아주 세게 몰아붙이는 / 자녀가 반항하게 만들 수도 있습니다

04 We live in a society / **where** people regard success as the amount of money they earn.
우리는 사회에 살고 있습니다 / 사람들이 성공을 자신이 버는 돈의 양으로 판단하는

05 The teacher / **who** taught one of my classes / became a celebrity.
선생님이 / 제가 들었던 수업 중 하나를 가르치신 / 유명 인사가 되셨어요

3. 부사절

B02_03

부사절은 「부사절 접속사 + 주어 + 동사」의 형태로, 문장 내에서 시간, 이유, 양보, 대조, 조건 등과 같은 부가적인 정보를 더하여 전체 문장의 의미를 더 풍성하게 만들어 준다. 부사절의 위치는 주절의 뒤에 올 수도 있고, 주절의 앞에 올 수도 있다. 보통 부사절이 주절의 앞에 올 때는 콤마(,)가 있어 그 부분에서 화자가 잠깐 멈춰 말하므로, 어디까지가 부사절이고 어디서부터 주절이 시작되는지를 파악하며 듣는 것이 수월할 수 있다.

▶ 시간의 부사절 **when** ~할 때, **as** ~할 때, **while** ~하는 동안, **since** ~한 이래로, **before** ~하기 전에, **after** ~한 후에

The hurricane struck / **while** we were at the library.

주절 / 부사절

허리케인이 강타했어요 / 우리가 도서관에 있는 동안

▶ 이유의 부사절 **because/since/as** ~하기 때문에, ~하므로

E-book readers are excellent devices for students / **because** they save students' energy.

주절 / 부사절

전자책 단말기는 학생들에게 훌륭한 기기입니다 / 학생들의 에너지를 절약해 주기 때문에

▶ 양보의 부사절 **although/though/even though** 비록 ~이긴 하지만

Although her books are boring, / she's a very popular author.

부사절 / 주절

그녀의 책이 따분하긴 하지만 / 그녀는 매우 인기 있는 작가입니다

▶ 대조의 부사절 **while/whereas** ~하는 반면에

Some students live in dorms, / **while** others live off campus.

주절 / 부사절

어떤 학생들은 기숙사에서 살고 / 반면 다른 학생들은 캠퍼스 밖에서 살아요

▶ 조건의 부사절 **if** 만약 ~한다면, **unless** 만약 ~하지 않으면, **in case** ~할 경우에 대비해서

If you work hard enough at something, / you will get rewarded.

부사절 / 주절

만약 당신이 무언가를 열심히 한다면 / 당신은 보상을 받을 것입니다

Practice

B02_P03

정답 및 해설 | P. 7

A 다음 각 문장을 듣고, 부사절이 주는 정보를 찾아 쓰시오.

시간	조건	이유	대조	양보

01 ______________________

02 ______________________

03 ______________________

04 ______________________

05 ______________________

B 다음 각 문장을 들으며 빈칸에 들어갈 부사절을 받아 쓰시오.

01 ______________________, he was gone.

02 ______________________, I returned home.

03 ______________________, most never regret their decision to become vegetarians.

04 Dinosaurs controlled their own body temperature, ______________________.

05 School uniforms should not be required ______________________.

C 다음 각 문장을 부사절 접속사를 기준으로 의미 단위로 끊어 Shadowing 방식으로 듣고 따라 읽어 보시오.

01 **After** the president gave his speech, / he answered most of the reporters' questions.
대통령은 연설을 한 후 / 기자들의 질문 대다수에 답했습니다

02 **As** I rushed down the stairs to eat breakfast, / I tripped over my bag.
아침 식사를 하기 위해 계단으로 급하게 내려갔을 때 / 저는 가방에 걸려 넘어졌어요

03 **When** I arrived at work, / I found a note from my boss on my desk.
제가 직장에 도착했을 때 / 책상에 있는 상사의 메모를 발견했어요

04 My father explained the devices in the car / **while** I sat in the passenger seat.
아버지께서 차 안의 기기에 대해 설명해 주셨어요 / 제가 조수석에 앉아 있는 동안

05 Parents often become angry / **if** a child does something careless.
부모들은 가끔 화를 냅니다 / 자녀가 부주의한 행동을 하면

Lesson

03 효과적인 노트테이킹(Note-taking)하기

문제 듣기

TOEFL Listening에서 출제되는 Conversation(대화)과 Lecture(강의)의 지문 길이는 대략 4~7분가량이다. 지문은 한 번만 들려주며 그에 따른 5~6문제를 연속으로 풀어야 한다. Conversation 지문은 대개 학생과 교수 혹은 학생과 대학 직원 간의 대화로서 한 가지 이상의 이야기 소재를 다루고, Lecture 지문은 교수의 학문적 강의 내용을 자세히 담고 있다. 이와 같이 대화/강의 속에 있는 중요 내용을 오로지 기억에만 의존할 수는 없기에, 청취하면서 노트테이킹(Note-taking)하는 것이 TOEFL Listening에서는 매우 중요하다.

1. 키워드 적기

B03_01

키워드란, 말 그대로 중요한 정보를 담은 단어다. 듣기 지문에서 화자는 전달하고자 하는 중심 내용과 밀접하게 관련된 핵심 단어들을 언급하는데 이것이 바로 놓치지 말아야 하는 키워드이다. 수험자는 지문을 청취하며 이러한 키워드를 스스로 선별해 내고 적어 가며 지문의 전체 내용을 이해하도록 노력해야 한다. 주로 명사, 동사, 형용사 등 주요 의미를 가진 내용어가 키워드에 해당하는 단어들이며, 관사, 관계대명사, be동사 같은 기능어나 내용 중에서도 지나치게 세부적인 사항의 단어들은 중요한 정보를 담지 않으므로 적을 필요가 없다.

대화 지문

M Everyone is welcome to visit the library, but only students can check books out. You may understand that we need to see some identification to ensure that you are a student.

노트 – 키워드 적기

library

students

identification

강의 지문

W To continue our series on legends, let's focus today on the British Robin Hood. He was a popular hero and robber who lived in the Sherwood forest in the north of England. Robin Hood was considered a hero by people, for he robbed the rich to give to the poor.

노트 – 키워드 적기

Robin Hood

hero, robber

robbed rich

give poor

Practice

B03_P01

정답 및 해설 | P. 8

>> 다음 대화나 강의의 일부를 들으며 중요하다고 생각되는 키워드를 정리해 보시오.

01 노트

02 노트

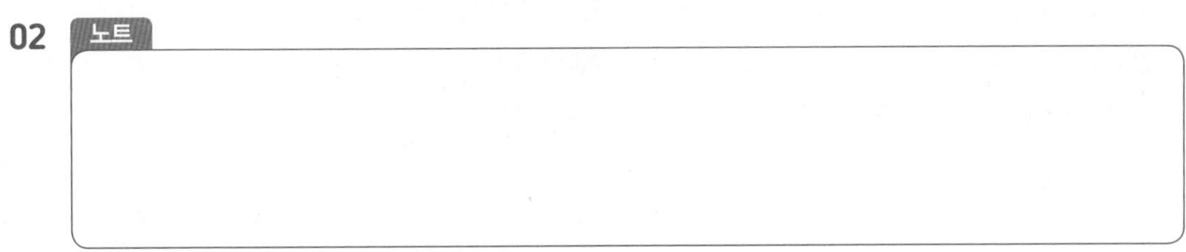

03 노트

04 노트

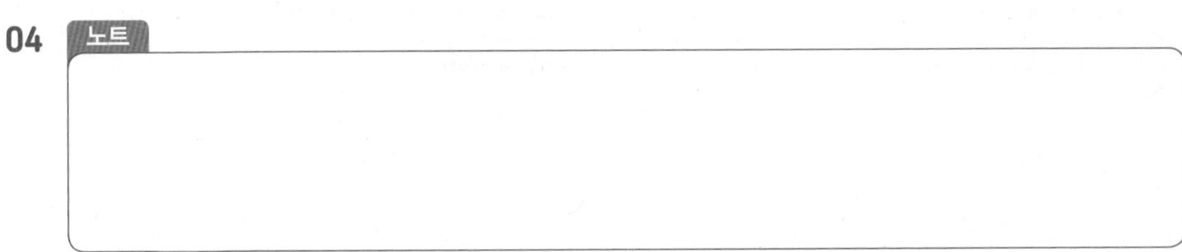

05 노트

2. 기호/축약어 익숙해지기

B03_02

키워드, 즉 중요한 내용만 간략하게 적어도 쓸 분량이 많으므로 기호와 축약어를 사용하여 빠른 속도로 노트테이킹 하는 것이 중요하다. 기호나 축약어를 사용하는 것은 정보를 효율적으로 기억하기 위한 수단일 뿐이기 때문에 정해진 답은 없다. 다음 기호나 축약어를 모두 외워서 똑같이 쓸 필요는 없으나 많은 연습을 통해 본인에게 가장 익숙하고 편한 방법을 개발하도록 하자. 남에게 보이는 것이 목적이 아니라 본인이 쉽고 빠르면서도 정확하게 내용을 알아보게 정리하는 것이 노트테이킹의 주목적이다.

일반적으로 많이 쓰는 기호와 축약어

의미	기호	의미	기호
긍정/있다/좋다	O	부정/없다/나쁘다/틀리다	X
증가/오르다	↑	감소/내리다	↓
많다	大	적다	小
~보다 많다	〉	~보다 적다	〈
같다	=	다르다	≠
원인	← 혹은 ∵	결과	→ 혹은 ∴
반대	↔	그리고(and/also)	& 혹은 +
숫자	#	돈/비용	$
~에(at)	@	불확실/의문/질문	?

의미	축약어	의미	축약어
~와 함께(with)	w/	~ 없이(without)	w/o
최대(maximum)	max.	최소(minimum)	min.
비교(versus)	vs.	그러나(but)	b/
예를 들면(for example)	e.g. 혹은 EX	즉/다시 말해(in other words)	i.e.
기타 등등(and so on)	etc.	정보(information)	info.

축약어 쓰는 방법

방법	예시	
앞부분만 쓰기	professor ➡ prof. problem ➡ prob.	government ➡ govern. solution ➡ sol.
자음만 쓰기	background ➡ bkgrd.	between ➡ btw
발음이 비슷한 것으로 대체하기	to ➡ 2 for ➡ 4	before ➡ b4
자주 쓰는 단어 축약어로 쓰기	student ➡ S.	teaching assistant ➡ T.A.

Ex

Woman: Professor

W Many people believe that all fires are dangerous and should be shut down. But some ecosystems require fire to survive. Such beneficial fires are known as prescribed fires. These are fires set by people to support a healthy forest. With the help of prescribed fires, the risk of plant diseases and catastrophic fires is minimized. There is also less competition between trees, because the prescribed fire burns the weaker trees, giving more space for the healthy trees to grow.

여 많은 사람들은 모든 화재가 해로우며 진화되어야 한다고 생각합니다. 그러나 일부 생태계가 살아남기 위해서는 불이 필요합니다. 이러한 이로운 불을 예방 소각이라고 합니다. 이 예방 소각은 건강한 숲을 지속시키기 위해 사람들이 놓는 불입니다. 예방 소각의 도움으로, 식물의 질병과 비극적인 화재의 위험이 최소한으로 줄어듭니다. 또한 예방 소각은 약한 나무들을 태워서 건강한 나무들이 자랄 공간을 확보해 주므로, 나무들 간의 경쟁이 적습니다.

노트

fire → necessary 4(for) ecosys. 불은 생태계에 필요함

pres. fire → beneficial 예방 소각은 이로움

1) plant dis. & catastrophic fire ↓ 식물의 질병과 비극적인 화재 감소

2) ↓ competi. btw trees ← give ↑ space 4(for) healthy trees

나무들 간의 경쟁 감소는 건강한 나무들을 위한 더 많은 공간을 제공하기 때문에

Lesson 03
Basic Skills

Practice

B03_P02

정답 및 해설 | P. 9

>> 다음 대화나 강의의 일부를 들으며 기호나 축약어를 사용하여 키워드를 정리해 보시오.

01 노트

02 노트

03 노트

04 노트

05 노트

3. 내용의 전개 방식 이해하기

B03_03

TOEFL Listening에서 대화와 달리 강의는 내용을 더 효과적으로 전달하기 위해서 특정한 전개 방식을 사용한다. 따라서 강의의 전개 방식을 파악하여 이에 적합한 방식으로 노트테이킹을 하면 글의 전체 흐름을 예측하며 따라가기가 쉬울 뿐만 아니라 강의가 끝난 후에도 글의 전체 구조를 한눈에 이해하기 쉽다. 강의의 전개 방식은 매우 다양하지만 기본적인 전개 방식은 다음과 같이 분류할 수 있다.

1. 비교와 대조

각각의 대상이 어떻게 비교/대조되는지 알아볼 수 있도록 양쪽으로 구분해서 노트테이킹한다.

노트

A	B
______________	______________
______________	______________
______________	______________

2. 예시

화자가 예를 들어 열거하는 방식으로 강의 내용을 전개할 때는 큰 범주를 먼저 쓰고 그 아래에 세부적인 예시 및 열거 사항을 쓴다.

노트

A. ______________

e.g. ______________

B. ______________

e.g. ______________

3. 단계와 과정

화자가 순차적인 과정 및 발생 순서를 설명할 경우, 그 내용을 번호로 표시하며 순서대로 노트테이킹한다.

노트

Step 1. ______________

Step 2. ______________

Step 3. ______________

4. 분류

각각의 대상이 어떻게 분류되는지 정확히 구분할 수 있도록 분류마다 묶어서 노트테이킹한다.

노트

A ⎡ ______ ⎢ ______ ⎣ ______

B ⎡ ______ ⎢ ______ ⎣ ______

Ex

Man: Professor

M Today, let's explore the differences between penguins and seagulls.

Penguins can only be seen in the southern hemisphere. They enjoy privacy from other animals and prefer quiet areas to breed. Penguins feed on fish and chase their prey while "flying" underwater. They have small flipper-like wings that are good for swimming, although the size of their bodies compared to their short wingspan makes it impossible for them to fly out of the water.

Contrary to penguins, gulls are found everywhere in the world. These are sociable birds which love to be around other animals. They eat fish, bread, and all kinds of edible things. Seagulls fly and hover over waves and catch their prey on boat decks or on the beach.

주제: 펭귄과 갈매기의 차이점

대상 1: 펭귄

대상 2: 갈매기

남 오늘은 펭귄과 갈매기의 차이점을 살펴봅시다.

펭귄은 남반구에서만 볼 수 있어요. 이들은 다른 동물로부터 떨어져 있는 것을 좋아하고 새끼를 낳기 위해 조용한 곳을 선호해요. 펭귄은 물고기를 먹고 물속에서 '날아다니면서' 먹잇감을 뒤쫓아요. 이들은 수영하기에 적합한 지느러미 모양의 작은 날개를 갖고 있지만, 몸 크기에 비해 날개가 짧아서 물 밖에서 나는 것은 불가능하죠.

펭귄과 달리, 갈매기들은 지구의 모든 지역에서 볼 수 있어요. 이들은 다른 동물들과 함께 있는 것을 좋아하는 사회성이 발달한 새죠. 이들은 물고기, 빵, 그리고 먹을 수 있는 것들은 모두 먹어요. 갈매기들은 파도 위를 날아다니면서 맴돌다가 배의 갑판이나 해안에서 먹잇감을 잡아요.

노트

Penguins 펭귄	Seagulls 갈매기
south. hemi. 남반구	all over the world 지구 모든 지역에
priv., quiet 사생활, 조용한 곳	sociable 사회성이 있는
eat fish 물고기 먹음	eat fish, bread, etc. 물고기, 빵 등을 먹음
fly underwater 물속에서 날아다님	O fly 날 수 있음
X fly out of water 물 밖에서 날지 못함	

Practice

B03_P03

정답 및 해설 | P. 11

>> 다음 강의의 일부를 들으며 각 전개 방식에 맞게 노트테이킹을 해 보시오.

01 노트

bees = ____________________

long tongue - ____________________

pollen from flowers → ____________________ → next flower

02 노트

crows

- ____________________
- crows : ____________________ = chimp. : ____________________
- grieve fallen crows = human @ ____________________
- use ____________________ 4 hunt

∴ ____________________ birds

03 노트

feud	war
____________________	____________________
____________________	____________________
____________________	____________________

04 노트

SAD: ____________________

e.g. autumn, winter

- ____________________

- sleep ↑, ______________ ↓, think death

- symp. serious - ______________

+ ______________ / ______________

05 노트

______________ in leaves

2 types of vein patterns

______________: 大(large) vein - ______________

小(smaller) veins ______________

______________: ________ leaf = palm

veins all ______________,

extend to edge

PAGODA TOEFL 70+ Listening

II
Conversation Question Types

- Lesson 01 Main Idea
- Lesson 02 Details
- Lesson 03 Function & Attitude
- Lesson 04 Connecting Contents
- Lesson 05 Inference

TOEFL Listening에서 대화(Conversation) 유형은 총 2~3개 출제되며, 주로 교수와 학생, 또는 대학교 직원과 학생의 대화를 다룬다. 보통 1개의 지문당 450~550단어의 길이로 이루어져 있으며(약 3분), 대화를 듣고 1~5번 문제를 풀게 된다. 필기용 종이가 제공되기 때문에 대화를 들으면서 노트테이킹이 가능하다.

Lesson
01 Main Idea

문제 듣기

Introduction

Conversation의 Main Idea 유형은 대화의 주제, 즉 대화의 핵심 내용을 찾는 문제이다. 이 문제 유형은 대체로 학생이 교수나 교직원을 찾아간 목적이 무엇인지 묻거나, 두 사람이 무엇에 대해 이야기하는지를 묻는 문제로, 모든 대화 지문에 한 문제씩 반드시 출제된다.

Sample Questions 

대화의 목적(Purpose)을 물어보는 질문 형태

- Why did the student go/come to see the professor? 학생은 왜 교수를 찾아갔는가/찾아왔는가?
- Why does the student visit the registrar's office? 학생은 왜 학적부 사무실을 찾아가는가?
- Why does the man talk to the woman? 남자는 왜 여자와 이야기하는가?

대화의 주제(Topic)를 물어보는 질문 형태

- What are the speakers mainly discussing? 화자들은 주로 무엇에 관해 논의하고 있는가?
- What is the conversation mainly about? 대화는 주로 무엇에 관한 것인가?
- What problem does the student have? 학생은 어떤 문제점을 가지고 있는가?

Learning Strategies

1. 표시어(Signal words)를 통해 대화의 목적 파악하기

일반적으로 대화의 도입부에서 교수 또는 교직원이 학생에게 용건을 물으면 학생이 이에 응하며 찾아온 목적을 이야기한다. 이때 학생의 말에서 '저 이제 찾아온 목적을 말할게요'라고 신호처럼 주는 표현들이 있다. 이러한 표현들을 표시어(Signal words) 또는 표시어구(Signal phrases)라고 하는데, 이는 대화 지문의 핵심 내용을 알려 주는 좋은 힌트가 되므로, 놓치지 않도록 주의를 기울여 들어야 한다.

- I was wondering if you can ~ ~해 주실 수 있는지 궁금해서요
- I was hoping that you could ~ ~해 주셨으면 해서요
- I wanted to talk to you about ~ ~에 대해 말씀드리고 싶었어요
- The reason why I'm here is ~ 제가 여기 온 이유는 ~이에요
- I'd like to know ~ ~을 알고 싶어요
- I am very interested in ~ 저는 ~에 관심이 많아요
- I'm looking for ~ ~을 찾고 있어요
- I was thinking about ~ ~에 대해 생각하고 있었어요
- The problem is ~ 문제점은 ~이에요

2. 핵심 단어를 통해 대화의 주제 찾기

화자가 전달하고자 하는 중요 내용을 담은 단어들은 반복적으로 등장한다. 이를 핵심 단어라고 하는데, 이 단어를 통해 전체 대화의 중심 내용을 파악할 수 있다. 핵심 단어들은 지문의 전체적인 흐름과 연관성이 있어야 하며, 대화 내용의 극히 일부만을 포함하거나 지나치게 포괄적인 단어는 핵심 단어가 될 수 없다.

3. 패러프레이징(Paraphrasing)에 주의하기

패러프레이징이란 같은 의미를 가진 다른 말로 바꿔서 표현하는 것을 말한다. 대화에 나온 단어가 문제의 보기에 그대로 쓰이는 경우는 거의 없다. 보기에서 패러프레이징 되어 있을 확률이 높으니 대화의 핵심 내용을 적절하게 다른 말로 표현한 선택지를 골라야 한다.

Ex 동사 표현을 이용한 패러프레이징

지문: You should **keep pushing yourself** until you fully understand the meaning.
의미를 완선히 이해할 때까지 계속해서 노력해야 한다.

→ 보기: The student should **continue to work hard**.
그 학생은 계속해서 열심히 해야 한다.

문제 풀이 Tip

❶ 간혹 대화의 도입부가 학생과 교수의 일상적인 대화나 불필요한 잡담으로 시작되기도 하는데, 이때 학생의 실제 용건이 무엇인지를 구분해 들을 수 있어야 한다.
❷ 대화의 주제가 도입부에서 확실히 언급되지 않을 때는 전반적인 대화의 흐름을 파악하여 주제를 판단할 수 있어야 한다.
❸ 답을 고를 때는 주제를 적절하게 다른 말로 바꿔서 표현한 선택지를 골라야 한다.

오답 함정 Hint

❶ 너무 포괄적이거나 구체적인 정보를 담고 있는 보기는 오답이다.
❷ 대화의 일부 내용만 담고 있는 보기는 오답이다.
❸ 핵심 단어를 포함하고 있지만 내용이 다른 보기는 오답이다.
❹ 여러 번의 표시어가 등장하여 진짜 대화의 목적을 찾는 데 혼동을 줄 수 있으나, 도입부 첫 한두 번의 화자들의 대화에서 주로 핵심 내용이 나온다.

Example

Man: Student | **Woman:** University employee

C01_EX

Listen to part of a conversation between a student and a university employee.

W Hello, how can I help you?

M Um, I need to talk to my biology professor. Is Professor Tyler in her office?

W I am afraid not. Professor Tyler is at a meeting right now. What do you need to speak to her about?

M She mentioned an internship during class today, and I would like to get more information regarding that opportunity.

(대화의 목적이 나오는 표시어 / **학생의 용건** = 대화의 목적)

W Are you talking about the golden eagle project?

M Yes, I am.

W Then you are in luck, because I am responsible for organizing that project.

M Oh, really?! That is lucky. I am very interested in joining that project. I am an avid birdwatcher, and I have lived my entire life in Minnesota. I even saw a golden eagle last year, in December. It was the first time that I had ever seen an eagle in the wild.

Q. Why did the student come to see his professor?

Ⓐ To get information about an internship

Ⓑ To discuss a writing assignment

Ⓒ To help organize a project

Ⓓ To ask about becoming an assistant

노트

Student's situation	University employee's response
want to get internship info. — 긴 명사는 줄여서 축약어로 표기하자. professor → prof. information → info. join golden eagle project 인턴십 정보를 얻길 원함 검독수리 프로젝트에 합류하길 원함	prof. X — 부정이나 불가능을 나타날 때 'X' 기호를 사용하자. 교수 부재

Listening Tip

노트테이킹(Note-taking), 이렇게 하자!

대화를 노트테이킹할 때는 왼쪽에 학생의 상황이나 문제점을 적고 오른쪽에 교수나 대학교 직원의 반응과 해결책을 적으며 정리해야 두 사람의 대화 내용을 한눈에 쉽게 볼 수 있다.

학생과 대학교 직원 사이의 대화 일부를 들으시오.

여 안녕하세요, 어떻게 도와 드릴까요?

남 어, 생물학 교수님과 이야기를 해야 해서요. Tyler 교수님 사무실에 계신가요?

여 안타깝지만 안 계세요. Tyler 교수님은 지금 회의 중이세요. 교수님과 무엇에 대해 이야기하려고 하나요?

남 오늘 수업 시간에 어떤 인턴십을 언급하셨는데, 그 기회에 대해 더 많은 정보를 얻고 싶어서요.

여 검독수리 프로젝트에 대해 말하는 건가요?

남 네, 맞습니다.

여 그렇다면 학생은 운이 좋군요, 왜냐하면 내가 그 프로젝트를 조직하는 일을 맡고 있거든요.

남 오, 정말이신가요? 진짜 운이 좋네요. 저는 그 프로젝트 합류에 관심이 많아요. 저는 열렬한 새 관찰자이고, 평생 Minnesota에서 살았어요. 심지어 작년 12월에 검독수리를 본 적도 있어요. 야생에서 독수리를 본 건 그때가 처음이었죠.

Lesson 01 Conversations

Q. 학생은 왜 자신의 교수를 찾아왔는가?

Ⓐ 인턴십에 대한 정보를 얻으려고
Ⓑ 작문 과제를 논의하려고
Ⓒ 프로젝트 조직하는 것을 도우려고
Ⓓ 조교가 되는 것에 대해 물으려고

해설 대화의 목적이 나오는 표시어 "I would like to get ~" 이하에서 학생이 교수의 사무실을 찾아온 목적을 말하고 있다. 학생은 교수가 언급한 인턴십에 대한 정보를 얻기 위해 교수의 사무실에 찾아왔음을 알 수 있고, 따라서 핵심 단어인 '인턴십'을 포함하고 있는 (A)가 정답이다. 보기 (B), (C), (D)는 중심 내용과 관련성이 없는 단어를 포함하고 있어 오답이다. ((B) writing assignment / (C) help organize / (D) assistant)

어휘 **biology** n 생물학 | **mention** v 언급하다 | **internship** n 인턴십 | **regarding** prep ~에 관해 | **opportunity** n 기회 | **golden eagle** n 검독수리 | **in luck** 운이 좋은 | **responsible** adj 책임지고[책임 맡고] 있는 | **organize** v 준비[조직]하다, 정리하다 | **join** v 함께하다[합류하다], 참여하다 | **avid** adj 열렬한 | **birdwatcher** n 새[조류] 관찰자 | **entire** adj 전체의 | **wild** n (야생 상태의) 자연 | **discuss** v 논의하다 | **assignment** n 과제 | **assistant** n 조교

Practice

>> 다음 각 대화를 들으며 노트테이킹의 빈칸을 완성한 후 질문에 답하시오.

01 노트 　　C01_P01

Student's situation	Professor's response
hope to ______________ prob.: ______________ plan to ______________	prof. X waiting list → ______________

Q. 학생은 왜 교수를 찾아왔는가?

Ⓐ 자신이 수업에 참석하지 못한다고 알리기 위해

Ⓑ 대기 명단에 대해 묻기 위해

Ⓒ 선택 강의에 대해 묻기 위해

02 노트 　　C01_P02

Student's situation	University employee's response
need ______________ ______________	______________ unfilled ______________ → fill up quickly

Q. 학생은 왜 캠퍼스 사무실을 찾아왔는가?

Ⓐ 장학금을 받는 필수 조건에 대해 정보를 얻으려고

Ⓑ 대학교의 파트타임 일자리에 지원하려고

Ⓒ 새 지도 교수를 배정해 달라고 요청하려고

• 대화를 다시 들으며 빈칸을 채우시오.

01 **Listen to part of a conversation between a student and a professor.**

W Hello, um, I ________________ Professor Clausen. Is she in her office at the moment?

M No, she isn't. She wasn't feeling well, so she ________________________ ________. Why did you want to speak to her?

W Oh, that's too bad. I was really ______________________ about her medieval literature class. I would like to take the class, but when I went to the registration desk, they told me that the class is ________________. __________________ ___________ Professor Clausen ________________________.

M Yes, a waiting list for that class exists. Technically, every class has a waiting list.

02 **Listen to part of a conversation between a student and a university employee.**

W Hello, can I help you with something?

M Hi. Yes, I hope so. I just learned that I need to ______________________ on campus as a ________________________________, so I came here to __________.

W You did not know about that requirement?

M No, my _______ just told me this morning.

W Then it is a good thing that you found out about it today. There are only 12 positions that _______________.

M Really!? Only that many are left? Classes ________________________. How many were there to begin with?

W _________________. They are only open to scholarship students, but since the jobs are also required for those students, they _____________________.

>> 다음 각 대화를 들으며 노트테이킹의 빈칸을 완성한 후 질문에 답하시오.

03 노트 C01_P03

Student's situation	Professor's response
prob.: ______________	______________
______________	______________

Q. Why did the student come to see the professor?

(A) To inform him that she will be unable to come to class
(B) To turn in a homework assignment on time
(C) To see if he received an important message
(D) To ask him about some study materials she cannot find

04 노트 C01_P04

Student's situation	Professor's response
______________ @ grad. ceremony	______________
contest – ______________	selected?
______________	______________
X specific	

Q. What is the conversation mainly about?

(A) Difficulties that emerge when preparing for a big speech
(B) Finding out what to write about for a school competition
(C) Developing ideas regarding a speech for a school event
(D) Necessary preparations for attending a commencement speech

• 대화를 다시 들으며 빈칸을 채우시오.

03 **Listen to part of a conversation between a student and a professor.**

M Hello, Rachel, we missed you in class today.

W Hello, Professor. Yes, sorry about that. I had an appointment with my dentist this morning, so I was unable to come to class. That ______________ me from ______________ my homework. ______________. I know that if I turned it in on Wednesday ______________.

M Yes, thank you for making the effort. I know that it can be hard to get appointments with dentists and other doctors, so they often ______________.

W Yes, thank you for ______________.

04 **Listen to part of a conversation between a student and a professor.**

W Good afternoon, Dr. Gilchrist. Can I talk to you for a minute?

M Hello, Tara. Of course, have a seat. What's on your mind?

W Well, you know how there are ______________ given at every ______________?

M Yes, typically there are ______________ given by ______________ and one by a specially invited ______________, who is often a celebrity.

W Right, and they have a contest to see which students will ______________.

M That seems a little ______________ for you, but that is fantastic to hear. You should always push yourself to try new things. Were you ______________?

W Yes, I was, and I have ______________.

M Well, that cannot be entirely true. There must have been ______________.

W There were, but they are ______________. They said that the speech must ______________ that are unique to this university, have an ______________, be well-written, and last four minutes or a little under.

M Alright, those are ______________. I will ______________ you that.

Lesson 01 Conversations

Conversation 배경지식 1

C01_BK 표현 듣기

TOEFL Listening의 Conversation에서는 대학교 캠퍼스의 여러 장소에서 일어나는 다양한 상황을 다룬다. Main Idea 문제 유형은 학생이 교수의 사무실이나 대학 담당 부서(ex. 학과 사무실, 교무처, 기숙사 사무실 등)를 방문한 이유나 목적을 묻는데, 학생이 처한 상황을 빠르게 파악하기 위해선 캠퍼스 관련 용어들을 숙지해야 한다. 대학교 캠퍼스의 담당 부서별로 쓰일 수 있는 표현을 알아보도록 하자.

At the Professor's Office 교수의 사무실에서

Conversation에서는 학생이 교수를 직접 찾아가 이야기를 나누는 상황이 자주 출제된다. 학생이 교수의 사무실을 방문하는 주된 이유는 수업을 따라가는 것에 어려움이 있거나 과제에 대해 문의하기 위해서, 혹은 과제의 기한 연장을 요청하기 위해서다. 학생과 교수 간의 대화는 시험에 자주 출제되므로 둘 사이에 일어날 수 있는 상황에 따른 대화의 흐름 전개와 빈출 어휘를 반드시 알아 두도록 하자.

Conversation Flow

1 간단한 안부 인사 혹은 잡담

이런 내용이 자주 나와요!

- 교수와 학생 간 인사 후, 일상적인 대화로 시작

2 학생의 문제점/고민 제시

이런 내용이 자주 나와요!

- 성적이 생각보다 잘 안 나온 이유를 물어봄
- 연구 프로젝트(Research project)를 어떻게 하는지 모름
- 연구 논문(Research paper)의 방향성에 대해 조언을 얻고 싶어 함
- 개인 사정으로 과제의 기한 연장이 필요함

→ Main Idea 문제 출제

3 교수의 질문과 학생의 대답

이런 내용이 자주 나와요!

- 학생의 문제점이나 현재 상태를 자세히 물어봄
- 학업과 관련된 내용으로 수업에 대한 이해도를 확인함

4 교수의 제안/해결책 제시

이런 내용이 자주 나와요!

- 사서/조교에게 도움을 요청하라고 제안
- 학생의 문제점을 해결할 구체적인 방안 제시
- 프로젝트나 논문의 올바른 접근법을 제시
- 다시 일정을 잡으라고 제안

→ (3–4) Details 문제, Inference 문제 등을 포함한 다양한 문제 출제

5 대화 마무리

이런 내용이 자주 나와요!

- 학생이 교수에게 감사 인사를 함

교수와의 대화 관련 빈출 표현

submit v 제출하다 (= hand in)	I was thinking about **submitting** an essay. 저는 에세이를 제출하려고 생각 중이었어요.
put off ~을 연기하다 (= postpone, delay)	I had to **put off** my graduation until next September. 저는 내년 9월까지 졸업을 미뤄야 했어요.
drop out 중퇴하다	About 30 percent of the students at this college **drop out** before their second year. 이 대학에 있는 학생 중 약 30%가 2학년이 되기 전에 중퇴합니다.
register for ~에 신청[등록]하다	How do I **register for** the study session? 공부 모임을 어떻게 신청하나요?
retake v 재수강하다	I need to **retake** a course because I failed it last semester. 저는 지난 학기에 그 수업을 낙제해서 재수강해야 해요.
choose a major 전공을 선택하다	It is recommended that you **choose a major** after taking many introductory courses. 입문 강좌들을 많이 들은 후에 전공을 선택하는 것을 권합니다.
audit (a class) v (수업을) 청강하다	I'm not sure if I should **audit** this class. 이 수업을 청강해야 할지 잘 모르겠어요.
transcript n 성적 증명서	You need to get a **transcript** of last semester's grades. 당신은 지난 학기의 성적 증명서가 필요해요.
attendance n 출석	The **attendance** in our class was 100 percent all year. 우리 수업은 일년 내내 출석률이 100퍼센트였어요.
deadline n 기한, 마감 시간	I am not sure if I can meet the **deadline**. 제가 기한에 맞출 수 있을지 잘 모르겠어요.
faculty n 교수진	**Faculty** members spend most of their time conducting research. 교수진들은 연구 조사를 실시하는 것에 그들의 대부분의 시간을 보냅니다.
advisor n 지도 교수	When you have academic concerns, you can always talk to your academic **advisor**. 학업 고민이 있을 때, 당신은 언제든지 지도 교수님과 얘기해 볼 수 있어요.
academic counselor 교육 상담사	**Academic counselors** often monitor students' school work and make sure their grades do not fall. 교육 상담사들은 종종 학생들의 학업을 관찰하고 그들의 성적이 떨어지지 않도록 합니다.
teaching assistant n 조교	Please hand in your research paper to the **teaching assistant**. 당신의 연구 논문을 조교에게 제출해 주세요.
make-up test 재시험	Is there any way that I could take a **make-up test** sometime this week? 이번 주 중에 재시험을 볼 수 있는 방법이 있을까요?
syllabus n 강의 계획서	The **syllabus** clearly shows which books should be studied. 그 강의 계획서는 어떤 책들을 공부해야 할지 분명하게 보여 줍니다.
letter of recommendation 추천서	I need a **letter of recommendation** from my academic department office. 저는 학과 사무실의 추천서가 필요해요.
handout n 인쇄물[유인물]	I studied for my last test by going over the class **handouts** several times. 저는 수업 시간에 받은 유인물들을 여러 번 복습하면서 지난 시험에 대비해 공부했어요.

Test

문제 듣기

Passage 1

[1-3] Listen to part of a conversation between a student and a tutoring center employee. C01_T01

노트

Student's situation	Tutoring center employee's response

정답 및 해설 | P. 18

1. **Why did the student come to the tutoring center?**

   Ⓐ To reschedule an appointment

   Ⓑ To apply to work there

   Ⓒ To get help with studying

   Ⓓ To inquire about a professor

2. **What is the biggest problem that the student has before the midterm exam?**

   Ⓐ She needs to obtain some required credit.

   Ⓑ She cannot understand her coursework.

   Ⓒ She has been unable to contact her professor.

   Ⓓ She could not attend an examination.

3. **What will the student most likely do next?**

   Ⓐ She will register for a study session.

   Ⓑ She will go to the University Center.

   Ⓒ She will change her work schedule.

   Ⓓ She will contact her professor.

Passage 2

[1-3] Listen to part of a conversation between a student and a university employee. C01_T02

노트

Student's situation	University employee's response

1. **What are the speakers mainly talking about?**

Ⓐ Contacting the university Transportation Office when the staff is absent

Ⓑ Ways to deal with the stress of moving into a new dormitory

Ⓒ Steps to get a car back if it has been towed

Ⓓ Getting permission from the office to use a particular parking lot

2. **Why did the student not speak with a Transportation Office employee?**

Ⓐ She noticed that the employees who were supposed to be there were not present.

Ⓑ She wanted to ask a few questions before she went to the Transportation Office.

Ⓒ She did not want to wait since her situation was urgent.

Ⓓ She just needed the contact information for the police impound lot.

3. **Why was the student's car towed?**

Ⓐ She did not know that moving is not considered a legitimate reason.

Ⓑ She forgot to get a parking permit extension in advance.

Ⓒ She assumed that her parking permit would be valid.

Ⓓ She did not consult the transportation office before moving out.

Lesson

02 Details

문제 듣기

Introduction

Conversation의 Details 유형은 대화를 통해 알 수 있는 세부 사실을 정확히 들었는지 확인하는 문제이다. 두 화자 사이에 오고 간 대화 중 다양한 세부 사실이 있는데, 그중 올바른 사실을 적시한 1개 이상의 정답을 고르는 문제가 출제된다. 1개의 대화 지문당 보통 2문항이 출제된다.

Sample Questions 

정답이 1개인 질문 형태

- According to the conversation, what is ~? 대화에 따르면, ~은 무엇인가?
- What does the man say about ~? 남자는 ~에 관해 뭐라고 말하는가?
- What is an example the man gives ~? 남자가 ~에 관해 드는 한 가지 예는 무엇인가?
- Where will they look for ~? 그들은 어디에서 ~을 찾을 것인가?
- How will they find ~? 그들은 어떻게 ~을 찾을 것인가?
- Why does the professor consider ~? 교수는 왜 ~하기를 고려하는가?

정답이 2개 이상인 질문 형태

- According to the employee, what are examples of ~? Choose 2 answers.
  직원에 따르면, ~의 예들은 무엇인가? 2개의 답을 고르시오.
- According to the conversation, what are the reasons for ~? Choose 3 answers.
  대화에 따르면, ~의 이유들은 무엇인가? 3개의 답을 고르시오.

Learning Strategies

1. 표시어(Signal words)를 통해 대화의 세부 사실 파악하기

대화에서 노트테이킹 해야 할 주요 세부 사항으로는 학생의 문제점, 교수의 제안이나 충고 및 해결책, 질문에 대한 대답을 하는 부분이다. 이러한 내용들을 언급할 때 종종 쓰이는 표시어를 포착하면 쉽고 정확하게 세부 사항들을 파악할 수 있다.

▶ **교수/교직원이 제안할 때**

• What about ~?	~는 어떤가요?
• Why don't you ~?	~하는 게 어때요?
• Have you checked ~?	~을 확인해 보았나요?
• You might consider ~	당신은 ~을 고려해 볼 수 있어요

▶ **예를 들 때**

• Among them,	그들 중에는,
• For instance,	예를 들자면,
• Let's say ~	~라고 가정해 봅시다
• Something like ~	~와 같은 것
• Referred to as ~	~라고 불리는

▶ **원인/결과를 언급할 때**

• That's because ~	그것은 (왜냐하면) ~이기 때문이에요
• The reason why ~	~하는 이유는
• As a result,	결과적으로,

▶ **부연하여 길게 설명하거나 역접의 내용을 강조할 때**

• I mean	내 말은
• Actually, / In fact, / The thing is,	사실은,
• You know	있잖아요
• But / However	하지만, 그러나

Lesson 02 Conversations

2. 패러프레이징(Paraphrasing) 된 표현에 익숙해지기

대화에서 출제되는 Details 문제의 정답에서 화자가 했던 말을 그대로 인용하는 경우는 거의 없다. 화자가 한 말을 다른 말로 바꾸어 표현한 보기, 즉 화자의 말을 패러프레이징한 보기일 경우가 많으니 이러한 표현에 익숙해지는 연습이 필요하다.

Ex 지문 → 보기 패러프레이징

지문: Professor Clausen isn't feeling well, so she took the rest of the day off.
Clausen 교수님께서 몸이 안 좋으셔서, 조퇴하셨어요.

→ 보기: The professor is not available now.
교수는 지금 만날 수 없다.

문제 풀이 Tip

❶ Details 문제를 잘 풀기 위해서는 예시, 원인과 결과, 역접의 내용, 강조되는 내용 같은 주요 세부 사항들을 적극적으로 파악하며 들어야 한다.

❷ 문제의 보기에 언급된 어휘가 대화의 흐름과 연관성이 있는지를 고려해야 한다.

오답 함정 Hint

❶ 대화에서 언급된 단어를 포함하고 있지만 내용이 틀린 보기는 오답이다.

❷ 대화에서 언급된 사실과 전혀 관련 없는 보기는 오답이다.

Example

Man: Professor | **Woman:** Student

C02_EX

Listen to part of a conversation between a student and a professor.

M Hmmm, Rachel, I cannot help but notice that your homework has been done on a photocopy. Don't you have a copy of the workbook?

W No, actually, I don't. — 질문에 대한 대답

M You don't? But the workbook and the textbook are sold as a set. Do you have the textbook?

질문에 대한 대답

W Again, no, I do not. I went to the bookstore after the class had already begun, but the bookstore was out of copies by the time I tried to buy one. So some of my classmates and I had to borrow the textbook and workbook and make copies.

학생에게 발생한 문제점의 배경과 부연 설명

M Some of your classmates? How many students do not have the books?

W I don't know, Professor. I was put on a waiting list, and I was the 7th person to be added to the list. But I received an email yesterday saying that I can pick up my books after they are delivered on Friday.

학생에게 일어난 상황에 대한 교수의 반응

M Well, that is good to hear, but how did this happen? I always make sure to have the bookstore order extra copies of every textbook I use—especially for this class, since it is a required course for all science majors.

Q. According to the student, what is the problem?

Ⓐ She has to go to a doctor's appointment.
Ⓑ She was told to purchase the wrong materials.
Ⓒ She was unable to get a copy of the textbook.
Ⓓ She could not make enough photocopies.

노트

Student's situation	Professor's response
X copy of workbook 문제집 없음 X textbook 교과서 없음 had to borrow, make copies 빌려야 했음, 복사함 waiting list, 7th 대기 명단의 7번째 pick up after Fri. 금요일 이후에 받음	WB + T = set 문제집 + 교과서 = 세트 make sure extra copies 여분의 책을 확인 req. course 필수 과목

학생의 문제점에 대한 배경 설명은 대화에서 세부 사항 문제로 항상 출제되므로 적극적으로 노트테이킹한다.

학생에게 주어진 상황에 대한 교수의 반응(또는 질문의 응답 및 해결책)을 귀담아 들으며 적는다.

학생과 교수 사이의 대화 일부를 들으시오.

남 흠, Rachel. 숙제를 복사본에 했다는 걸 알아차리지 않을 수 없네요. 문제집을 갖고 있지 않은 건가요?

여 네, 사실 없어요.

남 없다고요? 하지만 문제집과 교과서는 한 세트로 판매되잖아요. 교과서는 갖고 있나요?

여 아니요, 없습니다. 저는 수업이 이미 시작된 뒤에 서점에 갔는데, 교과서를 사려고 갔을 때는 서점에 재고가 없다고 하더라고요. 그래서 수업을 듣는 학생 몇 명과 저는 교과서와 문제집을 빌려 복사를 해야만 했어요.

남 같이 수업을 듣는 학생들이요? 책이 없는 학생들이 몇 명이나 되죠?

여 잘 모르겠어요, 교수님. 제 이름이 대기 목록에 올라갔고, 제가 일곱 번째였어요. 하지만 어제 이메일을 받았고, 금요일에 서점에 책이 배송되면 받을 수 있다고 들었어요.

남 음, 다행이네요. 하지만 어떻게 이런 일이 일어났던 걸까요? 나는 항상 내가 쓰는 모든 교과서를 서점이 추가로 주문하도록 확인하는데. 특히 모든 과학 전공자들의 필수 과목인 이런 수업은요.

Q. 학생에 따르면, 문제는 무엇인가?

(A) 진료를 받으러 가야만 한다.
(B) 잘못된 자료를 구매하라고 들었다.
(C) 교과서를 구매할 수 없었다.
(D) 복사본을 충분히 만들지 못했다.

해설 대화에서 학생은 숙제를 복사본에 할 수밖에 없었던 배경에 대해 설명하고 있다. '서점에 재고가 없다(the bookstore was out of copies)'고 말하고 있으므로, 이를 적절하게 다른 말로 바꿔 표현한 (C)가 정답이다. 보기 (A)는 대화 내용과 전혀 관련이 없고, (B)는 문제집과 교과서를 자료(materials)로 패러프레이징 했지만 전반적인 내용이 틀렸고, (D)는 대화에서 언급된 단어(photocopies)를 사용했지만 내용이 틀린 보기이다.

어휘 cannot help but do ~하지 않을 수 없다 | notice v 알아차리다 | photocopy n 복사본 | workbook n 문제집 | textbook n 교과서 | bookstore n 서점 | out of ~이 없는 | by the time ~할 때쯤에 | classmate n 반 친구, 급우 | borrow v 빌리다 | make copies 복사하다 | waiting list n 대기 목록[명단] | add v 추가하다 | pick up ~을 가지고 가다 | deliver v 배송하다 | make sure 반드시 ~하도록 하다, 확인하다 | order v 주문하다 | extra adj 여분의 | especially adv 특히 | required adj 필수적인 | major n 전공 | appointment n 약속 | purchase v 구매하다 | wrong adj 잘못된 | material n 자료 | unable adj ~할 수 없는

Lesson 02 Conversations

Practice

>> 다음 각 대화를 들으며 노트테이킹의 빈칸을 완성한 후 질문에 답하시오.

01 노트 C02_P01

Student's situation	Professor's response
need to fill ________ major courses ________ this class ________	why take ________? sug.: take ________

Q. 학생은 왜 중세 문학 수업을 듣고 싶어 하는가?

Ⓐ 그 수업이 매 학기마다 제공되지 않는다.

Ⓑ 그 수업 주제가 전공과 관련된 것이다.

Ⓒ 그 수업 시간이 스케줄에 잘 맞는다.

02 노트 C02_P02

Student's situation	Professor's response
X easy wrote about ________	commencement sp. → ________ ________ sug.: focus on the topic - ________ ________

Q. 교수는 학생에게 무엇을 제안하는가?

Ⓐ 학생이 제출했던 에세이에 사용한 주제를 더 발전시키라고

Ⓑ 손님들과 부모님들을 포함하여 모든 사람들이 공감할 수 있는 다른 주제를 찾으라고

Ⓒ 연설의 주제를 결정하기 위해 먼저 타깃 관중을 결정하라고

• 대화를 다시 들으며 빈칸을 채우시오.

01 **Listen to part of a conversation between a student and a professor.**

M Okay, and also, if you want to ______________________, you have to talk to the professor for that class. He or she must ______________________. Is there a particular reason you wanted to take her class? Are you very ______________________?

W Uh, well, it does sound interesting, but I actually just need to ______________________. I'm actually an accounting major. Some of the ______________________ for my major are not offered every semester, and many of them will be ______________________. So I wanted to get my elective courses out of the way. This class ______________________. That's the main reason that I want to take it.

M Aha, well, if that's the case, then you ______________________ taking one of my classes instead. I am teaching a class on ______________________ that is in the same time slot.

02 **Listen to part of a conversation between a student and a professor.**

M Commencement speeches do not ______________________ as other forms of public speaking like speeches at conferences or at formal events like weddings or funerals. They allow speakers to enjoy ______________________ to express themselves, as they are a chance to share opinions, experiences, and ______________________.

W Wow, OK, but that certainly doesn't ______________________. I feel like I've just been told to write a five-page essay ______________________.

M That's about right. Speaking of which, you ______________________ to apply for the contest. What did you write about?

W I wrote about what it was like to ______________________ in Australia to this one in the US.

M OK, then why don't you ______________________? You could make the over-arching theme transitions, and ______________________ that students at this specific university have to make. But you should also be careful to make it ______________________. Remember that most of your audience will be friends and family of students, faculty, ______________________, etc.

>> 다음 각 대화를 들으며 노트테이킹의 빈칸을 완성한 후 질문에 답하시오.

03 노트 C02_P03

Student's situation	University employee's response
prob.: ________ 1. Thompson Hall → ________ 2. room ________	Thom. H = ________

Q. According to the student, what are the problems with the room he was assigned? Choose 2 answers.

Ⓐ It is already fully occupied.
Ⓑ It is not in the building he wanted.
Ⓒ It requires him to have many roommates.
Ⓓ It is the wrong kind of room.

04 노트 C02_P04

Student's situation	Professor's response
want to ________ X fail need course for ________	fail? be respon.

Q. Why does the student want to retake this particular chemistry course?

Ⓐ He failed the course previously.
Ⓑ It will help him do his advanced coursework.
Ⓒ He is a chemistry major.
Ⓓ He wants to please the professor.

• 대화를 다시 들으며 빈칸을 채우시오.

03 **Listen to part of a conversation between a student and a university employee.**

W Hello, how may I help you?

M This is the housing office, right?

W Yes, it is. Do you have an issue with ______________________________?

M Uh, yes, I think I do. I am a transfer student, and I will be starting classes here on Monday. I am supposed to ______________________________ tomorrow afternoon, so I came to ____________________.

W Oh? Then welcome to the university!

M Thank you, but I think that ______________________________. I requested a dormitory room, but I was not assigned one. This confirmation email says that I have room 243 in Thompson Hall, but that building is ________________. Not only that, but the room is ____________________________.

W May I see that paper? Hmm... yes, that is the room assignment it says. And you are correct. Thompson Hall has ______________________________ ____________.

04 **Listen to part of a conversation between a student and a professor.**

W Hello... Professor. I have a question ______________________________ ________________ this semester. I took the course last spring, but it didn't go well, so I want to ______________________________.

M Did you fail the course? Why do you want to take it again?

W No, no... I didn't fail, but I ________________ with a C-. That semester I had a lot of difficulties with my family and had to ______________________ to Cromwell every weekend. I was unable to ______________________________. This definitely affected my grades.

M I understand, but we all have ______________________________ ________ and still should be responsible for our actions. University is ____________ ________ to society, and rarely do we have the opportunity to completely __________ ______________ when we make a mistake in the 'real society.'

W Yes, Professor. I understand what you're saying, but... I need this course. __________ ________________, but I need to learn more about the information necessary for my advanced courses. Without genuine comprehension of this material, it'll be difficult for me ______________________________, and it's a prerequisite for Rainforest Ecology, which I have to take next semester.

Lesson 02 Conversations

Conversation 배경지식 2

C02_BK 표현 듣기

At the Registration Office 교무처 사무실에서

Registrar's Office(Registration Office)는 학생들의 입학, 재학, 수강 신청 관련 업무를 주로 처리하는 부서이다. 교무처 직원과 학생의 대화는 TOEFL Listening의 대화에서 자주 출제되는 내용으로, 학생이 교무처 사무실에 찾아가서 수업 수강과 관련해 문의를 하면, 교무처 직원이 절차를 설명해 주거나 해결책을 제시해 주는 내용의 흐름으로 전개된다.

Conversation Flow

1 학생의 문의 사항 제기

이런 내용이 자주 나와요!

- 학생이 교무처 사무실에 찾아가 자신의 용건을 밝힘 — Main Idea 문제 출제

2 학생의 문제점에 대한 배경 설명

이런 내용이 자주 나와요!

- 학생의 문의 사항이나 자신이 처한 상황 및 문제점에 대해 자세히 설명함

〈빈출 주제〉

인원 마감 수강 신청 문제

복수 전공 선택 상담

폐강/휴강된 수강 과목 문의

해외 연수 프로그램/교환학생/인턴십 상담

3 교무처 직원의 질문과 학생의 대답

이런 내용이 자주 나와요!

- 교무처 직원이 답변 및 정보를 제공
- 학생이 가지는 추가 의문 사항과 그에 대한 응답

4 교무처 직원의 제안/해결책 제시

이런 내용이 자주 나와요!

- 학생에게 준비할 것들(증빙 서류, 신청서, 대기 명단 작성 등)을 제시
- 행정적 처리 결과를 언급하거나 다음 약속 시간을 언급

(2~4: Details 문제, Inference 문제 등을 포함한 다양한 문제 출제)

5 대화 마무리

이런 내용이 자주 나와요!

- 학생이 교무처 직원에게 감사 인사를 함

교무처 직원과의 대화 관련 빈출 표현

add a course 과목을 수강 신청하다	Students can **add courses** using the online registration system. 학생들은 온라인 등록 시스템을 이용하여 과목을 수강 신청할 수 있습니다.
drop a course 과목을 중도 포기하다	Students who **drop a course** after the deadline are not eligible for a tuition refund. 마감 시간 이후에 과목을 중도 포기한 학생들은 학비를 돌려받을 수 없습니다.
elective course 선택 과목	I was going to take it for my **elective course**. 저는 그것을 선택 과목으로 들으려고 했어요.
required course 필수 과목 (= mandatory course)	How can I access the list of **required courses** for law students? 법 전공자 필수 과목 목록은 어떻게 볼 수 있나요?
prerequisite course 선행[필수] 과목	Some subjects have certain **prerequisite courses**. 몇몇 과목들은 특정 선행[필수] 과목들이 있습니다.
advanced course 고급 과목	I don't think you can manage those **advanced** physics **courses**. 저는 당신이 그 고급 물리학 과목들을 감당할 수 있을 거라 생각하지 않아요.
beginner's course 기초 과목	Consider taking some **beginner's courses** that you find interesting. 당신이 흥미롭다고 여기는 기초 과목들을 수강할 것을 고려해 보세요.
non-credit course 학점 외 과목	**Non-credit courses** are usually taken for personal interest. 학점 외 과목은 보통 개인의 관심사를 위해 수강됩니다.
application form 신청서	You need to fill out this **application form** and bring it. 이 신청서를 작성하고 가져와야 해요.
waiting list n 대기자 명단	There are still some seniors on the **waiting list**. 아직도 대기자 명단에 남아 있는 상급생들이 있어요.
certification program 자격증 프로그램	I recently got into this **certification program** offered by the engineering department. 저는 최근 공학과에서 제공하는 자격증 프로그램에 들어갔어요.
student exchange program 교환 학생 프로그램	I'm planning to apply for a **student exchange program** next summer. 저는 내년 여름에 교환 학생 프로그램에 신청할 계획이에요.
degree program 학위 프로그램	What is your reason for applying to the **degree program**? 당신이 학위 프로그램에 지원하는 이유는 무엇인가요?
double major 복수 전공하다	I'm **double majoring** in computer science and electrical engineering. 저는 컴퓨터 과학과 전기 공학을 복수 전공 중이에요.
documentation n 서류	You have to prepare some **documentation** and submit it to the Dean's Office. 당신은 서류 몇 가지를 준비하고 학과장실에 그 서류를 제출해야 해요.
statement of purpose (SOP) 학업 계획서	What information should I include in my **SOP**? 제 학업 계획서에 어떤 정보를 포함시켜야 할까요?
enrollment n 등록	The course **enrollment** for the summer session is only a month away. 여름 학기 수강 등록이 겨우 한 달 남았습니다.
withdraw from a class 수강을 취소하다	Students may be reluctant to **withdraw from a class** although it does not affect their GPA. 학생들은 그들의 성적에 영향을 미치지 않음에도 불구하고 수강 취소하는 것을 꺼릴 수 있습니다.

Lesson 02 Conversations

Test

문제 듣기

Passage 1

[1-3] Listen to part of a conversation between a student and a professor.

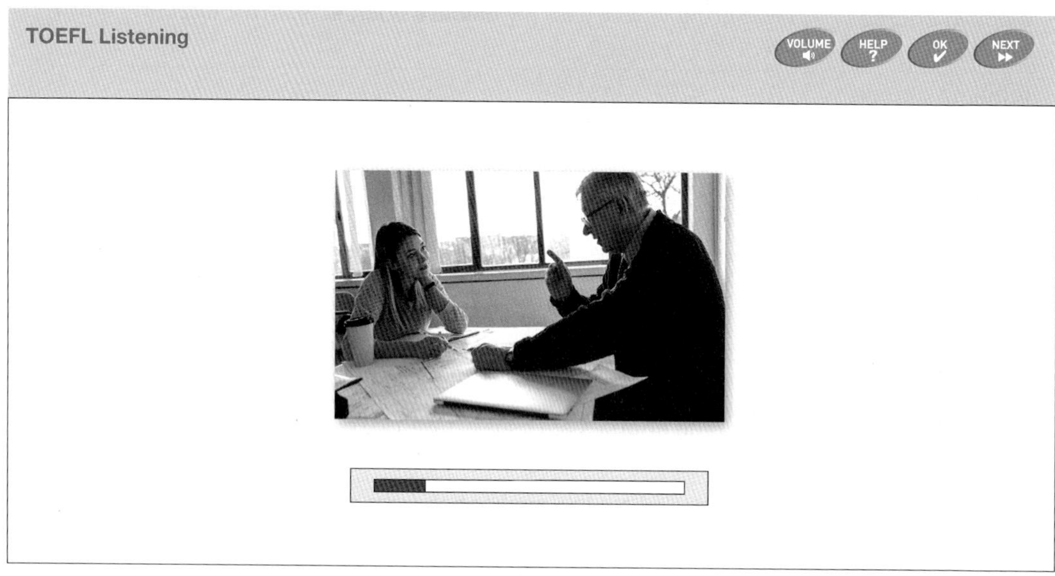

노트

Student's situation	Professor's response

정답 및 해설 | P. 27

1. **What is the main problem that the student wants the professor to help with?**

Ⓐ She needs to take a class that is not being offered.

Ⓑ She cannot decide which celestial objects to study.

Ⓒ She has been unable to reserve the telescope.

Ⓓ She will not be able to attend a field trip.

2. **Why does the professor approve of two galaxies that the student has selected? Choose 2 answers.**

Ⓐ They are relatively close to the Earth.

Ⓑ Their orientation makes it possible to see most of them.

Ⓒ They are located within her favorite constellation.

Ⓓ They are very bright so they are easy to study.

3. **What will the student most likely do next?**

Ⓐ She will drive to Carter City.

Ⓑ She will call her brother.

Ⓒ She will contact the other students.

Ⓓ She will go to the school's observatory.

Passage 2

[1-3] Listen to part of a conversation between a student and a professor.

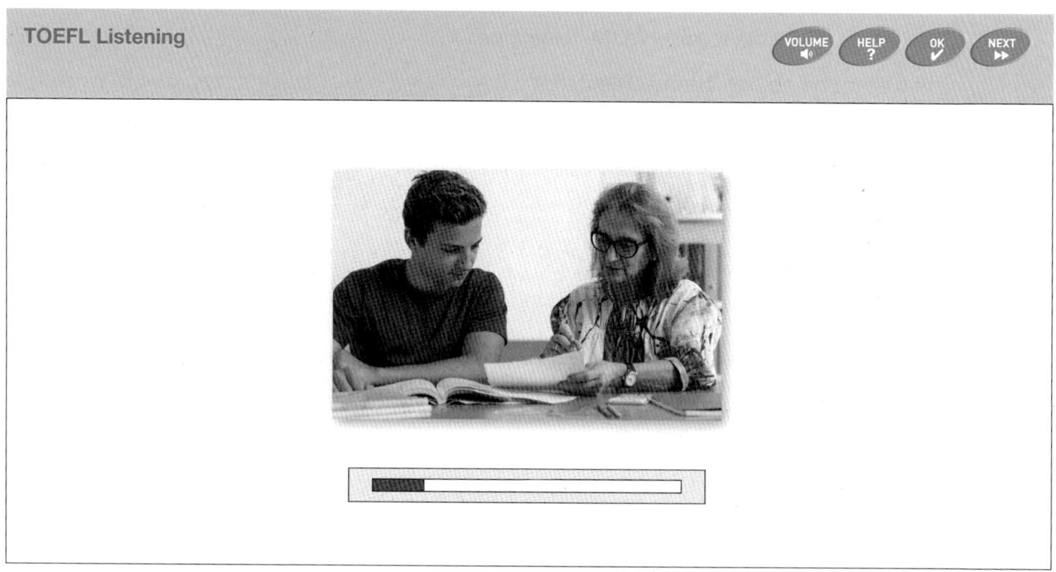

노트

Student's situation	Professor's response

1. **What is the conversation mainly about?**

Ⓐ Strategies to distinguish the student's paper from his competitors'

Ⓑ Ways to develop a paper that deals with poets and their poetry

Ⓒ Concerns about writing an essay that will be chosen by the editor

Ⓓ Different themes to discuss when writing a paper about poetry

2. **What does the professor think about the student's initial approach to his paper?**

Ⓐ She finds it interesting enough, but it still lacks something.

Ⓑ She wants the student to shape his idea more aggressively.

Ⓒ She thinks it needs to stand out more from other papers.

Ⓓ She believes it should be organized more like other papers.

3. **Why does the student think the professor's suggestion is too broad?**

Ⓐ Because focusing on the structure of modern poems is hard enough

Ⓑ Because it requires comparing a large number of poets from two periods

Ⓒ Because discussing two things at once requires a greater time investment

Ⓓ Because the traditional poets she mentioned were very prolific

Lesson

03 Function & Attitude

문제 듣기

Introduction

Conversation의 Function & Attitude 유형은 대화 중 화자가 한 말의 의도 및 태도를 묻는 문제이다. 주로 화자가 한 말의 일부를 다시 들려준 후 화자가 특정 언급을 한 의도가 무엇인지(Function) 묻거나, 화자의 태도나 감정이 어떠한지(Attitude) 묻는다. 1개의 대화 지문당 보통 1~2문항이 출제된다.

Sample Questions

의도 파악(Function)

Listen again to part of the conversation. Then answer the question.
대화의 일부를 다시 듣고 질문에 답하시오.

〈대화의 일부를 다시 들려줌〉

- Why does the student/professor say this: 학생은/교수는 왜 이렇게 말하는가:
- Why does the man/woman say this: 남자/여자는 왜 이렇게 말하는가:
- What does the man/woman imply when he/she says this: 남자/여자가 이렇게 말할 때 그/그녀가 의미하는 것은 무엇인가:

태도 파악(Attitude)

- What is the professor's attitude toward ~? ~에 대한 교수의 태도는 어떠한가?
- What is the professor's opinion of ~? ~에 대한 교수의 의견은 무엇인가?
- How does the professor seem to feel about ~? 교수는 ~에 대해 어떻게 느끼는 것처럼 보이는가?

Learning Strategies

1. 문맥을 통해 화자의 의도 파악하기

Function & Attitude 문제를 푸는 데 있어서 가장 중요한 것은 대화의 전체적인 맥락 속에서 화자의 의도를 이해하는 것이다. 같은 말이라고 할지라도 대화의 흐름 및 상황에 따라 그 의미가 완전히 달라질 수 있다. 따라서 함축된 화자의 의도를 파악하기 위해서는 앞뒤 문맥을 살펴보는 것이 필수이다.

Ex

S I just received your email about the community project, but I still don't know why I should participate. Why would students want to discuss English literature?

제가 방금 지역 사회 프로젝트에 관한 교수님의 이메일을 받았는데요, 아직도 제가 왜 참여해야 하는지 모르겠어요. 왜 학생들이 영문학에 대해 논의하길 원할까요?

P The English Department started the After School Shakespeare Program a few years ago to get students interested in classics. Well, I guess I don't need to tell you that.

영문학과에서 몇 년 전에 학생들이 고전 문학에 관심을 가질 수 있도록 방과 후 셰익스피어 프로그램을 시작했어요. 음, 학생에게 그것을 말할 필요는 없겠군요.

⋯› 교수가 "Well, I guess I don't need to tell you that."이라고 말한 것으로 보아, 학생들이 고전 문학에 관심을 갖도록 하기 위해 영문학과에서 '방과 후 셰익스피어 프로그램'을 시작했다는 것을 학생이 당연히 알 것이라는 의미에서 한 말임을 알 수 있다.

Lesson 03 Conversations

2. 어조를 통해 화자의 태도 파악하기

화자의 어조에는 감정이 드러나기 때문에 태도를 파악하는 데 중요한 단서가 된다. 같은 표현이라도 어조가 다르면 화자의 태도가 전혀 다른 것이 될 수도 있다. 따라서 주의 깊게 들으며 화자의 특정 어조에서 화자가 놀라워하는지, 비아냥거리는지, 우려하는지 등의 감정을 파악할 수 있어야 한다.

Ex

U.E. Unfortunately, I cannot accept your computer. That is against the rules. The technicians have to take a look at a computer before it can stay here.

안타깝게도, 저는 학생의 컴퓨터를 받아줄 수 없어요. 그건 규칙에 어긋나거든요. 컴퓨터가 여기 보관되기 전에 기술자들이 살펴봐야 합니다.

S That's wonderful! Then I would have to take it to all of my classes with me.

정말 좋네요! 그러면 제 모든 수업에 가지고 다녀야겠네요.

⋯› 표면적으로는 학생이 "That's wonderful!"이라고 말했지만, 학생이 불편함을 감수해야 하는 상황에서 한층 과장된 어조로 말하므로, 이것이 반어적인 화법임을 알 수 있다.

문제 풀이 Tip

❶ 미묘한 뉘앙스가 느껴지는 어휘 선택은 화자의 태도를 나타내는 단서가 된다.

❷ 과장된 표현, 확신/불확신 등을 나타내는 특정한 어조나 sarcasm(비아냥거림), irony(반어법) 같은 화법을 잘 파악하자.

오답 함정 Hint

❶ 화자의 함축된 의도가 아닌 표면적 의미나 단순 해석으로 제시된 보기는 오답이다.

❷ 문제에 제시된 부분의 문맥에서 벗어난 보기는 오답이다.

Example

Man: Professor | **Woman:** Student

C03_EX

Listen to part of a conversation between a student and a professor.

W Are you the only professor that teaches this course?

M Uh, usually, yes. But that is a good point. Since it is a required course, the university may have added another class session if enough students wanted to register for it but could not.

W Could you find out if that really is the case?

함축된 화자의 의도를 파악하기 위해 필수적으로 살펴봐야 할 앞뒤 문맥 부분

M I think so. Let me see… I am teaching five sessions this semester, but there are six total! Who is teaching the other session? Oh, it's the science dean herself! That explains why I didn't know about it. She doesn't have to consult me or any other professor if she is going to teach a course that she doesn't normally. I wish she had, though. She apparently did not order enough books to cover the extra students.

Q. Listen again to part of the conversation. Then answer the question.

M Who is teaching the other session? Oh, it's the science dean herself! That explains why I didn't know about it. She doesn't have to consult me or any other professor if she is going to teach a course that she doesn't normally. I wish she had, though.

Why does the professor say this:

M I wish she had, though.

Ⓐ He does not think that the dean is qualified for the position.
Ⓑ He believes that the dean should communicate more.
Ⓒ He wishes that more people asked for his opinion.
Ⓓ He thinks that the situation could have gone a lot worse.

노트

Student's situation	Professor's response
another class? 다른 수업?	req. course → another class session 필수 과목 → 다른 수업 시간 science dean teach 과학부 학장님이 교수 가르침 X consult → X order books 상의하지 않음 → 책을 주문하지 않음

교수의 태도를 파악할 수 있는 말이나 어휘가 있다면 기록해 두는 것이 정답을 고르는 데 도움이 된다.

Listening Tip

Function & Attitude 문제는 노트테이킹에 의존하기보다는 화자의 화법이나 억양을 통해 속뜻을 파악하여 문제를 푸는 경우가 많으므로, 대화의 흐름이나 화자의 어조를 기억하는 것이 중요하다.

학생과 교수 사이의 대화 일부를 들으시오.

여 교수님이 이 수업을 가르치는 유일한 분이신가요?

남 어, 보통은 그래요. 하지만 좋은 지적이네요. 이 수업은 필수라서, 만약 이 수업을 들으려 했지만 등록하지 못한 학생들이 많다면 학교에서 강의를 하나 더 개설했을 수도 있어요.

여 그게 정말 사실인지 알아봐 주실 수 있나요?

남 그럴 것 같아요. 어디 봅시다... 나는 이번 학기에 다섯 개 수업을 가르치는데, 전부 여섯 개 수업이네요! 누가 다른 수업을 가르치는 거지? 아, 과학부 학과장님 본인이시네요! 그래서 내가 몰랐던 거예요. 학과장님이 보통 때는 가르치지 않는 수업을 가르칠 것이라고 해도 나나 다른 교수들과 상의하지 않아도 되거든요. 사실 그랬다면 좋겠지만요. 학과장님이 추가 학생들을 포함시킬 정도로 충분한 수의 책을 주문하지 않은 모양이에요.

Q. 대화의 일부를 다시 듣고 질문에 답하시오.

남 누가 다른 수업을 가르치는 거지? 아, 과학부 학과장님 본인이시네요. 그래서 내가 몰랐던 거예요. 학과장님이 보통 때는 가르치지 않는 수업을 가르칠 것이라고 해도 나나 다른 교수들과 상의하지 않아도 되거든요. 사실 그랬다면 좋겠지만요.

교수는 왜 이렇게 말하는가:

남 사실 그랬다면 좋겠지만요.

Ⓐ 학과장이 그 자리에 있을 자격이 되지 않는다고 생각한다.
Ⓑ 학과장이 더 소통을 해야 한다고 생각한다.
Ⓒ 더 많은 사람들이 그의 생각을 물어봤으면 하고 바란다.
Ⓓ 이 상황이 훨씬 더 어려웠을 수도 있다고 생각한다.

해설 교수가 "I wish she had, though."라고 말한 목적과 숨은 의도를 파악하려면 앞뒤 문맥을 통해 이야기의 흐름을 살펴봐야 한다. 앞 문장에서 과학부 학과장이 수업을 가르칠 때 다른 교수들과 상의하지 않아도 된다는 사실을 말하고, 그 뒤에 "I wish she had, though."라고 말하며 그녀가 반대로 상의를 했으면 좋겠다는 본인의 감정 및 태도를 나타내고 있다. 이어서 그렇게 말한 이유를 살펴보면 학과장이 학생들을 위한 충분한 수의 책을 주문하지 않았다고 이야기하고 있으므로, 학과장이 다른 교수들과 소통을 했었다면 이런 문제가 생기지 않았을 것이라는 유감을 나타내고 있다는 것을 유추해 볼 수 있다. 따라서 (B)가 정답이다. 보기 (A)는 대화의 문맥에서 벗어났고, (C)는 더 많은 사람들보다는 '학과장(dean)'이 그의 생각을 물어보길 바랐고, (D)는 반대로 상황이 훨씬 더 쉬워졌을 수도 있다고 생각하므로 오답이다.

어휘 usually adv 보통 | point n 지적, 의견 | required adj 필수적인 | add v 추가하다 | enough adj 충분한 (수의) | register v 등록하다 | find out ~을 알다 | case n 사실 | session n 시간 | semester n 학기 | total adj 총, 전체의 | dean n 학과장 | consult v 상담하다, 상의하다 | normally adv 보통은 | though adv 하지만, 그렇지만 | apparently adv 보아하니, 듣자 하니 | order v 주문하다 | cover v 포함하다, 다루다 | extra adj 추가의, 여분의 | qualified adj 자격이 있는 | communicate v 소통하다

Practice

>> 다음 각 대화를 들으며 노트테이킹의 빈칸을 완성한 후 질문에 답하시오.

01 노트 C03_P01

Student's situation	Professor's response
what ______________ for? for ______________?	how far ______, where ______ Science Speak Club? ______________

Q. 학생은 Science Speak 클럽에 대해 어떻게 생각하는가?

Ⓐ 자신이 이 프로젝트에 합류하는 데 클럽이 어떤 도움을 줄 수 있을지 확신이 없다.

Ⓑ 모임에 참석할 수 없을 거라고 생각한다.

Ⓒ 클럽 모임에 참석할 시간이 없다.

Ⓓ 모임에 참석하는 것을 좋아하며 거의 모임에 빠지지 않는다.

02 노트 C03_P02

Student's situation	Professor's response
______________? major courses ______________ what focus? X class in catalog	focus on ______________ ______________ X update new class

Q. 대화의 일부를 다시 듣고 질문에 답하시오.

교수는 왜 이렇게 말하는가:

Ⓐ 학생이 문제에 대해 가능한 답변들을 제시하기를 원한다.

Ⓑ 학생이 이유를 몰라서 놀랐다.

Ⓒ 학생이 이미 이런 이유에 익숙할 것이라고 생각한다.

Ⓓ 학생이 수업을 찾을 수 있어야 한다고 생각한다.

• 대화를 다시 들으며 빈칸을 채우시오.

01 **Listen to part of a conversation between a student and a professor.**

M What do you need such ________________________________?
Oh wait—you said that they only spend the winter here. Are we going to track the birds to see ________________________________?

W Yes, that is exactly what we are going to do. We want to see ________________ ________________ and where they have their young. You know, it is starting to sound like you might be a good choice to ________________. Have you heard of the Science Speak Club?

M Well yes, I have, but I thought it was only for graduate students.

W Ah, well, most of the ________________ are indeed graduate students, but that's ________________. All students are welcome to attend, especially science majors.

02 **Listen to part of a conversation between a student and a professor.**

W Early twentieth century literature...that could be pretty interesting too. I'm actually an ________________, but some of the courses that I have to take for my major are ________________________. So I was looking for an ________ ________ to fill my required credits for literature. This class may fit my schedule. What exactly ________________________?

M We will be analyzing the ________________________________ on literature. European countries were collecting colonies throughout the nineteenth century, but many of them were lost after the war. So we will be looking at ________ ________________.

W Oh yeah—that does sound interesting. There were ________________________ ________ during that period as well. I learned a lot about those in ________________ ________________. But I don't remember reading anything about your class ________________...

M Well, there's a very ________________________. It isn't in there. Like your accounting classes, I don't teach this course every semester. There have been many students ________________________________ this semester, much like you. The dean asked me and a few other professors to teach extra classes this semester to ________________. She allowed us to ________________ ________________ for those classes, and I decided to teach this one. You didn't see it because the course catalog ________________________ to show the new classes yet.

>> 다음 각 대화를 들으며 노트테이킹의 빈칸을 완성한 후 질문에 답하시오.

03

노트

C03_P03

Student's situation	University employee's response
prefer ________________	stressful job – ________________ – ________________ – ________________
X do?	________________

Q. Listen again to part of the conversation. Then answer the question.

Why does the student say this:

(A) He does not understand what the woman is talking about.
(B) He believes the woman is talking about things that happened to her.
(C) He feels that the experience will also look good on his résumé.
(D) He thinks that the woman is exaggerating the difficulty of the job.

04

노트

C03_P04

Student's situation	University employee's response
prob.: want to ________________	________________
moved to ____________, X need to drive	sol.: ________________

Q. Listen again to part of the conversation. Then answer the question.

Why does the student say this:

(A) To show her anger at not having to fill out the forms she had filled out
(B) To express her happiness at not having to fill out the forms
(C) To show her surprise at not having to fill out the forms
(D) To indicate she was impressed by the permit system's efficiency

• 대화를 다시 들으며 빈칸을 채우시오.

03 **Listen to part of a conversation between a student and a university employee.**

M I think that I would prefer the second option. I am a pretty ______________________ ______________________, and I am probably already familiar with most of the software that the university uses.

W That can be a ______________________ during midterms and finals. The students that do not have their own computers all use ______________________ to write their papers. You also have students using the printers to ______________________ ____________ and other long papers. You will have to manage the schedule of appointments and keep the printers ______________________. The students will come to you for help, but they will also ______________________.

M That sounds like the voice of experience. Are you trying to ______________________?

W Ha ha, I did that job before, yes. But no, I'm not trying to discourage you. I was just ______________________, I guess.

04 **Listen to part of a conversation between a student and a university employee.**

M Can I help you?

W Yes, I would like to request ______________________ for this semester.

M Was your parking permit ______________________?

W I had one a year ago, but I ______________________, so I didn't need to drive till now.

M Hmmm... Let me check if I still have your ______________________. What's your name and student number?

W Susan Baker, and my student number is 0132-0465.

M You're in luck. Your contact info is ______________________. If you'll have a seat over there, I ______________________.

W Wow! I thought I'd have to fill out all the forms again.

M Usually you would, but because your personal information is in the computer, ____________ ______________.

W Great! Thank you so much.

Lesson 03 Conversations

Conversation 배경지식 3

C03_BK 표현 듣기

At a Financial Aid Office 재정 지원 사무실에서

재정 지원 사무실은 학교에서 학생들에게 제공하는 모든 형태의 재정적 지원을 담당하는 곳이다. 재정 상황이 어려운 학생들은 학비 대출이나 학비 보조금을 지원받을 수 있으며, 성적이 우수하다면 다양한 장학 재단의 장학금 혜택을 받을 수도 있다.

Conversation Flow

1 학생의 문의 사항 제기

이런 내용이 자주 나와요!

- 학생이 재정 지원 사무실에 찾아가 자신의 용건을 밝힘 — Main Idea 문제 출제

2 학생의 문제점에 대한 배경 설명

이런 내용이 자주 나와요!

- 학생의 재정 상황을 토대로 한 고민 토로(ex. 학비를 내기 어려움)

3 재정 지원처 직원의 질문과 학생의 대답

이런 내용이 자주 나와요!

- 학교가 제공해 줄 수 있는 다양한 종류의 경제적 지원과 각각의 차이점에 대해 설명
- 자격 요건을 충족하는지 학생의 재정 상태/성적 확인
- 진행 절차와 관련된 질문에 대한 응답

〈빈출 주제〉

학비 대출(loans), 학비 보조금(grants) 등의 지원을 받고자 함

장학금 혜택을 받을 수 있는 자격이 되는지 문의

학교에서 시간제 일자리(part-time employment)를 얻을 수 있는지 문의

4 재정 지원처 직원의 제안/해결책 제시

이런 내용이 자주 나와요!

- 학생이 취해야 할 다음 행동에 대해 안내

〈빈출 주제〉

보조금, 대출 등을 받기 위한 신청서 작성

(2–4) Details 문제, Inference 문제 등을 포함한 다양한 문제 출제

재정 지원 사무실에서의 대화 관련 빈출 표현

financial aid ⓝ 재정 지원	If you need help paying for college, you can consider getting **financial aid.** 만약 당신이 대학 등록금을 내는 데 도움이 필요하다면, 재정 지원을 받는 것을 고려해 볼 수 있습니다.
grant ⓝ 보조금 (갚지 않아도 되는 보조금)	The federal government awards **grants** to a variety of organizations including universities. 연방 정부는 대학을 포함한 다양한 단체에 보조금을 수여합니다.
student loan ⓝ 학자금 대출(일정 기간 동안 낮은 이자로 학비를 대출해 주는 제도)	When you're exploring ways to pay for college, you may consider getting a **student loan.** 당신이 대학 등록금을 내는 방법을 모색할 때, 학자금 대출을 받는 것을 고려해 볼 수 있어요.
scholarship ⓝ 장학금	Maintaining adequate academic progress is one of the qualifications for undergraduate students to get a **scholarship.** 학부생들이 장학금을 받을 수 있는 자격 조건 중 하나는 적절한 학업 성취도를 유지하는 것입니다.
tuition fee ⓝ 등록금	**Tuition fees** depend on many factors including your program and year of study. 등록금은 당신의 프로그램과 학년을 포함한 많은 요인들에 의해 결정돼요.
balance ⓝ 잔액	Check your **balance** and see how much you've repaid your loan. 잔액을 확인하고 대출금을 얼마나 갚았는지 확인해 보세요.
outstanding balance ⓝ 미지급 잔액	An **outstanding balance** shows what you owe. 미지급 잔액은 당신이 진 빚을 보여줍니다.
late fee ⓝ 연체료	**Late fees** not paid by the due date will result in the cancellation from the program. 기한까지 지불되지 않은 연체료는 프로그램에서 취소되는 결과로 이어질 것입니다.
interest ⓝ 이자	A student loan is money that you must pay back with **interest.** 학자금 대출은 이자를 붙여 갚아야 하는 돈이에요.
Dean's list ⓝ 우등생 명단 (= honor roll)	Your GPA has to be at least 3.6/4.0 to be considered for the **Dean's list.** 우등생 명단에 고려되려면 학점이 최소한 3.6/4.0이어야 합니다.
eligibility ⓝ 자격, 적격	You must be enrolled at a school that participates in the school loan program and meet the general **eligibility** requirements. 당신은 학자금 대출 프로그램에 참여하는 학교에 등록해야 하며, 일반 자격 요건을 충족해야 합니다.
pay in monthly installments 할부로 지불하다	Students may **pay in monthly installments**, typically over three to five years. 학생들은 보통 3년에서 5년 할부로 지불할 수 있습니다.
defer ⓥ 미루다, 연기하다	Students who have not paid or **deferred** their tuition fees by the due date will incur a late fee. 납부 기한까지 등록금을 납부하지 않았거나 연기하지 않은 학생은 연체료가 발생합니다.
disburse ⓥ 지출하다, 지불하다	Grants, scholarships, and loans that students receive are **disbursed** to students' accounts. 학생들이 받는 보조금, 장학금, 그리고 대출은 학생 계좌로 지불됩니다.

Lesson 03 Conversations

Test

문제 듣기

Passage 1

[1-3] Listen to part of a conversation between a student and a professor.

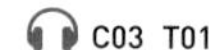

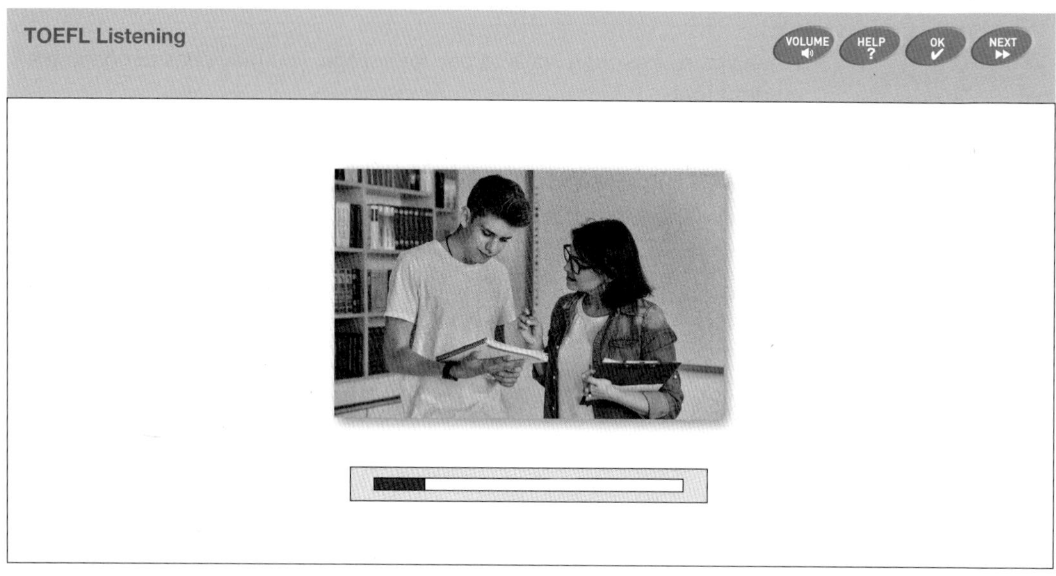

노트

Student's situation	Professor's response

1. **Why does the student need an extension?**

Ⓐ He has started a part-time job and had no time to finish.

Ⓑ He had to help his cousin with his college registration.

Ⓒ He took longer than expected doing his research.

Ⓓ He thought the original deadline was later.

2. **Why doesn't the professor want to give the student an extension at first?**

Ⓐ It is against the university's academic policies on assignment submission.

Ⓑ She has given the class an extension already, and sees no need for another.

Ⓒ She feels it would be unfair to give only one student an extension.

Ⓓ She believes giving extensions on assignments makes students lazy.

3. **Listen again to part of the conversation. Then answer the question.**

What does the professor mean when she says this:

Ⓐ The student will disappoint her and fail if he does not meet the new deadline.

Ⓑ The student must meet the deadline, or his results will not be in the computer.

Ⓒ The student must turn in the assignment, or the professor will miss her deadline.

Ⓓ The student must meet the new deadline, or he will have no grades on Monday.

Passage 2

[1-3] Listen to part of a conversation between a student and a professor.  C03_T02

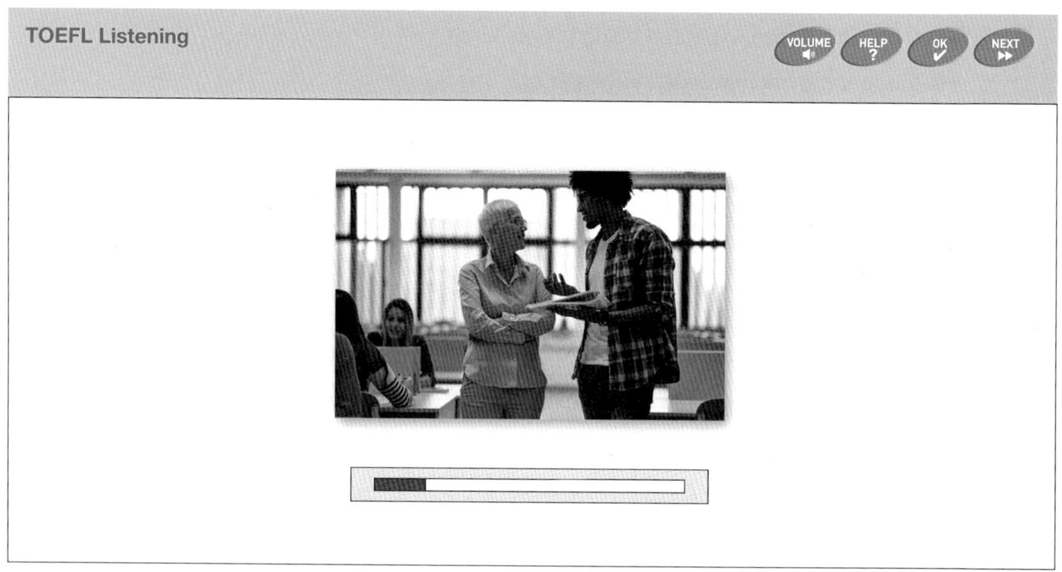

노트

Student's situation	Professor's response

1. **What are the speakers mainly discussing?**

Ⓐ The requirements of a writing assignment

Ⓑ An assignment the student missed

Ⓒ The subject matter of the student's paper

Ⓓ How the student has organized his writing

2. **Listen again to part of the conversation. Then answer the question.**

Why does the professor say this:

Ⓐ She believes further details are required for discussion.

Ⓑ She doesn't understand what the student said.

Ⓒ She thinks that the student needs to focus more.

Ⓓ She feels that the student's paper isn't interesting.

3. **What is the professor's opinion of the student's paper?**

Ⓐ She believes it has been poorly researched.

Ⓑ She thinks that it needs to be reorganized.

Ⓒ She feels that he has not addressed a topic fully.

Ⓓ She wants him to consider adding more data.

Lesson

04 Connecting Contents

문제 듣기

Introduction

Conversation의 Connecting Contents 유형은 대화 중 화자가 언급하는 정보들 간의 관계를 이해했는지 물어보는 문제이다. 특정 한 부분에서 답을 얻을 수 있는 게 아니므로, 주고받는 대화의 흐름을 이해하고 그 가운데서 제공되는 정보들 간의 관계를 찾아내는 유형이다. 특정 내용이 대화에서 언급된 이유를 묻는 문제(Purpose Question), 표에 나타난 몇 가지 진술의 사실 여부를 확인하는 문제(List Question), 각 범주별로 알맞은 내용의 짝을 맞추는 문제(Matching Question), 어떤 사건이 일어난 순서를 맞추는 문제(Ordering Question)가 여기에 속한다. 대화 지문에서 한 문제도 나오지 않을 때도 있으나, 출제되면 보통 1개의 지문당 1문항이 출제된다.

Sample Questions 

Purpose Question(특정 내용을 언급한 이유를 묻는 유형)

- Why does the man explain ~? 남자는 왜 ~라고 설명하는가?
- Why does the woman talk about ~? 여자는 왜 ~에 대해 이야기하는가?

List Question(몇 가지 진술의 사실 여부를 확인하는 유형)

- In the conversation, the man/woman ~. Indicate whether each of the following is ~.
  대화에서, 남자/여자는 ~. 다음 각각의 사항이 ~인지 표시하시오.

	Included (Yes)	Not included (No)
Statement 1		
Statement 2		
Statement 3		

Matching Question(각 범주별로 알맞은 내용을 연결시키는 유형)

- Indicate for each example what type of ~. 각 예시가 ~의 어떤 분류인지 표시하시오.

	Type A	Type B	Type C
Ex 1			
Ex 2			

Ordering Question(절차를 순서대로 나열하는 유형)

- Put the following steps in order. 다음 단계들을 순서에 맞게 배열하시오.

Step 1	Statement A
Step 2	Statement B
Step 3	Statement C

Learning Strategies

1. 특정 내용이 왜 언급되었는지 파악하기

Connecting Contents 문제는 하나의 정보를 토대로 답을 찾는 것이 아니라, 대화 내용의 흐름과 전반적인 구조를 이해하며 듣는 것이 중요하다. 대화 중간에 화자는 대화의 주제와 연관되거나 연관되지 않은 특정 정보를 언급하고 그 정보를 언급한 이유가 문제로 출제되는데, 대화의 내용이 어떻게 흘러가고 있는지 놓치면 답을 찾기가 어렵다. 다음은 특정 정보의 역할을 파악하기 위해 알아 두어야 할 표시어들이다.

▶ 주제 소개

- I'm here to discuss ~ ~에 대해 논의하러 왔어요
- I'm having a problem with ~ ~에 문제가 있어요
- The reason why I came here is because ~ 제가 이곳에 온 이유는 ~ 때문이에요

▶ 여담

- Incidentally, 그건 그렇고,
- By the way, 그나저나,
- That reminds me of ~ 그건 ~을 떠올리게 하네요

▶ 제안

- Why don't you ~? ~하는 게 어때요?
- Here's what you can do. 이렇게 한번 해 봐요.
- If I were you, I would ~ 제가 당신이라면, ~하겠어요

▶ 결론

- Thank you for your help. 도와줘서 고마워요.
- Let me get that for you. 제가 그것을 갖다 줄게요.
- I'll go there right away. 지금 바로 거기로 갈게요.

2. 화자가 몇 가지 주요 사실들을 언급할 때는 노트테이킹(Note-taking) 해 두기

대화에서 어떤 주제에 대해 교수나 교직원이 몇 가지 사실을 열거하면서 설명할 때는, 직접적으로 언급된 항목인지 아닌지를 구분하는 Connecting Contents 문제가 출제될 확률이 높다. 따라서 열거된 사실 정보들 간의 관계를 파악하면서 노트테이킹을 하는 것이 무엇보다 중요하므로 각 항목들을 나열하거나 예시 및 이유로 제시할 때 자주 함께 등장하는 표시어들을 익혀 둔다.

▶ 순차적인 설명

- And then 그러고 나서
- The first step is ~ 첫 번째 단계는 ~이에요
- Next 다음에
- A leads to B / A results in B A는 B를 일으킵니다[야기합니다]

▶ 나열

- There are three things regarding ~ ~에 관해 세 가지가 있어요
- First, ~. Second, ~. Third, ~. 첫째, ~. 둘째, ~. 셋째, ~.
- One way to solve the problem is ~ 그 문제를 해결하기 위한 한 가지 방법은 ~이에요
- Another way is ~ 또 다른 방법은 ~이에요

▶ 예시

- For example, 예를 들어서,
- Like ~ ~처럼
- To illustrate, 예증을 하자면,

▶ 이유

- Since ~ ~ 때문에
- Due to ~ ~ 때문에
- That's because ~ 그것은 (왜냐하면) ~이기 때문이에요

문제 풀이 Tip

❶ 전체 흐름과 전반적인 구조를 통해 특정 정보를 사용한 의도를 파악한다. (ex. 주제 소개, 여담, 결론)
❷ 표시어를 통해 특정 정보 간의 유기적 관계를 파악한다. (ex. 인과, 순서, 비교, 대조, 예시 등)

Example

Man: Professor | **Woman:** Student

C04_EX

Listen to part of a conversation between a student and a professor.

W Good afternoon, Dr. Gilchrist. Can I talk to you for a minute?

M Hello, Tara. Of course, have a seat. What's on your mind?

W You know how there are commencement speeches given at every graduation ceremony? I applied to be one of those students and I'm working on it, but I have no idea what I am doing. I think I need some guidelines for the submission process.

M Alright, let's talk about the organization of your speech first.

W They only said that it should be four minutes long or less.

M Well, commencement speeches typically begin with some kind of anecdote—a specific example from your own experience.

W So, I could start by talking about something that happened when I first came to the US.

교수가 학생에게 예시를 주기 위해서 사용한 문장

M Sure, and then create some kind of allegory, you know, so that the entire speech becomes a metaphor related to the overall theme. There is one commencement speech I heard that really stands out in my mind. **The young woman compared her years at university to a TV show.** She talked about the similarities between the two, and listed her experiences and the people she formed relationships with using the terms of a TV drama. Then she brought it all together by saying that the other students were all the protagonists of their own TV shows, and that after graduation they would get to become the writers of their own stories.

Q. Why does the professor mention a TV show?

Ⓐ To illustrate how to select a good experience for an effective speech
Ⓑ To discuss the relationship between a personal anecdote and the media
Ⓒ To tell the student about the importance of finding a good topic
Ⓓ To give an example of a good commencement speech he heard

노트

Student's situation	Professor's response
guideline for speech 연설을 위한 가이드라인 4 min. long 4분 길이 when first came to US 처음 미국에 왔을 때	organization? 구성? anecdote 일화 metaphor 비유 - e.g. uni. = TV show 예를 들어, 대학 = TV 쇼

특정 정보를 왜 언급하였는지 표시어를 통해 파악한다. 이와 같이 하나의 예시로 제공되는 사항이 있다면 노트 테이킹을 해 두자.

학생과 교수 사이의 대화 일부를 들으시오.

여 안녕하세요, Gilchrist 교수님. 잠시 시간 내주실 수 있으세요?

남 안녕, Tara. 물론이죠, 앉아요. 무슨 일인가요?

여 음, 졸업식을 할 때마다 졸업식 연설이 있는 거 알고 계시죠? 저는 연설을 하는 학생들 중 하나가 되고 싶어서 지원했고 열심히 여기에 매달리는 중인데, 전 제가 뭘 하고 있는 건지 모르겠어요. 제출 과정에 대한 가이드라인이 좀 필요할 것 같아요.

남 좋아요. 우선 연설의 구성에 대해서 이야기해 보도록 하죠.

여 학교에서는 4분 이내의 길이여야 한다는 말만 했어요.

남 음, 졸업식 연설들은 보통 일종의 어떤 일화로 시작을 합니다. 학생 자신의 경험에서 오는 구체적인 예시 말이죠.

여 그러면, 제가 처음 미국에 왔을 때 있었던 일에 대한 이야기로 시작해도 되는 거군요.

남 그렇죠, 그리고 일종의 비유를 하는 겁니다. 연설 전체가 전반적인 주제와 관련된 하나의 은유가 될 수 있도록요. 기억에 깊게 남은 졸업식 연설 하나를 들은 적이 있어요. 연사는 그녀가 대학에서 보낸 시간들을 하나의 TV 쇼에 비유했죠. 둘 사이의 유사점들에 대해 이야기했고, TV 드라마의 용어들을 사용해서 그녀가 겪은 경험들과 관계를 형성했던 사람들을 열거했어요. 그리고 다른 학생들도 모두 자신들의 TV 쇼의 주인공이며, 졸업식 이후에 이들도 자기 자신의 이야기를 쓰게 될 거라고 말하면서 이 모든 것들을 함께 엮었어요.

Q. 교수는 왜 TV 쇼를 언급하는가?

Ⓐ 효과적인 연설을 하기 위한 좋은 경험을 어떻게 고를지 설명하려고

Ⓑ 개인적 일화와 대중 매체 사이의 관계를 논의하려고

Ⓒ 좋은 주제를 찾는 것의 중요성에 대해 학생에게 말하려고

Ⓓ 전에 들은 좋은 졸업식 연설의 예시를 들려고

해설 교수는 연설 전체가 어느 하나의 은유가 되도록 비유를 통해 연설하는 방법을 제시한 뒤에 대학에서 보낸 시간을 TV 쇼에 비유한 기억에 남는 졸업식 연설이 있다고 말한다. (There is one commencement speech I heard that really stands out in my mind. ~) 따라서 TV 쇼 비유를 사용한 졸업식 연설을 언급한 이유는 학생이 본보기로 삼을 만한 좋은 졸업식 연설을 예로 들기 위해서이므로 (D)가 정답이다. 보기 (A), (B), (C)는 대화 지문에 나온 단어를 언급하지만 전반적인 내용이 질문과 맞지 않아 오답이다.

어휘 on one's mind (걱정 등이) 마음에 걸리는 | commencement n 졸업식, 학위 수여식 | speech n 연설 | graduation ceremony 졸업식 | apply v 지원하다 | work on ~에 공을 들이다 | guideline n 가이드라인, 지침 | submission n 제출 | organization n 구성 | typically adv 보통 | anecdote n (개인적인) 일화 | specific adj 구체적인 | allegory n 비유, 풍자, 우화 | entire adj 전체의 | metaphor n 은유, 비유 | related to ~와 관련된 | overall adj 전반적인, 전체의 | theme n 주제 | stand out 두드러지다 | compare v 비유하다, 비교하다 | similarity n 유사점 | list v 열거하다 | form v 형성하다 | relationship n 관계 | term n 용어 | bring together ~을 묶다, 합치다 | protagonist n 주인공 | get to do ~하게 되다 | illustrate v 설명하다 | effective adj 효과적인 | discuss v 논의하다 | importance n 중요성 | topic n 주제

Practice

>> 다음 각 대화를 들으며 노트테이킹의 빈칸을 완성한 후 질문에 답하시오.

01 노트 C04_P01

Student's situation	Professor's response
prob.: ____________	e.g. ____________ each contribute equally if injured → ____________ synergy = ____________

Q. 교수는 왜 학생에게 미식축구팀에 대해 이야기하는가?

Ⓐ 팀워크가 왜 중요한지 설명하기 위해

Ⓑ 상승효과의 의미를 설명하기 위해

Ⓒ 각 선수가 팀의 성과에 어떤 기여를 하는지 보여주기 위해

Ⓓ 각 선수의 성과와 팀의 성과를 비교하기 위해

02 노트 C04_P02

Student's situation	Professor's response
purpose: ____________ contact where?	____________ → final prof. regis. office
what to do?	____________ ____________ ____________ ____________ sug.: ____________

Q. 교수는 왜 일찍 일어나는 새(early birds)를 언급하는가?

Ⓐ 일찍 지원하는 것의 중요성을 설명하기 위해

Ⓑ 고용 과정에서 학적과 직원이 하는 역할을 지적하기 위해

Ⓒ 학생에게 지원 마감일이 있다는 것을 경고해 주기 위해

Ⓓ 학생에게 그 자리에 지원하도록 용기를 주기 위해

• 대화를 다시 들으며 빈칸을 채우시오.

01 **Listen to part of a conversation between a student and a professor.**

M Excuse me, Professor. Can we ________________?

W I can give you 10 minutes, but after that ________________________________.

M Thank you. Um... In fact, I have a couple of questions ________________ ________. I fail to understand the ______________________. I'm familiar with the definition, but what does that ________________?

W I'll use one example. If you have a football team, theoretically every player ________ ________________________________ of the team, right?

M Right—if one player goofs around, ____________________.

W I mean, not necessarily... You see, if a player is injured, the rest of the team can ______ ______________________________ the injured player's level of performance, and the ____________________.

M Ah, yeah, you're right... but what's this __________________________?

W Everything. The performance of the football team is __________________________ ______________ on average, but rather the performance of the entire group working together.

02 **Listen to part of a conversation between a student and a professor.**

W Excuse me, Professor Hall. I'd like to ______________________________ ____________________. Should I contact you directly or speak to an employee of the department?

M I make the final decision, but there's a ______________________________ ____________________ before your name gets to me. The registrar is in charge of that.

W I see. What exactly would I be expected to __________ if I became your assistant?

M Well... you would teach ____, help evaluate assignments, help me with my research, and teach students in my place ____ ______________________________.

W It doesn't seem __________________.

M Why don't you ________________________________? You know what they say about ________________.

W I'll do so right now. Thank you, Professor.

Lesson 04 Conversations

>> 다음 각 대화를 들으며 노트테이킹의 빈칸을 완성한 후 질문에 답하시오.

03 노트 C04_P03

Student's situation	University employee's response
prob.: X assigned ______	Apart. – ______ – ______ – more exp. Dorm. – ______ – ______
apart. pay more?	X, assigned by ______

Q. In the conversation, the speakers discuss the difference between a campus apartment and a dorm room. Indicate in the table below whether each of the following is one of those features. Click in the correct box for each phrase.

	Campus apartment	Dorm room
Ⓐ Holds up more than four people		
Ⓑ Near the downtown campus		
Ⓒ Costs less money		
Ⓓ Assigned by a lottery system		

04 노트

C04_P04

Student's situation	Professor's response
prob.: need ______ methods bees use for ______ how bees know ______?	use ______ - sense ______ - ______ → sense field

Q. In the conversation, the speakers discuss how bees find directions. Indicate in the table below whether each of the following is mentioned by the speakers.
Click in the correct box for each sentence.

	Yes	No
Ⓐ Bees perceive the Earth's magnetic field and use it to navigate.		
Ⓑ Bees solely depend on scent to get to the location.		
Ⓒ Bees engage in complex thought processes and interpret the dance.		
Ⓓ Iron compounds inside bees' bodies allow them to sense the field and find out where to go.		

• 대화를 다시 들으며 빈칸을 채우시오.

03 **Listen to part of a conversation between a student and a university employee.**

W Hello, how may I help you?

M This is the housing office, right?

W Yes, it is. Do you have an ______________________________?

M I think that there has been some kind of mistake. I requested ______________ ________, but I was not assigned one.

W Oh, I see. I will examine the system logs to determine who was ______________ ______________________________.

M Thank you. Um, what exactly is the difference between ______________________ ________________? I mean, the apportment looked nice. Is it more expensive?

W A campus apartment ______________________________, but dorm rooms can have more. The apartment also has a private bathroom, a living room, and ________ __________. Most of them are also closer to ______________________________. Some of the dormitories are ____________________. So yes, a campus apartment is more expensive.

M Would you be able to ______________________________ if I paid the difference? I wouldn't mind paying more.

W No, that would be impossible. Campus apartments are assigned by ____________ __________ at the end of the previous semester. It is much too late now.

M I see.

04 **Listen to part of a conversation between a student and a professor.**

M Hello, Professor, are you busy?

W Hi, Patrick. No, I am ____________________. How can I help you?

M I was hoping that you could give me some advice.

W Okay, I will help you however I can. What seems to be the problem?

M I'm working on the ______________________________ this past weekend, and I need some help. I wanted to talk about the ____, but the point that I was confused about is how the bees _____________________________. I mean, one bee tells the others that it is in a particular direction by its movements, correct? But once they _________________, how do they know where to go? How do they know what direction to go to ________________________________ so they can get close enough to locate the flowers by scent?

W Oh—they use _____________________. Like many other organisms, bees can ____. They have an iron compound in their bodies that allows them to ___________________, so they can extrapolate from the dance using their ______________________________.

M Interesting; I should definitely include that in my paper.

Lesson 04 Conversations

Conversation 배경지식 4

C04_BK 표현 듣기

At a Library 도서관에서

대학 도서관은 학생들이 모든 자료들을 한곳에서 편리하게 열람할 수 있도록 하기 위해 제공되는 대학 캠퍼스 내 공용 공간이다. 대출 방침이 정해져 있기 때문에 책이나 자료를 대출하기 위해서는 학생증을 반드시 지참해야 하며 책을 제때에 반납하지 않을 경우에는 연체료가 발생한다.

Conversation Flow

1 학생의 문의 사항 제기

이런 내용이 자주 나와요!

- 학생이 찾고 있는 책이 있는지 도서관 사서(librarian)에게 문의
- 원하는 책을 대출 가능한지 문의
- 도서관 안의 다른 시설 이용에 대해 문의

Main Idea 문제 출제

2 학생의 문제점에 대한 배경 설명

이런 내용이 자주 나와요!

- 리포트에 참고할 도서를 대출해야 하지만 다른 사람이 이미 대여 중임
- 영상 관람실에서 영상을 시청해야 하는데 고장이 나거나 모든 시간대에 이미 예약이 꽉 참

3 도서관 사서의 질문과 학생의 대답

이런 내용이 자주 나와요!

- 도서관에서 열람만 가능하고 대출할 수 없는 책
- 현재 대출 중인 책을 예약하는 제도
- 영상 관람실을 예약하는 방법

〈빈출 주제〉

연체료, 학생증, 예약, 영상 관람실

4 도서관 사서의 제안/해결책 제시

이런 내용이 자주 나와요!

- 학생이 원하는 자료를 사용하기 위해 취해야 할 다음 행동에 대해 안내
- 도서 대출 시 필요한 신분증명서 준비 안내
- 다른 시간대에 방문하거나 다른 지역의 도서관에서 찾아볼 것을 제안

Details 문제, Inference 문제 등을 포함한 다양한 문제 출제

도서관에서의 대화 관련 빈출 표현

late fee n 연체료	**Late fees** are charged for any borrowed item that is not returned. 반납하지 않은 어느 대여 물품에든 연체료가 부과됩니다.
fine n 벌금, 연체료	If you hold onto a book for too long, you have to pay library **fines** online. 만약 당신이 책을 너무 오래 가지고 있으면, 당신은 도서관 벌금을 온라인으로 내야 합니다.
loan n 대여, 대출 v 대여하다	Library materials are generally **loaned** for a semester at a time. 도서관 자료는 일반적으로 한 학기 동안 대출됩니다.
loan period n 대여[대출] 기간	The process of extending the **loan period** of library materials can be done online. 도서관 자료의 대출 기간 연장 절차는 온라인으로 할 수 있습니다.
renew v 갱신하다, 연장하다	You can sign into your online library account to **renew** books you have on loan. 온라인 도서관 계정에 로그인하여 대출 중인 책을 연장할 수 있습니다.
overdue adj 기한이 지난	Daily late fines will be charged for **overdue** books. 기한이 지난 도서에 대해서는 매일 연체료가 부과됩니다.
audio-visual room n 시청각실	**Audio-visual rooms** provide a wide range of audiovisual resources. 시청각실은 광범위한 시청각 자료를 제공합니다.
bulletin board n 게시판	Library **bulletin boards** can be a great way to show off current programs. 도서관 게시판은 현재의 프로그램을 자랑하는 좋은 방법이 될 수 있습니다.
on hold 보류된	The book is **on hold**, which means it has been requested by someone. 그 책은 보류 중인데, 이것은 누군가가 요청했다는 것을 의미해요.
reference book n 참고 도서	Students can't loan out **reference books**. 학생들은 참고 도서를 대출할 수 없습니다.
ID card n 신분증	You will need to bring your **ID card** to reserve books and other items at your local library. 지역 도서관에서 책과 기타 물품을 예약하려면 신분증을 지참해야 할 것입니다.
periodical n 정기 간행물	**Periodicals** may come out daily, weekly, or monthly. 정기 간행물은 매일, 매주, 또는 매월 발행될 수 있습니다.

Test

문제 듣기

Passage 1

[1-3] Listen to part of a conversation between a student and a professor.  C04_T01

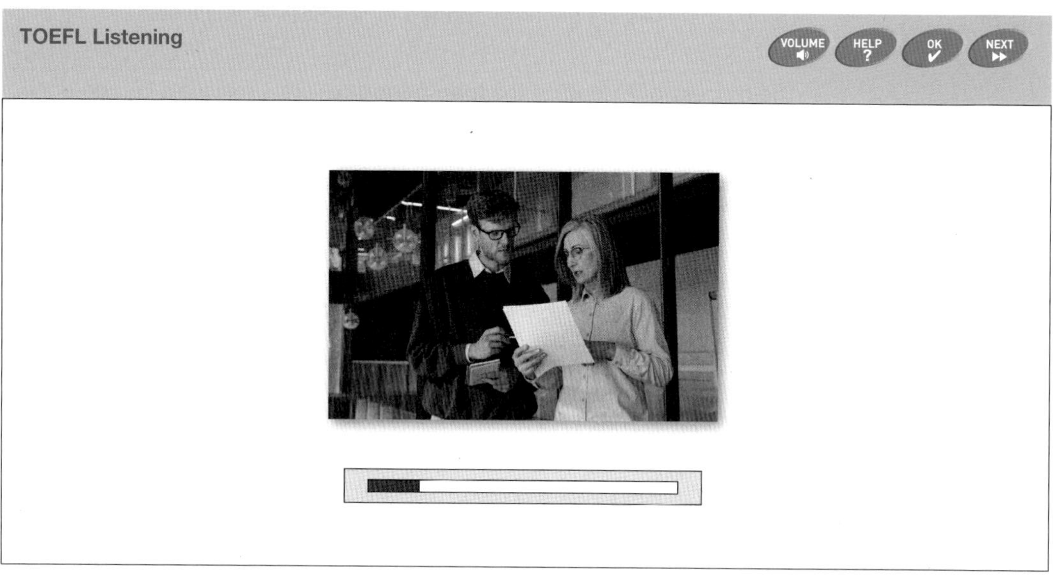

노트

Student's situation	Professor's response

정답 및 해설 | P. 47

1. **What are the speakers discussing?**

Ⓐ Possible questions on an upcoming exam

Ⓑ Physical adaptations to high altitudes

Ⓒ Llamas' unique physiological adaptations

Ⓓ How to review notes for an upcoming test

2. **What does the student want to do?**

Ⓐ Get help on some information he doesn't understand

Ⓑ Clarify some course requirements for becoming a doctor

Ⓒ Apply to attend an upcoming exam review session

Ⓓ Explain in detail physiological adaptations

3. **In the conversation, the speakers discuss physiological adaptations at high altitudes. Indicate in the table below whether each of the following is true.**

Click in the correct box for each sentence.

	Yes	No
Ⓐ When at high altitudes, the circulatory system has to adapt to overcome problems.		
Ⓑ Llamas have less hemoglobin than other animals.		
Ⓒ More hemoglobin means that more oxygen can be absorbed.		
Ⓓ People need to breathe at longer intervals at high altitudes to produce more hemoglobin.		

Passage 2

[1-3] Listen to part of a conversation between a student and an administrator.  C04_T02

노트

Student's situation	Administrator's response

1. **What is the conversation mainly about?**

Ⓐ The student is having a problem transferring to a new school.

Ⓑ The student does not want to attend orientation.

Ⓒ The student is experiencing difficulty picking out classes.

Ⓓ The student does not know his way around campus.

2. **What is the student's attitude toward the orientation?**

Ⓐ He feels that it is necessary to attend.

Ⓑ He does not think it is important to attend.

Ⓒ He is nervous about attending.

Ⓓ He thinks the orientation will be boring.

3. **Why does the administrator mention the university's website?**

Ⓐ To explain an example of the registration system to the student

Ⓑ To show the student another step for attending the orientation

Ⓒ To encourage the student to choose classes and have a meeting with his professors

Ⓓ To tell the student that she can arrange another student orientation

Lesson

05 Inference

문제 듣기

Introduction

Conversation의 Inference 유형은 대화에서 직접적으로 언급된 정보를 토대로 하여 맥락상 추론할 수 있는 사실을 묻는 문제이다. 대화 전체의 흐름을 통해 유추할 수 있는 능력을 요하는 문제이며, 주로 infer, imply, most likely와 같은 단어를 포함한 형태로 출제된다. 1개의 대화 지문당 보통 1문항이 출제된다.

Sample Questions 

- What can be inferred about ~? ~에 대해 무엇을 추론할 수 있는가?
- What is implied about ~? ~에 대해 무엇이 암시되어 있는가?
- What does the man imply about ~? 남자는 ~에 대해 무엇을 암시하는가?
- What is the student most likely to do next? 학생은 다음에 무엇을 할 것 같은가?
- What will the professor most likely do next? 교수는 다음에 무엇을 할 것 같은가?

Learning Strategies

1. 표시어를 공략하여 추론 가능한 내용이 있는지 파악하기

Inference 문제는 들은 것을 바탕으로 제시된 정보의 또 다른 내용을 추론해야 하므로, 대화를 들을 때 대화 주제의 특징과 관련된 내용들을 중심으로 노트테이킹해야 한다. Conversation 지문에서는 주로 화자의 문제점이나 해결책과 관련하여 논리적 추론이 가능한 내용이 있는지 파악하는 문제가 자주 출제된다. 따라서 이러한 주제의 특징을 표시어를 통해 잘 듣고 중요 내용을 노트테이킹하는 것이 중요하다.

▶ **이유**

- That's because ~ 그것은 (왜냐하면) ~이기 때문이에요
- It all started with ~ 모든 일은 ~로부터 시작되었어요
- Since ~ 때문에
- Due to ~ 때문에

▶ **문제**

- I am concerned about ~ ~에 대해 걱정이 돼요
- I have a problem with ~ ~에 대해 문제를 겪고 있어요
- The thing is, 사실,

▶ **해결책**

- Why don't you ~? ~하는 게 어때요?
- What about ~? ~는 어때요?
- I suggest doing ~ ~하는 걸 제안 드립니다

2. 화자의 어조를 통해 추론하기

대화에서 화자가 사용한 특정 어조를 통해 화자의 생각을 파악한다. 화자의 어조는 화자의 생각을 드러내는 좋은 단서가 되므로 Inference 문제를 푸는 데 필수 전략이 된다.

Ex

P So, are you going to submit your paper now? You do know that I do not accept late paperwork, right?
그래서, 지금 과제를 제출하려는 건가요? 늦게 제출하는 과제는 받지 않는다는 걸 알고 있죠, 그렇죠?

S Uh...... well...... you see, I was hoping maybe you could make an exception this time.
어...... 음...... 있잖아요, 저는 교수님께서 혹시 이번은 예외로 해 주실 수 있을까 하고 바라고 있었습니다.

→ 학생이 부끄러운 듯한 어조로 이번은 예외로 해서 과제를 늦게 제출해도 받아줄 것을 요청하고 있다. 이와 같이 화자의 어조를 통해 화자가 과제를 기한 안에 마치지 못했음을 유추할 수 있다.

문제 풀이 Tip

❶ 화자가 암시하는 바를 올바르게 패러프레이징한 보기를 찾아야 한다.
❷ 직접적으로 언급되지는 않았지만 논리적 추론이 가능한 내용이 있는지 생각하며 들어야 한다.

오답 함정 Hint

❶ Inference 문제는 철저하게 주어진 정보만을 가지고 추론해야 하며, 근거가 부족한 지나친 논리를 담고 있는 보기는 오답으로 보아야 한다.
❷ 언급되지 않은 내용으로 추론한 보기 역시 오답으로 보아야 한다.

Example

Man: Registrar | **Woman:** Student

C05_EX

Listen to part of a conversation between a student and a registrar.

M Good morning. Is there anything I can do for you?

W Hi. I want to learn French abroad, so I would like to take part in an exchange program in France for a semester. Do you have any student exchange programs in Paris?

M Almost every student who applies for an exchange program wants to go there, so it's very competitive. You will need a good grade point average and a strong reference letter to get a chance to be accepted.

W How about the Scotland program? Is there much competition for the seats there?

M I don't think you'd be particularly interested in the programs we have there. Students rarely sign up for programs there because it's also an English-speaking country, so you wouldn't have any chance to improve your French. It's a waste of time to go there to learn French.

W What about Switzerland? Many people hope to go and live there.

M That is one possibility. You'll have to fill out those forms and return them to me as soon as you can. You must also give me a transcript of your studies so far with your GPA and a reference letter from at least one of your teachers.

W Would it have to be my French teacher or can it be any other teacher? French is my minor. I specialize in art history.

M Depends on the plans you have overseas. If you will only study French, then a letter from your French teacher is preferred. If you would like to take courses on art, then your art history teacher would be better. Why don't you get a letter of recommendation from both professors? But you have to do it quickly because there are only a certain number of spaces available.

두 명의 교수에게 추천서를 받아보라는 직원의 조언

W Oh, but I can't get all the documentation at this time. My French professor has left the city. He's not coming back for the next month. Can I give you the documents that can be prepared first?

프랑스어 교수의 부재로 인해 가지고 있는 서류 먼저 제출하겠다는 학생의 요청(즉 두 명의 교수 모두에게 추천서를 요청하겠다는 의미를 내포)

M Alright; it's better to be quick.

그러는 게 낫겠다는 직원의 대답

Q. What is the student most likely to do about a letter of reference?

Ⓐ She will only ask her art history professor for the letter.

Ⓑ She will only ask her French professor for the letter.

Ⓒ She will ask both professors for the letter.

Ⓓ She will not ask either of the professors.

노트

Student's situation	Registrar's response
want to learn French 프랑스어를 배우고 싶음	
exchange prog. in France 프랑스에서의 교환 프로그램	France → comp. (GPA, ref. letter) 프랑스 → 경쟁이 치열함 (평점, 추천서)
Scotland prog.? 스코틀랜드 프로그램?	Scot. → Eng. country, X improve Fr. 스코틀랜드 → 영어권 나라, 프랑스어 향상 불가
Switzerland prog.? 스위스 프로그램?	Switz. → fill out form, w/ tran., ref. letter from one prof. 스위스 → 서류 작성, 성적 증명서 그리고 한 명의 교수 추천서와 함께
French prof. X, give doc. already have? 프랑스어 교수 부재, 이미 가지고 있는 서류를 주어도 될까?	들은 것을 바탕으로 제시된 정보의 특징을 추론하며 노트테이킹한다.

학생과 학적부 직원 사이의 대화 일부를 들으시오.

남 좋은 아침이에요. 제가 도와 드릴 일이 있나요?

여 안녕하세요. 저는 해외에서 프랑스어를 배우고 싶어서, 한 학기 동안 프랑스에서 교환 프로그램에 참여하고 싶습니다. Paris에 교환 학생 프로그램이 있나요?

남 교환 프로그램에 지원하는 거의 모든 학생들이 그곳에 가고 싶어하기 때문에 경쟁이 치열해요. 합격하기 위해서는 좋은 평점과 강력한 추천서가 필요할 거예요.

여 스코틀랜드 프로그램은 어때요? 거기 자리 경쟁이 심한가요?

남 거기 프로그램에는 별로 관심이 없으실 것 같은데요. 거기도 영어권 국가이기 때문에 학생들이 프로그램에 등록하는 경우는 거의 없어요. 그래서 프랑스어를 향상시킬 기회가 없어요. 프랑스어를 배우러 그곳에 가는 건 시간 낭비죠.

여 스위스는 어때요? 많은 사람들이 그곳에 가서 살고 싶어 하잖아요.

남 그것도 하나의 가능성이지요. 그 서식들을 작성해서 가능한 한 빨리 제게 주셔야 할 거예요. 또한 평점과 함께 지금까지 공부한 성적 증명서와 학생의 선생님 중 적어도 한 분에게서 받은 추천서를 제게 주셔야 합니다.

여 저의 프랑스어 선생님이어야 할까요, 아니면 다른 선생님이어도 괜찮을까요? 프랑스어는 제 부전공이거든요. 저는 미술사를 전공해요.

남 해외에서의 계획에 달려 있죠. 만약 학생이 프랑스어만 공부한다면, 당신의 프랑스어 선생님의 추천서가 더 선호되죠. 만약 학생이 미술에 대한 수업을 듣고 싶다면, 학생의 미술사 선생님이 더 좋을 것이고요. 두 교수님에게 추천서를 받아보는 건 어떨까요? 하지만 가능한 자리가 일정한 수밖에 없기 때문에 빨리 해야 합니다.

여 아, 하지만 지금은 모든 서류를 받을 수가 없어요. 제 프랑스어 교수님이 이 도시를 벗어나셨거든요. 다음 달 동안 돌아오지 않으실 거예요. 준비될 수 있는 서류 먼저 당신에게 드려도 될까요?

남 알았어요, 빨리 하는 게 좋겠어요.

Q. 학생은 추천서를 받기 위해 무엇을 할 것 같은가?

Ⓐ 미술사 교수에게만 추천서를 의뢰할 것이다.

Ⓑ 프랑스어 교수에게만 추천서를 의뢰할 것이다.

Ⓒ 두 교수 모두에게 추천서를 의뢰할 것이다.

Ⓓ 두 교수 중 어느 누구에게도 추천서를 의뢰하지 않을 것이다.

해설 두 교수 모두에게서 추천서를 받아보라는 학적부 직원의 조언에 학생은 프랑스어 교수님이 부재라서 준비될 수 있는 서류 먼저 제출해도 되는지 묻는다. 학생이 일부 서류만이라도 먼저 제출하는 사정을 설명하는 것으로 보아, 결국에는 두 교수 모두에게 추천서를 의뢰할 계획이 있다는 것을 추론할 수 있으므로 (C)가 정답이다.

어휘 abroad adv 해외에(서) | take part in ~에 참여하다 | exchange program n 교환 (학생) 프로그램 | semester n 학기 | apply for ~에 지원하다 | competitive adj 경쟁이 치열한 | grade point average (GPA) n 평점 | reference letter n 추천서 | accept v 받아들이다 | competition n 경쟁 | particularly adv 특별히 | interested adj 관심이 있는 | rarely adv 거의 ~않는 | sign up for ~에 등록하다 | waste n 낭비 | feel like ~하고 싶다 | possibility n 가능성 | fill out ~을 기입하다 | form n 서식 | transcript n 성적 증명서 | at least 최소한 | minor n 부전공 | specialize in ~을 전공으로 하다 | depend on ~에 달려 있다 | overseas adv 해외(로) | prefer v 선호하다 | recommendation n 추천(서) | certain adj 어느 정도의 | available adj 이용 가능한 | documentation n 서류

PAGODA TOEFL 70+ Listening

Practice

>> 다음 각 대화를 들으며 노트테이킹의 빈칸을 완성한 후 질문에 답하시오.

01 노트 C05_P01

Student's situation	T.A.'s response
prob.: ____________________	canceled sent ____________________
mess up sched. ☹ why happened?	____________________

Q. 학생이 다음과 같이 말할 때 내포하는 의미는 무엇인가:

Ⓐ 그 소식이 그를 놀라게 했다.

Ⓑ 그 변경으로 인해 그에게 문제가 생길 것이다.

Ⓒ 그가 요청한 정보를 얻지 못했다.

Ⓓ 그는 우편물 중에서 그 공지 사항이 분실되었다고 생각한다.

02 노트 C05_P02

Student's situation	Dormitory building manager's response
prob.: ____________________ ____________________	too expen. sol.: ____________________

Q. 다음 중 학생과 룸메이트의 관계에 대해 유추할 수 있는 사실은 무엇인가?

Ⓐ 방을 함께 쓰며 사이 좋게 지낸다.

Ⓑ 전화선 사용에 대해 계속 다툰다.

Ⓒ 서로 무관심하다.

Ⓓ 인터넷 사용에 대해 서로 이해심이 굉장히 많다.

• 대화를 다시 들으며 빈칸을 채우시오.

01

Listen to part of a conversation between a student and a T.A.

M Hi! Can I ask you something? I ______________ for Professor Mickelson's 403 class, and I've been waiting ____________________, but ________ the professor nor any of the other students are ___________________________________. Do you know what's happening?

W Didn't you ____________________? That course has been ________________ ____________________. The department sent a notice before the beginning of the semester. I'm surprised you ____ _____.

M Oh, no. I wish somebody had __________________! This will seriously __________ _______________! Why has this happened?

W The university requires ____ in order to keep the course open. They usually want at least 10 people, but only 8 are registered.

M That's going to be a real issue for me. I wish ____________________________ ______! I'm not even sure if I can register for another class at this point!

02 **Listen to part of a conversation between a student and a dormatory building manager.**

W Excuse me, are you ________________ in the dormitory rooms?

M I sure am. How may I assist you?

W Well, I've been ________________ with my roommate, but it isn't going well. I need another phone line.

M Hmm. We typically ask freshmen to share their phones. It's too expensive for the college to have two phone lines in each dorm room.

W Well, my roommate is always using the phone line for ________________ on her computer, and I can never use the phone or the Internet either!

M Have you talked to her about that?

W Oh, yes. Many times! But she's ________________, and she's on the Internet all day!

M That would be inconvenient, but...

W This is much more than just an inconvenience! My major is ________________, and I need the telephone to ________________ that we are assigned. I also need to use the Internet to search for products. And I have a very heavy workload; I need ________________ to complete my work on time.

M Have you considered ________________ in your bedroom rather than another telephone line? Cable is a lot faster than ________________. This would be much better for your studies and for your roommate's Internet games.

W That might be one way. So the phone line would be ________________, and we could both use cable Internet, right? Do you manage ________________ as well?

M Yes, I do, actually.

>> 다음 각 대화를 들으며 노트테이킹의 빈칸을 완성한 후 질문에 답하시오.

03 노트 C05_P03

Student's situation	Professor's response
____________________?	purpose: ____________ story, setting, character ________ X suggestion: ____________

Q. What can be inferred from the student's behavior at the beginning of the conversation?

Ⓐ She was pleased to see the professor.
Ⓑ She had no idea why the professor wanted to talk about the assignment.
Ⓒ She knew exactly why the professor wanted to see her.
Ⓓ She thought she was in trouble.

04 노트 C05_P04

Student's situation	Professor's response
prob.: ____________ about ____________	refers to ____________ based on ____________ each situation varies
drown X help → ____________	risk life?
diff. to answer	

Q. What will the student do next?

Ⓐ He will rush to class.
Ⓑ He will change his major to another field.
Ⓒ He will examine his ideas more closely.
Ⓓ He will hear more explanation from the professor later.

• 대화를 다시 들으며 빈칸을 채우시오.

03 **Listen to part of a conversation between a student and a professor.**

W Did you wish to see me, Professor?

M Yes, Joanne. But please ______________________________.

W Nothing's wrong, I hope.

M No, no! I just wanted to ______________________________________.

W Huh! What a relief! Whenever a teacher ____, that makes me nervous.

M Just relax. It's only a few comments on your mystery novel. First of all, I wanted to ____ and theme. The story runs smoothly, and the ________________________________. And your themes of infidelity and betrayal perfectly correspond to the ___________________________________.

W Didn't you find the setting a bit melodramatic?

M Absolutely not! Your setting has created _____________________________. Still better was your character development. ____, yet still credible, and your antagonist was ______________________________!

W Great! So glad you enjoyed it.

M With that in mind, I have a number of suggestions. As I mentioned earlier, ____________________________, but it ____________________________ that is necessary in a mystery book. Your plot has more of a drama in it. The reason I mention it is that, like so many dramas, your ending was a bit ___________________.

04 **Listen to part of a conversation between a student and a professor.**

M Professor, do you have a moment?

W Ahh, will it take long? I'm going to class in 10 minutes.

M I'm sorry, but it ______________________.

W Okay. What can I do for you?

M I didn't quite catch one point you were explaining in the class today... You talked about some ethics... it was something like ______________________?

W Are you talking about situational ethics?

M Ah, yes. That was it!

W You do understand what ethics means, right? Situational ethics refers to ______________________. Alright, let me give you a brief explanation. The initial idea, believe it or not, was first introduced by an Episcopal priest named Joseph Fletcher in the 1960s. It's based on the idea that ______________________. And love is unequivocal. Consequently, other things in life, such as moral decisions, ______________________. The point is... hmm... Each situation ______________________.

M So what this means is that doing ______________________ is not always the best thing to do. Hypothetically, if someone is walking along the beach and sees ______________________, isn't it always right to help them? If not, that goes ______________________ growing up.

W We're supposed to ______________________. That's why we get an education. Let me explain with your scenario. Let's say you see this ______________________ and you feel obligated to help, but you're not a strong swimmer. And you are the sole provider for ______________________ at home. Under those circumstances, do you think it would be a good idea to risk your life trying to save somebody you don't know?

M The question is ______________________. I should definitely think about it. You've given me a lot to consider. Thank you.

Lesson 05 Conversations

Conversation 배경지식 5

C05_BK 표현 듣기

At a Housing Office 주거 관리 사무실에서

주거 관리 사무실은 학생들의 주거 문제와 관련된 업무를 담당하는 곳이다. 주로 기숙사 입주/퇴실과 같은 기숙사 관련 업무를 담당하며, 학생들의 주거 문제에 대해 상담을 해 주거나 문제가 생겼을 때 해결해 줄 수 있다.

Conversation Flow

1 학생의 문의 사항 제기

이런 내용이 자주 나와요!

- 기숙사 입주/퇴실 신청
- 잘못된 방을 배정받아서 어떻게 된 것인지 문의
- 다른 방으로 바꾸고 싶어 함

Main Idea 문제 출제

2 학생의 문제점에 대한 배경 설명

이런 내용이 자주 나와요!

- 룸메이트와의 불화로 인한 갈등
- 기숙사 방의 인터넷/전화선 설치와 관련된 문제
- 기숙사 비용을 감당하기 어려운 학생의 경제적 상황
- 기숙사 안의 시설이 고장 나 어려움이 생김

3 주거 관리 사무실 직원의 질문과 학생의 대답

이런 내용이 자주 나와요!

- 룸메이트와의 불화를 극복하기 위한 직원의 제안과 학생의 반응
- 학생이 원하는 주거 형태나 조건들에 대한 질문과 그에 대한 직원의 대답
- 학생이 잘못된 방을 배정받게 된 과정을 알아보기 위한 질문과 응답

〈빈출 주제〉
방의 형태 (1인실 / 2인실) / 거주 형태 (dormitory / off-campus housing)

4 주거 관리 사무실 직원의 제안/해결책 제시

이런 내용이 자주 나와요!

- 입주/퇴실을 위해 필요한 서류 준비
- 룸메이트와의 갈등을 해결하기 위한 해결책 제시
- 고장 난 기숙사 시설을 해결할 수리공 방문 일자 제시

Details 문제, Inference 문제 등을 포함한 다양한 문제 출제

주거 관리 사무실에서의 대화 관련 빈출 표현

dormitory n 기숙사	I requested a **dormitory** room, but I was not assigned one. 기숙사 방을 신청했는데, 배정을 받지 못했어요.
dorm n 기숙사	It's much more common for students to say "**dorm**" because it's shorter. dorm(기숙사)이 더 짧기 때문에 학생들이 "dorm"이라고 말하는 것이 훨씬 더 일반적이에요.
off-campus housing 캠퍼스 밖의 주택	If you would like to stay away from campus, you may consider **off-campus housing**. 만약 캠퍼스에서 떨어져 있고 싶다면, 캠퍼스 밖의 주택을 고려해 볼 수 있어요.
request form 요청서	Please fill out the **request form** at the housing office. 주거 관리 사무실에서 요청서를 작성해 주세요.
technician n 기술자	The **technician** has to take a look at a computer. 기술자가 컴퓨터를 살펴봐야 해요.
tenant n 세입자	The **tenant** is responsible for repairs. 세입자는 수리를 해야 할 책임이 있습니다.
house v 거처를 제공하다	Exchange students are **housed** at the dormitories. 교환 학생들은 기숙사에서 거처를 제공받습니다.
fully furnished adj 가구가 딸린, 내부가 완비된	A campus apartment is **fully furnished** with a private bathroom, a living room, and a small kitchen. 교내 아파트는 개인 화장실과 거실, 그리고 작은 부엌과 함께 내부가 완비되어 있어요.
accommodation n 숙박 시설, 거처, 숙소	The need for **accommodations** in college is generally assessed by two factors: necessity and reasonableness. 대학에서의 숙박 시설의 필요성은 일반적으로 두 가지 요인, 즉 필요성과 합리성에 의해 평가됩니다.
curfew n 통행금지령, 통행금지 시간	More students are calling on universities to remove or ease dormitory **curfews**. 더 많은 학생들이 대학들에게 기숙사 통행금지 시간을 없애거나 완화하라고 요구하고 있습니다.
lease v 임대[임차/대여]하다	How much is it to **lease** the computer equipment? 그 컴퓨터 장비를 임차하는 데 얼마나 드나요?
rent n 집세, 임차료	The owner accused the tenant of not paying **rent**. 건물주는 집세를 내지 않은 혐의로 임차인을 고소했습니다.

Test

문제 듣기

Passage 1

[1-3] Listen to part of a conversation between a student and a housing director.

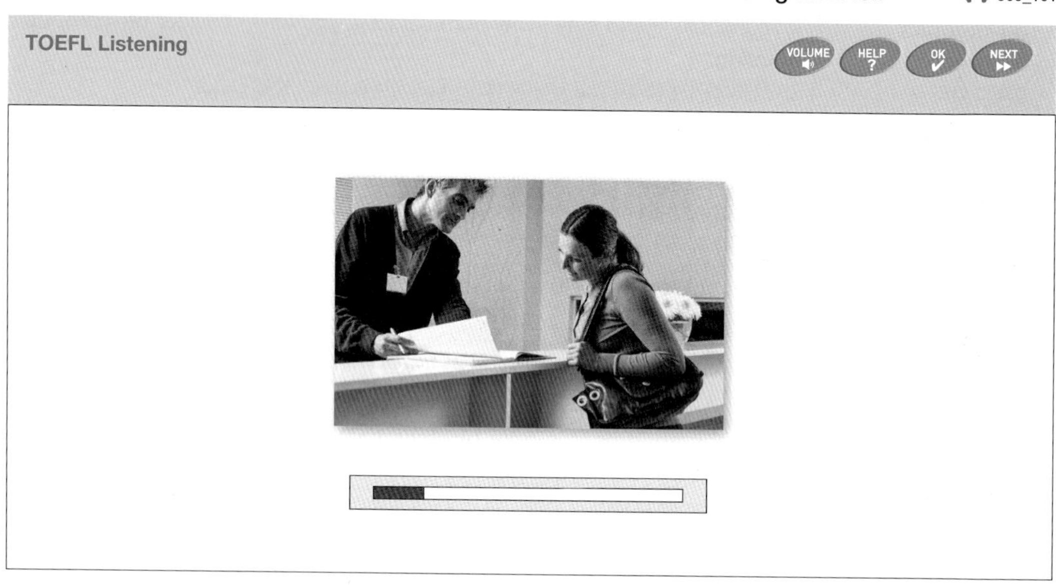

노트

Student's situation	Housing director's response

정답 및 해설 | P. 57

1. What items are necessary for the student to enter the dorm? Choose 2 answers.

(A) A valid student I.D.

(B) A registration form from classes

(C) A valid driver's license

(D) A meal plan ticket

2. According to the conversation, what will be the likely outcome of the student's dilemma?

(A) She will not be able to recover her wallet.

(B) She will not gain access to the dorms.

(C) She will be able to replace her school documents.

(D) She will have to go to the police station to file a report.

3. What is the housing director's attitude towards the student?

(A) He understands the student's frustration but cannot help.

(B) He refuses to allow the student entry to the dorms under any circumstances.

(C) He does not believe that the woman is a student at the university.

(D) He tries to calm her down, but he continues to follow the housing regulations.

Passage 2

[1-3] Listen to part of a conversation between a student and a university employee. C05_T02

노트

Student's situation	University employee's response

Lesson 05 Conversations

1. Listen again to part of the conversation. Then answer the question.

Why does the woman say this:

Ⓐ She approves of the man's decision.

Ⓑ She thinks he should make a phone call.

Ⓒ She feels that he made a poor choice.

Ⓓ She is not convinced by the man's story.

2. What is the student's attitude toward the lab policy?

Ⓐ He does not feel that it applies to him.

Ⓑ He thinks that it is very inconvenient.

Ⓒ He wants them to make an exception.

Ⓓ He believes that it makes sense.

3. What will the student most likely do next?

Ⓐ He will return to his dormitory.

Ⓑ He will go to his next class.

Ⓒ He will fill out a form.

Ⓓ He will file an official complaint.

III
Lecture Question Types

- Lesson 01 Main Idea
- Lesson 02 Details
- Lesson 03 Function & Attitude
- Lesson 04 Connecting Contents
- Lesson 05 Inference

TOEFL Listening에서 강의(Lecture) 유형은 총 3~5개 출제되며, 교수 혼자 강의하는 유형과 교수가 강의하는 도중 학생이 한두 마디 질문을 하는 유형으로 나뉜다. 보통 1개의 지문당 550~850단어의 길이로 이루어져 있으며(약 4~5분), 강의를 듣고 1~6번 문제를 풀게 된다. 대화와 마찬가지로 필기용 종이가 제공되기 때문에 강의를 들으면서 노트테이킹이 가능하다.

Lesson

01 Main Idea

Introduction

Lecture의 Main Idea 유형은 강의나 토론에서 주로 다루고 있는 내용, 즉 주제를 묻는 문제이다. 이 문제 유형은 전반적인 강의나 토론의 핵심 내용을 파악했는지를 확인하는 문제로, 모든 강의 지문에 한 문제씩 반드시 출제된다.

Sample Questions 

- What is the lecture/discussion mainly about?
  강의/토론은 주로 무엇에 관한 것인가?
- What is the main purpose of the lecture?
  강의의 주된 목적은 무엇인가?
- What is the main topic/idea of the lecture?
  강의의 주된 주제는 무엇인가?
- What does the professor mainly discuss?
  교수는 주로 무엇에 관해 논의하는가?
- What is the professor mainly discussing?
  교수는 주로 무엇에 관해 논의하고 있는가?

Learning Strategies

1. 표시어(Signal words)와 함께 나오는 내용을 귀담아 듣기

Main Idea는 대개 강의의 도입부에서 표시어와 함께 나오므로 시작할 때부터 집중해야 한다. 아래의 표현 중 하나가 나오면 바로 이어서 강의의 주제가 언급될 가능성이 크다. 따라서 이런 표시어의 앞뒤에 나오는 내용을 반드시 노트테이킹해야 한다.

• Today, we are going to talk about ~	오늘, 우리는 ~에 대해 이야기할 거예요
• I'd like to focus on ~	~에 중점을 두고 이야기할게요
• Let's move on to ~	~로 넘어갑시다
• OK, let's start with ~	자, ~로 시작해 봅시다
• What I want to talk about is ~	제가 이야기하고 싶은 것은 ~이에요
• I'm going to begin this by mentioning ~	~을 언급하면서 강의를 시작해 볼게요
• Our discussion for today is going to be ~	오늘 우리의 토론은 ~가 될 거예요
• For today's discussion, we'll review ~	오늘 토론에서는, ~을 복습할 거예요

2. 노트테이킹(Note-taking)하기

Main Idea는 노트테이킹할 때 제일 상단에 'MI'로 축약하여 표기하고 뒤에 강의의 주제를 적는다. 이때 주제의 내용을 모두 적지 말고, 간략하게 명사(구) 형태로 핵심 키워드만 뽑아 적는다.

3. 패러프레이징(Paraphrasing)에 주의하기

지문에 나온 표현이 문제나 보기에 그대로 나오는 경우는 거의 없다. 의미는 같지만 다른 단어나 문장으로 바뀌어 보기에 나온다. 노트테이킹한 내용을 가장 가까운 의미로 적절히 패러프레이징한 보기를 정답으로 골라야 한다.

문제 풀이 Tip

❶ 처음에 언급된 내용이 반드시 Main Idea가 된다는 선입견을 가지면 위험하다. 간혹 지난 시간에 배운 내용이나 소재를 복습하기 위해 언급하는 경우도 있기 때문이다. 핵심 내용이 등장하는 표시어를 구분하여 들어야 한다.

❷ 강의의 도입부에 Main Idea가 정확히 언급되지 않고 두세 가지의 서로 관련 있는 논점이 언급되는 경우도 있으니 강의를 끝까지 주의 깊게 듣고 전체 내용을 핵심적으로 요약한 보기를 골라야 한다.

오답 함정 Hint

❶ 강의의 핵심 단어를 포함하고 있지만 전반적인 내용이 틀린 보기는 오답이다.

❷ 강의 내용 중 일부만을 다루고 있거나 지나치게 포괄적인 보기는 오답이다.

Example

Man: Professor

L01_EX

Listen to part of a lecture in an art history class.

M Now, let's take some time to look at **the Venetian palette**, which is actually kind of a misnomer. Calling it a palette implies that there were consistent colors that painters regularly used, but those of course varied from artist to artist. Still, the Venetian palette often included rich shades of red and yellow. The Venetian palette was actually defined more by the qualities of the paints that the artists of Venice used and how they applied them to the canvas. Artists during the Renaissance sought to represent nature as accurately and faithfully as possible, but artists from different regions of Italy approached painting in very different ways. Painters from Florence viewed drawing as the most essential stage of creating an artwork, but the Venetians focused primarily on the layering and blending of pigments to create a glowing richness of color.

주제를 알려주는 표시어와 함께 강의 주제 언급: 베네치아 색조

베네치아 색조의 특징

이탈리아 지역 화가들의 접근 방법들

Q. What is the lecture mainly about?

Ⓐ The ways that artists used to mix their paints
Ⓑ The chemical compounds used in pigments
Ⓒ The career and work of an Italian artist
Ⓓ The style and materials used by a group of artists

노트

MI) Venetian palette

- red & yellow
- defined by paint qual. & how apply
- approached in diff. ways
  - Florence: drawing
  - Venetians: layering & blending

Main Idea의 축약어 'MI'로 문제 유형을 표시하고 주제를 파악하여 명사(구) 형태로 키워드만 빠르게 적는다.

적절한 기호나 축약어를 사용해서 중요한 정보를 최대한 간단하게 노트테이킹한다.

주제) 베네치아 색조

- 빨간색과 노란색
- 물감의 특성과 어떻게 칠했느냐에 의해 정의됨
- 다른 방법으로 접근함
  - 피렌체 화가: 소묘
  - 베네치아 화가: 층을 쌓고 섞음

미술사 수업의 강의 일부를 들으시오.

남 이제, 베네치아 색조를 잠시 살펴봅시다. 사실 이건 다소 잘못된 명칭이에요. 색조라고 하면 화가들이 자주 사용한 일관된 색깔들이 있다는 걸 암시하지만 당연히 이 색깔들은 화가들마다 달랐습니다. 그럼에도 불구하고 베네치아 색조는 자주 풍부한 톤의 빨간색과 노란색을 포함했어요. 베네치아 색조는 사실 베네치아 화가들이 사용한 물감의 특성과 화가들이 캔버스에 어떻게 색을 칠했는지에 따라 더 많이 정의됩니다. 르네상스 시대의 화가들은 자연을 가능한 한 정확하고 충실하게 표현하는 것을 추구했지만, 이탈리아의 다른 지역 화가들은 아주 다른 방법으로 화법에 접근했습니다. 플로렌스(피렌체)의 화가들은 소묘를 예술 작품을 창조하는 데 있어 가장 중요한 단계라고 보았지만, 베네치아 화가들은 색의 빛나는 풍부함을 만들어 내기 위해 색의 층을 쌓고 색을 섞는 일에 주로 집중했어요.

Q. 강의는 주로 무엇에 관한 것인가?

Ⓐ 물감을 섞기 위해 화가들이 사용한 방법들
Ⓑ 안료에 사용된 화학 화합물
Ⓒ 한 이탈리아 화가의 경력과 작품 활동
Ⓓ 한 화가 집단이 사용한 화풍과 재료

해설 주제를 알려주는 표시어 "let's take some time to look at ~" 이하에서 강의자가 베네치아 색조에 대해 이야기한다는 것을 알 수 있다. 이를 적절하게 패러프레이징한 보기를 골라야 하는데, Venetian(베네치아의)은 a group of artists(한 화가 집단)으로, palette(색조)는 The style and materials(화풍과 재료)로 적절하게 바꿔서 표현한 (D)가 정답이다. 보기 (A)는 강의 내용 일부만 다룬 보기라서 오답이고, (B)는 강의 내용에서 언급조차 없는 단어로 이루어진 내용이며, (C)는 이탈리아 화가들이 지역에 따라 나뉘어 언급되지만, 한 사람을 지칭하지도 그 사람의 경력과 작품 활동을 설명하지도 않았기에 틀린 보기이다.

어휘 Venetian adj 베네치아의, 베니스의 | palette n 색조, 팔레트 | kind of 다소, 약간, 어느 정도 | misnomer n 부적절한[잘못된] 명칭 | imply v 암시하다 | consistent adj 한결같은, 일관된 | painter n 화가 | regularly adv 규칙적으로, 자주 | vary (from sth to sth) v (~마다) 다르다 | artist n 화가, 예술가 | still adv 그래도, 그럼에도 불구하고 | include v 포함하다 | rich adj 풍부한 | shade n 색조, 음영 | define v 정의하다 | quality n 질 | apply v 적용하다 | canvas n 캔버스 | Renaissance n 르네상스, 문예 부흥(기) | seek v 추구하다 | represent v 나타내다, 표현하다 | accurately adv 정확히, 정밀하게 | faithfully adv 충실히 | region n 지역 | approach v 접근하다 | view v (~라고) 여기다, 보다, 생각하다 | drawing n 소묘, 그림 | essential adj 중요한 | stage n 단계 | artwork n 예술 작품 | focus on ~에 집중하다 | primarily adv 주로 | layer v 층을 쌓다 | blend v 섞다, 혼합하다 | glowing adj 빛나는, 강렬한, 선명한 | richness n 풍부함 | mix v 섞다 | chemical adj 화학의 | compound n 화합물 | pigment n 안료, 색소, 그림물감 | career n 경력 | material n 재료

Practice

>> 다음 각 강의를 들으며 노트테이킹의 빈칸을 완성한 후 질문에 답하시오.

01 노트 L01_P01

MI) ____________________

- achieved ____________________, X ______________ system
- had wr. in ______________

Q. 강의의 주된 주제는 무엇인가?

Ⓐ 고대의 문자 체계를 이해하려는 시도들
Ⓑ 한 고대 문명이 이룬 업적
Ⓒ 고대 언어들을 번역하는 데 사용된 방법들
Ⓓ 남아메리카에서 사용된 건축 기법

02 노트 L01_P02

MI) dino. - ____________________

- # of dino. ______________ (X accurate)
- 50% ______________ ← concept of ______________
- ______________ found ______________ per yr

Q. 강의의 주된 주제는 무엇인가?

Ⓐ 새로운 공룡 종이 발견되는 속도
Ⓑ 고생물학자들 사이의 경쟁
Ⓒ 새로운 공룡 종의 식별
Ⓓ 일부 공룡이 오인된 이유들

• 강의를 다시 들으며 빈칸을 채우시오.

01 **Listen to part of a lecture in an anthropology class.**

W Today, we are going to explore one of the lingering mysteries of South American history: ______________. The Inca were a native civilization in South America that displayed an unusually ______________. They built huge complexes of buildings using hand cut stones, created terraced farms and ______________ to supply them on mountains, and ______________. They achieved great things, yet they appear to have done all of those things ______________! This mystery is referred to as the ______________, and it has puzzled historians ever since the Spanish discovered the Inca. However, some people think that they did indeed ______________. They contend that we simply do not know ______________.

02 **Listen to part of a lecture in a paleontology class.**

W We began studying the ______________, during our last class. This era lasted for approximately ______________. The most famous members of this age are of course the dinosaurs, but ______________ were there? Honestly, no one knows, but a certain number have been identified. So, who can tell me how many species of ______________?

M If I remember correctly, about ______________ have been named, but there is considerable doubt as to ______________.

W That is correct. Between 1824, when the ______________ began, and 2004 about 1,400 species were named, but over 50 percent of those are currently ______________. In most cases, this is due to the ______________, which are species that are given the wrong name because the discoverer does not know that the ______________. The rate at which ______________ has varied over the past 200 years. Between 1820 and 1870, very few new species ______________, but this was followed by a period of intense activity referred to as the "______________" in North America, when dinosaur hunters engaged in a fierce competition to ______________, and they averaged about 15 species per year for 20 years.

>> 다음 각 강의를 들으며 노트테이킹의 빈칸을 완성한 후 질문에 답하시오.

03 노트 L01_P03

MI) ____________________

- layer of ____________________
- hotter, except ____________________
- intense brightness → ____________________
- visible during ____________________

Q. What is the lecture mainly about?

(A) Appropriate times to see the corona
(B) Methods to see the corona
(C) Ways to observe the corona
(D) The characteristics of the corona

04 노트 L01_P04

MI) ____________________

before 19c
- based on ____________________
  - wings
  - drop

____________ improved
- gas / electric lights → X backdrop
- historical ____________
- ____________ - walls, ceiling, top & sides sloped → ____________ effect

19c unique → ____________
- simple set
- fewer ____________

Q. What is the main idea of the lecture?

(A) The way theater design shifted from simple to complex
(B) The evolution of theater design and its characteristics
(C) The changes that occurred in American and European plays
(D) The cycle of theater design trends and their influence on plays

• 강의를 다시 들으며 빈칸을 채우시오.

03 **Listen to part of a lecture in an astronomy class.**

W Let's move on to the ________. The Sun has an ________ that surrounds it called the ________. This layer of the Sun's atmosphere is ________ any other part of the star ________. The core is generally ________ at 15.7 million degrees Kelvin, but parts of the corona can even ________ at up to 20 million degrees Kelvin. Due to the ________, the corona is usually invisible. For centuries, this meant that astronomers could only observe the corona ________. A solar eclipse occurs when the ________, and the body of the Moon blocks some of the Sun's surface from view. During a total solar eclipse, the ________, and the corona is visible to the naked eye. At all other times it is ________ of the star itself.

04 **Listen to part of a lecture in a theater class.**

M OK, are you ready for the ________ in the U.S.? Well, prior to the 19th century, ________ in the U.S. was largely based upon the Italian model that used painted sheets to create ________. There were two sets of ________ that were placed on the sides of the stage. ________ was also moved closer to the center of the stage. In the back was another ________. This created scenery that wrapped around the stage, but as ________, first with gas and then electric lights, this type of set design became ________. The painted backdrop simply was not convincing to the audience ________. In addition, there was a greater desire for ________, leading to many stages being ________.

The thing is, this all fit in well with the larger ________, which stressed accurate detail in both settings and drama. An innovation that spread throughout the theater world at this time was ________. This design originated in Germany, and it had actual ________ that formed the sides and back of the stage. The fourth wall was the ________ at the front of the stage, which allowed ________, and there was a ceiling as well. The top and sides sloped down toward the back of the stage, creating an even more convincing ________ with the illusion of perspective.

In the 19th century, the scenic styles used in America were their own ________ from the traditional scenes of the European masters. At the turn of the century, however, a trend toward more ________ began to take hold. Simple sets with generic scenery became more common, and there were far ________.

Lesson 01 Lectures

L01_BK 표현 듣기

Lecture 배경지식 1 Biology 생물학

생물학(Biology)은 자연 생태계와 생명 현상을 연구하는 학문이다. 연구 대상에 따라 식물학, 동물학, 해양 생물학, 곤충학 등으로 나뉘는데, 생물학의 학문 영역이 넓은 만큼 TOEFL Listening에서도 다양한 분야의 주제가 나온다. 각 분야의 기초 지식과 이론을 이해하기 위하여 빈출 주제와 관련 용어들을 미리 숙지해 두면 도움이 된다.

Step 1 Understanding Background Knowledge 배경지식 이해하기

어류

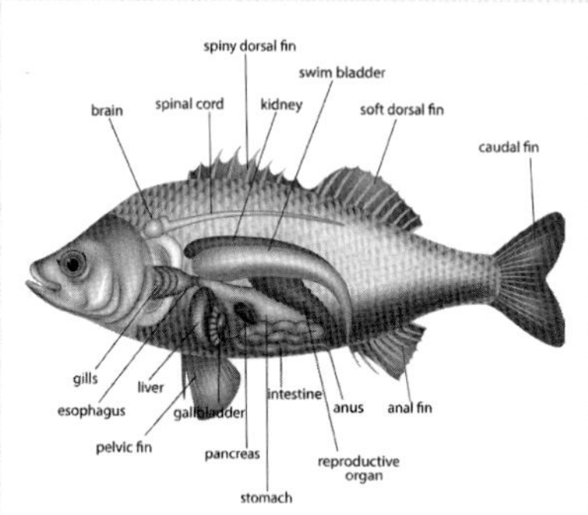

우리가 물고기라고 부르는 어류는 물속에 사는 척추동물을 말한다. 아가미로 호흡하고 지느러미를 가지며 물속에서 생활하는 냉혈 동물로 주위 온도에 영향을 받는다. 대부분의 경우 냉혈 동물이지만 참치나 상어와 같은 몇몇 종들은 온혈이기도 하다. 이들은 주위 수온보다 확실하게 체온을 높일 수 있다. 수중 생활을 하는 생물 중 고래와 돌고래는 물에서 살지만 어류가 아닌 포유류로, 새끼를 젖을 먹여 키우고 아가미 호흡이 아닌 폐 호흡을 하여 주기적으로 호흡을 위해 물 표면으로 나와 호흡을 해야 한다. 고래류의 콧구멍은 다른 포유류와는 달리 머리의 앞부분에 있지 않고 윗부분에 존재하는데, 이 같은 고래류의 특성이 물 표면에서 숨을 쉴 수 있도록 해 주는 것이다. 이 외에 수중 생활을 하는 생물 중 성체가 되면 발이 나오는 개구리와 도롱뇽, 무척추동물인 오징어, 조개, 해삼, 해파리 등은 물고기에 속하지 않는다.

Step 2 Understanding Terminology 용어 이해하기

❶ **vertebrate** n 척추동물

There are approximately 34,000 species of **vertebrates** in the world.

지구상에는 약 34,000종의 척추동물들이 있다.

❷ **invertebrate** n 무척추동물

Invertebrates like insects, spiders, and worms can live on the land.

곤충, 거미, 그리고 땅 속에 사는 벌레와 같은 무척추동물은 땅에서 살 수 있다.

❸ **gill** n 아가미

Aquatic organisms use their **gills** to filter out oxygen.

물속에서 자라는[수생] 생물은 아가미를 이용해 산소를 걸러낸다.

❹ **lung** n 폐

Some animals don't even need **lungs** to breathe.

어떤 동물들은 심지어 숨을 쉬기 위해 폐가 필요하지도 않다.

❺ **fin** n 지느러미

Fins are one of the most distinguishing features of a fish.

지느러미는 물고기의 가장 두드러진 특징 중 하나이다.

❻ **nostril** n 콧구멍

Its gills are actually two **nostril**-like holes on top of its head.

그것의 아가미는 사실 머리 꼭대기에 있는 두 개의 콧구멍과 비슷한 구멍이다.

❼ **scale** n 비늘

Their **scales** and teeth are made up of the same material.

그들의 비늘과 이빨은 같은 물질로 이루어져 있다.

❽ **spiracle** n 숨구멍

The location of the **spiracles** allows whales to breathe air at the surface of the water.

숨구멍의 위치는 고래가 수면에서 숨을 쉴 수 있게 해 준다.

❾ **cold-blooded animal** 냉혈 동물

Most fish species are **cold-blooded animals**.

대부분의 어종은 냉혈 동물이다.

❿ **warm-blooded animal** 온혈 동물

Warm-blooded animals can maintain a body temperature higher than their environment.

온혈 동물들은 그들의 환경보다 더 높은 체온을 유지할 수 있다.

⓫ **limb** n 사지, 팔다리

Fish are animals that lack **limbs**.

물고기는 팔다리가 없는 동물이다.

⓬ **tetrapod** n 사지동물, 사족동물

Tetrapods include all land-living vertebrates, such as frogs, turtles, and lions.

사지동물은 개구리, 거북이, 사자와 같은 육지에 사는 모든 척추동물을 포함한다.

⓭ **aquatic** adj 물속에서 자라는[사는], 수생의

Fish are found in nearly all **aquatic** environments.

물고기는 거의 모든 수생 환경에서 발견된다.

Step 1 Understanding Background Knowledge 배경지식 이해하기

포유류

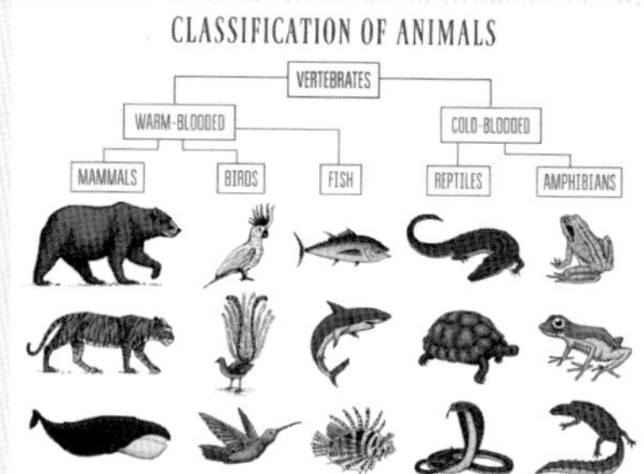

인간을 비롯해 개, 고양이, 호랑이, 사자 등이 포유류에 속한다. 지구상에 약 4,000여 종이 살고 있는 포유류는 다양한 종만큼이나 생김새와 사는 방법도 제각각이지만, 몇 가지 공통된 특징을 가지고 있다. 대부분 새끼를 낳고 젖을 먹여 키운다. 대부분의 포유류는 암컷의 자궁 속에서 태반을 통해 영양분을 공급받아 발육하여 태어나는 태반류에 속한다. 유대류는 포유류의 한 갈래로, 태생이 포유류지만 발육이 불완전한 상태로 태어난 새끼를 어미의 배에 넣고 키우는 습성을 가지는데, 캥거루나 코알라가 대표적인 예이며 주로 호주와 아프리카에 서식한다. 포유류 종들의 또 하나의 공통점은 털이 있다는 점이다. 인간처럼 털이 많지 않는 것들도 있고 고래처럼 신체의 아주 일부분만 털이 있는 것도 있지만, 대부분의 포유류의 몸은 털로 덮여 있으며 피부는 여러 형태의 분비샘을 가지고 있다. 또한 대부분 네발로 걸어 다니지만, 박쥐류는 날 수 있고 고래류는 수중에서 헤엄치는 포유류이다.

Step 2 Understanding Terminology 용어 이해하기

❶ **mammal** n 포유류

Mammals range in size from tiny bumblebee bats to enormous blue whales.
포유류의 크기는 아주 작은 호박벌 박쥐부터 거대한 흰긴수염고래까지 다양하다.

❷ **placental** adj 태반이 있는

Many **placental** mammals are much more developed when born.
다수의 태반 포유류들은 태어났을 때 발육이 훨씬 더 잘 되어 있다.

❸ **marsupial** n 유대류, 유대목 동물

There are approximately 5,880 species of **marsupials** currently living on our planet.
현재 지구상에는 대략 5,880종의 유대류가 살고 있다.

❹ **monotreme** n 단공류(가시두더지나 오리너구리같이 알을 낳지만 새끼에게 젖을 먹이기도 하는 동물)

Monotremes are very primitive for mammals because they lay eggs rather than having a live birth.
단공류는 포유류치곤 매우 원시적이다, 왜냐하면 그들은 생아 출산을 하기보다는 알을 낳기 때문이다.

❺ **rodent** n 설치류

Rats and other **rodents** showed up around 5 million years ago.
쥐와 다른 설치류들은 약 5백만 년 전에 나타났다.

❻ **womb** n 자궁 (= uterus)

The **womb** is where a fetus develops and grows.
자궁은 태아가 발달하고 자라는 곳이다.

❼ **placenta** n 태반

The **placenta** connects a baby to the uterus during pregnancy.
태반은 임신 기간 동안 아기를 자궁으로 연결한다.

❽ **nipple** n 젖꼭지

Once inside the pouch, a marsupial has access to its mother's **nipples**.
일단 주머니 안에 들어가면, 유대목 동물은 어미의 젖꼭지에 접근할 수 있다.

❾ **pouch** n 육아낭

A marsupial must climb inside its mother's **pouch**, or it will die.
유대목 동물은 어미의 주머니 안으로 들어가야 하는데, 그러지 못하면 죽게 될 것이다.

❿ **carnivore** n 육식 동물

Many **carnivores** are top predators that live solitary lives.
많은 육식 동물들은 무리 지어 살지 않는 최상위 포식자들이다.

⓫ **herbivore** n 초식 동물

Herbivores, especially hoofed animals like deer and zebra, live in large groups.
초식 동물들, 특히 사슴과 얼룩말과 같은 발굽이 있는 동물들은 큰 무리를 지어 산다.

⓬ **omnivore** n 잡식 동물

Among **omnivores**, primates are known for their high intelligence.
잡식 동물 중에서 영장류는 지능이 높은 것으로 알려져 있다.

Test

문제 듣기

Passage 1

[1-4] Listen to part of a lecture in a history class.

정답 및 해설 | P. 67

1. **What is the main idea of the lecture?**

Ⓐ The concept of ghost acres and the role they played in 19th century England

Ⓑ The trade network that England established to increase its ghost acreage

Ⓒ The way ghost acres contribute to a country's increasing population

Ⓓ The growing dependence on ghost acres and the ways to deal with it

2. **Which of the following statements does the concept of the Malthusian trap support?**

Ⓐ Agricultural growth is too slow when compared to industrial or technological advances.

Ⓑ Population growth will eventually overtake agricultural growth and people will suffer.

Ⓒ It is impossible to keep up with both industrial growth and population growth at the same time.

Ⓓ The Industrial Revolution played the biggest role in advancing population growth.

3. **According to the lecture, what is ghost acreage?**

Ⓐ The amount of land that would be needed to produce imported or mined resources

Ⓑ The importation of various goods from foreign countries for a short time period

Ⓒ Resources that do not exist in a country but can be imported from other countries

Ⓓ Industrial resources that can be imported from other countries at reduced prices

4. **Why does the professor mention Sweden?**

Ⓐ To compare the different resources that were available to Sweden and the British Empire

Ⓑ To explain why England became the first country that achieved an Industrial Revolution

Ⓒ To emphasize the reason why Sweden did not need to depend upon ghost acreage

Ⓓ To discuss another country that utilized ghost acreage in a way similar to the British Empire

Passage 2

[1-4] Listen to part of a lecture in a psychology class.  L01_T02

1. What is the main topic of the lecture?

Ⓐ The research of a renowned psychologist

Ⓑ A new theory on childhood development

Ⓒ Stages of mental development in children

Ⓓ The maturation of the human brain

2. Listen again to part of the lecture. Then answer the question.

Why does the professor say this:

Ⓐ To prevent the student from discussing a topic he will address later

Ⓑ To inform the students what he will be discussing in the next session

Ⓒ To correct an error that the student made while giving her answer

Ⓓ To point out that the student has missed the point of his question

3. What does Piaget's theory assert about childhood development?

Ⓐ Children's minds act like empty containers for knowledge.

Ⓑ Children's minds are weaker because their brains are smaller.

Ⓒ Children's minds are capable of understanding the world like those of adults.

Ⓓ Children's minds operate in different ways from those of adults.

4. According to the professor, what happens to children during the concrete operational stage?

Ⓐ They begin to understand cause and effect.

Ⓑ They become intensely egocentric.

Ⓒ They struggle to use inductive reasoning.

Ⓓ They learn that people's thoughts are individual.

Lesson

02 Details

문제 듣기

Introduction

Lecture의 Details 유형은 강의나 토론에서 화자(주로 교수)가 설명하거나 주장하고 있는 것을 뒷받침하기 위해 제공되는 세부 정보들을 정확하게 들었는지 확인하는 문제이다. 이 문제 유형은 화자가 언급한 내용 중 중심 내용과 연관된 주요 세부 사항을 묻는다. Details 문제는 1개의 강의 지문당 약 2~3문항이 출제되며, 정답을 2개 또는 3개를 고르는 문제가 출제되기도 한다.

Sample Questions 

정답이 1개인 질문 형태

- What does the professor say about ~? — 교수는 ~에 대해서 뭐라고 말하는가?
- According to the professor, what is ~? — 교수에 따르면, ~는 무엇인가?
- What are some reasons that ~? — ~의 몇 가지 이유들은 무엇인가?
- What is an example of ~? — ~의 한 가지 예시는 무엇인가?
- What point does the professor make when he refers to ~? — 교수는 ~을 언급할 때 어떤 주장을 하고 있는가?
- What does ~ demonstrate? — ~는 무엇을 보여 주는가?

정답이 2개 이상인 질문 형태

- What are two features of ~? Choose 2 answers.
  ~의 두 가지 특징들은 무엇인가? 2개의 답을 고르시오.
- According to the professor, what are some reasons for ~? Choose 3 answers.
  교수에 따르면, ~의 몇 가지 이유들은 무엇인가? 3개의 답을 고르시오.

Learning Strategies

1. 표시어(Signal words)와 함께 나오는 정보들을 귀담아 듣기

지문에서 언급된 내용 중 무엇이 중요한지 파악하며 들어야 한다. 주로 중심 내용과 관련된 정보들을 언급할 때 쓰이는 표시어가 있는데, 이를 통해 세부 사항을 정확하고 쉽게 파악할 수 있다. 다음 표시어를 바탕으로 지문에서 강조, 반복, 반전되는 내용들은 주로 강의에서 중요하게 언급되는 정보들이므로 반드시 노트테이킹 해야 한다.

▶ **정보를 나열할 때**

- Some ~. Others ~. 어떤 것들은 ~. 다른 것들은 ~.
- One ~. The other ~. 하나는 ~. 다른 하나는 ~.
- First, ~. Second, ~. Third, ~. 첫째, ~. 둘째, ~. 셋째, ~.

▶ **예시를 들 때**

- For example, 예를 들어서,
- Let's say ~ 예를 들면
- Let's suppose ~ ~라고 가정해 봅시다
- Imagine ~ ~라고 상상해 보세요

▶ **강조할 때**

- You should remember that ~ 여러분은 ~을 기억해야 합니다
- We need to make sure ~ 우리는 ~을 확실히 해야 합니다
- This could actually mean ~ 이것은 사실 ~을 의미할 수 있습니다
- It's important to note that ~ ~에 주목하는 것은 중요합니다

▶ **대조되는 내용을 말할 때**

- but / yet / however 하지만, 그러나
- while / whereas / although ~인 반면에, ~임에도 불구하고
- contrary to / in contrast to ~에 반해서, ~와 대조적으로
- on the contrary 그와는 반대로
- on the other hand 다른 한편으로는

2. 노트테이킹(Note-taking)하기

제공되는 정보가 많기 때문에 전체 지문을 모두 받아 적으려고 해서는 안 된다. 중요 정보 위주로 자신이 쉽게 알아볼 수 있도록 간략하게 정리하여 노트테이킹하는 기술이 필요하다. 강의를 들을 때는 세부 정보가 나오는 것을 암시하는 표시어를 빠르게 파악하여 유형을 축약어로 표기하고 표시어 뒤에 나오는 내용을 집중적으로 들으면서 노트테이킹한다.

세부 사항 유형의 축약어(Abbreviation)

예시(example)	EX)	조건(requirement)	R)
장점(advantage)	A)	단점(disadvantage)	DA)
원인(cause)	C)	결과(effect)	E)
목적(purpose)	PU)	기능(function)	FU)
공통점(similarity)	SM)	차이점(difference)	D)

문제 풀이 Tip

❶ 이유, 결과, 특징과 같은 지문의 흐름과 밀접하게 관련된 세부 사항만 집중해서 들어도 Details 문제를 맞출 가능성이 높다.

❷ 아주 사소한 세부 사항보다는 중심 내용과 관련된 주요 세부 사항을 파악해야 한다.

오답 함정 Hint

❶ 지문에 나온 단어나 표현 그대로 가져온 보기는 오답일 확률이 높다.

Example

Woman: Professor

L02_EX

Listen to part of a lecture in an archaeology class.

주요 세부 사항인 예시가 나오는 표시어

W Basically, to learn exactly what a tool was used to cut, scientists have to look for the residues of those materials on the tool. Both the edge and the surface of a tool can have traces of blood, animal hair and tissue, or plant matter on them. These are often analyzed using microscopes to examine the remaining cells from the plant or animal, but other more sophisticated chemical means can also be employed. For example, let's look at this wonderful specimen of a knife. It is easy to tell that the knife is made of obsidian, which is a kind of volcanic glass. However, the region where the blade was found has no natural sources of obsidian, so we can tell that the toolmaker must have traded for the stone. The knapping of the blade is also very fine and delicate, so the craftsman was very skilled. By looking at the blade under a microscope, we can see that it has traces of blood on it. Chemical analysis of that blood reveals that the blood came from a deer. So we know that the person that used this knife processed a deer carcass. Therefore, if we put all of those details together, we have a blade crafted from imported stone by a skilled craftsman whose people likely consumed deer as a part of their diet.

지문에서 언급된 예시에서 발견된 특징과 이를 통해 알 수 있는 결과들은 노트테이킹해야 할 주요 세부 정보들이다.

Q. What were the findings from the tool example that the professor gave?
Choose 2 answers.

Ⓐ The food source people consumed
Ⓑ The purpose of the tool
Ⓒ The original shape of the tool
Ⓓ The location of trading
Ⓔ The method used to process an animal

노트

MI) What tool cut

EX) knife

- made of ob. but X source of ob.
- traded, skilled
- traces of blood ← deer

∴ deer carcass, ppl consumed deer

주요 세부 사항의 유형이 예시이므로, 이를 축약하여 'EX)'라고 표기하고 뒤에 나오는 세부 정보를 정리한다.

지문에서 언급된 도구 예시에서 발견된 특징들을 나열하여 노트테이킹해 두는 것이 효과적이다.

주제) 도구가 무엇을 자르는지

예) 칼

- 흑요석으로 만들어졌지만, 흑요석 원천은 아님
- 교역을 함, 솜씨가 좋음
- 사슴 피의 흔적

따라서 사슴 시체, 사람들이 사슴을 먹음

고고학 수업의 강의 일부를 들으시오.

여 기본적으로 어떤 도구가 정확히 무엇을 자르는 데 쓰였는지를 알기 위해, 과학자들은 도구에 남은 이러한 재료들의 잔여물을 찾아야 합니다. 도구의 날이나 표면에 피의 흔적이나 동물의 털과 조직이 있을 수도 있고, 혹은 식물 성분이 있을 수도 있어요. 이것들은 종종 식물이나 동물에게서 남아 있는 세포를 검사하기 위해 현미경을 사용해서 분석되지만 더 정교한 화학적 방법들이 사용될 수도 있습니다. 예를 들어, 이 멋진 칼 샘플을 봅시다. 이 칼이 흑요석으로 만들어졌다는 것은 알기 쉬워요. 흑요석은 화산 작용에 의해 만들어진 유리와 비슷합니다. 그러나 이 칼이 발견된 지역에서는 자연적으로 흑요석이 나지 않아요. 그래서 우리는 도구 제작자가 돌을 가지고 교역을 했다는 사실을 알 수 있습니다. 칼을 깨부순 것 역시 매우 정교하고 섬세해서, 이것을 만든 공예가는 실력이 아주 좋은 사람이었어요. 현미경 아래에서 칼을 관찰함으로써 그 위에 피의 흔적이 있다는 걸 볼 수 있습니다. 그 피를 화학 분석하자 이 피가 사슴의 피라는 것이 드러났습니다. 그래서 이 칼을 사용했던 사람은 사슴의 시체를 가공했다는 것을 알게 되죠. 그러므로 이 모든 세부 사항들을 조합해 보면, 솜씨 좋은 공예가가 교역을 통해 얻은 돌로 칼을 만들었으며 이 공예가가 살던 곳의 사람들은 사슴을 식생활의 일부분으로 섭취했다는 걸 알 수 있습니다.

Q. 교수가 언급한 도구 예시에서 발견된 점들은 무엇이었는가? 2개의 답을 고르시오.

Ⓐ 사람들이 소비한 식량원
Ⓑ 도구의 목적
Ⓒ 도구의 원래 모양
Ⓓ 교역의 위치
Ⓔ 동물 가공에 사용된 방법

해설 주요 세부 사항을 알려 주는 표시어 "For example, let's look at ~" 이하에서 교수가 특정 도구를 예시로 들고 있다는 것을 알 수 있다. 또한, So/Therefore와 같은 표시어 뒤에는 이를 토대로 알 수 있는 사실을 정리하여 언급하고 있다. the person that used this knife processed a deer carcass라고 말한 부분에서 그 '도구의 목적'을 나타내며, a skilled craftsman whose people likely consumed deer as a part of their diet 부분에서는 그 공예가가 살던 곳의 '사람들이 섭취한 식량원'을 나타내므로, 이 내용을 적절히 표현한 (A)와 (B)가 정답이다. 보기 (C)는 강의 내용에서 칼의 원재료에 대한 설명이 있지만 원래 모양에 대해서는 언급이 없어서 틀렸고, (D)는 교역을 했다는 사실은 알지만 교역을 한 곳은 나오지 않았다. 그리고 (E)는 칼이 사슴의 시체를 가공하는 데 쓰였다고 말하였지만 그 방법을 설명하진 않았으므로 틀린 보기이다.

어휘 residue n 잔여물 | edge n 날, 끝, 가장자리 | surface n 표면 | trace n 흔적 | tissue n 조직 | matter n 물질[성분] | analyze v 분석하다 | microscope n 현미경 | examine v 조사하다, 검토하다 | remain v 남아 있다 | cell n 세포 | sophisticated adj 정교한, 세련된 | chemical adj 화학적인 | means n 방법, 수단 | employ v 사용하다, 쓰다 | specimen n 샘플, 견본 | be made of ~로 만들어지다 | obsidian n 흑요석 | volcanic adj 화산의 | blade n 날 | natural adj 천연의 | source n 원천, 근원 | toolmaker n 도구 제작자 | trade v 교역하다 | knap v 망치로 깨다 | fine adj 정교한, 미세한 | delicate adj 섬세한 | craftsman n 공예가 | skilled adj 숙련된 | reveal v 드러내다, 밝히다 | deer n 사슴 | process v 가공하다 | carcass n 시체, 죽은 동물 | put together ~을 합하다 | craft v 공들여 만들다 | import v 들여오다, 수입하다 | consume v 섭취하다, 먹다, 소비하다 | diet n 식사, 식습관 | original adj 원래의 | method n 방법

Lesson 02 Lectures

Practice

>> 다음 각 강의를 들으며 노트테이킹의 빈칸을 완성한 후 질문에 답하시오.

01 노트 L02_P01

MI) ________________ behavior of chimp.

EX) ┌ 1. mothers & young: ________________
  └ 2. unrelated: ________________

∴ ________________

Q. 연구원들은 왜 침팬지들이 이타적 행동을 할 수 없다는 결론을 내렸는가?

Ⓐ 혈연 관계가 아닌 침팬지들에게 필요한 도구를 제공할 생각이 없었다.

Ⓑ 때때로 가족이 도구 세트를 완성하는 것을 돕지 않았다.

Ⓒ 다른 침팬지들이 자신에게 없는 도구를 빌리고 싶어할 때면 도와주려 하지 않았다.

Ⓓ 무엇을 해야 하는지 몰랐기 때문에 서로 협력하지 않았다.

02 노트 L02_P02

MI) paints of Venetian artists

- used ________________
- blended ________________ to add ________________ & color (________________)
- Venice = ________________

Q. 강의에 따르면, 베네치아 화가들은 왜 물감에 빻은 유리를 첨가했는가?

Ⓐ 그림이 빛을 더 잘 반사하게 하려고

Ⓑ 색을 더 밝게 만들려고

Ⓒ 반투명함을 더하려고

Ⓓ 물감을 더 두텁게 만들려고

• 강의를 다시 들으며 빈칸을 채우시오.

01 **Listen to part of a lecture in a biology class.**

M OK, let me ask you a question. Do you think chimpanzees care about and help others? Researchers have conducted many experiments to evaluate the seemingly ______________________________, and recent ones have revealed that they tend to help ______________________. In one experiment, researchers used two groups of animals. Animals in one group were mothers and their young, while the other group was composed of ______________________________. First, the chimpanzees were each given ______________ that were needed to open a box that contained food. The animals were all able to determine ______________________________. Next, each chimpanzee was given an ______________________. In order to open the box, they had to share their tools with each other, and they did. However, the related animals ______________________ to each other, whereas the strangers only offered a missing tool if ______________________________. If they were truly altruistic, they would not need to be asked first. So, ______________________ helping each other, chimpanzees take no interest in doing so when it is a non-relative that needs help. This is why they are not considered ______________________.

02 **Listen to part of a lecture in an art history class.**

W The paints that Venetian artists used were rich colors that seem to be ______________________, which sometimes is exactly what they are. If you look closely, you can see that they often ______________________________. This was done to add translucence to the paint, and in some cases it was ______________________________. One pigment that used glass for this purpose was smalt blue, which gets its color from ______________________. Now, where would they get the idea to ______________________? What is Venice well known for?

M Hmm, isn't it ______________________? The finest ______________________, and probably still are, ______________.

W Correct; and they were very skilled at ______________________. They could make ______________________________ by adding various chemicals to the glass. These beads looked exactly like ______________, emeralds, and sapphires unless you looked very carefully.

>> 다음 각 강의를 들으며 노트테이킹의 빈칸을 완성한 후 질문에 답하시오.

03 노트 L02_P03

planet, liquid water

R) - located in ______________________

- large, hold ______________________

H ┬ Earth: ______________________
  ├ Venus: ______________________
  └ Mars: ______________________

Q. According to the lecture, what is the difference between Mars and Venus?

Ⓐ Venus has an atmosphere that is much thicker than Mars's.

Ⓑ Venus has a little bit of water, but water instantly turns into vapor on Mars.

Ⓒ Mars is similar in size to Venus, but it has a strong magnetic field.

Ⓓ Venus has some ice near its poles, while Mars does not.

04 노트 L02_P04

mantle ┬ upper mantle: ~410 km, pr. intense, rocks ______________
       ├ ______________ zone: 410–660 km, rocks ______________
       └ lower mantle: 660–2,700 km, rocks ______________, hotter ← high pr.

Q. According to the lecture, what are the differences between the upper and lower mantle? Choose 2 answers.

Ⓐ The rocks in the upper mantle are more ductile.

Ⓑ The upper mantle is much thicker than the lower mantle.

Ⓒ The properties of the lower mantle allow tectonic plates to move.

Ⓓ The temperature in the lower mantle is much higher.

• 강의를 다시 들으며 빈칸을 채우시오.

03

Listen to part of a lecture in an astronomy class.

M In order to ______________, a planet must meet certain criteria. First, the planet must be located within its ______________, which is also referred to as its "Goldilocks Zone." This means that the planet must be located within an area where it is ______________ from the star. If it is too far away, it will be too cold, and if it is too close, ______________. Next, the planet must be large enough to ______________, but it must have an atmosphere that is ______________. So, there are three planets within the habitable zone of our Sun, but ______________. The thing is, Venus has an extremely thick atmosphere that is mostly carbon dioxide, which created ______________ that turned any water it used to have into water vapor, which left the planet. Mars, on the other hand, has a ______________ because it is too small to have a strong magnetic field. This means that the solar wind ______________. Without atmospheric pressure, liquid water again turns into ______________ that the planet cannot hold, so what ______________ on Mars is contained in ice at its poles.

04

Listen to part of a lecture in a geology class.

W The mantle is divided into three zones: the upper mantle, ______________, and the lower mantle. First, the depth of the crust ______________, but its limit is around 100 kilometers deep. From there to about 410 kilometers down is the region called ______________. The pressure in this area is so intense that the rocks in it ______________ somewhat. The rocks there are ______________, which means that they can stretch and ______________. These fluid characteristics of the upper mantle are what allow the ______________.

Next, the lower mantle extends from about 660 kilometers below the surface to the outer core around 2,700 kilometers down. The rocks in the lower mantle are ______________ than those in the upper mantle, even though it is much hotter. This is because the pressure is ______________.

Lastly, the ______________ between the upper and lower mantle from 410 to 660 kilometers down is appropriately called the ______________. The rocks here do not melt or break down; instead, their crystalline structure is altered, and the rocks become incredibly dense.

Lesson 02 Lectures

Lecture 배경지식 2 Art 예술

L02_BK 표현 듣기

예술(Art) 분야는 미술(Fine art), 음악(Music), 문학(Literature), 미술 역사(Art history), 영화(Film) 등 다양한 분야를 포함한다. 그중 미술(Fine art) 분야에서는 각 시대를 풍미했던 대표적인 미술 양식, 회화의 여러 가지 분야와 특징, 유명한 화가들에 대한 주제가 주로 출제된다.

Step 1 Understanding Background Knowledge 배경지식 이해하기

Styles of Art 1. 르네상스 미술의 베네치아 화가들

이탈리아의 여러 도시국가 중 하나인 베네치아는 16세기 르네상스 시대의 중심지가 되었다. 피렌체나 로마와 같은 이탈리아에 있었지만 베네치아인의 그림은 피렌체나 로마보다 훨씬 더 색채가 곱고 선명하며 화사하다. 피렌체의 화가들은 원근법을 중요시한 반면, 베네치아 화가들은 색채에 매료되어 있었다. 이들은 그림을 그리는 데 있어서 무엇보다 색채감을 중시했기 때문에 좋은 빛깔을 나타내기 위해서 다양한 시도를 했다. 그 당시 베네치아의 번성한 무역 덕분에 막강한 경제력으로 다양한 물감과 진귀한 그림 재료들을 확보할 수 있었고, 화합물 추출이나 유기 반응, 무기 반응 등을 포함하는 종합 화학 반응을 잘 이해하였다. 그 결과 베네치아 화가들은 새로운 재료들과 기법을 사용해 회화에 적극적으로 응용하기 시작했다. 각양각색의 안료, 염료, 착색제 등을 정통 회화에 응용하여 물감에 유리를 섞고, 유리에 다양한 화학 약품을 첨가해서 비즈를 만들기도 했으며, 분쇄한 모래와 유리질의 착색제를 도입해서 한층 빛나고 생생한 색채감을 내는 데 성공했다. 당시 활동했던 베네치아 화가들은 Tiziano Vecellio(티치아노 베첼리오), Giovanni Bellini(조반니 벨리니), Giorgione(조르조네), Paolo Veronese(파올로 베로네세) 등이 있다.

Step 2 Understanding Terminology 용어 이해하기

❶ **pigment** n 안료, 물감 재료

Pigments are often inorganic compounds.

안료는 보통 무기 화합물이다.

❷ **hue** n 색조, 색깔

There are two main ways in which **hue** difference is quantified.

색조 차이를 정량화하는 방법은 크게 두 가지가 있다.

❸ **texture** n 질감

You can feel the **texture** of the canvas based on the paint used.

사용된 물감을 바탕으로 캔버스의 질감을 느낄 수 있다.

❹ **contour** n 윤곽

The **contours** of the coastline look quite level.

해안선의 윤곽이 꽤 평평하게 보인다.

⑤ **brushstroke** n 붓놀림

Vincent's emotions are well shown by his **brushstroke** and color mixture.

Vincent의 감정은 붓놀림과 색채 혼합으로 잘 드러난다.

⑥ **oil painting** n 유화

The good thing about **oil painting** is that you can get rid of it if you don't like it.

유화의 좋은 점은 마음에 들지 않으면 제거할 수 있다는 것이다.

⑦ **water painting** n 수채화

Water painting is an old-aged painting technique.

수채화는 오래된 회화 기법이다.

⑧ **transparency** n 투명도, 투명성

Artists throughout the ages have focused on the techniques to depict **transparency**.

시대를 통틀어 화가들은 투명도를 그림으로 그리는 기술에 집중해 왔다.

⑨ **luster** n 광택

The painting's **luster** drew my attention.

그 그림의 광택이 내 주의를 끌었다.

⑩ **aesthetic** adj 미적인

Public art involves practical applications beyond **aesthetic** value.

공공 예술은 미적 가치를 넘어서 실용적인 응용을 포함한다.

⑪ **medieval** adj 중세의

During **medieval** times, books of poetry were dominant.

중세 시대 동안, 시집은 지배적이었다.

⑫ **abstract** adj 추상적인

Performance art ranges from scripted performances to more **abstract** concepts.

공연 예술은 대본이 있는 공연부터 더 추상적인 개념에 이르기까지 범위가 다양하다.

⑬ **convey** v 전달하다

There are several ways to **convey** emotion in an artwork.

예술 작품에서 감정을 전달하는 몇 가지 방법들이 있다.

⑭ **denote** v 의미하다, 나타내다

What does this artwork **denote** in a political context?

이 예술 작품은 정치적 맥락에서 무엇을 의미합니까?

Step 1 Understanding Background Knowledge 배경지식 이해하기

Styles of Art 2. 바로크 미술(Baroque Art)

17세기에 들어서면서부터 18세기 전반에 걸쳐서까지 이탈리아를 중심으로 바로크 미술이 발전했다. '바로크(Baroque)'라는 말은 '일그러진 진주'라는 뜻이며, 바로크 미술은 고결함이 무너진 미술이란 뜻이 된다. 이는 르네상스를 높이 평가한 반면 그와는 다르게 발전한 17세기 미술을 르네상스를 타락시킨 미술이라 하여 '바로크'라는 이름을 붙이게 되었다. 르네상스 시대에는 간결하고 단순한 모양을 좋아했지만, 바로크 시대에는 역동적인 형태를 포착하는 것과 명암의 대비를 극대화시키는 것에 중점을 두어 세속적이고 현세적인 주제를 다루었다. 또한 빛의 과장을 이용하여 인물의 생동감을 더 돋보이게 했다. 바로크 시대의 또 다른 특징은, 자연스럽게 그린다는 점에서는 르네상스 시대와 마찬가지였지만 바로크 시대에는 르네상스 때보다 더 현실감 있게 그려서 차분하고 조용한 감정보다는 더 크고 역동적인 감정을 불러일으켜 정신적인 참여를 유발하는 것이었다. 바로크 시대를 대표하는 화가로는 Guido Reni(귀도 레니), Rembrandt(렘브란트), Caravaggio(카라바조) 등이 있다.

Step 2 Understanding Terminology 용어 이해하기

❶ **manifestation** n 발현, 나타남, 징후

The earliest **manifestations** of Baroque art occurred in Italy.
바로크 미술의 가장 초기의 발현은 이탈리아에서 일어났다.

❷ **contradictory** adj 모순되는

The artwork of the Baroque period is complex, even **contradictory**.
바로크 시대의 예술 작품은 복잡하고 심지어 모순적이다.

❸ **evoke** v 환기시키다, 떠올려 주다

The desire to **evoke** emotional states has become rampant among artists.
감정 상태를 환기시키려는 욕구가 화가들 사이에 만연해졌다.

❹ **grandeur** n 장엄함, 위엄

I was overwhelmed by the **grandeur** and simplicity of Roman architecture.
나는 로마 건축의 장엄함과 단순함에 압도되었다.

❺ **exuberance** n 풍부함, 생동감

One of the qualities of Baroque art is emotional **exuberance**.
바로크 미술의 특징 중 하나는 감정적인 풍부함이다.

❻ **veracity** n 진실성, 정확성

The **veracity** of the story hidden in this artwork is being questioned.
이 작품 속에 숨겨진 이야기의 진실성에 의문이 제기되고 있다.

❼ **still** adj 고요한

She used a fantastic color palette in this painting called "**Still** Water."

그녀는 이 그림에서 'Still Water'라고 불리는 환상적인 색조를 사용했다.

❽ **sensuous** adj 감각적인

The Baroque style is paradoxically both **sensuous** and spiritual.

바로크 양식은 역설적이게도 감각적이면서도 영적이다.

❾ **synthesize** v 종합하다

We propose a new approach for **synthesizing** detailed images from sketches.

우리는 스케치에서 상세한 이미지를 종합하기 위한 새로운 접근 방식을 제안한다.

❿ **spur** v 촉진하다, 자극하다

A new interest in nature was **spurred** by developments in science.

자연에 대한 새로운 관심은 과학의 발달에 의해 촉진되었다.

⓫ **contorted** adj 왜곡된, 일그러진

The term "Baroque" came to denote any **contorted** idea.

'바로크'라는 용어는 무엇이든 왜곡된 생각을 의미하게 되었다.

Test

문제 듣기

Passage 1

[1-4] Listen to part of a lecture in an art history class.

L02_T01

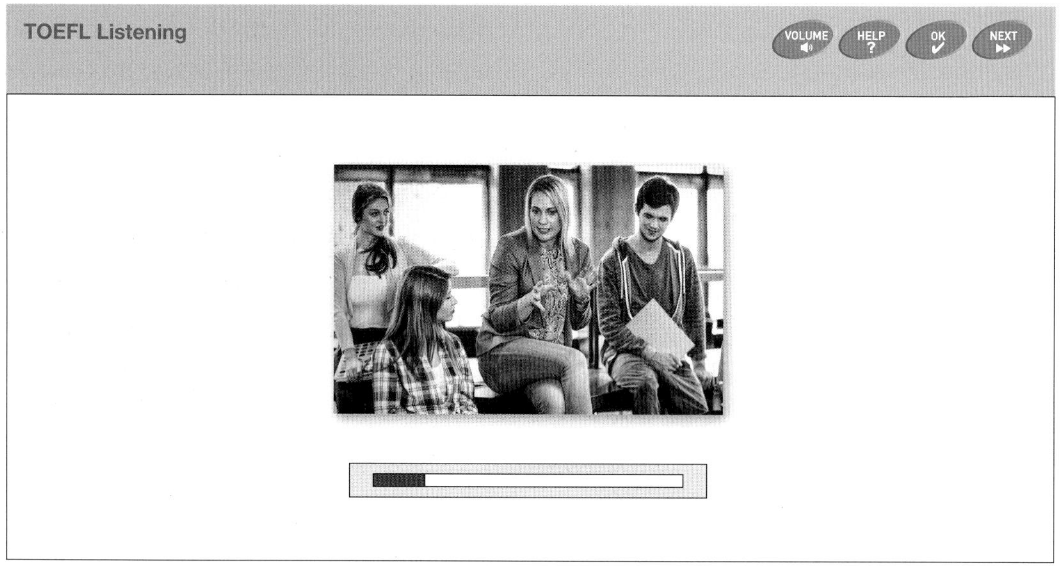

노트

정답 및 해설 | P. 78

1. **What is the main topic of the lecture?**

Ⓐ The creation of a large artwork

Ⓑ The artwork of Robert Smithson

Ⓒ The development of Conceptualism

Ⓓ The effect humans have on nature

2. **What is implied about Conceptualism?**

Ⓐ Many conceptual pieces involved complex machinery.

Ⓑ The artists in the movement used many different media.

Ⓒ Some conceptual pieces didn't involve a physical product.

Ⓓ The most important stage of an artwork is when people view it.

3. **Why does the professor mention mirrors?**

Ⓐ To explain how Smithson used them to put himself into his photographs

Ⓑ To illustrate how Smithson thought that mirrors made his work look futuristic

Ⓒ To indicate how Smithson's early collages were meant to reflect society

Ⓓ To show how Smithson used them to capture natural materials manipulated by human beings

4. **Which of the following was NOT mentioned as a reason that Smithson chose the location?**

Ⓐ The water conditions were caused by human activity.

Ⓑ The area was far away from the nearest city.

Ⓒ The water's color reminded him of the ancient oceans.

Ⓓ The train provided easy transportation to the site.

Passage 2

[1-4] Listen to part of a lecture in an environmental science class. L02_T02

1. **What is the main topic of the lecture?**

Ⓐ Invasive animal species in Australia

Ⓑ Difficulties with agriculture in Australia

Ⓒ The effects of livestock on Australian flora

Ⓓ Native and introduced grasses in Australia

2. **Why does the professor discuss rabbits?**

Ⓐ To introduce an important food source in Australia

Ⓑ To show how they competed with livestock animals

Ⓒ To explain what destroyed the local grass species

Ⓓ To give an example of a deliberately introduced species

3. **What factors limit where introduced grasses can grow? Choose 2 answers.**

Ⓐ Soil quality

Ⓑ Water quantity

Ⓒ High temperatures

Ⓓ Animal grazing

4. **According to the professor, what are some reasons that weeping grass is well suited to its environment? Choose 3 answers.**

Ⓐ It can withstand extremely high and low temperatures.

Ⓑ It does well in acidic soil conditions.

Ⓒ It can thrive in areas that are nutrient poor.

Ⓓ It grows densely when fertilized.

Ⓔ It shows rapid growth in wetter areas.

Lesson 03 Function & Attitude

문제 듣기

Introduction

Lecture의 Function & Attitude 유형은 강의 중 화자가 한 말 속에 숨어 있는 의도 및 태도를 묻는 문제이다. 주로 듣기 지문의 일부를 다시 들려준 후 화자가 특정 언급을 한 의도가 무엇인지(Function) 묻거나, 화자의 태도나 감정이 어떠한지(Attitude) 묻는다. 1개의 강의 지문당 보통 1~2문항이 출제된다.

Sample Questions

의도 파악(Function)

Listen again to part of the lecture. Then answer the question.

강의의 일부를 다시 듣고 질문에 답하시오.

〈강의의 일부를 다시 들려줌〉

- Why does the professor say/mention this: — 교수는 왜 이렇게 말하는가:
- What does the professor imply by saying this: — 교수는 이렇게 말함으로써 무엇을 암시하는가:

태도 파악(Attitude)

- What is the professor's attitude toward ~? — ~에 대한 교수의 태도는 어떠한가?
- What is the professor's opinion of/about ~? — ~에 대한 교수의 의견은 무엇인가?
- What does the professor think about ~? — 교수는 ~에 대해 어떻게 생각하는가?

Learning Strategies

1. 강의 내용의 흐름을 통해 화자의 의도 파악하기

강의 중 화자의 의도 및 목적을 묻는 문제에 답하기 위해서는 화자가 말한 짧은 한마디만 듣고 속뜻을 헤아리려 해서는 안 된다. 그 말 앞뒤 문맥에 대한 이해가 기본적으로 이루어져야만 정확한 의도 파악이 가능하다.

Ex

Listen again to part of the lecture. Then answer the question. 🎧

W At the time, astronomers observed fewer sunspots than average, which means that the magnetic activity of the Sun was lower than normal. This may seem counterintuitive, but the more sunspots there are, the brighter the Sun's rays are. Since there were few sunspots, the Sun's rays would have been dimmer, which means that the Earth would have received less solar energy.

Why does the professor say this: 🎧

W This may seem counterintuitive,

강의의 일부를 다시 듣고 질문에 답하시오.

여 당시 천문학자들은 평균보다 더 적은 수의 태양 흑점을 관찰했으며, 이는 태양의 자기 활동이 평소보다 더 저조했다는 의미입니다. 이것이 직관에 반하는 말처럼 들릴 수도 있겠지만, 태양 흑점이 더 많을수록 태양 광선은 더 밝아요. 흑점의 수가 더 적었기 때문에 태양 광선은 더 약해졌을 것이고, 이는 지구가 더 적은 태양 에너지를 받았을 것이라는 의미입니다.

교수는 왜 이렇게 말하는가:

여 이것이 직관에 반하는 말처럼 들릴 수도 있겠지만,

⋯› 교수는 천문학자들이 더 적은 수의 태양 흑점을 관찰했으며 이는 태양의 자기 활동이 저조하다는 의미였다고 설명한 후 "이것이 직관에 반하는 말처럼 들릴 수도 있겠지만,"이라는 말로 앞과 대조되는 내용을 이어 말하고 있다. 서로 반대되는 내용이라, 청자에게는 교수가 말하는 개념이 말이 안 되는 것처럼 들릴 수도 있다는 것을 강조하고자 하는 의도에서 한 말임을 알 수 있다.

2. 어조와 특정 표현을 통해 화자의 태도 파악하기

화자의 강의 주제에 대한 태도는 화자가 사용하는 어조를 통해 어느 정도 읽을 수 있다. 화자가 강의를 진행하는 도중 특정 부분에 동의하지 않는다는 말투로 말하거나, 강세를 주어 말하거나, 혹은 망설이는 어투로 이야기하는 등 특정한 어조를 사용한다면 이를 통해 화자의 태도를 다소 쉽게 파악할 수 있다. 또한 화자가 개인적인 의견을 표출할 때 자주 쓰는 표현들을 통해서도 태도를 가늠할 수 있다. 의도 및 태도를 나타내는 빈출 표현들을 미리 알아 두자.

▶ **확신/동의**

- I'm sure that ~ ~라는 건 확실합니다
- I guarantee that ~ ~라는 건 보장합니다
- As you can see, 보시다시피,

▶ **동의하지 않음**

- I doubt that ~ ~할 것 같지 않아요
- That may be true, but ~ 그게 사실일 수도 있겠지만, 그러나 ~
- This is different from what we know about ~ 이건 우리가 ~에 대해 알고 있는 것과는 다릅니다
- Contrary to that, it shows that ~ 그와 반대로, ~임을 보여 줍니다
- However, now that we know ~ 그러나, 이제는 우리가 ~라는 걸 알기 때문에

▶ **불확실**

- Hmm... 흠...
- We can't be certain that ~ ~라고 확신할 수는 없어요
- It is not safe to say ~ ~라고 말하는 건 위험합니다

문제 풀이 Tip

❶ 앞뒤 문맥의 흐름을 잘 이해해야 화자가 한 말의 숨겨진 뜻을 파악할 수 있다.
❷ 화자가 강의 도중 개인적인 의견을 말하는 부분은 반드시 귀 기울여 듣는다.

오답 함정 Hint

❶ 표현의 속뜻이 아닌 들리는 그대로를 표면적으로 해석한 보기는 오답이다.
❷ 문제에서 다시 들려준 표현이 그대로 나오는 보기는 오답이다.

Example

Woman: Professor

Listen to part of a lecture in a paleontology class.

W Unfortunately, the modern technology that we rely upon to definitively say whether two organisms are the same species cannot be used to tell dinosaur species apart. DNA analysis is useless with dinosaur fossils. Firstly, it is nearly impossible to get whole tissue from dinosaur fossils. It is important to remember that mummification and fossilization are two completely different processes. When an organism is mummified it dries out, and much of the soft tissue is lost, but some remains and DNA extraction may be possible. When organisms become fossils, all of the soft tissue is lost, and the organic material in bones is replaced by minerals. Even the marrow within the bones is replaced, so there is no DNA left to detect. Even if we could find whole tissue from which to take a sample, DNA breaks down over time. DNA has a half-life like radioactive material, and after 6.8 million years, even the DNA in bones would be completely destroyed. Since the last dinosaurs died out around 66 million years ago, ...well, you can see where that leaves us.

다시 듣기 형태로 들려준 말 한마디에서 화자가 사용하는 어조를 통해 화자가 어떤 생각을 가지고 있는지 느낌을 파악해야 한다.

Q. Listen again to part of the lecture. Then answer the question.

W Even if we could find whole tissue from which to take a sample, DNA breaks down over time. DNA has a half-life like radioactive material, and after 6.8 million years, even the DNA in bones would be completely destroyed. Since the last dinosaurs died out around 66 million years ago, ...well, you can see where that leaves us.

Why does the professor say this:

W ...well, you can see where that leaves us

Ⓐ To show that a conclusion should be obvious

Ⓑ To emphasize how important DNA testing is

Ⓒ To explain why some species are difficult to discover

Ⓓ To provide an answer to a student's question

노트

mummification: 미라화 — much soft tissue lost 대부분의 연조직을 잃음
DNA extract. DNA 추출

fossilization: 화석화 — all soft tissue lost 모든 연조직을 잃음
replaced by minerals 무기물로 대체됨
X DNA / 6.8 mill. yrs → destroyed
DNA 없음 / 680만 년 → 파괴됨

강의의 전체적인 맥락에 대한 이해가 선행되어야만 어조를 통한 정확한 태도 파악이 가능하니, 특정 뉘앙스를 나타내는 말 한마디를 적기보다는, 전체 흐름을 이해하기 위한 노트테이킹이 우선이다.

Listening Tip

Function & Attitude 유형은 노트테이킹에 의존하기보다는 감각을 사용해서 화자의 의도 및 태도를 파악해야 한다.

고생물학 수업의 강의 일부를 들으시오.

여 불행히도, 두 생물이 같은 종인지 아닌지를 확실히 밝히기 위해 우리가 의존하는 현대 기술은 공룡의 종을 구분하는 데 사용될 수가 없습니다. DNA 분석은 공룡 화석에는 쓸모가 없어요. 먼저, 공룡 화석에서 완전한 조직을 얻는 일은 거의 불가능합니다. 미라화와 화석화는 완전히 다른 별개의 과정이라는 것을 기억하는 게 중요해요. 어떤 생물이 미라가 되면 말라붙고, 대부분의 연조직을 잃게 되지만, 일부는 남아서 DNA 추출이 가능할 수도 있습니다. 어떤 생물이 화석이 되면, 모든 연조직을 잃고 뼈 속의 유기 물질은 무기물로 대체되죠. 뼈 속의 골수까지도 대체되어, 발견할 수 있는 DNA가 없습니다. 만약 표본으로 삼을 완전한 조직을 찾아냈다 하더라도, 시간이 흐르면서 DNA는 분해됩니다. DNA는 방사성 물질처럼 반감기를 갖고 있으며, 680만 년이 흐른 뒤에는 뼈 속의 DNA조차도 완전히 파괴됩니다. 마지막 공룡들이 약 6,600만 년 전에 죽었으니, ...뭐, 그게 무슨 의미인지는 여러분도 알겠죠.

Q. 강의의 일부를 다시 듣고 질문에 답하시오.

여 만약 표본으로 삼을 완전한 조직을 찾아냈다 하더라도, 시간이 흐르면서 DNA는 분해됩니다. DNA는 방사성 물질처럼 반감기를 갖고 있으며, 680만 년이 흐른 뒤에는 뼈 속의 DNA조차도 완전히 파괴됩니다. 마지막으로 공룡들이 약 6,600만 년 전에 죽었으니, ...뭐, 그게 무슨 의미인지는 여러분도 알겠죠.

교수는 왜 이렇게 말하는가:

여 ...뭐, 그게 무슨 의미인지는 여러분도 알겠죠

Ⓐ 결과가 뻔하다는 것을 보이기 위해
Ⓑ DNA 검사가 얼마나 중요한지 강조하기 위해
Ⓒ 왜 일부 종을 발견하기가 어려운지 설명하기 위해
Ⓓ 학생의 질문에 답변하기 위해

해설 "...well, you can see where that leaves us"를 글자 그대로 직역하면 "그것이 어디에 우리를 두는지 볼 수 있다"이지만, 속뜻은 "결과가 뻔하다"라는 것이다. 또한, 다시 들려준 강의자의 말 앞의 내용에 대한 이해가 선행되어야 왜 이런 말을 했는지 이해할 수 있는데, DNA가 시간이 지나면 분해된다는 내용을 말하고 있고, 680만 년이 흐른 뒤에는 완전히 파괴된다고 말하고 있다. 따라서 공룡이 죽고 난 뒤의 시간(약 6,600만 년)은 이 기간보다 훨씬 더 길기 때문에 공룡의 DNA 분석이 불가능하다는 결과는 안 봐도 뻔하다는 의도에서 한 말로, (A)가 정답이다.

어휘 unfortunately adv 불행히도 | modern adj 현대의 | rely upon ~에 의존하다 | definitively adv 결정적으로, 명확하게 | organism n 생물, 유기체 | species n 종 | tell ~ apart ~을 구분하다 | dinosaur n 공룡 | analysis n 분석 | useless adj 소용없는, 쓸모 없는 | fossil n 화석 | nearly adv 거의 | whole adj 전체의, 모든 | tissue n 조직 | mummification n 미라화 | fossilization n 화석화 | completely adv 완전히 | process n 과정 | mummify v 미라로 만들다 | dry out 메마르다 | extraction n 추출, 뽑아냄 | organic adj 유기체의, 생물의 | material n 물질 | bone n 뼈 | replace v 대체하다 | mineral n 무기물, 광물 | marrow n 골수 | detect v 발견하다, 감지하다 | break down 분해되다 | half-life n 반감기 | radioactive adj 방사성의 | destroy v 파괴하다 | conclusion n 결과 | obvious adj 뻔한, 명백한 | emphasize v 강조하다

Practice

>> 다음 각 강의를 들으며 노트테이킹의 빈칸을 완성한 후 질문에 답하시오.

01 노트 L03_P01

MI) ____________________

- help ____________________
- go against ____________________
- X help ____________________

Q. 교수는 왜 이렇게 말하는가:

Ⓐ 이타심의 특징과 어떻게 동물들이 이타심을 보이는지를 설명하려고

Ⓑ 인간과 동물이 진화 이론에 어떻게 반응하는지를 비교하려고

Ⓒ 진화 이론이 동물들의 경우 어떻게 작용하는지를 자세히 보여 주려고

Ⓓ 이타적인 행동은 동물의 본성에 포함되어 있지 않다고 설명하려고

02 노트 L03_P02

- planets revolve around stars of ____________________
- size, ____________________ determine ____________________
- white dwarf? ____________________

Q. 강의의 일부를 다시 듣고 질문에 답하시오.

교수는 왜 이렇게 말하는가:

Ⓐ 방해받는 것을 좋아하지 않는다는 사실을 가리키려고

Ⓑ 학생이 잘못 추측했다고 암시하려고

Ⓒ 왜 어떠한 개념이 이해하기 어려운지 설명하려고

Ⓓ 학생이 자신의 다음 요점을 예측했다는 것을 나타내려고

• 강의를 다시 들으며 빈칸을 채우시오.

01 **Listen to part of a lecture in a biology class.**

W So, as we discussed earlier, altruism is considered to be one of humanity's ____________ ______________________________. Our ability to act in a way that ________________________ ______________ for the benefit of others is without parallel in nature. Many animals have been observed to do things that ______________________, but most of these examples have later been disproven on the grounds that the animals were usually ____ in some way, which made their actions selfish. Indeed, altruism seems to go against the ________________ ________________________. Animals tend to take actions that ensure the survival of their genes, either through their own offspring or the young of other family members. This means that they generally do not ____, particularly if they are not members of the same species.

02 **Listen to part of a lecture in an astronomy class.**

M Alright, class. It is important to remember that scientists have discovered __________ ______________________________ of varying sizes. The size and temperature of a star determines where ____________________________, so even large, intensely hot stars could potentially have planets with ______________________________________. They would only have to orbit their stars much farther away than the Earth is from the Sun. The opposite would also be true, so planets that orbit stars that are _____________ ____________________________ would have to be closer to their stars.

W How about a white dwarf? Could planets that ________________________________ ________?

M I was just coming to that. Until recently, this was a ________________________ ____________ as we had never observed a planet that actually orbits a white dwarf.

>> 다음 각 강의를 들으며 노트테이킹의 빈칸을 완성한 후 질문에 답하시오.

03 노트 L03_P03

MI) ______________________

- X know ______________________
- consist of ______________________
- knots dyed ____________, tied in ____________

∴ X mere ______________________

Q. Listen again to part of the lecture. Then answer the question.

Why does the professor say this:

(A) To explain why researchers have failed to interpret the khipu
(B) To compare the khipu to other archaeological discoveries
(C) To illustrate the skill required to make the khipu properly
(D) To emphasize that although the khipu look simple, they may not be

04 노트 L03_P04

typical

- ice sheet retreat → CO_2, methane ____________ → gases ____________

current

- X same pattern
- gases ↓ b/ ______________________
- b/c ____________ → ____________

Q. Listen again to part of the lecture. Then answer the question.

Why does the professor say this:

(A) To indicate that the student's answer is insufficient
(B) To point out that the answer is unnecessarily complicated
(C) To show her approval of the student's response
(D) To inform the student that he is mistaken

• 강의를 다시 들으며 빈칸을 채우시오.

03 **Listen to part of a lecture in an anthropology class.**

M The Spanish noticed the khipu ____________________, but they did not know what the khipu was. Legend has it that an old man once told them that ____________________, and that the one he had ____________________ of the Spanish. They burned his khipu, and most of the others that they found, but many ____________________. At first glance, khipu look like they are just ____________________, which is essentially what they are. But they may also be ____________________ than that. Khipu consist of a main woven cord about three millimeters in diameter that has ____________________ hanging down from it. The hanging strings have ____________________ and many of them have been ____________________. The knots are clearly ____________________, and while the patterns repeat from one sample to the next, most of the khipu are unique. This implies that they are ____________________, but until the 1920s no one could figure out ____________________.

04 **Listen to part of a lecture in a climatology class.**

W Typically, ____________________ reach their highest concentrations just after the ice sheets ____________________. But then, the concentration of those gases immediately ____________________. There is a bit of a lag before ____________________, but it will gradually drop as well until the next glacial period begins. But during our ____________________, this pattern has not emerged. The concentration of gases did ____________________, but around 11,000 years ago, it ____________________. So, what could have caused this new development?

M Uh, human activity?

W Would you care to elaborate?

M Isn't that around the time when humans began to ____________________ instead of hunting and gathering?

W Yes. ____________________ releases large amounts of greenhouse gases.

Lesson 03
Lectures

Lecture 배경지식 3 Paleontology 고생물학

L03_BK 표현 듣기

고생물학은 지구가 탄생한 이후부터 인류 문명이 탄생하기 이전까지의 지질학적 시대에 쌓인 퇴적물 중에 보존되어 있는 화석들을 근거로 하여 그 당시 지구에 살았던 동식물들을 연구하는 학문이다. 고생물학의 주요 배경지식을 미리 알아 두면 생소한 지문 내용의 이해도가 높아질 것이다.

Step 1 Understanding Background Knowledge 배경지식 이해하기

공룡 대멸종*

과학자들은 지금으로부터 약 6,600만 년 전 백악기 말과 팔레오기(고제삼기) 초 사이에 생물들이 대멸종 사건을 겪었을 것이라고 보고 있다. 공룡 대멸종의 원인을 밝혀내기 위해 많은 가설들이 제시되어 왔는데, 가장 많은 관심을 받고 있는 가설은 K-Pg 대멸종이다. 백악기(독일어 Kreidezeit**)와 팔레오기(Paleogene)에서 두 문자를 따 K-Pg 멸종이라고 부른다. 이 시기에 많은 동식물들이 멸종하였는데, 지구와 충돌한 거대한 소행성이 급격한 환경의 변화를 일으켜 대멸종을 초래했을 것이라고 보고 있다. 이 충돌로 인해 대량으로 발생한 먼지가 대기권 상층부에 머물며 빛이 차단되었고, 빛이 차단되자 식물은 죽게 되었을 것이며, 그로 인해 초식 공룡의 수가 줄어들게 되고, 그 다음으로 초식 공룡을 먹고 사는 육식 공룡도 굶어 죽게 되었다는 점이 가설의 주 내용이다. 또한 여기저기서 발견된 이리듐이 소행성 충돌을 뒷받침하는 많은 증거 중 하나인데, 이러한 화학 물질의 방출이 생태계 교란을 일으켰을 것이라고 보고 있다.

*크게는 백악기-팔레오기 대량절멸(Cretaceous-Paleogene extinction event)이라고 부른다.

**약어 K-Pg에서 백악기를 독일어로 쓴 이유는 C로 시작하는 시기가 많아, 구분 짓기 위해서이다.

Step 2 Understanding Terminology 용어 이해하기

❶ **mass extinction** n 대량 멸종

Mass extinction is a significant event in the Earth's history.

대량 멸종은 지구의 역사에 있어 매우 중요한 사건이다.

❷ **Triassic Period** n 트라이아스기

A mass extinction event happened at the end of the **Triassic Period**.

대량 멸종은 트라이아스기 말에 발생했다.

❸ **Jurassic Period** n 쥐라기

Long-tailed and long-necked dinosaurs lived on the Earth during the late **Jurassic Period**.

긴 꼬리와 긴 목을 가지고 있는 공룡들은 쥐라기 말에 지구에 살았다.

❹ **Cretaceous Period** n 백악기

The T. rex was one of the last dinosaurs to go extinct during the **Cretaceous Period**.

티라노사우루스 렉스는 백악기에 마지막으로 멸종된 공룡들 중 하나였다.

❺ **eruption** n 폭발

Volcanic **eruptions** could have lowered the temperature.

화산 폭발이 기온을 떨어뜨렸을 것이다.

❻ **pump out** ~을 쏟아내다

Volcanic eruptions could have **pumped out** huge amounts of gases.

화산 폭발은 엄청난 양의 가스를 쏟아냈을 수도 있다.

❼ **reflect** v 반사하다

Sunlight could have been **reflected** back into space.

햇빛이 우주로 다시 반사되었을 것이다.

❽ **extraterrestrial** adj 지구 밖 (생물체)의, 외계의

The most likely **extraterrestrial** cause for the mass extinction is the impact of asteroids.

대량 멸종의 가장 가능성 높은 지구 밖의 원인은 소행성 충돌이다.

❾ **asteroid** n 소행성

Asteroids are large rocks from space that sometimes collide with the Earth.

소행성은 우주에서 온 커다란 암석으로 때때로 지구와 충돌한다.

❿ **crater** n 분화구

One large **crater** was found, which points to the evidence of asteroids.

큰 분화구가 하나 발견되었는데, 이는 소행성의 증거를 가리킨다.

⓫ **sulfur dioxide** n 이산화황

When volcanic eruptions occurred, they emitted huge amounts of **sulfur dioxide**.

화산 폭발이 일어났을 때, 엄청난 양의 이산화황을 내뿜었다.

⓬ **iridium** n 이리듐

Iridium is an element found in meteors.

이리듐은 운석에서 발견되는 원소이다.

⓭ **blast** v 폭파하다

An asteroid strike can **blast** a huge crater on the ground.

소행성 충돌은 지면 위에 폭파하여 거대한 분화구를 만들 수 있다.

⓮ **darken** v 어둡게 만들다

A massive asteroid could have **darkened** the sky.

거대한 소행성이 하늘을 어둡게 만들었을 수도 있다.

Step 1 Understanding Background Knowledge 배경지식 이해하기

화석의 생성

고생물학의 중요한 연구 요소인 화석의 특징과 관련된 내용을 알아 두자. 화석은 지질 시대에 살았던 생물의 흔적이 퇴적물에 매몰되어 남아 있는 것을 말한다. 이는 지질 시대와 고생물을 연구하는 귀중한 자료가 된다. 생물의 연약한 조직은 쉽게 부패해 버리기 때문에 화석이 생성되기 위해서는 생물체의 몸에 쉽게 부패하지 않는 껍질이나 골격 같은 단단한 부분이 있어야 한다. 그리고 이산화탄소나 인산염 또는 탄산칼슘과 같은 광물질로 바뀌어서 돌덩이처럼 딱딱해져야 한다. 화석화되기까지는 여러 가지 물리적, 화학적 작용이 이루어지는데, 원래 생물의 성분이 다른 물질로 바뀌어 딱딱하게 변하는 치환 작용, 탄소가 모여 변하는 탄화 작용, 광물 성분의 삼투, 지층에 묻힌 생물의 외형과 똑같은 형태만이 남은 몰드, 몰드 속에 광물질이 침전되어 그 원형이 복원된 캐스트가 있다.

Step 2 Understanding Terminology 용어 이해하기

❶ **fossil** n 화석

Some living organisms are preserved as **fossils** when the conditions are just right.

어떤 살아 있는 유기체들은 조건이 딱 맞으면 화석으로 보존된다.

❷ **fossilization** n 화석화

The study of **fossilization** is an important element of paleontology.

화석화에 대한 연구는 고생물학의 중요한 요소이다.

❸ **fossilize** v 화석화되다, 화석화하다

Some species may **fossilize** more readily, whereas others are destroyed.

어떤 종들은 더 손쉽게 화석화될 수 있는 반면, 다른 것들은 파괴된다.

❹ **crystallize** v 결정체를 이루다

How long it takes for bones to completely **crystallize** is unknown.

뼈가 완전히 결정체를 이루는 데 얼마나 오래 걸리는지는 알려지지 않았다.

❺ **amber** n 호박(나무의 수지가 화석화된 것)

Amber is used mostly as a decorative object.

호박은 대부분 장식품으로 사용된다.

❻ **resin** n 수지(나무에서 분비하는 점도 높은 액체)

Plant **resin** is buried by sediment over millions of years and becomes fossilized.

식물 수지는 수백만 년에 걸쳐서 퇴적물에 의해 묻혀 있고 화석화된다.

❼ **gem** n 보석

A fossilized dinosaur bone has become a popular **gem** material.

화석화된 공룡 뼈는 인기 있는 보석 재료가 되었다.

❽ **jet** n 제트(나무가 화석화된 보석)

Jet is a gemstone with dark grey color.

제트는 짙은 회색 빛을 띤 원석이다.

❾ **harden** v 굳어지다, 딱딱해지다

Most organic materials **harden** during the process of fossilization.

대부분의 유기물은 화석화 과정에서 딱딱하게 굳어진다.

❿ **decay** v 부패하다 (= decompose)

When animals, plants, and other organisms die, they **decay** completely.

동물, 식물, 그리고 다른 유기체들이 죽으면 완전히 썩는다.

⓫ **dissolve** v 용해하다, 녹이다

When water seeps into the remains, minerals are **dissolved** within the remains.

물이 유해에 스며들면 미네랄이 그 속에서 용해된다.

⓬ **encase** v 감싸다, 둘러싸다

Organisms may become **encased** in materials such as ice or volcanic ash.

유기체들은 얼음이나 화산재 같은 물질에 갇히게 될 수 있다.

⓭ **mold** n 몰드(생물의 골격이나 형체는 없어지고 그 흔적만 남아 있는 화석), 틀, 거푸집

When hollow space fills with material, this material takes the shape of the **mold**.

빈 공간이 물질로 채워지면, 이 물질은 몰드의 형태를 취하게 된다.

⓮ **cast** n 캐스트(몰드에 새로운 광물이 들어가면서 원래의 모양의 화석이 만들어진 것)

Mold recreates the shape of the remains, which is called a **cast**.

몰드는 유해의 모양을 다시 만들어 내는데, 이것은 캐스트라고 불린다.

Test

문제 듣기

Passage 1

[1-4] Listen to part of a lecture in a biology class.

노트

정답 및 해설 | P. 89

1. What is the lecture mainly about?

(A) How *V. fischeri* and the Hawaiian bobtail squid maintain their relationship

(B) The parasitic relationship between *V. fischeri* and the Hawaiian bobtail squid

(C) The Hawaiian bobtail squid's strategy for illuminating its body to survive

(D) Different kinds of bacteria that Hawaiian bobtail squid use for survival

2. What is the relationship between *V. fischeri* and photophores?

(A) They maintain a symbiotic relationship.

(B) *V. fischeri* cannot live in environments other than photophores.

(C) Photophores are a place in which *V. fischeri* can thrive.

(D) Both of them can reproduce well in light producing organs.

3. Why does the professor mention a shadow?

(A) It provides a safe place for *V. fischeri* when they are in open water.

(B) It is the reason why the squid need to illuminate themselves.

(C) It provides protection for the squid while they look for food.

(D) It is one of the strategies that the squid use besides illumination.

4. What does the professor think about the Hawaiian bobtail squid's release of *V. fischeri*?

(A) It is a good way for the bacteria to conserve energy since they generate light constantly.

(B) It helps the younger generation of squid to grow more rapidly.

(C) It is an effective way to share the bacteria with other squid, especially younger ones.

(D) It makes it difficult for the squid to replenish the bacteria needed for the next day.

Passage 2

[1-4] Listen to part of a lecture in an art history class.

1. **What is the main idea of the lecture?**

Ⓐ How PIXE is being utilized by researchers and artists in the world

Ⓑ How a recently-created technology named PIXE is used with art

Ⓒ Interesting features of PIXE that help it determine provenance

Ⓓ The development of a scanning technology called PIXE

2. **What are the characteristics of proton-induced X-ray emission (PIXE)? Choose 2 answers.**

Ⓐ It utilizes ion beams that create radiation when they meet electrons.

Ⓑ It causes atomic reactions when it detects certain kinds of minerals.

Ⓒ It emits X-rays that detect the ingredients used for paintings.

Ⓓ It destroys the material it is used to scan because it reacts to electrons.

3. **Which of the following are true about the statue of Ishtar in the Louvre? Choose 2 answers.**

Ⓐ Archaeologists first discovered the statue in Turkey around 100 years ago.

Ⓑ The maker of the statue used hard stone on purpose to make it last longer.

Ⓒ The statue contained some precious stones that were thought to be glass.

Ⓓ It showed that the stones on its body did not come from a nearby region.

Ⓔ It was created in a style that was quite exceptional for the time period.

4. **What is the professor's opinion about PIXE?**

Ⓐ It improves the process of finding a genuine artist.

Ⓑ It makes it easier for criminals to make convincing forgeries.

Ⓒ It is becoming a vital tool for artists since it can be used in courts.

Ⓓ It is an out-of-date technique that cannot analyze all the layers of paintings.

Lesson

04 Connecting Contents

문제 듣기

Introduction

Lecture의 Connecting Contents 유형은 강의 중 화자가 언급하는 정보들 간의 관계를 이해했는지 물어보는 문제이다. 이 문제 유형은 특정 부분에 대한 이해보다는 각 내용들이 종합적으로 어떻게 서로 연결되어 있는지를 파악해야 하는 유형이다. 강의의 특정 내용이 언급된 이유를 묻는 문제(Purpose Question), 표에 나타난 몇 가지 진술의 사실 여부를 확인하는 문제(List Question), 각 범주별로 알맞은 내용의 짝을 맞추는 문제(Matching Question), 어떤 사건이 일어난 순서를 맞추는 문제(Ordering Question)가 여기에 속한다. 강의 지문에서 한 문제도 나오지 않을 때도 있으나, 출제되면 보통 1개의 지문당 1문항이 출제된다.

Sample Questions 

Purpose Question(특정 내용을 언급한 이유를 묻는 유형)

- Why does the man explain ~? 남자는 왜 ~라고 설명하는가?
- Why does the woman talk about ~? 여자는 왜 ~에 대해 이야기하는가?

List Question(몇 가지 진술의 사실 여부를 확인하는 유형)

- In the lecture, the professor lists ~. Indicate which of the following features are mentioned in the lecture.
  강의에서, 교수는 ~를 열거한다. 다음 중 어느 특징이 강의에서 언급되는지 표시하시오.

	A	B
Statement 1		
Statement 2		
Statement 3		

Matching Question(각 범주별로 알맞은 내용을 연결시키는 유형)

- Indicate for each example what type of ~. 각 예시가 ~의 어떤 분류인지 표시하시오.

	Type A	Type B	Type C
Ex 1			
Ex 2			
Ex 3			
Ex 4			

Ordering Question(사건 및 절차를 순서대로 나열하는 유형)

- Put the following steps in order. 다음 단계들을 순서에 맞게 배열하시오.

Step 1	Statement A
Step 2	Statement B
Step 3	Statement C

Learning Strategies

1. 정보들 간의 관계를 알려 주는 표시어 듣기

강의에서 주어지는 정보들 간의 관계를 파악하기 위해서는 우선적으로 강의 전체의 맥락과 흐름을 이해해야 한다. 정보 간의 관계 유형을 알려 주는 표시어를 놓치지 않고 듣는 것이 도움이 된다.

▶ **비교**

in comparison to ~와 비교하면 likewise 비슷하게 similar to ~와 비슷하게

▶ **대조**

but 그러나 however 하지만 conversely 정반대로
on the contrary 그와 반대로 on the other hand 다른 한편으로는

▶ **유형별 분류**

A can be divided into two groups. A는 두 그룹으로 나뉠 수 있습니다.
A can be classified by B. A는 B에 따라 분류될 수 있습니다.

▶ **순차적 과정 설명**

and then 그리고는 later 뒤에 next 다음으로는
prior to ~에 앞서 subsequently 나중에 the next step is ~ 그 다음 과정은 ~입니다

▶ **예시 및 열거**

for example 예를 들어 let's say 예를 들면 let's suppose ~ ~라고 가정해 봅니다
such as ~와 같은 like ~처럼 among them are ~ 그들 중에는 ~가 있습니다

2. 강의의 특정 전개 방식에 맞는 노트테이킹(Note-taking)하기

▶ **비교/대조/분류의 방식으로 설명하는 경우**

각각의 대상이 어떻게 비교/대조/분류되는지 정확히 구분하여 노트테이킹한다.

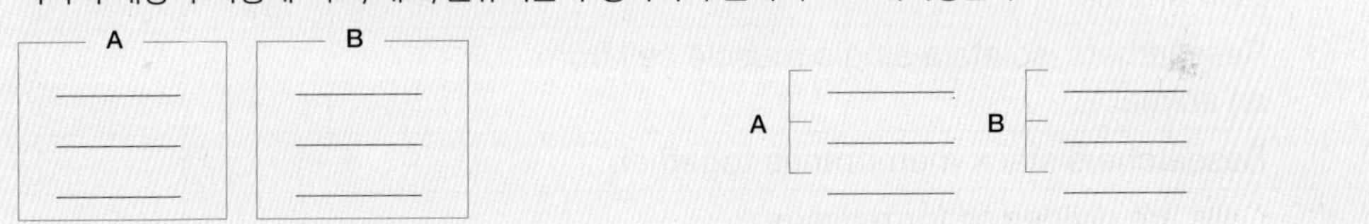

▶ **순차적 과정 및 발생 순서를 설명하는 경우**

사건이 일어난 순서대로 노트테이킹한다. 연도 및 숫자를 써서 표시하는 것이 좋다.

1. ________
2. ________
3. ________

▶ **예시 및 열거 방식으로 내용이 전개될 때**

큰 분류와 그에 대한 하위 개념을 일목요연하게 구분하여 노트테이킹한다.

A. ________ B. ________
e.g. ________ e.g. ________

문제 풀이 Tip

❶ Connecting Contents 문제를 빠르고 쉽게 풀기 위해서는 노트테이킹이 중요한 역할을 한다. 전체적인 큰 맥락을 이해한 것을 최대한 노트에 잘 나타낼 수 있도록 간단한 구조도를 그려 가며 정리해 보는 것이 효과적이다.
❷ 강의의 특정 전개 방식에 따라 어떤 문제가 출제될 것인지 미리 예상해 볼 수 있다. 예를 들어, 강의 내용 중 연대기 순으로 정보를 나열할 경우 Ordering Question이 나올 것을 예상할 수 있다.
❸ 강의 중 주제와 관련 없어 보이는 단어가 등장한다면, 다른 목적을 위해 언급되는 경우일 수 있다. 이에 관련된 내용은 Purpose Question으로 출제될 수 있으므로, 왜 특정 단어가 언급되었는지 파악해야 한다.

Example

Man: Professor

L04_EX

Listen to part of a lecture in a biotechnology class.

도입부에서 주제를 파악할 수 있는 표시어들

M Even if you don't want to eat meat, you might like soy hamburgers. That means you have an alternative. Today, let's talk about a new meat production technology that may allow you to have another such alternative. Using novel tissue engineering technology, researchers in the United States and the Netherlands have found a way to grow tissue from cattle, pigs, poultry and fish. How can this happen? Do they have the same taste as meat?

Well, I'm going to give you some brief information about cell-cultivated meat production. The researchers first isolate one muscle cell from an animal. It is then divided to make tissue. Afterwards, they develop muscle tissue sheets on a thin membrane and stack the membranes together to form a meat slab. Pretty amazing, huh? Researchers can also grow small beaded muscle cells to make processed meat, such as chicken nuggets or ground beef. Under the right conditions, cells can proliferate so quickly that a single cell could produce sufficient meat to feed the world for a year. However, this is only the case theoretically.

정보들 간의 관계 유형을 파악할 수 있는 표시어 first, then, afterwards를 통해 세포의 배양 과정을 순차적으로 설명하는 전개 방식임을 파악할 수 있다.

Q. In the lecture, the professor explains the process of making meat by cell cultivation. Click in the correct box for each step.

	Step 1	Step 2	Step 3	Step 4
Ⓐ Researchers grow sheets of muscle tissue on a membrane.				
Ⓑ Researchers isolate a single muscle cell from an animal.				
Ⓒ Researchers stack membranes together.				
Ⓓ Cells are divided to form tissue.				

노트

MI) making meat through cell culti. 주제: 세포 배양을 통한 고기 제조

1. isolate muscle cell from animal 동물로부터 근육 세포 분리
2. divide cell → tissue 세포 분리 → 조직
3. develop musc. tissues on memb. 세포막에 근육 조직을 만듦
4. stack memb. → meat slab 세포막을 쌓음 → 두툼한 고기 조각

표시어를 통해 강의의 전개 방식이 어떻게 흘러가고 있는지 파악하며 노트테이킹한다. 화자가 과정을 설명할 때는 핵심 개념들을 숫자를 통해 순차적으로 정리한다.

생명 공학 수업의 강의 일부를 들으시오.

남 여러분은 고기는 먹고 싶지 않더라도, 콩 버거는 아마 좋아할 거예요. 이 말은 대안이 있다는 뜻이죠. 오늘은 그러한 다른 대안을 가질 수 있도록 하는 새로운 고기 생산 기술에 대해 이야기해 보겠어요. 새로운 조직 공학 기술을 이용해서 미국과 네덜란드의 연구원들은 소, 돼지, 가금류 및 어류의 조직을 배양하는 방법을 찾아냈어요. 이것이 어떻게 가능했을까요? 그것들은 고기와 똑같은 맛일까요?

세포 배양을 통한 고기 생산에 대해 간단한 정보를 줄게요. 연구원들은 우선 동물로부터 근육 세포 하나를 분리해요. 그 다음 이 세포를 나누어서 조직을 만들어요. 그다음에 얇은 세포막 위에 여러 장의 근육 조직을 만든 후 이 세포막들을 한곳에 쌓아 올려 두툼한 고기 조각을 만들어요. 꽤 놀라워요, 그렇죠? 연구원들은 또한 근육 세포를 작은 덩어리로 배양해서 치킨 너겟이나 간 쇠고기 등의 가공육을 만들 수 있어요. 조건이 맞다면 세포는 굉장히 빠르게 증식되어서 단 한 개의 세포만으로도 전 세계에 일 년 동안 고기를 제공할 만큼 충분한 양을 만들어 낼 수 있죠. 하지만 이것은 이론상으로만 가능해요.

Q. 강의에서, 교수는 세포 배양을 통해 고기를 만드는 과정에 대해 설명한다. 각 단계에 대해 맞는 칸에 표시하시오.

	1단계	2단계	3단계	4단계
Ⓐ 연구원들은 세포막 위에 여러 장의 근육 조직을 만들어 낸다.			✓	
Ⓑ 연구원들은 동물로부터 근육 세포 하나를 분리한다.	✓			
Ⓒ 연구원들이 세포막들을 함께 쌓는다.				✓
Ⓓ 세포들을 나누어서 조직을 형성한다.		✓		

해설 강의 중반부에 교수는 세포 배양을 통해 고기를 만드는 과정을 설명하고 있다. 우선 동물로부터 근육 세포를 분리한 후, 이 세포가 나누어지면 얇은 세포막에 근육 조직을 형성하고, 마지막으로 형성된 근육 조직들을 한곳에 쌓아서 고기 덩어리를 만든다고 말한다. 따라서 고기를 만드는 과정에 대한 올바른 단계는 (B)-(D)-(A)-(C)이다.

어휘 alternative n 대안, 선택권 | production n 생산 | technology n 기술 | novel adj 새로운 | tissue n 조직 | poultry n 가금류 | brief adj 간단한 | cultivated adj 양식[재배/경작]된 | isolate v 분리하다 | muscle n 근육 | divide v 나누다 | thin adj 얇은 | membrane n 세포막 | stack v 쌓아 올리다 | slab n 넓적하고 두툼한 조각 | bead v 염주[구슬]처럼 잇다 n 구슬, 작은 덩어리 | processed adj 가공된 | proliferate v 증식[번식]되다 | sufficient adj 충분한 | feed v 제공[공급]하다, 먹여 살리다 | case n 사실, 실정 | theoretically adv 이론상으로

Practice

>> 다음 각 강의를 들으며 노트테이킹의 빈칸을 완성한 후 질문에 답하시오.

01 노트 L04_P01

MI) ______________________

- shaped like ______________, filled w/ ______________________
- had ______________, ______________, ______________
- spiracles allowed to ________________________________
- lungs ______________________

Q. 교수는 왜 고래를 언급하는가?

Ⓐ 비슷한 이행을 한 다른 동물을 말하려고

Ⓑ 많은 수중 생물이 공기로 숨을 쉰다고 강조하려고

Ⓒ 어떤 생물이 진화하여 고래가 되었을 수 있다고 제시하려고

Ⓓ 비슷한 신체 구조의 예를 들려고

02 노트 L04_P02

MI) __________________________________

1. ______________________
   - made of ______________________
   - reduce ______________________
2. ______________________
   - steel beams ______________________
3. ______________________
   - placed ______________________
   - consist of ______________________
   - absorb ______________________

Q. 다음 각 용어가 설명하는 기술은 무엇인가? 표의 오른쪽 열에 해당 기술을 표시하시오.

Ⓐ Shear wall

Ⓑ Cross-bracing

Ⓒ Base isolator

Steel beams placed diagonally from floor to ceiling	
Steel rods running through concrete	
Steel and rubber positioned in the foundation of a building	

• 강의를 다시 들으며 빈칸을 채우시오.

01 **Listen to part of a lecture in a paleontology class.**

M Tiktaalik lived during the Devonian period about 375 million years ago. The creature was a predator with ______________________________ and filled with sharp teeth. Tiktaalik had gills, scales, and ______________, but it had a distinctive feature that ______________________. Its gills were actually two ______________ on top of its head above the eyes called spiracles. This means the location of the spiracles would have allowed Tiktaalik ______________________ without having to climb out, much like a whale. Of course, gills do not work ______________, so Tiktaalik must have developed ______________________ to pull oxygen out of the air it breathed. This is supported by the fact that it had a ______________________.

02 **Listen to part of a lecture in an engineering class.**

W Engineers in the field have developed a lot of new techniques to ______________________. In the case of a relatively small building, they have discovered that all that needs to be done is to ______________________ and provide support walls. These support walls are called ______________. Shear walls are made of ______________, which means concrete with ______________. This type of construction reduces the effects of ______________ during an earthquake, hurricane or typhoon.

You've all gone on field trips for your tutorials, haven't you? Have you ever seen a building being built and noticed ______________________? This is referred to as ______________. You may have seen this pattern before. The steel beams ______________ from the ceiling to the floor of every floor of a building.

______________ everything we've been talking about today, architects have also developed what they call "______________" to further reinforce many types of structures. Base isolators are placed under the building to ______________________ that occurs during an earthquake. This tremor can damage a building and ______________. Base isolators consist of two materials: ______________. Steel and rubber are used to absorb shockwaves.

>> 다음 각 강의를 들으며 노트테이킹의 빈칸을 완성한 후 질문에 답하시오.

03 노트 L04_P03

MI) ____________________

Leaders	____________
- understand ____________	- instruct.
- ____________ intelligence	- vision → ____________
- adapt ____________	- X transform ____________

Q. In the lecture, the professor describes the roles of managers. Indicate whether each of the following is the role of managers. Click in the correct box for each phrase.

	Yes	No
(A) Keep up with business trends and redirect a business		
(B) Translate abstract ideas into concrete actions		
(C) Keep employees productive		
(D) Transform products for higher profits		

04 노트

L04_P04

MI) ______________________

1. ______________________
- demand 〉 ______________________
- X need to ______________________

2. ______________________
- supply 〉 ______________________
- promote prod.
- still produced ______________________

3. ______________________
- supply 〉〉 ______________________
- resis. to ______________________
- find out what ______________________ want

Q. In the lecture, the professor describes three eras in marketing.
Click in the correct box for each era.

	Production-oriented era	Sales-oriented era	Marketing-oriented era
Ⓐ Supply exceeded demand.			
Ⓑ Producers began to find out what the consumers wanted.			
Ⓒ Demand exceeded supply.			
Ⓓ Producers produced what they wanted.			
Ⓔ Consumers developed a resistance to "hard-sell" advertising.			
Ⓕ There was no need to promote products.			

• 강의를 다시 들으며 빈칸을 채우시오.

03 **Listen to part of a lecture in a sociology class.**

W Yesterday, we talked about ______________________________, right? And today I'm going to share with you the differences between leaders and managers.

Great leaders have an innate ability to understand the forces that ______________ ______________________________, and to seize the opportunities that come with it. They usually possess ______________________________, which means they understand more than just the social, political, technological and demographic contexts of their time; they also understand ______________________________ ____________________ and benefit from these forces. So if things like cheaper labor or more ______________________________ are required, they find new locations for factories and offices.

Okay... And as for managers... well, it's their job to ______________________ ______________________ without worrying about how the business environment is changing. They ______________________________ and translate the vision of a leader into ______________________ on the ground by finding ways to ensure that ______________________________, satisfied and properly trained. In spite of these responsibilities, they are never expected to seriously ______________ ______________________________, services or operating procedures, which we expect leaders to handle.

04 **Listen to part of a lecture in a communications class.**

M As you all know, advertising is about ______________. However, it was not until the early 19th century Industrial Revolution that ______________ ______________. This is due to the fact that for the first time the products were ______________ rather than custom-produced. That led to three periods ______________.

The first era had a production focus. When mass production started, there were still limitations. Demand ______________. It was not necessary to advertise products when they were sold ______________ ______________.

But over time, production increased and created a surplus of goods. ______________ ______________. This led to an era focused on selling. Businesses would promote their products to persuade consumers to buy their products ______________. However, manufacturers always produced whatever they wanted, relying on their ability to sell their products.

Ultimately, however, ______________ that consumers had more choices than any promotion could overcome. Furthermore, they have developed ______________. Producers started to realize that it was ______________ ______________ before making items, rather than trying to convince buyers to buy something afterwards. To a large extent, we are now living in this ______________.

Lesson 04 Lectures

Lecture 배경지식 4 Environmental Science 환경 과학

L04_BK 표현 듣기

TOEFL Listening에서 자주 등장하는 분야 중 하나는 여러 가지 환경 문제에 과학적으로 접근하고 방안을 탐구하는 분야이다. 이러한 분야를 환경 과학(Environmental Science)이라고 한다. 빈출 주제는 주로 지구 온난화, 생태계 파괴, 기후 변화, 에너지 정책 등과 관련된 것들이다. 따라서 관련 주제에 대해 미리 파악하고 있으면 전체적인 지문의 맥락을 이해하는 데 도움이 된다. 또한 지구 온난화와 관련하여 하나의 해결책으로서 자주 등장하는 내용이 바로 재생 가능 에너지의 사용이다. 재생 가능 에너지는 화석 연료의 사용에 따른 지구 온난화의 문제를 해결하는 데 필요할 뿐만 아니라, 현재 심각한 화석 연료의 고갈 문제를 극복하는 데에도 꼭 필요하고 개발되어야 하는 것이다. 재생 에너지의 종류와 각각의 장단점에 대한 내용을 기본적으로 알아 두고, 관련된 어휘 또한 외워 두자.

Step 1 Understanding Background Knowledge 배경지식 이해하기

온실 효과

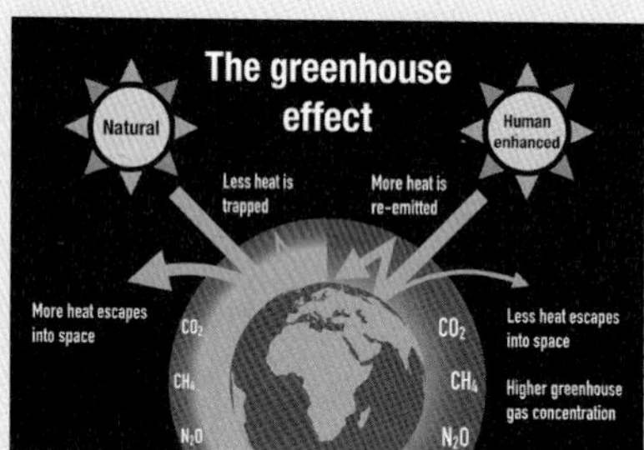

지구의 평균 기온은 우리가 살아가기에 알맞은 온도인 섭씨 15도 정도를 유지하고 있는데, 이것은 바로 온실 효과 덕분이다. 온실 효과란 이산화탄소, 메탄, 아산질소, 프레온(CFC)과 같은 온실가스가 지구에 있는 열을 지구 밖으로 빠져나가지 못하도록 막아서 지구의 평균 기온을 유지시키는 작용을 말한다. 다시 말해, 지구 표면에서 나오는 에너지가 공기 중의 이산화탄소 등에 흡수되어 대기권 밖으로 빠져나가지 못하도록 하는 현상을 온실 효과라고 한다. 만약 온실 효과가 없다면 지구의 평균 기온이 영하로 낮아져서 생명체는 모두 얼어 죽게 될 것이다. 이렇듯 온실가스는 지구의 생명체가 살기에 알맞은 기온을 유지할 수 있도록 도와주기 때문에 지구 환경 유지에 없어서는 안 될 필수적인 요소이지만, 1760년대 이후 산업 발전으로 인한 과도한 석탄이나 석유 같은 화석 연료 사용 때문에 온실가스가 지나치게 늘고 있다. 온실가스 증가는 지구의 평균 기온 상승, 기후 변화와 같은 인류 생존에 위협적인 요소로 작용할 수 있어 국제적으로 온실가스를 줄이기 위한 노력이 진행되고 있다.

Step 2 Understanding Terminology 용어 이해하기

❶ **global warming** n 지구 온난화

As we all know, the most serious threat to the world is **global warming**.

우리 모두가 알다시피, 세계에 가장 심각한 위협이 되는 것은 지구 온난화이다.

❷ **greenhouse effect** n 온실 효과

However, the **greenhouse effect** is one of the things that make Earth a comfortable place to live.

그러나, 온실 효과는 지구를 살기 편안한 곳으로 만들어 주는 것들 중 하나이다.

❸ **greenhouse gas** n 온실가스 (= heat-trapping gas)

Too many **greenhouse gases** can cause the Earth's atmosphere to trap more and more heat.

지나치게 많은 온실가스는 지구의 대기가 점점 더 많은 열을 가두게 할 수 있다.

❹ **carbon dioxide** ⓝ 이산화탄소

Unfortunately, the increased **carbon dioxide** in the ocean changes the water, making it more acidic.

불행하게도, 바다의 증가된 이산화탄소는 물을 더 산성으로 만들며 변화시킨다.

❺ **methane** ⓝ 메탄

When waste materials decompose, they produce **methane**.

폐기물들이 분해될 때, 메탄을 방출한다.

❻ **nitrous oxide** ⓝ 아산화질소

Contact with **nitrous oxide** can cause damage to the immune system.

아산화질소와의 접촉은 면역 체계의 손상을 야기할 수 있다.

❼ **chlorofluorocarbon (CFC)** ⓝ 클로로플루오르카본, 프레온 가스

Chlorofluorocarbon destroys the Earth's protective ozone layer.

프레온 가스는 지구를 보호하는 오존층을 파괴한다.

❽ **fossil fuel** ⓝ 화석 연료

Coal, oil, and natural gas are all considered **fossil fuels**.

석탄, 석유, 그리고 천연가스는 모두 화석 연료로 여겨진다.

❾ **coal** ⓝ 석탄

Using **coal** fills the air with carbon dioxide and other heat-trapping gases.

석탄을 사용하는 것은 이산화탄소와 그 밖의 다른 열을 가두는 가스들로 대기를 채운다.

❿ **petroleum** ⓝ 석유 (= oil)

Petroleum-based fuels are running out at a considerable speed.

석유를 기반으로 하는 연료들은 상당한 속도로 고갈되고 있다.

⓫ **global temperature** 지구 온도

If **global temperatures** rise continually, many coastal cities and some island nations will disappear underwater.

만약 지구 온도가 계속해서 상승한다면, 많은 해양 도시들과 몇 개의 섬나라들이 바다 밑으로 사라질 것이다.

⓬ **solar radiation** ⓝ 태양 복사(열)

Solar radiation can be turned into useful forms of energy.

태양 복사열은 유용한 에너지의 형태로 전환될 수 있다.

⓭ **emit** ⓥ 배출하다, 방출하다

Which country **emits** the most greenhouse gases each year?

어떤 나라가 매년 가장 많은 온실가스를 배출하는가?

⓮ **trap heat** 열을 가두다

Carbon dioxide in the atmosphere is **trapping heat**.

대기권에 있는 이산화탄소가 열을 가두고 있다.

Step 1 Understanding Background Knowledge 배경지식 이해하기

재생 가능 에너지

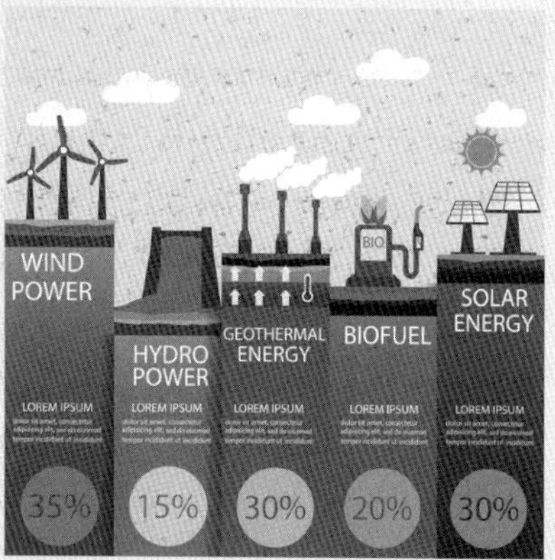

재생 가능한 자원은 화석 연료나 우라늄과는 다르게 고갈되지 않기 때문에 자연 재생산하여 지속적으로 이용할 수 있는 천연자원이다. 재생 가능한 에너지에는 여러 가지가 있는데, 대표적으로는 태양 에너지, 풍력 에너지, 수력 에너지, 지열 에너지, 바이오 에너지 등이 포함된다.

태양 에너지는 태양광 발전이나 태양열 발전을 이용하여 태양의 빛 에너지를 변환시켜 전기를 생산하는 발전 기술이다. 태양광 발전은 햇빛을 받으면 전기를 발생하는 태양 전지를 이용한 발전 방식이고, 태양열 발전은 태양열을 흡수하여 활용하는 기술이다. 태양광 발전과 태양열 발전은 모두 태양 에너지를 이용하므로 지속 가능한 친환경적 기술이지만, 설치 장소가 한정적이며 설치 비용이 고가인 단점이 있다.

바이오 에너지란 곡식, 과일, 나무, 사탕수수 같은 유기체를 태워서 열과 빛을 얻거나 가스나 액체, 고체 연료 형태로 가공시켜 얻는 에너지이다. 그러나 너무 많은 양을 바이오매스 전기 발전에 사용할 경우 이것을 식량으로 삼는 저개발 국가에 식량난을 초래할 수 있다는 문제점이 있다.

풍력 에너지는 자연적인 바람이 가지는 운동 에너지를 이용해 터빈을 작동시켜 전기를 생산하는 발전 기술이며, 수력 에너지는 하천 및 저수지의 물이 가진 위치 에너지를 활용하는 발전 방식이다. 지열 에너지는 태양 에너지가 지하에 저장된 에너지로서, 냉난방에 활용할 수 있다. 그러나 이러한 재생 가능한 에너지들은 단독으로는 안정적인 전력 공급이 어렵다는 단점이 있어서 기존의 전력 생산을 보조할 뿐이지 완전히 대체하기는 어려울 것으로 보는 의견도 있다.

Step 2 Understanding Terminology 용어 이해하기

❶ **renewable energy** ⓝ 재생 가능 에너지

We should use **renewable energy** sources, even though they are more expensive than fossil fuels.

우리는 재생 가능 에너지원이 화석 연료보다 더 비쌀지라도 그것들을 사용해야 한다.

❷ **alternative energy** ⓝ 대체 에너지

If people increase the use of **alternative energy**, we will no longer depend on fossil fuels.

만약 사람들이 대체 에너지 사용을 늘린다면, 우리는 더 이상 화석 연료에 의존하지 않을 것이다.

❸ **clean energy** ⓝ 친환경 에너지

Taking advantage of **clean energy** enables people to maintain their health.

친환경 에너지를 사용하는 것은 사람들이 건강을 유지하도록 해 준다.

❹ **solar energy** n 태양 에너지

Solar energy is the most common renewable energy source.
태양 에너지는 가장 흔한 재생 가능한 에너지원이다.

❺ **wind power** n 풍력

Wind power development has its downsides because wind farms negatively affect the natural view.
풍력 발전소들이 자연 경관에 부정적인 영향을 미치기 때문에 풍력 발전은 불리한 면을 가지고 있다.

❻ **sustainable** adj 오랫동안 지속 가능한

Although most renewable energy sources are **sustainable**, some are not.
대부분의 재생 가능 에너지원들은 오랫동안 지속 가능함에도 불구하고, 어떤 것들은 그렇지 않다.

❼ **solar panel** n 태양 전지판, 태양광 패널

Let's make a **solar panel** lantern to help resolve the energy crisis!
에너지 위기 해결을 돕기 위해서 태양 전지판 랜턴을 만들자!

❽ **solar thermal energy** 태양열 에너지

My family started to use **solar thermal energy** to heat water.
우리 가족은 물을 데우는 데 태양열 에너지를 사용하기 시작했다.

❾ **wind turbine** 풍력 발전용 터빈

Wind turbines turn wind energy into electricity.
풍력 발전용 터빈은 풍력 에너지를 전기로 바꾼다.

❿ **biomass** n 바이오매스, (특정 지역 내의) 생물량

Biomass is a renewable energy source which is derived from organisms.
바이오매스는 유기체들로부터 얻어지는 재생 가능한 에너지원이다.

⓫ **carbon emission** 탄소 배출

People should decrease the amount of **carbon emission**.
사람들은 탄소 배출량을 줄여야 한다.

Test

문제 듣기

Passage 1

[1-4] Listen to part of a lecture in a paleonthology class.

정답 및 해설 | P. 101

1. What is the main topic of the lecture?

Ⓐ The problems caused by CO_2 in the blood
Ⓑ The changes in Earth's early atmosphere
Ⓒ The reasons why animals left the water
Ⓓ The ways that the first land animals breathed

2. Listen again to part of the lecture. Then answer the question.

Why does the student say this:

Ⓐ To indicate that the professor already answered his question
Ⓑ To provide an example that illustrates her suggestion
Ⓒ To show that she is confused by the professor's explanation
Ⓓ To explain why she thinks the professor made a mistake

3. According to the professor, early tetrapods could not remove CO_2 from their bodies easily because

Ⓐ they could not expand or contract their rib cages
Ⓑ they were too small to expel it through their skin
Ⓒ they had to keep their skin wet at all times
Ⓓ they had not developed nostrils yet

4. Why does the professor mention turtles in the lecture?

Ⓐ They live in the same kind of environment as tetrapods.
Ⓑ They are another animal that uses dermal bone as armor.
Ⓒ They were the next developmental stage as reptiles evolved.
Ⓓ They share many physical characteristics with early tetrapods.

Passage 2

[1-4] Listen to part of a lecture in a geology class.

1. **What is the main topic of the lecture?**

Ⓐ The reason for planetary cooling trends

Ⓑ The qualifications for major extinction events

Ⓒ The processes for dating prehistoric events

Ⓓ The causes of a particular transition period

2. **Listen again to part of the lecture. Then answer the question.**

Why does the professor say this:

Ⓐ To indicate that she is not satisfied with the answer

Ⓑ To point out that the answer is not original

Ⓒ To commend the student's effort

Ⓓ To explain why she asked for the students' ideas

Lesson 04 Lectures

3. **According to the professor, what factors contributed to the Eocene-Oligocene transition? Choose 2 answers.**

Ⓐ Violent volcanic eruptions

Ⓑ An asteroid impact

Ⓒ Massive uplift

Ⓓ Depleted CO_2 levels

4. **Why does the professor mention the monsoon cycle?**

Ⓐ To point out what caused the planet to become cooler

Ⓑ To explain how significant Antarctica's movement was

Ⓒ To provide a familiar example of a weather pattern remaining to date

Ⓓ To illustrate how recently an event occurred

Lesson

05 Inference

문제 듣기

Introduction

Lecture의 Inference 유형은 강의에서 직접적으로 언급된 정보를 토대로 하여 또 다른 내용을 논리적으로 추론하는 문제이다. 이 문제 유형은 강의 전체의 흐름을 통해 추론할 수 있는 능력을 요하는 문제로, 5개의 문제 유형 중 가장 난이도가 높은 유형이다. Inference 문제는 주로 imply, infer, most likely와 같은 단어를 포함한 형태이며 1개의 강의 지문당 보통 1문항이 출제된다.

Sample Questions 

- What does the professor imply about ~? 교수는 ~에 대해 무엇을 암시하는가?
- What can be inferred about ~? ~에 대해 무엇을 추론할 수 있는가?
- What is probably true about ~? ~에 대해 사실일 것 같은 것은 무엇인가?
- What will the professor most likely do next? 교수는 다음에 무엇을 할 것 같은가?
- What can be concluded about ~? ~에 대해 어떤 결론을 내릴 수 있는가?

Learning Strategies

1. 표시어를 공략하여 추론 가능한 내용이 있는지 파악하기

Inference 문제는 들은 것을 바탕으로 제시된 정보의 또 다른 내용을 추론해야 하므로, 강의 주제의 특징과 관련된 내용들을 중심으로 노트테이킹하며 들어야 한다. 이때 논리적 추론이 가능한 내용이 있는지 파악하려면, 원인, 결과, 비교, 대조와 같은 주제의 특징을 표시어를 통해 잘 포착하여 노트테이킹하는 것이 중요하다.

▶ **원인**

- This is due to ~ 이것은 ~ 때문입니다
- This is caused by ~ 이것은 ~에 의해 야기됩니다
- This is attributed to ~ 이것은 ~의 탓으로 여겨집니다
- The reason is that ~ 이유는 ~입니다

▶ **결과**

• As a result, / Consequently,	그 결과,
• This results in ~	이는 결과적으로 ~을 초래합니다
• A leads to B.	A는 B로 이어집니다.

▶ **비교**

• Similarly, / Likewise,	비슷하게[유사하게/마찬가지로],
• In the same way,	같은 방법으로,

▶ **대조**

• While / whereas	~인 반면에
• On the contrary,	그와는 반대로,
• In contrast,	그에 반해서,
• On the other hand,	다른 한편으로는,
• However / But	그렇지만, 그러나

Lesson 05 Lectures

2. 정보 간의 관계를 통해 예측하기

이 문제 유형에 특히 요구되는 능력은 명확하게 언급되지 않은 사항들에 대하여 주어진 정보를 바탕으로 예측하는 것인데, 유추, 인과 관계 추론, 결과 예측, 일반화 등과 같은 정보 간의 관계를 통해서 가능하다.

인과 관계 추론	직접적으로 언급된 정보를 근거 삼아 다른 판단을 이끌어 내는 것을 말한다. Ex Many owl enthusiasts in the local area are upset about the lumber industry. 현지 지역의 많은 부엉이 애호가들은 벌목업에 대해 기분이 언짢습니다. ··· 부엉이 애호가들이 벌목업에 대해 기분이 언짢다는 것은 벌목업으로 인해 부엉이가 죽거나 서식지가 훼손되는 등의 해를 입었기 때문이라는 것을 문맥상 추론할 수 있다.
유추	화자가 한 말에서 간접적으로 알 수 있는 사실을 파악하는 것을 말한다. Ex Keep in mind that there is a test coming up next week. Have you read the section about sunspots and the Earth's climate in chapter 11? 다음 주에 시험이 있다는 것을 기억하세요. 11단원에 있는 태양의 흑점과 지구 기후에 대한 부분을 읽었나요? ··· 다음 주에 시험이 있다는 것을 기억하라고 하면서 11단원의 내용을 읽었냐는 질문이 이어지고 있기 때문에, 해당 내용이 시험에 출제될 것임을 유추해 볼 수 있다.

문제 풀이 Tip

❶ 추론의 근거는 항상 들은 내용을 기반으로 해야 한다.
❷ 직접적으로 주어진 정보를 다른 표현으로 패러프레이징 한 보기가 아니라, 화자가 한 말을 통해 간접적으로 유추할 수 있는 사실을 패러프레이징한 보기를 찾는 것임에 유의하자.

오답 함정 Hint

❶ 논리가 떨어지는 단편적인 정보를 도출한 보기는 오답이다.
❷ 너무 깊게 생각하여 강의 내용과 많이 벗어난 추론으로 도출한 보기도 오답이다.

Example

Man: Professor

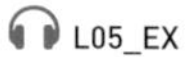

Listen to part of a lecture in a biology class.

M Okay, I guess this would be a good time to start discussing the basics of hearing. As I'm sure you already know, hearing is one of the five human senses. It allows humans to detect danger and communicate with one another, both of which are necessary functions for human beings.

As a, uh, physical function, hearing involves the ear, which is an extremely complicated organ. Now, because this is a 101-level course, we don't have time to go into detail regarding the ear and how each of its parts functions. However, it is important for you to get a basic sense of what the ear as a whole does and how it works. Firstly, the eardrum senses the vibrations of molecules in the air. And then, other parts of the ear transmit these vibrations until they become tiny electrical impulses that are sent to the brain for interpretation. All this happens in an incredibly fast average time of 68 to 87 milliseconds, making the entire hearing process even more incredible.

화자가 한 말에서 간접적으로 알 수 있는 사실을 because나 However 같은 표시어를 통해 유추 가능하다.

Q. What can be inferred about a 101-level course at the university?

(A) They are courses that cover advanced topics in more detail.
(B) They are courses that are not related to biology or science.
(C) They are survey courses that do not go into much detail.
(D) They are advanced courses that focus solely on scientific theory.

노트

MI) basics of hearing 주제) 청각의 기본

1. eardrum detect vib. 고막은 진동 감지
2. become electrical impulse 전기 충격이 됨
3. sent to brain for inter. 해석을 위해 뇌로 보내짐

순서나 절차가 나오면 반드시 올바른 방법으로 노트테이킹을 해야 한다. Connecting Contents 문제로 자주 출제되기 때문이다.

생물학 수업의 강의 일부를 들으시오.

남 좋아요, 이번 시간은 청각의 기본에 대해 논의를 시작하기에 좋은 때인 것 같군요. 여러분이 이미 알고 있을 거라고 확신하는 바와 같이, 청각은 인간의 다섯 가지 감각 중 하나입니다. 그것은 인간이 위험을 감지하고 서로 의사소통을 할 수 있도록 해 주는데, 둘 다 인간에게 필요한 기능이죠.

신체적인 기능으로서 청각은 귀와 관련이 있는데, 귀는 상당히 복잡한 기관입니다. 이제, 이것은 101-레벨의 수업이기 때문에, 우리는 귀와 귀의 각 부분이 어떻게 작동하는지에 관하여 자세히 설명할 시간이 없습니다. 하지만, 귀 전체가 무엇을 하고 어떻게 작동하는지에 대한 기본적인 이해를 하는 것이 중요합니다. 첫째, 고막은 공기 중의 분자의 진동을 감지합니다. 그리고 나서, 귀의 다른 부분들은 이러한 진동을 전달합니다. 그것들이 해석을 위해 뇌로 보내지는 작은 전기 충격이 될 때까지요. 이 모든 것은 평균 68밀리초에서 87밀리초까지 엄청나게 빠른 시간에 일어나며, 전체 청력 과정을 훨씬 더 놀랍게 만듭니다.

Q. 대학의 101-레벨 수업에 대해 무엇을 추론할 수 있는가?

Ⓐ 고급 주제에 대해 더 상세히 알아보는 수업이다.
Ⓑ 생물학이나 과학과 관련이 없는 수업이다.
Ⓒ 자세한 내용은 다루지 않는 교양 개설 수업이다.
Ⓓ 오직 과학 이론에만 초점을 맞추는 고급 과정이다.

Lesson 05 Lectures

해설 101-레벨 수업에서는 귀에 대해서 자세히 알아볼 시간이 없다고 이야기하며, 청각의 기본적인 역할을 아는 것이 중요하다고 말하는 것으로 보아, 주로 기초적인 개념만 다루는 수업이라는 것을 유추할 수 있다. 따라서 보기 (C)가 정답이다. 보기 (A)는 두 번째 단락 두 번째 문장에서 강의 전반적으로 청각의 기본을 강조하고 있으므로 고급 주제에 대해 상세히 배우는 것은 아닌 것으로 보여지고, (B)는 강의 자체가 생물학(biology) 강의이므로 주제에 반하는 보기이다. 또한 (D)는 강의에서 청각에 대한 설명과 청각의 실질적 기능을 설명하고 있으므로 과학 이론에만 초점을 맞추었다는 말은 잘못 유추한 보기이다.

어휘 basic n 기본 adj 기본적인 | hearing n 청각 | sense n 감각 | detect v 감지하다 | danger n 위험 | communicate v 의사소통하다 | necessary adj 필수적인 | function n 기능 v 작동하다 | human being n 인간 | involve v ~와 관련이 있다 | complicated adj 복잡한 | organ n 기관 | go into detail 자세히 설명하다 | regarding prep ~에 관해 | eardrum n 고막 | vibration n 진동 | molecule n 분자 | transmit v 전달하다, 전도하다 | electrical adj 전기의 | impulse n 충격, 충동 | interpretation n 해석 | average adj 평균의 | millisecond n 밀리초 | incredibly adv 엄청나게, 놀라울 정도로 | entire adj 전체의 | advanced adj 고급의, 상급의 | topic n 주제 | in detail 자세히 | be related to ~와 관련이 있다 | survey course (교양) 개설(槪說) 수업[강의] | focus on ~에 초점을 맞추다 | solely adv 오직 | scientific adj 과학적인 | theory n 이론

Practice

>> 다음 각 강의를 들으며 노트테이킹의 빈칸을 완성한 후 질문에 답하시오.

01 노트 L05_P01

MI) why ________ → ________ theory

asteroid ________ → ________

→ blocked ________ & ________

→ ________ → dino. died

Q. 6천 5백만 년 전의 지구에 대해 무엇을 추론할 수 있는가?

Ⓐ 공룡이 점차적으로 사라졌다.

Ⓑ 일부 공룡들은 키가 100피트가 넘었다.

Ⓒ 여러 생명체가 추위로 인해 고통받게 되었다.

Ⓓ 추운 날씨에서 살아남은 식물들은 하나도 없었다.

02 노트 L05_P02

MI) Veronese's use of color

smalt blue

- used to paint ________
- made from ________
- ________ react moisture → ________

ultramarine

- expen.
- X used in ________

Q. 군청색 염료(Ultramarine pigment)에 대해 무엇을 추론할 수 있는가?

Ⓐ 공기 중의 습도에 반응한다.

Ⓑ 깊은 푸른 색조는 코발트와 칼륨에서 나온다.

Ⓒ 그림의 아주 중요한 부분에 보통 사용되었다.

Ⓓ 화감청색만큼 쉽게 바래는 염료이다.

• 강의를 다시 들으며 빈칸을 채우시오.

01 **Listen to part of a lecture in a geology class.**

W There are many theories ______________________ from Earth, but one widely accepted theory is the ______________________. I'm sure you're all quite familiar with the theory, but let's go through it briefly before we proceed. Okay, so... this theory says that approximately 65 million years ago, ______________________. When this asteroid struck the Earth, it created ______________________. The enormous cloud of dust ______________________ and blocked most of the sunlight for months, lowering the global temperature. As there had been no sun for many months and, as you know, plants ______________________, they were the first to be affected. ______________________. Then, not long after the plants died, herbivores, such as dinosaurs, which ate these plants, ______________________.

02 **Listen to part of a lecture in an art history class.**

M Um, Professor, if Veronese was such a ______________________, why does the sky he painted ______________________? It looks more grey than blue.

W That is both an excellent point and a great question. The sky was originally a much more ______________. Veronese used smalt blue, which can ______________________. Smalt blue is actually ______________________, and it contains potassium. The cobalt is the element that creates the blue color, but the potassium ______________________. Unfortunately, potassium ______________________, and it slowly leaches out of the paint when it is ______________________. So the blue fades even though the cobalt is still there. Had the artist used ultramarine, it would have ______________________. Ultramarine was an important part of the Venetian palette, but it was ______________________, so it was not typically used for large, ______________________ of paintings like the sky.

>> 다음 각 강의를 들으며 노트테이킹의 빈칸을 완성한 후 질문에 답하시오.

03 노트 L05_P03

MI) ______________________

- species btw ______________________
- ______________________ share traits
- could be many ______________________

Q. What can be inferred about missing links?

(A) People often assume that animals with similar traits must share the same ancestor.
(B) Transitional organisms are difficult to find due to the incompleteness of the fossil record.
(C) Many fossils of missing links were discovered during the nineteenth century.
(D) Missing link organisms always show the transitions between different habitats.

04 노트 L05_P04

MI) ______________________

deciduous = ______________________

summer
- ______________________

winter
- become ______________________
- lose leaves → ______________________

spring
- ______________________ & photosyn. again

Q. What can be inferred from the lecture about deciduous trees?

(A) All the food made by photosynthesis is used for growth.
(B) They probably do not photosynthesize in winter.
(C) They lose and replace their leaves throughout the year.
(D) They can also be found in the tropical rainforest biome.

• 강의를 다시 들으며 빈칸을 채우시오.

03 **Listen to part of a lecture in a paleontology class.**

M Since the 19th century, scientists have been looking for what are referred to as "missing links." These are organisms that bridge the gap between ____________ ____________ and other groups that are believed to have evolved from that group. Based upon the ____________, researchers have reasoned that these organisms must have existed. Unfortunately, the fossil record is far from complete, so many of these ____________.
It is easy to see that fish evolved long before tetrapods, or ____________ ____________, which were the animals that moved from ____________ ____________. Therefore, there must have been one or more species that shared characteristics of ____________.

Due to the number of traits that Tiktaalik shares with both fish and tetrapods, and the fact that it ____________ by a few million years, it is a strong candidate for being a missing link. There were many other animals at this time that ____________ ____________, so it is difficult to say which one was the ancestor of land animals. However, there doesn't ____________.
There could have been many transition animals from which land animals descended.

04 **Listen to part of a lecture in a botany class.**

M In our last class, we discussed the ____________ ____________, which has four distinct seasons: winter, spring, summer, and fall. We also talked about the ____________ that animals and plants have in dealing with ____________.

"Deciduous" refers to ____________: they change color in fall, fall off in winter and ____________. This adaptation makes it possible for trees in the forest to survive in winter. As with all living creatures, deciduous trees and plants have special adaptations ____________.
Summer is an active season for deciduous trees. The wide surface of their leaves ____________ and converts it into food via ____________.
Most of the food is used for growing, but part of it is stored in the roots for next spring. Also, to get ready for winter, deciduous trees and plants ____________.
They lose their leaves and ____________ where the leaves were attached with ____________. If they retained their leaves, water in the leaves would freeze into ice, damaging the leaves and leaving the plant ____________ ____________. The plants also generate ____________ ____________ to keep water from freezing in their stems. Longer days and warmer spring weather ____________ and start photosynthesizing again.

Lecture 배경지식 5 Geology 지질학

L05_BK 표현 듣기

TOEFL Listening에서 주로 다루는 지질학의 연구 대상은 지각, 암석의 형성, 해저 지형의 구조, 광물의 매장, 지진 등이다. 따라서 지질학 관련 지문에서 종종 등장하는 전문 용어들을 미리 익혀 두면 큰 도움이 될 것이다.

Step 1 Understanding Background Knowledge 배경지식 이해하기

지구의 내부 구조

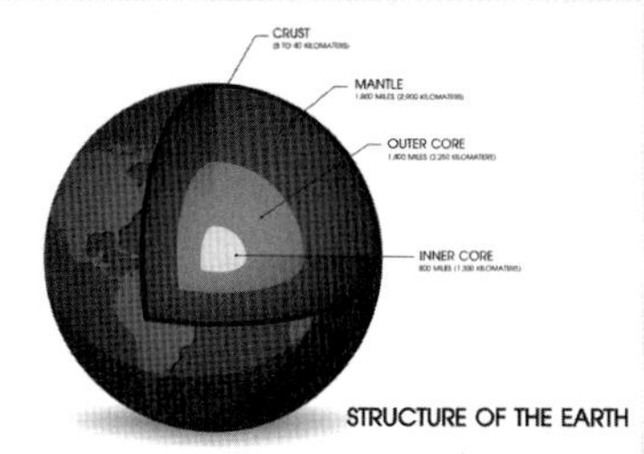

지구 물리학자들은 지구 내부의 구조를 연구하기 위하여 지진에 의해 발생하는 지진파가 분산되는 활동을 분석한다. 지구 내부를 통과한 지진파 자료들을 분석한 결과, 지구는 바깥에서부터 지각(Crust), 맨틀(Mantle), 외핵(Outer Core), 내핵(Inner Core)으로 이루어져 있다. 지각은 지구의 가장 바깥쪽에 위치한 암석층으로 지구 전체 표면의 1/3을 차지한다. 맨틀은 지각과 외핵 사이의 구간으로, 지각 아래에서 시작해 약 2,900km 깊이까지 계속되는 고체의 두꺼운 암석층이다. 맨틀의 온도는 아래쪽으로 내려가면서 점점 높아지며 외핵과 닿는 부분에서는 약 4,400도에 이른다. 외핵은 맨틀과 내핵 사이의 구간으로, 맨틀 아래에서 시작해서 두께가 약 220km인 층이다. 액체 상태로 존재하는데, 주로 철과 니켈 등으로 이루어져 있는 것으로 추정한다. 내핵은 외핵과 지구 중심 사이의 구간으로, 고체 상태로 존재하며 철과 니켈로 이루어진 것으로 추정되며 온도는 태양의 온도와 비슷하다. 내핵은 외핵에 녹아 있는 철 성분이 천천히 굳으면서 점점 커지고 있다.

Step 2 Understanding Terminology 용어 이해하기

❶ **crust** n 지각

The depth of the **crust** varies considerably.

지각의 깊이는 매우 다르다.

❷ **mantle** n 맨틀

The **mantle** is divided into three zones.

맨틀은 세 개의 구역으로 나뉜다.

❸ **core** n 핵

What would happen if the Earth's **core** went cold?

지구의 핵이 차가워진다면 무슨 일이 일어날까?

❹ **terrestrial** adj 지구(형)의, (동식물이) 육생의

Terrestrial objects like Earth have the same basic structure.

지구 같은 지구형 행성들은 같은 기본 구조를 갖고 있다.

❺ **volume** n 부피

The mantle of the Earth makes up 84 percent of the planet's total **volume**.

지구의 맨틀은 전체 부피의 84퍼센트를 차지한다.

❻ **crystalline** adj 결정체의, 수정 같은

The rocks do not melt, but their **crystalline** structure is altered.

그 암석들은 녹지 않지만, 그것의 결정 구조가 변형된다.

❼ **dense** adj 밀도가 높은, 고밀도의

The rocks become incredibly **dense**.

그 암석들의 밀도는 엄청나게 높아진다.

❽ **solid** adj 단단한, 고체의

The pressure is so great that it keeps them **solid**.

압력이 너무 강해서 그것들을 단단하게 유지시킨다.

❾ **fluid** n 유체(流體), 유동체

The tree exudes a sticky **fluid**.

그 나무에서 끈적끈적한 액체가 흐른다.

❿ **ductile** adj 연성인, 잡아 늘일 수 있는

The rocks are more **ductile** than usual.

그 암석들은 보통 때보다 연성(부드럽고 무르며 연한 성질)이 더 좋다.

⓫ **hydrogen** n 수소

Normal water contains oxygen and **hydrogen**.

보통의 물은 산소와 수소로 이루어져 있다.

⓬ **deform** v 변형시키다, 변형되다

The rocks can **deform** under stress.

그 암석들은 압력의 영향으로 변형될 수 있다.

⓭ **meteorite** n 운석

The stone is only found on the surface of **meteorites**.

그 돌은 운석의 표면에서만 발견된다.

Step 1 Understanding Background Knowledge 배경지식 이해하기

판 구조론과 대륙 이동설

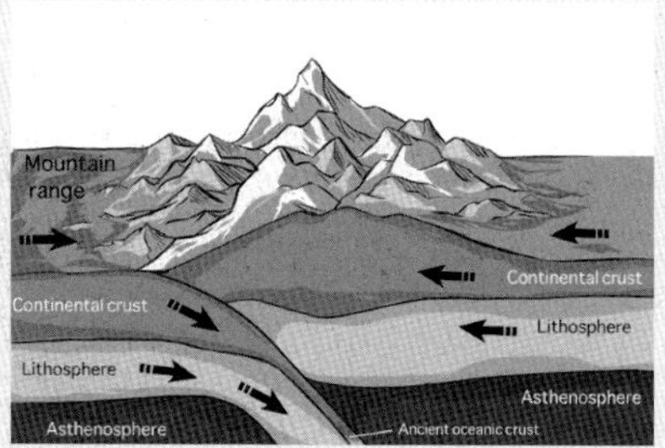

판 구조론은 지각과 맨틀을 포함하는 지구의 표면이 10여개의 판(plates)으로 이루어져 있다고 주장하는 학설이다. 판 구조론은 지구 내부가 단단한 고체로만 되어 있다고 생각한 과학자들에게 지구 내부에 움직일 수 있는 연약권이 있다는 새로운 사실을 알려 주었다. 이러한 새로운 사실은 대륙 이동설과 지진 발생의 이유, 초대륙 이론의 근거가 되며 지구 환경을 이해하는 데 가장 중요한 현대 지질학 이론으로 받아들여지고 있다. 대륙 이동설은 이 판들이 가지고 있는 지구 내부의 유동적 성질로 인해 서로 맞물려 움직여서 연간 수 센티미터 정도의 속도로 움직인다는 학설이다. 이런 지각 변동으로 인해 화산 폭발과 지진, 쓰나미 같은 다양한 지질학적 현상들이 나타난다는 설명이다.

Step 2 Understanding Terminology 용어 이해하기

❶ **tectonic plate** n 지각판

Tearing forces cause one **tectonic plate** to shift on top of another plate.
찢어지는 힘은 하나의 지각판이 또 다른 지각판 위로 이동하도록 만든다.

❷ **diastrophism** n 지각 변동

Diastrophism is a huge natural process involving the deformation of Earth's crust.
지각 변동은 지구의 지각 변형을 수반하는 거대한 자연적 과정이다.

❸ **continental drift (theory)** n 대륙 이동설

The **theory of continental drift** was suggested by scientist Alfred Wegener.
대륙 이동설은 과학자 Alfred Wegener에 의해 제안되었다.

❹ **lithosphere** n 암석권

The Earth's **lithosphere** comprises a number of large tectonic plates.
지구의 암석권은 많은 큰 지각판들로 이루어져 있다.

❺ **asthenosphere** n 연약권

The outer layers of the Earth are divided into the lithosphere and **asthenosphere**.
지구의 바깥 층들은 암석권과 연약권으로 나뉜다.

❻ **conduction** n (전기나 열의) 전도

The lithosphere loses heat by **conduction**.
암석권은 전도에 의하여 열을 잃는다.

❼ **mid-ocean ridge** n 대양 중앙 해령, 대양저 산맥

Mid-ocean ridges are the most active volcanic features on the Earth.
대양 중앙 해령은 지구상에서 가장 활발한 화산 지형이다.

❽ **oceanic trench** n 해구(海溝), 해양 참호

Oceanic trenches are long, narrow depressions on the seafloor.

해구는 해저에 있는 길고 좁은 움푹 패인 곳이다.

❾ **divergent boundary** n 발산 경계(새로운 해양 지각이 생성되는 판의 경계)

A **divergent boundary** is a feature found between two tectonic plates trying to move away from each other.

발산 경계는 서로에게서 멀어지려는 두 지각판 사이에서 발견되는 특징이다.

❿ **convergent boundary** n 수렴 경계(두 개의 판이 맞부딪쳐서 산맥을 형성하는 지역이나 한쪽 판이 침강하면서 소멸하는 판의 경계)

When two or more tectonic plates collide, one plate eventually slides beneath the other, a process known as a **convergent boundary**.

두 개 이상의 지각판이 충돌할 때, 한 판은 결국 다른 판 아래로 미끄러지는데, 이 과정을 수렴 경계라고 한다.

⓫ **transform plate boundary** n 변환 단층 경계

A **transform plate boundary** occurs when two plates slide past each other horizontally.

변환 단층 경계는 두 개의 판이 서로 수평으로 미끄러질 때 발생한다.

⓬ **seismic** adj 지진의, 지진성의

A large-scale **seismic** movement is coming.

거대한 규모의 지진 운동이 다가오고 있다.

⓭ **aseismic** adj 지진이 없는, 비지진성의

Michigan is considered **aseismic**.

미시간 주는 지진이 없는 지역으로 간주된다.

⓮ **magnitude** n 크기, 지진 규모

A **magnitude** 1 earthquake was recorded in this region.

이 지역에서 진도1의 지진이 기록되었다.

Test

Passage 1

[1-4] Listen to part of a lecture in a film study class.

정답 및 해설 | P. 112

1. **What is the main topic of the lecture?**

Ⓐ The requirements of stage acting

Ⓑ The development of method acting

Ⓒ The comparison of classical and method acting

Ⓓ The changes that film brought to acting

2. **According to the professor, what made performing Shakespeare's plays so difficult?**

Ⓐ They took hours to perform.

Ⓑ They required the actors to use accents.

Ⓒ The actors had to speak loudly.

Ⓓ The lines were difficult to pronounce.

3. **What defines the difference between classical and method acting most clearly?**

Ⓐ The kind of vocal training the actor goes through

Ⓑ The way in which the performance is filmed

Ⓒ The director's treatment of the film cast

Ⓓ The actor's relationship with the character

4. **What can be inferred about method acting?**

Ⓐ Actors sometimes drastically alter themselves physically.

Ⓑ Staying in character can affect an actor's personal life.

Ⓒ Preparing for roles can require actors to study intensely.

Ⓓ Actors may never fully return to their normal selves.

Passage 2

[1-4] Listen to part of a lecture in an archaeology class.

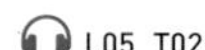

1. What is the main topic of the lecture?

Ⓐ Why modern humans have Neanderthal DNA

Ⓑ The traditional pattern of expansion into Europe

Ⓒ Determining the age of human settlements

Ⓓ Why modern humans replaced Neanderthals

2. Which of the following is NOT proof that Kostenki 14 was a member of the Aurignacian culture?

Ⓐ Clothing

Ⓑ Ivory carving

Ⓒ Ornaments

Ⓓ Tools

3. According to the professor, what is the significance of the ash layer?

Ⓐ It explained the poor condition of the artifacts.

Ⓑ It helped to preserve the man's remains.

Ⓒ It revealed the man's cause of death.

Ⓓ It was used to determine when the man died.

4. What can be inferred about the Kostenki tribe?

Ⓐ They may not be representative of the majority of Europeans.

Ⓑ Their increased Neanderthal DNA made them better suited to the cold.

Ⓒ They lived in a densely populated part of Eurasia.

Ⓓ Most of the tribe was less diverse than Kostenki 14.

IV
Actual Test

Actual Test 1

Actual Test 2

Actual Test 1

문제 듣기

TOEFL Listening

Now put on your headset.

Click on Continue to go on.

TOEFL Listening

Changing the Volume

To change the volume, click on the Volume icon at the top of the screen. The volume control will appear. Move the volume indicator to the left or to the right to change the volume.

To close the volume control, click on the Volume icon again.

You will be able to change the volume during the test if you need to.

You may now change the volume.
When you are finished, click on **Continue**.

TOEFL Listening

Listening Section Directions

This section measures your ability to understand conversations and lectures in English.

The Listening section is divided into 2 separately timed parts. In each part, you will listen to 1 conversation and 1-2 lectures. You will hear each conversation or lecture only one time.

After each conversation or lecture, you will answer questions about it. The questions typically ask about the main idea and supporting details. Some questions ask about a speaker's purpose or attitude. Answer the questions based on what is stated or implied by the speakers. You may take notes while you listen.

You may use your notes to help you answer the questions. Your notes will not be scored.

If you need to change the volume while you listen, click on the Volume icon at the top of the screen.

In some questions, you will see this icon: 🎧 This means that you will hear, but not see, part of the question.

Some of the questions have special directions. These directions appear in a gray box on the screen.

Most questions are worth 1 point. If a question is worth more than 1 point, it will have special directions that indicate how many points you can receive.

You must answer each question. After you answer, click on Next. Then click on OK to confirm your answer and go on to the next question. After you click on OK, you cannot return to previous questions.

A clock at the top of the screen will show you how much time is remaining. The clock will not count down while you are listening. The clock will count down only while you are answering the questions.

Conversation 1

[1-5] Listen to part of a conversation between a student and an employee at a university career services office.

AT1_01

1. **What are the speakers mainly discussing?**

Ⓐ How to find the best employer at a jobs fair

Ⓑ How to come prepared for a jobs fair

Ⓒ What questions to ask at a jobs fair

Ⓓ The difference between two jobs fairs

2. **What does the employee recommend the student do? Choose 2 answers.**

Ⓐ Print multiple copies of his résumé

Ⓑ Prepare some questions

Ⓒ Do some research

Ⓓ Arrive early

Ⓔ Decide on his major

3. **Listen again to part of the conversation. Then answer the question.**

Why does the woman say this:

Ⓐ She is insisting that the student should be more serious.

Ⓑ She is implying that a suit and a résumé are a good idea.

Ⓒ She is indicating that suits and résumés are reserved only for the most serious of candidates.

Ⓓ She is pointing out that a suit and a résumé are good but not necessary.

4. **Why can't the student attend the jobs fair?**

Ⓐ He isn't prepared.

Ⓑ He hasn't decided on a company.

Ⓒ He is an underclassman.

Ⓓ He doesn't have a major.

5. **What can be implied about the information session?**

Ⓐ It is more casual.

Ⓑ It is available for students of all grades.

Ⓒ It is only for sophomores.

Ⓓ It is for people with undecided majors.

Lecture 1

[1-6] Listen to part of a lecture in a linguistics class. AT1_02

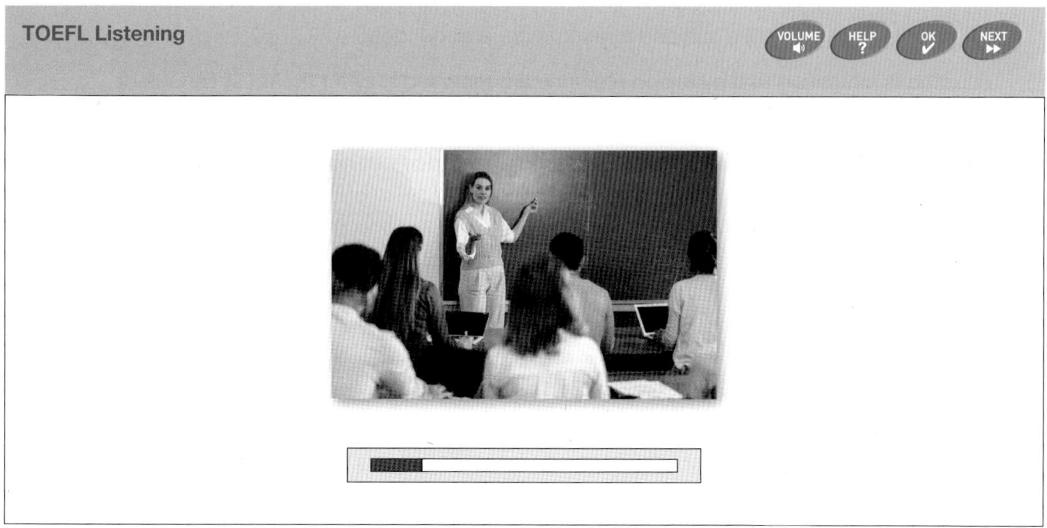

1. What is the main topic of the lecture?

Ⓐ Paul Grice's contributions to linguistic philosophy

Ⓑ The four Gricean maxims of effective communication

Ⓒ Common strategies in evading the Gricean maxims in politics

Ⓓ The interrelatedness of quantity, quality, relevance, and clarity in communication

2. According to the lecture, which of the following are features of the maxim of quality? Choose 2 answers.

Ⓐ Telling the truth

Ⓑ Presenting a fact that is supported by evidence

Ⓒ Giving only necessary details

Ⓓ Communicating with effective terminology

Ⓔ Using your moral compass when communicating

3. According to the lecture, which of the maxims directs communicators to avoid long, complicated sentences?

Ⓐ The maxim of quantity

Ⓑ The maxim of quality

Ⓒ The maxim of relevance

Ⓓ The maxim of clarity

4. What is the professor's opinion on politicians?

Ⓐ She despises the vague answers some politicians give to questions.

Ⓑ She notices almost all politicians break the Gricean maxims.

Ⓒ Election season is one of the most annoying times of the year for her.

Ⓓ She believes all politicians should take classes on effective communication.

5. What can be inferred about voters through the lecture?

Ⓐ It is a difficult but achievable skill to notice when politicians twist the truth.

Ⓑ Many voters fail to recognize when politicians don't follow these maxims.

Ⓒ They should ask more questions to their politicians during town hall sessions.

Ⓓ Voters are responsible for keeping their politicians accountable.

6. How does the professor organize the information in the lecture?

Ⓐ By discussing the most easily understood concept to the most complicated

Ⓑ By analyzing the ideas in sequence from one maxim to the next

Ⓒ By comparing and contrasting each principle with each other

Ⓓ By presenting some of the implications of each principle

Conversation 2

[1-5] Listen to part of a conversation between a student and a professor.  AT1_03

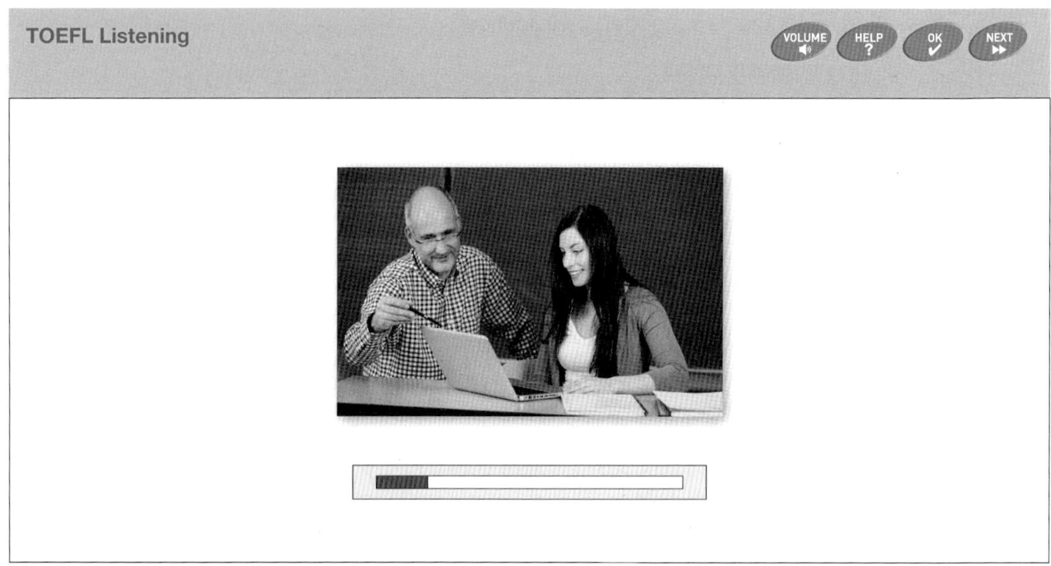

정답 및 해설 | P. 124

1. **Why does the student go see the professor?**

Ⓐ To ask a question about a paper

Ⓑ To find out more about Professor Fisher

Ⓒ To share ideas on the student's study focus

Ⓓ To discuss possible career prospects

2. **Why does the professor ask about the student's econ grades?**

Ⓐ He is not confident the student chose the right focus.

Ⓑ Food science involves many studies in econ.

Ⓒ Econ is an important part of the student's focus.

Ⓓ He is giving the student advice on which steps to take next in her focus.

3. **What can be inferred about the professor's students?**

Ⓐ Morgan is the best student in his class.

Ⓑ Most of the students are taking steps to research for their papers.

Ⓒ Some of the students are not yet prepared for the paper.

Ⓓ Other students share similar interests with Morgan.

4. **Listen again to part of the conversation. Then answer the question.**

Why does the woman say this:

Ⓐ To explain some of the more humorous parts of her paper

Ⓑ To imply that she doesn't understand why she chose this method

Ⓒ To signal that what she is about to say may seem ironic

Ⓓ To add comic relief to a serious conversation

5. **What kind of help is the professor willing to give the student?**

Ⓐ A visit to the FDA offices of his coworkers

Ⓑ Further help whenever she visits his office

Ⓒ Money from a $10 million university grant

Ⓓ Additional resources from a previous employer

Lecture 2

[1-6] Listen to part of a lecture in a biology class.  AT1_04

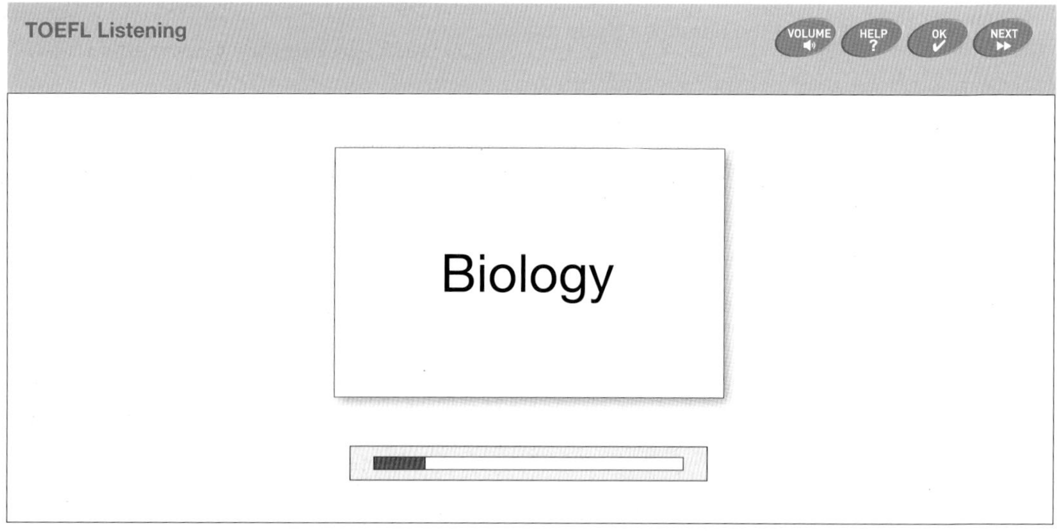

1. What is the main topic of the lecture?

   (A) The distraction displays of ground-nesting birds

   (B) The reasons birds use distraction displays

   (C) The behaviors that lead to distraction displays

   (D) The methods and function of distraction displays

2. Which of the following are examples of distraction displays among ground-nesting birds that the professor mentions? Choose 2 answers.

Ⓐ Behaving like one of its wings has been bitten off

Ⓑ Pretending like it is a rodent

Ⓒ Acting like it is being chased by a predator

Ⓓ Showing symptoms of being ill

Ⓔ Acting like it is sleeping

3. Listen again to part of the lecture. Then answer the question.

Why does the professor say this:

Ⓐ To imply that distraction displays are not as common among tree-dwelling birds

Ⓑ To confirm that most of the displays discussed so far are limited to ground-nesting birds

Ⓒ To emphasize that the performance factor is what makes these displays effective

Ⓓ To question the effectiveness of these displays among tree-dwelling birds

4. How are distraction displays different from displays of aggression?

Ⓐ Distraction displays attempt to interrupt the predator's search for food.

Ⓑ Displays of aggression are not as effective as distraction displays.

Ⓒ Distraction displays are much more complex displays of behavior.

Ⓓ Distraction displays involve making the predator switch its focus.

5. Why does the professor mention behaviorists in the lecture?

Ⓐ To illustrate the dangers of distraction displays, especially for the parent bird

Ⓑ To question the validity of the arguments they put forth regarding distraction displays

Ⓒ To propose possible factors behind the development of distraction displays

Ⓓ To point out the expertise of those in the field of distraction displays and bird behavior

6. What will the professor most likely discuss next?

Ⓐ How birds tame themselves after being approached by a predator

Ⓑ Other highly-predated animals that demonstrate similar behaviors

Ⓒ The emotional factors behind distraction displays

Ⓓ The environmental triggers that lead to distraction displays

Lecture 3

[1-6] Listen to part of a lecture in a musical history class. AT1_05

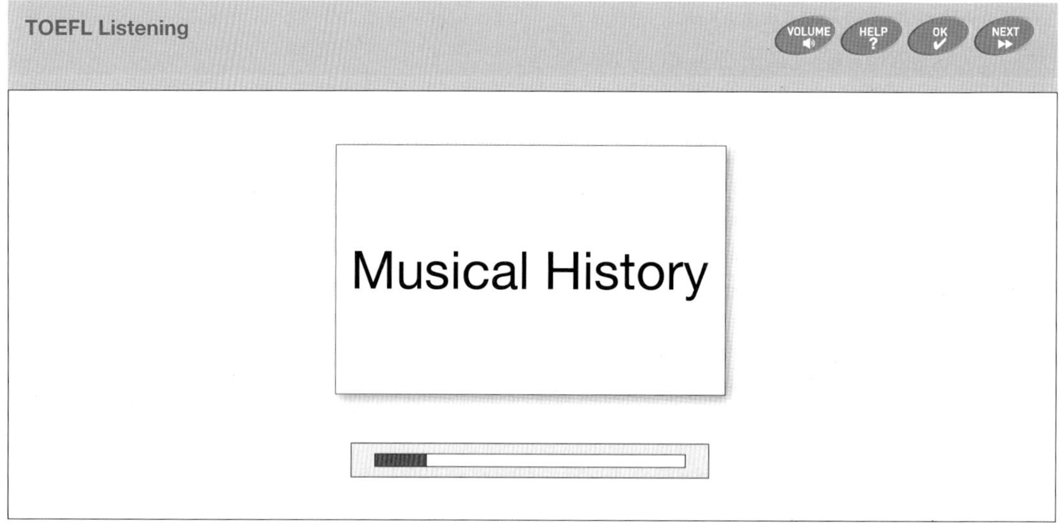

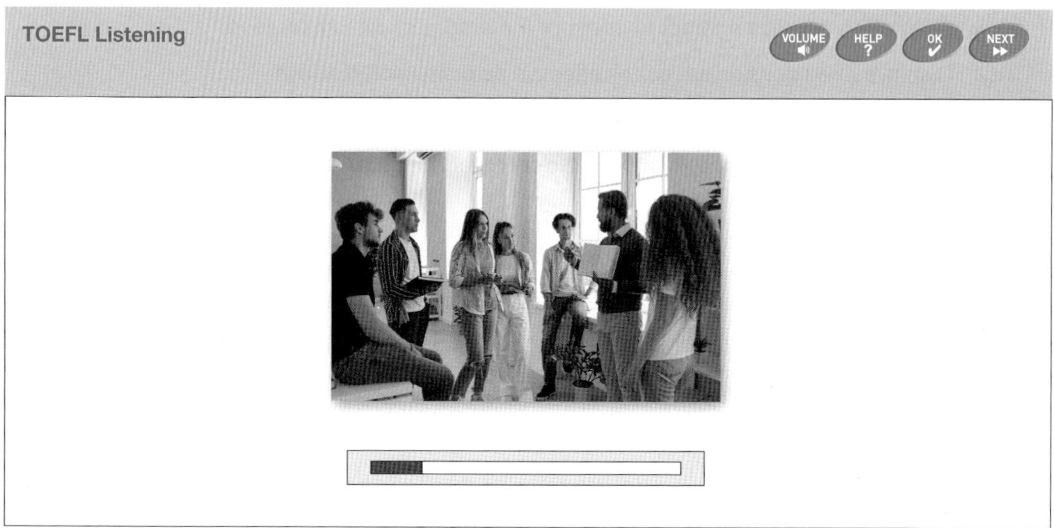

1. What does the professor mainly talk about?

Ⓐ The origin and spread of opera

Ⓑ The most important opera composers in history

Ⓒ A comparison of opera in different countries

Ⓓ The Florentine Camerata and their first operas

2. **Listen again to part of the lecture. Then answer the question.**

Why does the professor say this:

Ⓐ To admit that he is rambling about something irrelevant

Ⓑ To emphasize the intellectual prowess of the Galilei family

Ⓒ To signal that he is moving on to the next topic

Ⓓ To imply that he is mentioning something very important

3. **According to the lecture, what were the first operas about?**

Ⓐ They were about Biblical stories.

Ⓑ They were about the Florentine Camerata and its members.

Ⓒ They were about Greek mythology.

Ⓓ They were dramatic plays that celebrated past musical achievements.

4. **Listen again to part of the lecture. Then answer the question.**

Why does the professor say this:

Ⓐ To suggest that the group was the driving force behind all Renaissance art, including opera

Ⓑ To imply that the biggest figures behind the birth of opera were all members of the Florentine Camerata

Ⓒ To tell the student that she shouldn't make assumptions regarding the Florentine Camerata

Ⓓ To say that Caccini was a part of the Florentine Camerata, as was nearly every opera composer in history

5. **Why does the professor mention King Louis XIV in the lecture?**

Ⓐ To explain how he was behind the interesting blend of styles that are featured in French operas

Ⓑ To illustrate the French's stubborn love for ballet and local arts

Ⓒ To indicate that his patronage was a turning point in French operas

Ⓓ To emphasize just how much the royal courts enjoyed opera

6. **What can be inferred about English operas?**

Ⓐ Many of their operas were inspired by the tragedies of the English Civil Wars.

Ⓑ The English people were generally not musically talented enough to create their own operas.

Ⓒ English operas successfully blended their own theater traditions with Italian opera styles.

Ⓓ English operas enjoyed limited success until George Frieric Handel arrived.

Actual Test 2

문제 듣기

TOEFL Listening

Now put on your headset.

Click on Continue to go on.

TOEFL Listening

Changing the Volume

To change the volume, click on the Volume icon at the top of the screen. The volume control will appear. Move the volume indicator to the left or to the right to change the volume.

To close the volume control, click on the Volume icon again.

You will be able to change the volume during the test if you need to.

You may now change the volume.
When you are finished, click on **Continue**.

TOEFL Listening

Listening Section Directions

This section measures your ability to understand conversations and lectures in English.

The Listening section is divided into 2 separately timed parts. In each part, you will listen to 1 conversation and 1-2 lectures. You will hear each conversation or lecture only one time.

After each conversation or lecture, you will answer questions about it. The questions typically ask about the main idea and supporting details. Some questions ask about a speaker's purpose or attitude. Answer the questions based on what is stated or implied by the speakers. You may take notes while you listen.

You may use your notes to help you answer the questions. Your notes will not be scored.

If you need to change the volume while you listen, click on the Volume icon at the top of the screen.

In some questions, you will see this icon: 🎧 This means that you will hear, but not see, part of the question.

Some of the questions have special directions. These directions appear in a gray box on the screen.

Most questions are worth 1 point. If a question is worth more than 1 point, it will have special directions that indicate how many points you can receive.

You must answer each question. After you answer, click on Next. Then click on OK to confirm your answer and go on to the next question. After you click on OK, you cannot return to previous questions.

A clock at the top of the screen will show you how much time is remaining. The clock will not count down while you are listening. The clock will count down only while you are answering the questions.

Conversation 1

[1-5] Listen to part of a conversation between a student and a professor.

AT2_01

노트

1. **Why did the student come to see the professor?**

Ⓐ To get the professor's permission to take an advanced level course

Ⓑ To ask some questions about Professor Hiller and her courses

Ⓒ To see if the course she wants to take is too difficult to handle

Ⓓ To get the professor's advice on deciding which classes to take

2. **What feature of song birds grabbed the student's attention?**

Ⓐ The birds are able to remember songs that they have heard only once.

Ⓑ The birds display the ability to sing right after they hatch.

Ⓒ The young birds can sing but older birds also teach them.

Ⓓ The young birds have almost the same ability to sing that adults have.

3. **Why does the professor mention zebra finches?**

Ⓐ To introduce a professor who has a deep understanding of the genetics of birds

Ⓑ To describe Professor Hiller's genome mapping project in detail

Ⓒ To discuss the interesting behavior of zebra finches with the student

Ⓓ To explain that they are not the only specialty of Professor Hiller

4. **What does the professor suggest the student do? Choose 2 answers.**

Ⓐ Go to the library to check out the science journals that he recommends

Ⓑ Find some science journals to read articles on a topic she is interested in

Ⓒ Become a member of a science club to learn more about birds in general

Ⓓ Participate in a research project about avian genetics involving zebra finches

Ⓔ Join a campus club to discuss scientific topics with a diverse group of students

5. **Listen again to part of the conversation. Then answer the question.**

Why does the professor say this:

Ⓐ He thinks it is his job to encourage students to try new things.

Ⓑ He considers his job to be quite difficult to do properly.

Ⓒ He feels worried that he might have given the student false hope.

Ⓓ He does not think that the student can benefit from learning biology.

Lecture 1

[1-6] Listen to part of a lecture in a fine art class.  AT2_02

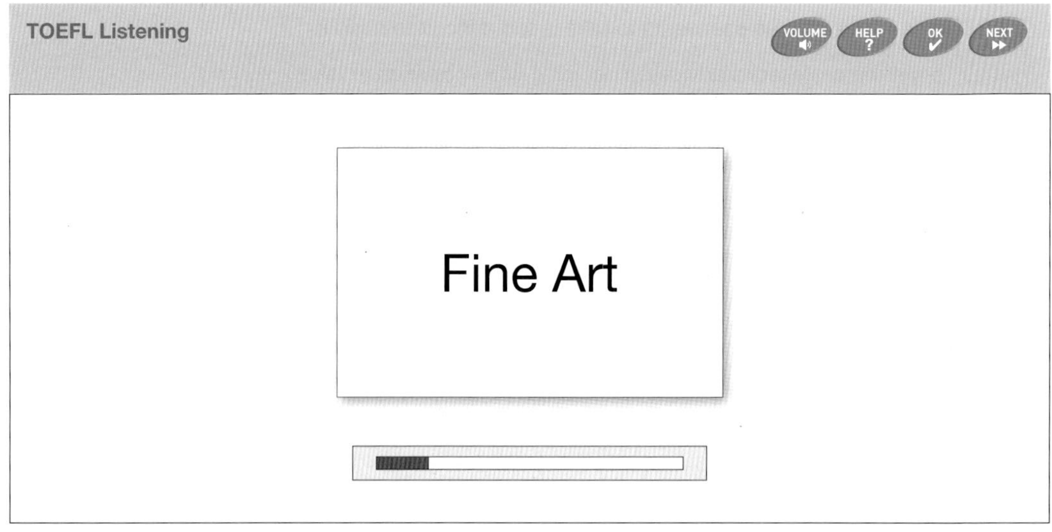

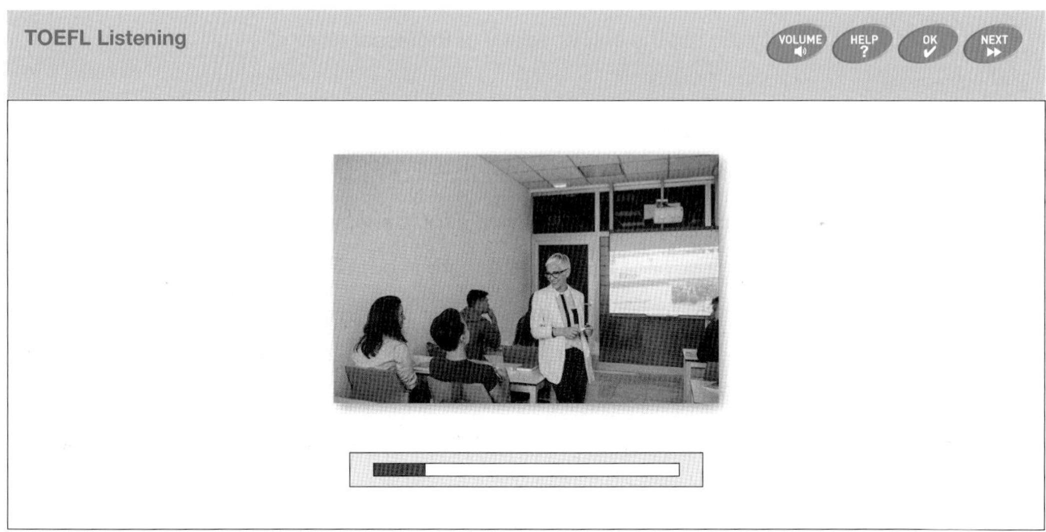

1. What is the main topic of the lecture?

Ⓐ The early history of automobile production

Ⓑ The merits of automobiles as art

Ⓒ The art styles of the early 20th century

Ⓓ The field trip that the students recently took

2. What aspect of automobiles has the student focused upon?

Ⓐ Collectability

Ⓑ Physical usage

Ⓒ Copying of ideas

Ⓓ Mass production

3. What does the professor imply about Henry Ford's automobiles?

Ⓐ They were custom-built for rich customers.

Ⓑ They were handmade by skilled workers.

Ⓒ They were intended to be attractive.

Ⓓ They were made in an innovative way.

4. According to the professor, what characteristics defined Streamline Moderne?
Choose 2 answers.

Ⓐ Long, curving lines

Ⓑ Small wings

Ⓒ Chrome accents

Ⓓ Leather interiors

5. According to the professor, why do companies develop concept cars?

Ⓐ To create one-of-a-kind car models

Ⓑ To test the market for new car ideas

Ⓒ To push the boundaries of vehicle design

Ⓓ To compete with aircraft designers

6. Listen again to part of the lecture. Then answer the question.

Why does the professor say this:

Ⓐ To indicate that she wants the student to draw his own conclusion

Ⓑ To point out that the student should already know this information

Ⓒ To show how disappointed she is with the student's misunderstanding

Ⓓ To inform the student of an individual assignment she wants him to complete

Lecture 2

[1-6] Listen to part of a lecture in an archaeology class. AT2_03

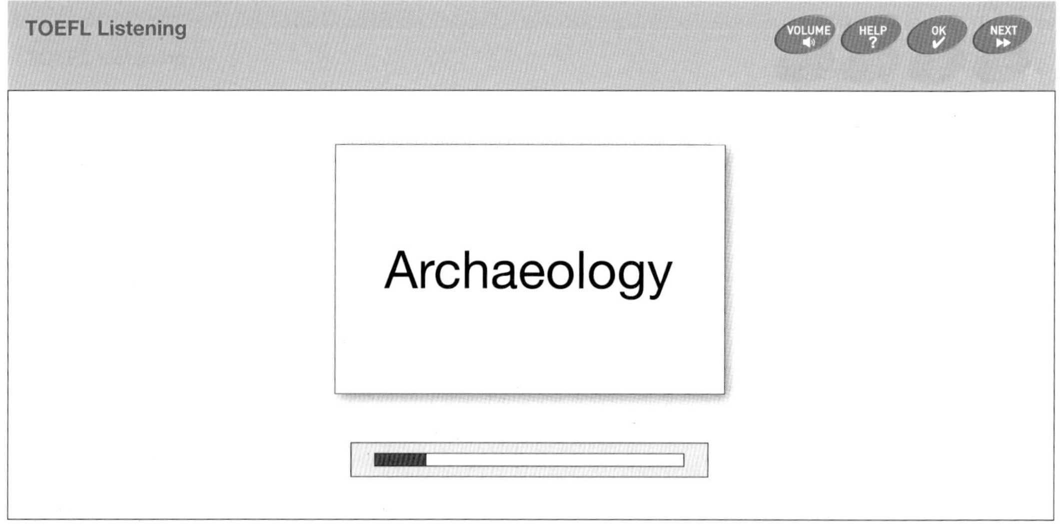

1. What is the main topic of the lecture?

Ⓐ The significance of an archaeological site

Ⓑ The cities that were built during the Uruk period

Ⓒ The impact of agriculture on historical artifacts

Ⓓ The reasons why a settlement was abandoned

2. **According to the professor, what are some key characteristics of Tell Zaidan? Choose 2 answers.**

Ⓐ It contains evidence of the earliest use of copper.

Ⓑ Its occupation spans the entire Ubaid period.

Ⓒ It was left untouched for thousands of years.

Ⓓ It is the oldest known settlement in the region.

3. **Why does the professor mention Lake Van?**

Ⓐ To provide information about where the people originated

Ⓑ To explain how the people transported goods without the wheel

Ⓒ To indicate the source of the water used for agriculture

Ⓓ To show how extensively the people traded for resources

4. **What can be inferred about the settlement at Tell Zaidan?**

Ⓐ It was the largest settlement in the Fertile Crescent.

Ⓑ The settlement was located near an important trading route.

Ⓒ The economy was based on agricultural products.

Ⓓ The people were forced to leave by drought conditions.

5. **Listen again to part of the lecture. Then answer the question.**

Why does the professor say this:

Ⓐ To indicate that the people must have learned from neighboring tribes

Ⓑ To point out how skilled the people must have been with the technology

Ⓒ To show how much time they devoted to studying and education

Ⓓ To explain why they traded with people who were located so far away

6. **According to the professor, why is the seal so important?**

Ⓐ It indicates a class system and ownership of goods.

Ⓑ It shows an extremely high level of craftsmanship.

Ⓒ It was owned by the leader of the region.

Ⓓ It is similar to artifacts found in other locations.

Conversation 2

[1-5] Listen to part of a conversation between a student and a professor. AT2_04

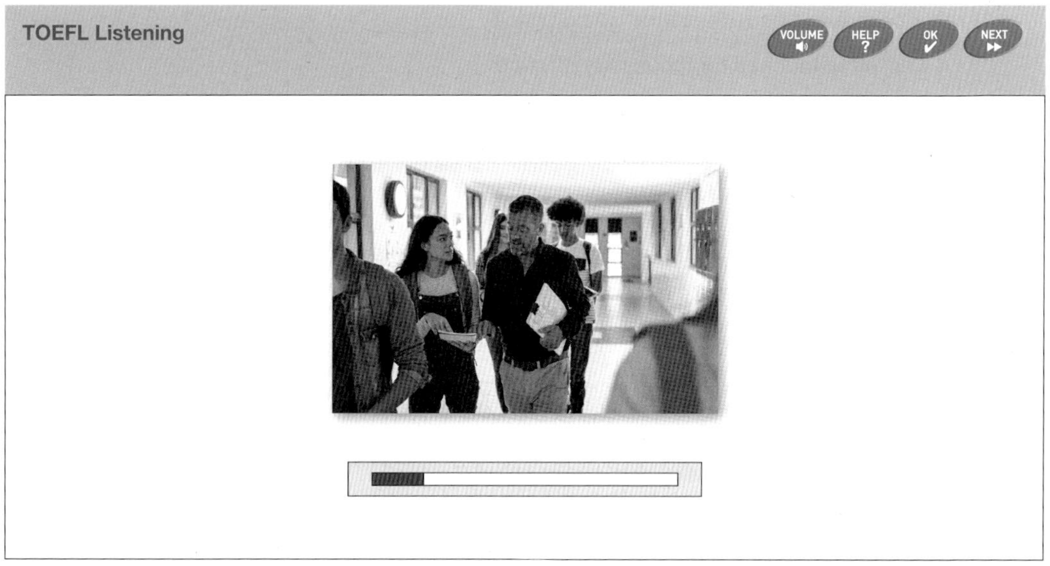

노트

정답 및 해설 | P. 145

1. **Why did the professor ask the student to come to see him?**

Ⓐ To get her opinion about a drama project

Ⓑ To convince her to join a community program

Ⓒ To see if she received an important message

Ⓓ To give her suggestions for a writing assignment

2. **According to the professor, why was the program started?**

Ⓐ To inspire high school students to study drama

Ⓑ To provide an after school activity for high school students

Ⓒ To interest high school students in classic literature

Ⓓ To get high school students to watch less television

3. **Listen again to part of the conversation. Then answer the question.**

Why does the professor say this:

Ⓐ He thinks that she would enjoy such activities.

Ⓑ He considers her experience to be appropriate.

Ⓒ He believes she can get credits for her major.

Ⓓ He does not think she is taking him seriously.

4. **Why does the student mention Brutus?**

Ⓐ To introduce an important historical figure

Ⓑ To describe a character she identifies with

Ⓒ To discuss an example of a literary technique

Ⓓ To explain why a character seemed underdeveloped

5. **What is the professor's attitude after the student's analysis of characterization?**

Ⓐ He is surprised by what the student said.

Ⓑ He is excited by the student's response.

Ⓒ He wants the student to be more specific.

Ⓓ He wishes the student would participate more.

Lecture 3

[1-6] Listen to part of a lecture in an ecology class. AT2_05

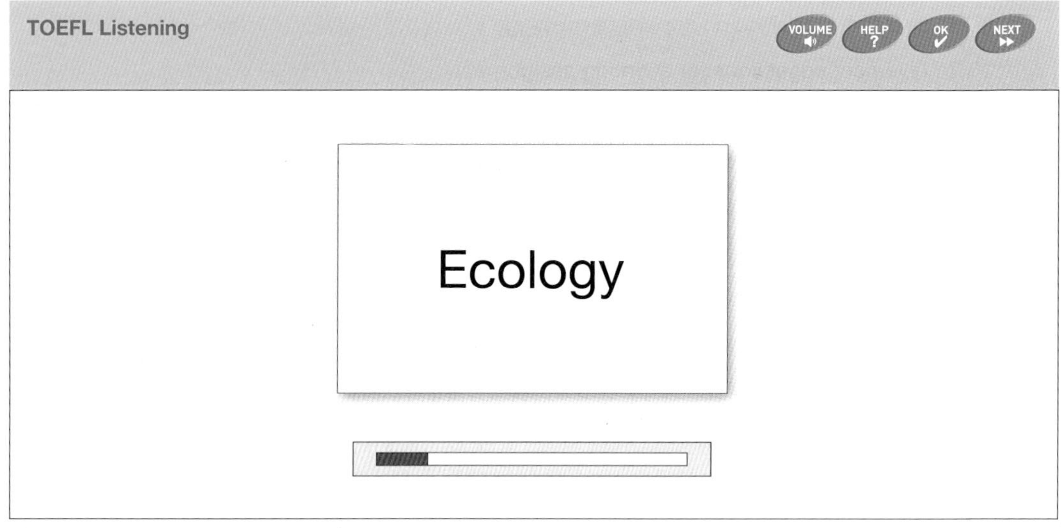

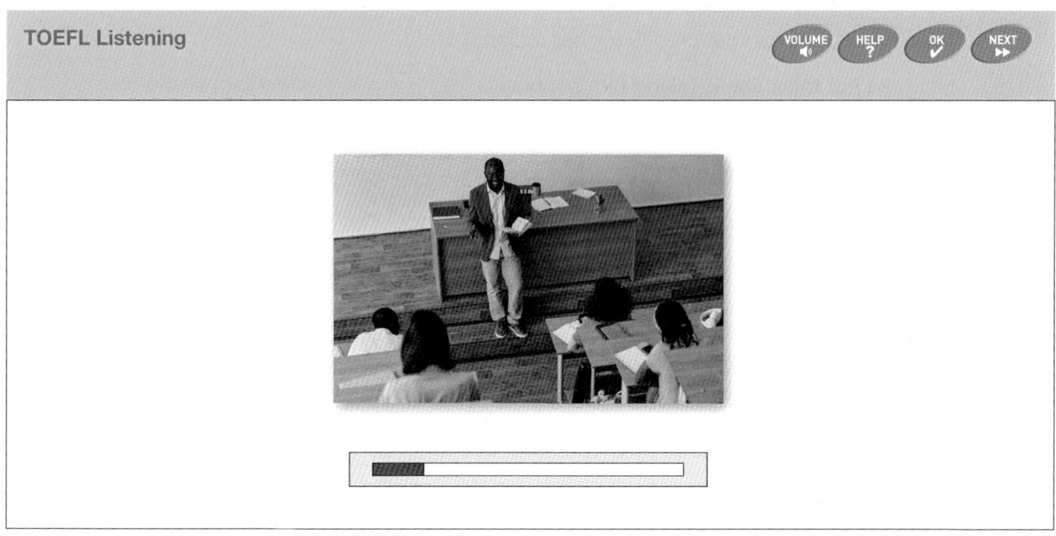

1. What is the main topic of the lecture?

Ⓐ The seasonal pressures of a habitat

Ⓑ The encroachment of human settlements

Ⓒ The findings of a research expedition

Ⓓ The fluctuations in animal population

2. **According to the professor, what do winter conditions cause deer to do?**

Ⓐ They seek higher ground to avoid deep snowfall.

Ⓑ They increase their food intake to tolerate colder weather.

Ⓒ They migrate to lower elevations to find food.

Ⓓ They seek out shelter in which to hibernate.

3. **Why does the professor mention the Corps of Discovery Expedition?**

Ⓐ To indicate that they were responsible for lowering the population

Ⓑ To illustrate how the region was developed over the years

Ⓒ To cite a reliable scientific study of the fauna in the region

Ⓓ To show how long the population in the area has been unstable

4. **Listen again to part of the lecture. Then answer the question.**

What does the professor imply by saying this:

Ⓐ The explorers might have faced starvation.

Ⓑ The expedition had a significant impact on the area.

Ⓒ The ecosystem might have collapsed completely.

Ⓓ The spring was a time when there was little food.

5. **Which factor made Columbian white-tailed deer an endangered species in the late 1960s?**

Ⓐ Human consumption

Ⓑ Urban expansion

Ⓒ Mineral extraction

Ⓓ Crop protection

6. **According to the professor, what is the main reason that the black-tailed deer has flourished?**

Ⓐ The number of predators decreased.

Ⓑ Their forests were protected from logging.

Ⓒ Better quality food became available.

Ⓓ Hunting regulations protected them.

Lecture 4

[1-6] Listen to part of a lecture in a mathematics class. AT2_06

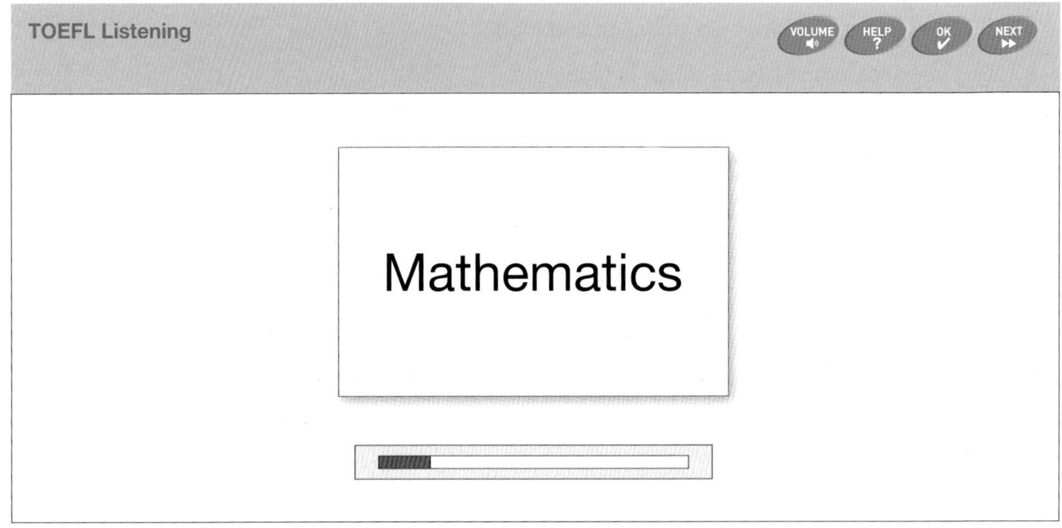

1. What is the main topic of the lecture?

Ⓐ The origin of a mathematical ratio

Ⓑ The importance of a ratio to construction

Ⓒ The controversy surrounding a ratio

Ⓓ The prevalence of a ratio in the world

2. **According to the professor, what are some key characteristics of an irrational number? Choose 2 answers.**

Ⓐ It is symbolized in equations with a Greek letter.

Ⓑ It can easily be rounded to a whole number.

Ⓒ It continues forever in decimal form.

Ⓓ It cannot be turned into a fraction.

3. **Listen again to part of the lecture. Then answer the question.**

Why does the professor say this:

Ⓐ To show that a phenomenon is more widespread than people realize

Ⓑ To point an exception to the rule she has just illustrated

Ⓒ To explain why examples are not seen as often as they should be

Ⓓ To indicate that personal biases can influence how data is interpreted

4. **What can be inferred about examples of the golden ratio in nature?**

Ⓐ The shell of the nautilus is a prime example.

Ⓑ They are particularly common in spirals.

Ⓒ Many of them have been misidentified.

Ⓓ Most natural objects are not symmetrical.

5. **Why does the professor mention Le Corbusier?**

Ⓐ To provide an example of an architect who utilized the golden ratio

Ⓑ To explain how modern architecture is influenced by the ratio

Ⓒ To introduce a new philosophy regarding the golden ratio

Ⓓ To show how his buildings embodied the golden ratio

6. **What is the professor's opinion about the golden ratio in ancient architecture?**

Ⓐ She thinks that Euclid's writings influenced many builders.

Ⓑ She thinks it is possible that they used a similar formula.

Ⓒ She thinks that the examples are too numerous to deny.

Ⓓ She thinks that the architects could not have understood it.

Appendix

A

A can be classified by B. A는 B에 따라 분류될 수 있습니다.

A can be divided into two groups. A는 두 그룹으로 나뉠 수 있습니다.

a great deal of 많은

A is to B as[what] C is to D A와 B의 관계는 C와 D의 관계와 같다

A leads to B A는 B를 일으킵니다[야기합니다]

A results in B A는 B를 일으킵니다[야기합니다]

a variety of 다양한

a wealth of 풍부한

a wide choice of 선택의 폭이 넓은

abandoned adj 버려진

ability n 능력

above all 무엇보다도

abroad adv 해외에(서)

abruptly adv 갑자기

absent adj 자리에 없는, 부재한

absolutely adv 전혀, 완전히, 확실히

absorb v 흡수하다

abstract adj 추상적인

abstract reasoning 요약 추론

abstractly adv 추상적으로

abundance n 풍부함

abundant adj 풍부한

academic adj 학업의, 학교의

academic advisor 지도 교수

academic counselor 교육 상담사

accent n 강조, 억양

accented adj 강세가 있는

accept v 받아들이다, 수락하다, 인정하다

acceptance letter 입학 허가서, 합격 통지서

accepted adj 받아들여진, 인정된

access n 접속, 접근 v (컴퓨터에) 접속하다

accidentally adv 우연히

accommodation n 숙박 시설, 거처, 숙소, 조절

accompaniment n 반주

accomplish v 해내다, 완수하다, 달성하다

accomplished adj 뛰어난

according to ~에 따라

accordingly adv 그에 따라, 부응해서

accountable adj (해명할) 책임이 있는

accounting n 회계

accuracy n 정확성, 정확도

accurate adj 정확한

accurately adv 정확히, 정밀하게

achievable adj 성취할 수 있는

achieve v 이루다, 성취하다

achievement n 성취

acidic adj 산성의

act n 행동, 법률

activity n 활동

actor n 배우

actually adv 사실은, 실제로

adapt v 적응시키다, 바꾸다, 조정하다, 적용하다

adaptation n 적응(력)

add v 더하다, 첨가하다, 추가하다

add a course 과목을 수강 신청하다

addicted adj 중독된

addition n 추가, 추가된 것

additional adj 추가적인

additionally adv 또, 게다가

address v 다루다, 고심하다

administration office 관리실, 행정실

admire v 동경하다

admit v 인정하다

adolescent n 청소년

adulthood n 성인

advance n 발전, 진보 v 발전하다

advanced adj 고급의, 상급의, 발달된, 진보된

advanced course 고급 과목

adventure n 모험
advertising n 광고
advice n 충고, 조언
advisor n 고문, 지도 교수
advocate v 지지하다, 옹호하다
aerodynamic adj 공기 역학의
aesthetic adj 미적인, 심미적인, 미학적인
affect v 영향을 끼치다
affective adj 정서적인
affordable adj 가격이 알맞은
afraid adj 두려워하는
after all 어쨌든, 결국에는
afterwards adv 나중에
age n 나이, 시대
aggression n 공격
aggressively adv 적극적으로, 공격적으로
agreed-upon 합의된
agricultural adj 농업의, 농사의
agriculture n 농업
aid v 도움이 되다, 돕다
aim n 목표 v 목표로 하다, 겨냥하다, 노리다
alabaster n 설화 석고
algae n 바닷말, 조류(藻類)
alignment n 정렬
alive adj 살아 있는
allegory n 비유, 풍자, 우화
alligator n 앨리게이터(북미·남미·중국산 악어)
allowance n 감안, 참작
allowed adj 허용된
aloud adv 소리 내어
alter v 변경하다, 고치다[수정하다], 달라지다
alternative n 대안, 선택권 adj 대체의
alternative energy n 대체 에너지
although conj ~인 반면에, ~임에도 불구하고
altitude n 고도
altruism n 이타심
altruistic adj 이타적인
amateur adj 아마추어의, 취미로 하는
amber n 호박(나무의 수지가 화석화된 것)
ambiance n 분위기
ambiguous adj 애매모호한, 여러 가지로 해석할 수 있는
amino acid n 아미노산
among them are ~ 그들 중에는 ~가 있습니다
amphibian n 양서류
ample adj 충분한
analogy n 비유
analysis n 분석
analyze v 분석하다
ancestor n 조상
ancestry n 가계, 혈통
ancient adj 아주 오래된, 고대의
and so on 등, 기타 등등
and so on and so forth 그리고 등등
anecdote n (개인적인) 일화
anger n 화, 분노
angle n 관점, 각도
animal behaviorist 동물 행동심리학자
annoying adj 짜증 나는
Another way is ~ 또 다른 방법은 ~이에요
antagonist n 적대자(주인공과 대립하는 인물)
Antarctica n 남극 대륙
anthropological adj 인류학적인, 인류학의
anthropology n 인류학
apparent adj 분명한
apparently adv 보아하니, 겉보기에는, 분명히
appeal v 관심을 끌다
appear v ~인 것 같이 보이다
application form 신청서
apply v 해당되다, 적용되다, 지원하다
apply for ~에 지원하다
appointment n 예약, 약속
appreciate v 감상하다, 진가를 알아보다, 인정하다, 감사하다

Appendix

appreciation n 진가를 인정함, 감사

approach n 접근(법) v 접촉하다, 접근하다

appropriate adj 적절한

appropriately adv 적당히, 알맞게

approval n 인정

approve v 찬성하다, 좋다고 생각하다, 승인하다

approximate adj 대략적인, 거의 정확한

approximately adv 약, 어림잡아, 거의, ~ 가까이

aquatic adj 물속에서 자라는[사는], 수생의

arc n 호, 원호

archaeological adj 고고학적인

archaeologist n 고고학자

archaeology n 고고학

architect n 건축가, 설계자

architecture n 건축, 건축 양식

argue v 말다툼하다

argument n 주장

armor n 갑옷, 철갑

arrange v 마련하다, 주선하다

art n 예술

Art Deco 아르 데코(1920~30년대에 유행한 장식 미술의 한 양식. 기하학적 무늬와 강렬한 색채가 특징)

art movement 예술[미술] 운동

artform n 예술 형태

artifact n 유물, 공예품

artist n 화가, 예술가

artistic adj 예술의

artistic movement 예술 운동

artwork n 예술 작품, 미술품

as a result 결과적으로

as for ~에 관해서는

as long as ~하는 한

as soon as possible 최대한[가능한 한] 빨리

As you can see, 보시다시피,

aseismic adj 지진이 없는, 비지진성의

ash n 재

ask for ~을 부탁[요청]하다

aspect n 측면

assassin n 암살자

assembled adj 조립된

assembly line n 조립 라인[공정]

assert v 주장하다

assign v 주다, 배정하다, 할당하다, 맡기다

assignment n 과제

assimilation n 동화

assist v 돕다

assistant n 조교

associate v 연관 짓다

association n 협회

assume v 가정하다, 추측[추정]하다

assumption n 추측, 추정, 가정

assure v 보증하다, 보장하다

asterism n 성좌, 성군

asteroid n 소행성

asthenosphere n 연약권

astronomer n 천문학자

at first glance 첫눈에, 얼핏 보면

at least 최소한

at once 동시에

at the latest 늦어도

at the moment 지금

at the outset 처음에는

atmosphere n 대기

atmospheric adj 대기의

atomic adj 원자의

attach v 붙이다

attack v 공격하다

attempt v 시도하다

attend v 다니다, 참석하다

attendance n 출석

attendee n 참여자

attest v 증명하다, 입증하다

attract v 끌어들이다

attractive adj 멋진, 매력적인

audience n 청중, 관객

audio-visual room n 시청각실

audit (a class) v (수업을) 청강하다

aura n 아우라, 기운

Aurignacian adj 오리냐크 사람의[문화의] n 오리냐크 사람[문화]

authenticate v 진짜임을 증명하다

author n 작가

authority n 권한

authorize v 권한을 부여하다[위임하다]

automobile n 자동차

availability n 이용 가능성

available adj 이용할 수 있는

average v 평균 ~이 되다 adj 평균의

avian adj 새[조류]의

avid adj 열렬한

avoid v 피하다

aware adj (~을) 알고[인식하고] 있는

B

back and forth 왔다 갔다

backdrop n (무대의) 배경막

background n 배경

bacteria n 박테리아, 세균

baffle v 당혹스럽게 하다

balance n 균형, 잔액

bare adj 벌거벗은

barely adv 간신히

barren adj 황량한, 척박한

basalt n 현무암

base n 맨 아래

base isolator n 면진 장치

based upon[on] ~에 기반하여

basic n 기본 adj 기본적인, 기초의

basically adv 본래, 근본적으로, 기본적으로

be about to do ~하기 직전이다

be against the rules 규칙에 어긋나다

be based on[upon] ~에 기반하다

be booked up 예약이 다 차다

be bound to do ~할 수밖에 없다, 반드시 ~하다

be compelled to do 할 수 없이 ~하다

be composed of ~로 구성되다

be derived from ~에서 파생하다

be equipped with ~을 갖추다

be known as ~로 알려져 있다

be likely to do ~할 가능성이 있다

be made of ~으로 만들어지다

be related to ~와 관련이 있다

be riddled with ~로 가득하다, ~ 투성이다

be supposed to do ~하기로 되어 있다, ~해야 한다

be suspended in ~ 속에 움직이지 않고 떠돌다

be tied to ~와 관련이 있다

be willing to do 기꺼이[흔쾌히] ~하다

bead v 염주[구슬]처럼 잇다 n 구슬, 작은 덩어리

bear n 곰 v 낳다, 견디다, 참다

beat around the bush 둘러대다

beech n 너도밤나무

beforehand adv 미리, 사전에

beginner's course 기초 과목

behavior n 행동

belong v 제자리에 있다, 속하다

belong to ~에 속하다

benefit n 혜택, 이득, 이점 v 이익을 얻다, 유익하다

besides prep ~ 외에

bet v 확신하다, ~이 틀림없다

betrayal n 배신

bias n 편견

Biblical adj 성서의

bill n 부리

biology n 생물학

bioluminescent adj 생물 발광의

biomass n 바이오매스, (특정 지역 내의) 생물량

biome n 생물 군계

birch tree 자작나무

birdwatcher n 새[조류] 관찰자

birthplace n 발상지

bite off ~을 물어뜯다

bizarre adj 별난, 기이한, 특이한

black-tailed deer 검은꼬리사슴

blade n 날, 칼날

blame v 탓하다, 책임을 묻다

blanket v 뒤덮다

blast v 폭파하다

blend n 조합, 혼합 v 섞다, 혼합하다

block v 가리다[차단하다], 막다

blood vessel n 혈관

blunder n 실수

bobtail squid 짧은 꼬리 오징어목

body language n 보디랭귀지(몸짓을 통한 감정·생각의 전달)

body temperature 체온

bone n 뼈

bookstore n 서점

boring adj 지루한

borrow v 빌리다[대출하다]

botanist n 식물학자

bother v 신경 쓰다

boundary n 경계, 한계

box set 박스 세트(3면의 벽과 천장으로 이루어진 방의 세트)

branch out into ~로 새로 진출하다, ~을 시작하다

break apart 분열[분리]되다

break down 분해되다, 나누어지다

breathe v 숨을 쉬다, 호흡하다

breed v 사육하다, 번식하다

bridge v (공백을) 메우다, ~의 가교 역할을 하다

brief adj 간단한

briefly adv 잠시, 간단히

bright adj 밝은

brightness n 밝기

bring together ~을 묶다, 합치다

British Isles 영국 제도

broad adj 넓은, 광범위한

broken adj 부러진

Bronze Age 청동기 시대

brood v 알을 품다

brush fire 관목 지대의 화재

brushstroke n 붓놀림

build up 축적되다

bulge v 툭 튀어나오다

bulletin board n 게시판

bump v 부딪히다

burn v 불타다, 태우다

burn out 다 타다

bury v 묻다, 매장하다

business administration n 경영학

buzz word n 유행어

by comparison 비교해 보면

by contrast 그와 대조적으로

by the time ~할 때쯤에

by the way 그나저나

calcified adj 석회화된

calcium n 칼슘

called adj ~라고 불리는

calm down 진정하다

campus n 교내, 구내, 캠퍼스

canal 운하

cancel v 취소하다

cancer n 암

candidate n 후보, 후보자

cannot help but do ~하지 않을 수 없다

canoe n 카누

canvas n 캔버스

capable adj ~할 수 있는

capture v 붙잡다

carbon dioxide n 이산화탄소 (= CO_2)

carbon emission 탄소 배출

carcass n 시체, 죽은 동물

care v 노력하다, 애를 쓰다

careful adj 주의하는

carefully adv 주의 깊게, 신중히

careless adj 부주의한

carnivore n 육식 동물

carve v 조각하다, 깎아서 만들다

case n 경우, 실정, 사실, 사례

case study n 사례 연구

cast n 출연진, 캐스트(몰드에 새로운 광물이 들어가면서 원래의 모양의 화석이 만들어진 것) v (그림자를) 드리우다, (빛을) 발하다

casual adj 간단한, 약식의

catalog n 카탈로그, 목록

catastrophic adj 큰 재앙의, 대이변의, 파멸의

catch up ~을 따라가다[따라잡다]

categorization n 분류

cattle n 소

cause v 유발하다, 일으키다, ~하게 하다

cause and effect 인과

cedar n 삼나무

ceiling n 천장

celebrate v 축하하다

celebrity n 유명 인사

celestial object n 천체

cell n 세포

center n 중심부, 가운데

center on ~에 초점을 맞추다

central adj 중앙의

century n 세기

ceramic n 도자기

certain adj 어느 정도의, 특정한, 어떤

certainly adv 반드시, 분명히, 틀림없이

certainty n 확실한 것, 확실성

certification program 자격증 프로그램

challenge n 어려운 일[과제], 도전

chaotic adj 혼돈[혼란] 상태인

character n 등장인물

characteristic n 특성, 특징

characterization n 성격 묘사

characterize v 특징짓다

charge v 부과하다

chase v 뒤쫓다

check out ~을 확인하다

chemical adj 화학의, 화학적인 n 화학 약품

childhood n 어린 시절

childhood development 유아기 발달

chip n 전자 칩

chlorofluorocarbon (CFC) n 클로로플루오르카본, 프레온 가스

choose v 선택하다

choose a major 전공을 선택하다

chord n 화음

chrome n 크롬

circuit n 회로

circulatory system n 순환계

circumstance n 상황

cite v 언급하다

civilization n 문명

claim v 주장하다, 요구하다

clarify v 명백히 하다

clarity n 명확성

classic n 고전, 모범

Appendix

classical adj 고전적인, 전통적인
classical music 클래식 음악, 고전 음악
classification n 분류
classmate n 반 친구, 급우
clean energy n 친환경 에너지
clear adj 명백한, 분명한
clearly adv 뚜렷하게, 확실히, 명백히
climate n 기후
climb v 오르다, 올라가다
close adj 가까운[밀접한]
closely adv 가까이, 자세히, 면밀히
closeup n 클로즈업, 근접 촬영
cloven hoof 갈라진 발굽
CO_2 n 이산화탄소 (= carbon dioxide)
coal n 석탄
coast n 해안
coastal adj 해안의
coating n 덮음, 칠하기
cobalt n 코발트, 짙은 청록색
cognitive development 인지 발달
cold-blooded animal 냉혈 동물
collage n 콜라주(색종이나 사진 등의 조각들을 붙여 그림을 만드는 미술 기법)
collapse v (의식을 잃고) 쓰러지다, 무너지다, 붕괴되다, 파괴되다
collar n (윗옷의) 칼라, 깃
colleague n 동료
collect v 모으다, 수집하다
collectability n 수집 가능성
collide v 충돌하다, 부딪치다
colonialism n 식민주의
colony n 군락, 군집, 집단, 식민지
coloration n 착색, 천연색
Columbian white-tailed deer 컬럼비아 흰꼬리사슴
combat v 싸우다
combination n 조합
come alive 재미있어지다[활기를 띠다]
come into play 작동하다
come to mind 떠오르다, 생각나다
come up with ~을 생각해 내다
come with ~의 결과로 생기다, ~이 딸려 있다
comic adj 재미있는
commencement n 졸업식, 학위 수여식
comment n 의견, 논평
common adj 흔한, 보통의
commonly adv 보통, 흔히
communicate v 의사소통하다
communication n 의사소통
communicator n 의사소통자
community n 지역 사회, 공동체, 커뮤니티
community college n 지역 전문 대학
compare v 비유하다, 비교하다, 대조하다
compared to ~와 비교하여
comparison n 비교
compass n 나침반, 컴퍼스
compensate v 보완하다, 보상하다
compete v 경쟁하다
competition n 경쟁
competitive adj 경쟁이 치열한
competitor n 경쟁자
complete adj 완전한, 완결한 v 끝마치다, 완료하다
completely adv 완전히
complex n 단지, 복합 건물 adj 복잡한
complicated adj 복잡한
compliment v 칭찬하다 n 칭찬
component part 기기 부품
composition n 작곡, 작품
compound n 화합물
comprehension n 이해
comprise v 구성하다
conceive v 생각을 품다, 상상하다
concentrate on ~에 집중하다
concentrated adj 농축된

concentration n 농도

concept n 개념

concept car n 콘셉트 카, 미래형 시제차

conceptualism n 개념주의

concern n 걱정, 우려

concerned adj 걱정하는

concerto n 협주곡

conclude v 결론을 내리다

conclusion n 결과

concrete adj 명확한, 구체적인

concrete operational stage 구체적 조작기

conduct v (특정한 활동을) 하다

conduction n (전기나 열의) 전도

conference n 학회, 회의

confidence n 자신, 확신

confirm v 확인하다, 확정하다

confirmation n 확인, 확정

conflicting adj 상충되는, 모순되는

conform v 맞다[일치하다], 따르다, 순응하다

confused adj 헷갈려 하는, 혼란스러운

confusing adj 헷갈리는, 혼란시키는

connect v 연결하다

consequence n (영향의) 중요함, 결과

consequently adv 따라서, 그 결과

conserve v 아끼다, 보존하다

consider v (~을 …라고) 여기다[생각하다], 고려하다

considerable adj 상당한, 많은

considerably adv 크게, 상당히

consideration n 고려 사항, 숙고

consist of ~으로 구성되다

consistent adj 한결같은, 일관된

consistently adv 지속적으로

constant adj 계속되는, 끊임없는

constantly adv 계속해서, 지속적으로

constellation n 성좌, 별자리

construct v 구성하다, 짓다, 건설하다

consult v 상담하다, 상의하다

consultation n 상담

consume v 섭취하다, 먹다, 소비하다

consumer n 소비자

consumption n 소비

contact v 연락하다, 접촉하다 n 연락처

contain v ~이 들어[함유되어] 있다, 포함하다

container n 용기, 그릇

contend v 주장하다, 다투다

content n 내용

contest n 대회, 콘테스트

context n 전후 사정, 맥락

contextual adj 전후 사정[맥락]과 관련된

continent n 대륙

continental drift (theory) n 대륙 이동설

continuous adj 계속되는, 지속적인

contorted adj 왜곡된, 일그러진

contour n 등고선, 윤곽

contract n 계약(서) v 수축하다

contradictory adj 모순되는

contrary to ~에 반해서, ~와 대조적으로

Contrary to that, it shows that ~ 그와 반대로, ~임을 보여 줍니다

contrast v 대조하다

contribute v 기여하다

contribute to ~에 기여하다, ~의 한 원인이 되다

contribution n 공헌

control v 조절하다

controversy n 논란

conventional adj 관습적인

convergent boundary n 수렴 경계(두 개의 판이 맞부딪쳐서 산맥을 형성하는 지역이나 한쪽 판이 침강하면서 소멸하는 판의 경계)

conversation n 대화

conversely adv 정반대로

convert v 전환시키다, 개조하다

convey v 전달하다

conviction n 확신, 신념

convince v 설득하다

convinced adj 확신하는

convincing adj 그럴듯한, 설득력 있는

cooling n 냉각

cooperative adj 협력적인

cope with ~을 대처하다, 해결하다

Copper Age 동기 시대

copper ore 구리광

cord n (가는 새끼) 줄, 끈

core n 핵, 중심부

corona n 코로나(태양 대기의 가장 바깥층에 있는 엷은 가스층)

corporate-friendly adj 사업하기 좋은

correct adj 옳은 v 고치다[정정하다]

correctly adv 제대로, 정확하게, 적절하게, 올바르게

correlate v 연관성이 있다

correspond v 부합하다, 일치하다

cost n 비용 v (값·비용 등이) 들다

cougar n 쿠거(퓨마)

counseling n 상담

counselor n 상담자

count v 포함되다, 중요하다

counter adj 반대의

counter-clockwise adj 시계 반대 방향의

court n 궁정

cover v (범위에) 걸치다, 덮다, 대신하다, 포함하다, 다루다

co-worker n 동료

craft v 공들여 만들다

craftsman n 공예가

crater n 분화구

creation n 창조

creative adj 창의적인

creativity n 창의성

creature n 생물

credible adj 신뢰할 수 있는

credit n 학점

Cretaceous Period n 백악기

criminal n 범죄자

criteria n 기준, 표준 (criterion의 복수형)

crocodile n 크로커다일, 악어

crocodilian n 악어

crop n 농작물

cross-bracing n 교차 버팀대

crossroad n 교차로

crow n 까마귀

crowd out ~을 밀어내다

crowded adj ~이 가득한

crust n 지각

crustacean n 갑각류

crystal n 결정체, 수정

crystalline adj 결정체의, 수정 같은

crystallize v 결정체를 이루다

cue n 단서, 신호

culmination n 정점, 최고조

cultivated adj 양식[재배/경작]된

curfew n 통행금지령, 통행금지 시간

curious adj 궁금한

current adj 최근의, 현재의 n (물, 공기의) 흐름, 기류

currently adv 현재, 지금

curriculum n 교과[교육] 과정

curve v 곡선을 이루다

custom built adj 주문 제작된

custom-produced adj 주문 생산한

cut off ~을 자르다, 분리하다

cutting-edge adj 최첨단의

cycle n 순환, 주기

damage v 손상하다 n 손상, 피해

damaged adj 피해를 입은

danger n 위험

darken v 어둡게 만들다

dashboard n 계기판

daytime n 낮 (시간)

deadline n 기한, 마감 시간

deal with ~에 대처하다[해결하다], ~을 다루다

dean n 학과장

Dean's list n 우등생 명단 (= honor roll)

death n 죽음

decade n 10년

decadence n 퇴폐

decay v 부패하다 (= decompose)

decent adj 괜찮은

decide v 결정하다

deciduous adj 낙엽성의

decimal n 소수

decision n 결정

decline v 감소하다

decompose v 분해[부패]되다

decoration n 장식품

decrease n 감소, 하락

deduct v 감하다, 제하다

deductive reasoning 연역적 추리

deed n 행위

deep sea 심해

deer n 사슴

defer v 미루다, 연기하다

define v 정의하다

definitely adv 분명히, 확실히

definition n 정의

definitively adv 결정적으로, 명확하게

deforestation n 삼림 벌채

deform v 변형시키다, 변형되다

degree n (온도 단위인) 도

degree program 학위 프로그램

deliberately adv 의도적으로

delicate adj 섬세한, 연약한

delineate v 설명하다, 기술하다

deliver v 배송하다, 전하다, 전달하다

delve into ~을 캐다, 파고들다

demand n 수요 v 필요로 하다, 요구하다

demographic adj 인구 통계학적인 n 특정 인구, 특정 층

demonstrate v 보여 주다

denote v 의미하다, 나타내다

dense adj 밀도가 높은, 고밀도의

densely adv 밀집하여, 빽빽이

dentist n 치과 의사

department n 부서[부처/학과]

departure n 떠남, 출발

depend on[upon] ~에 따라 다르다, ~에 달려 있다, ~에 의존하다

dependence n 의존도

dependent adj 의존[의지]하는

depict v 묘사하다

deplete v 고갈시키다, 대폭 감소시키다

deposit v 두다, 쌓다, 침전[퇴적]시키다

depressed adj 우울한

depth n 깊이

derivation n 파생(물), 유도

dermal adj 진피의, 피부의

descend v 내려오다, 전해지다

descendant n 자손, 후손

desert n 사막

designate v 지정하다, 지명하다

desire n 요구, 갈망, 바람 v 원하다, 바라다

desired adj 원하는, 바라는

despise v 경멸하다

despite prep ~에도 불구하고

destroy v 파괴하다, 죽이다

destructive adj 파괴적인

detailed adj 상세한

detect v 알아내다, 감지하다, 발견하다

deteriorate v 악화되다, 더 나빠지다

determine v 알아내다, 밝히다, 결정하다

determined adj 단단히 결심한

detract v (가치 등을) 깎아내리다, 손상시키다

develop v 발달시키다, 개발하다

development n 개발, 발달, 전개, 새로이 전개된 사건[국면]

developmental adj 발달의

device n 기기

Devonian adj 데본기의

devote v 쏟다, 바치다

dew n 이슬

diagonal adj 대각선의

diagonally adv 대각선으로

dial-up adj 전화 회선을 이용한

diameter n 지름

diastrophism n 지각 변동

die v 죽다

diet n 음식, 식단, 식사, 식습관

differ v 다르다

difference n 차이, 차이점

differentiate v 구별하다, 구분 짓다

difficulty n 어려움

dig v 파다

dig out ~을 파내다[캐내다]

digestive system 소화기 계통

digress v 주제에서 벗어나다

dilemma n 딜레마, 궁지

dim adj 어둑한[흐릿한]

dinosaur n 공룡

diplomatic adj 외교적인

direct v ~로 향하다

direction n 방향

directly adv 직접, 직접적으로

director n 책임자

dirt n 흙

disability n 장애

disappear v 사라지다

disappearance n 사라짐, 실종, 소실

disappoint v 기대를 저버리다, 실망시키다

disappointed adj 실망한

disappointment n 실망

disastrous adj 처참한

disburse v 지출하다, 지불하다

disc n (원반형) 디스크

discourage v 막다[말리다], 의욕을 꺾다, 낙담하게 하다

discover v 알아내다, 발견하다

discoverer n 발견자

discovery n 발견

discuss v 논의하다, 토론하다

discussion n 논의, 토론

disorder n 장애

display v 내보이다, 진열하다, 보여 주다 n 전시

disprove v 틀렸음을 입증하다

dissolve v 용해하다, 녹이다

distinct adj 뚜렷한

distinction n 차이, 대조

distinctive adj 독특한, 특유의

distinctly adv 뚜렷하게

distinguish v 구분하다

distraction display 주의 전환 과시 행동

distribution n 분포

disturbing adj 충격적인

ditch n 배수로

dive into ~에 몰두하다

divergent boundary n 발산 경계(새로운 해양 지각이 생성되는 판의 경계)

diverse adj 다양한

divide v 나누다

divide up ~으로 나누다

division n 구간, 부분, 분할

dizzy adj 현기증이 나는, 어지러운

Do you mind if I ~? 제가 ~해도 될까요?
document v 기록하다
documentation n 서류
dogwood n 층층나무
domestication n 가축화, 길들이기
dominate v 지배하다, 우세하다
dorm n 기숙사 (= dormitory)
dormant adj 휴면하는
dormitory n 기숙사 (= dorm)
dot v 여기저기 흩어져 있다, 산재하다
double major 복수 전공하다
double-edged adj 두 가지로 해석될 수 있는, 양날인
doubt n 의심
downhill adv (내리막) 아래로
downright adv 아주, 완전히
draft n (문서의) 안, 초안
drag v 끌다
drag out ~을 오래 끌다
drama n 드라마[극], 연극
dramatic adj 극적인
drastically adv 대폭, 급격히
draw A away from B A의 주의를 B로부터 돌리다
draw a conclusion 결론을 내리다
drawback n 결점
drawing n 소묘, 그림
drift v 떠가다, 표류하다
driver's license n 운전 면허증
driving adj 동력을 전달하는, 강력한
driving force 원동력, 추진력
drop n (연극의) 배경막
drop a course 과목을 중도 포기하다
drop by ~에 들르다
drop in 들르다
drop out 중퇴하다
drought n 가뭄
drown v 물에 빠져 죽다, 익사하다
drown out ~을 보이지[들리지] 않게 하다
dry out 메마르다
ductile adj 연성인, 잡아 늘일 수 있는
due adj 예정인
due to ~로 인해, ~ 때문에
dull adj 칙칙한, 흐릿한
dumb adj 멍청한, 바보 같은
dust n 먼지
duty n 의무
dwell v 살다, 거주하다
dweller n 거주자
dye v 염색하다

E

eardrum n 고막
early bird 일찍 일어나는 새[사람]
earn v (돈을) 벌다, 얻다
earthquake n 지진
easily adv 쉽게
ecology n 생태학
economic adj 경제의
ecosystem n 생태계
edge n 날, 끝, 가장자리, 모서리
edit v 편집하다, 수정하다
education n 교육
effect n 영향, 효과
effective adj 효과적인, 실질적인
effectively adv 효과적으로
efficiency n 효율성
efficient adj 효과가 있는, 효율적인
effort n 노력
egocentrism n 자기중심주의
elaborate adj 정교한 v 자세히 설명하다
election n 선거

elective adj 선택할 수 있는
elective course 선택 과목
electric light n 전등 불빛
electrical adj 전기의
electromagnetic spectrum 전자기 스펙트럼
electron n 전자
elegance n 우아함
element n 원소, 요소
elements n (복수형) 비바람
elevation n 고도
eligibility n 자격, 적격
eliminate v 제거하다
elk n 큰 사슴
embody v 상징[구현]하다
emerald n 에메랄드
emerge v 등장하다
emigrate v 이민을 가다, 이주하다
emission n 방출, 배출
emit v 배출하다, 방출하다, 내뿜다
emotional adj 정서의, 감정의, 감정적인
emphasis n 중점, 강조
emphasize v 강조하다, 두드러지게 하다
empire n 제국
employ v 사용하다, 쓰다
employee n 고용인, 종업원, 직원
employer n 고용주
empty adj 비어 있는
encase v 감싸다, 둘러싸다
encounter v 맞닥뜨리다, 부딪히다
encourage v 장려하다, 격려하다
encroach v 침해[침입]하다, 잠식하다
encroachment n 침입, 침범
end up V-ing 결국 ~하게 되다
endangered adj 멸종 위기에 처한
ending n 결말
endorse v 지지하다, 보증하다
energetic adj 활기를 띠는
energy source 에너지원
engage in ~을 하다, ~에 종사하다, ~에 관여[참여]하다
engineer n 엔지니어, 공학자
engineering n 공학 기술, 공학
English literature 영문학
enormous adj 거대한
enough adj 충분한 (수의)
enroll v 등록하다, 명부에 올리다
enrollment n 등록
ensemble n 앙상블, 합주단
ensure v 확실히 하다, 보장하다
enter v 진입하다
entire adj 전체의
entirely adv 전혀, 완전히, 전적으로
entity n 독립체
entry n 들어감, 출입
environment n (주변의) 환경
environmental adj 환경의, 환경적인
environs n 인근, 부근
enzyme n 효소
Eocene n 시신세(始新世), 에오세
Episcopal adj 영국 국교회의
equal adj 동일한, 같은
equally adv 동일하게, 동등하게
equation n 방정식
equipment n 장비, 용품
era n 시기, 시대, 대(代)
eradicate v 근절하다, 뿌리 뽑다
eruption n 폭발
escort v 바래다주다, 동행하다
esoteric adj 난해한
especially adv 특히
essay n 에세이, 수필
essential adj 중요한
essentially adv 근본적으로, 본질적으로

establish v (사실을) 규명하다[밝히다], 확립하다, 수립하다, 설립하다

estimate v 추정하다, 추산하다

ethical adj 윤리적인

ethics n 윤리학, 윤리, 도덕

ethnic adj 인종의, 종족의

Eurasian Oystercatcher n 검은머리물떼새

evade v 회피하다

evaluate v 평가하다

even if (비록) ~일지라도

eventually adv 결국, 종내

evidence n 증거

evil adj 사악한

evoke v 환기시키다, 떠올려 주다

evolution n 발전, 진화

evolutionary theory 진화론

evolve v 발달하다, 진화하다

evolve into ~로 진화하다

exactly adv 정확히, 꼭

exaggerate v 과장하다

examine v 조사하다, 검토하다, 살펴보다

example n 예, 예시

excavate v 발굴하다

excavation n 발굴

exceed v 넘어서다, 초과하다, 능가하다

excellent adj 훌륭한

except (that) conj ~라는 것 외에

except for ~을 제외하고는

exception n 예외

exceptional adj 찾아보기 힘든, 드문

exchange program n 교환 (학생) 프로그램

exchange student 교환 학생

excited adj 신난

excitement n 흥분, 신남

exemplify v 전형적인 예가 되다

exercise v 운동하다

exhibit n 전시(회) v 보이다

exist v 있다, 존재하다

existing adj 기존의

expand v 넓히다, 확장하다, 확장되다

expanse n 넓게 트인 지역

expansion n 확장

expect v 바라다, 기대하다, 예상하다

expedition n 탐험, 원정

expel v 배출하다, 내쫓다

expensive adj 돈이 많이 드는, 비싼

experience n 경험

experiment v 실험하다 n 실험

expertise n 전문 지식, 기술

expire v 만료되다, 기한이 지나다

explain v 설명하다

explanation n 이유, 설명

explode v 폭발하다, 폭발적으로 증가하다

explore v 탐구[탐사]하다, 탐험하다, 분석하다

explorer n 탐험가

explosive adj 폭발적인

exponentially adv 기하급수적으로

expose v 노출시키다

express v 표현하다

extend v 뻗다, 확장되다

extension n 연장

extensive adj 광범위한, 아주 넓은

extensively adv 광범위하게

extinct adj 멸종된

extinction n 멸종

extra adj 추가의, 여분의

extraction n 추출, 뽑아냄

extrapolate v 추론하다

extraterrestrial adj 지구 밖 (생물체)의, 외계의

extremely adv 극도로, 극히, 대단히

exuberance n 풍부함, 생동감

Appendix

F

face n 얼굴 v 직면하다, 마주하다
face-on adj 마주보고 있는
facial expression 얼굴 표정
facility n 시설
factor n 요인
faculty n 교직원, 교수진
fade v (색이) 바래다[희미해지다]
fail v 낙제하다, 실패하다
fail to do ~하지 못하다
fair n 행사 adj 타당한, 공평한, 좋은, 괜찮은
fairly adv 상당히
faith n 믿음
faithful adj 충실한, 신의 있는
faithfully adv 충실히
fall apart 무너져 내리다
fall behind 뒤처지다
fall off 줄다, 떨어지다
false adj 거짓된, 가짜의, 헛된
familiar adj 익숙한, 잘 아는
familiar with ~에 익숙한
famous adj 유명한
fantastic adj 멋진, 환상적인
fare n 요금
farmland n 농지, 경지
fascinated adj 매료된
fascinating adj 대단히 흥미로운, 매력적인
fashion v (손으로) 만들다, 빚다
fat n 지방
fate n 운명
fauna n 동물상
fear n 두려움
feather n 깃털
feature n 특징, 특색 v ~을 특징으로 하다
fee n 요금
feed v 제공[공급]하다, 먹여 살리다, 먹이다
feeding n 먹이 주기
feel free to do 자유롭게[마음대로] ~하다
feel like ~하고 싶다
feet n foot의 복수형
Fertile Crescent 비옥한 초승달 지대
fertility n 비옥함
fertilize v 비료를 주다
fertilizer n 비료
feud n 불화
Fibonacci numbers 피보나치수열
field n 현장
field trip n 현장 학습, 견학
fierce adj 치열한, 맹렬한
fight back 대항하다
figure n 숫자, 인물
figure out ~을 알아내다
file a complaint 항의[불만 사항]를 제기하다
file a report 신고하다
fill v 채우다, (일·역할 등을) 하다
fill in ~을 작성하다
fill out ~을 작성[기입]하다
fill up 가득 차다, ~을 채우다
filled with ~로 가득한
filter out ~을 걸러 내다
fin n 지느러미
final adj 마지막의, 최종의 n 기말고사
financial aid n 재정 지원
find out ~을 알다
fine adj 정교한, 미세한, 우수한, 뛰어난 n 벌금, 연체료
fine art n 미술
firmly adv 확고히
fit adj 꼭 맞는 v 맞다
fix v 고치다, 수리하다
flagella n 편모 (flagellum의 복수형)
flat n 플랫(배경을 보여 주는 수직 무대 장치)

flaw n 결점

flee v 달아나다

flint n 부싯돌

flour n 밀가루

flourish v 번창하다, 잘 자라다

flow n 흐름

flowering plant 꽃식물

flu n 독감

fluctuation n 변동

fluid n 유체(流體), 유동체 adj 유동적인

focus n 초점 v 초점을 맞추다, 집중시키다

focus on ~에 초점을 맞추다[중점을 두다], ~에 집중하다

follow v 따라가다, 따르다

follow suit ~의 뒤를 따르다

followed by 뒤이어

following adj 다음의

Food and Drug Administration (FDA)
식품 의약품 안전청

food science 식품 과학

food security 식량 안보

foodborne illness n 식품 매개 질병

foothold n 발판

footstep n 발자취

for example 예를 들어

for instance 예를 들자면

for sure 확실히

For today's discussion, we'll review ~
오늘 토론에서는, ~을 복습할 거예요

forage v 먹이를 찾다

force n 힘 v 어쩔 수 없이 ~하게 만들다, 강요하다

forefront n 가장 중요한 위치, 맨 앞, 선두

forerunner n 전신, 선구자

forgery n 위조

form n 서식, 양식, 형태 v 형성하다

formal adj 격식 있는

formal operational stage 형식적 조작기

formed adj 형태를 갖춘

former adj 이전의

formulae n 공식 (formula의 복수형)

formulate v 정립하다, 만들어 내다

fort n 요새

fossil n 화석

fossil fuel n 화석 연료

fossilization n 화석화

fossilize v 화석화되다, 화석화하다

foundation n 토대, 기초

fraction n 분수

fragment n 조각, 파편

free adj 다른 약속이 없는, 한가한, 자유로운

free of ~을 벗어난

free verse n 자유시

freedom n 자유

free-form adj 자유로운 형식의

freely adv 자유롭게, 막힘 없이

frequently adv 자주

freshman n 신입생

from time to time 때때로

frost n 서리

frustration n 낙담, 좌절

fuel n 연료

fulfill v (요구·조건 등을) 채우다, 만족시키다, 이행하다

full adj 가득한

full of ~로 가득한

fully adv 완전히

fully furnished adj 가구가 딸린, 내부가 완비된

function n 기능 v 작동하다, 작용하다

functional adj 기능 위주의, 실용적인

functionality n 기능, 기능성

fund v 자금을 대다

fundamental adj 기본적인

fundamentally adv 근본적으로, 본질적으로

funeral n 장례식

Appendix

fungi n 곰팡이 (fungus의 복수형)
funny adj 재미있는
fur n 털
furrow n (얼굴의) 깊은 주름, 고랑, 골
further adj 더 많은
futuristic adj 초현대적인

G

galaxy n 은하계
game species 사냥감
gap n 차이, 틈, 간격
gem n 보석
gemstone n 보석의 원석
gene n 유전자
general adj 일반적인
generally adv 보통, 대개, 일반적으로
generate v 만들어 내다
generation n 세대
generator n 발전기
generic adj 포괄적인, 총칭의
genetic adj 유전학적인, 유전학의
genetically adv 유전적으로
genetics n 유전학
genius n 천재
genome mapping 유전체 지도 작성
genre n 장르
genuine adj 진정한, 진짜의
geometric adj 기하학의, 기하학적인
geometry n 기하학
germ n 세균
gesture n 몸짓, 제스처
get along well with ~와 잘 지내다
get into ~을 시작하게 되다
get off 내리다
get out of ~에서 나가다
get rid of ~을 없애다, 제거하다
get to do ~하게 되다
ghost acreage 유령 에이커
gill n 아가미
give a speech 연설하다
give up 포기하다
glacial adj 빙하기의
glass n 유리
glass blower n 유리 부는 직공
global adj 지구의, 세계의
global temperature 지구 온도
global warming n 지구 온난화
glow v 빛나다
glowing adj 빛나는, 강렬한, 선명한
go against ~과 상반되다, ~을 거스르다[반대하다]
go into detail 자세히 설명하다
go on a trip 여행을 가다
go through ~을 살펴보다
go well 잘되어 가다
goal n 목표
golden eagle n 검독수리
golden ratio 황금 비율
Goldilocks Zone n 골디락스 존(행성이 지구와 유사한 조건을 가지고 있어 물과 생명체가 존재할 수 있는 항성 주변의 구역)
goods n 제품, 상품
goof around 빈둥대다
governance n 지배 구조, 통치
grab v 잡다
grab one's attention ~의 관심을 끌다
grade n 성적, 학점, 학년
grade point average (GPA) n 평점
grader n 학년생
gradually adv 서서히, 점차
graduate v 졸업하다

graduate student n 대학원생

graduation ceremony 졸업식

grain n 곡물, 낟알

grandeur n 장엄함, 위엄

grant n 보조금(갚지 않아도 되는 보조금) v 인정하다, 승인하다

grasp v 완전히 이해하다, 파악하다

grass n 잔디, 풀

grave n 무덤

gravel n 자갈

graze v 풀을 뜯다

grazing land 목초지

greenhouse effect n 온실 효과

greenhouse gas n 온실가스 (= heat-trapping gas)

grill n 그릴

grind v 혹사하다, 갈다

grind up ~을 잘게 빻다, 갈아 부수다

ground n 땅

groundcover n 지피[지표] 식물

grow in popularity 인기가 상승하다

growth n 증가, 성장

guideline n 가이드라인, 지침

guiding principle 지도 원칙

H

habitable adj 거주할 수 있는

habitat n 서식지

had better ~하는 것이 좋을 것이다

half-life n 반감기

hallmark n 특징

hand in ~을 제출하다

hand-built 수작업의

handle v 감당하다, 다루다, 처리하다

handout n 인쇄물[유인물]

happen v 일어나다

happen to do 우연히 ~하게 되다

hard adj 단단한

harden v 굳어지다, 딱딱해지다

hard-sell n 끈질긴 판매술, 강매

hard-wired adj 내장된

hardy adj (척박한 환경에) 강인한

harpsichord n 하프시코드(현을 뜯어 소리를 내던 피아노 비슷한 중세 악기

harsh adj 혹독한

hassle n 귀찮은 상황

hatch v 부화하다

have a good grasp of ~을 잘 이해하다

have a hard time V-ing ~하는 데 어려움을 겪다

have a rest 쉬다

have access to ~에 접근하다

have difficulty V-ing ~하는 데 어려움을 겪다

have in common 공통점이 있다

have no idea 전혀[도무지] 모르다

have trouble V-ing ~하는 데 어려움을 겪다

have trouble with ~에 어려움을 겪다

Have you checked ~? ~을 확인해 보았나요?

head off 향하다

headquarters n 본사

healthy adj 건강한

hearing n 청각

heat n 열

heir n 후계자, 상속인

help out 도와주다

helpful adj 도움이 되는

hemoglobin n 헤모글로빈

herb n 허브, 약초

herbivore n 초식 동물

herd n 떼

Here's what you can do. 이렇게 한번 해 봐요.

heroic adj 영웅적인

hibernate v 동면하다

highland n 산악 지대 adj 산악 지대의

highlight v 강조하다

highly adv 고도로

hire v 고용하다

historian n 역사가

historical adj 역사적인

hit on ~을 (우연히) 생각해 내다

hit v 치다

hive n 벌집

hold v 생각하다, 주장하다, 수용할 수 있다

homeland n 고국, 조국

honestly adv 솔직히

hostile adj 적대적인

house v 거처를 제공하다

household appliance 가전제품

housing n 주거, 숙소

however adv 하지만, 그러나

However, now that we know ~ 그러나, 이제는 우리가 ~라는 걸 알기 때문에

huckleberry n 월귤나무 열매

hue n 색조, 색깔

human being n 인간

humanity n 인류

humidity n 습기

humorous adj 유머러스한, 재미있는

hunch v 구부리다

hunt v 사냥하다

hunter n 사냥꾼

hunter-gatherer n 수렵-채집인

hunting n 사냥

hunting and gathering 수렵과 채집

hurricane n 허리케인, 폭풍

hydrogen n 수소

hypothetical adj 가상적인, 가설의

hypothetically adv 가령, 가설에 근거해서

I

I am concerned about ~ ~에 대해 걱정이 돼요

I am very interested in ~ 저는 ~에 관심이 많아요

I doubt that ~ ~할 것 같지 않아요

I guarantee that ~ ~라는 건 보장합니다

I have a problem with ~ ~에 대해 문제를 겪고 있어요

I mean 내 말은

I suggest doing ~ ~하는 걸 제안 드립니다

I wanted to talk to you about ~ ~에 대해 말씀드리고 싶었어요

I was hoping that you could ~ ~해 주셨으면 해서요

I was thinking about ~ ~에 대해 생각하고 있었어요

I was wondering if you can ~ ~해 주실 수 있는지 궁금해서요

I'd like to focus on ~ ~에 중점을 두고 이야기할게요

I'd like to know ~ ~을 알고 싶어요

I'll go there right away. 지금 바로 거기로 갈게요.

I'm going to begin this by mentioning ~ ~을 언급하면서 강의를 시작해 볼게요

I'm having a problem with ~ ~에 문제가 있어요

I'm here to discuss ~ ~에 대해 논의하러 왔어요

I'm looking for ~ ~을 찾고 있어요

I'm sure that ~ ~라는 건 확실합니다

ice age n 빙하기

ice sheet n 얼음 덩어리, 빙상, 대륙 빙하

ID card n 신분증

ideal adj 이상적인 n 이상

identical adj 동일한, 똑같은

identify v 확인하다, 알아보다, 찾다

identify with ~에 공감하다, ~와 동일시하다

If I were you, I would ~ 제가 당신이라면, ~하겠어요

if not for ~이 없었다면

ignore v 무시하다

illness n 질병, 아픔

illumination n 조명, 불빛

illusion n 착각, 환상, 환각

illustrate v 보여 주다, 나타내다, 설명하다
imagination n 상상력
imagine v 상상하다
imitate v 흉내 내다
immediate adj 아주 가까이에 있는, 즉각적인
immediately adv 즉시
impact n 영향, 충돌
implement v 수행하다, 시행하다
implication n 시사점
imply v 암시하다, 함축하다
import v 들여오다, 수입하다 n 수입
importance n 중요성
impossible adj 불가능한
impound lot 압류 차고지
impoverished adj 빈곤한
impress v 깊은 인상을 주다, 감동을 주다
impressed adj 좋은 인상을 받은, 감명을 받은
impression n 인상
improve v 향상시키다
improved adj 향상된
impulse n 충격, 충동
in addition 게다가
in addition to ~ 외에도, ~에 더하여
in advance 미리
in charge of ~을 담당하는
in comparison to ~와 비교하면
in contrast 그에 반해서
in contrast to ~에 반해서, ~와 대조적으로
in detail 자세히
in fact 사실은
in general 전반적으로
in high favor 높은 인기를 얻는, 호평을 받는
in honor of ~에게 경의를 표하여
in luck 운이 좋은
in need of ~이 필요한
in one's favor ~에게 유리하게
in other words 다시 말해서
in particular 특별히, 특히
in private 사적으로, 다른 사람이 없는 데서
in reality 실제로
in respect to ~에 관하여
in sequence 순차적으로, 차례대로
in spite of ~에도 불구하고
in the first place 애당초, 초반에
in the same way 같은 방법으로
in time 제시간에
in total 총
in trouble 문제가 있는, 곤경에 처한
in trouble with ~와 문제가 있는
Incan adj 잉카 제국[사람]의 n 잉카인
incidentally adv 그건 그렇고
include v 포함하다
including prep ~을 포함하여
income n 소득, 수입
incomplete adj 불완전의, 미완성의
incompleteness n 불완전함
inconvenience n 불편(함), 애로
inconvenient adj 불편한
incorporate v 포함하다, 통합하다
increase v 증가하다
increased adj 증가한
increasingly adv 점점 더
incredible adj 놀라운
incredibly adv 엄청나게, 믿을 수 없을 정도로
indeed adv 실제로, 정말, 확실히
indefinitely adv 무기한으로
independently adv 별도로, 독립하여, 자주적으로
indicate v 나타내다, 보여 주다, 가리키다
individual adj 개별의, 개인의 n 개체, 개인
individuality n 개성
indoors adv 실내에서
inductive reasoning 귀납적 추리

Appendix

industrial adj 산업의, 공업용의
Industrial Revolution n 산업 혁명
industrialization n 산업화
industry n 산업
inexperienced adj 미숙한, 경험이 부족한
infancy n 초기, 유아기
infidelity n 불신
inflation n 인플레이션, 통화 팽창
influence n 영향 v 영향을 미치다
influential adj 영향력 있는
inform v 알리다
initial adj 초기의
initially adv 처음에, 초기에
injured adj 다친, 부상당한
innate adj 타고난, 선천적인
inner adj 내면의, 내부의, 안쪽의
innovation n 혁신
innovative adj 혁신적인
inquire v 묻다
insight n 통찰력
insist v 주장하다
insomnia n 불면증
inspire v 영감을 주다, 동기 부여를 하다
install v 설치하다
instance n 사례
instant adj 즉각적인
instantly adv 즉시
instead adv 대신에
instead of ~ 대신에
instinct n 본능
instinctually adv 본능적으로
instruction n 지시, 설명
instrumental adj 악기의, 악기로 연주되는
insufficient adj 불충분한
insurance n 보험
intake n 흡입[유입]구
integrate v 통합시키다
intellectual n 지식인 adj 지적인
intelligence n 지식, 정보, 지능
intelligent adj 똑똑한
intend v 의도하다, ~할 생각이다[작정이다]
intense adj 격렬한, 치열한, 극심한
intensely adv 극렬히, 매우, 몹시
intention n 의도
intentionally adv 의도적으로, 일부러
interact v 교류하다, 소통하다, 상호 작용을 하다
interconnected adj 상호 연결된
interest n 이자 v ~의 관심을 끌다, 흥미를 끌다
interested adj 관심이 있는
interglacial adj 간빙기의
intermix v 섞다, 섞이다
internal adj 내부의, 체내의
internalize v 내면화하다
international adj 국제적인
internship n 인턴십
interpret v 해석하다, 이해하다, 번역하다
interpretation n 해석
interrelatedness n 상호 연관성
interrupt v 방해하다
intersect v 가로지르다, 교차하다
interval n 간격
intervening adj 사이에 있는, 개입하는
intervention n 개입, 중재, 조정
intrinsic adj 고유한, 본질적인
introduce v 도입[유입]하다, 소개하다
introductory adj 입문의
intuitive adj 직관적인, 직감에 의한
invade v 침략하다
invalid adj 무효한, 타당하지 않은
invasive adj 침입하는, 침습성의
invent v 발명하다
invention n 발명, 발명품

invertebrate n 무척추동물

invisible adj 보이지 않는

invite v 초대하다

involve v 포함하다, 관련시키다, 수반하다

ion beam 이온 빔(전기장이나 자기장을 이용하여 방향을 조정한 이온의 흐름)

iridium n 이리듐

iron n 철, 쇠

iron compound 철 화합물

ironic adj 아이러니한

irrational number n 무리수

irrelevant adj 관련이 없는

irreversible adj 되돌릴 수 없는

irrigation n 관개

irrigation system 관개 조직

isolate v 분리하다

issue v 발급[교부]하다 n 문제

It all started with ~ 모든 일은 ~로부터 시작되었어요

It is not safe to say ~ ~라고 말하는 건 위험합니다

it was not until 비로서 ~가 되어서야[이후에]

It's important to note that ~ ~에 주목하는 것은 중요합니다

ivory n 상아

J

jet n 제트(나무가 화석화된 보석)

jet aircraft 제트기

jetty n 방파제, 둑

jewel n 보석

jobs fair n 취업 박람회

join v (모임 등에) 들어오다, 가입하다, 참여하다

journalist n 기자

junior n (4년제 대학의) 3학년 학생 adj 보조의, 하급의

Jurassic Period n 쥐라기

justify v 정당화하다

K

keep up ~을 계속하다

keep up with ~을 따라가다

Kelvin adj 켈빈[절대] 온도의

key adj 중요한, 핵심적인

khipu n 키푸(= quipu, 잉카 제국에서 쓰던 결승(結繩) 문자로서 면이나 낙타 섬유 따위에 매듭을 지어 기호로 삼은 문자)

kiln n 가마

kin n 친족, 친척

kind of 다소, 약간, 어느 정도

kingdom n (생물을 분류하는 가장 큰 단위) 계

knap v 망치로 깨다

knit v 뜨개질을 하다

knotted adj 매듭이 있는

knowledge n 지식

L

lab n 실험실 (= laboratory)

label v ~라고 부르다, 라벨을 붙이다

labor n 노동력

lack v ~이 없다[부족하다], 결여되다 n 부족

lactic acid n 젖산

lag n 시간적 격차, 뒤에 처짐

landmass n 광대한 땅, 대륙

landscape n 풍경

largely adv 크게

large-scale adj 대규모의

last v 지속되다

late fee n 연체료

lavish adj 호화로운

lay down ~을 내려놓다

layer v 층을 쌓다 n 층

layperson n 비전문가

lazy adj 게으른

leach v 침출되다, 걸러지다
lead v 안내하다, 이끌다
lead to ~로 이어지다, (결과 등을) 가져오다, 초래하다
leader n 지도자
leadership n 지도부
leaf scar n 엽흔(줄기에 남은 잎자국)
lean adj 수확이 적은, 침체된
lease v 임대[임차/대여]하다
leather n 가죽
leave v 출발하다, 떠나다
legend has it (that) 전설에 따르면
legitimate adj 정당한, 타당한
length n 길이
let alone ~은 커녕[고사하고]
let down ~을 실망시키다
Let me get that for you. 제가 그것을 갖다 줄게요.
Let's move on to ~ ~로 넘어갑시다
Let's say ~ ~라고 가정해 봅시다, 예를 들면
Let's suppose ~ ~라고 가정해 봅시다
letter of recommendation 추천서
library n 도서관
license plate number n 자동차 등록 번호
lie v 거짓말하다, 있다, 위치해 있다
Lieutenant n 중위
lighting n 조명
like prep ~처럼
likewise adv 비슷하게[유사하게/마찬가지로]
limb n 사지, 팔다리
limit v 제한하다 n 한계
limitation n 제한
limited adj 국한된, 제한된
line n (시의) 행
linear rate 선형 비율
lingering adj (좀처럼 사라지지 않고) 남아 있는, 오래 끄는[가는]
linguistic adj 언어의
link v 연결하다
liquid adj 액체 형태의 n 액체
list v 열거하다, 나열하다
literally adv 말 그대로
literature n 문학
lithosphere n 암석권
little if any 거의 없는
livestock n 가축
llama n 라마
loan n 대여, 대출 v 대여하다
loan period n 대여[대출] 기간
local adj 지역의, 현지의
localized adj 국지적인[국부적인]
locate v ~의 정확한 위치를 찾아내다, 위치시키다
log n 기록
logging n 벌목
logical adj 타당한, 사리에 맞는
logical reasoning 논리적 추론
logically adv 논리적으로
lonely adj 혼자인
long adj 긴
look at ~을 살펴보다
look for ~을 찾다
look forward to ~을 기대하다
look over ~을 살펴보다
look through ~을 살펴보다
lose v 잃어버리다, 지다
lottery n 추첨, 복권, 제비뽑기
loud adj (소리가) 큰
low adj 낮은
lower adj 하부의, 아래쪽의 v 떨어뜨리다, 낮추다, 낮아지다
lowland n 저지대
loyal adj 충실한
luciferase n 발광 효소
luciferin n 발광소
lucky adj 운이 좋은
lung n 폐

lure v 유인하다, 꾀다
luster n 광택
lute n 류트(연주법이 기타 비슷한 초기 현악기)
luxury adj 고급의

M

macroeconomics n 거시경제학
magnetic field n 자기장
magnetoreception n 자기장을 느끼는 감각
magnification n 배율
magnitude n 크기, 지진 규모
mail box 우편함
main adj 주된
maintain v 보존하다, 유지하다
major adj 중요한, 주요한 n 전공(자)
majority n 대다수
make a decision 결정을 내리다
make a fool of oneself 바보 같은 짓을 하다
make a point of doing 반드시[애써] ~하다
make an effort 노력하다
make copies 복사하다
make it (모임 등에) 참석하다
make sense 말이 되다, 일리가 있다
make sure 반드시 ~하도록 하다, 확인하다
make the call 결정하다
make the most of ~을 최대한 활용하다
make up for (잘못된 상황을) 만회하다
make up one's mind 결정하다
makeup n 구성 요소, 구조
make-up test 재시험
Malthusian trap 맬서스의 덫
mammal n 포유류
mammalian adj 포유류의
manage v 관리하다
manager n 관리자
manifestation n 발현, 나타남, 징후
manipulate v 다루다
mantle n (지구의) 맨틀
manufacture v 생산하다
maple leaf n 단풍잎
march in 행진하다
margin n 가장자리
marginal adj (토지가) 생산력이 거의 없는, 미미한
mark v 특징 짓다
marrow n 골수
marry v 결혼하다
Mars n 화성
marsupial n 유대류, 유대목 동물
masque n 가면극
mass n 덩어리, 뭉치, 질량
mass communication n 대중 매체
mass extinction n 대량 멸종
masseuse n 여성 마사지사
massive adj 거대한, 엄청나게 큰
mass-produce v 대량 생산하다
master n 달인, 명인
masterpiece n 걸작
match v 연결시키다
material adj 물질적인 n 물질, 재료, 소재, 자료
mathematical adj 수학적인
matter n 물질[성분]
maturation n 성숙
maxim n 격률, 격언
meadow n 목초지
mean v 의미하다 adj 못된
means n 방법, 수단
measure v 측정하다, 재다
measurement n 수치, 측정
medical care 의료 서비스
medieval adj 중세의

Appendix

medium n 매개체

meet the deadline 기한을 맞추다

melodramatic adj 멜로드라마적인

melt v 녹다

membrane n 세포막

memorize v 외우다, 암기하다, 기억하다

mentally adv 정신적으로

mention v 언급하다

mentor n 멘토

mere adj 단순한, 단지 ~에 불과한

merely adv 그저, 단지, 그냥

merit n 가치, 훌륭함

merry adj 즐거운

Mesopotamian adj 메소포타미아의

Mesozoic adj 중생대의

mess up ~을 엉망으로 만들다

metaphor n 비유, 은유

meteorite n 운석

meter n (시의) 율격(律格)

methane n 메탄

method n 방법

method acting n 메소드 연기

methodology n 방법론

microeconomics n 미시경제학

microscope n 현미경

microscopic adj 현미경을 이용한, 미세한

middle-ground n 중간 위치, 절충안

midnight n 자정

mid-ocean ridge n 대양 중앙 해령, 대양저 산맥

midterm adj 중간의 n 중간고사

migrate v 이동하다, 이주하다

millennium n 천 년 (복수형: millennia)

million n 100만

millisecond n 밀리초

mind v 꺼리다

mine v 채굴하다

mineral n 무기물, 광물

mingle v 섞이다, 어우러지다

minimal adj 아주 적은, 최소(한)의

mining n 채굴

minor n 부전공

mirror v 보여 주다, 반영하다

misnomer n 부적절한[잘못된] 명칭

miss v 못 맞히다, 놓치다

missing adj 빠진

missing link n 미싱 링크(잃어버린 고리, 전체를 이해하거나 완성하는 데 필요한 정보 같은 것)

mistake n 실수

mistaken adj 잘못 알고 있는

misunderstanding n 오해

mitigate v 완화시키다, 경감시키다

mix v 섞다

mixture n 혼합물

model adj 모범이 되는 n 모범, 본보기

moderate adj 보통의, 중간의

modern adj 오늘날의, 현대의

moist adj 촉촉한

moisture n 수분

mold n 몰드(생물의 골격이나 형체는 없어지고 그 흔적만 남아 있는 화석), 틀, 거푸집

molecule n 분자

monarchy n 군주제

monetary adj 금전상의, 통화의, 화폐의

monody n 모노디, 단선율(의 악곡), (그리스 비극의) 독창가

monologue n 독백

monotreme n 단공류(가시두더지나 오리너구리같이 알을 낳지만 새끼에게 젖을 먹이기도 하는 동물)

monsoon n 몬순, 우기, 장맛비

mood n 기분

moral adj 도덕의, 도덕적인

moral compass n 도덕적 잣대

most importantly 가장 중요하게도

most likely 아마

motivate v 동기 부여를 하다

motivation n 동기, 자극, 유도

motor action 운동 동작

mound n 언덕, 흙(돌)더미

mountain range 산맥

move v 옮기다[이사하다], 이동하다

movement n 운동, 움직임

mucus n 점액

mud n 진흙, 진창

mule deer 뮬사슴

multiple adj 다수의, 여러 개의

multiply v 증식[번식]하다, 크게 증가하다

mumble v 중얼거리다

mummification n 미라화

mummify v 미라로 만들다

muscle n 근육

must have p.p. 틀림없이 ~했을 것이다

mutualistic adj 상리 공생의

myriad n 무수함

mystery n 미스터리, 수수께끼

mythology n 신화

N

name v 이름을 지어주다, 명명하다

named adj ~라는 이름의

namely adv 즉, 다시 말해

narrator n 내레이터, 서술자

narrow down (범위를) 좁히다

nation n 국가

native adj 원주민의, 토박이의 n 원주민, 토착민

Native American n 아메리카 원주민

natural adj 자연스러운, 천연의

natural sunlight 자연광

nautilus n 앵무조개

navel n 배꼽

navigate v 길을 찾다, 방향을 읽다

Neanderthal n 네안데르탈인

nearby adj 근처의

nearly adv 거의

neat adj 정돈된, 단정한, 깔끔한

necessary adj 필수적인, 필요한

nectar n (꽃의) 꿀, 과일즙

negative adj 부정적인

neighboring adj 이웃하는

neither A nor B A도 B도 둘 다 아닌

nervous adj 긴장한

nest n 둥지

network n 망

neutralize v 중화하다

new moon n 초승달

newborn n 신생아

nipple n 젖꼭지

nitrous oxide n 아산화질소

no longer 더 이상 ~이 아닌

noise n 소음, 시끄러움

nomad n 유목민

non-coding RNA 비암호화 RNA

non-credit course 학점 외 과목

normal adj 보통의

normally adv 보통은

nostril n 콧구멍

not always 반드시 ~은 아닌

not necessarily 꼭[반드시] ~은 아닌

not only A but also B A뿐만 아니라 B도

not to mention ~은 말할 것도 없고

not too much to say ~라고 해도 과언이 아닌

notice n 공지[통지] 사항, 안내문 v 알아차리다

noticeable adj 눈에 띄는

notorious adj 악명 높은

notoriously adv 악명 높게

nourishment n 음식물, 영양분

novel adj 새로운 n 소설

nuance n 뉘앙스, 미묘한 차이

numerous adj 많은

nutrient n 영양분

nutrition n 영양분

nutritional value 영양가

nymph n 님프(정령)

O

obligated adj (~할) 의무가 있는

obscure adj 이해하기 힘든, 모호한 v 가리다, 보기 어렵게 하다

observation n 관찰

observatory n 관측소, 천문대

observe v 관찰하다

obsidian n 흑요석

obtain v 얻다, 획득하다

obvious adj 분명한, 뻔한, 명백한

obviously adv 분명히, 명백히, 확실히

occasional adj 가끔의

occupation n 거주, 점령

occupied adj 사용 중인

occur v 발생하다, 일어나다

occurrence n 일

oceanic trench n 해구(海溝), 해양 참호

odor n 냄새

off-campus housing 캠퍼스 밖의 주택

offer v 제공하다

official adj 공식적인

offspring n 자식, 새끼, 자손

oil painting n 유화

OK, let's start with ~ 자, ~로 시작해 봅시다

Oligocene n 점신세(漸新世), 올리고세

omnivore n 잡식 동물

on a daily basis 매일, 날마다

on a regular basis 정기적으로

on average 평균적으로

on hold 보류된

on one's mind (걱정 등이) 마음에 걸리는

on the contrary 그와는 반대로

on the ground 현장에서

on the grounds that ~라는 근거로

on the other hand 다른 한편으로는, 반면

on the surface 겉으로 보기에

on time 제시간에

One way to solve the problem is ~
그 문제를 해결하기 위한 한 가지 방법은 ~이에요

one-of-a-kind 특별한, 독특한

opening n 빈자리, 공석

operate v 일하다, 운용하다

operating procedure 운영 절차

opportunity n 기회

opposite adj 반대의

orbit v (다른 천체의) 궤도를 돌다

order v 주문하다

organ n 기관, 장기

organic adj 유기체의, 생물의

organic chemistry n 유기 화학

organism n 생물(체), 유기체

organization n 구성

organize v 구성하다, 준비[조직]하다, 정리하다

organized adj 정리된, 체계적인

orientation n 위치, 방향

-oriented adj ~ 지향적인

origin n 출처, 기원, 근원

original adj 원래의

originally adv 원래, 당초

originate v 유래되다, 비롯되다

ornament n 장식품

ornithologist n 조류학자

otherwise adv 그렇지 않으면

otter n 수달

Our discussion for today is going to be ~
오늘 우리의 토론은 ~가 될 거예요

out loud 소리 내어

out of ~이 없는

out of character (평소 성격과는) 안 어울리는, 성미에 맞지 않는

out of fashion 유행에서 뒤떨어진

out of the way 끝난

outbreak n 발생

outcome n 결과

outer adj 외부의

outgrow v ~보다 더 커지다[많아지다]

outlandish adj 기이한, 이상한

outline v 개요를 서술하다, 윤곽을 잡다 n 윤곽

out-of-date adv 구식의

output n 생산량, 산출량

outstanding adj 뛰어난

outstanding balance n 미지급 잔액

outweigh v ~보다 더 크다

overall adj 전반적인, 전체의, 종합적인

over-arching adj (많은 것에 관련되어) 중요한

overcome v 극복하다

overdue adj 기한이 지난

overlap v 중복되다

overly adv 지나치게, 너무, 몹시

overseas adv 해외로, 외국으로

overstate v 과장하다

overtake v 따라잡다, 추월하다

overtime n 초과 근무

overtly adv 명백히, 공공연하게

overwhelmed adj 당황한, 압도된

own v 소유하다

ownership n 소유, 소유권

oxygen n 산소

P

Pacific Northwest 태평양 연안 북서부

paddle v 노를 젓다

painter n 화가

painting n 그림

pair n 쌍, 짝

palette n 색조, 팔레트

palm n 손바닥

palmate adj 장상(掌狀)의, 손바닥 모양의

pandemic n 전 세계적 유행병

panel n 판

paperwork n 서류, 문서 업무

paradox n 모순, 역설

parallel adj 평행한

parasitic adj 기생적인

parking n 주차

part time adj 파트타임인, 시간제의

participant n 참여자

participate v 참여하다

participate in ~에 참여[참석]하다

particle n 입자

particular adj 특정한, 특수한, 특별한

particularly adv 특히, 특별히

partly adv 부분적으로

party n 상대방

pass v 지나가다

pass out 정신을 잃다, 기절하다

pass through ~을 통과하다, 지나가다

passenger seat n 조수석

passport n 여권

pasture n 목초지, 초원

patience n 인내심

patronage n 후원
pattern n 모양, 무늬
pave v (길을) 포장하다
pay for ~에 대한 값을 지불하다
pay in monthly installments 할부로 지불하다
pentagon n 오각형
perceive v (눈으로) 지각하다, 감지하다
perennial adj 다년생의 n 다년생 식물
perfect square 정사각형
perfectly adv 완벽히
performance n 성과, 실행, 연기, 공연
period n 시기, 기간
periodic adj 주기적인
periodical n 정기 간행물
permanence n 영속성
permission n 허락
permit v 허용하다, 허락하다 n 허가증
personal adj 개인의
personalize v 개인의 필요에 맞추다
personally adv 개인적으로
perspective n 원근감, 관점, 시각
persuade v 설득하다
pest n 유해 동물
petroleum n 석유 (= oil)
phenomena n 현상 (phenomenon의 복수형)
pheromone n 페로몬
phi n 파이(Φ)
philosopher n 철학자
philosophical adj 철학의
philosophy n 철학
photocopy n 복사본
photograph v 사진을 찍다, 촬영하다
photophore n 발광기(몸에서 빛을 내는 기관)
photosynthesis n 광합성
physical adj 물질[물리]적인, 실제의, 신체의
physically adv 신체적으로
physics n 물리학
physiology n 생리학
pi n 파이(π), 원주율
pick out ~을 선택하다
pick up ~을 데리러 가다, 찾아오다
pick up the slack 부족한 부분을 채우다[벌충하다]
picturesquely adv 그림같이
pigment n 안료, 색소, 그림물감
pilot adj 시험[실험]하는 n 시험[시범] 프로그램
pinnate adj 우상(羽狀)의, (잎이) 날개 모양의
pioneer n 개척자
pit n 구덩이
placenta n 태반
placental adj 태반이 있는
plain n 평원
planet n 지구, 행성
planetary adj 행성의
planning n 계획, 기획
plant v 심다
plasma n 플라스마(별들 사이의 공간에 있는 물질의 상태)
plate tectonics n 판구조론
plausible adj 그럴듯한, 이치에 맞는
play n 극 v 연주하다
pleasure n 기쁜[반가운] 일
plot n 줄거리
plunge v 잠기다, 가파르게 내려가다
poem n 시
poet n 시인
poetry n 시
point n 중요한 것, 지적, 의견, 논점
point out ~을 알려 주다, 지적[언급]하다
polar adj 북극의
pole n 극, 극지
policy n 정책, 방침
polish v 윤이 나게 닦다, 광택을 내다, 다듬다
political adj 정치적인

politician n 정치인

pollen n 화분(花粉), 꽃가루

pollination n 수분(受粉), 꽃가루받이

pollinator n 꽃가루 매개자

polyphonic adj 다성(多聲)부의

poorly adv 좋지 못하게

pop up 튀어나오다

populate v 살다

population n 개체군, 개체 수, 인구

portion n 부분

position n 지위, 위치, 자리 v 위치시키다

possess v 소유[보유]하다, 지니다

possibility n 가능성, 가능한 일

possible adj 가능성이 있는

potassium n 칼륨

potential adj 가능성 있는

potentially adv 가능성 있게, 잠재적으로

pottery n 도자기

pouch n 육아낭

poultry n 가금류

practicality n 실현 가능성, 현실성

pray v 기도하다

precious stone n 보석용 원석

precision n 정확함

precursor n 전신, 선구자

predate v ~보다 앞서 오다

predator n 포식자

predict v 예측하다

predictable adj 너무 뻔한, 예측할 수 있는

predominant adj 우세한, 두드러진

preeminent adj 뛰어난

pre-existing adj 이전부터 존재하는

prefer v 선호하다

prehistoric adj 선사 시대의

preoperational stage 전조작기

prepare v 준비하다

prerequisite adj 필수의 n 필수 조건, 선행[필수] 과목

prerequisite course 선행[필수] 과목

presence n 존재

present adj 있는, 존재하는 n 현재 v 보여 주다, 나타내다, 제시하다

president n 대통령

pressure n 압력, 압박(감), 어려움

pretend v ~인 척하다, 가장하다

prevalence n 널리 퍼짐, 보급

prevalent adj 널리 퍼져 있는, 일반적인

prevent v 막다, 방해하다, 예방하다

previous adj 이전의

previously adv 이전에

priest n 성직자

primarily adv 주로

primary adj 주된

primitive adj 초기의, 원시의

primordial adj 태고의, 원시 시대부터의

principle n 원리, 원칙

prior to ~에 앞서[먼저], ~ 전에

privacy n 사생활

private adj 개인의

proboscis n 주둥이, 입

process n 과정, 절차 v 가공하다

processed adj 가공된

produce v (자식을) 낳다, 생산하다

product n 결과물, 산물

production n 생산

productive adj 생산적인

professional adj 프로의

profit n 이익

progress v 지나다, 나아가다

progression n 발달, 진행, 진전

progressively adv 계속해서

project v 보여 주다, 나타내다

proliferate v 증식[번식]되다

Appendix

prolific adj 다작하는

promise n (성공할) 가능성, 장래성

promising adj 조짐이 좋은

promote v 선전하다, 홍보하다

pronunciation n 발음

proof n 증거, 증명

prop n 소품

properly adv 제대로, 적절히

property n 특성, 속성

proportion n 비율

propose v 제시하다, 제안하다

prospect n 전망

prospective adj 장래의

protagonist n 주인공

protect v 보호하다

protection n 보호 장치

protective adj 보호용의, 보호하는

proto- 원래의, 최초의

proton-induced 양성자를 유도하는

prove v 증명하다

provenance n 출처, 기원, 유래

provider n 부양자

prowess n 능력, 기량

pseudo- 유사의, 가짜의, 허위의

psychological adj 심리적인

psychologist n 심리학자

psychology n 심리학

public speaking 대중 연설

publish v 출판하다

pull v 당기다

pump out ~을 쏟아내다

purchase v 구매하다

pure adj 순수한

purely adv 순전히, 전적으로

push v 몰아붙이다

push oneself (~을 하도록) 스스로 채찍질하다

put A in danger A를 위험에 빠뜨리다

put off ~을 연기하다 (= postpone, delay)

put somebody at ease ~을 편안하게 해 주다

put together ~을 합하다

puzzle v 당황[곤혹]하게 하다

Q

qualification n 조건

qualified adj 자격이 있는

qualify v 자격이 있다, 자격을 주다

qualitative adj 질적인

quality n 품질

quantity n 양

question v 의문을 제기하다 n 질문

quickly adv 빨리

quiz n 간단한[쪽지] 시험

R

RA 기숙사 사감 (= Resident Advisor)

radiation n 방사선, 복사

radioactive adj 방사성의

radiocarbon dating n 방사성 탄소 연대 측정법

rainforest n 열대 우림

raise v 기르다

ramble v 횡설수설하다

range land 방목장

rapidly adv 급속히, 빠르게

rarely adv 거의[좀처럼] ~ 않는

rate n 속도, 비율

rather than ~하지 않고, ~ 대신에

ratio n 비율

rawness n [감정적인] 원초성

reach v ~에 도달하다[이르다]

react v 반응하다, 반응을 보이다
reaction n 반응
reader n 단말기, 판독기
realism n 사실주의
reality n 현실
reason v 추론하다, 판단하다
reasonable adj 사리[이치]에 맞는, 합리적인
reasoned adj 논리적인, 조리 정연한
rebel v 반항[저항]하다
rebound v 다시 뛰어오르다
recall v 떠올리다
recent adj 최근의
recently adv 최근에
reclaim v 복구하다, 되찾다
recognize v 알아보다, 인식하다
recommend v 추천하다
recommendation n 추천(서)
record n 기록
recover v 되찾다, 회복[복원]하다
recruit n 신입 사원
rectangle n 직사각형
red alder 오리나무속(屬)의 나무
red blood cell n 적혈구
redirect v 방향을 새롭게 지시하다
reduce v 줄이다, 축소하다, 감소하다, (수학) 약분하다
reduction n 감소, 축소, 삭감
reenactment n 재현, 재연
refer to ~을 나타내다, ~와 관련이 있다, ~을 말하다[언급하다]
refer to A as B A를 B라고 부르다[일컫다]
reference book n 참고 도서
reference letter n 추천서
Referred to as ~ ~라고 불리는
reflect v 반사하다, 반영하다
reform n 개혁, 개선
refuse v 거절하다
regain v 되찾다
regard v ~을 …로 여기다, 판단하다
regarding prep ~에 관해
region n 구역, 지역, 지방
register v 등록하다, 신청하다
register for ~에 신청[등록]하다
registrar n 학적과 직원
registration n 등록
regret v 후회하다
regular adj 정기적인, 규칙적인
regularly adv 규칙적으로, 자주
regulate v 규제하다
regulation n 규정
reinforce v 강화하다
reinforced concrete n 철근[강화] 콘크리트
reissue v 재발급하다
relatable adj 공감대를 형성하는
relate to ~와 관련이 있다
-related ~와 관련된
related adj 관계 있는, 혈연 관계인[친족인]
related to ~와 관련된
relationship n 관계
relatively adv 비교적, 상대적으로
relax v 긴장을 풀다
release v 방출하다, 내보내다, 출시하다
relevant adj 관련이 있는
reliable adj 믿을 만한
reliably adv 믿을 수 있게, 확실히
relief n 기분 전환 거리, 안도, 안심
relieved adj 안심한, 안도한
religious adj 종교적인
relocate v 이동하다
rely v 의존하다, 기대다
rely on[upon] ~을 믿다, 신뢰하다, ~에 의존하다
remain v 남아 있다
remaining adj 남아 있는
remains n (죽은 사람의) 유해

Appendix

remarkably adv 놀랍게도

remote adj 외진, 외딴

remoteness n 멀리 떨어짐

remove v 배출하다, 제거하다

Renaissance adj 르네상스의 n 르네상스, 문예 부흥(기)

renew v 갱신하다, 연장하다

renewable energy n 재생 가능 에너지

renowned adj 유명한

rent n 집세, 임차료

repeat v 반복하다

repeatedly adv 계속해서

repercussion n 영향, 파급 효과

repertoire n 레퍼토리, 상연 목록

replace v 대신하다, 대체하다

replenish v 보충하다

reply v 대답하다

reporter n 기자

represent v 나타내다, 대표하다, 대변하다

representational art n 재현 예술(품)

representative n 대표, 대표자

reproduce v 잘 자라다, 번식하다

reptile n 파충류

request n 요청 v 요청[신청]하다, 필요로 하다

request form 요청서

required adj 필수의, 필요한

required course 필수 과목 (= mandatory course)

requirement n 필요 조건

reschedule v 일정을 다시 잡다

research n 연구, (연구) 조사

reserve v (~의 몫으로) 남겨 두다, 예약하다

reshape v 모양을 고치다, 개조하다

residential adj 주거의

residue n 잔여물

resin n 수지(나무에서 분비하는 점도 높은 액체)

resistance n 반감, 저항감

resistant adj ~에 잘 견디는[강한]

resource n 자료, 자원

resource economics 자원 경제

respiration n 호흡

respiratory system n 호흡계

respond v 반응하다, 대응하다

response n 반응

responsibility n 책임, 책무

responsible adj 책임이 있는, (~의) 원인이 되는

rest n 나머지

restore v 복원하다, 되찾게 하다

restrict v 제한하다

restriction n 제한, 제약

result in (그 결과) ~가 되다

résumé n 이력서

retain v 계속 유지[보유]하다, 보존하다

retake v 재수강을 하다, 재시험을 치다

retell v 다시 이야기하다[말하다]

retreat n 후퇴

return v 반납하다, 돌려주다, 돌아오다

reveal v 드러내다, 밝히다

review v 복습하다, 검토하다 n 복습

revive v 되살리다

revolutionary n 혁명가 adj 혁명적인

revolutionize v 대변혁을 일으키다

revolve v 돌다, 회전하다

rhyme v (시가) 압운되어 있다, 운이 맞다 n (시의) 압운(押韻), 각운(脚韻)

rhythm n (시의) 운율

rib n 갈비, 늑골, 잎맥

ribcage n 흉곽

rich adj 풍부한

richness n 풍부함

rid v 제거하다

ridge n 길쭉하게 솟은 부분, 산마루

right adj 옳은 n 권리

rise v 오르다[상승하다]

risk v 위태롭게 하다[걸다]
ritualize v 의례적으로 하다
rival n 라이벌, 경쟁자
robust adj 튼튼한, 원기 왕성한
rod n 막대
rodent n 설치류
root n 뿌리
rough adj 거친
round off ~을 반올림하다
rounded adj (모양이) 둥근
rub v 문지르다
rubber n 고무
ruby n 루비
rude adj 무례한
rudimentary adj 기본적인, 기초적인
rule n 규칙
rumor n 소문
runaway adj 걷잡을 수 없는, 고삐 풀린
rush v 서두르다

S

sacrifice v 희생하다
safe adj 안전한
safety n 안전한 곳, 안전
safety valve n 안전 밸브
salmonella n 살모넬라균
sandy adj 모래로 뒤덮인
sapphire n 사파이어
satisfied adj 만족한
save v 구하다
scale n 규모, 비늘
scarce adj 부족한, 드문
scenario n 시나리오, 각본
scene n 장면, 광경
scenery n 배경
scent n 향기
schedule v 일정을 잡다
schema n 도식
scholarship n 장학금
scientific adj 과학적인
scientifically adv 과학적으로
scope n 범위, 영역
scout bee 정찰병 벌
scratch n 긁힘, 흠집
screening n 심사
script n 극본, 대본
sculpt v 조각하다
sculpture n 조각품, 조소
seagull n 갈매기
seal n 인장, 도장 v 봉하다
Seasonal Affective Disorder (SAD) 계절성 정서 장애
seat v 앉히다
secret n 비밀
secure v (단단히) 고정시키다
seek v ~하려고 (시도)하다, 추구하다
seemingly adv 겉보기에는
segment n 부분, 조각
segue n 끊지 않고 다음으로 넘어가라는 지시
seismic adj 지진의, 지진성의
seize v (기회 등을) 포착하다, 붙잡다
select v 선택하다
selected adj 선택된, 선발된
selfish adj 이기적인
selfless adj 이타적인, 사심 없는
selling point n 장점
semester n 학기
senior n (4년제 대학의) 4학년 학생, 상급생 adj 고급[상급]의
sense n 감각 v 감지하다
sensitivity n 감성, 세심함
sensorimotor stage 감각운동기

sensuous adj 감각적인

separate adj 분리된 v 떼어 놓다, 분리하다

sequence v 배열 순서를 밝히다 n 배열

serious adj 심각한, 진지한

seriously adv 심각하게, 진지하게

servant n 신하, 종

serve v ~의 역할을 하다

session n 시간, 수업, 모임

set design n 세트 디자인

setting n 설정, 배경

settlement n 정착, 정착지

settler n 정착민

several adj 여러 가지의

severe adj 심각한

shade n 색조, 음영

shape v 만들다, 형성하다

shaped adj ~의 모양의

share v 함께 쓰다, 공유하다

sharp adj 날카로운

shear walls n 전단(剪斷)벽, 내진벽

sheep n 양

sheet n 천, 시트

shelf n 책장

shell n (거북이의) 등껍질, 껍질

shelter n 피난처

shift n 교대 근무 시간, 변화 v 변화시키다, 바꾸다

shockwave n 충격파

shore n 해안, 해변

shorebird n 강변에 사는 새

should have p.p. ~했어야 했다

show up 나타나다

showcase v 공개적으로 보이다

shrub n 관목

sickle n (단단한 돌로 된) 낫

sickness n 질병

sideway n 측면

sight n 보기, 시각

sign up for ~을 신청하다, ~에 등록하다

signal v 신호를 보내다

significance n 중요성

significant adj 중요한, 큰, 상당한

signify v 나타내다, 의미하다, 뜻하다

silica n 실리카, 이산화규소

silicate rock 규소암

silverpoint n 은필

similar adj 비슷한

similar to ~와 비슷하게

similarity n 유사점

similarly 비슷하게[유사하게/마찬가지로]

simple adj 단순한, 간단한

simply adv 그냥, 그저 (~뿐), 단순히, 정말로[그야말로]

sin n 죄

since conj ~ 때문에

site n 유적(지), 부지, 위치, 장소

situate v 위치시키다

situational adj 상황에 따라 다른

skeleton n 뼈대, 골격

skilled adj 솜씨가 좋은, 숙련된, 유능한

skull n 두개골

slab n 넓적하고 두툼한 조각

slightly adv 약간

slope v 기울어지다, 경사지다

smalt n 화감청색

smalt blue 화감청색

smelting n 제련

smith n 세공인, 대장장이

smoking n 흡연

smooth adj 순조로운, 매끄러운

smoothly adv 매끄럽게, 순조롭게

social adj 사회의, 사회적인

social security card n 사회 보장 카드

social standing 사회적 지위, 신분

society n 사회
socioeconomic adj 사회 경제적인
sociology n 사회학
soften v 부드러워지다
soil n 토양
solar energy n 태양 에너지
solar panel n 태양 전지판, 태양광 패널
solar radiation n 태양 복사(열)
solar thermal energy 태양열 에너지
solar wind 태양풍
soldier n 군인
sole adj 유일한
solely adv 오로지, 오직
solid adj 단단한, 고체의
soliloquy n 독백
solution n 용액, 용해, 해결책
Something like ~ ~와 같은 것
somewhat adv 다소
sonata n 소나타
song bird n 명금(鳴禽)
sonnet n 소네트, 14행시
sophisticated adj 정교한, 세련된
sophistication n 정교함, 교양, 세련
sophomore n (대학의) 2학년 학생
source n 원천, 근원
speaker n 연사
speaking of which 그 말이 나와서 말인데
specialize in ~을 전공하다, 전문으로 하다
specially adv 특별히
specialty v 전문 분야
species n 종
specific adj 구체적인, 명확한, 특유의
specifically adv 분명히, 명확하게, 구체적으로
specimen n 샘플, 견본
speech n 연설
speed up ~을 촉진시키다

spend v (시간 등을) 보내다, 쓰다
spill v 쏟다
spiracle n 기문(氣門), 숨구멍
spiral adj 나선형의 n 나선, 소용돌이
splash v (액체가) 튀다, 튀기다
spot n 곳, 장소 v 발견하다
spouse n 배우자
spread v 퍼지다, 확산되다, 펼치다 n 확산
spring up 갑자기 생겨나다[등장하다]
spur v 촉진하다, 자극하다
squeal v 끽끽거리는 소리를 내다
stack v 쌓아 올리다
stage n 단계, 무대
stalk n (식물의) 줄기, 대
stand out 눈에 띄다, 두드러지다
standard adj 기본적인, 기준이 되는, 표준의 n 기준, 모범
starting point n 출발점
starvation n 굶주림
starve v 굶주리다, 굶어 죽다
state v 명시하다 n 상태
statement of purpose (SOP) 학업 계획서
station n 정거장
statue n 조각상
status n 상태
steal v 훔치다
steel n 강철
stem n 줄기
steppe n (유럽 동남부, 시베리아의) 스텝 지대
stepping stone n 디딤돌
stereo n 스테레오, 음악 재생 장치
stick v 달라붙다
stick to ~에 충실하다
stiff adj 치열한
still adj 고요한 adv 그래도, 그럼에도 불구하고
stock up ~을 채우다
storage n 보관

Appendix

store v 보관하다, 저장하다
story n 이야기, 건물의 층
straight adv 곧바로
straighten v 곧게 펴다
strait n 해협
strand n 가닥
stranger n 낯선 사람, 이방인
strategy n 전략
stratification n 계층화
streamline moderne 유선형 모더니즘
stress v 강조하다 n 압력
stressful adj 스트레스가 많은
stretch v 늘어나다, 늘이다
strike v 부딪히다, 충돌하다, 강타하다
string n 실, 끈, 줄
strip away ~을 벗겨내다
strive v 노력하다, 애쓰다
structural adj 구조적인
structure n 구조
structured adj 구조가 있는, 구성이 있는
struggle v 어려움을 겪다
stubborn adj 완고한
student exchange program 교환 학생 프로그램
student loan n 학자금 대출(일정 기간 동안 낮은 이자로 학비를 대출해 주는 제도)
sturdy adj 튼튼한, 견고한
style n 스타일, 방식
subcontinent n 아대륙
subject n 과목, 학과, 주제
subject matter n 주제
sub-maxim n 하위 격률
submerge v 물에 잠그다, 잠수하다
submission n 제출
submit v 제출하다 (= hand in)
subsequently adv 그 뒤에, 나중에
subsist on ~으로 연명하다
subspecies n 아종(亞種)
sub-stage 하위 단계
subtext n 서브텍스트, 언외의 의미, 숨은 이유
success n 성공
successful adj 성공적인
successively adv 연속적으로, 잇따라서
succumb v 굴복하다, 무릎 꿇다
such as ~와 같은
suffer v 고통받다
sufficient adj 충분한
sugar n 당
suggest v 제안하다
suggestion n 제안
suit v 적응시키다
suitcase n 여행 가방
suited adj 맞는, 적합한
sulfur dioxide n 이산화황
summary n 요약
sunlight n 햇빛
supercontinent n 초대륙
superior adj 우월한, 우세한
supervisor n 관리자, 상사
supply n 공급 v 공급하다
support v 뒷받침하다, 지지하다, 지탱하다, 부양하다
support wall n 지지벽
suppose v 예상하다
suppress v 억누르다
surface n 표면, 수면
surpass v 능가하다, 뛰어넘다
surplus n 남는 것, 여분, 과잉
surprised adj 놀란
surreal adj 초현실적인
surround v 둘러싸다
survey course (교양) 개설(槪說) 수업[강의]
survival n 생존
survive v 살아남다

suspense n 서스펜스, 긴장감
sustainability n 지속 가능성
sustainable adj 오랫동안 지속 가능한
swap v 바꾸다
swine flu n 돼지 독감
switch v 옮기다, 바꾸다
syllable n 음절
syllabus n 강의 계획서
symbiotic adj 공생의, 공생하는
symbolic adj 상징적인, 상징하는
symbolize v 상징하다, 표현하다
symmetrical adj 대칭적인
symphony n 교향곡
symptom n 증상
synergy n 상승 효과, 시너지 효과
synonym n (동·식물 분류상의) 이명(異名)
synthesize v 종합하다

T

tail n 꼬리
tailfin n (자동차의) 지느러미 모양의 돌출부, 꼬리 지느러미
take a day off 하루 쉬다
take a look at ~을 살펴보다
take a seat 앉다
take care of ~을 돌보다[챙기다], 신경 쓰다
take notes 필기를 하다
take off 떠나다, 급격히 인기를 얻다[유행하다]
take part in ~에 참여하다
take place 일어나다, 발생하다
take priority over ~보다 더 중요하다[우선순위를 갖다]
talented adj 재능이 있는
talkie n 발성 영화
tame adj 길들여진 v 길들이다
target n 표적
taste n 취향
teaching assistant n 조교
tear n 눈물 v 찢다
technically adv 엄밀히 말하면[따지면]
technician n 기술자
technique n 기법, 기술
technological adj 기술적인
technology n 기술
tectonic plate n 텍토닉 플레이트(지질 구조판)
telescope n 망원경
tell ~ apart ~을 구분하다
temperate adj 온대의, 온화한, 차분한
temperature n 온도, 기온
temple n 사원
temporary adj 임시의
tenant n 세입자
tend v (~하는) 경향이 있다
tend to do ~하는 경향이 있다
tendency n 경향
term n 기간, 학기, 용어
term paper n 학기말 과제
terminology n 용어
terraced adj 계단식의, 테라스식의
terrestrial adj 지구(형)의, (동식물이) 육생의
terrifying adj 끔찍한
territory n 영토, 지역, 영역
tetrapod n 사지동물, 사족동물
textbook n 교과서
texture n 질감
textured adj 특별한 질감이 나는
thank v 고마워하다
Thank you for your help. 도와줘서 고마워요.
That may be true, but ~ 그게 사실일 수도 있겠지만, 그러나 ~
That reminds me of ~ 그건 ~을 떠올리게 하네요
That's because ~ 그것은 (왜냐하면) ~이기 때문이에요

The first step is ~ 첫 번째 단계는 ~이에요

The Last Supper 최후의 만찬

the majority of 대부분의

the naked eye n 육안

the next step is ~ 그 다음 과정은 ~입니다

The problem is ~ 문제점은 ~이에요

The reason is that ~ 이유는 ~입니다

The reason why ~ ~하는 이유는

The reason why I came here is because ~ 제가 이곳에 온 이유는 ~ 때문이에요

The reason why I'm here is ~ 제가 여기 온 이유는 ~이에요

The thing is 사실

theater n 연극, 극단

theater design 무대 디자인

theme n 주제

theoretical adj 이론의, 이론적인

theoretically adv 이론상으로

theory n 이론

therapy n 요법

There are three things regarding ~ ~에 관해 세 가지가 있어요

theses n (학위) 논문 (thesis의 복수형)

thesis n 논문

thick adj 두꺼운, 두터운

thickly adv 두텁게

thin adj 얇은, 가는

This could actually mean ~ 이것은 사실 ~을 의미할 수 있습니다

This is attributed to ~ 이것은 ~의 탓으로 여겨집니다

This is caused by ~ 이것은 ~에 의해 야기됩니다

This is different from what we know about ~ 이건 우리가 ~에 대해 알고 있는 것과는 다릅니다

This is due to ~ 이것은 ~ 때문입니다

This results in ~ 이는 결과적으로 ~을 초래합니다

thorough adj 빈틈없는, 철두철미한

though adv 하지만, 그렇지만

thought n 사고

threat n 위협

three-dimensional adj 3차원의

thrive v 번성[번식]하다, 잘 자라다

through prep ~을 통해

throughout prep ~ 내내

Tibetan Plateau 티베트 고원

tie v 묶다

time consuming adj (많은) 시간이 걸리는

time off 일이 없는[한가한] 시간

time slot 시간대

timescale n 기간, 시간의 척도

tissue n 조직

to a large extent 상당 부분, 매우

to be honest 솔직히 말하자면

to be more precise 더 정확히 말하면

to begin with 처음에는

to date 지금까지

to illustrate 예증을 하자면

Today, we are going to talk about ~ 오늘, 우리는 ~에 대해 이야기할 거예요

tolerate v 견디다, 용인하다

tongue n 혀

tool n 도구

toolmaker n 도구 제작자

topic n 주제

total adj 총, 전체의

total solar eclipse 개기 일식

touch base with ~와 대화하다

tough adj 힘든

tow v 견인하다

tower n 본체

town n 마을

town hall n 시청(사)

toxic adj 유독성의

trace v 찾아내다, 추적하다 n 흔적

trace element n 미량 원소

track v 추적하다

trade n 교역, 무역 v 교역하다, 무역하다

trade partner 무역 상대국

trade route 교역로, 무역로, 통상로

tradition n 전통

traditional adj 전통적인

tragedy n 비극

train v 훈련시키다

trait n 특징, 특성

transcend v 능가하다, 초월하다

transcript n 성적 증명서

transfer v 전학하다

transfer student n (대학의) 편입생, 전학생

transform v 바꾸다, 변형시키다

transform plate boundary n 변환 단층 경계

transformation n 변화, 변신

transition n 변화, 이동, 이행, 과도기

transition zone 전이대

transitional adj 이행의, 과도의

translate v 옮기다, 바꾸다

translucent adj 반투명한

transmit v 전달하다, 전도하다

transparency n 투명도, 투명성

transport v 운반하다, 수송하다

transportation n 교통, 운송 수단

trap heat 열을 가두다

treat v 대접하다, 대우하다, 치료하다

treatment n 대우, 치료(법)

tremor n 진동, 떨림

trend n 추세, 유행

Triassic Period n 트라이아스기

tribe n 부족, 종족

trick n 속임수

trigger v (일을) 일으키다, 유발하다, 촉발시키다 n 촉발 기제

trip over ~에 발이 걸려 넘어지다

tropical adj 열대의

true adj 사실인

truth n 진실

tuition n 등록금

tuition fee n 등록금

turmoil n 혼란, 소란

turn v 돌아서다, 몸을 돌리다

turn in ~을 제출하다

turn on (전기·전등·가스 따위를) 켜다

turning point n 전환점

turtle n 거북

tutor v 개인 지도하다 n 개인 지도 교사

tutorial n 개인 지도 (시간)

twist v 왜곡하다

typhoon n 태풍

typically adv 보통, 흔히, 일반적으로

U

ultimately adv 결국, 궁극적으로

ultramarine n 군청색

unable adj ~할 수 없는

unaccented adj 강세가 없는

unclear adj 불분명한, 불확실한

underclassman n 하급생[1, 2학년 학생]

underdeveloped adj 충분히 발달하지 않은

undergo v 겪다, 받다

underground n 지하 adj 지하의

underlying adj 뒤에 숨은, 근본적인, 근원적인

understanding adj 이해심 있는

understory n (식물 군락의) 하층

underwater adj 물속의

undetectable adj 감지[식별]할 수 없는

undisturbed adj 누구도 손대지 않은, 누구의 방해도 받지 않은

unearth v 파내다, 발굴하다

unemployed adj 직업이 없는
unequivocal adj 절대적인, 명백한, 분명한
unfair adj 불공평한, 부당한
unfavorable adj 좋지 않은, 불리한
unfilled adj 비어 있는
unfortunately adv 안타깝게도, 불행히도
uniformly adv 균일하게, 한결같이
unify v 통일하다, 통합하다
unimpeded adj 방해받지 않는
unimportant adj 중요하지 않은, 하찮은
unique adj 고유의, 유일한, 특별한, 독특한
unlike prep ~와는 달리
unnecessarily adv 불필요하게
unofficial adj 비공식적인
unpredictable adj 예측할 수 없는
unrelated adj 관계 없는, 혈연 관계가[친족이] 아닌
unstable adj 불안정한
unusual adj 특이한, 흔치 않은
unusually adv 대단히, 몹시
up to ~까지
upcoming adj 곧 있을, 다가오는
uplift n (땅의) 융기
upper adj 상부의, 위쪽의
upper-level adj 상급의, 상위 수준의
upwards adv 위쪽으로
urban adj 도시의
urgent adj 시급한, 긴급한
Ursa Major n 큰곰자리
usage n 사용
use up ~을 소진하다, 다 쓰다
useful adj 쓸모 있는, 유용한
useless adj 소용없는, 쓸모 없는
usual adj 보통의
usually adv 보통
utilize v 이용하다, 활용하다

V

vague adj 애매한
valid adj 유효한
validity n 타당성
valuable adj 귀중한, 소중한
value n 가치
vapor n 증기
vary v 각기 다르다, 달라지다, 다양하다
vary (from sth to sth) v (~마다) 다르다
varying adj 다양한, 가지각색의
veer v 전환하다, 방향을 바꾸다
vegetarian n 채식주의자
vehicle n 차량, 탈것
vein n 잎맥
Venetian adj 베네치아[베니스]의
Venus n 금성
veracity n 진실성, 정확성
verify v 확인하다
verse n 구절
vertebrate n 척추동물
vertical adj 세로의, 수직의
vessel n 그릇
vet n 수의사
viable adj 실행 가능한
vibration n 진동
vice versa 거꾸로, 역으로
view v (~라고) 여기다, 보다, 생각하다 n 시야
viewer n 관람객
violent adj 거센, 격렬한
visible adj (육안으로) 볼 수 있는, 눈에 보이는
visit v 찾아가다, 방문하다
vital adj 극히 중요한, 필수적인
vivid adj 생생한, 선명한
vocal chord 성대
volcanic adj 화산의

volcanic eruption 화산 폭발

volume n 부피

voter n 유권자, 투표자

vulnerable adj 취약한, 상처받기 쉬운

W

waggle dance (벌들의) 8자 춤

waist n 허리

waiting list n 대기 목록[명단]

waltz n 왈츠

warbler n 울새, 휘파람새

warm-blooded animal 온혈 동물

waste v 낭비하다 n 낭비

watch out 조심해라

water painting n 수채화

waterfowl n 물새

wavelength n 파장

way n 방법, 길

We can't be certain that ~ ~라고 확신할 수는 없어요

We need to make sure ~ 우리는 ~을 확실히 해야 합니다

weakness n 약점

wear down ~을 약화시키다

weather v 풍화되다, 풍화시키다

weave v 짜다[엮다], 짜서[엮어서] 만들다 (weave-wove-woven)

wedding n 결혼식

weigh v 무게를 재다

weight n 무게

wellbeing n 행복, 웰빙

well-known adj 유명한

well-written adj 잘 쓰여진

wet adj 젖은

whale n 고래

What a relief! 정말 다행이네요!

What about ~? ~는 어때요?

What I want to talk about is ~
제가 이야기하고 싶은 것은 ~이에요

wheeled adj 바퀴 달린

when it comes to ~에 대해서라면

whereas conj ~인 반면에, ~임에도 불구하고

whether conj ~인지

while conj ~인 반면에, ~임에도 불구하고

white dwarf n 백색 왜성(밀도가 높고 흰빛을 내는 작은 별)

whole adj 전부의[전체의], 모든

Why don't you ~? ~하는 게 어때요?

widely adv 널리

widespread adj 광범위한, 널리 퍼진

wild n (야생 상태의) 자연, 야생

win v 승리하다, 이기다

wind power n 풍력

wind turbine 풍력 발전용 터빈

wipe v 닦다

wire n 전선, 선

with ~ in mind ~을 염두에 두고

withdraw from a class 수강을 취소하다

without parallel 유례를 찾기 힘든

withstand v 견뎌내다, 이겨내다

womb n 자궁 (= uterus)

wonder v 궁금하다

work on ~에 공을 들이다, 노력을 기울이다

workbook n 문제집

worker n 근로자, 작업자

workload n 업무량

worried adj 걱정하는

worth adj ~ 상당의, ~의 가치가 있는

would have p.p. ~했을 것이다

would rather (차라리) ~하겠다

wrap v 둘러싸다

write up ~을 작성하다

writing system 문자 체계

wrong adj 나쁜, 이상[문제]이 있는, 잘못된

yell v 소리지르다

yet conj 하지만, 그러나

you know 있잖아요

You might consider ~ 당신은 ~을 고려해 볼 수 있어요

You should remember that ~ 여러분은 ~을 기억해야 합니다

young n (동물의) 새끼

zebra finch n 금화조

zone n 구역

zoologist n 동물학자

PAGODA TOEFL 70+ Listening

PAGODA TOEFL 70+ Listening

신지연, 파고다교육그룹 언어교육연구소 | 저

PAGODA TOEFL 70+ Listening

정답 및 해설

I. Basic Skills

Lesson 01 영어의 소리 변화 이해하기

Practice

본서 | P. 22

A

01 pop up
02 keep up
03 work on
04 watch out
05 breathe it
06 grab it
07 fall off
08 drag out
09 most of
10 fill it in

B

01 We will head off to the museum. 우리는 박물관으로 향하게 될 거예요.

02 I might end up failing both classes. 저는 결국 두 수업 모두 낙제하게 될 수도 있어요.

03 Please sign up for this registration card. 이 등록 카드를 신청해 주세요.

04 Fill out this form and take a seat. 이 양식을 작성해 주시고 자리에 앉아 주세요.

05 Check out the prices at our store. 저희 상점의 가격을 확인해 주세요.

어휘 pop up 튀어나오다 | keep up ~을 계속하다 | work on ~에 노력을 기울이다 | watch out 조심해라 | breathe v 숨을 쉬다 | grab v 잡다 | fall off 줄다, 떨어지다 | drag out ~을 오래 끌다 | fill in ~을 작성하다 | head off 향하다 | end up V-ing 결국 ~하게 되다 | sign up for ~을 신청하다 | registration n 등록 | fill out ~을 작성하다 | form n 양식 | take a seat 앉다 | check out ~을 확인하다 | soldier n 군인 | march in 행진하다 | be about to do ~하기 직전이다 | pass out 정신을 잃다, 기절하다 | discussion n 논의, 토론 | prefer v 선호하다

Practice

본서 | P. 24

A

01 short term
02 this semester
03 best thing
04 next term
05 health science
06 tend to
07 last station
08 move from
09 first step
10 fast train

B

01 I need an online math tutor. 저는 온라인 수학 개인 지도 교사가 필요해요.

02 Field trips can expand learning. 현장 학습은 지식을 넓혀줄 수 있어요.

03 Our health center offers medical care. 저희 건강 센터는 의료 서비스를 제공합니다.

04 I should get off at the next stop. 저는 다음 정거장에서 내려야 해요.

05 The sound was delivered through his stereo. 그 소리는 그의 스테레오에서 전해졌어요.

어휘 term n 기간, 학기 | semester n 학기 | tend v (~하는) 경향이 있다 | station n 정거장 | tutor n 개인 지도 교사 | field trip n 현장 학습 | expand v 넓히다, 확장하다 | offer v 제공하다 | medical care 의료 서비스 | get off 내리다 | deliver v 전하다 | through prep ~을 통해 | stereo n 스테레오, 음악 재생 장치 | have a hard time V-ing ~하는 데 어려움을 겪다 | physics n 물리학 | assignment n 과제 |

acceptance letter 입학 허가서, 합격 통지서 | tuition n 등록금 | require v 필요로 하다 | a great deal of 많은 | pass through ~을 통과하다, 지나가다 | canal n 운하

Practice

본서 | P. 26

A

01	send you	02	need you
03	let you	04	don't you
05	what you	06	hit on
07	part of	08	right after
09	want it	10	in front of

B

01 Why don't you join our study club? 우리 공부 모임에 들어오는 게 어때요?

02 I know what you mean, but I have fallen way behind. 무슨 말인지 알겠어요, 하지만 저는 너무 많이 뒤처졌어요.

03 They hit on a solution after a long discussion. 그들은 긴 논의 후에 해결책을 생각해 냈어요.

04 We went on a trip to London. 저희는 London으로 여행을 갔어요.

05 The law is in urgent need of reform. 그 법은 개혁이 시급해요.

어휘 hit on ~을 (우연히) 생각해 내다 | join v (모임 등에) 들어오다, 가입하다 | fall behind 뒤처지다 | solution n 해결책 | discussion n 논의, 토론 | go on a trip 여행을 가다 | in need of ~이 필요한 | urgent adj 시급한, 긴급한 | reform n 개혁, 개선 | term paper n 학기말 과제 | reference letter n 추천서 | recent adj 최근의 | invention n 발명품

Practice

본서 | P. 28

A

01 I'd (= I would) rather go to the dorm room and have a rest. 저는 차라리 기숙사 방에 가서 쉴게요.

02 I haven't (= have not) finished the research. 저는 그 조사를 끝내지 못했어요.

03 You'd (= You had) better hurry, or you will miss the train. 서두르는 게 좋겠어요, 아니면 기차를 놓칠 거예요.

04 You should've (= should have) discussed that issue. 당신은 그 문제에 대해 논의를 했어야 했어요.

05 I would've (= would have) applied for the internship program. 저는 그 인턴십 프로그램에 지원했을 거예요.

어휘 would rather (차라리) ~하겠다 | dorm n 기숙사 (= dormitory) | have a rest 쉬다 | research n 조사 | had better ~하는 것이 좋을 것이다 | miss v 놓치다 | should have p.p. ~했어야 했다 | discuss v 논의하다, 토론하다 | issue n 문제 | would have p.p. ~했을 것이다 | apply for ~에 지원하다 | internship n 인턴십 | helpful adj 도움이 되는 | introductory adj 입문의 | material n 자료 | topic n 주제 | accept v 받아들이다, 수락하다 | advice n 충고, 조언

Practice

본서 | P. 31

A

01 X (contact[kάntækt] – contract[kάntrækt])

02 O (wait[weɪt] – weight[weɪt])

03 X (color[kʌ́lər] – collar[kάlər])

04 X (later [léɪtər] – ladder [lǽdər])

05 O (waste [weɪst] – waist [weɪst])

B

01 waist

I need to lose fat around my waist. 저는 허리에 있는 지방을 빼야 해요.

02 right

James knew all the right answers for the exam. James는 시험의 모든 정답을 알았어요.

03 bear

My mom cannot bear the constant noise of the generator. 엄마께서는 발전기의 계속되는 소음을 못 견디세요.

04 heir

The king's heir died yesterday. 왕의 후계자가 어제 죽었어요.

05 whether

I don't know whether this bus goes to the L Tower or not. 저는 이 버스가 L Tower에 가는지 안 가는지 모르겠어요.

06 plain

A plain bagel goes with everything and never disappoints. 플레인 베이글은 모든 것에 딸려 나오고 결코 기대를 저버리지 않아요.

07 hit

The pandemic has hit the world very hard. 전 세계적 유행병이 아주 심하게 세상을 강타했어요.

08 coast

We paddled the canoe along the coast. 우리는 해안을 따라 카누를 노 저어 갔어요.

09 pray

I always pray before going to bed. 저는 항상 자기 전에 기도를 해요.

10 glass

Pieces of glass were found all over the room. 방 전체에 유리 조각들이 발견됐어요.

C

01 The vegetables were planted in a neat row. 채소들이 정돈된 열로 심어져 있었어요.

02 I miss my boyfriend a bit. 저는 제 남자 친구가 조금 그리워요.

03 I bet that the vet is not married. 저는 그 수의사가 결혼하지 않았다는 걸 확신해요.

04 It will cost you a lot of money to conduct research in the coastal area. 해안 지역에서 연구하는 것은 돈이 꽤 들 거예요.

05 It's not fair to charge the children fare. 어린이에게 요금을 부과하는 것은 타당하지 않아요.

어휘 contact v 연락하다, 접촉하다 I contract n 계약(서) I weight n 무게 I collar n (윗옷의) 칼라, 깃 I waste v 낭비하다 I waist n 허리 I fat n 지방 I bear v 견디다, 참다 I constant adj 계속되는, 끊임없는 I noise n 소음 I generator n 발전기 I heir n 후계자, 상속인 I disappoint v 기대를 저버리다, 실망시키다 I pandemic n 전 세계적 유행병 I paddle v 노를 젓다 I canoe n 카누 I pray v 기도하다 I plant v 심다 I neat adj 정돈된, 단정한 I bet v 확신하다, ~이 틀림없다 I vet n 수의사 I cost v (값·비용 등이) 들다 I conduct v (특정 활동을) 하다 I coastal adj 해안의 I fair adj 타당한, 공평한 I charge v 부과하다 I fare n 요금

Practice

본서 I P. 33

A

01 When Chloe moved to a new school, she was very excited.

02 After all, she was looking forward to new experiences and adventures.

03 Chloe had always had friends who were girls.

04 She was surprised that the first friend she made was a boy named Sam.

05 Chloe and Sam met every day after school, teaching new things about the world to each other.

B

01 I like to study math every day because it helps me stay organized.

02 Most people don't mind doing basic math when buying things in stores.

03 There are many students I know that need teaching, so I recommend this book.

04 Now I regret thinking math was boring.

05 This book has taught me so much.

어휘 move v 옮기다, 이동하다 | excited adj 신난 | after all 어쨌든, 결국에는 | look forward to ~을 기대하다 | adventure n 모험 | surprised adj 놀란 | named adj ~라는 이름의 | organized adj 체계적인 | mind v 꺼리다 | basic adj 기초의 | recommend v 추천하다 | regret v 후회하다 | boring adj 지루한

Practice

본서 | P. 35

01 Ⓐ 이 마을에 언제 이사 왔나요?

When did you move to this town?

02 Ⓑ 당신은 내 수업에서 그동안 뛰어난 학생이었죠, 그렇죠?

You have been an outstanding student in my class, haven't you?

03 Ⓐ 러시아는 지구상에서 가장 큰 나라예요.

Russia is the biggest country on the planet.

04 Ⓐ 당신은 당신의 현재 직업에 만족하나요?

You are satisfied with your current job?

05 Ⓑ 프랑스에서 가장 유명한 왕비가 누구라고요?

Who is the most famous queen of France?

06 Ⓑ 크로커다일(crocodile)과 앨리게이터(alligator)는 같은 동물이 아니라고요?

Crocodiles and alligators are not the same?

07 Ⓑ 이 건물에서 최대한 빨리 나가세요.

Get out of the building as soon as possible.

08 Ⓐ 당신은 대출한 책을 반납하지 않았던가요?

You returned the book you borrowed, didn't you?

09 Ⓐ 어떤 직무 경험이 있었나요?

What kind of job experience did you have?

10 Ⓐ 앉아서 이야기 전부를 그에게 말해 주세요.

Sit down and tell him the whole story.

어휘 move v 옮기다[이사하다], 이동하다 | town n 마을 | outstanding adj 뛰어난 | planet n 지구 | satisfied adj 만족한 | current adj 현재의 | famous adj 유명한 | crocodile n 크로커다일, 악어 | alligator n 앨리게이터(북미·남미·중국산 악어) | get out of ~에서 나가다 | as soon as possible 최대한[가능한 한] 빨리 | return v 반납하다, 돌려주다 | borrow v 빌리다[대출하다] | whole adj 전부의[전체의], 모든

Lesson 02 긴 문장 끊어 듣기

Practice

본서 P. 37

A

01 How I got this information / is secret.
이 정보를 얻게 된 방법은 / 비밀이에요

02 Some people say / that even the most famous people need their privacy.
일부 사람들은 말합니다 / 아주 유명한 사람들도 사생활이 필요하다고

03 I suppose / that I can finish it on time.
저는 예상해요 / 그것을 제시간에 끝낼 수 있을 거라고

04 I never thought / that I could speak in front of the class.
저는 결코 생각하지 않았어요 / 제가 반 학생들 앞에서 말할 수 있을 거라고

05 I will tell her / that I am very interested in mass communications.
저는 그녀에게 말할 거예요 / 제가 대중 매체에 관심이 정말 많다고

B

01 The main problem is / that there are not enough workers.
주된 문제점은 ~이에요 / 근로자들이 충분하지 않다는 것

02 What happened there / was so unpredictable.
그곳에서 일어났던 일은 / 정말 예측할 수 없었어요

03 The happiest day of my life was / when I got my first job last year.
제 인생에서 가장 행복했던 날은 ~였어요 / 작년에 제가 첫 직장에 취직했을 때

04 The police officers told us / that there was really nothing we could do.
경찰관들은 저희에게 말했어요 / 저희가 할 수 있는 일은 정말이지 아무것도 없다고

05 A young man asked me / what time the train leaves.
한 젊은 남자가 제게 물었어요 / 기차가 몇 시에 출발하는지

어휘 secret n 비밀 | famous adj 유명한 | privacy n 사생활 | suppose v 예상하다 | on time 제시간에 | interested adj 관심이 있는 | mass communication n 대중 매체 | main adj 주된 | enough adj 충분한 | worker n 근로자, 작업자 | happen v 일어나다 | unpredictable adj 예측할 수 없는 | leave v 출발하다, 떠나다 | smoking n 흡연 | cause v 유발하다, 일으키다 | cancer n 암 | blunder n 실수 | from time to time 때때로 | true adj 사실인 | human being n 인간 | lie v 거짓말하다 | worried adj 걱정하는 | opening n 빈자리, 공석 | reader n 단말기, 판독기

Practice

본서 P. 39

A

01 Childhood is the period / when a person gets the largest amount of new information.
어린 시절은 시기입니다 / 사람이 새로운 정보를 가장 많이 얻는

02 Students / who specialize in only one or two subjects / are likely to get low grades.
학생들은 / 단 하나 혹은 두 과목을 전공하는 / 낮은 점수를 받을 가능성이 있습니다

03 The assignment / that was given last week / is very time consuming.
과제는 / 지난주에 받은 / 시간이 아주 많이 걸립니다

04 Students / who wear school uniforms / cannot express their individuality.
학생들은 / 교복을 입는 / 자신의 개성을 표현할 수 없어요

05 Polar bears have unique bodies / that help them live in the harsh weather.
북극곰은 특별한 몸을 가지고 있어요 / 혹독한 날씨에서 살 수 있도록 도와주는

B

01 Education / which improves physical development / should be included in a school curriculum.
교육은 / 신체 발달을 향상시키는 / 학교 교과 과정에 포함되어야 합니다

02 Children / who spend much time with their parents / get along well with their friends.
아이들은 / 자신의 부모님과 많은 시간을 보내는 / 친구들과 잘 지냅니다

03 I know a girl / whose father is a professor at this university.
저는 여자아이를 알아요 / 아버지가 이 대학의 교수인

04 There are several reasons / why I became a vegetarian.
여러 이유가 있어요 / 제가 채식주의자가 된 데는

05 Students / who review lecture notes on a daily basis / usually do well on tests.
학생들은 / 매일 강의 노트를 복습하는 / 대개 시험을 잘 봐요

어휘 childhood n 어린 시절 I period n 시기, 기간 I specialize in ~을 전공하다, 전문으로 하다 I subject n 과목, 학과 I be likely to do ~할 가능성이 있다 I low adj 낮은 I grade n 점수 I assignment n 과제 I time consuming adj (많은) 시간이 걸리는 I express v 표현하다 I individuality n 개성 I polar adj 북극의 I unique adj 특별한 I harsh adj 혹독한 I education n 교육 I improve v 향상시키다 I physical adj 신체의 I development n 발달 I include v 포함하다 I curriculum n 교과[교육] 과정 I spend v (시간 등을) 보내다, 쓰다 I get along well with ~와 잘 지내다 I several adj 여러 가지의 I vegetarian n 채식주의자 I review v 복습하다, 검토하다 I on a daily basis 매일, 날마다 I co-worker n 동료 I be willing to do 기꺼이[흔쾌히] ~하다 I help out 도와주다 I quality n 품질 I push v 몰아붙이다 I cause v ~하게 하다 I rebel v 반항[저항]하다 I society n 사회 I regard v 판단하다 I success n 성공 I earn v (돈을) 벌다, 얻다 I celebrity n 유명 인사

Practice

본서 P. 41

A

01 Don't forget to take notes / **while** you're listening to the lecture. 시간
필기하는 것을 잊지 마세요 / 강의를 들을 때

02 **Although** life in a city has many drawbacks, / city dwellers have a wide choice of activities. 양보
도시의 삶에는 많은 결점들이 있지만 / 도시 거주자들은 활동 선택의 폭이 넓습니다

03 **Because** the bathroom is full of germs, / a quick wiping of the surfaces is not enough. 이유
화장실은 세균투성이라서 / 표면을 빠르게 닦는 것으로는 충분치 않아요

04 Some students choose to attend a community college, / **while** others go to a university. 대조
어떤 학생들은 지역 전문 대학에 다니길 선택하고 / 반면 다른 학생들은 대학에 다닙니다

05 **If** people exercise regularly, / they will be healthier and live longer. 조건
만일 사람들이 규칙적으로 운동을 하면 / 더 건강해지고 더 오래 살 거예요

B

01 When I turned to thank him for his help, / he was gone.
제가 그의 도움에 고마움을 표하려고 뒤를 돌았을 때 / 그는 가고 없었어요

02 After I finished my assignment in the library, / I returned home.
도서관에서 과제를 마치고 / 전 집에 돌아왔어요

03 Although the change of diet is difficult at first, / most never regret their decision to become vegetarians.
처음에는 식단 변화가 힘들지만 / 대부분의 사람들은 채식주의자가 되기로 한 자신의 결정을 결코 후회하지 않아요

04 Dinosaurs controlled their own body temperature, / whereas today's reptiles depend on the environment to control their body temperature.
공룡들은 자신의 체온을 조절했고 / 반면 오늘날의 파충류들은 환경에 의존하여 자신의 체온을 조절합니다

05 School uniforms should not be required / because they suppress students' creativity.
교복은 요구되어서는 안 됩니다 / 학생들의 창의성을 억누르기 때문에

어휘 take notes 필기하다 I drawback n 결점 I dweller n 거주자 I a wide choice of 선택의 폭이 넓은 I full of ~로 가득한 I germ n 세균 I wipe v 닦다 I surface n 표면 I enough adj 충분한 I choose v 선택하다 I attend v 다니다 I community college n 지역 전문

대학 | exercise v 운동하다 | regularly adv 규칙적으로 | healthy adj 건강한 | turn v 돌아서다, 몸을 돌리다 | thank v 고마워하다 | diet n 식단 | regret v 후회하다 | decision n 결정 | vegetarian n 채식주의자 | dinosaur n 공룡 | control v 조절하다 | body temperature 체온 | reptile n 파충류 | depend on ~에 의존하다 | require v 요구하다 | suppress v 억누르다 | creativity n 창의성 | president n 대통령 | give a speech 연설하다 | reporter n 기자 | rush v 서두르다 | trip over ~에 발이 걸려 넘어지다 | explain v 설명하다 | device n 기기 | passenger seat n 조수석 | careless adj 부주의한

Lesson 03 효과적인 노트테이킹(Note-taking)하기

Practice

본서 P. 43

01 Man: Student | Woman: Librarian

M Excuse me. I'm looking for some anthropology books about the Bronze Age. Am I in the right spot?

W Yeah, the books on the shelves to your right are anthropology books.

남자: 학생 | 여자: 사서

남 실례합니다. 청동기 시대에 관한 인류학 책을 좀 찾고 있는데요. 제가 제대로 된 곳에 있나요?

여 네, 학생의 오른쪽 책장에 있는 책들이 인류학 책이에요.

노트

anthropology books 인류학 책

02 Man: Student 1 | Woman: Student 2

M I just completed the assignment for our creative writing class. I feel so relieved. Have you completed yours?

W Not yet. I had trouble with the first couple of pages.

남자: 학생 1 | 여자: 학생 2

남 나 방금 문예 창작 수업의 과제를 끝냈어. 너무 안심이 돼. 넌 끝냈어?

여 아직 못했어. 첫 몇 페이지에 어려움이 있었거든.

노트

assignment for creative writing class 문예 창작 수업의 과제

03 Woman: Professor

W Today, we're going to talk about gemstones, diamonds. You know that diamonds are the hardest gemstones. They can only get scratches from other diamonds.

여자: 교수

여 오늘, 우리는 보석의 원석인 다이아몬드에 관해 이야기할 거예요. 모두들 다이아몬드가 가장 단단한 보석 원석이라는 걸 알고 있을 거예요. 그것들은 오직 다른 다이아몬드에 의해서만 긁힐 수 있어요.

노트

gemstones 보석 원석
diamonds 다이아몬드
hardest 가장 단단한

04 Man: Professor

M Alright. Experiencing modern art in the university art museum will be very helpful for seeing some of the materials we looked at in this class.

남자: 교수

남 좋아요. 대학 미술관에서의 현대 미술 체험은 우리가 이 수업에서 살펴본 자료의 일부를 눈으로 보는 데 매우 도움이 될 거예요.

노트

modern art 현대 미술

05 Man: Professor

M As everyone knows, there are many forms of fear. For example, fear of the future, fear of being lonely, fear of sickness, and also fear of death. In many cases, we do not face our fears. Therefore, we have no idea what we are afraid of.

남자: 교수

남 모두가 알고 있다시피, 두려움에는 많은 형태가 있습니다. 예를 들어, 미래에 대한 두려움, 혼자 있는 것에 대한 두려움, 질병에 대한 두려움, 그리고 또한 죽음에 대한 두려움이죠. 많은 경우에, 우리는 우리의 두려움에 직면하지 않습니다. 그래서, 우리는 우리가 무엇을 두려워하는지 알지 못하죠.

노트

forms of fear 두려움의 형태

어휘 look for ~을 찾다 | anthropology n 인류학 | Bronze Age 청동기 시대 | spot n 곳, 장소 | shelf n 책장 | complete v 끝내다, 완료하다 | assignment n 과제 | creative adj 창의적인 | relieved adj 안심한, 안도한 | have trouble with ~에 어려움을 겪다 | gemstone n 보석의 원석 | hard adj 단단한 | scratch n 긁힘, 흠집 | modern adj 현대의 | helpful adj 도움이 되는 | material n 자료 | form n 형태 | fear n 두려움 | lonely adj 혼자인 | sickness n 질병 | death n 죽음 | face v 직면하다, 마주하다 | afraid adj 두려워하는

Practice

본서 P. 46

01 Woman: Professor

W The population of children has declined from 5 percent to 2 percent. On the other hand, the number of the old has increased from 2 percent to 5 percent, reaching about 2.5 million.

여자: 교수

여 어린이 인구가 5퍼센트에서 2퍼센트로 감소했습니다. 반면에, 노인 인구는 2퍼센트에서 5퍼센트로 증가하여 약 250만 명에 도달하였습니다.

노트

children ↓ 5% → 2% 어린이 수 감소 5% → 2%
↔ # old ↑ 2% → 5% = 2.5m 반대로 노인 수 증가 2% → 5% = 250만 명

02

Man: Professor

M Based on anthropological and genetic evidence, scientists generally hold that most Native Americans are descendants of people who moved from Siberia across the Bering Strait between 11,000 and 17,000 years ago.

남자: 교수

남 인류학과 유전학적 증거를 기반으로, 과학자들은 대개 대부분의 아메리카 원주민들이 11만 년과 17만 년 전 사이에 베링 해협을 건너 시베리아에서 이주한 사람들의 후손이라고 생각합니다.

노트

N.A. descend. Siberia ← B.S. 아메리카 원주민 후손. 베링 해협에서 시베리아로

btw 11,- and 17,- ago 11만 년과 17만 년 전 사이

03

Man: Student 1 | Woman: Student 2

M My roommates are making noise. I don't think I can get any of my reading done at home.

W Maybe you should go to the library.

M Well, the thing is that the library is only open until 10 o'clock, and sometimes I have to read all night. I think I should go see my RA for advice.

남자: 학생 1 | 여자: 학생 2

남 내 룸메이트들이 시끄럽게 하고 있어. 집에서는 독서를 전혀 할 수가 없을 것 같아.

여 아무래도 너는 도서관에 가는 게 좋겠다.

남 음, 문제는 도서관이 10시까지만 문을 열고, 나는 가끔 밤새 독서를 해야 한다는 거야. 내 생각에 기숙사 사감에게 가서 조언을 얻어야겠어.

노트

Student 1	Student 2
roommates - noisy 룸메이트들이 시끄러움 ∴ X read @ H 따라서 집에서 독서를 할 수 없음	go lib. 도서관에 가라
lib. open till 10 도서관은 10시까지 문을 염 + read all night 그리고 밤새 독서를 해야 함 go see RA 기숙사 사감을 보러 가야 함	

04

Man: Student 1 | Woman: Student 2

M Hi, Jenny. Have you signed up for your classes?

W Well, yeah, I signed up for a few classes, but the Social Problems class was already full, so now I have to make up my mind what to take instead.

M Professor Miller teaches sociology, right? Well, if you are interested, I think his Research Methods class is always open.

남자: 학생 1 | 여자: 학생 2

남 안녕, Jenny. 너 수업 등록했어?

여 음, 맞아, 몇 개 수업에 등록했어, 하지만 사회 문제 수업은 이미 마감돼서, 대신에 무엇을 수강해야 할지 지금 결정해야 해.

남 Miller 교수님이 사회학을 가르치시잖아, 맞지? 음, 네가 관심이 있다면, 그 교수님의 연구 방법론 수업은 항상 열려 있는 것 같아.

노트

Student 1	Student 2
signed up for class? 수업 등록했어?	Social Prob. class full 사회 문제 수업 마감됨 ∴ decide what to take 따라서 무엇을 수강할지 결정해야 함
P. Miller sociology open Miller 교수님의 사회학 수업 열림	

05

Man: Professor | Woman: Student

W Professor Smith, I'm sorry, but I was unable to finish my homework in time. Do you mind if I give it to you later?

M You may, but each day 10 points will be deducted from any task given after the deadline. I'll accept nothing that is more than a week late.

W You see, I had the flu the last few days, so I couldn't go to class, not to mention all the homework I missed. Anyways, it hasn't been a week since the deadline, right? So, can I turn in my assignment tomorrow?

M Drop by my office tomorrow or put it in my mail box. That's fine, too.

남자: 교수 | 여자: 학생

여 Smith 교수님, 죄송하지만, 제가 제시간에 과제를 끝낼 수가 없었습니다. 제가 나중에 내도 될까요?

남 그래도 됩니다. 하지만 마감일 후에 받는 어떠한 과제라도 날마다 10점이 감점될 거예요. 일주일 이상 늦어지는 것은 아무것도 받지 않을 거예요.

여 아시다시피, 제가 지난 며칠간 독감에 걸려서, 수업에 갈 수 없었어요. 제가 놓친 모든 과제들은 말할 것도 없고요. 어쨌든, 마감일로부터 일주일이 지나지 않았죠, 그렇죠? 그러면, 제가 과제를 내일 제출해도 될까요?

남 내일 내 사무실에 들르거나 우편함에 넣으세요. 그건 괜찮습니다.

노트

Student's situation	Professor's response
X finish hw 과제를 끝내지 못함 give later? 나중에 내도 될까?	-10 p each day 날마다 10점 감점 X accept week+ 일주일이 넘으면 받지 않음
flu → X go class 감기로 인해 수업에 가지 못함 turn in tmr? 내일 내도 될까?	office / mail box 사무실 또는 우편함

어휘 population n 인구 | decline v 감소하다 | increase v 증가하다 | reach v ~에 도달하다[이르다] | million n 100만 | based on ~을 기반으로 | anthropological adj 인류학적인, 인류학의 | genetic adj 유전학적인, 유전학의 | evidence n 증거 | generally adv 대개 | hold v 생각하다 | Native American n 아메리카 원주민 | descendant n 후손, 자손 | strait n 해협 | noise n 소음, 시끄러움 | library n 도서관 | point n 중요한 것, 요점 | RA 기숙사 사감 (= Resident Advisor) | advice n 조언 | sign up for ~에 등록하다 | social adj 사회의 | full adj 가득 찬 | make up one's mind 결정하다 | instead adv 대신에 | sociology n 사회학 | interested adj 관심이 있는 | method n 방법(론) | unable adj ~할 수 없는 | in time 제시간에 | Do you mind if I ~? 제가 ~해도 될까요? | deduct v 감하다, 제하다 | deadline n 마감일, 기간 | accept v 받아들이다 | flu n 독감 | not to mention ~은 말할 것도 없고 | turn in ~을 제출하다 | assignment n 과제 | drop by ~에 들르다 | mail box 우편함

Practice

본서 P. 49

01

Man: Professor

M Bees are also known as pollinators because they are important for the pollination of flowering plants. They have this long kind of tongue called a proboscis that they use to get the nectar inside the flowers. When they do this, the pollen from the flowers rubs on their bodies and is then moved to the next flower that the bee visits.

남자: 교수

남 벌은 또한 꽃식물들의 수분 작용에 중요하기 때문에 꽃가루 매개자로 알려져 있습니다. 그들은 꽃 안에 있는 꿀을 얻기 위해 사용하는 주둥이라고 불리는 긴 혀를 가지고 있습니다. 그들이 이러한 일을 할 때, 꽃의 화분(꽃가루)이 몸에 묻고 그런 후에 그 벌이 찾아가는 다음 꽃으로 옮겨집니다.

노트

bees = pollinators 벌들 = 꽃가루 매개자
long tongue - get nectar 긴 혀 - 꿀을 얻음
pollen from flowers → bee bodies → next flower 꽃의 화분(꽃가루) → 벌의 몸 → 다음 꽃

02

Woman: Professor

W Crows are remarkably intelligent. In fact, it would not be too much to say that crows are to birds as chimpanzees are to mammals. Crows have been seen grieving over fallen crows, much like humans at a funeral. Some crows have even been known to use tools for hunting. It is a highly advanced behavior that scientists have only seen in a few other species. Due to this, crows are now considered to be one of the smartest types of birds in the world.

여자: 교수

여 까마귀들은 놀랍도록 똑똑합니다. 사실, 까마귀와 조류의 관계가 침팬지와 포유류의 관계와 같다는 것은 과언이 아닙니다. 까마귀들은 장례식에서의 사람들과 거의 흡사하게, 추락한 까마귀들 때문에 비통해하는 것이 목격되었습니다. 일부 까마귀들은 심지어 사냥을 위해 도구를 사용하는 것으로 알려져 있습니다. 그것은 과학자들이 오직 소수의 다른 종들에서 봐 온 고도로 발달된 행동입니다. 이것으로 인해, 까마귀들은 오늘날 세계에서 가장 똑똑한 조류 종류 중 하나로 여겨집니다.

노트

crows 까마귀들
- intelligent 똑똑함
- crows : birds = chimp. : mammals 까마귀와 조류의 관계 = 침팬지와 포유류의 관계
- grieve fallen crows = human @ funeral 추락한 까마귀들에 비통해함 = 장례식의 사람들
- use tools 4 hunt 사냥하기 위해 도구를 사용함

∴ smartest birds 따라서 가장 똑똑한 조류임

03

Woman: Professor

W Wars and feuds are similar, but they also have great differences. One of the main things that make a feud differ from a war is that a feud involves people with similar social backgrounds and not many socioeconomic differences. The participants in a war, by contrast, often come from very different social and economic positions. Besides this, wars involve large entities like nations or regions, while feuds are limited to small families or groups.

여자: 교수

여 전쟁과 불화는 비슷하지만, 그것들은 또한 큰 차이가 있습니다. 불화를 전쟁과 구분 짓게 하는 주된 것들 중 하나는 불화가 사회적 배경이 비슷하고 사회 경제적 차이가 크지 않은 사람들을 연루시킨다는 것입니다. 그와 대조적으로, 전쟁 참여자들은 종종 매우 다른 사회적, 경제적 위치에서 생겨납니다. 이 외에도, 전쟁은 국가나 지역과 같이 규모가 큰 독립체를 수반하는 반면, 불화는 소규모의 가족 또는 집단에 한정되어 있습니다.

노트

feud 불화	war 전쟁
ppl w/ similar social back., X socioeco. diff 비슷한 사회적 배경을 가지고 있고 사회 경제적 차이가 크지 않은 사람들	diff. social & eco. pos. 다른 사회적, 경제적 위치
小(small) fam. / groups 소규모의 가족 혹은 집단	大(large) nations / regions 규모가 큰 국가 혹은 지역

04

Man: Professor

Ⓜ There is a disorder known as Seasonal Affective Disorder, SAD, in which people's moods change according to the season. In autumn or winter, for example, a lot of people start to get depressed because of a lack of natural sunlight. They start to sleep longer and feel less energetic, and some people even start to think about death. In fact, the symptoms of SAD have become quite serious, and doctors have started treating it with medicine, although psychological counseling and light therapy are also common treatments.

남자: 교수

남 계절성 정서 장애(SAD)라고 알려진 장애가 있는데, 이는 사람들의 기분이 계절에 따라 달라진다는 것입니다. 예를 들어, 가을 또는 겨울에 많은 사람들이 자연광 부족으로 인해 우울해지기 시작합니다. 그들은 더 오래 수면을 취하고 활기를 잃기 시작하고, 일부 사람들은 심지어 죽음을 생각하기 시작합니다. 사실은, 계절성 정서 장애의 증상은 매우 심각해져서, 의사가 약으로 치료하기 시작했습니다. 심리 상담과 광선 요법도 흔한 치료법이지만요.

노트

SAD: moods change – seasons 계절성 정서 장애: 기분이 변함 – 계절

e.g. autumn, winter 예를 들어, 가을과 겨울

- depressed cuz X sunlight 빛이 없어 우울함
- sleep ↑, energetic ↓, think death 수면이 늘고, 활기가 적어짐, 죽음을 생각함
- symp. serious – med. 증상이 심각함 – 약

+ counseling / light therapy 그리고 상담 혹은 광선 요법

05

Woman: Professor

Ⓦ Okay, let's talk about veins in leaves. The pinnate leaves of beech and birch trees—this is an example that I'm using—are very common on campus. They're all over the place. As you can see, the pinnate leaf has a large vein which runs through the middle of the leaf. From the large central vein, smaller veins extend toward the margins of the leaf. The big rib in the center is called the mid-rib.

It's a maple leaf—can everyone see that? And the vein pattern is called palmate. Think of the palm of your hand, and I'll use that analogy. With a palmate leaf, all the veins are of similar size and extend from the base of the leaf to the edge of the leaf.

여자: 교수

여 좋아요, 나뭇잎의 잎맥에 대해 이야기해 봅시다. 너도밤나무와 자작나무의 우상(羽狀)엽은, 즉 이는 제가 사용하는 예인데, 캠퍼스에서 매우 흔합니다. 모든 곳곳에 있어요. 여러분도 보시다시피, 우상엽은 나뭇잎의 가운데에 뻗어 나 있는 큰 잎맥을 가지고 있어요. 큰 중앙의 잎맥으로부터, 더 작은 잎맥들이 나뭇잎의 가장자리를 향해 뻗어 있습니다. 가운데의 큰 잎맥은 주맥(主脈)이라고 불려요.

단풍잎입니다, 보이나요? 그리고 잎맥 모양은 장상(掌狀)이라고 불립니다. 손바닥을 떠올려 보세요, 그러면 제가 그 비유를 쓰겠습니다. 장상엽을 가진 모든 잎맥은 비슷한 크기이며 잎의 맨 아래에서 가장자리로 뻗어 있습니다.

노트

veins in leaves 나뭇잎의 잎맥

2 types of vein patterns
잎맥 모양의 두 가지 유형

pinnate: 大(large) vein – middle 중앙의 큰 잎맥
우상 小(smaller) veins extend toward margins
더 작은 잎맥이 가장자리를 향해 뻗어 있음

palmate: maple leaf = palm 단풍잎 = 손바닥
장상 veins all similar size, extend to edge
모두 비슷한 크기의 잎맥이고 가장자리로 뻗어 있음

어휘 be known as ~로 알려져 있다 | pollinator n 꽃가루 매개자 | pollination n 수분(受粉), 꽃가루받이 | flowering plant 꽃식물 | tongue n 혀 | called adj ~라고 불리는 | proboscis n 주둥이, 입 | nectar n 꿀 | pollen n 화분(花粉), 꽃가루 | rub v 문지르다 | visit v 찾아가다, 방문하다 | crow n 까마귀 | remarkably adv 놀랍게도 | intelligent adj 똑똑한 | not too much to say ~라고 해도 과언이 아닌 | A is to B as[what] C is to D A와 B의 관계는 C와 D의 관계와 같다 | mammal n 포유류 | funeral n 장례식 | tool n 도구 | hunt v 사냥하다 | highly adv 고도로 | advanced adj 발달된, 진보된 | behavior n 행동 | species n 종 | due to ~ 때문에 | consider v (~을 …라고) 여기다 | feud n 불화 | similar adj 비슷한 | difference n 차이 | differ v 다르다 | involve v 연루시키다, 말려들게 하다, 수반하다 | background n 배경 | socioeconomic adj 사회 경제적인 | participant n 참여자 | by contrast 그와 대조적으로 | besides prep ~ 외에 | entity n 독립체 | nation n 국가 | region n 지역, 지방 | limited adj 한정된, 제한된 | disorder n 장애 | Seasonal Affective Disorder (SAD) 계절성 정서 장애 | mood n 기분 | according to ~에 따라 | depressed adj 우울한 | lack n 부족 | natural sunlight 자연광 | energetic adj 활기를 띠는 | death n 죽음 | symptom n 증상 | serious adj 심각한 | treat v 치료하다 | psychological adj 심리적인 | counseling n 상담 | therapy n 요법 | common adj 흔한, 보통의 | treatment n 치료(법) | vein n 잎맥 | pinnate adj 우상(羽狀)의, (잎이) 날개 모양의 | beech n 너도밤나무 | birch tree 자작나무 | central adj 중앙의 | extend v 뻗다 | margin n 가장자리 | rib n 잎맥 | maple leaf n 단풍잎 | pattern n 모양, 무늬 | palmate adj 장상(掌狀)의, 손바닥 모양의 | recall v 떠올리다 | palm n 손바닥 | analogy n 비유 | base n 맨 아래 | edge n 가장자리

II. Conversation Question Types

Lesson 01 Main Idea

본서 | P. 54

Practice

01 B　　02 B　　03 B　　04 C

Test

Passage 1　1. C　　2. B　　3. A

Passage 2　1. C　　2. A　　3. C

Practice

본서 | P. 58

01　　Man: Professor | Woman: Student

Listen to part of a conversation between a student and a professor.

W Hello, um, I am looking for Professor Clausen. Is she in her office at the moment?

M No, she isn't. She wasn't feeling well, so she took the rest of the day off. Why did you want to speak to her?

W Oh, that's too bad. I was really hoping to talk to her about her medieval literature class. I would like to take the class, but when I went to the registration desk, they told me that the class is already full. So I was planning to ask Professor Clausen if there was a waiting list.

M Yes, a waiting list for that class exists. Technically, every class has a waiting list.

남자: 교수 | 여자: 학생

학생과 교수 사이의 대화 일부를 들으시오.

여 안녕하세요, 어, 저는 Clausen 교수님을 찾고 있어요. 지금 사무실에 계신가요?

남 아니요, 안 계세요. 몸이 좋지 않으셔서, 조퇴하셨거든요. 그 교수님에게 무슨 볼일이 있어서 그러죠?

여 아, 아쉽네요. 저는 꼭 교수님의 중세 문학 수업에 대해 이야기하고 싶었어요. 그 수업을 듣고 싶은데, 등록 데스크에 갔을 때 그 수업이 이미 다 찼다고 들었거든요. 그래서 Clausen 교수님께 대기 명단이 있는지 여쭤 보려고 했어요.

남 네, 그 수업의 대기 명단이 있어요. 엄밀히 말하면, 모든 수업에 대기 명단이 있죠.

노트

Student's situation	Professor's response
hope to talk to prof. med. lit. class prob.: class full plan to ask if waiting list	prof. X waiting list → O
중세 문학 수업 교수님과 이야기 나누고 싶음 문제점 → 수업이 다 참 대기 명단이 있는지 물어보려 함	교수님이 안 계심 대기 명단 → 있음

Q. 학생은 왜 교수를 찾아왔는가?

Ⓐ 자신이 수업에 참석하지 못한다고 알리기 위해
Ⓑ 대기 명단에 대해 묻기 위해
Ⓒ 선택 강의에 대해 묻기 위해

해설 대화의 도입부에서 인사말 다음에 등장하는 학생의 첫마디 "I am looking for ~"에서 학생은 교수님을 보러 왔다고 말한 후, 중세 문학 수업을 듣고 싶은데 이미 다 찼다는 문제점을 이어서 이야기한다. 이때 학생이 방문 목적을 언급하기 위해 사용한 표현 "So I was planning to ~" 이하에서 대기 명단이 있는지 물어보려고 했다고 말하고 있으므로, 이것이 확실한 대화의 목적임을 파악할 수 있다. 따라서 (B)가 정답이다.

어휘 look for ~을 찾다 | at the moment 지금 | take a day off 하루 쉬다 | rest n 나머지 | medieval adj 중세의 | literature n 문학 | registration n 등록 | full adj 가득 찬 | waiting list n 대기 명단 | exist v 있다, 존재하다 | technically adv 엄밀히 말하면[따지면]

02 Man: Student | Woman: University employee

Listen to part of a conversation between a student and a university employee.

W Hello, can I help you with something?

M Hi. Yes, I hope so. I just learned that I need to have a part-time job on campus as a requirement of my scholarship, so I came here to apply.

W You did not know about that requirement?

M No, my advisor just told me this morning.

W Then it is a good thing that you found out about it today. There are only 12 positions that remain unfilled.

M Really!? Only that many are left? Classes haven't even started yet. How many were there to begin with?

W About a hundred. They are only open to scholarship students, but since the jobs are also required for those students, they tend to fill up quickly.

남자: 학생 | 여자: 대학교 직원

학생과 대학교 직원 사이의 대화 일부를 들으시오.

여 안녕하세요. 무엇을 도와 드릴까요?

남 안녕하세요. 네, 도와주시면 좋겠어요. 장학금을 받는 필수 조건으로 교내에서 파트타임 일을 해야 한다는 걸 방금 알게 되어, 지원하려고 여기 왔습니다.

여 그 조건에 대해 몰랐나요?

남 몰랐어요. 제 지도 교수님이 오늘 아침에야 말해주셨거든요.

여 그렇다면 오늘 알게 되어서 다행이네요. 남은 일자리가 열두 개밖에 없거든요.

남 정말인가요!? 그것밖에 안 남았어요? 아직 수업이 시작되지도 않았는데요. 처음에는 몇 개였나요?

여 약 백 개 정도 됐어요. 그 일자리는 장학생들에게만 열려 있지만, 그런 학생들에게 필수인 일자리이기 때문에 빠르게 자리가 차는 경향이 있어요.

노트

Student's situation	University employee's response
need part-time job, req. of scholar.	only 12 pos. unfilled 100 open to scholar. S. → fill up quickly
장학금을 받는 필수 조건인 파트타임 일자리가 필요함	오직 12개의 자리가 비어 있음 장학생에게 열린 100개 → 빨리 참

Q. 학생은 왜 캠퍼스 사무실을 찾아왔는가?

Ⓐ 장학금을 받는 필수 조건에 대해 정보를 얻으려고

Ⓑ 대학교의 파트타임 일자리에 지원하려고
Ⓒ 새 지도 교수를 배정해 달라고 요청하려고

해설 대화의 도입부에서 직원이 무엇을 도와줄지 묻자 학생이 본인의 방문 목적을 이야기한다. 이때 "so I came here to ~"라고 말한 부분은 본인의 방문 목적을 확실히 알려주는 표시어이다. 학생은 장학금을 받는 필수 조건을 충족시키기 위해 파트타임 일자리에 지원하러 왔다고 말하고 있으므로 (B)가 정답이다.

어휘 part-time adj 파트타임인, 시간제의 I requirement n 필수 조건 I scholarship n 장학금 I apply v 지원하다 I advisor n 지도 교수 I position n 자리 I unfilled adj 비어 있는 I to begin with 처음에는 I required adj 필수의 I tend to do ~하는 경향이 있다 I fill up 가득 차다 I quickly adv 빨리

---

03 Man: Professor I Woman: Student

Listen to part of a conversation between a student and a professor.

M Hello, Rachel. We missed you in class today.

W Hello, Professor. Yes, sorry about that. I had an appointment with my dentist this morning, so I was unable to come to class. That prevented me from handing in my homework. That is why I am here now. I know that if I turned it in on Wednesday I would lose points.

M Yes, thank you for making the effort. I know that it can be hard to get appointments with dentists and other doctors, so they often take priority over classes.

W Yes, thank you for being understanding.

남자: 교수 I 여자: 학생

학생과 교수 사이의 대화 일부를 들으시오.

남 안녕, Rachel. 오늘 수업 시간에 안 보이더군요.

여 안녕하세요, 교수님. 맞아요, 죄송합니다. 오늘 아침에 치과 예약이 있어서, 수업에 참석할 수 없었어요. 그래서 과제를 제출할 수 없었습니다. 그게 제가 여기 온 이유이기도 하고요. 수요일에 제출하면 점수가 깎인다는 걸 알고 있어요.

남 맞아요, 노력해 줘서 고마워요. 치과 의사나 다른 의사와 예약을 잡기 어렵다는 걸 알아요. 그래서 종종 진료 예약이 강의보다 더 중요하죠.

여 네, 이해해 주셔서 감사합니다.

노트

Student's situation	Professor's response
prob.: appoint. w/ dentist → missed class X hand in hw	understand
문제점: 치과 예약 → 수업을 빠짐 과제를 제출 못함	이해함

Q. 학생은 왜 교수를 찾아왔는가?
Ⓐ 강의에 참석하지 못할 것이라고 알리기 위해
Ⓑ 제시간에 과제를 제출하기 위해
Ⓒ 교수가 중요한 메시지를 받았는지 확인하기 위해
Ⓓ 찾을 수 없는 어떤 공부 자료에 대해 묻기 위해

해설 대화 도입부에서 교수가 학생에게 수업을 빠진 것에 대해 묻자, 학생이 수업을 빠진 이유에 대해 말한다. 학생이 방문한 목적을 나타내는 표시어 "That is why I am here now. 그게 제가 여기 온 이유이기도 하고요."의 바로 앞에서 치과 진료로 인해 숙제를 제출하지 못했다고 말하므로, handing in my homework를 turn in a homework assignment로 올바르게 패러프레이징한 보기 (B)가 정답이다.

어휘 miss v 놓치다 I appointment n 예약, 약속 I dentist n 치과 의사 I unable adj ~할 수 없는 I prevent v 방해하다, 막다 I hand in ~을 제출하다 I turn in ~을 제출하다 I lose v 잃다 I effort n 노력 I take priority over ~보다 더 중요하다[우선순위를 갖다] I understanding adj 이해심 있는

---

04 Man: Professor I Woman: Student

Listen to part of a conversation between a student and a professor.

W Good afternoon, Dr. Gilchrist. Can I talk to you for a minute?

남자: 교수 I 여자: 학생

학생과 교수 사이의 대화 일부를 들으시오.

여 안녕하세요, Gilchrist 교수님. 잠시 교수님과 이야기 좀 나눌 수 있을까요?

M Hello, Tara. Of course, have a seat. What's on your mind?

W Well, you know how there are commencement speeches given at every graduation ceremony?

M Yes, typically there are a few speeches given by students and one by a specially invited guest, who is often a celebrity.

W Right, and they have a contest to see which students will give speeches. I applied to be one of those students.

M That seems a little out of character for you, but that is fantastic to hear. You should always push yourself to try new things. Were you selected?

W Yes, I was, and I have no idea what I am doing.

M Well, that cannot be entirely true. There must have been some guidelines for the submission process.

W There were, but they are not very specific. They said that the speech must emphasize experiences that are unique to this university, have an over-arching theme, be well-written, and last four minutes or a little under.

M Alright, those are not very detailed. I will grant you that.

남 안녕, Tara. 물론이죠, 앉아요. 무슨 일인가요?

여 음, 졸업식을 할 때마다 졸업식 연설이 있는 거 알고 계시죠?

남 네, 보통 학생들이 하는 연설이 몇 개 있고, 특별히 초청된 손님이 하는 연설이 하나 있죠. 그 손님이 유명 인사일 때가 많고요.

여 맞아요. 그리고 어떤 학생들이 연설을 할지 뽑는 대회가 있는데요. 저는 연설을 하는 학생들 중 하나가 되고 싶어서 지원했어요.

남 학생의 평소 모습과는 좀 다르지만, 정말 멋지네요. 항상 새로운 일을 하도록 스스로를 채찍질해야 해요. 연설자로 뽑혔나요?

여 네 맞아요. 그리고 전 제가 뭘 하고 있는 건지 도무지 모르겠어요.

남 음, 그건 전혀 사실이 아닐 거예요. 제출 과정에 대한 가이드라인이 조금이라도 있었겠죠.

여 있긴 했어요. 하지만 그다지 구체적이지 않아요. 학교 측에서 말하길 연설은 이 학교에서 겪은 특별한 경험을 강조해야 하며, 중요한 주제를 가지고 있어야 하고, 잘 쓰여져야 하며, 4분 이내로 끝나야 한다고 했어요.

남 그래요. 그다지 상세하지는 않군요. 학생의 말이 맞네요.

노트

Student's situation	Professor's response
commencement speech @ grad. ceremony contest - applied selected, X idea X specific	given by students, guest selected? guidelines
졸업식에서의 졸업식 연설 대회 – 지원함 선택됨, 무엇을 할지 모름 구체적이지 않음	(연설은) 학생들과 게스트에 의해 이루어짐 선택됨? 가이드라인

Q. 대화는 주로 무엇에 관한 것인가?

(A) 중요한 연설을 준비할 때 일어나는 어려움들

(B) 학교 대회를 위해 무엇을 쓸지 알아보기

(C) 학교 행사를 위한 연설에 관한 아이디어 전개하기

(D) 졸업식 연설 참석을 위해 필요한 준비들

해설 대화에서 주제를 나타내는 표시어가 딱히 없다면 반복적으로 등장하는 핵심 단어를 찾아야 한다. 여기서 전체 대화의 중심 내용과 밀접하게 관련되어 반복적으로 등장하는 핵심 단어는 commencement speech(졸업식 연설)이다. 대화 중반부에 학생은 졸업식 연설에서의 학생 연설자를 뽑는 대회에 지원했고 그중 한 명으로 선택되었는데, 본인이 (연설을 위해) 뭘 하고 있는지 모르겠다는 본인의 상황을 이야기하고 있다. 따라서 학생의 연설을 위한 아이디어와 관련된 내용이 전체 지문의 중심 내용임을 알 수 있으므로 (C)가 정답이다. 보기 (A)는 너무 포괄적으로 말하는 보기이며, (B)는 학생이 이미 대회에 지원하여 연설자로 선택되었다고 말한 것으로 보아 답이 될 수 없고, (D)는 단순히 참석을 위한 준비가 아닌 연설을 위한 준비를 하고 있는 것이므로 오답이다.

어휘 commencement n 졸업식, 학위 수여식 | speech n 연설 | graduation ceremony 졸업식 | typically adv 보통, 일반적으로 | specially adv 특별히 | invite v 초대하다 | celebrity n 유명 인사 | contest n 대회, 콘테스트 | apply v 지원하다 | out of character (평소 성격과는)

안 어울리는, 성미에 맞지 않는 | fantastic adj 멋진, 환상적인 | push oneself (~을 하도록) 스스로 채찍질하다 | selected adj 선택된, 선발된 | have no idea 전혀[도무지] 모르다 | entirely adv 전혀, 완전히 | must have p.p. 틀림없이 ~했을 것이다 | guideline n 가이드라인, 지침 | submission n 제출 | process n 과정 | specific adj 구체적인 | emphasize v 강조하다 | unique adj 특별한, 유일한 | over-arching adj 중요한 | theme n 주제 | well-written adj 잘 쓰여진 | last v 지속되다 | detailed adj 상세한 | grant v 인정하다

Test

본서 | P. 64

Passage 1

Man: Tutoring center employee | Woman: Student

[1-3] Listen to part of a conversation between a student and a tutoring center employee.

M Hello, how can I help you?

W Hi, is this the tutoring center for physics?

M I guess you could say that. Since we are in Payne Hall, we have tutors for many engineering-related subjects, including physics.

W Great, then I need to sign up for some tutoring sessions. I have a test coming up, **1C** but I just cannot seem to grasp some of the concepts that are going to be on the exam.

M I hope your test isn't too soon—our tutors are pretty much booked up through the end of this week.

W Oh, no. It's for my midterm exam, which is next Tuesday.

M Hmm, you probably should have come here sooner. Our tutoring sessions fill up pretty quickly during this part of the semester.

W I know. **2B** It's just that I had actually been doing quite well in this class, but then I started to fall behind. I would understand what the professor explained in class, and I'd take thorough notes, but I had trouble with the homework… and then I started missing questions on the quizzes…

M It sounds like a tutor would be helpful, but we have very few sessions remaining.

W Um... I guess you can't help me if all the tutoring sessions are full.

M Well, maybe I can. Hold on a second. Okay, here we go. There are some group sessions that still have open seats in them. They aren't like 1:1 tutoring sessions, where the tutor can focus specifically on what you personally need, but they could help.

W That sounds promising. When is the next session?

M It is at 7 P.M. on Thursday, in Study Room 205.

W I don't know if I can make that session. I am supposed to work that evening in the kitchen at the University Center.

M Ah, you must be a scholarship student.

W Yes, so I have to work part-time on campus.

M That shouldn't be a problem. Just explain to your shift supervisor that you need to get tutoring. He or she should be able to swap your shift with someone else's. Your studies should come first, after all.

W Right. **3A** So, how do I register for the study session?

남자: 개인 지도 센터 직원 | 여자: 학생

학생과 개인 지도 센터 직원 사이의 대화 일부를 들으시오.

남 안녕하세요. 어떻게 도와 드릴까요?

여 안녕하세요. 여기가 물리학 개인 지도 센터 맞나요?

남 그렇게 말할 수 있겠네요. 이곳은 Payne Hall이고, 물리학을 포함해 많은 공학 관련 과목을 위한 개인 지도 교사들이 있으니까요.

여 잘됐네요. 그렇다면 개인 지도 시간을 몇 번 신청하고 싶어요. 이제 곧 시험이 있는데, **1C** 시험에 나올 일부 개념들을 완전히 이해하지 못한 것 같아요.

남 시험이 너무 일찍 있는 건 아니길 바라요—우리 지도 교사들은 이번 주 말까지 예약이 다 찼거든요.

여 아, 이런. 다음 주 화요일에 있는 제 중간고사를 위한 거예요.

남 흠, 더 일찍 왔었어야 했어요. 우리 개인 지도 시간은 학기 내 이 시점에는 상당히 빨리 차거든요.

여 알아요. **2B** 사실은 이 수업에서 상당히 잘하고 있는데, 그러다 뒤처지기 시작해서 그런 거예요. 수업에서 교수님이 설명하신 걸 이해하고 필기를 자세히 했지만, 과제를 하는 데 문제가 있었어요... 그리고 쪽지 시험에서 문제들을 틀리기 시작했고요...

남 개인 지도 교사가 도움이 될 것 같네요. 하지만 비어 있는 시간들이 아주 적어요.

여 음... 모든 개인 지도 시간이 꽉 찼다면 저를 도와주실 수 없겠네요.

남 음, 도와줄 수 있을지도 몰라요. 잠깐만요. 네, 여기 있어요. 아직 자리가 남아 있는 그룹 지도 시간이 있네요. 학생이 개인적으로 필요로 하는 부분에 구체적으로 집중하는 일대일 개인 지도는 아니지만, 도움이 될 수는 있어요.

여 좋은 것 같아요. 다음 (개인 지도) 시간은 언제인가요?

남 205번 공부방에서 목요일 오후 7시에 있어요.

여 제가 그 시간에 갈 수 있을지 모르겠어요. 대학교 센터의 주방에서 일을 해야 하거든요.

남 아, 장학금을 받는 학생이겠군요.

여 네, 그래서 교내에서 파트타임 일을 해야만 해요.

남 그건 문제없어요. 근무 시간 관리자에게 개인 지도를 받아야 한다고 설명하세요. 다른 사람과 근무 시간을 바꿔줄 수 있을 거예요. 어쨌든 학생의 공부가 우선이 되어야 하니까요.

여 맞아요. **3A** 그럼, 공부 모임을 어떻게 신청하죠?

M Well, just let me see your university ID, and I can add you to the attendance list for the next session.	**남** 음, 그냥 학생의 학생증을 보여 주면 다음 시간 출석 목록에 학생을 추가할 수 있어요.

노트

Student's situation	Tutoring center employee's response
sign up 4 tutor session 개인 지도 시간 신청	
midterm, next Tue - X hw, quiz 중간고사, 다음 주 화요일 – 과제와 쪽지시험 못함	fill up quickly 빨리 예약이 참 many S. come 많은 학생들이 옴 group session 그룹 지도 시간 7 PM Thurs. 목요일 오후 7시
X make it - work 시간이 안 됨 – 일함	ask supervisor 관리자에게 부탁함
how register? 어떻게 신청?	show ID, add to list 학생증 제시, 목록에 추가

Type: Main Idea

1. 학생은 왜 개인 지도 센터에 왔는가?

Ⓐ 예약을 다시 잡기 위해
Ⓑ 그곳에서 일하려고 지원하기 위해
Ⓒ 공부에 도움을 받기 위해
Ⓓ 교수에 대해 묻기 위해

해설 대화 도입부에서 개인 지도 센터 직원이 용건을 묻자 학생은 방문 목적을 나타내는 표시어 "Great, then I need to ~" 이하에서 개인 지도를 신청하고 싶다고 말한 후, 역접의 접속사 but 뒤에 시험에 나올 개념을 이해하지 못한 것 같다고 말하므로 이를 적절히 패러프레이징한 (C)가 정답이다.

Type: Details

2. 중간고사를 앞두고 학생이 가진 가장 큰 문제는 무엇인가?

Ⓐ 필수 학점을 받아야만 한다.
Ⓑ 수업을 이해할 수가 없다.
Ⓒ 교수에게 연락을 할 수가 없었다.
Ⓓ 시험을 볼 수 없었다.

해설 대화 초반부에 학생은 개인 지도를 신청하게 된 이유, 즉 본인이 수업을 따라가기 어렵게 된 상황에 대해 자세히 설명한다. 수업 내용을 이해하는 데 어려움이 있다는 것이 핵심 맥락이므로, 이 내용을 적절히 담은 (B)가 정답이다.

Type: Inference

3. 학생은 다음에 무엇을 할 것 같은가?

Ⓐ 공부 모임을 신청할 것이다.
Ⓑ 대학교 센터로 갈 것이다.
Ⓒ 근무 일정을 바꿀 것이다.
Ⓓ 교수에게 연락할 것이다.

해설 다음에 할 일을 묻는 문제의 정답 단서는 대개 대화 마지막에서 확인할 수 있다. 학생이 개인 지도가 꽉 차 그룹 지도에 참여할 수 있다는 직원의 말에 긍정적인 반응을 보이며 마지막에 "So, how do I register for the study session? 그럼, 공부 모임을 어떻게 신청하죠?"이라고 직원에게 질문한 것으로 보아 본인이 그룹 지도 시간에 바로 등록할 것임을 알 수 있다. 따라서 (A)가 정답이다.

어휘 tutor v 개인 지도하다 n 개인 지도 교사 | physics n 물리학 | engineering n 공학 | -related ~와 관련된 | subject n 과목 | including prep ~을 포함하여 | sign up for ~을 신청하다 | session n 시간, 수업, 모임 | grasp v 완전히 이해하다, 파악하다 | concept n 개념 | be booked up 예약이 꽉 차다 | midterm adj 중간의 | fill up 가득 차다 | fall behind 뒤처지다 | take notes 필기를 하다 | thorough adj 빈틈없는, 철두철미한 | miss v 못 맞히다, 놓치다 | quiz n 간단한[쪽지] 시험 | remaining adj 남아 있는 | focus on ~에 집중하다 | specifically adv 분명히, 명확하게 | personally adv 개인적으로 | promising adj 조짐이 좋은 | be supposed to do ~해야 한다 | scholarship n 장학금 | shift n 교대 근무 시간 | supervisor n 관리자, 상사 | swap v 바꾸다 | register v 등록하다, 신청하다 | add v 추가하다 | attendance n 출석 | reschedule v 일정을 다시 잡다 | apply v 지원하다 | inquire v 묻다 | obtain v 얻다, 획득하다 | credit n 학점

Passage 2

Man: University employee | Woman: Student

[1-3] Listen to part of a conversation between a student and a university employee.

W Hello?

M Hello, how can I help you?

W 1C I can't find my car. I don't know if it was stolen or towed, although I hope it was towed. At least I can get it back if that's the case.

M Oh. I cannot help you with that. 1C You need to go to the transportation office on the third floor. They handle everything related to parking. If it was towed, they can check and let you know immediately.

W Yes, I know that, 2A but there is no one in the Transportation Office. I was just there.

M Ah—their lunch hour just ended, so they must not have gotten back from the University Center yet. I will give you what information I can. Where did you leave your car?

W I parked the car in front of my dormitory after I finished moving my stuff from my old dormitory. 3C That was around 2 A.M. I had a temporary parking permit clearly visible on the dashboard.

M 3C Ah, then your car was most likely towed. Temporary parking permits expire at midnight. It's written on the back of the permit. It's always a good idea to read the instructions carefully. Had you explained your situation in advance, the transportation office might have granted you an extension. They usually make an allowance if you have a legitimate reason.

W Is moving not a legitimate reason?

M It is, I agree. But as I said, you have to make your request in advance.

W But how could I know how long it would take to move? I thought I would have plenty of time.

M I'm sorry. I don't know what to tell you.

W Okay. I apologize. I know this isn't your area of responsibility. 1C Do you know where the car would be now if it were towed?

M Yes—1C it'll be at the police impound lot, just like any other car that gets towed.

W At the police impound lot? Oh no!

M It's not that big of a deal. You aren't in trouble with the police. 1C You just need to show up with proof of ownership to pick up your car. Your driver's license should be enough. They can compare it to the insurance paperwork.

W That's the thing—it isn't my car. I borrowed my friend's car because I don't have one. She doesn't go to this university. I need to get the car back as soon as possible, or the impound fees will keep climbing. My friend is not going to be happy about this. What a hassle!

남자: 대학교 직원 | 여자: 학생

학생과 대학교 직원 사이의 대화 일부를 들으시오.

여 안녕하세요?

남 안녕하세요. 어떻게 도와 드릴까요?

여 1C 제 차를 찾을 수가 없어요. 누가 훔쳐간 건지, 아니면 견인된 건지 모르겠어요. 차라리 견인되었기를 바라지만요. 견인되었다면 적어도 다시 차를 찾아올 수는 있잖아요.

남 어, 그 문제는 제가 도와 드릴 수 없겠네요. 1C 3층에 있는 교통과로 가야 해요. 그곳에서 주차에 관련된 모든 일을 처리하거든요. 만약 견인되었다면, 확인해서 바로 학생에게 알려줄 수 있어요.

여 네, 그건 알지만, 2A 교통과에 아무도 없었어요. 방금 다녀왔거든요.

남 아—그 부서의 점심시간이 이제 막 끝나서, 아직 학교 사무실로 돌아오지 않았나 봐요. 제가 알아봐 줄 수 있는 정보라면 알아볼게요. 차를 어디에 두었나요?

여 예전에 살던 기숙사에서 새 기숙사로 짐을 다 옮기고 새 기숙사 앞에 차를 주차했어요. 3C 새벽 2시 정도였죠. 계기판 위에 임시 주차 허가증이 잘 보이게 올려뒀었어요.

남 3C 아, 그럼 학생의 차는 견인되었을 가능성이 높아요. 임시 주차 허가증은 밤 12시에 만료되거든요. 허가증 뒤에 적혀 있어요. 항상 지시 사항을 주의 깊게 읽어보는 게 좋죠. 만약 학생이 미리 상황을 설명했더라면, 교통과에서 시간 연장을 해 줬을 거예요. 정당한 사유가 있다면 보통 감안해 주니까요.

여 이사는 정당한 사유가 아닌가요?

남 정당한 사유가 맞아요. 하지만 이미 말했듯이, 미리 요청을 해야 해요.

여 하지만 이사하는 데 얼마나 걸릴지 제가 어떻게 알겠어요? 전 시간이 충분하다고 생각했어요.

남 유감이에요. 뭐라고 말해야 할지 모르겠네요.

여 알겠어요. 죄송합니다. 이 일을 담당하는 분이 아니시라는 거 알아요. 1C 만약 제 차가 견인되었다면 어디에 있을지 아세요?

남 네—견인되는 다른 차들과 마찬가지로, 1C 경찰 압류 차고지에 있을 거예요.

여 경찰 압류 차고지요? 이런 세상에!

남 그렇게 큰일은 아니에요. 경찰과 문제가 생겼다거나 한 게 아닙니다. 1C 차를 찾아오려면 학생이 그 차를 소유하고 있다는 증거를 가지고 가면 돼요. 운전 면허증이면 충분하겠죠. 보험 서류와 대조해 볼 수 있으니까요.

여 그게 문제예요—그 차는 제 차가 아니거든요. 차가 없어서 제 친구의 차를 빌렸어요. 그 친구는 이 학교에 다니지 않아요. 저는 최대한 빨리 차를 찾아야 해요. 그렇지 않으면 압류 요금이 계속 늘어날 거예요.

M Oh. That is a problem. Do you know the car's license plate number?

W Uh, yes. I had to write it on the form for the parking permit.

M Okay. 1C I recommend that you call the impound lot to see if the car is there. Then, call your friend and ask her to call the police station. If she explains the situation and authorizes you to pick up the car, I don't see why they wouldn't let you do so.

W That's not a bad idea. Do you really think it will work?

M Why not? Anyway, it can't hurt to try.

W Right. Um, do you happen to know what phone number I should call?

M No, but I can check on my computer. Wait a moment.

친구가 이 일을 알면 정말 언짢아할 텐데. 이런 귀찮은 일이 생기다니!

남 오. 그건 정말 문제네요. 자동차 번호는 알고 있나요?

여 아, 네. 주차 허가증을 받으려고 작성한 서류에 차 번호를 썼거든요.

남 좋아요. 1C 차가 압류 차고지에 있는지 확인하려면 그곳에 전화해 보길 추천해요. 그 다음, 친구에게 전화해서 경찰서에 연락하라고 하세요. 친구가 상황을 설명하고 학생이 차를 찾아올 수 있도록 위임하면, 그쪽에서 안 된다고 할 이유가 없겠죠.

여 괜찮은 생각이네요. 정말 그게 가능할 거라고 보세요?

남 왜 안 되겠어요? 어쨌든, 시도해서 나쁠 건 없죠.

여 맞아요. 음, 어느 번호로 전화를 걸어야 하는지 혹시 아세요?

남 아니요. 하지만 컴퓨터로 확인해 볼 수는 있어요. 잠시만요.

노트

Student's situation	University employee's response
prob.: X find car 문제점: 차를 찾을 수 없음 parked in front of dorm. 기숙사 앞에 주차함 temp. parking permit 임시 주차 허가증 if towed – where? 만약 견인되면 – 어디에? friend's car 친구의 차	expire at midnight 자정에 만료 police impound lot 경찰 압류 차고지 license #? 자동차 번호? call imp. lot → friend call police st. → pick up car 경찰 압류 차고지에 전화 → 친구가 경찰서에 전화 → 차를 찾아옴 check phone # 전화번호를 확인

Type: Main Idea

1. 화자들은 주로 무엇에 관해 이야기하는가?

Ⓐ 교통과 직원들이 자리에 없을 때 연락하기

Ⓑ 새 기숙사로 이사하며 받는 스트레스에 대처하는 법

Ⓒ 차가 견인되었을 때 차를 되찾기 위한 조치

Ⓓ 특정 주차장을 이용하기 위해 사무실에서 허가증 받기

해설 대화 도입부에서 학생은 본인의 차를 찾을 수 없다고 말하며 다시 찾을 수 있게 차라리 견인되길 바라는 절박한 심정을 드러낸다. 이에 대학 직원은 교통과에 안내하지만, 학생은 그곳에 아무도 없다고 이야기하면서 차가 견인되었을 시 어디서 찾을 수 있을지 질문한다. 그에 대해 대학 직원이 "it'll be at the police impound lot 경찰 압류 차고지에 있을 거예요", "You just need to show up with proof of ownership to pick up your car. 차를 찾아오려면 학생이 그 차를 소유하고 있다는 증거를 가지고 가면 돼요.", "I recommend that you call the impound lot to see if the car is there. 차가 압류 차고지에 있는지 확인하려면 그곳에 전화해 보길 추천해요."라며 차를 되찾는 방법을 학생에게 전반적으로 이야기해 주고 있으므로 (C)가 정답이다.

Type: Details

2. 학생은 왜 교통과 직원과 이야기하지 않았는가?

Ⓐ 그곳에 있어야 할 직원들이 자리에 없다는 것을 알아차렸다.

Ⓑ 교통과로 가기 전에 질문 몇 가지를 하고 싶어 했다.

Ⓒ 상황이 급해서 기다리고 싶어 하지 않았다.

Ⓓ 경찰 압류 차고지 연락 정보만 필요했다.

해설 대화 초반부에 역접의 접속사 but 뒤로 학생이 바로 전에 교통과에 갔지만 아무도 없었다고 말한 것으로 보아 (A)가 정답이다. 이때 there is no one in the Transportation Office가 the employees who were supposed to be there were not present로 패러프레이징 된 것임을 파악해야 한다.

Type: Details

3. 학생의 차는 왜 견인되었는가?

Ⓐ 이사는 정당한 사유가 아니라는 것을 몰랐기 때문에
Ⓑ 미리 주차 허가증 연장을 받는 것을 잊어버렸기 때문에
Ⓒ 주차 허가증이 유효할 것이라고 가정했기 때문에
Ⓓ 이사하기 전에 교통과에 상담하지 않았기 때문에

해설 대화 중반부에 학생은 새벽 2시쯤 새 기숙사로 이사한 후 임시 주차 허가증이 있었기 때문에 그곳에 당당히 주차했지만, 직원은 임시 허가증이 자정에 만료된다는 주의 사항이 허가증 뒤에 적혀 있다고 말한다. 따라서 학생은 이를 모른 상태에서 임시 주차 허가증이 유효할 것이라 생각하고 주차해서 차가 견인되었음을 알 수 있다. 따라서 (C)가 정답이다. 보기 (A)는 직원이 확인해 준 것처럼 이사는 정당한 사유이므로 오답이고, (B)는 학생이 아예 주차 허가증 연장 자체에 대해 몰랐으므로 정답이 될 수 없으며, (D)는 학생이 교통과에 상담하지 않은 것 자체가 견인된 이유는 아니므로 오답이다.

어휘 steal v 훔치다 | tow v 견인하다 | transportation n 교통 | handle v 처리하다, 다루다 | related to ~와 관련된 | parking n 주차 | immediately adv 즉시 | dormitory n 기숙사 | temporary adj 임시의 | permit n 허가증 | dashboard n 계기판 | most likely 아마 | expire v 만료되다, 기한이 지나다 | midnight n 자정 | instruction n 지시, 설명 | carefully adv 주의 깊게 | in advance 미리 | grant v 승인하다 | extension n 연장 | allowance n 감안, 참작 | legitimate adj 정당한, 타당한 | request n 요청 | responsibility n 책임, 책무 | impound lot 압류 차고지 | in trouble with ~와 문제가 있는 | show up 나타나다 | proof n 증거 | ownership n 소유, 소유권 | pick up ~을 찾아오다 | driver's license n 운전 면허증 | compare v 비교하다, 대조하다 | insurance n 보험 | paperwork n 서류, 문서 업무 | borrow v 빌리다 | fee n 요금 | climb v 오르다, 올라가다 | hassle n 귀찮은 상황 | license plate number n 자동차 등록 번호 | authorize v 권한을 부여하다[위임하다] | happen to do 우연히 ~하게 되다 | contact v 연락하다 | absent adj 자리에 없는, 부재한 | deal with ~에 대처하다, 해결하다 | particular adj 특정한 | notice v 알아차리다 | present adj 있는, 존재하는 | urgent adj 긴급한 | assume v 가정하다, 추측하다 | valid adj 유효한 | consult v 상담하다

Lesson 02 Details

본서 | P. 68

Practice

01 C 02 A 03 A, D 04 B

Test

Passage 1 **1.** C **2.** B, D **3.** B

Passage 2 **1.** B **2.** C **3.** B

Practice

본서 | P. 72

01 Man: Professor | Woman: Student

Listen to part of a conversation between a student and a professor.

M Okay, and also, if you want to get on the list for a class, you have to talk to the professor for that class. He or she must approve your addition to the list. Is there a particular reason you wanted to take her class? Are you very interested in medieval literature?

남자: 교수 | 여자: 학생

학생과 교수 사이의 대화 일부를 들으시오.

남 좋아요, 또한 수업을 들으려고 명단에 이름을 올리고 싶으면 그 수업 교수님과 이야기를 해야 하죠. 교수님이 명단에 이름을 올리는 걸 허락해 줘야 하고요. 학생이 그 교수님 수업을 듣고 싶은 특별한 이유가 있나요? 중세 문학에 관심이 많은 건가요?

W Uh, well, it does sound interesting, but to be honest I just need to fill my required credits for literature. I'm actually an accounting major. Some of the courses that I have to take for my major are not offered every semester, and many of them will be offered next spring. So I wanted to get my elective courses out of the way. This class fits my schedule very well. That's the main reason that I want to take it.

M Aha, well, if that's the case, then you might be interested in taking one of my classes instead. I'm teaching a class on early twentieth century literature that is in the same time slot.

여 어, 음, 재미있는 수업 같긴 한데, 솔직히 말하자면 저는 그저 문학 필수 학점을 채우려고 하는 거예요. 저는 실제로 회계 전공입니다. 제 전공을 위해 들어야 하는 수업들 중 일부는 매 학기마다 있지 않고, 다수가 다음 봄 학기에 열리거든요. 그래서 선택 수업을 다 끝내고 싶었어요. 이 수업이 제 스케줄에 아주 잘 맞아요. 그게 이 수업을 듣고 싶은 주된 이유예요.

남 아, 만약 그런 경우라면 내 수업을 듣는 데 관심이 있을지도 모르겠군요. 나는 같은 시간대에 있는 20세기 초 문학에 대한 수업을 가르치거든요.

노트

Student's situation	Professor's response
need to fill required credits for lit. major courses X offered every sem. this class fits sched.	why take medieval lit.? sug.: take early 20 cen. lit. class
문학 필수 학점을 채워야 함 전공 수업이 매 학기마다 있지 않음 이 수업이 스케줄에 맞음	왜 중세 문학 수업을 들으려고 하나? 제안: 20세기 초 문학 수업을 듣기

Q. 학생은 왜 중세 문학 수업을 듣고 싶어 하는가?

(A) 그 수업이 매 학기마다 제공되지 않는다.
(B) 그 수업 주제가 전공과 관련된 것이다.
(C) 그 수업 시간이 스케줄에 잘 맞는다.

해설 학생은 문학 필수 학점을 채우기 위해서 이 수업(중세 문학 수업)을 듣는 것이며 자신의 전공 과목 수업들은 다음 학기에 열려서 듣지 못하므로 선택 수업들을 다 끝내고 싶은데, 이 수업이 자신의 스케줄과 가장 잘 맞는다고 말한다. 따라서 (C)가 정답이다. 보기 (A)는 매 학기마다 제공되지 않는 것은 중세 문학 수업이 아니라 학생의 전공 수업 일부이므로 틀린 내용이고, (B)는 학생의 전공이 accounting major(회계 전공)라고 말했으므로 중세 문학 수업은 관련이 없어 오답이다.

어휘 approve v 승인하다 | addition n 추가, 추가된 것 | particular adj 특별한 | interested adj 관심이 있는 | medieval adj 중세의 | literature n 문학 | to be honest 솔직히 말하자면 | fill v 채우다 | required adj 필수의, 필요한 | credit n 학점 | accounting n 회계 | major n 전공 | offer v 제공하다 | semester n 학기 | elective adj 선택할 수 있는 | out of the way 끝난 | fit v 맞다 | case n 경우, 실정, 사실 | instead adv 대신에 | time slot 시간대

02

Man: Professor | Woman: Student

Listen to part of a conversation between a student and a professor.

M Commencement speeches do not conform to the same rules as other forms of public speaking like speeches at conferences or at formal events like weddings or funerals. They allow speakers to enjoy a unique level of freedom to express themselves, as they are a chance to share opinions, experience, and advice with no limitations.

남자: 교수 | 여자: 학생

학생과 교수 사이의 대화 일부를 들으시오.

남 졸업식 연설은 학회에서의 연설 또는 결혼식이나 장례식 같은 격식 있는 행사에서 하는 연설과 같은, 다른 유형의 대중 연설과 동일한 규칙들을 따르진 않아요. 졸업식 연설은 연사로 하여금 자신을 표현할 수 있는 특별한 수준의 자유를 즐길 수 있도록 해 주죠. 제한 없이 의견, 경험, 그리고 조언을 나눌 수 있는 기회니까요.

W Wow, OK, but that certainly doesn't make it easy. I feel like I've just been told to write a five-page essay with no other instructions.

M That's about right. Speaking of which, you must have written an essay to apply for the contest. What did you write about?

W I wrote about what it was like to transfer from my first university in Australia to this one in the US.

M OK, then why don't you focus on that for your speech too? You could make the over-arching theme transitions, and emphasize the transitions that students at this specific university have to make. But you should also be careful to make it relatable to non-students. Remember that most of your audience will be friends and family of students, faculty, special guests, etc.

여 와, 그렇군요, 하지만 이 사실이 반드시 연설을 쉽게 만들어 주는 건 아니에요. 아무 설명 없이 다섯 장짜리 에세이를 쓰라는 말을 들은 것 같아요.

남 그것과 비슷하네요. 그 말을 해서 말인데, 대회에 지원하기 위해 학생도 에세이를 썼을 거잖아요. 무엇에 대해 썼나요?

여 호주에 있는 저의 첫 번째 대학교에서 미국에 있는 이 학교로 전학을 온 일에 대해서 썼어요.

남 좋아요. 그럼 학생의 연설에서도 그 부분에 집중하는 게 어떤가요? 중요한 주제 전환을 할 수 있고, 바로 이 대학을 다니는 학생들이 경험해야 하는 변화들을 강조할 수 있어요. 하지만 학생이 아닌 사람들에게도 공감대를 형성할 수 있도록 만들기 위해 주의를 기울여야 해요. 청중의 대부분은 학생들의 친구와 가족, 교직원, 특별 손님 등이라는 걸 기억해야 해요.

노트

Student's situation	Professor's response
X easy wrote about transferring univ. from Aus to US 쉽지 않음 호주에서 미국으로 대학을 옮긴 것에 대해 썼음	commencement sp. → X same rules, express freely sug.: focus on the topic – trans, relat. to non-S. 졸업식 연설 → 똑같은 규칙이 없고 자유롭게 표현함 제안: 그 주제에 집중하기 – 변화, 학생이 아닌 사람들에게 공감대 형성

Q. 교수는 학생에게 무엇을 제안하는가?

Ⓐ 학생이 제출했던 에세이에 사용한 주제를 더 발전시키라고
Ⓑ 손님들과 부모님들을 포함하여 모든 사람들이 공감할 수 있는 다른 주제를 찾으라고
Ⓒ 연설의 주제를 결정하기 위해 먼저 타깃 관중을 결정하라고

해설 제안을 할 때 쓰이는 표시어 "why don't you ~" 이하에서 교수는 학생이 대회에 에세이를 제출할 때 사용한 주제에 집중하라고 제안하고 있으므로 (A)가 정답이다. 보기 (B)는 다른 주제를 찾으라고 한 부분에서 일부 내용이 틀렸고, (C)는 교수의 제안에서 언급되지 않은 내용이다.

어휘 commencement n 졸업식, 학위 수여식 | speech n 연설 | conform v 따르다, 순응하다 | rule n 규칙 | form n 유형, 종류 | public speaking 대중 연설 | conference n 학회, 회의 | formal adj 격식 있는 | wedding n 결혼식 | funeral n 장례식 | speaker n 연사 | unique adj 특별한, 독특한 | freedom n 자유 | express v 표현하다 | limitation n 제한 | certainly adv 반드시, 틀림없이 | instruction n 설명 | speaking of which 그 말이 나와서 말인데 | apply for ~에 지원하다 | contest n 대회 | transfer v 전학하다 | focus on ~에 집중하다 | over-arching adj (많은 것에 관련되어) 중요한 | theme n 주제 | transition n 변화, 이동, 이행, 과도 | emphasize v 강조하다, 두드러지게 하다 | specific adj 구체적인 | relatable adj 공감대를 형성하는 | audience n 청중, 관객 | faculty n 교직원

03 Man: Student | Woman: University employee

Listen to part of a conversation between a student and a university employee.

W Hello, how may I help you?

M This is the housing office, right?

남자: 학생 | 여자: 대학교 직원

학생과 대학교 직원 사이의 대화 일부를 들으시오.

여 안녕하세요, 어떻게 도와 드릴까요?

남 여기가 교내 주거 관련 사무실이죠?

W Yes, it is. Do you have an issue with your current campus housing?

M Uh, yes, I think I do. I am a transfer student, and I will be starting classes here on Monday. I am supposed to move into campus housing tomorrow afternoon, so I came to check out my room.

W Oh? Then welcome to the university!

M Thank you, but I think that there has been some kind of mistake. I requested a dormitory room, but I was not assigned one. This confirmation email says that I have room 243 in Thompson Hall, but that building is not a dormitory. Not only that, but the room is also already fully occupied.

W May I see that paper? Hmm... yes, that is the room assignment it says. And you are correct. Thompson Hall has campus apartments rather than dormitories.

여 네, 맞아요. 현재 교내 주거와 관련해서 문제가 있으신가요?

남 어, 네, 그런 것 같아요. 저는 편입생이고, 월요일부터 이 학교에서 수업을 듣게 됐어요. 내일 오후에 교내 주택으로 이사할 예정이라 방을 확인하러 왔습니다.

여 오? 우리 학교에 오신 걸 환영해요!

남 감사합니다. 하지만 뭔가 실수가 있었던 것 같아요. 기숙사 방을 신청했는데 배정을 받지 못했거든요. 여기 이 확인 이메일에는 제가 Thompson Hall의 243번 방을 받았다고 되어 있지만, 그 건물은 기숙사가 아니에요. 그뿐 아니라 방은 이미 다른 사람들이 쓰고 있어요.

여 잠깐 봐도 될까요? 흠… 네, 여기서는 그렇게 말하고 있네요. 그리고 학생의 말이 맞아요. Thompson Hall은 교내 아파트이지 기숙사가 아니거든요.

노트

Student's situation	University employee's response
prob.: requested dorm. room b/ X assigned 1. Thompson Hall → X dorm. 2. room fully occupied	Thom. H = apart., X dorm
문제점: 기숙사 방을 요청했으나 배정받지 못함 1. Thompson Hall → 기숙사가 아님 2. 방이 모두 사용 중임	Thompson Hall = 아파트임, 기숙사가 아님

Q. 학생에 따르면, 배정 받은 방의 문제점은 무엇인가? 2개의 답을 고르시오.

Ⓐ 이미 다른 사람들이 쓰고 있다.
Ⓑ 그가 원하던 건물이 아니다.
Ⓒ 많은 룸메이트가 있다.
Ⓓ 잘못된 종류의 방이다.

해설 역접의 접속사 but으로 시작하는 문장 "but I think that there has been some kind of mistake 하지만 뭔가 실수가 있었던 것 같아요"를 통해 학생이 배정받은 방에 문제가 있다는 것을 알 수 있다. 기숙사 방을 요청했으나 기숙사가 아닌 방을 배정받았으므로 이를 다른 말로 표현한 (D)가 정답이다. 추가 정보를 나타내는 표시어 "Not only that, but ~ also ~" 이하에서 추가적인 문제점으로 그 방이 이미 다른 사람들에 의해 사용 중이라는 것을 알 수 있으므로 (A) 또한 정답이다.

어휘 issue n 문제 | current adj 최근의, 현재의 | housing n 주거, 주택 | transfer student n (대학의) 편입생, 전학생 | be supposed to do ~하기로 되어 있다 | mistake n 실수 | request v 요청하다 | dormitory n 기숙사 | assign v 배정하다 | confirmation n 확인, 확정 | not only A but also B A뿐만 아니라 B도 | occupied adj 사용 중인 | correct adj 옳은

04 Man: Professor | Woman: Student

Listen to part of a conversation between a student and a professor.

W Hello... Professor. I have a question regarding your organic chemistry class this semester. I took the course last spring, but it didn't go well, so I want to retake the course with your permission.

남자: 교수 | 여자: 학생

학생과 교수 사이의 대화 일부를 들으시오.

여 안녕하세요... 교수님. 이번 학기에 교수님께서 가르치시는 유기 화학 수업과 관련하여 질문이 있습니다. 지난봄에 그 수업을 들었는데 잘하지 못했어요. 그래서 교수님의 허락을 받아 그 수업을 재수강하고 싶습니다.

M Did you fail the course? Why do you want to take it again?

W No, no... I didn't fail, but I barely made it with a C-. That semester I had a lot of difficulties with my family and had to move back and forth to Cromwell every weekend. I was unable to concentrate on my studies. This definitely affected my grades.

M I understand, but we all have challenges that we face on a regular basis and still should be responsible for our actions. University is a stepping stone to society, and rarely do we have the opportunity to completely make up for something when we make a mistake in the 'real society.'

W Yes, Professor. I understand what you're saying, but... I need this course. Not only can I do better, but I need to learn more about the information necessary for my advanced courses. Without genuine comprehension of this material, it'll be difficult for me to handle my senior thesis experiment, and it's a prerequisite for Rainforest Ecology, which I have to take next semester.

남 수업에 낙제했었나요? 왜 그 수업을 다시 듣고 싶어 하지요?

여 아니오, 그게 아니라... 낙제를 하지는 않았지만, C-로 간신히 통과했어요. 그 학기에 가족들에게 힘든 일이 좀 있어서 주말마다 Cromwell로 왔다 갔다 해야 했거든요. 음, 공부에 집중할 수가 없었어요. 그게 확실히 제 성적에 영향을 끼친 것 같아요.

남 이해해요, 하지만 우리 모두에게는 정기적으로 직면해야 할 어려운 일들이 있고, 여전히 우리의 행동들에 대한 책임도 다해야만 해요. 대학은 사회를 향한 디딤돌이고, '실제 사회'에서는 실수를 했을 때 그것을 완전히 만회할 수 있는 기회가 거의 없어요.

여 네, 교수님. 무슨 말씀이신지 잘 알아요. 하지만... 제게는 이 수업이 필요합니다. 더 잘할 수 있을 뿐만 아니라 저의 상급 과정에 필요한 정보를 좀 더 많이 배워야 합니다. 이 자료를 진정으로 이해하지 않고는 제가 졸업 논문 실험을 감당하기가 어려울 거예요. 또한 이 과목은 다음 학기에 들어야 하는 열대 우림 생태학의 선행 과목이기도 하고요.

노트

Student's situation	Professor's response
want to retake course X fail need course for adv. course, senior thesis exp., prereq.	fail? be respon.
수업을 다시 듣고 싶어 함 낙제한 것은 아님 상급 과정, 졸업 논문 실험을 위해서, 선행 과목이라서 수업이 필요함	낙제함? 책임을 다해야 함

Q. 학생은 왜 이 특정 화학 과목을 재수강하고 싶어 하는가?

Ⓐ 이전에 이 과목을 낙제했다.
Ⓑ 상급 과정을 공부할 때 도움이 될 것이다.
Ⓒ 화학 전공이다.
Ⓓ 교수를 기쁘게 해 주고 싶어 한다.

해설 학생이 이 특정 화학 과목을 꼭 재수강해야 하는 이유로 언급하는 세부 사항을 묻는 문제다. 역접의 접속사 but으로 이 수업이 필요하다고 강조한 후 "Not only can I do better, ~" 이하에서 상급 과정을 듣기 위해 필요한 이 특정 과목을 완전히 이해하지 않으면 나중에 감당하기 어려울 것이라고 말하므로 (B)가 정답이다. 보기 (A)는 학생이 C-를 받았을 뿐 낙제를 하지 않았다고 말했으므로 틀렸고, (C)는 학생의 전공에 대해 언급이 없어서 확실한 답이 될 수 없으며, (D)는 학생 자신의 필요에 의해 재수강을 하고 싶어 하는 것이라서 오답이다.

어휘 regarding prep ~와 관련하여 | organic chemistry n 유기 화학 | semester n 학기 | go well 잘되어 가다 | retake v 재수강을 하다, 재시험을 치다 | permission n 허락 | fail v 낙제하다, 실패하다 | barely adv 간신히 | back and forth 왔다 갔다 | unable adj ~할 수 없는 | concentrate on ~에 집중하다 | definitely adv 확실히, 분명히 | affect v 영향을 끼치다 | challenge n 어려운 일[과제], 도전 | face v 직면하다, 마주하다 | on a regular basis 정기적으로 | responsible adj 책임이 있는 | stepping stone n 디딤돌 | society n 사회 | rarely adv 거의[좀처럼] ~ 않는 | completely adv 완전히 | make up for (잘못된 상황을) 만회하다 | necessary adj 필요한 | advanced adj 상급의 | genuine adj 진짜의 | comprehension n 이해 | handle v 감당하다, 다루다, 처리하다 | senior adj 고급[상급]의 | thesis n 논문 | experiment n 실험 | prerequisite n 선행[필수] 과목 | rainforest n 열대 우림 | ecology n 생태학 | previously adv 이전에 | major n 전공

Passage 1

Man: Professor | Woman: Student

[1-3] Listen to part of a conversation between a student and a professor.

M Good afternoon, Tanya. How is your project coming along?

W Well, I've been having some trouble deciding which constellation to explore. As you know, there are so many different constellations, and they each cover so much territory.

M Yes, there are many official constellations, 88 in total, and they are used to divide up the entire night sky as it is perceived from Earth. There are also many unofficial ones called asterisms. You only have a few weeks left. Have you been able to narrow it down at all?

W I've always been interested in Ursa Major, and it has some very interesting galaxies in and around it. I was thinking about studying some of those galaxies.

M Indeed it does. Which galaxies in particular are you interested in?

W **2** I was thinking about studying and comparing Messier 81 and 101.

M **2** Those are both excellent choices. **2B** They are nearly face-on from Earth, so most of their discs and arms are visible. **2D** They are also very bright, which makes them easy to observe. But I get the feeling that you didn't come here to discuss that aspect of your project.

W No, I didn't. **1C** Unfortunately, I have been unable to schedule any time on the school's telescope. It is pretty much booked up through the end of the semester.

M You are not the first student to come to me about this issue. Time on the main telescope in the observatory is quite limited. Would you be able to use a smaller telescope to see those galaxies?

W No, I already tried that, and none of them have high enough magnification. Is there anywhere off of campus that has a telescope that we could use?

M Uh, yes and no. There is an amateur astronomer's association in Carter City that has its own observatory. I know some of the members personally, and they have offered to let students use their telescope, but their observatory is pretty far away.

W Oh, I see. So, I would need to drive there myself.

M Do you have a car?

남자: 교수 | 여자: 학생

학생과 교수 사이의 대화 일부를 들으시오.

남 안녕, Tanya. 프로젝트는 어떻게 되어 가고 있나요?

여 음, 어떤 성좌를 탐구해야 할지 결정하는 데 어려움을 좀 겪고 있어요. 교수님도 아시겠지만, 성좌는 정말이지 많고, 각 성좌는 정말 많은 지역에 걸쳐 있으니까요.

남 그래요. 공식적인 성좌가 총 88개로 여럿 있고, 지구에서 보이는 대로 밤 하늘 전체를 나누는 데 이 88개의 성좌가 사용되죠. 그리고 성군이라고 불리는 비공식적인 성좌들도 많아요. 학생은 이제 몇 주 밖에 시간이 없어요. 좀 범위를 좁혀 볼 수는 있었나요?

여 저는 항상 큰곰자리에 관심이 많았고, 큰곰자리 안과 주변에는 매우 흥미로운 은하계가 좀 있죠. 그 은하계들 일부를 연구해 보는 걸 생각 중이었어요.

남 그렇죠. 특히 어떤 은하계들에 관심이 있나요?

여 **2** Messier 81과 101을 연구하고 비교해 보는 걸 생각했어요.

남 **2** 둘 다 훌륭한 선택이네요. **2B** 그것들은 거의 지구와 마주 보고 있어서, 대부분의 디스크들과 줄기들을 육안으로 볼 수 있어요. **2D** 그리고 아주 밝아서 관찰하기가 쉽죠. 하지만 학생이 프로젝트의 그런 측면에 대해 논의하려고 여기 오지는 않은 것 같다는 생각이 드네요.

여 네, 맞습니다. **1C** 안타깝게도, 저는 학교 망원경을 이용할 수 있는 일정을 잡을 수가 없었어요. 학기말까지 계속 예약이 다 차 있더군요.

남 이 문제 때문에 나를 찾아온 사람은 학생이 첫 번째가 아니에요. 관측소에 있는 주 망원경을 이용할 수 있는 시간은 상당히 제한되어 있죠. 그 은하계들을 보기 위해 더 작은 망원경을 쓰는 게 가능할 것 같나요?

여 아니요, 이미 시도해 봤지만, 작은 망원경들 중 아무 것도 충분히 높은 배율을 갖고 있지 않아요. 저희가 사용할 수 있는 망원경이 캠퍼스 밖에 혹시 있을까요?

남 음, 그렇기도 하고 그렇지 않기도 해요. Carter City에 아마추어 천문학자 협회가 있고, 그 협회에서는 관측소를 갖고 있어요. 내가 개인적으로 회원들을 몇 명 알고, 학생들이 협회 망원경을 이용할 수 있도록 그분들이 제안을 해 줬지만, 그 관측소는 상당히 먼 곳에 있어요.

여 아, 그렇군요. 그렇다면, 거기 차를 몰고 가야겠군요.

남 차가 있나요?

W No, but I have a driver's license, and my older brother has a car I could borrow. Actually, it's a van that can seat 7 people including the driver. How many other students have asked you about this?

M Enough to fill that van… would you be willing to carpool over to the observatory with other students?

W Sure, as long as they are willing to help me to pay for gas, I can drive them over to Carter City.

M Alright then, I will contact my friends in the Carter City Astronomers Association and try to arrange some times for you to utilize their facilities. I will also make a list of students that are willing to travel there to do their research.

W That is very kind of you. **3B** I will call my brother and get him to bring his van to campus as soon as possible.

여 아니요. 하지만 운전 면허가 있고, 저희 오빠가 차를 빌려 줄 수 있어요. 사실 운전자를 포함해서 일곱 명을 태울 수 있는 밴이에요. 교수님께 망원경에 대해 문의한 학생들이 몇 명이었나요?

남 그 밴을 채울 수 있을 정도로 충분히 많았죠... 카풀을 해서 다른 학생들과 관측소에 갈 생각이 있어요?

여 물론이죠. 그 학생들이 주유비를 함께 내주려고만 한다면 제가 Carter City로 태워다 줄 수 있어요.

남 그렇다면 좋아요. Carter City 천문학자 협회에 있는 친구들에게 연락해서 그곳 시설을 학생이 사용할 수 있는 시간을 주선하도록 할게요. 그리고 연구를 위해 거기까지 가고 싶어하는 학생들 명단을 만들도록 하죠.

여 정말 친절하시네요. **3B** 저는 오빠에게 전화를 걸어서 가능한 한 빨리 밴을 가져와 달라고 할게요.

노트

Student's situation	Professor's response
prob.: which constell. 문제점: 어떤 성좌 Ursa Major 큰곰자리	narrow it down 범위를 좁혀볼 것
Messier Messier	good choice - face-on fr. E → most visible, bright 좋은 선택 – 지구와 마주 보고 있어 대부분 육안으로 볼 수 있음, 밝음
prob.: X sched. telescope 문제점: 망원경 일정을 못 잡음	limited 제한적임
X high mag. 높은 배율이 없음	smaller one? 더 작은 망원경?
off campus? 교내 밖에?	Carter City - far Carter City – 멂
drive bro. car 오빠 차를 운전	carpool? 카풀?
O, pay gas 좋음, 주유비를 낸다면 call bro. + van 오빠에게 전화해, 밴을 가져옴	arrange time, make list of stud. 시간을 정하고, 학생 명단을 작성함

Type: Details

1. 교수가 도와주길 원하는 학생의 주요 문제는 무엇인가?

Ⓐ 학교에서 제공하지 않는 수업을 들어야만 한다.
Ⓑ 어떤 천체를 연구해야 할지 결정을 할 수가 없다.
Ⓒ 망원경을 예약하지 못하고 있다.
Ⓓ 현장 학습에 참가하지 못할 것이다.

해설 도입부에서 학생은 성좌 선택에 어려움에 있다고 이야기하지만, 대화 중반부에서 교수가 "But I get the feeling that you didn't come here to discuss that aspect of your project. 하지만 학생이 프로젝트의 그런 측면에 대해 논의하려고 여기 오지는 않은 것 같다는 생각이 드네요."라고 말한 것으로 보아 학생의 근본적인 문제는 다른 것임을 알 수 있다. 문제점이 등장하는 표시어 "Unfortunately, I have been unable to ~" 이하에서 학교 망원경의 예약이 꽉 차 있어서 이용할 수 없다는 학생의 진짜 문제를 말하므로 (C)가 정답이다.

Type: Details

2. 교수는 왜 학생이 선택한 두 은하계에 찬성하는가? 2개의 답을 고르시오.

Ⓐ 둘 다 상대적으로 지구와 가깝다.
Ⓑ 이들의 위치가 이들 대부분을 볼 수 있도록 해 준다.
Ⓒ 학생이 제일 좋아하는 성좌 안에 위치해 있다.
Ⓓ 아주 밝아서 연구하기 쉽다.

해설 대화 중반부에 학생이 선택한 두 은하계에 대해 교수는 훌륭한 선택이라고 반응하며 그 이유를 설명한다. 지구와 마주보고 있어서 대부분을 잘 관찰할 수 있다는 것(They are nearly face-on from Earth, so most of their discs and arms are visible.), 그리고 매우 밝아서 관찰하기 쉽다는 것(They are also very bright, which makes them easy to observe.)이다. 따라서 (B)와 (D)가 정답이다.

Type: Inference

3. 학생은 다음에 무엇을 할 것 같은가?

Ⓐ Carter City로 운전해서 갈 것이다.
Ⓑ 오빠에게 전화할 것이다.
Ⓒ 다른 학생들에게 연락할 것이다.
Ⓓ 학교 천문대로 갈 것이다.

해설 학생이 마지막 말에서 "I will call my brother and get him to bring his van to campus as soon as possible. 저는 오빠에게 전화를 걸어서 가능한 한 빨리 밴을 가져와 달라고 할게요."이라고 말한 것으로 보아, 학생은 바로 오빠에게 전화할 것임을 알 수 있으므로 (B)가 정답이다.

어휘 have trouble V-ing ~하는 데 어려움을 겪다 I decide v 결정하다 I constellation n 성좌, 별자리 I explore v 탐구하다, 분석하다 I cover v (범위에) 걸치다 I territory n 지역, 영역 I official adj 공식적인 I in total 총 I divide up ~으로 나누다 I entire adj 전체의 I perceive v (눈으로) 지각하다, 감지하다 I unofficial adj 비공식적인 I called adj ~라고 불리는 I asterism n 성좌, 성군 I narrow down (범위를) 좁히다 I Ursa Major n 큰곰자리 I galaxy n 은하계 I in particular 특히 I compare v 비교하다 I excellent adj 훌륭한 I face-on adj 마주보고 있는 I disc n (원반형) 디스크 I visible adj (육안으로) 볼 수 있는, 눈에 보이는 I bright adj 밝은 I observe v 관찰하다 I discuss v 논의하다 I aspect n 측면 I unfortunately adv 안타깝게도 I unable adj ~할 수 없는 I schedule v 일정을 잡다 I telescope n 망원경 I be booked up 예약이 다 차다 I observatory n 관측소, 천문대 I limited adj 제한된 I magnification n 배율 I amateur adj 아마추어의, 취미로 하는 I astronomer n 천문학자 I association n 협회 I personally adv 개인적으로 I offer v 제공하다 I driver's license n 운전 면허증 I borrow v 빌리다 I seat v 앉히다 I including prep ~을 포함하여 I fill v 채우다 I be willing to do 기꺼이 ~하다 I as long as ~하는 한 I pay for ~에 대한 값을 지불하다 I contact v 연락하다 I arrange v 마련하다, 주선하다 I utilize v 활용하다 I facility n 시설 I celestial object n 천체 I reserve v 예약하다 I relatively adv 상대적으로 I approve v 찬성하다, 좋다고 생각하다 I orientation n 위치, 방향

Passage 2

Man: Student | Woman: Professor

[1-3] Listen to part of a conversation between a student and a professor.

M Hello, Professor, are you busy?

W Hi, Patrick. No, I am free at the moment. How can I help you?

M I was hoping that you could give me some advice.

W Okay, I will help you however I can. What seems to be the problem?

M In class the other day, you mentioned a poetry magazine that a friend of yours edits, and you said that she is open to submissions from students.

W Yes, I remember. Do you have some poems that you would like to submit?

M No, I don't... at least not yet. **1B** I was thinking about submitting an essay.

W Okay, she accepts those as well if they are about poetry. What did you write about?

M Well, it isn't finished yet, but I am writing about modern poetry. **2C** I am comparing the writing styles and techniques of two authors.

W **2C** Hmm, she gets a lot of essays like that.

M **2C** You don't think she would be interested?

남자: 학생 | 여자: 교수

학생과 교수 사이의 대화 일부를 들으시오.

남 안녕하세요, 교수님, 바쁘신가요?

여 안녕, Patrick. 아니에요, 지금은 한가해요. 어떻게 도와줄까요?

남 교수님이 조언을 해 주셨으면 해서요.

여 좋아요, 도울 수 있는 한 도울게요. 문제가 뭔가요?

남 지난 수업 시간에 교수님께서 친구분이 편집하신다는 시 잡지를 언급하셨죠, 그리고 그분이 학생들이 제출한 글도 받으신다고 말씀하셨어요.

여 네, 기억해요. 제출하고 싶은 시가 있나요?

남 아니요, 없습니다... 적어도 아직은요. **1B** 저는 에세이를 제출하려고 생각 중이었어요.

여 그렇군요, 만약 시에 관한 글이라면 에세이도 받아줘요. 무엇에 대해 글을 쓴 건가요?

남 음, 아직 완성된 건 아니지만, 현대시에 대해 쓰고 있습니다. **2C** 두 작가의 문체와 기법을 비교하고 있어요.

여 **2C** 흠, 내 친구는 그런 에세이들을 많이 받는데요.

남 **2C** 그분이 별로 흥미를 느끼지 못할 거라고 생각하세요?

W 1B That depends upon how well you write it, I guess. But, maybe you should take a slightly different approach. What about the two poets were you going to compare, exactly?

M Well, I was going to focus on the flow of their work.

W So, their use of rhythm and meter?

M Uh, yes, actually. One poet's work is very structured and traditional while the other is more, well... his structure is very free-form.

W 3B Well, maybe instead of just comparing two authors, you should focus on that distinction in general between traditional poetry and modern poetry and how they differ.

M 3B That seems like a pretty broad topic.

W It can be, but let's be more specific. You mentioned that the one author is more traditional. What makes her work more traditional?

M Well, she writes sonnets that are very similar to those of William Shakespeare and other British authors like Milton.

W Alright, what do those authors have in common?

M Oh, um, they use the same type of meter with ten syllables per line, all of which are grouped in accented and unaccented pairs.

W What else do they share?

M Well, they have pretty standard rhyming patterns like in sonnets.

W That is true. So, how does modern poetry differ from traditional poetry then?

M The poets often don't rhyme every line or any lines at all.

W That's a good point. How else are they different?

M Modern authors often don't use meter at all. Sometimes it is chaotic, but I guess some authors do have structures that repeat. They just choose not to follow conventional patterns.

W Exactly: that is called free verse. William Carlos Williams often used free verse, and he said that "being an art form, verse cannot be free in the sense of having no limitations or guiding principles."

M That is interesting. 1B So, you think that I should focus on what makes modern poetry modern, and not on the differences between two writers.

W That would be my advice, yes.

여 1B 학생이 얼마나 잘 쓰느냐에 따라 달린 것 같네요. 하지만 약간 다른 접근을 하는 게 좋을 것 같아요. 학생이 비교하려던 두 시인들에 대해 정확히 뭘 하려는 거죠?

남 음, 저는 그 두 사람의 작품의 흐름에 집중하려고 했었어요.

여 그 말은, 그들의 압운(押韻)과 율격(律格)의 사용 말인가요?

남 어, 네, 그렇습니다. 한 시인의 작품은 매우 정교하고 전통적인 한편 다른 시인의 작품은 더, 음... 구조가 매우 자유로운 형식이에요.

여 3B 음, 단지 두 작가를 비교하는 대신에, 전통시와 현대시의 전반적인 차이점, 그리고 이들이 어떻게 다른지에 대해 초점을 맞추는 게 좋을 것 같네요.

남 3B 너무 범위가 넓은 주제 같은데요.

여 그럴 수 있지만, 좀 구체적으로 보도록 합시다. 학생은 한 작가가 더 전통적이라고 했었죠. 그 사람의 작품을 더 전통적으로 만드는 요인이 무엇인가요?

남 음, William Shakespeare 그리고 Milton과 같은 다른 영국 작가들이 썼던 소네트와 아주 비슷한 소네트를 쓰거든요.

여 그렇군요. 그 작가들이 가진 공통점에는 무엇이 있죠?

남 어, 음, 그들은 동일한 형식의 율격(律格)을 사용하는데, 각 행이 열 음절로 되어 있고 모두 강세가 있는 것과 없는 것으로 나뉘어 있어요.

여 이들의 다른 공통점은 뭔가요?

남 음, 소네트에서 볼 수 있는 꽤나 기본적인 압운(押韻) 패턴을 가지고 있어요.

여 그 말이 맞아요. 그러면, 현대시는 전통시와 어떤 점에서 다른가요?

남 시인들은 자주 모든 행의 운을 맞추지 않거나 혹은 그 어떤 행에서도 운을 맞추지 않습니다.

여 좋은 지적이에요. 그럼 이들은 또 어떻게 달랐나요?

남 현대 작가들은 종종 율격을 아예 사용하지 않습니다. 때때로 혼란스럽긴 하지만, 몇몇 작가들은 반복되는 구조를 갖고 있는 것 같아요. 그저 관습적인 패턴을 따르지 않기로 결정한 거죠.

여 바로 그겁니다. 그걸 자유시라고 불러요. William Carlos Williams가 자주 자유시를 사용했고, 그는 "예술의 한 형식이기에 시는 아무런 제한이나 지도 원칙이 없다는 의미에서는 자유로울 수 없다."라고 말했어요.

남 흥미롭네요. 1B 그래서, 교수님께서는 제가 두 시인의 차이점에 초점을 맞추는 게 아니라 무엇이 현대시를 현대적으로 만드는지에 초점을 맞추어야 한다고 생각하시는 거죠.

여 네, 그게 제 조언이에요.

노트

Student's situation	Professor's response
prob.: submit essay, modern poetry compare 2 authors - rhythm, meter	general app. → trad. vs. mod.
trad. - sonnets similar to W.S - same m w/ 10 syll. - standard rhyming pattern	
mod. - X rhyme - X meters	free verse sug.: focus on modern poetry
문제점: 에세이 제출, 현대시 두 작가를 비교 – 압운과 율격	전반적인 접근 → 전통시 vs. 현대시
전통 – William Shakespeare과 비슷한 소네트 – 10음절을 가진 동일한 율격 – 기본적인 압운 패턴	
현대 – 운을 맞추지 않음 – 율격 없음	자유시 제안: 현대시에 초점을 맞출 것

Type: Main Idea

1. 대화는 주로 무엇에 관한 것인가?

Ⓐ 학생의 글을 경쟁자들의 글과 구분하기 위한 전략들
Ⓑ 시인들과 그들의 시에 대해 다루는 글을 전개시키는 방법들
Ⓒ 편집자에게 선택 받을 글을 써야 하는 것에 대한 걱정
Ⓓ 시에 대한 글을 쓸 때 논의해야 하는 여러 주제들

해설 대화 도입부에서 학생은 교수에게 조언을 해 줄 것을 요청하고 시를 편집하는 교수의 친구에게 에세이를 제출할 생각이라고 말한다. 그 뒤 교수는 무엇에 대해서 쓸 것인지 묻고 전체 대화는 학생의 생각과 교수의 조언이 오가는 형식으로 시에 대한 에세이를 어떻게 전개할 것인지에 대해 대화를 나누고 있다. 따라서 (B)가 정답이다. 교수는 학생의 아이디어에 대해 "But, maybe you should take a slightly different approach. 하지만 약간 다른 접근을 하는 게 좋을 것 같아요."라고 조언하고 대화 마지막에 학생의 말 "So, you think I should focus on what makes modern poetry modern, ~ 그래서, 교수님께서는 제가 무엇이 현대시를 현대적으로 만드는지에 초점을 맞추어야 한다고 생각하시는 거죠"을 통해서도 학생의 에세이를 전개시킬 방법에 대해 중점적으로 다룬다는 것을 알 수 있다. 이처럼 대화의 주제가 반드시 도입부에 표시어와 함께 바로 제시되지 않을 수도 있으니, 대화를 끝까지 듣고 중심 내용을 파악해야 한다.

Type: Attitude

2. 교수는 글에 대한 학생의 초기 접근법에 대해 어떻게 생각하는가?

Ⓐ 충분히 흥미롭다고 생각하지만 여전히 무언가 부족하다.
Ⓑ 학생이 그의 생각을 더 적극적으로 구체화해 보기를 원한다.
Ⓒ 다른 글들보다 더 눈에 띄어야 한다고 생각한다.
Ⓓ 다른 글들처럼 더 정리가 되어야 한다고 생각한다.

해설 대화 초중반부에 교수가 학생에게 무엇에 대해서 쓸 것인지 묻자 학생은 두 작가의 스타일과 기법을 비교하는 글을 쓸 생각이라고 말한다. 이때 교수는 "Hmm, she gets a lot of essays like that. 흠, 내 친구는 그런 에세이들을 많이 받는데요."이라고 반응한다. 그러한 에세이들을 많이 받는다는 뜻은 학생이 쓴 글이 눈에 띄지 못할 것이라는 것을 나타내므로 (C)가 정답이다.

Type: Details

3. 학생은 왜 교수의 제안이 너무 범위가 넓다고 생각하는가?

Ⓐ 현대시의 구조에 초점을 맞추는 것이 이미 충분히 어렵기 때문에

Lesson 02 Conversations

Ⓑ 두 시대에 살았던 많은 시인들을 비교해야 하기 때문에
Ⓒ 두 개를 동시에 다루는 것은 더 많은 시간 투자를 필요로 하기 때문에
Ⓓ 교수가 언급한 두 전통적인 시인들은 매우 다작을 했기 때문에

해설 교수가 학생에게 어떤 제안을 했는지 세부 사항을 묻는 문제다. 대화 중반부에 교수는 두 시인을 비교하는 것 대신, 전반적으로 전통시와 현대시의 차이점에 초점을 맞출 것을 제안한다. 교수가 말한 두 개의 다른 시대를 비교하는 것은 각 시대에 살았던 많은 시인들을 비교하는 것을 의미하므로 학생은 교수의 제안이 범위가 너무 넓은 것 같다고 말한다. 따라서 답은 (B)이다.

어휘 free adj 다른 약속이 없는, 한가한 | advice n 조언 | mention v 언급하다 | poetry n 시 | edit v 편집하다, 수정하다 | submission n 제출 | poem n 시 | essay n 에세이, 수필 | accept v 받다, 수락하다 | modern adj 현대의 | compare v 비교하다 | style n 스타일, 방식 | technique n 기법, 기술 | interested adj 관심이 있는 | depend on ~에 달려 있다 | slightly adv 약간 | approach n 접근(법) | poet n 시인 | focus on ~에 초점을 맞추다 | flow n 흐름 | rhythm n (시의) 운율 | meter n (시의) 율격(律格) | structured adj 구조가 있는, 구성이 있는 | traditional adj 전통적인 | free-form adj 자유로운 형식의 | distinction n 차이, 대조 | in general 전반적으로 | instead of ~ 대신에 | author n 작가 | differ v 다르다 | broad adj 넓은, 광범위한 | topic n 주제 | specific adj 구체적인 | sonnet n 소네트, 14행시 | similar adj 비슷한 | have in common 공통점이 있다 | syllable n 음절 | line n (시의) 행 | accented adj 강세가 있는 | unaccented adj 강세가 없는 | share v 공유하다 | standard adj 기본적인, 기준이 되는 | rhyme v (시가) 압운되어 있다, 운이 맞다 n (시의) 압운(押韻), 각운(脚韻) | chaotic adj 혼돈[혼란] 상태인 | repeat v 반복하다 | conventional adj 관습적인 | free verse n 자유시 | limitation n 제한 | guiding principle 지도 원칙 | strategy n 전략 | distinguish v 구분하다 | competitor n 경쟁자 | deal with ~을 다루다 | concern n 걱정, 우려 | initial adj 초기의 | lack v 부족하다 | aggressively adv 적극적으로, 공격적으로 | stand out 눈에 띄다 | organized adj 정리된, 체계적인 | compare v 비교하다 | at once 동시에 | prolific adj 다작하는

Lesson 03 Function & Attitude

본서 | P. 82

Practice

01 B 02 C 03 B 04 B

Test

Passage 1	1. B	2. C	3. A
Passage 2	1. C	2. A	3. B

Practice

본서 | P. 86

01 Man: Student | Woman: Professor

Listen to part of a conversation between a student and a professor.

M What do you need such sophisticated tracking equipment for? Oh wait—you said that golden eagles only spend the winter here. Are we going to track the birds to see where they spend the summer?

W Yes, that is exactly what we are going to do. We want to see how far these birds migrate and where they have their young. You know, it is starting to sound like you might be a good choice to fill the internship. Have you heard of the Science Speak Club?

M Well yes, I have, but I thought it was only for graduate students.

W Ah, well, most of the regular attendees are indeed graduate students, but that's not a requirement. All students are welcome to attend, especially science majors.

남자: 학생 | 여자: 교수

학생과 교수 사이의 대화 일부를 들으시오.

남 그렇게 정교한 추적 장비가 왜 필요하신 거죠? 아, 잠깐만요. 검독수리들이 겨울만 이곳에서 보낸다고 하셨죠. 혹시 그 새들이 여름을 어디에서 보내는지 추적하려는 건가요?

여 맞아요. 우리가 하려는 일이 바로 그거예요. 이 새들이 얼마나 멀리 이동하고, 어디에서 새끼를 낳는지 보려고 해요. 아무튼 학생이 인턴십을 하는 것이 좋은 선택일 것 같다는 생각이 드네요. 혹시 Science Speak 클럽에 대해 들어본 적 있나요?

남 어 네, 들어봤어요. 하지만 그 클럽은 대학원생들만을 위한 클럽이라고 생각했는데요.

여 아, 음, 정기적으로 참여하는 사람들 대부분이 실제로 대학원생들이기는 하지만, 필수 요건은 아니에요. 모든 학생들의 참여를 환영해요. 특히 과학 전공자들을요.

노트

Student's situation	Professor's response
what tracking equip. for?	how far migrate, where have young
for grad.?	Science Speak Club?
	all S.(students)
추적 장비를 어디에 쓸 것인가?	얼마나 멀리 이동하고 어디서 새끼를 낳는지
대학원생들을 위한 거 아닌가?	Science Speak 클럽?
	모든 학생들 (가능)

Q. 학생은 Science Speak 클럽에 대해 어떻게 생각하는가?

Ⓐ 자신이 이 프로젝트에 합류하는 데 클럽이 어떤 도움을 줄 수 있을지 확신이 없다.
Ⓑ 모임에 참석할 수 없을 거라고 생각한다.
Ⓒ 클럽 모임에 참석할 시간이 없다.
Ⓓ 모임에 참석하는 것을 좋아하며 거의 모임에 빠지지 않는다.

해설 학생은 Science Speak 클럽에 대해 대학원생들만을 위한 것이라고 생각했다면서, 본인이 참석할 수 있는가에 대해 불확실한 어조로 답을 하고 있으므로 (B)가 정답이다.

어휘 sophisticated adj 정교한, 세련된 l track v 추적하다 l equipment n 장비, 용품 l exactly adv 정확히 l migrate v 이동하다, 이주하다 l young n (동물의) 새끼 l fill v (일·역할 등을) 하다 l graduate student n 대학원생 l regular adj 정기적인, 규칙적인 l attendee n 참여자 l indeed adv 실제로, 정말, 확실히 l requirement n 필수 요건 l especially adv 특히 l major n 전공(자)

02 Man: Professor | Woman: Student

Listen to part of a conversation between a student and a professor.

W Early twentieth century literature...that could be pretty interesting too. I'm actually an accounting major, but some of the courses that I have to take for my major are not offered every semester. So I was looking for an elective course to fill my required credits for literature. This class seems to fit my schedule. What exactly would you be focusing on?

M We will be analyzing the effects that the end of colonialism had on literature. European countries were collecting colonies throughout the nineteenth century, but many of them were lost after the war. So we will be looking at how that affected literature.

W Oh yeah—that does sound interesting. There were big economic changes during that period as well. I learned a lot about those in one of my accounting classes. But I don't remember reading anything about your class in the course catalog...

M Well, there's a very simple explanation for that. It isn't in there. Like your accounting classes, I don't teach this course every semester. There have been many students trying to fulfill their elective courses this semester, much like you. The dean asked me and a few other professors to teach extra classes this semester to pick up the slack. She allowed us to decide what we wanted to teach for those

남자: 교수 | 여자: 학생

학생과 교수 사이의 대화 일부를 들으시오.

여 20세기 초반 문학... 그것도 꽤 재미있을 수도 있겠어요. 저는 실제로 회계 전공입니다. 제 전공을 위해 들어야 하는 수업들 중 일부는 매 학기마다 있지 않아요. 그래서 문학 필수 학점을 채울 선택 수업을 찾고 있었어요. 이 수업이 제 스케줄에 맞는 것 같네요. 정확히 어떤 주제에 중점을 두고 계시나요?

남 우리는 제국주의의 종말이 문학에 가져온 영향을 분석할 거예요. 유럽 국가들이 19세기 내내 식민지를 모아댔지만, 전쟁이 끝난 뒤 다수가 사라졌죠. 그래서 이러한 점이 문학에 어떤 영향을 주었는지 살펴볼 거예요.

여 아 네, 재미있을 것 같네요. 그 시기에 큰 경제적 변화도 있었어요. 제가 들은 회계 수업들 중 하나에서 그것에 대해 많이 배웠어요. 하지만, 저는 교수님의 수업을 강의 카탈로그에서 읽은 기억이 없는데요...

남 음, 그에 대해 아주 단순한 이유가 있어요. 거기 없거든요. 학생의 회계 강의처럼 나도 이 강의를 매 학기마다 가르치지 않아요. 이번 학기에 학생처럼 선택 강의를 채우려는 학생들이 많아요. 학장님이 그런 부분을 채우기 위해 나와 다른 교수님들에게 이번 학기에 강의를 더 해 달라고 하셨죠. 추가 강의로 무엇을 가르칠지 우리가 결정하도록 해 주셔서, 나는 이 강의를 가르치기로 했어요. 강의 카탈로그가 새로운 강의를 보여 주도록 아직 업데이트 되지 않았기 때문에 학생이 보지 못한 거예요.

classes, and I decided to teach this one. You didn't see it because the course catalog has not been updated to show the new classes yet.

노트

Student's situation	Professor's response
20 c. literature? major courses X offered every sem. what focus? X class in catalog	focus on colonialism → lit. X teach every sem., extra class X update new class
20세기 문학? 전공 수업이 매 학기마다 있지 않음 어떤 주제에 중점을 둠? 카탈로그에 없는 수업	제국주의(의 종말)가 문학에 끼친 영향에 집중 매 학기 가르치지 않음, 추가 수업 새로운 수업을 업데이트 하지 않음

Q. 대화의 일부를 다시 듣고 질문에 답하시오.

W But I don't remember reading anything about your class in the course catalog...
M Well, there's a very simple explanation for that. It isn't in there.

여 하지만, 저는 교수님의 수업을 강의 카탈로그에서 읽은 기억이 없는데요...
남 음, 그에 대해 아주 단순한 이유가 있어요. 거기 없거든요.

교수는 왜 이렇게 말하는가:

M Well, there's a very simple explanation for that.

남 음, 그에 대한 아주 단순한 이유가 있어요.

Ⓐ 학생이 문제에 대해 가능한 답변들을 제시하기를 원한다.
Ⓑ 학생이 이유를 몰라서 놀랐다.
Ⓒ 학생이 이미 이런 이유에 익숙할 것이라고 생각한다.
Ⓓ 학생이 수업을 찾을 수 있어야 한다고 생각한다.

해설 문제에 주어진 화자의 말 뒤에 나오는 Like your accounting classes(학생의 회계 강의처럼), much like you(학생처럼)라는 표현에서 알 수 있듯이, 학생이 들으면 이미 알고 있는 사항이라서(학생의 전공 수업 일부와 같은 경우라서) 이해하기가 쉬울 것이라는 맥락으로 simple explanation(단순한 이유)이라는 특정 어휘를 사용한 것임을 알 수 있으므로 (C)가 정답이다.

어휘 literature n 문학 | actually adv 사실은 | accounting n 회계 | major n 전공 | offer v 제공하다 | semester n 학기 | elective adj 선택할 수 있는 | fill v 채우다 | required adj 필수의, 필요한 | credit n 학점 | fit v 맞다 | exactly adv 정확히, 꼭 | focus on ~에 중점을 두다 | analyze v 분석하다 | effect n 영향, 효과 | colonialism n 식민주의 | collect v 모으다, 수집하다 | colony n 식민지 | throughout prep ~ 내내 | lose v 잃어버리다 | look at ~을 살펴보다 | affect v 영향을 주다 | economic adj 경제의 | period n 기간 | catalog n 카탈로그, 목록 | simple adj 단순한, 간단한 | explanation n 이유, 설명 | fulfill v (필요 등을) 채우다, 끝내다, 이행하다 | dean n 학장 | extra adj 추가의 | pick up the slack 부족한 부분을 채우다[벌충하다] | decide v 결정하다

03 Man: Student | Woman: University employee

Listen to part of a conversation between a student and a university employee.

M I think that I would prefer the second option. I am a pretty

남자: 학생 | 여자: 대학교 직원

학생과 대학교 직원의 대화 일부를 들으시오.

남 두 번째 선택지를 더 선호합니다. 저는 꽤 실력이 괜찮은 컴퓨터 프로그래머이고, 학교에서 사용하는

decent computer programmer, and I am probably already familiar with most of the software that the university uses.

W That can be a pretty stressful job during midterms and finals. The students that do not have their own computers all use the ones in the labs to write their papers. You also have students using the printers to print out their theses and other long papers. You will have to manage the schedule of appointments and keep the printers stocked with paper and ink. The students will come to you for help, but they will also blame you for problems.

M That sounds like the voice of experience. Are you trying to talk me out of it?

W Ha ha, I did that job before, yes. But no, I'm not trying to discourage you. I was just remembering out loud, I guess.

대부분의 소프트웨어를 이미 잘 알고 있을 거예요.

여 이 일은 중간고사와 기말고사 기간 동안 상당히 스트레스가 많을 수 있어요. 컴퓨터가 없는 학생들이 모두 리포트를 쓰기 위해 컴퓨터실의 컴퓨터를 이용하거든요. 논문이나 다른 긴 리포트를 출력하려고 프린터를 이용하는 학생들도 있을 거예요. 예약 시간 스케줄을 관리해야 하고, 프린터에 종이와 잉크가 채워져 있도록 해야 하죠. 학생들이 도와 달라고 찾아오겠지만, 문제에 대해서 학생을 탓하기도 할 거예요.

남 경험에서 나온 말씀이신 것 같네요. 하지 말라고 말하시는 건가요?

여 하하, 저도 전에 이 일을 했었던 것은 맞아요. 하지만 그건 아니에요. 학생을 말리는 건 아니에요. 그냥 기억을 입 밖에 내어 말한 것 같아요.

Lesson 03 Conversations

노트

Student's situation	University employee's response
prefer 2nd option, comp. programmer 2번째 선택지를 선호, 컴퓨터 프로그래머	stressful job 스트레스가 많은 일 - all st use comp. 모든 학생들이 컴퓨터 사용 - print prs 리포트 출력 - sch. appoint. 예약 일정
X do? 하지 말라는 것?	exp. job 경험해 본 일

Q. 대화의 일부를 다시 듣고 질문에 답하시오.

W That can be a pretty stressful job during midterms and finals. The students that do not have their own computers all use the ones in the labs to write their papers. You also have students using the printers to print out their theses and other long papers. You will have to manage the schedule of appointments and keep the printers stocked with paper and ink. The students will come to you for help, but they will also blame you for problems.

M That sounds like the voice of experience.

여 이 일은 중간고사와 기말고사 기간 동안 상당히 스트레스가 많을 수 있어요. 컴퓨터가 없는 학생들이 모두 리포트를 쓰기 위해 컴퓨터실의 컴퓨터를 이용하거든요. 논문이나 다른 긴 리포트를 출력하려고 프린터를 이용하는 학생들도 있을 거예요. 예약 시간 스케줄을 관리해야 하고, 프린터에 종이와 잉크가 채워져 있도록 해야 하죠. 학생들이 도와 달라고 찾아오겠지만, 문제에 대해서 학생을 탓하기도 할 거예요.

남 경험에서 나온 말씀이신 것 같네요.

학생은 왜 이렇게 말하는가:

M That sounds like the voice of experience.

남 경험에서 나온 말씀이신 것 같네요.

Ⓐ 여자가 무슨 말을 하는지 알아듣지 못한다.
Ⓑ 여자가 자신에게 일어났던 일에 대해 말하고 있다고 생각한다.
Ⓒ 그 경험이 이력서에 좋아 보일 것이라고 생각한다.
Ⓓ 여자가 그 일자리의 어려움을 과장하고 있다고 생각한다.

해설 대학 직원이 이 일에 대해 얼마나 할 일이 많은지 아주 자세히 설명하는 말을 듣고 난 후 학생은 마치 경험에서 우러나온 이야기처럼 들린다고 말한다. 즉, 학생은 대학 직원이 직접 겪은 일들이기에 자세히 묘사할 수 있다고 생각한다는 것을 알 수 있으므로 (B)가 정답이다.

어휘 decent adj 괜찮은 | familiar with ~에 익숙한 | stressful adj 스트레스가 많은 | midterm n 중간고사 | final n 기말고사 | lab n 실험실 (= laboratory) | theses n (학위) 논문 (thesis의 복수형) | manage v 관리하다 | appointment n 예약 | stock up ~을 채우다 | blame v 탓하다 | experience n 경험 | discourage v 막다[말리다], 좌절시키다 | out loud 소리 내어 | exaggerate v 과장하다

---

04 Man: University employee | Woman: Student

Listen to part of a conversation between a student and a university employee.

M Can I help you?

W Yes, I would like to request a parking permit for this semester.

M Was your parking permit issued last semester?

W I had one a year ago, but I moved into the dorm, so I didn't need to drive till now.

M Hmmm... Let me check if I still have your contact information in the file. What's your name and student number?

W Susan Baker, and my student number is 0132-0465.

M You're in luck. Your contact info is still in the system. If you'll have a seat over there, I will issue you a permit right now.

W Wow! I thought I'd have to fill out all the forms again.

M Usually you would, but because your personal information is in the computer, it's a lot simpler.

W Great! Thank you so much.

남자: 대학교 직원 | 여자: 학생

학생과 대학교 직원 사이의 대화 일부를 들으시오.

남 도와 드릴까요?

여 네, 이번 학기 주차 허가증을 신청하고 싶어요.

남 학생의 주차 허가증이 지난 학기에 발급되었나요?

여 1년 전에는 갖고 있었는데, 그 후 기숙사로 이사를 해서 지금까지는 운전을 할 필요가 없었어요.

남 흠... 학생의 연락처 정보가 아직 파일에 있는지 확인해 볼게요. 이름과 학생 번호가 어떻게 되죠?

여 Susan Baker이고, 학생 번호는 0132-0465예요.

남 운이 좋네요. 시스템에 학생의 연락처 정보가 아직 남아 있어요. 저쪽에 앉아 계시면, 지금 허가증을 발급해 드릴게요.

여 왜! 전 모든 서식들을 다시 작성해야 할 줄 알았어요.

남 보통 그렇게 해야 하지만, 학생의 인적 정보가 컴퓨터에 있어서, 훨씬 더 간단한 거예요.

여 잘됐네요! 정말 고맙습니다.

노트

Student's situation	University employee's response
prob.: want to apply for parking permit moved to dorm, X need to drive	info. in file sol.: issue now
문제점: 주차 허가증 신청하고 싶음 기숙사로 이사함, 운전할 필요가 없었음	파일에 정보가 있음 해결책: 지금 발급

Q. 대화의 일부를 다시 듣고 질문에 답하시오.

M You're in luck. Your contact info is still in the system. If you'll have a seat over there, I will issue you a permit right now.

W Wow! I thought I'd have to fill out all the forms again.

남 운이 좋네요. 시스템에 학생의 연락처 정보가 아직 남아 있어요. 저쪽에 앉아 계시면, 지금 허가증을 발급해 드릴게요.

여 왜! 전 모든 서식들을 다시 작성해야 할 줄 알았어요.

학생은 왜 이렇게 말하는가:

W Wow! I thought I'd have to fill out all the forms again.

여 왜! 전 모든 서식들을 다시 작성해야 할 줄 알았어요.

Ⓐ 기입했던 서류를 다시 작성하지 않아도 되는 것에 대해 화가 났음을 보여주기 위해
Ⓑ 서류를 작성하지 않아도 되는 것에 대한 기쁨을 표현하기 위해
Ⓒ 서류를 작성하지 않아도 되는 것에 대한 놀라움을 보여주기 위해
Ⓓ 주차 허가 제도의 효율성에 대해 좋은 인상을 받았다는 것을 나타내기 위해

해설 대학 직원이 컴퓨터에 예전 기록이 남아 있기 때문에 서류를 다시 작성하지 않아도 된다고 하자 학생은 번거로운 절차를 거치지 않아도 되어 안도하며 기뻐하고 있다. 따라서 학생이 한 말이 기쁨을 표현하는 어조이기에 (B)가 정답이다.

어휘 request v 요청[신청]하다 I parking n 주차 I permit n 허가증 I semester n 학기 I issue v 발급[교부]하다 I dorm n 기숙사 (= dormitory) I contact n 연락처 I in luck 운이 좋은 I fill out ~을 작성하다 I form n 서식, 양식 I usually adv 보통 I personal adj 개인의 I anger n 화, 분노 I impressed adj 좋은 인상을 받은, 감명을 받은 I efficiency n 효율성

Test

본서 P. 92

Passage 1

Man: Student | Woman: Professor

[1-3] Listen to part of a conversation between a student and a professor.

M Hello, Professor Wilkins. I'm sorry for just dropping in without an appointment, but could I have a moment of your time?

W Oh, hi. You are lucky. I usually have a seminar at this time, but it was canceled for today, so I have some time off now. What's going on with you?

M I came to talk about my assignment for your psychology class.

W Oh, right! I didn't see your paper in class this morning. Which topic have you picked?

M Well, I was working on how age relates to insomnia.

W That seems interesting. Have you had any difficulty with that? Or are you going to submit it now?

M Actually... neither. **1B** I'm here to ask for an extension on my assignment. I cannot meet the tonight's deadline.

W Oh. I'm sorry, Tony, but it's simply not possible. I made it very clear that I would not accept late papers early in the semester when I set the assignment. Do you remember what I said?

M **2C** Yes, but... I was hoping maybe you could make an exception...

W **2C** If I were to make an exception for you, I would have to give everybody an extension; otherwise, it would be unfair to the rest of the students.

M I understand that, but I have a really good reason for not meeting the deadline. I can give you a copy of my results today, but it's not going to be in the format you want, nor with my methodology.

W You know that one of the aims of university is to prepare you for the professional world, and one of my duties is to teach you how important it is to meet deadlines. You have to learn how to manage your time to meet those deadlines. You understand that, right?

남자: 학생 | 여자: 교수

학생과 교수 사이의 대화 일부를 들으시오.

남 안녕하세요, Wilkins 교수님. 약속 없이 들러서 죄송합니다만, 잠깐 시간 좀 내주실 수 있으세요?

여 오, 안녕하세요. 학생이 운이 좋군요. 보통 이 시간에 세미나가 있는데, 오늘은 취소되었거든요. 그래서 지금 여유 시간이 조금 있어요. 무슨 일인가요?

남 교수님의 심리학 수업 과제에 대해 여쭤보러 왔어요.

여 오, 맞아요! 오늘 아침 수업에 제출된 것들 중에 학생의 리포트를 보지 못했네요. 어떤 주제를 선택했었나요?

남 음, 나이와 불면증 간의 관계에 대해 하고 있어요.

여 흥미로워 보이는군요. 그 주제에 무슨 어려움이 있었나요? 아니면 지금 제출하려는 건가요?

남 실은... 둘 다 아니에요. **1B** 제 과제 제출 기한을 연장해 주시길 요청드리러 왔어요. 오늘 밤까지인 마감 시한을 맞추지 못할 것 같아요.

여 오. 미안하지만 Tony, 그건 정말 불가능해요. 학기초 과제를 지정할 때 늦게 제출하는 리포트는 받지 않을 거라고 분명히 말했어요. 내가 말한 거 기억하죠?

남 **2C** 네, 하지만... 혹시 예외로 해 주실 수 있을까 해서요...

여 **2C** 만일 학생에게 예외를 두면, 모든 학생들에게 기한을 연기해 줘야 해요. 안 그러면 다른 학생들에게 불공평하지요.

남 그건 알고 있습니다만, 제가 기한을 맞추지 못하는 데에는 정말 타당한 이유가 있어요. 오늘 제 리포트의 초고를 제출할 수는 있지만, 그건 교수님께서 원하시는 형식이 아니거나, 저의 방법론이 포함되지 않게 됩니다.

여 대학의 목표 중 하나가 학생으로 하여금 프로 세계를 대비해 준비를 시키는 일이고, 기한을 맞추는 것이 얼마나 중요한 일인가를 학생에게 가르치는 일이 내 임무 중 하나라는 것을 알고 있을 거예요. 학생은 그러한 기한을 맞추기 위해 자신의 시간을 관리하는 법을 배워야 해요. 이해하겠어요?

M Yes, I know, and I understand what you mean, but I am in a very difficult situation at the moment. 1B You see, my cousin is staying with me right now. He just graduated from high school and is unemployed, so I had to work overtime at my part-time job to support both of us. My family also expected me to help him get settled and register for college. As you know, it takes a great deal of time and effort to do that. If I cannot get an extension, I might end up failing your class, and that will mean I will lose my scholarship, and then I won't be able to stay in school.

W Why couldn't your cousin get a part-time job at your workplace? If they can give you overtime, they probably have a place for one more part-time employee. Then you could have finished that paper.

M I did ask the store manager, and he said they didn't need anyone. However, because I had been working there so long, they found some extra work I could do to make some extra money—but only for one month. My cousin is looking for a part-time job, but nobody seems to be hiring right now. I even asked if he could cover some of my shifts at work, but my boss wouldn't consider it.

W Um... I see. You seem to be having a really tough time. Well... it's hard to ignore your particular situation. So, when could you turn it in?

M Well... I've already done all the research and reviewed the data, so I just need a few days to write my results and methodology correctly. Today is Monday... so I am sure I can submit it by Thursday, at the latest.

W 3A Okay. Don't make me regret this. You know I have to have everybody's grades in the computer by Monday, so I must have your paper by Thursday. If I don't, you will be very disappointed with your grade at the end of the semester.

M I understand, Professor. Thank you so much. I won't let you down.

남 네, 알고 있습니다. 그리고 교수님께서 하신 말씀도 이해합니다. 하지만 저는 지금 정말 어려운 상황이에요. 1B 사실은요, 제 사촌이 지금 저와 함께 지내고 있어요. 그 애는 이제 갓 고등학교를 졸업했고 직업이 없어서 저는 저희 둘의 생활을 위해 아르바이트에서 초과 근무를 해야 했어요. 제 가족 역시 제가 사촌이 자리를 잡고 대학에 등록할 수 있도록 도와주기를 바랐습니다. 아시다시피, 그런 일에는 시간과 노력이 많이 들어요. 기한을 연기할 수 없게 되면 교수님의 수업은 결국에는 낙제할 수도 있고, 그건 곧 장학금을 놓치게 된다는 것을 의미하죠. 그렇게 되면 저는 학교에 남아 있을 수가 없을 거예요.

여 왜 사촌이 학생이 일하는 곳에서 아르바이트를 구할 수 없었나요? 학생에게 잔업을 줄 수 있다면, 아마 하나 더 아르바이트생 자리가 있을 텐데요. 그러면 학생은 벌써 과제를 끝낼 수 있었겠죠.

남 매장 매니저에게 물어봤는데, 매니저가 사람이 필요하지 않다고 말했어요. 하지만, 제가 그곳에서 오랫동안 일했기 때문에 돈을 좀 더 벌 수 있도록 제가 할 수 있는 잔업을 찾아 주었는데, 한 달 동안만이에요. 제 사촌은 지금 아르바이트를 찾고 있지만, 지금 당장은 고용하려는 곳이 하나도 없는 것 같아요. 사촌이 제 직장에서 저 대신 근무를 몇 번만이라도 할 수 있을지 여쭤도 보았는데, 사장님은 들으려고 하지 않으셨어요.

여 음... 알겠어요. 정말 어려운 시간을 보내고 있는 것 같군요. 그럼... 학생의 특수한 상황을 모른 척하기가 어렵네요. 그러면, 언제 과제를 제출할 수 있나요?

남 글쎄요... 이미 모든 조사를 끝마치고 데이터를 검토했기 때문에, 결과와 방법론을 적절하게 작성하는 데 그저 며칠이 필요합니다. 오늘이 월요일이니까... 늦어도 목요일까지 분명히 제출할 수 있습니다.

여 3A 좋아요. 내가 이 결정을 후회하지 않게 해 주세요. 알겠지만, 월요일까지 모든 사람의 성적을 컴퓨터에 입력해야 하니까 목요일까지는 학생의 리포트를 받아야 해요. 안 그러면 학기말에 본인의 성적을 받고서 아주 실망하게 될 거예요.

남 알겠습니다, 교수님. 정말 감사합니다. 실망시켜 드리지 않겠습니다.

노트

Student's situation	Professor's response
prob.: assign. extension 문제점: 과제 기한 연장 cousin stay unemployed 사촌이 무직임 work overtime 초과 근무함 fail, lose scholar. 실패함, 장학금 놓침	X, unfair 안 됨, 불공평함

X hiring 고용하지 않음	why cousin X job? 사촌은 왜 일을 안 함?
Thurs. 목요일	when? 언제? O 알겠음 grades – comp. – Mon. 성적 – 컴퓨터 – 월요일

Type: Details

1. 학생은 왜 기한 연장이 필요한가?

Ⓐ 아르바이트를 시작해서 리포트를 마칠 시간이 없었다.
Ⓑ 사촌이 대학에 등록하는 것을 도와야 했다.
Ⓒ 조사하는 데 생각보다 오래 걸렸다.
Ⓓ 원래 기한이 더 늦은 것으로 생각했다.

해설 대화 도입부에 학생이 리포트의 기한 연장이 필요하여 교수를 찾아온 목적을 밝힌 후, 중반부에 그에 대한 이유를 설명한다. 설명하는 과정에서 고등학교를 갓 졸업한 사촌과 함께 지내고 있어 둘의 생활비를 벌기 위해 아르바이트 초과 근무를 하고 있으며 또한 가족들은 사촌이 자리를 잡고 대학에 등록할 수 있도록 도와주기를 바란다고(My family also expected me to help him get settled and register for college.) 말한다. 따라서 학생이 기한 연장이 필요한 사유로 사촌을 도와주어야 했기 때문이었다는 것을 적절히 표현한 (B)가 정답이다. 보기 (A)는 사촌을 돕기 위해 아르바이트에서 초과 근무를 하여 기한 연장이 필요한 것이지 아르바이트를 시작하여 기한 연장이 필요한 것이 아니므로 오답이다. (C)는 이미 조사를 마쳤다고 했으므로 오답이며, (D)는 학생이 마감 기한을 정확히 알고 있었기에 오답이다.

Type: Details

2. 교수는 왜 처음에 학생에게 기한 연장을 해주지 않으려 하는가?

Ⓐ 과제 제출에 대한 대학의 학사 정책에 위반된다.
Ⓑ 그 수업에 이미 기한 연장을 해 주었고, 또 다시 연장을 할 필요가 없다고 본다.
Ⓒ 한 학생에게만 기한을 연장해 주는 것이 불공평하다고 느낀다.
Ⓓ 과제에 기한을 연장해 주면 학생이 게을러진다고 생각한다.

해설 대화 초중반부에 본인만 예외적으로 기한을 연장해 줄 수 없겠냐는 학생의 부탁에 교수는 만일 학생에게 예외를 두면 모든 학생들에게 기한을 연장해 줘야 하고 그렇지 않으면 다른 학생들에게 불공평하다고 단호히 말한다. 뒤에 가서는 학생의 자세한 사정을 듣고 기한 연장을 해 주지만, 처음에는 한 학생에게만 예외를 두는 것이 불공평한 처사라고 생각하여 기한 연장이 안 된다고 말한 것이므로 (C)가 정답이다.

Type: Attitude

3. 대화의 일부를 다시 듣고 질문에 답하시오.

> W Okay. Don't make me regret this. You know I have to have everybody's grades in the computer by Monday, so I must have your paper by Thursday. If I don't, you will be very disappointed with your grade at the end of the semester.
>
> 여 좋아요. 내가 이 결정을 후회하지 않게 해 주세요. 알겠지만, 월요일까지 모든 사람의 성적을 컴퓨터에 입력해야 하니까 목요일까지는 학생의 리포트를 받아야 해요. 안 그러면 학기말에 본인의 성적을 받고서 아주 실망하게 될 거예요.

교수가 이렇게 말할 때 그녀가 의미한 것은 무엇인가:

> W Okay. Don't make me regret this.
>
> 여 좋아요. 내가 이 결정을 후회하지 않게 해 주세요.

Ⓐ 학생이 새로 연장해 준 기한을 맞추지 못하면 학생은 교수를 실망시키게 되고 낙제하게 될 것이다.
Ⓑ 학생이 마감 기한을 맞추지 못하면, 컴퓨터에 결과가 입력되지 않을 것이다.
Ⓒ 학생이 과제를 제출하지 않으면, 교수는 자신의 마감 기한을 놓치게 될 것이다.
Ⓓ 학생은 새로운 마감 기한을 맞추지 않으면, 월요일에 성적을 받지 못할 것이다.

해설 교수가 "Okay. Don't make me regret this. 좋아요. 내가 이 결정을 후회하지 않게 해 주세요."라고 말한 뒤의 문맥을 보면 교수는 자신의 컴퓨터에 월요일까지 학생의 점수를 입력해야 하므로 학생이 목요일까지 과제를 제출하지 않으면 결과를 보고 실망하게 될 것이라고 말한다. 따라서 기한을 놓치면 교수를 실망시킬 뿐 아니라 학생은 낙제하게 될 것이라는 것을 의미하므로 (A)가 정답이다.

Lesson 03 Conversations

어휘 drop in 들르다 | appointment n 약속 | lucky adj 운이 좋은 | cancel v 취소하다 | time off 일이 없는[한가한] 시간 | assignment n 과제 | psychology n 심리학 | topic n 주제 | age n 나이 | insomnia n 불면증 | difficulty n 어려움 | submit v 제출하다 | neither n 둘 중 어느 것도 아니다 | ask for ~을 부탁[요청]하다 | extension n 연장 | meet the deadline 기한을 맞추다 | simply adv 정말로[그야말로] | clear adj 분명한 | accept v 받다, 수락하다 | exception n 예외 | otherwise adv 그렇지 않으면 | unfair adj 불공평한, 부당한 | methodology n 방법론 | aim n 목표 | professional adj 프로의 | duty n 의무 | graduate v 졸업하다 | unemployed adj 직업이 없는 | overtime n 초과 근무 | support v 부양하다, 돈을 대다 | expect v 바라다, 기대하다 | register v 등록하다 | end up V-ing 결국 ~하게 되다 | fail v 낙제하다 | scholarship n 장학금 | extra adj 추가의, 여분의 | hire v 고용하다 | cover v 대신하다 | shift n 교대 근무 시간 | ignore v 무시하다 | particular adj 특수한, 특별한 | turn in ~을 제출하다 | review v 검토하다 | correctly adv 적절하게, 올바르게 | at the latest 늦어도 | regret v 후회하다 | grade n 성적, 학점 | disappointed adj 실망한 | let down ~을 실망시키다 | original adj 원래의 | academic adj 학업의, 학교의 | policy n 정책, 방침 | lazy adj 게으른

Passage 2

Man: Student | Woman: Professor

[1-3] Listen to part of a conversation between a student and a professor.

M Hello, Professor Reichs, you wanted to see me?

W Hello, Mr. Simes. Yes, please have a seat. 1C I finished looking over the first draft of your class's term paper this past weekend.

M Okay, is there a problem with my paper? I mean, it is a first draft, so it probably has flaws.

W I wouldn't say that, but it is somewhat confusing. 1C Some of the points that you make are unclear, so it is kind of difficult to follow. Why don't you give me a summary of the main points of your paper as you intended them to be? And then we can discuss what can be done.

M 2A Hmm, okay. I wanted to talk about the methods that bees use for communication, so I tried to explain what kinds of information they provide and the techniques that they use to convey it.

W 2A Alright, can you be a bit more specific?

M Sure. Um, bees—ah, honey bees, I should say—communicate primarily through movement and smell. Scout bees fly out from the colony to find food. When a bee locates a source of food, it will return to the hive to tell its sisters about that source. It communicates that information using a series of movements called a waggle dance. The movements of the dance tell the other bees how far away the food source is and the direction that they should travel to find it.

W How do they find the food source after they follow those instructions?

M Oh, the bees use odor cues to tell the others what the source is. The scouts bring back the scent of the flower on their bodies, and sometimes they feed the others nectar from it.

W Interesting, 3B but I don't remember that being in the section about food source communication.

M 3B Uh, it wasn't. It was in the part about smell communication. Bees use scents to convey a lot of different information, often through the use of pheromones.

남자: 학생 | 여자: 교수

학생과 교수 사이의 대화 일부를 들으시오.

남 안녕하세요, Reichs 교수님, 절 찾으셨나요?

여 안녕하세요, Mr. Simes. 네, 앉으세요. 1C 지난 주말에 학생의 학기말 리포트 초안을 다 살펴봤어요.

남 알겠습니다, 제 리포트에 뭔가 문제가 있나요? 제 말은, 초안이라 아마 잘못된 점들이 있을 거예요.

여 그렇게까지 말하지는 않겠지만, 좀 헷갈려요. 1C 학생이 이야기하는 논점 일부가 불분명해서, 하려고 하는 이야기를 따라가기가 어렵더군요. 학생이 의도한 리포트의 요점들을 요약해서 얘기해 주는 게 어때요? 그런 다음 어떻게 해야 할지 함께 논의할 수 있을 거예요.

남 2A 음, 알겠습니다. 저는 벌이 의사소통에 이용하는 방법들에 대해 이야기하고 싶었기에, 벌들이 어떤 종류의 정보를 제공하는지, 그리고 정보를 전달하기 위해 이용하는 방법들을 설명하려고 했죠.

여 2A 알겠어요. 좀 더 구체적으로 말해 줄 수 있나요?

남 물론입니다. 음, 벌은... 아, 꿀벌이라고 해야겠군요. 꿀벌은 주로 움직임과 냄새를 통해 의사소통합니다. 정찰병 벌들이 군락에서 먹이를 찾기 위해 나오죠. 한 벌이 먹이를 찾아내면, 그 먹이에 대해 자매들에게 알려 주기 위해 다시 벌집으로 돌아갑니다. 8자 춤이라고 불리는 일련의 움직임들을 이용해 그 정보를 전달하죠. 춤의 움직임은 먹이가 얼마나 멀리 떨어져 있는지, 그 먹이를 찾으려면 어느 방향으로 가야 하는지를 알려 줍니다.

여 그런 설명을 따른 뒤에는 먹이를 어떻게 찾아내죠?

남 아, 벌들은 냄새 신호를 이용해 먹이가 무엇인지 다른 벌들에게 알려 줍니다. 정찰병 벌들이 몸에 꽃의 향기를 묻히고 돌아오고, 때로는 그 꽃에서 나온 꿀을 다른 벌들에게 먹이기도 하죠.

여 흥미롭네요, 3B 하지만 먹이 의사소통에 대한 부분에 그 내용은 없었던 것 같은데요.

남 3B 아, 없었습니다. 냄새 의사소통에 대한 부분에 있었어요. 벌들은 냄새를 이용해 아주 많고 다양한 정보를 전달하는데, 종종 페로몬을 이용합니다.

W 3B That is exactly what I was referring to earlier. You need to be careful how you organize information in your paper. Of course, mentioning that information within the larger context of smell communication is fine, but it is also pretty important to how bees communicate about food sources.

M Yeah, I guess you're right.

W So, you should include it there. It could even provide a good segue between the two major forms of communication. Organization is very important when you are writing a research paper.

M Yes, I understand.

여 3B 이게 내가 아까 말한 바로 그 점이에요. 리포트에서 정보를 정리하는 방법에 주의해야 해요. 물론 냄새 소통의 더 큰 맥락 안에서 그 정보를 언급하는 것은 괜찮지만, 이 내용은 벌들이 먹이에 대해 의사소통하는 방식에 있어서도 상당히 중요하죠.

남 네, 교수님 말씀이 맞습니다.

여 그래서, 그걸 거기에 포함시켜야 해요. 두 가지 주된 의사소통 형태를 이어주기에 좋은 내용이 될 수도 있어요. 내용 구성은 연구 논문을 쓸 때 아주 중요합니다.

남 네, 알겠습니다.

Lesson 03 Conversations

노트

Student's situation	Professor's response
	term paper confusing 학기말 리포트 헷갈림
methods bees comm. 벌들의 의사소통 방법	
move, smell 움직임, 냄새	
waggle dance – how far, direct.	
8자 춤 – 얼마나 멀리 있는지, 방향	
odor – find source 냄새 – 먹이를 찾음	X food source comm.? 먹이 의사소통 없음?
smell part 냄새 부분	careful organize 주의 깊게 정리

Type: Main Idea

1. 화자들은 주로 무엇에 관해 논의하고 있는가?

Ⓐ 글쓰기 과제의 필수 요건
Ⓑ 학생이 놓친 과제
Ⓒ 학생이 쓴 리포트의 주제
Ⓓ 학생이 자신의 글을 정리한 방식

해설 대화의 도입부에서 교수는 학생이 쓴 리포트의 논점이 불분명하다고 말하며 요점을 요약해서 말해 줄 것을 요구한다. 이에 학생은 본인이 리포트에 쓴 내용이 무엇인지를 이야기하며 교수의 질문에 답을 하고 있으므로 (C)가 정답이다.

Type: Function

2. 대화의 일부를 다시 듣고 질문에 답하시오.

M Hmm, okay. I wanted to talk about the methods that bees use for communication, so I tried to explain what kinds of information they provide and the techniques that they use to convey it.
W Alright, can you be a bit more specific?

남 음, 알겠습니다. 저는 벌이 의사소통에 이용하는 방법들에 대해 이야기하고 싶었기에, 벌들이 어떤 종류의 정보를 제공하는지, 그리고 정보를 전달하기 위해 이용하는 방법들을 설명하려고 했죠.
여 알겠어요. 좀 더 구체적으로 말해 줄 수 있나요?

교수는 왜 이렇게 말하는가:

W Alright, can you be a bit more specific?

여 알겠어요. 좀 더 구체적으로 말해 줄 수 있나요?

Ⓐ 논의를 위해 더 상세한 내용이 필요하다고 생각한다.
Ⓑ 학생이 말한 내용을 이해하지 못하고 있다.

Ⓒ 학생이 더 집중해야 한다고 생각한다.
Ⓓ 학생의 리포트가 흥미롭지 않다고 생각한다.

해설 더 구체적으로 말해줄 수 있는지 물어보는 것은, 학생의 리포트에 대해 논의하기 위해 더 상세한 내용이 필요하니 구체적 설명을 제공해 줄 것을 요청하는 의미이므로 (A)가 정답이다.

Type: Attitude

3. 학생의 리포트에 대한 교수의 의견은 어떠한가?

Ⓐ 조사가 부실하게 되었다고 생각한다.
Ⓑ 다시 정리되어야 한다고 생각한다.
Ⓒ 주제를 완전히 다루지 않았다고 본다.
Ⓓ 더 많은 자료를 추가하는 것을 고려하길 바란다.

해설 대화 중반부에 교수는 먹이 의사소통 부분에 냄새 신호에 대한 내용이 없었다며, 앞에서 말한 학생의 리포트 중 일부가 불분명해서 따라가기가 어렵다는 것이 바로 이 점 때문이라고 말한다. 바로 이어 "You need to be careful how you organize information in your paper. 리포트에서 정보를 정리하는 방법에 주의해야 해요."라고 교수가 학생에게 한 말을 통해 학생의 리포트에 대한 의견을 알 수 있으므로 (B)가 정답이다.

어휘 look over ~을 살펴보다 | draft n (문서의) 안, 초안 | flaw n 결점 | somewhat adv 다소 | confusing adj 헷갈리는, 혼란시키는 | point n 논점 | unclear adj 불분명한 | follow v 따라가다, 따르다 | summary n 요약 | intend v 의도하다 | method n 방법 | communication n 의사소통 | technique n 기법, 기술 | convey v 전달하다 | specific adj 구체적인 | primarily adv 주로 | movement n 움직임 | scout bee 정찰병 벌 | colony n 군락, 군집, 집단 | locate v ~의 정확한 위치를 찾아내다 | source n 원천 | hive n 벌집 | waggle dance (벌들의) 8자 춤 | direction n 방향 | instruction n 설명 | odor n 냄새 | cue n 신호 | scent n 향기 | feed v 먹이다 | nectar n (꽃의) 꿀, 과일즙 | pheromone n 페로몬 | exactly adv 정확히 | refer to ~을 말하다[언급하다] | careful adj 주의하는 | organize v 정리하다 | mention v 언급하다 | context n 맥락 | segue n 끊지 않고 다음으로 넘어가라는 지시 | requirement n 필수 요건 | subject matter n 주제 | poorly adv 좋지 못하게 | address v 다루다, 고심하다

Lesson 04 Connecting Contents

본서 | P. 96

Practice

01 B　02 A　03 Campus apartment – B, D / Dorm room – A, C　04 Yes – A, D / No – B, C

Test

Passage 1　**1.** B　**2.** A　**3.** Yes – A, C / No – B, D

Passage 2　**1.** B　**2.** B　**3.** C

Practice

본서 | P. 100

01　Man: Student | Woman: Professor

Listen to part of a conversation between a student and a professor.

M Excuse me, Professor. Can we have a minute?

W I can give you 10 minutes, but after that I have to go to a staff meeting.

M Thank you. Um... In fact, I have a couple of questions related to today's lecture. I fail to understand the concept of synergy. I'm familiar with the definition, but what does that actually mean?

남자: 학생 | 여자: 교수

학생과 교수 사이의 대화 일부를 들으시오.

남 실례합니다, 교수님. 잠깐 시간 있으신가요?

여 10분 정도 있어요, 하지만 그 후에는 교수 회의에 가야 해요.

남 고맙습니다. 음... 실은, 오늘 강의와 관련하여 몇 가지 질문이 있습니다. 상승효과의 개념이 이해가 되지 않아요. 그러니까, 정의는 익숙한데, 그것은 실제로 뭘 의미하나요?

W I'll use one example. If you have a football team, theoretically every player contributes equally to the performance of the team, right?

M Right—if one player goofs around, the team will lose.

W I mean, not necessarily... You see, if a player is injured, the rest of the team can work harder to compensate for the injured player's level of performance, and the team can still win.

M Ah, yeah, you're right... but what's this got to do with synergy?

W Everything. The performance of the football team is not just the performance of each player on average, but rather the performance of the entire group working together.

여 예를 하나 들어볼게요. 만약 미식축구팀이 있다면, 이론적으로는 모든 선수가 팀의 성과에 동일하게 기여를 하죠?

남 네, 선수 한 명이 빈둥대면, 그 팀은 지게 돼요.

여 음, 꼭 그런 것은 아니죠... 알다시피, 한 선수가 부상을 입으면, 다른 팀원들이 부상을 당한 선수를 보완하기 위해 더욱 열심히 뛰게 되고, 팀은 여전히 승리할 수도 있죠.

남 아, 네, 그렇군요... 그렇지만 그것이 상승효과와 무슨 관계가 있나요?

여 모든 면에서요. 미식축구팀의 성과는 단순히 각 선수의 평균 성과가 아니라, 팀 전체가 함께 협력한 성과예요.

노트

Student's situation	Professor's response
prob.: X understand synergy	e.g. football team each contribute equally if injured → others work harder synergy = entire group
문제점: 상승효과를 이해하지 못함	예를 들어, 미식축구팀 각각 동일하게 기여함 부상을 입으면 → 다른 선수들이 더 열심히 함 상승효과 = 전체 팀

Q. 교수는 왜 학생에게 미식축구팀에 대해 이야기하는가?

Ⓐ 팀워크가 왜 중요한지 설명하기 위해
Ⓑ 상승효과의 의미를 설명하기 위해
Ⓒ 각 선수가 팀의 성과에 어떤 기여를 하는지 보여주기 위해
Ⓓ 각 선수의 성과와 팀의 성과를 비교하기 위해

해설 상승효과의 개념이 무엇인지 모르겠다며 그에 대해 묻는 학생에게 교수가 미식축구팀의 예를 들어 설명하고 있으므로 (B)가 정답이다.

어휘 related to ~와 관련하여 | fail to do ~하지 못하다 | concept n 개념 | synergy n 상승효과, 시너지 효과 | familiar adj 익숙한 | definition n 정의 | actually adv 실제로 | mean v 의미하다 | example n 예, 예시 | theoretically adv 이론적으로 | contribute v 기여하다 | equally adv 동일하게, 동등하게 | performance n 성과, 실행 | goof around 빈둥대다 | lose v 지다 | not necessarily 꼭[반드시] ~은 아닌 | injured adj 부상 입은 | compensate v 보완하다, 보상하다 | win v 승리하다, 이기다 | on average 평균적으로

02 Man: Professor | Woman: Student

Listen to part of a conversation between a student and a professor.

W Excuse me, Professor Hall. I'd like to apply for the job as your teaching assistant. Should I contact you directly or speak to an employee of the department?

M I make the final decision, but there's a screening process that you have to go through before your name gets to me. The registrar is in charge of that.

남자: 교수 | 여자: 학생

학생과 교수 사이의 대화 일부를 들으시오.

여 실례합니다, Hall 교수님. 교수님의 조교 자리에 지원하고 싶은데요. 교수님께 직접 지원하나요, 아니면 학과 사무실의 직원에게 이야기하나요?

남 최종 결정은 내가 하지만, 내게 학생의 이름이 전달되기까지 거쳐야 하는 심사 과정이 있어요. 그 일은 학적과 직원이 담당해요.

W I see. What exactly would I be expected to do if I became your assistant?
M Well... you would teach tutorials to lower-level students, help evaluate assignments, help me with my research, and teach students in my place if I have to attend conferences.
W It doesn't seem too difficult.
M Why don't you speak to the registrar today? You know what they say about early birds.
W I'll do so right now. Thank you, Professor.

여 그렇군요. 교수님의 조교가 된다면 제가 해야 하는 일은 정확히 무엇인가요?
남 음... 낮은 레벨의 학생들에게 개인 지도도 해 주고, 과제 평가하는 것도 도와주고, 내가 연구하고 있는 것도 도와주고, 그리고 만약 내가 학술 회의에 참석하게 되면 내 대신 학생들에게 강의도 해야 해요.
여 그렇게 어려울 것 같지는 않네요.
남 오늘 학적과 직원과 얘기해 보지 그래요? 일찍 일어나는 새에 대해 사람들이 뭐라고 하는지 알잖아요.
여 지금 바로 그렇게 할게요. 고맙습니다, 교수님.

노트

Student's situation	Professor's response
purpose: apply for T.A. 목적: 조교에 지원하기 위해	
contact where? 어디로 연락?	screening process → final prof. 심사 과정 → 마지막은 교수 regis. office 학적과 사무실
what to do? 무엇을 해야 하는지?	tutorials 개인 지도 evaluate assign. 과제 평가 help research 연구 지원 teach 강의
	sug.: speak to regis. today 제안: 오늘 학적과 직원과 이야기할 것

Q. 교수는 왜 일찍 일어나는 새(early birds)를 언급하는가?

Ⓐ 일찍 지원하는 것의 중요성을 설명하기 위해
Ⓑ 고용 과정에서 학적과 직원이 하는 역할을 지적하기 위해
Ⓒ 학생에게 지원 마감일이 있다는 것을 경고해 주기 위해
Ⓓ 학생에게 그 자리에 지원하도록 용기를 주기 위해

해설 교수는 학생에게 오늘 학적과 직원과 이야기해 보라고 말한 후 일찍 일어나는 새에 대해 말한다. 'The early bird catches the worm.(일찍 일어나는 새가 벌레를 잡는다.)'이라는 속담을 상기시켜 줌으로써 일찍 지원해야 좋은 결과를 얻을 수 있다는 것을 강조하기 위해서이다. 따라서 (A)가 정답이다.

어휘 apply for ~에 지원하다 | teaching assistant n 조교 | contact v 연락하다 | directly adv 직접 | employee n 직원 | department n 부서[부처/학과] | final adj 마지막의 | screening n 심사 | process n 과정 | registrar n 학적과 직원 | in charge of ~을 담당하는 | exactly adv 정확히 | expect v 요구하다, 기대하다 | tutorial n 개인 지도 (시간) | low adj 낮은 | evaluate v 평가하다 | assignment n 과제 | research n 연구 | attend v 참석하다 | conference n 학회 | early bird 일찍 일어나는 새[사람]

03 Man: Student | Woman: University employee

Listen to part of a conversation between a student and a university employee.

W Hello, how may I help you?
M This is the housing office, right?

남자: 학생 | 여자: 대학교 직원

학생과 대학교 직원 사이의 대화 일부를 들으시오.

여 안녕하세요, 어떻게 도와 드릴까요?
남 여기가 교내 주거 관련 사무실이죠?

W Yes, it is. Do you have an issue with your current campus housing?

M I think that there has been some kind of mistake. I requested a dormitory room, but I was not assigned one.

W Oh, I see. I will examine the system logs to determine who was responsible for your inconvenience.

M Thank you. Um, what exactly is the difference between a campus apartment and a dorm? I mean, the apartment looked nice. Is it more expensive?

W **A** A campus apartment holds up to four people, but dorm rooms can have more. The apartment also has a private bathroom, a living room, and a small kitchen. **B** Most of them are also closer to the center of campus. Some of the dormitories are on the edges. **C** So yes, a campus apartment is more expensive.

M Would you be able to assign me to a campus apartment if I paid the difference? I wouldn't mind paying more.

W No, that would be impossible. **D** Campus apartments are assigned by a lottery system at the end of the previous semester. It is much too late now.

M I see.

여 네, 맞아요. 현재 교내 주거와 관련해서 문제가 있으신가요?

남 뭔가 실수가 있었던 것 같아요. 기숙사 방을 신청했는데, 배정을 받지 못했거든요.

여 아, 그렇군요. 시스템 기록을 살펴보고 학생의 불편함에 책임이 있는 사람을 알아내도록 할게요.

남 감사합니다. 음, 교내 아파트와 기숙사의 차이점이 정확히 무엇인가요? 아파트가 꽤 좋아 보였거든요. 더 비싼가요?

여 **A** 교내 아파트에는 네 명이 살지만, 기숙사에는 그보다 더 많은 인원이 살 수 있죠. 그리고 아파트에는 개인 화장실과 거실, 그리고 작은 부엌이 있어요. **B** 대부분의 아파트가 교내 중심부와 더 가깝죠. 몇몇 기숙사는 (교내) 가장자리에 있거든요. **C** 그래서 네, 교내 아파트가 더 비싸요.

남 제가 만약 차액을 지불하면 교내 아파트로 절 배정해 주실 수 있나요? 돈을 더 내는 건 상관없어요.

여 아니요, 그건 불가능해요. **D** 교내 아파트는 이전 학기말에 추첨 시스템으로 배정돼요. 지금은 너무 늦었죠.

남 그렇군요.

노트

Student's situation	University employee's response	
prob.: X assigned dorm. room	Apart. - up to 4 ppl - closer to center - more exp.	Dorm. - more than 4 ppl - on edges
apart. pay more?	X, assigned by lottery	
문제점: 기숙사 방을 배정받지 못함	아파트 – 4명까지 – 중심부에 더 가까움 – 더 비쌈	기숙사 – 4명 이상 – 가장자리에
아파트는 돈을 더 냄?	아니오, 추첨에 의해 배정됨	

Q. 대화에서, 화자들은 교내 아파트와 기숙사 방의 차이점에 관해 논의한다. 다음 각 사항이 그 특징 중 하나인지 아래 표에 표시하시오.
각 구절에 대해 맞는 칸에 표시하시오.

	교내 아파트	기숙사 방
Ⓐ 4명 이상을 수용		✓
Ⓑ 교내 중심에 근접	✓	
Ⓒ 돈을 더 적게 지불		✓
Ⓓ 추첨 시스템에 의해 배정	✓	

해설 학생이 교내 아파트와 기숙사 방의 차이점을 묻는 질문에 대학 직원은 교내 아파트는 4명까지 수용 가능한 반면 기숙사 방은 그 이상을 수용할 수 있다고(A campus apartment holds up to four people, but dorm rooms can have more.) 말하며, 대부분의 아파트가 교내 중심부와 더 가깝다고(Most of them are also closer to the center of campus.) 덧붙인다. 뿐만 아니라, 아파트가 더 비싸며,(So yes, a campus apartment is more expensive.) 교내 아파트는 추첨 시스템으로 배정된다고(Campus apartments are assigned by a lottery system) 차이점을 설명한다.

어휘 housing n 주거, 숙소 | issue n 문제 | current adj 현재의 | campus n 교내, 구내, 캠퍼스 | mistake n 실수 | request v 요청하다 | dormitory n 기숙사 | assign v 배정하다, 맡기다 | examine v 살펴보다, 검토하다 | log n 기록 | determine v 알아내다, 밝히다 | responsible adj 책임이 있는 | inconvenience n 불편(함), 애로 | exactly adv 정확히, 꼭 | difference n 차이점 | expensive adj 비싼 | hold v 수용할 수 있다 | up to ~까지 | private adj 개인의 | center n 중심부, 가운데 | edge n 가장자리 | impossible adj 불가능한 | lottery n 추첨, 복권, 제비뽑기 | previous adj 이전의

04

Man: Student | Woman: Professor

Listen to part of a conversation between a student and a professor.

M Hello, Professor, are you busy?

W Hi, Patrick. No, I am free at the moment. How can I help you?

M I was hoping that you could give me some advice.

W Okay, I will help you however I can. What seems to be the problem?

M I'm working on the first draft of the term paper this past weekend, and I need some help. I wanted to talk about the methods that bees use for communication, but the point that I was confused about is how the bees understand the food dance. I mean, one bee tells the others that it is in a particular direction by its movements, correct? But once they leave the hive, how do they know where to go? How do they know what direction to go to get to the approximate location so they can get close enough to locate the flowers by scent?

W Oh—they use magnetoreception. Like many other organisms, **A** bees can navigate by sensing the Earth's magnetic field. **D** They have an iron compound in their bodies that allows them to sense the field, so they can extrapolate from the dance using their internal magnetic compasses.

M Interesting; I should definitely include that in my paper.

남자: 학생 | 여자: 교수

학생과 교수 사이의 대화 일부를 들으시오.

남 안녕하세요, 교수님, 바쁘신가요?

여 안녕하세요, Patrick. 아니에요, 지금은 한가해요. 어떻게 도와줄까요?

남 교수님께서 제게 조언을 좀 해 주셨으면 해서요.

여 좋아요, 도울 수 있는 한 도울게요. 문제가 무엇인 것 같나요?

남 지난주 학기말 리포트의 초안을 쓰고 있는데, 도움이 좀 필요합니다. 저는 벌이 의사소통에 이용하는 방법들에 대해 이야기하고 싶었는데, 제가 헷갈렸던 부분은 벌들이 어떻게 먹이 춤을 이해하는지입니다. 제 말은, 한 벌이 다른 벌들에게 움직임으로 먹이가 특정한 방향으로 가면 있다고 알려주는 거죠, 그렇죠? 하지만 벌들이 집을 떠나면, 어디로 가야 하는지 어떻게 알죠? 향기로 꽃의 위치를 찾아낼 수 있을 정도로 충분히 가까이 대략적인 위치로 가기 위해 어떤 방향으로 가야 하는지 어떻게 알죠?

여 아! 벌들은 자기장을 느끼는 감각을 이용합니다. 다른 많은 생물들처럼, **A** 벌들도 지구의 자기장을 감지해서 길을 찾을 수 있어요. **D** 신체 내부에 자기장을 감지할 수 있게 해 주는 철 화합물이 있어서 내부의 자기장 나침반을 사용하여 춤으로 미루어 추론할 수 있는 거죠.

남 흥미롭네요. 그 내용도 꼭 리포트에 포함해야겠어요.

노트

Student's situation	Professor's response
prob.: need advice on term paper methods bees use for comm. how bees know direction? 문제점: 학기말 리포트에 대해 조언이 필요함 의사소통을 위해 벌들이 사용하는 방법들 벌들이 방향을 아는 방법?	use magnetoreception - sense magnetic field - iron compound → sense field 자기장을 느끼는 감각 사용 – 자기장 감지 – 철 화합물 → 자기장 감지

Q. 대화에서, 화자들은 벌이 방향을 찾는 방법에 관해 논의한다. 다음 각 사항이 화자들에 의해 언급된 사항인지 아닌지를 아래 표에 표시하시오. 각 문장에 대해 맞는 칸에 표시하시오.

	예	아니오
Ⓐ 벌들은 지구의 자기장을 감지하고 그것을 이용하여 길을 찾는다.	✓	
Ⓑ 벌들은 오로지 향기에 의존해 위치에 도달한다.		✓
Ⓒ 벌들은 복잡한 사고 과정을 하여 춤을 해석한다.		✓
Ⓓ 벌들 신체 내부의 철 화합물은 그들이 자기장을 감지하고 어디로 가야 할지 깨닫게 해 준다.	✓	

해설 벌들이 목적지까지 가기 위한 방향을 대략적으로 어떻게 아는지 묻는 학생의 질문에 교수는 벌들이 지구의 자기장을 감지해서 길을 찾으며,(Bees can navigate by sensing the Earth's magnetic field.) 신체 내부에 철 화합물이 있어서 자기장을 감지할 수 있게 해 준다고(They have an iron compound in their bodies that allows them to sense the field.) 말한다.

어휘 draft n (문서의) 안, 초안 | method n 방법 | communication n 의사소통 | confused adj 헷갈려 하는 | particular adj 특정한 | direction n 방향 | movement n 움직임 | hive n 벌집 | approximate adj 대략적인, 거의 정확한 | locate v ~의 정확한 위치를 찾아내다 | scent n 향기 | magnetoreception 자기장을 느끼는 감각 | organism n 생물(체), 유기체 | navigate v 길을 찾다, 방향을 읽다 | sense v 감지하다 | magnetic field n 자기장 | iron compound 철 화합물 | extrapolate v 추론하다 | internal adj 내부의 | compass n 나침반, 컴퍼스 | definitely adv 확실히, 분명히 | perceive v 감지하다 | solely adv 오로지 | depend on ~에 의존하다 | engage in ~을 하다, ~에 참여하다 | interpret v 해석하다, 이해하다

Test

본서 | P. 108

Passage 1

Man: Student | Woman: Professor

[1-3] Listen to part of a conversation between a student and a professor.

M Excuse me. Can I ask you something? **1B/2A** I'm not sure I fully understand the physical adaptations at high altitudes.

W You must have a good grasp of physiology by now. You want to be a doctor, right?

M Yes, **2A** I understand the general principles, but I want to verify some details before the examination. I just want to make sure I understand this process.

W Alright. So, **1B** what problems does the human body face at high altitudes, and what systems have to adapt to overcome these problems?

M Well, there's a lack of oxygen, so people's cells can't get enough oxygen to function, and they get dizzy and can even collapse and die.

W Right, and what are the systems that deliver oxygen to the cells?

M **3A** The circulatory system, and I guess the respiratory system too. People have a tendency to breathe more frequently and deeply at high altitudes.

W That's right. **3D** They must take deeper breaths at shorter intervals to provide the body with enough oxygen to work, but is that enough?

남자: 학생 | 여자: 교수

학생과 교수 사이의 대화 일부를 들으시오.

남 실례합니다. 제가 한 가지 여쭤봐도 될까요? **1B/2A** 제가 높은 고도에서의 신체 적응을 완전히 이해했는지 확신이 없어서요.

여 지금쯤이면 학생은 생리학을 잘 이해하고 있어야 해요. 학생은 의사가 되길 원하잖아요, 그렇죠?

남 네, **2A** 일반 원리는 잘 이해하고 있어요, 하지만 시험 전에 몇 가지 세부 사항을 확인하고 싶어서요. 단지 제가 이 과정을 이해하는지 확인하고 싶습니다.

여 좋아요. 그럼, **1B** 인간의 신체는 높은 고도에서 어떤 문제에 직면하고 이 문제를 극복하기 위해서 어떤 시스템이 적응해야 하나요?

남 음, 산소가 부족해요. 그 결과 사람들의 세포가 제 기능을 할 수 있을 정도의 충분한 산소를 갖지 못하게 되어서 사람들은 현기증이 나고 심지어 쓰러지고 죽을 수도 있어요.

여 맞아요. 그럼 세포에 산소를 공급하는 시스템은 무엇이죠?

남 **3A** 순환계요. 그리고 제 생각에는 호흡계도요. 사람들은 높은 고도에서 더 자주, 더 깊이 숨쉬는 경향이 있어요.

여 그렇지요. **3D** 사람들은 신체가 제 기능을 할 수 있을 만큼 충분한 산소를 공급하기 위해서는 짧은 간격으로 더 깊이 숨을 쉬어야 하죠. 하지만 이것으로 충분한가요?

M No, the body can only get as much oxygen as the red blood cells can transport. This means more hemoglobin is needed to transport the extra oxygen to the cells.

W Not "extra" oxygen. The lack of oxygen available at high altitudes makes it difficult to deliver sufficient oxygen to the lungs. Think about animals like llamas which live in high mountains. 3B They have a lot more hemoglobin than other animals because it's the hemoglobin in the blood that absorbs oxygen from the air that we breathe. 3C The more hemoglobin there is, the more oxygen can be absorbed and carried through the cells. This allows llamas to transport sufficient oxygen to their bodies to survive at high altitudes.

M Ah, I can see the difference. Because a lot of small amounts of oxygen are being obtained through increased respiration, the body has to generate more hemoglobin to absorb more oxygen from each breath and deliver it to the cells more often, because the regular rate of supply would be too slow with a little oxygen available.

남 아니요, 신체는 적혈구가 운반할 수 있을 만큼의 산소만 얻을 수 있어요. 이것은 세포에 여분의 산소를 운반하기 위하여 더 많은 헤모글로빈을 필요로 한다는 것을 의미합니다.

여 '여분의' 산소가 아니에요. 높은 고도에서 이용할 수 있는 산소가 부족하면 폐에 충분한 산소를 공급하는 것을 어렵게 하지요. 높은 산에 사는 라마와 같은 동물을 생각해 보세요. 3B 우리가 숨쉬는 공기로부터 산소를 흡수하는 것은 혈액 속의 헤모글로빈이기 때문에, 라마들은 다른 동물들보다 훨씬 더 많은 헤모글로빈을 가지고 있어요. 3C 헤모글로빈이 더 많을수록, 더 많은 산소가 세포로 흡수되고 운반될 수 있다는 것이지요. 이것은 라마들이 높은 고도에서 생존하기 위해 충분한 산소를 그들의 몸에 운반할 수 있게 해요.

남 아, 차이점을 알겠어요. 호흡을 증가시켜서 소량의 산소를 여러 번 얻기 때문에, 신체는 매번의 호흡으로부터 더 많은 산소를 흡수하고 그것을 세포에 더 자주 전달하기 위해서 더 많은 헤모글로빈을 만들어 내야 하는 거군요. 왜냐하면 (한 번의 호흡으로부터) 얻을 수 있는 산소의 양이 적은 탓에 정상 속도로 공급하는 것은 너무 느릴 것이기 때문이겠죠.

노트

Student's situation	Professor's response
prob.: X understand phy. adapt. @ ↑ al. ↑ al. → X oxygen(O_2), dizzy oxygen → cell(circu., resp. system) ↑ hemo. needed 문제점: 높은 고도에서의 신체 적응을 이해하지 못함 높은 고도 → 산소가 없음, 어지러움 산소 → 세포(순환계, 호흡계) 더 많은 헤모글로빈이 필요함	deeper breath, short inter. ↑ al. → X deliver ox. e.g. llamas – ↑ hemo., ↑ ox. 더 깊은 호흡, 짧은 간격 높은 고도 → 산소 전달 못함 예를 들어, 라마 – 더 많은 헤모글로빈, 더 많은 산소
↑ resp. → ↑ hemo., ↑ ox. to cells 호흡 증가 → 더 많은 헤모글로빈 (만들어야 함), 더 많은 산소가 세포로 (전달)	

Type: Main Idea

1. 화자들은 무엇에 관해 이야기하고 있는가?

Ⓐ 곧 있을 시험에 나올 만한 질문들
Ⓑ 높은 고도에서의 신체 적응
Ⓒ 라마의 독특한 생리학적 적응
Ⓓ 곧 있을 시험에 대비한 노트 복습 방법

해설 대화 도입부 학생의 말에서 학생이 교수를 찾아온 목적 혹은 대화 주제를 파악할 수 있는 표시어 "I'm not sure I fully understand ~"가 등장하며 그 뒤에 대화 주제가 나온다. 학생은 높은 고도에서의 신체 적응을 완전히 이해했는지 확신이 없다고 이야기한 후, 교수가 높은 고도에서의 인간의 신체 반응을 질문함으로써 화두를 던지므로, 대화의 주된 내용이 높은 고도에서의 신체 적응이 될 것임을 파악할 수 있다. 따라서 (B)가 정답이다. 보기 (A)는 학생이 시험 전에 몇 가지 세부 사항을 확인하여 자신이 이해하는 것이 맞는지 알고 싶어 할 뿐이므로 오답이고, (C)는 높은 고도에서의 산소 공급을 위해 설명하다가 하나의 예로 라마를 든 것일 뿐, 라마의 생리학적 적응이 주된 내용이 아니므로 오답이며, (D)는 전혀 관련이 없는 내용이라 오답이다.

Type: Details

2. 학생은 무엇을 하고 싶어 하는가?

Ⓐ 이해하지 못한 몇 가지 정보에 관해 도움을 받고 싶다
Ⓑ 의사가 되기 위한 필수 강좌들을 명백히 해 두고 싶다
Ⓒ 곧 있을 시험의 복습 수업에 참석을 신청하고 싶다
Ⓓ 생리학적 적응에 대해 자세히 설명하고 싶다

해설 대화 도입부에서 "I'm not sure I fully understand ~", "but I want to verify ~", "I just want to make sure ~"와 같은 표시어와 뒤에 오는 내용을 통해 학생은 자신이 이해하지 못한 몇 가지 정보에 대해 도움을 받기를 원한다는 것을 알 수 있다. 이를 가장 적절히 표현한 (A)가 정답이다.

Type: Connecting Contents

3. 대화에서, 화자들은 높은 고도에서의 생리학적 적응에 관해 논의한다. 다음 각 사항이 사실인지 아닌지를 아래 표에 표시하시오.
각 문장에 대해 맞는 칸에 표시하시오.

	예	아니오
Ⓐ 높은 고도에 있을 때, 순환계는 문제를 극복하기 위해 적응해야 한다.	✓	
Ⓑ 라마는 다른 동물들보다 더 적은 헤모글로빈을 가지고 있다.		✓
Ⓒ 더 많은 헤모글로빈은 더 많은 산소가 흡수될 수 있다는 것을 의미한다.	✓	
Ⓓ 사람들은 더 많은 헤모글로빈을 만들어 내기 위해서 높은 고도에서 더 긴 간격으로 호흡해야 한다.		✓

해설 높은 고도에 있으면 순환계와 호흡기 시스템이 영향을 받으며, 헤모글로빈이 더 많다는 것은 더 많은 산소가 세포로 흡수될 수 있다는 것이라고(The more hemoglobin there is, the more oxygen can be absorbed and carried through the cells.) 교수는 말하므로 (A)와 (C)는 사실이다. 그러나 높은 고도에 사는 라마는 생존하기 위해 훨씬 더 많은 헤모글로빈을 가지고 있으며(They have a lot more hemoglobin than other animals because it's the hemoglobin in the blood that absorbs oxygen from the air that we breathe.) 높은 고도에서 충분한 산소 공급을 위해서는 짧은 간격으로 더 깊이 숨을 쉬어 호흡을 증가시켜야 한다는(They must take deeper breaths at shorter intervals to provide the body with enough oxygen to work) 교수의 말에 따르면 (B)와 (D)는 사실이 아니다.

어휘 fully adv 완전히 | physical adj 신체의 | adaptation n 적응 | altitude n 고도 | have a good grasp of ~을 잘 이해하다 | physiology n 생리학 | general adj 일반적인 | principle n 원리, 원칙 | verify v 확인하다 | make sure ~을 확실히 하다 | face v 직면하다 | adapt v 적응시키다, 적응하다 | overcome v 극복하다 | lack n 부족 | oxygen n 산소 | cell n 세포 | dizzy adj 현기증이 나는, 어지러운 | collapse v (의식을 잃고) 쓰러지다 | deliver v 전달하다 | circulatory system n 순환계 | respiratory system n 호흡계 | tendency n 경향 | breathe v 숨을 쉬다, 호흡하다 | frequently adv 자주 | interval n 간격 | red blood cell n 적혈구 | transport v 운반하다 | hemoglobin n 헤모글로빈 | extra adj 여분의 | sufficient adj 충분한 | lung n 폐 | llama n 라마 | absorb v 흡수하다 | obtain v 얻다 | respiration n 호흡 | generate v 만들어 내다 | regular adj 정상적인, 고른, 규칙적인 | rate n 속도 | supply n 공급 v 공급하다 | upcoming adj 곧 있을, 다가오는 | review v 복습하다 n 복습 | clarify v 명백히 하다 | requirement n 필수 요건

Passage 2

Man: Student | Woman: Administrator

[1-3] Listen to part of a conversation between a student and an administrator.

M Hi. 1B I was wondering if I could get some help.
W Well, I'll certainly try.
M 1B I'm a transfer student coming to this university from State College, and I got this letter in the mail saying I have to attend student orientation right before class starts.
W That's right. Even if you're not a freshman, we want all new students to attend student orientation.

남자: 학생 | 여자: 행정 직원

학생과 행정 직원 사이의 대화 일부를 들으시오.

남 안녕하세요. 1B 도움 좀 받을 수 있을지 궁금해서요.
여 네, 물론이죠.
남 1B 전 주립 대학에서 이 대학으로 오게 된 편입생인데요. 강의가 시작되기 직전에 학생 오리엔테이션에 참석해야 한다는 편지를 받았어요.
여 맞아요. 학생이 신입생이 아니라 할지라도, 저희는 새로 온 학생 모두가 학생 오리엔테이션에 참석하길 바랍니다.

M **1B** Is that really necessary? I believe I have sufficient experience to make a smooth transition.

W I understand what you are saying, but we have found that students who participate in orientation have fewer problems afterwards.

M **1B** Well, the fact is I have already had a trip to Miami Beach scheduled with my friends for some time, and I would hate to miss it for orientation. I was wondering if it would be possible to attend some of these meetings and not all of them.

W Hmmm. The problem is that orientation is really important for you to learn a lot of important information.

M Like what?

W Well, the counselors take the new students around campus and point out the important academic buildings and facilities like the library, the radio station, the swimming pool, and so on and so forth.

M Yeah, I see.

W In addition, the tour covers some major areas off campus, places where students like to go in their free time. So everyone gets to know what's going on around here.

M **2B** You see, that's just not a problem. I've lived here my whole life, so I know where I'm going. My grandma lives right down the street!

W That is all well and good, but above all, students in orientation learn details about the courses and how the registration system works. Additionally, orientation is an excellent way to meet new people and learn more about activities on campus. Students who miss orientation often feel overwhelmed on their first day of school.

M **2B** I really don't think that applies to me. My brother is a senior here, so he can lead me through the process. Also, thanks to him, I've been on campus dozens of times, so I know where everything is and what's happening.

W Oh, actually, for you as a transfer student, the most important reason to attend would be to meet the professors and your academic advisor, since you have to choose a major at the end of the year.

M **2B** I see. That would be very useful. But, to be honest, I can't cancel the trip at this point.

W Alright. I see that you are determined to go on your journey, so I'll tell you what I can do for you. **3C** Before you take off for Miami, I want you to get on the university's website and pick out the courses you would like to take; then, I'll arrange consultations with the professors of these classes when you get back. Sound good?

M Sounds great! Thank you so much. You've been very helpful.

남 **1B** 그게 정말 필요한가요? 전 변화에 순조롭게 적응할 만큼 경험이 충분한데요.

여 무슨 말인지 이해하지만, 오리엔테이션에 참석한 학생들에게 나중에 문제가 더 적더라고요.

남 **1B** 음, 사실은 제가 이미 친구들과 한동안 Miami 해변으로 여행을 갈 계획이 있는데, 오리엔테이션 때문에 여행을 놓치고 싶지 않아요. 오리엔테이션 전체 말고 몇 개 부문에만 참석해도 될까 해서요.

여 음, 문제는 중요한 정보를 많이 얻기 위해서는 오리엔테이션이 정말로 중요하다는 거예요.

남 예를 들면요?

여 음, 상담자들이 새로 온 학생들에게 캠퍼스를 견학시켜 주고 도서관, 라디오 방송국, 수영장 등과 같은 주요 대학 건물 및 시설을 알려 주죠.

남 네, 그렇군요.

여 게다가, 견학에는 캠퍼스 밖의 몇몇 중요한 곳들도 포함이 돼요. 학생들이 여가 시간에 가고 싶어 하는 곳들 말이에요. 모두들 주변 환경을 잘 알 수 있도록 해 주죠.

남 **2B** 있잖아요, 그건 문제가 안 돼요. 전 여기서 줄곧 살아 와서 어디를 가든 잘 알거든요. 제 할머니께서 바로 근처에 사세요!

여 그것도 괜찮기는 한데, 무엇보다도 오리엔테이션에서 학생들이 수업과 등록 시스템 운영에 대해 자세히 배운다는 거예요. 또 오리엔테이션에 가는 건 새로운 사람들을 만나고 캠퍼스 활동에 대해 배울 수 있는 아주 좋은 방법이에요. 오리엔테이션에 빠진 학생들은 종종 수업 첫날에 당황하곤 하죠.

남 **2B** 그건 저한테는 해당이 안 되는 것 같아요. 저희 형이 여기 4학년이라 그런 절차에 대해 잘 안내해 줄 거예요. 또 형 때문에 캠퍼스에 수십 번 와 봤기 때문에 어디에 뭐가 있고 어떤 일이 진행되는지 다 알아요.

여 아, 사실 학생이 편입생으로서 오리엔테이션에 참석해야 하는 가장 중요한 이유는 교수님들과 지도 교수님을 만나는 거예요. 연말에 전공을 선택해야 하니까요.

남 **2B** 그렇군요. 그건 정말 유용할 것 같네요. 하지만 솔직히, 지금 시점에서 여행을 취소할 수가 없어요.

여 좋아요. 학생이 여행을 갈 결심을 단단히 한 것을 알겠어요. 그러면 제가 해 드릴 수 있는 걸 말씀드리죠. **3C** Miami로 떠나기 전에 학교 웹 사이트에 들어가서 수강을 원하는 강의를 고르세요. 그러면 학생이 돌아왔을 때 그 강의 교수님들과 상담할 수 있도록 약속을 잡아 놓도록 하죠. 괜찮으세요?

남 좋아요! 정말 감사합니다. 많은 도움이 됐어요.

노트

Student's situation	Administrator's response
prob.: attend S. orien. → ☹ trip to Miami 문제점: 학생 오리엔테이션 참석 → 좋지 않음 Miami로 여행 bro senior - know wh 형이 상급생 – 무엇인지 앎 X cancel trip 여행 취소 못 함	all S. attend 모든 학생이 참석 imp. 중요함 - take S. campus 학생들 캠퍼스 견학 - off campus 캠퍼스 밖 - reg. system 등록 시스템 - meet new ppl 새로운 사람들 만남 - meet prof. & adv. 교수와 지도 교수 만남 sug.: website pick course arrange consul. when back 제안: 웹 사이트(에서) 강의 선택 돌아왔을 때의 상담 약속 잡음

Type: Main Idea

1. 대화는 주로 무엇에 관한 것인가?

Ⓐ 학생이 새 학교로 편입하는 데 문제가 있다.
Ⓑ 학생은 오리엔테이션에 참석하고 싶어하지 않는다.
Ⓒ 학생은 수업을 선택하는 데 어려움을 겪고 있다.
Ⓓ 학생은 캠퍼스 지리를 잘 모른다.

해설 대화의 도입부에서 학생이 행정 직원을 찾아온 목적을 나타내는 표시어 "I was wondering if I could ~"가 등장한다. 학생은 도움을 받을 수 있는지를 먼저 물은 후 학생 오리엔테이션에 참석해야 한다는 편지를 받았는데 그것이 꼭 필요한 것인지 묻고 있다. 또한 전반적인 대화 내용에서 학생이 오리엔테이션에 참석하고 싶지 않은 이유를 계속 말하고 있으므로 (B)가 정답이다. 보기 (A)는 학생이 이미 이 학교로 편입해 온 것이므로 편입하는 것에 문제가 있다는 것은 오답이고, (C)는 행정 직원이 학생에게 Miami로 가기 전에 수강 신청을 하라는 말만 했을 뿐 학생이 그것에 어려움을 겪는지 알 수 없으므로 오답이며, (D)는 학생의 할머니가 바로 근처에 사셔서 주변 지리를 잘 알고, 형이 같은 학교에 다녀서 캠퍼스에 대해 잘 안다고 하였으므로 오답이다.

Type: Attitude

2. 오리엔테이션에 대한 학생의 태도는 어떠한가?

Ⓐ 참석할 필요가 있다고 생각한다.
Ⓑ 참석하는 것이 중요하다고 생각하지 않는다.
Ⓒ 참석에 대해 걱정하고 있다.
Ⓓ 오리엔테이션이 지루할 것이라고 생각한다.

해설 오리엔테이션 참석의 중요성과 그 이유에 대해 설명하는 행정 직원의 말에 학생은 "You see, that's just not a problem. 있잖아요, 그건 문제가 안 돼요.", "I really don't think that applies to me. 그건 저한테는 해당이 안 되는 것 같아요."와 같은 표현으로 본인에게는 오리엔테이션이 중요하지 않다는 생각을 강하게 드러낸다. 또한 "You see, ~", "But, to be honest, ~"와 같은 표현에서의 말투나 어조를 통해 오리엔테이션의 중요성에 대해 동의하지 않는다는 것을 알 수 있으므로 (B)가 정답이다.

Type: Connecting Contents

3. 행정 직원은 왜 학교 웹 사이트를 언급하는가?

Ⓐ 학생에게 등록 시스템의 예를 설명하기 위해
Ⓑ 학생에게 오리엔테이션을 참석하는 다른 방법을 보여 주기 위해
Ⓒ 학생이 수업을 선택하여 교수를 만나도록 권장하기 위해
Ⓓ 학생에게 또 다른 학생 오리엔테이션을 마련할 수 있다는 것을 말해 주기 위해

해설 대화 마지막에 오리엔테이션에 참석하지 못하는 학생에게 자신이 해 줄 수 있는 것을 말하는데, 학생이 여행을 가기 전에 학교 웹 사이트에 들어가서 수업을 선택하면 자신이 해당 수업 교수님과의 상담 약속을 잡아 놓겠다고 한 것으로 보아, 학생에게 수업을 선택하여 교수를 만나도록 권장한다는 것을 알 수 있으므로 (C)가 정답이다.

어휘 wonder v 궁금하다 | transfer student n (대학의) 편입생 | attend v 참석하다 | even if (비록) ~일지라도 | freshman n 신입생 | necessary adj 필요한 | sufficient adj 충분한 | smooth adj 순조로운, 매끄러운 | transition n 변화, 이행 | participate in ~에 참석하다 | afterwards adv 나중에 | miss v 놓치다 | counselor n 상담자 | point out ~을 알려 주다 | facility n 시설 | and so on and so forth 그리고 등등 | in addition 게다가 | cover v 포함시키다 | major adj 중요한, 주요한 n 전공 | above all 무엇보다도 | registration n 등록 | additionally adv 또, 게다가 | overwhelmed adj 당황한, 압도된 | apply v 해당되다, 적용되다 | senior n (대학의) 4학년생, 졸업반 학생 | lead v 안내하다, 이끌다 | academic advisor 지도 교수 | useful adj 유용한 | cancel v 취소하다 | determined adj 단단히 결심한 | take off 떠나다 | pick out ~을 선택하다 | arrange v 마련하다 | consultation n 상담

Lesson 05 Inference

본서 | P. 112

Practice

01 B 02 B 03 D 04 C

Test

Passage 1	1. A, C	2. C	3. D
Passage 2	1. A	2. B	3. B

Practice

본서 | P. 118

01 Man: Student | Woman: T.A.

Listen to part of a conversation between a student and a T.A.

M Hi! Can I ask you someting? I signed up for Professor Mickelson's 403 class, and I've been waiting for half an hour, but neither the professor nor any of the other students are showing up in the classroom. Do you know what's happening?

W Didn't you receive the notice? That course has been canceled for the semester. The department sent a notice before the beginning of the semester. I'm surprised you haven't received something in the mail.

M Oh, no. I wish somebody had told me sooner! This will seriously mess up my schedule! Why has this happened?

W The university requires a certain number of people to enroll in order to keep the course open. They usually want at least 10 people, but only 8 are registered.

M That's going to be a real issue for me. I wish they had told me that before! I'm not even sure if I can register for another class at this point!

남자: 학생 | 여자: 조교

학생과 조교 사이의 대화 일부를 들으시오.

남 안녕하세요! 뭐 좀 물어봐도 될까요? Mickelson 교수님의 403 수업에 등록했고, 지금 30분 동안 기다렸는데 교수님도 다른 학생들도 아무도 교실에 안 나타나네요. 무슨 일인지 아세요?

여 공지 사항 못 받았어요? 그 수업은 이번 학기에 취소됐어요. 학기가 시작되기 전에 학부에서 공지 사항을 보냈어요. 우편으로 아무것도 못 받았다니 놀랍네요.

남 오, 이런. 누군가가 좀 더 일찍 말해 줬으면 좋았을 텐데! 제 시간표가 심각하게 뒤엉키겠군요! 왜 이런 일이 생긴 거죠?

여 대학이 수업을 열기 위해서는 일정 규모의 등록 정원이 필요해요. 보통 최소 10명 정도가 되어야 하는데, 8명밖에 등록을 안 했어요.

남 이거 정말 저한테는 큰 문제가 되겠는걸요. 학교가 그걸 미리 말해 줬더라면 좋았을 텐데 말이죠! 이 시점에서 다른 수업에 등록할 수나 있는 건지 모르겠어요!

노트

Student's situation	T.A.'s response
prob.: signed up class, b/ X prof. S.	canceled sent notice by mail
mess up sched. ☹ why happened?	need 10 ppl, b/ only 8

문제점: 수업에 등록했으나, 교수도 학생도 없음	취소됨 우편으로 공지 사항을 보냄
시간표가 엉망이 됨. 화남 왜 이런 일이 일어남?	10명이 필요한데, 8명밖에 없음

Q. 학생이 다음과 같이 말할 때 내포하는 의미는 무엇인가:

M Oh, no. I wish somebody had told me sooner!

남 오, 이런, 누군가가 좀 더 일찍 말해 줬으면 좋았을 텐데!

(A) 그 소식이 그를 놀라게 했다.
(B) 그 변경으로 인해 그에게 문제가 생길 것이다.
(C) 그가 요청한 정보를 얻지 못했다.
(D) 그는 우편물 중에서 그 공지 사항이 분실되었다고 생각한다.

해설 학생이 "Oh, no. I wish ~"라는 표현을 쓰면서 왜 진작 말해 주지 않았는지 원망과 아쉬움이 섞인 어투로 말한 후, 이어서 이로 인해 자신의 시간표가 심각하게 뒤엉킬 것이라고 푸념하고 있다. 이와 같이 화자의 어조를 통해 화자에게 누군가가 빨리 말해 주지 않아서 시간표가 뒤엉키는 문제가 생겼음을 유추할 수 있으므로 (B)가 정답이다.

어휘 sign up for ~에 등록하다 I neither A nor B A도 B도 둘 다 아닌 I show up 나타나다 I notice n 공지[통지] 사항, 안내문 I cancel v 취소하다 I seriously adv 심각하게 I mess up ~을 엉망으로 만들다 I require v 필요로 하다 I certain adj 어느 정도의 I enroll v 등록하다, 명부에 올리다 I usually adv 보통 I at least 최소한 I register v 등록하다 I issue n 문제

02 Man: Dormitory building manager | Woman: Student

Listen to part of a conversation between a student and a dormitory building manager.

W Excuse me, are you in charge of the phone lines in the dormitory rooms?

M I sure am. How may I assist you?

W Well, I've been sharing a phone with my roommate, but it isn't going well. I need another phone line.

M Hmm. We typically ask freshmen to share their phones. It's too expensive for the college to have two phone lines in each dorm room.

W Well, my roommate is always using the phone line for access to the Internet on her computer, and I can never use the phone or the Internet either!

M Have you talked to her about that?

W Oh, yes. Many times! But she's addicted to online games, and she's on the Internet all day!

M That would be inconvenient, but...

W This is much more than just an inconvenience! My major is business administration, and I need the telephone to do some market research that we are assigned. I also need to use the Internet to search for products. And I have a very heavy workload; I need access to the Internet to complete my work on time.

남자: 기숙사 건물 관리자 | 여자: 학생

학생과 기숙사 건물 관리자 사이의 대화 일부를 들으시오.

여 실례합니다만, 기숙사 방의 전화선을 담당하는 분이신가요?

남 네, 전데요. 무엇을 도와 드릴까요?

여 음, 제 룸메이트와 전화를 같이 쓰고 있는데, 안 되겠어요. 전화선이 하나 더 필요해요.

남 흠. 보통 신입생들에게는 전화를 함께 쓰도록 하고 있는데요. 학교에서 기숙사 방마다 전화선을 2개씩 설치하려면 비용이 너무 많이 들거든요.

여 음, 제 룸메이트가 항상 전화선을 이용해서 컴퓨터에 인터넷을 연결하기 때문에, 저는 전화나 인터넷을 사용할 수가 없는걸요!

남 룸메이트와 얘기를 해 봤나요?

여 아, 네, 여러 번이요! 하지만 그 친구는 온라인 게임 중독이라, 하루 종일 인터넷을 해요.

남 그거 불편하겠군요, 하지만...

여 이건 불편한 정도가 아니에요! 제 전공이 경영학이라서, 배정받은 시장 조사를 하기 위해서는 전화가 필요해요. 또 제품을 검색하기 위해 인터넷도 사용해야 하고요. 그리고 학과 과제량이 너무 많아서, 과제를 제시간에 마치려면 인터넷에 접속해야 해요.

M Have you considered installing a high-speed cable connection in your bedroom rather than another telephone line? Cable is a lot faster than dial-up Internet service. This would be much better for your studies and for your roommate's Internet games.

W That might be one way. So the phone line would be free for calls, and we could both use cable Internet, right? Do you manage cable installations for dorms as well?

M Yes, I do, actually.

남 방에 또 다른 전화선 대신 고속 케이블 연결을 설치하는 걸 생각해 봤나요? 케이블이 전화 회선을 이용한 인터넷 서비스보다 훨씬 빠르거든요. 학생의 학업과 룸메이트의 인터넷 게임을 위해 그게 훨씬 더 나을 거예요.

여 그것도 하나의 방법이 되겠네요. 그럼 전화선은 전화를 거는 데 사용하고 저희 둘 다 케이블 인터넷을 사용할 수 있겠네요, 그렇죠? 기숙사 케이블 설치도 관리하시나요?

남 네, 실은 그래요.

노트

Student's situation	Dormitory building manager's response
prob.: share phone w/ roommate another phone line needed 문제점: 룸메이트와 전화를 공유 또 다른 전화선이 필요	too expen. sol.: install high-speed cable connection 너무 비용이 많이 듦 해결책: 고속 케이블 연결 설치

Q. 다음 중 학생과 룸메이트의 관계에 대해 유추할 수 있는 사실은 무엇인가?

Ⓐ 방을 함께 쓰며 사이 좋게 지낸다.
Ⓑ 전화선 사용에 대해 계속 다툰다.
Ⓒ 서로 무관심하다.
Ⓓ 인터넷 사용에 대해 서로 이해심이 굉장히 많다.

해설 학생이 룸메이트와 인터넷 사용에 대해 계속 이야기를 했지만 온라인 게임 중독이라 하루 종일 인터넷을 한다고 불평 섞인 어조로 말하는 것으로 보아, 둘의 관계는 이 문제로 인해 다툼이 있었을 것이라는 것을 유추해 볼 수 있으므로 (B)가 정답이다.

어휘 dormitory n 기숙사 | in charge of ~을 담당하는 | assist v 돕다 | share v 함께 쓰다, 공유하다 | typically adv 보통 | freshman n 신입생 | expensive adj 돈이 많이 드는, 비싼 | access n 접속 v (컴퓨터에) 접속하다 | addicted adj 중독된 | inconvenient adj 불편한 | major n 전공 | business administration n 경영학 | assign v 배정하다, 할당하다 | workload n 업무량 | complete v 끝마치다, 완료하다 | on time 제시간에 | install v 설치하다 | dial-up adj 전화 회선을 이용한 | free adj 자유로운

03

Man: Professor / Woman: Student

Listen to part of a conversation between a student and a professor.

W Did you wish to see me, Professor?

M Yes, Joanne. But please put yourself at ease.

W Nothing's wrong, I hope.

M No, no! I just wanted to discuss your assignment.

W Huh! What a relief! Whenever a teacher wants to see me in private, that makes me nervous.

M Just relax. It's only a few comments on your mystery novel. First of all, I wanted to compliment you on some of your plot and theme. The story runs smoothly, and the setting is appropriate. And your themes of infidelity and betrayal perfectly correspond to the genre of mystery-killing.

남자: 교수 / 여자: 학생

학생과 교수 사이의 대화 일부를 들으시오.

여 저를 만나고 싶어 하셨다고요, 교수님?

남 네, Joanne. 그러나 긴장할 필요 없어요.

여 나쁜 일이 아니면 좋겠어요.

남 아, 아니에요! 과제에 대해 얘기를 하려는 것뿐이에요.

여 휴, 안심이네요. 교수님이 사적으로 보자고 하실 때면 긴장하게 돼요.

남 긴장 풀어요. 학생의 미스터리 소설에 대해 그저 몇 가지 의견이 있어서요. 우선, 줄거리와 주제의 몇 가지에 대해 칭찬하고 싶어요. 이야기의 흐름이 매끄럽고, 설정이 적절해요. 그리고 불신과 배신이라는 주제가 미스터리-살인 장르에 완벽하게 부합하더군요.

W Didn't you find the setting a bit melodramatic?

M Absolutely not! Your setting has created a surreal ambiance. Still better was your character development. Your protagonist was heroic, yet still credible, and your antagonist was downright terrifying!

W Great! So glad you enjoyed it.

M With that in mind, I have a number of suggestions. As I mentioned earlier, the plot flows well, but it lacks the suspense that is necessary in a mystery book. Your plot has more of a drama in it. The reason I mention it is that, like so many dramas, your ending was a bit predictable.

여 설정이 좀 멜로드라마 같지 않았나요?

남 전혀요! 설정이 초현실적인 분위기를 만들었어요. 등장인물 전개는 더 좋았고요. 주인공은 영웅적이면서도 신빙성이 있고, 대립하는 인물은 아주 끔찍하더군요!

여 잘됐네요! 마음에 드신다니 기뻐요.

남 덧붙여서, 몇 가지 제안을 하고 싶어요. 앞서 말했듯이, 줄거리는 좋지만, 미스터리 책에 필요한 서스펜스가 부족해요. 줄거리에 드라마적인 요소가 많이 들어가 있어요. 이렇게 말하는 이유는, 많은 드라마들처럼 결말이 다소 뻔했기 때문이에요.

노트

Student's situation	Professor's response
	purpose: comments on novel story, setting, character good 목적: 소설에 대한 의견 이야기, 설정, 등장인물 좋음
melodramatic? 멜로드라마 같음?	X 그렇지 않음
	sug.: lack suspense 제안: 서스펜스 부족

Q. 대화 초반에 학생의 행동으로 유추할 수 있는 것은 무엇인가?

Ⓐ 교수를 만나게 되어 기뻤다.

Ⓑ 교수가 왜 과제에 대해서 이야기하고 싶어 하는지 몰랐다.

Ⓒ 교수가 자신을 만나려 한 이유를 정확히 알았다.

Ⓓ 자신에게 문제가 있다고 생각했다.

해설 대화 초반에 학생이 교수가 자신을 보자고 한 이유를 궁금해하며 "Nothing's wrong, I hope. 나쁜 일이 아니면 좋겠어요."라고 자신의 바람을 이야기하는 것으로 보아 본인에게 문제가 있어서 부름을 받은 것이라고 생각한 탓에 긴장했음을 유추할 수 있으므로 (D)가 정답이다.

어휘 put somebody at ease ~을 편안하게 해 주다 I wrong adj 나쁜, 이상[문제]이 있는 I discuss v 논의하다 I assignment n 과제 I What a relief! 정말 다행이네요! I in private 사적으로, 다른 사람이 없는 데서 I nervous adj 긴장한 I relax v 긴장을 풀다 I comment n 의견, 논평 I novel n 소설 I compliment v 칭찬하다 n 칭찬 I plot n 줄거리 I theme n 주제 I smoothly adv 매끄럽게 I setting n 설정, 배경 I appropriate adj 적절한 I infidelity n 불신 I betrayal n 배신 I correspond v 부합하다 I genre n 장르 I melodramatic adj 멜로드라마적인 I absolutely adv 전혀, 완전히 I surreal adj 초현실적인 I ambiance n 분위기 I character n 등장인물 I development n 전개 I protagonist n 주인공 I heroic adj 영웅적인 I credible adj 신뢰할 수 있는 I antagonist n 적대자(주인공과 대립하는 인물) I downright adv 아주, 완전히 I terrifying adj 끔찍한 I with ~ in mind ~을 염두에 두고 I suggestion n 제안 I mention v 언급하다 I lack v ~이 부족하다 I suspense n 서스펜스, 긴장감 I necessary adj 필요한 I ending n 결말 I predictable adj 너무 뻔한, 예측할 수 있는 I in trouble 문제가 있는, 곤경에 처한

04 Man: Student | Woman: Professor

Listen to part of a conversation between a student and a professor.

M Professor, do you have a moment?

W Ahh, will it take long? I'm going to class in 10 minutes.

M I'm sorry, but it won't take too much time.

남자: 학생 | 여자: 교수

학생과 교수 사이의 대화 일부를 들으시오.

남 교수님, 시간 좀 있으세요?

여 아, 오래 걸리나요? 10분 후에 수업에 갈 예정입니다.

남 죄송하지만, 그리 오래 걸리지 않을 거예요.

W Okay. What can I do for you?

M I didn't quite catch one point you were explaining in the class today... You talked about some ethics... it was something like "sit inside" ethics?

W Are you talking about situational ethics?

M Ah, yes. That was it!

W You do understand what ethics means, right? Situational ethics refers to thinking logically to make moral decisions. Alright, let me give you a brief explanation. The initial idea, believe it or not, was first introduced by an Episcopal priest named Joseph Fletcher in the 1960s. It's based on the idea that the one true fundamental value in life is love. And love is unequivocal. Consequently, other things in life, such as moral decisions, are ambiguous and double-edged. The point is... hmm... Each situation varies according to its environment.

M So what this means is that doing what we think is fair is not always the best thing to do. Hypothetically, if someone is walking along the beach and sees a person drowning, isn't it always right to help them? If not, that goes against everything we learned growing up.

W We're supposed to question what we've learned. That's why we get an education. Let me explain with your scenario. Let's say you see this person drowning and you feel obligated to help, but you're not a strong swimmer. And you are the sole provider for a spouse and two children at home. Under those circumstances, do you think it would be a good idea to risk your life trying to save somebody you don't know?

M The question is difficult to answer. I should definitely think about it. You've given me a lot to consider. Thank you.

여 좋아요. 무엇을 도와줄까요?

남 오늘 수업에서 설명하신 사항 한 가지를 잘 이해하지 못해서요... 윤리의 어떤 유형에 대해 언급하셨는데... '상형' 윤리이던가요?

여 상황 윤리 말인가요?

남 아 네. 그거였어요!

여 윤리가 뭔 줄은 확실히 알죠, 그렇죠? 상황 윤리는 논리적으로 충분히 생각해서 도덕적 결정을 내리는 걸 나타내요. 좋아요, 간단히 설명해 줄게요. 믿거나 말거나, 초기의 개념은 1960년대에 Joseph Fletcher라는 이름의 영국 국교회 성직자에 의해 처음 도입되었어요. 인생에서 유일하게 진정한 기본 가치는 사랑이라는 개념을 기반으로 하고 있어요. 그리고 사랑은 절대적이라는 것이죠. 따라서 인생의 다른 것들, 예를 들어, 도덕적 결정 같은 것들은 모호하고 두 가지로 해석될 수 있다는 거예요. 무슨 말인가 하면... 음... 모든 상황은 환경에 따라 변한다는 거죠.

남 그러니까 우리가 옳다고 믿고 행동하는 것이 항상 최선의 행동은 아니라는 거군요. 가령, 누군가 해변을 따라 걷다가 사람이 물에 빠진 것을 본다면, 그 사람을 도와주는 게 반드시 옳은 일은 아닌 건가요? 만약 그게 아니라면, 그건 우리가 자라면서 배워 온 모든 것과 상반되는 것인데요.

여 우리는 배운 것에 대해 의문을 제기하게 되어 있어요. 그것이 우리가 교육을 받는 이유죠. 학생의 시나리오로 설명해 보죠. 물에 빠진 사람을 보면 도와줘야 할 의무가 있다고 느끼지만, 학생이 수영을 잘하지 못한다고 해 봅시다. 그리고 학생은 집에 배우자와 두 명의 아이가 있는 단독 부양자예요. 그러한 상황에서, 학생이 생각하기에 모르는 누군가를 구하기 위해 목숨을 거려고 하는 것이 좋은 생각일까요?

남 대답하기 어려운 질문이네요. 그 질문에 대해 정말로 생각해 봐야겠어요. 제게 생각할 점을 많이 주셨네요. 감사합니다.

노트

Student's situation	Professor's response
prob.: X understand what he learned about situational ethics 문제점: 상황 윤리에 대해 배운 것을 이해할 수 없음	refer to thinking logically 논리적 생각을 언급 based on value of love 사랑의 가치에 기반을 둠 each situation varies 각 상황이 다름
drown X help → go against 물에 빠진 사람을 도와주지 않음 → 상반됨 diff. to answer 대답하기 어려움	risk life? 목숨을 걸 수 있음?

Q. 학생은 다음에 무엇을 할 것인가?

Ⓐ 서둘러 수업에 갈 것이다.

Ⓑ 전공을 다른 분야로 바꿀 것이다.

Ⓒ 자신의 생각을 좀 더 자세히 검토할 것이다.

Ⓓ 나중에 교수에게서 더 자세한 설명을 들을 것이다.

해설 교수의 설명을 들은 후 대화 마지막에 학생이 "I should definitely think about it. You've given me a lot to consider. 그 질문에 대해 정말로 생각해 봐야겠어요. 제게 생각할 점을 많이 주셨네요."이라고 말한 것으로 보아, 더 깊게 본인의 생각을 검토해 보는 것을 학생의 다음 이어질 행동으로 유추해 볼 수 있으므로 (C)가 정답이다.

어휘 ethics n 윤리학, 윤리, 도덕 | situational adj 상황에 따라 다른 | refer to ~을 나타내다, ~와 관련이 있다 | logically adv 논리적으로 | make a decision 결정을 내리다 | moral adj 도덕적인 | brief adj 간단한 | explanation n 설명 | initial adj 초기의 | introduce v 도입하다 | Episcopal adj 영국 국교회의 | priest n 성직자 | be based on ~에 기반을 두다 | fundamental adj 기본적인 | value n 가치 | unequivocal adj 절대적인, 명백한, 분명한 | consequently adv 따라서, 그 결과 | ambiguous adj 애매모호한 | double-edged adj 두 가지로 해석될 수 있는, 양날인 | vary v 다르다 | according to ~에 따라 | fair adj 올바른, 타당한 | hypothetically adv 가령, 가설에 근거해서 | drown v 물에 빠져 죽다, 익사하다 | not always 반드시 ~은 아닌 | go against ~과 상반되다, ~을 거스르다 | be supposed to do ~해야 한다 | question v 의문을 제기하다 n 질문 | scenario n 시나리오, 각본 | obligated adj (~할) 의무가 있는 | sole adj 유일한 | provider n 부양자 | spouse n 배우자 | circumstance n 상황 | risk v 위태롭게 하다[걸다] | save v 구하다 | rush v 서두르다 | examine v 검토하다 | closely adv 자세히, 면밀히

Test

본서 | P. 126

Passage 1

Man: Housing director | Woman: Student

[1-3] Listen to part of a conversation between a student and a housing director.

M Excuse me. 1A Do you have your I.D. on you?

W Yes, just a moment. Oh-no! I guess I lost my wallet! I don't know where I left it! I assure you that I am a student. I live in Clarence Hall, room 238. I also know that you're Jeff Henry, the Student Housing Director.

M That's right. 1 But I'm still going to need some proof that you are a student here. If not, I can't let you in.

W Well then, where can I get my I.D. reissued?

M We can do it right here in the dorms at the administration office. 1C Just show a valid driver's license or social security card.

W But I'm an exchange student! I haven't got any!

M 3D It's okay. There's no need to worry. 1 You may use your passport as an alternative.

W Oh, it's in my bedroom. I'll just go get it and...

M 3D Woah, woah, not so fast! I still can't let you up there without proof that you're who you call yourself.

W This is not fair! When we were first-year students, we never had to prove we were students!

남자: 기숙사 책임자 | 여자: 학생

학생과 기숙사 책임자 사이의 대화 일부를 들으시오.

남 실례합니다. 1A 학생증 갖고 계세요?

여 네, 잠시만요. 오 이런! 지갑을 잃어버렸나 봐요! 어디다 두고 왔는지 모르겠어요! 제가 학생이라는 걸 보증할 수 있어요. 저는 Clarence Hall 238호에 살아요. 또, 저는 당신이 학생 기숙사 책임자이신 Jeff Henry 씨라는 것도 알고 있어요.

남 맞아요. 1 하지만 여전히 학생이 이곳 학생이라는 증거가 필요해요. 그렇지 않으면, 기숙사 안으로 들여보낼 수 없습니다.

여 음 그렇다면, 어디에서 학생증을 재발급 받을 수 있죠?

남 여기 기숙사 관리실에서 할 수 있어요. 1C 유효한 운전 면허증이나 사회 보장 카드만 보여 주면 돼요.

여 하지만 저는 교환 학생인걸요! 저는 둘 중에 어느 것도 갖고 있지 않아요!

남 3D 괜찮아요. 걱정할 필요 없어요. 1 대신 여권을 사용할 수 있어요.

여 오, 그건 제 방에 있는데요. 올라가서 가져오면...

남 3D 워, 워, 그렇게 서둘지 말고요! 학생의 신분을 증명하지 못하는 한 올라가게 할 수 없어요.

여 불공평해요! 우리가 1학년이었을 때는, 단 한 번도 우리가 학생이라는 걸 증명하지 않아도 됐었어요!

M 3D You know the rules! I'm sure you remember that we let first-year students enter more easily than upper-level students for just a limited period of time. If you have your passport or your driver's license, I can take you inside. But if you don't...

W Oh, come on! I just told you that I lost my wallet, and it had everything in it! Oh, wait! I remember my I.D. number! Would that help?

M It sure would. If we have that, we can find you on the computer and all you have to do is call somebody who can escort you.

W That's a relief. I can get my roommate to pick me up.

M 3D Good thing you memorized your identity card number. Most students don't bother.

W I made a point of remembering it just in case there was an issue like this.

M That was a great idea. What's the number? I'll look up your information now.

W 1563-2638. But I just realized something else. My meal plan card was also in my wallet. How am I supposed to eat?

M 3D Don't let that worry you. It happens all the time, and it's no big deal. 2C We can deal with it in 20 minutes if you can get your passport. After that, all we have to do is take your photo and reissue all your documents.

W I appreciate your patience. Thanks for helping me out.

남 3D 규칙을 알고 있을 텐데요! 분명히 학생은 한정된 기간 동안만 1학년 학생들이 상급생들보다 더 쉽게 출입할 수 있게 했다는 점을 기억하고 있어요. 학생이 여권이나 운전 면허증을 갖고 있다면, 들어가게 해 줄게요. 하지만 그렇지 않다면...

여 정말 너무해요! 제가 지갑을 잃어버렸다고 방금 말씀 드렸잖아요. 그리고 지갑에 모든 게 다 들어 있다고요. 어, 잠깐만요! 제 학생증 번호가 기억이 나요! 그게 도움이 되나요?

남 물론이죠. 그게 있으면, 컴퓨터에서 학생을 조회할 수 있고 학생을 데려갈 사람에게 전화만 하면 돼요.

여 다행이에요. 룸메이트에게 저를 데려가라고 해야겠어요.

남 3D 학생증 번호를 외워두었다니 다행이네요. 대부분의 학생들은 신경 쓰지 않거든요.

여 이런 문제가 생길 때를 대비해서 애써 그걸 기억해 두었죠.

남 잘 생각했어요. 번호가 어떻게 되죠? 지금 학생 정보를 찾아볼게요.

여 1563-2638이에요. 그런데 방금 또 다른 걸 깨달았어요. 식당 카드도 지갑에 있어요! 이제 밥은 어떻게 먹죠?

남 3D 그런 일로 애태우지 말아요. 이런 일은 늘 일어나는 데다가, 큰일도 아니에요. 2C 여권만 가져온다면 20분 안에 모든 걸 해결할 수 있어요. 그럼, 사진을 찍고 모든 서류를 다시 발급 받기만 하면 돼요.

여 인내심 있게 들어 주셔서 감사합니다. 저를 도와주셔서 정말 감사드려요.

노트

Student's situation	Housing director's response
	S. ID? 학생증?
lost wallet 지갑을 잃어버림	need proof - driv. license 증거가 필요함 - 운전 면허증
ex. S. 교환 학생	passport 여권
in bedroom 방에	
X fair - 1st yr X 공평하지 않음 - 1학년 때는 그렇지 않았음	
ID #? 학생증 번호는?	O 괜찮음
	call escort 전화해서 데려감
meal plan card? 식당 카드는?	no prob. 문제없음
	passport - photo - reissue 여권 - 사진 - 재발급

Type: Details

1. 학생이 기숙사에 들어가기 위해 어떤 항목이 필요한가? **2개의 답을 고르시오.**

Ⓐ 유효한 학생증

Ⓑ 수업 등록증

Ⓒ 유효한 운전면허증
Ⓓ 식권

해설 대화 초반부에 학생증이 없으면 학생증 재발급을 위한 유효한 운전 면허증이나 사회 보장 카드만 있으면 되는데, 그마저도 없으면 여권으로 대신할 수 있다고 기숙사 책임자가 말하고 있으므로 (A)와 (C)가 정답이다.

Type: Inference

2. 대화에 따르면, 학생의 딜레마의 결과는 무엇일 것 같은가?

Ⓐ 학생은 지갑을 되찾을 수 없을 것이다.
Ⓑ 학생은 기숙사에 들어갈 수 없을 것이다.
Ⓒ 학생은 학교 서류를 대체할 수 있을 것이다.
Ⓓ 학생은 신고하러 경찰서에 가야 할 것이다.

해설 대화 내용에 따르면 학생은 교환 학생이라서 운전면허증이나 사회 보장 카드가 없기 때문에 여권으로 학생 신분을 증명하여 학생증뿐만 아니라 모든 서류를 재발급 받을 예정이므로, 이를 적절하게 표현한 (C)가 정답이다.

Type: Attitude

3. 학생을 대하는 기숙사 책임자의 태도는 어떠한가?

Ⓐ 학생의 낙담은 이해하지만 도움을 줄 수는 없다.
Ⓑ 어떤 상황에서도 학생을 기숙사 안으로 들어가지 못하게 한다.
Ⓒ 여자가 그 대학의 학생이라는 것을 믿지 않는다.
Ⓓ 학생을 진정시키려 하면서도 기숙사의 규칙을 계속 따르고 있다.

해설 기숙사 책임자는 계속해서 "It's okay. There's no need to worry. 괜찮아요. 걱정할 필요 없어요.", "Woah, woah, not so fast! 워, 워, 그렇게 서둘지 말고요!", "Don't let that worry you. It happens all the time, and it's no big deal. 그런 일로 애태우지 말아요. 이런 일은 늘 일어나는 데다가, 큰일도 아니에요."과 같은 표현을 쓰면서 학생이 짜증을 낼 때마다 진정시키는 동시에, 신분을 증명해야 출입을 허가한다는 기숙사의 규칙을 계속 상기시키며 학생에게 도움을 주려고 하고 있으므로 (D)가 정답이다.

어휘 director n 책임자 | assure v 보증하다, 보장하다 | proof n 증거 | reissue v 재발급하다 | dorm n 기숙사 (= dormitory) | administration office 관리실, 행정실 | driver's license n 운전 면허증 | social security card n 사회 보장 카드 | exchange student 교환 학생 | passport n 여권 | alternative n 대안 adj 대체의 | fair adj 공평한 | prove v 증명하다 | rule n 규칙 | upper-level adj 상급의, 상위 수준의 | escort v 바래다주다, 동행하다 | relief n 안도, 안심 | pick up ~을 데리러 가다 | memorize v 외우다, 암기하다, 기억하다 | bother v 신경 쓰다 | maka a point of doing 반드시[애써] ~하다 | calm down 진정하다 | deal with ~을 해결하다 | appreciate v 감사하다 | patience n 인내심 | valid adj 유효한 | registration n 등록 | outcome n 결과 | dilemma n 딜레마, 궁지 | recover v 되찾다 | file a report 신고하다 | frustration n 낙담, 좌절 | refuse v 거절하다 | entry n 들어감, 출입 | regulation n 규정

Passage 2

Man: Student | Woman: University employee

[1-3] Listen to part of a conversation between a student and a university employee.

W Hello, how can I help you?
M Hi, um, I was hoping to get my computer fixed.
W OK, we can probably take a look at it this evening. What is your name so I can reserve that time for you?
M Darren Michaels. Here is my student ID.
W Thank you. OK, we have an opening at 5 o'clock. Will that work for you?
M Yes, that should be fine.
W OK, then you now have a reservation at 5 o'clock this evening. What seems to be wrong with your computer? If the technicians know what to expect, they can prepare beforehand and finish helping you more quickly.

남자: 학생 | 여자: 대학교 직원

학생과 대학교 직원 사이의 대화 일부를 들으시오.

여 안녕하세요, 어떻게 도와 드릴까요?
남 안녕하세요, 음, 제 컴퓨터를 고쳐 주셨으면 해서요.
여 네, 오늘 저녁에 살펴볼 수 있을 것 같네요. 그 시간을 예약할 수 있게 학생의 이름을 말해 주겠어요?
남 Darren Michaels입니다. 여기 학생증이요.
여 고마워요. 좋아요, 5시에 자리가 하나 있어요. 그 시간 괜찮으세요?
남 네, 괜찮습니다.
여 알겠어요, 학생은 이제 오늘 저녁 5시에 예약이 됐습니다. 컴퓨터의 문제가 무엇인 것 같나요? 기술자들이 무엇을 예상해야 할지 알면 미리 준비를 할 수 있고 학생을 더 빨리 도와줄 수 있어요.

M My roommate's coffee spilled on my desk. It splashed across the keyboard, mouse, and tower.

W How did his coffee get spilled on your desk?

M He set his coffee mug on my desk. I didn't know it was there, and I bumped the desk when I turned around.

W Oh, so you were both to blame?

M 1A Uh, I wouldn't say that. Anyway... I didn't want to turn it on after that because I was afraid that would only make things worse.

W 1A That was a good call. It's possible that the tower is fine, but if the coffee got inside to the wires, that could cause the circuits and chips to burn out. For the keyboard and the mouse, even if the wires are OK, the keys and buttons will probably stick. They may not actually be damaged yet, so they can just clean them. If you had turned your computer on, you could have destroyed it.

M That's what I thought. 2B/3B I need to go to class soon, so can I leave my computer here?

W 2B Um, no, I'm afraid not. That is against the rules. The technicians have to take a look at a computer before it can stay here. If it will take a while to fix, they will keep it here as long as necessary. But I cannot actually accept your computer.

M 2B You're kidding me. I have classes all day. I can't take this back to my dormitory without being late to one of my classes. You mean I am going to have to keep my computer with me all day long? I will have to take it to all of my classes with me?

W I'm really sorry, but if you cannot go back to your dorm room, then yes. At least you have the wheeled suitcase to carry it in.

M Yeah, I guess so.

남 룸메이트의 커피가 제 책상 위로 쏟아져서 키보드와 마우스, 그리고 본체까지 튀었어요.

여 어쩌다 룸메이트의 커피가 학생의 책상으로 쏟아진 거죠?

남 룸메이트가 제 책상 위에 자기 커피 머그컵을 올려놨거든요. 저는 그게 거기 있다는 걸 몰랐고, 몸을 돌렸을 때 책상에 부딪혔어요.

여 아, 그래서 둘 다 책임이 있는 건가요?

남 1A 음, 그렇게 말하진 않을 거예요. 어쨌든... 상황이 악화될까 봐 컴퓨터를 켜고 싶지 않았어요.

여 1A 좋은 결정이었네요. 본체는 괜찮을 수도 있지만, 커피가 전선 안으로 들어갔다면 회로와 칩이 탈 수도 있거든요. 키보드와 마우스의 경우 전선이 괜찮다고 해도 키와 버튼이 달라붙을지도 몰라요. 아직 손상을 입은 건 아닐 수도 있으니, 그냥 청소할 수 있죠. 만약 컴퓨터를 켰더라면, 그것을 망가뜨렸을 수도 있어요.

남 저도 그렇게 생각했어요. 2B/3B 저는 이제 수업을 들으러 가야 하는데, 여기 제 컴퓨터를 두고 가도 되나요?

여 2B 음, 아니요, 그건 안 돼요. 규칙에 어긋나거든요. 컴퓨터가 여기 보관되기 전에 기술자들이 컴퓨터를 살펴봐야 해요. 고치는 데 오래 걸릴 것 같으면 필요한 만큼 컴퓨터를 여기 보관하죠. 하지만 학생의 컴퓨터를 받아줄 수는 없어요.

남 2B 농담하시는 거죠? 하루 종일 수업이 있는걸요. 수업 중 하나에 늦지 않는 한 이 컴퓨터를 다시 기숙사에 갖다 놓을 수는 없어요. 컴퓨터를 하루 종일 가지고 다녀야 한다는 말씀이시죠? 제 모든 수업에 컴퓨터를 가지고 다녀야 하나요?

여 정말 미안하지만, 기숙사로 돌아갈 수 없다면, 맞아요. 적어도 끌고 다닐 수 있는 바퀴 달린 여행 가방을 가지고 있긴 하네요.

남 네, 그러네요.

노트

Student's situation	University employee's response
prob.: fix computer 문제점: 컴퓨터 수리	
	5 o'clock 5시
roommate spilled coffee 룸메이트가 커피를 쏟음	
bumped desk 책상에 부딪힘	
X turn it on 컴퓨터를 켜지 않음	good 잘함
leave comp.? 컴퓨터 두고 감?	X, take a look 안 됨, 살펴봐야 함
☹ 실망스러움	

Type: Function

1. 대화의 일부를 다시 듣고 질문에 답하시오.

> M Uh, I wouldn't say that. Anyway… I didn't want to turn it on after that because I was afraid that would only make things worse.
> W That was a good call. It's possible that the tower is fine, but if the coffee got inside to the wires, that could cause the circuits and chips to burn out.
>
> 남 음, 그렇게 말하진 않을 거예요. 어쨌든… 상황이 악화될까 봐 컴퓨터를 켜고 싶지 않았어요.
> 여 좋은 결정이었네요. 본체는 괜찮을 수도 있지만, 커피가 전선 안으로 들어갔다면 회로와 칩이 탈 수도 있거든요.

여자는 왜 이렇게 말하는가:

> W That was a good call.
>
> 여 좋은 결정이었네요.

Ⓐ 남자의 결정이 좋다고 인정한다.
Ⓑ 남자가 전화를 해야 한다고 생각한다.
Ⓒ 남자가 잘못된 결정을 했다고 생각한다.
Ⓓ 남자의 이야기를 믿지 않는다.

해설 문장에서 call은 명사로, decision(결정)과 비슷한 의미인 '결정, 판단'이라는 뜻으로 사용되었다. 컴퓨터를 켜지 않은 남자(학생)의 행동에 여자(대학 직원)가 좋은 결정이었다고 말한 것으로 보아 남자의 결정이 옳다는 뜻을 나타내므로 (A)가 정답이다. call을 단순히 '전화하다'라고 해석하여 나타낸 (B)는 오답이다.

Type: Attitude

2. 연구실 규정에 대한 학생의 태도는 어떠한가?

Ⓐ 자신에게 적용되는 것 같지 않다고 생각한다.
Ⓑ 아주 불편하다고 생각한다.
Ⓒ 예외를 만들어 주기를 원한다.
Ⓓ 말이 된다고 생각한다.

해설 대화 후반부에 대학 직원이 컴퓨터를 보관해 줄 수 없다는 규칙을 설명하자 학생이 "You're kidding me. 농담하시는 거죠?"라며 직원의 말을 받아들이기 어려워 다소 황당하다는 듯한 어조로 말하고 있다. 컴퓨터를 하루 종일 들고 다녀야 하는 불편함을 감수해야 하냐고 물어보는 학생의 태도를 적절히 표현한 (B)가 정답이다.

Type: Inference

3. 학생은 다음에 무엇을 할 것 같은가?

Ⓐ 기숙사로 돌아갈 것이다.
Ⓑ 다음 수업을 들으러 갈 것이다.
Ⓒ 양식을 작성할 것이다.
Ⓓ 공식적으로 불만을 제기할 것이다.

해설 대화 후반부에 학생이 하루 종일 수업이 있기에 컴퓨터를 다시 기숙사에 갖다 놓으러 갈 시간이 없으니 컴퓨터를 가지고 바로 수업을 들으러 가야 한다며 본인의 불편함을 드러낸 것으로 보아, 학생은 컴퓨터를 가지고 바로 수업에 갈 것임을 유추할 수 있으므로 (B)가 정답이다. 보기 (A)는 학생이 수업 중 하나에 늦지 않는 한 기숙사에 돌아갈 수 없다고 말했으므로 오답이다.

어휘 fix v 고치다, 수리하다 I take a look at ~을 살펴보다 I reserve v 예약하다 I wrong adj 잘못된 I technician n 기술자 I expect v 예상하다 I beforehand adv 미리, 사전에 I spill v 쏟다 I splash v (액체가) 튀다, 튀기다 I tower n 본체 I bump v 부딪히다 I blame v 탓하다, 책임을 묻다 I turn on (전기·전등·가스 따위를) 켜다 I make the call 결정하다 I possible adj 가능성이 있는 I wire n 전선, 선 I circuit n 회로 I chip n 전자 칩 I burn out 다 타다 I stick v 달라붙다 I damaged adj 피해를 입은 I destroy v 파괴하다 I be against the rules 규칙에 어긋나다 I necessary adj 필요한 I accept v 받아들이다, 수락하다 I dormitory n 기숙사 (= dorm) I wheeled adj 바퀴 달린 I suitcase n 여행 가방 I approve v 좋다고 인정하다, 찬성하다 I convinced adj 확신하는 I apply v 적용하다 I inconvenient adj 불편한 I exception n 예외 I make sense 말이 되다, 일리가 있다 I fill out ~을 작성하다 I file a complaint 항의[불만 사항]를 제기하다 I official adj 공식적인

III. Lecture Question Types

Lesson 01 Main Idea

본서 | P. 132

Practice

01 A　　02 C　　03 D　　04 B

Test

Passage 1	1. A	2. B	3. A	4. B
Passage 2	1. C	2. A	3. D	4. D

Practice

본서 | P. 136

01 Woman: Professor

Listen to part of a lecture in an anthropology class.

W Today, we are going to explore one of the lingering mysteries of South American history: the Incan khipu. The Inca were a native civilization in South America that displayed an unusually high level of sophistication. They built huge complexes of buildings using hand cut stones, created terraced farms and irrigation systems to supply them on mountains, and paved a network of high-altitude roads. They achieved great things, yet they appear to have done all of those things without ever creating a writing system! This mystery is referred to as the Inca paradox, and it has puzzled historians ever since the Spanish discovered the Inca. However, some people think that they did indeed have writing in the form of khipu. They contend that we simply do not know how to read it properly.

여자: 교수

인류학 수업의 강의 일부를 들으시오.

여 오늘, 우리는 남아메리카 역사에 여전히 남아 있는 미스터리 중 하나를 탐험해 볼 겁니다. 바로 잉카의 키푸예요. 잉카는 대단히 높은 수준의 정교함을 보여 준 남아메리카의 원주민 문명이었습니다. 그들은 손으로 자른 돌을 이용해 거대한 건물 단지를 지었고, 계단식 농지를 만들고 산에 있는 농지에 공급하기 위한 관개 조직을 구축했으며, 고지대의 도로망을 포장하기도 했습니다. 위대한 업적을 이루었으나, 이 모든 일들을 문자 체계 없이 해낸 것으로 보이죠! 이 미스터리는 잉카의 역설이라고 불리며, 스페인 사람들이 잉카를 발견한 이래로 역사가들을 곤혹스럽게 해 왔습니다. 그러나 어떤 이들은 키푸의 형식으로 잉카인들이 문자를 실제로 가지고 있었다고 생각합니다. 그저 우리가 어떻게 키푸를 제대로 읽어야 하는지를 모를 뿐이라고 주장하죠.

노트

MI) Incan khipu 잉카의 키푸

- achieved build., farms, irri. system, roads, X wr. system
  건물, 농지, 관개 조직, 도로망을 이루었음, 문자 체계 없음
- had wr. in form of khipu 키푸의 형식으로 문자를 가지고 있었음

Q. 강의의 주된 주제는 무엇인가?

Ⓐ 고대의 문자 체계를 이해하려는 시도들

Ⓑ 한 고대 문명이 이룬 업적

Ⓒ 고대 언어들을 번역하는 데 사용된 방법들

Ⓓ 남아메리카에서 사용된 건축 기법

해설 강의 도입부에 주제를 나타내는 표시어 "Today, we are going to explore ~" 이하에서 교수는 잉카의 키푸에 대한 강의를 할 것이라고 언급한 후, 잉카는 고도의 정교함을 보여준 남아메리카의 원주민 문명이며, 문자 체계 없이 이룬 업적들이 미스터리로 남아 있다고 말한다. 그러나 키푸의 형식으로 잉카인들이 문자를 실제로 가지고 있었다는 반박 주장이 있다고도 이야기한다. 이와 같이 지문에서 자주 등장하는 핵심 단어 '키푸(khipu)'를 포착하여 잉카 문명의 문자 체계가 강의의 주된 내용임을 파악할 수 있으므로 (A)가 정답이다.

어휘 explore v 탐험하다 | lingering adj (좀처럼 사라지지 않고) 남아 있는, 오래 끄는[가는] | mystery n 미스터리, 수수께끼 | Incan adj 잉카 제국[사람]의 n 잉카인 | khipu n 키푸(= quipu, 잉카 제국에서 쓰던 결승(結繩) 문자로서 면이나 낙타 섬유 따위에 매듭을 지어 기호로 삼은 문자) | native adj 원주민의, 토박이의 n 원주민, 토착민 | civilization n 문명 | display v 내보이다, 진열하다 | unusually adv 대단히, 몹시 | sophistication n 정교함, 교양, 세련 | complex n 단지, 복합 건물 | terraced adj 계단식의, 테라스식의 | irrigation system 관개 조직 | supply v 공급하다 | pave v (길을) 포장하다 | network n 망 | altitude n 고도 | achieve v 이루다, 성취하다 | appear v ~인 것 같이 보이다 | writing system 문자 체계 | refer to A as B A를 B라고 부르다[언급하다] | paradox n 모순, 역설 | puzzle v 당황[곤혹]하게 하다 | historian n 역사가 | discover v 발견하다 | indeed adv 실제로 | form n 형식 | contend v 주장하다, 다투다 | simply adv 그냥, 그저 (~뿐) | properly adv 제대로, 적절히

---

02 Man: Student | Woman: Professor

Listen to part of a lecture in a paleontology class.

W We began studying the Mesozoic era, or the Age of Reptiles, during our last class. This era lasted for approximately 180 million years. The most famous members of this age are of course the dinosaurs, but how many species of dinosaurs were there? Honestly, no one knows, but a certain number have been identified. So, who can tell me how many species of dinosaurs have been named?

M If I remember correctly, about 1,400 different species have been named, but there is considerable doubt as to that figure's accuracy.

W That is correct. Between 1824, when the categorization of dinosaurs began, and 2004 about 1,400 species were named, but over 50 percent of those are currently regarded as invalid classifications. In most cases, this is due to the concept of synonyms, which are species that are given the wrong name because the discoverer does not know that the species has already been named. The rate at which new dinosaur species have been discovered has varied over the past 200 years. Between 1820 and 1870, very few new species were named, but this was followed by a period of intense activity referred to as the "bone wars" in North America, when dinosaur hunters engaged in a fierce competition to identify the most dinosaurs, and they averaged about 15 species per year for 20 years.

남자: 학생 | 여자: 교수

고생물학 수업의 강의 일부를 들으시오.

여 우리는 저번 시간에 중생대, 즉 파충류의 시대를 공부하기 시작했습니다. 이 시대는 약 1억 8천만 년 동안 지속되었어요. 이 시대의 가장 유명한 일원은 당연히 공룡이지만, 얼마나 많은 종의 공룡이 존재했던 걸까요? 솔직히 말해, 누구도 모릅니다. 하지만 특정 숫자는 밝혀졌어요. 그래서, 얼마나 많은 종의 공룡에 이름이 붙여졌는지 누가 말해줄 수 있나요?

남 제 기억이 맞다면, 약 1,400개의 다른 종들에 이름이 붙여졌습니다. 하지만 이 숫자의 정확성에 대해서는 상당한 의구심이 있습니다.

여 맞아요. 공룡의 분류가 시작된 1824년과 2004년 사이에 약 1,400종의 공룡에 이름이 붙여졌지만, 그 종들의 50퍼센트 이상이 현재 무효한 분류로 여겨지고 있습니다. 대부분의 경우, 이는 발견자가 어떤 공룡에 이미 이름이 붙여졌다는 것을 몰랐기 때문에 잘못된 이름을 붙인 종인 이명(異名)의 개념 때문입니다. 새로운 공룡 종이 발견된 속도는 지난 200년간 계속 변했습니다. 1820년과 1870년 사이에는, 아주 소수의 종들에게 이름이 붙여졌지만, 이 시기 뒤에는 북미에서 '뼈 전쟁'이라고 불리는 격렬한 활동이 이어졌고 이때 공룡 사냥꾼들은 가장 많은 공룡을 찾아내려고 치열하게 경쟁했으며 약 20년간 매년 평균 약 15종의 공룡을 발견했어요.

노트

MI) dino. – new sp. identifi. 주제) 새로운 공룡 종의 식별

- # of dino. 1,400 diff. sp. (X accurate) 1,400개의 다른 종의 공룡 수 (정확하지 않음)
- 50% invalid classifi. ← concept of synonyms 이명의 개념으로 인해 50%가 무효한 분류
- bone wars – found new sp. per yr 뼈 전쟁 – 새로운 공룡 종들이 매년 발견됨

Lesson 01 Lectures

Q. 강의의 주된 주제는 무엇인가?

Ⓐ 새로운 공룡 종이 발견되는 속도
Ⓑ 고생물학자들 사이의 경쟁
Ⓒ 새로운 공룡 종의 식별
Ⓓ 일부 공룡이 오인된 이유들

해설 강의 도입부에 교수는 "We began studying the ~ during our last class."라고 지난 시간에 배운 내용을 짧게 언급하고 뒤에 본격적으로 오늘 배울 주제에 대해 설명하며 강의를 시작한다. 중생대 시대의 공룡 종에 붙여진 이름의 수가 몇이나 될지 학생들에게 질문을 하며 공룡의 분류가 시작된 1824년 이래 2004년까지는 약 1,400종의 공룡에 이름이 붙여졌지만 이명(異名)이라는 문제도 있었다고 말한다. 또 지난 200년간 경쟁적으로 계속 새로운 공룡 종의 발견과 종 식별이 이루어졌다고 설명한다. 따라서 강의의 주제가 새로운 공룡 종의 발견과 식별 및 명명에 대한 것임을 파악할 수 있으므로 (C)가 정답이다. 보기 (A), (B), (D)는 강의 내용의 일부 내용만 담고 있어 오답이다.

어휘 Mesozoic adj 중생대의 | era n 시대, 대(代) | age n 시대 | reptile n 파충류 | last v 지속되다 | approximately adv 거의, ~ 가까이 | dinosaur n 공룡 | species n 종 | honestly adv 솔직히 | certain adj 특정한 | identify v 확인하다, 알아보다, 찾다 | name v 이름을 지어주다, 명명하다 | correctly adv 제대로, 정확하게 | considerable adj 상당한, 많은 | doubt n 의심 | figure n 숫자 | accuracy n 정확함 | categorization n 분류 | currently adv 현재, 지금 | regard v ~을 …로 여기다 | invalid adj 무효한, 타당하지 않은 | classification n 분류 | due to ~ 때문에 | concept n 개념 | synonym n (동·식물 분류상의) 이명(異名) | discoverer n 발견자 | rate n 속도, 비율 | vary v 변하다, 다르다 | intense adj 격렬한, 치열한, 극심한 | activity n 활동 | refer to A as B A를 B라고 부르다[언급하다] | rival n 라이벌, 경쟁자 | hunter n 사냥꾼 | engage in ~에 관여[참여]하다 | fierce adj 치열한, 맹렬한 | competition n 경쟁 | average v 평균 ~이 되다

03

Woman: Professor

Listen to part of a lecture in an astronomy class.

W Let's move on to the corona. The Sun has an aura of plasma that surrounds it called the corona. This layer of the Sun's atmosphere is far hotter than any other part of the star except for its core. The core is generally hotter than the corona at 15.7 million degrees Kelvin, but parts of the corona can even exceed the core at up to 20 million degrees Kelvin. Due to the intense brightness of the Sun, the corona is usually invisible. For centuries, this meant that astronomers could only observe the corona during a total solar eclipse. A solar eclipse occurs when the new Moon passes between the Earth and the Sun, and the body of the Moon blocks some of the Sun's surface from view. During a total solar eclipse, the entire surface of the Sun is obscured, and the corona is visible to the naked eye. At all other times it is drowned out by the brightness of the star itself.

여자: 교수

천문학 수업의 강의 일부를 들으시오.

여 코로나로 넘어갑시다. 태양은 태양을 둘러싼, 코로나라고 불리는 플라스마 아우라를 가지고 있습니다. 태양 대기의 이 층은 태양의 핵을 제외한 다른 그 어떤 부분보다 훨씬 더 뜨겁죠. 핵은 절대 온도 1,570만 도로, 일반적으로 코로나보다 더 뜨겁지만, 코로나의 일부는 심지어 핵을 넘어서 절대 온도 2천만 도까지 될 수 있습니다. 태양의 강렬한 밝기 때문에, 코로나는 보통 눈에 보이지 않아요. 이 말은 수 세기 동안 천문학자들이 개기 일식 때에만 코로나를 관찰할 수 있었다는 의미입니다. 일식은 초승달이 지구와 태양 사이를 지날 때 일어나며, 달의 천체가 태양의 표면 일부를 시야로부터 가리게 되죠. 개기 일식 때는 태양의 표면 전체가 가려지고, 코로나는 육안으로 볼 수 있게 됩니다. 다른 모든 때에 코로나는 태양의 밝기 때문에 가려지죠.

노트

MI) corona 주제) 코로나

- layer of Sun's atmosphere 태양 대기의 층
- hotter, except core 더 뜨거움, 핵은 제외
- intense brightness → invisible 강렬한 밝기 → 눈에 보이지 않음
- visible during solar eclipse 개기 일식 동안 보임

Q. 강의는 주로 무엇에 관한 것인가?

Ⓐ 코로나를 관측하기에 적절한 시간
Ⓑ 코로나를 보기 위한 방법들

Ⓒ 코로나를 관찰하는 방법들
Ⓓ 코로나의 특징들

해설 강의 도입부에 주제를 나타내는 표시어 "Let's move on to ~" 이하에서 교수는 corona(코로나)에 대한 강의를 할 것이라고 말한 후, corona의 온도, 관찰 가능 시기와 같은 특징들에 대해 나열하며 설명하고 있으므로 (D)가 정답이다. 나머지 보기들은 강의 내용의 일부만을 다루고 있어 오답이다.

어휘 corona n 코로나(태양 대기의 가장 바깥층에 있는 엷은 가스층) | aura n 아우라, 기운 | plasma n 플라스마(별들 사이의 공간에 있는 물질의 상태) | surround v 둘러싸다 | layer n 층 | atmosphere n 대기 | except for ~을 제외하고 | core n 핵, 중심부 | generally adv 일반적으로 | degree n (온도 단위인) 도 | Kelvin adj 켈빈[절대] 온도의 | exceed v 넘어서다, 초과하다 | due to ~ 때문에 | intense adj 강렬한, 극심한 | brightness n 밝기 | invisible adj 보이지 않는 | astronomer n 천문학자 | observe v 관찰하다 | total solar eclipse 개기 일식 | new moon n 초승달 | pass v 지나가다 | block v 가리다[차단하다], 막다 | view n 시야 | surface n 표면 | obscure v 가리다, 보기 어렵게 하다 | the naked eye n 육안 | drown out ~을 보이지[들리지] 않게 하다 | appropriate adj 적절한 | method n 방법 | characteristic n 특징

---

04 Man: Professor

Listen to part of a lecture in a theater class.

M OK, are you ready for the history of theater design in the U.S.? Well, prior to the 19th century, theater design in the U.S. was largely based upon the Italian model that used painted sheets to create a scene behind the actors. There were two sets of parallel flats called "wings" that were placed on the sides of the stage. The pair that was further back was also moved closer to the center of the stage. In the back was another painted panel called a "drop." This created scenery that wrapped around the stage, but as lighting systems improved, first with gas and then electric lights, this type of set design became less popular. The painted backdrop simply was not convincing to the audience when well lit. In addition, there was a greater desire for historical accuracy in drama, leading to many stages being crowded with historical items.

The thing is, this all fit in well with the larger artistic movement of realism, which stressed accurate detail in both settings and drama. An innovation that spread throughout the theater world at this time was the box set. This design originated in Germany, and it had actual physical walls that formed the sides and back of the stage. The fourth wall was the invisible wall at the front of the stage, which allowed the audience to see into the drama's world, and there was a ceiling as well. The top and sides sloped down toward the back of the stage, creating an even more convincing three-dimensional effect with the illusion of perspective.

In the 19th century, the scenic styles used in America were their own unique derivations from the traditional scenes of the European masters. At the turn of the century, however, a trend toward more minimal set design began to take hold. Simple sets with generic scenery became more common, and there were far fewer set props.

남자: 교수

연극 수업의 강의 일부를 들으시오.

남 좋아요, 미국 무대 디자인의 역사에 대해 이야기할 준비되었나요? 자, 19세기 전까지 미국의 무대 디자인은 배우들 뒤에 장면을 만들어 내기 위해 색칠한 천들을 사용한 이탈리아 모델에 크게 기반한 것이었습니다. '날개(wings)'라고 불리는 평행한 두 쌍의 판들이 무대의 양 옆에 놓여 있었어요. 더 뒤쪽에 있는 두 판은 또한 무대 중앙으로 더 가까이 놓였습니다. 뒤쪽에는 '배경막(drop)'이라고 불리는 또 다른 색칠된 판이 있었어요. 이 판은 무대를 둘러싼 배경을 연출했지만, 조명 시스템이 처음에는 가스로, 그 뒤에는 전기 불빛으로 개선되면서 이러한 유형의 무대 디자인은 전보다 인기가 없어졌어요. 밝은 조명 아래서는 그림으로 그린 배경막이 관객의 눈에 그다지 설득력 있어 보이지 않았기 때문이죠. 게다가, 극에 있어 역사적 정확성이 점점 더 많이 요구되었고, 이는 역사적 소품들로 가득한 많은 무대로 이어졌죠.

사실, 이는 더 큰 규모의 예술 운동인 사실주의와 잘 맞았습니다. 사실주의는 배경과 극 둘 다에 있어 정확한 세부 사항들을 강조했죠. 이 시기에 연극 세계에서 확산되기 시작한 혁신은 박스 세트였습니다. 이 디자인은 독일에서 온 것인데, 무대의 양 옆면과 뒷부분을 형성하는, 실제로 물리적 벽이 있었어요. 네 번째 벽은 무대의 앞면에 있는 보이지 않는 벽이었는데, 이것이 관객으로 하여금 극의 세계를 볼 수 있도록 해 주었고 천장도 있었어요. 윗부분과 양 옆은 무대 뒤를 향해 기울어져 있는 형태여서, 원근감을 착각하게 하여 더 설득력 있는 3차원적 효과를 냈습니다.

19세기에 미국에서 사용된 배경 스타일은 유럽의 장인들이 사용하던 전통적 배경에서 파생된, 그들만의 독특한 스타일이었습니다. 그러나 새로운 세기로 접어들면서 더 최소화된 무대 디자인으로의 트렌드

Lesson 01 Lectures

가 자리잡기 시작했습니다. 포괄적인 배경을 가진 단순한 세트가 더 흔해졌고, 세트 소품들 역시 많이 줄어들었어요.

노트

MI) theater design 주제) 무대 디자인

before 19c 19세기 전

- based on Italian model (painted sheets for scenery) 이탈리아 모델에 기반 (장면을 위한 색칠한 천)
  - wings 날개
  - drop 배경막

lighting improved 조명이 개선됨

- gas / electric lights → X backdrop 가스 / 전기 불빛 → 뒷배경막이 보이지 않음
- historical accuracy 역사적 정확성
- box set - walls, ceiling, top & sides sloped → 3 dimen. effect
  박스 세트 - 벽, 천장을 가지고 있고 위와 옆면이 기울어짐 → 3차원적 효과

19c unique → minimal design 19세기 독특한 스타일 → 최소화된 디자인

- simple set 단순한 세트
- fewer set prop 더 줄어든 소품

Q. 강의의 주된 주제는 무엇인가?

Ⓐ 무대 디자인이 단순함에서 복잡함으로 변화한 방식
Ⓑ 무대 디자인의 발전과 그 특징들
Ⓒ 미국과 유럽의 연극들에서 일어난 변화들
Ⓓ 무대 디자인 트렌드의 순환과 그것이 연극에 미친 영향

해설 강의 도입부에서 교수는 주제를 나타내는 표시어 "OK, are you ready for ~"로 무대 디자인을 언급하고 19세기 이전의 무대 디자인의 특징에 대한 내용에 이어 역사적 정확성이 요구되어 역사적 소품들로 가득한 무대 디자인으로 변화했고, 세부 사항을 강조하는 사실주의로 인해 박스 세트라는 혁신적인 발명이 이루어졌다며 무대 디자인의 변화를 설명한다. 그 이후 19세기 미국의 배경 스타일은 자신들만의 스타일을 갖추게 되었으며, 새로운 세기로 접어들며 최소화된 무대 디자인이 유행하게 되었다고 말한다. 따라서 강의의 주제는 강의의 핵심 단어인 무대 디자인과 그에 대한 변화의 특징들을 알맞게 표현한 (B)가 정답이다. 보기 (A)는 복잡함에서 단순함으로 변화한 무대 디자인을 반대로 말하여 오답이고, (C)는 유럽이 아닌 미국의 무대 디자인에 초점을 맞추었기에 오답이며, (D)는 트렌드가 되풀이된다는 언급이 없으므로 오답이다.

어휘 theater design 무대 디자인 | prior to ~에 앞서, 먼저 | century n 세기 | be based upon ~에 기반하다 | largely adv 크게 | sheet n 천, 시트 | scene n 장면, 광경 | parallel adj 평행한 | flat n 플랫(배경을 보여 주는 수직 무대 장치) | pair n 쌍, 짝 | panel n 판 | drop n (연극의) 배경막 | scenery n 배경 | wrap v 둘러싸다 | lighting n 조명 | electric light n 전등 불빛 | set design n 세트 디자인 | backdrop n (무대의) 배경막 | convincing adj 설득력 있는 | audience n 관객 | desire n 요구, 갈망, 바람 v 원하다, 바라다 | historical adj 역사적인 | accuracy n 정확성, 정확도 | drama n 드라마[극], 연극 | crowded adj ~이 가득한 | fit v 맞다 | artistic movement 예술 운동 | realism n 사실주의 | stress v 강조하다 | innovation n 혁신 | spread v 확산되다 | box set 박스 세트(3면의 벽과 천장으로 이루어진 방의 세트) | originate v 유래되다, 비롯되다 | invisible adj 보이지 않는 | ceiling n 천장 | slope v 기울어지다, 경사지다 | three-dimensional adj 3차원의 | illusion n 착각, 환상, 환각 | perspective n 원근감, 관점, 시각 | derivation n 파생(물), 유도 | traditional adj 전통적인 | master n 장인, 대가 | trend n 트렌드, 유행 | minimal adj 아주 적은, 최소의 | generic adj 포괄적인, 총칭의 | prop n 소품 | shift v 변화시키다, 바꾸다 | simple adj 단순한 | complex adj 복잡한 | evolution n 발전, 진화 | characteristic n 특징, 특성 | cycle n 순환 | influence n 영향

Passage 1

Woman: Professor

[1-4] Listen to part of a lecture in a history class.

W For thousands of years, nations and empires rose and fell based upon their agricultural output. Despite discoveries and advances in technology, there was little if any growth in individual income because these benefits only served to increase the size of the population. **2B** Eventually, the population would always outgrow its ability to feed itself, and the population and the nation itself would collapse. This concept is called the Malthusian trap, in honor of Thomas Malthus, who outlined it in 1798. He explained this pattern by pointing out that agricultural production grows at a linear rate, whereas population grows exponentially. He predicted that all nations would ultimately succumb to this fate. **1A** However, when England entered its Industrial Revolution, it appeared to have broken free of the Malthusian trap.

As you know, Britain was the first country to experience massive industrialization, and it happened quite rapidly. Your textbook has many charts and tables full of numbers that attest to the scope of industrialization at that time, but it is difficult to really appreciate what those numbers mean. They are simply too large for most people to grasp. For example, it says here that the United Kingdom used 20 million tons of coal in one year. What does one ton of coal look like, let alone 20 million tons? **1A/3A** It is too hard to imagine what such large numbers mean and what their actual economic impact is, so we use the concept of ghost acreage. For coal, that is the amount of land that would be needed to grow enough trees to provide enough wood to replace that coal as an energy source. The concept can be expanded to any resource that is not actually produced in a country compared to the amount of land that would be needed to produce it there. These resources are imported from other countries, taken from the ocean, or dug out of the ground like coal.

When we look at the ghost acres that England was dependent upon during the Industrial Revolution, it becomes quite clear that England would not have been the first nation to experience the Revolution if not for its imports. In 1830, England had about 17 million acres of farmland, 25 million acres of grazing land for livestock, and under 2 million acres of forest. This would not have been enough to support the explosive growth that industrialization brought. The ghost acres for that growth came from the colonies of the British Empire and its trading partners. The United Kingdom consumed two million ghost acres of sugar from the

여자: 교수

역사 수업의 강의 일부를 들으시오.

여 수천 년간 나라와 제국들이 농업 생산량에 기반해 부흥했다 몰락했습니다. 기술의 발견과 발전에도 불구하고 개인의 소득 증가는 거의 없었는데, 이는 이러한 이익이 인구를 증가시키는 역할만 했기 때문입니다. **2B** 결국, 인구는 스스로를 먹여 살릴 수 있는 능력치를 벗어날 정도로 증가하게 되고, 인구와 나라 자체가 무너질 겁니다. 이를 1798년에 개념으로 정리한 Thomas Malthus에게 경의를 표하여 이 개념을 맬서스의 덫(Malthusian trap)이라고 부릅니다. Malthus는 농업 생산량은 선형 비율로 증가하는 반면 인구는 기하급수적으로 증가한다고 지적하면서 이 패턴을 설명했습니다. 그리고 모든 나라가 결국 이러한 운명에 굴복할 것이라고 예측했죠. **1A** 하지만 영국이 산업 혁명에 들어섰을 때는 이 맬서스의 덫에서 벗어난 것처럼 보였습니다.

여러분도 알다시피, 영국은 거대한 산업화를 경험한 최초의 국가였고, 이 산업화는 꽤나 급속히 일어났습니다. 당시 산업화의 규모를 증명해 주는, 숫자로 가득한 차트와 표가 여러분의 교과서에 많이 있지만 그 숫자들이 무엇을 의미하는지를 진짜로 이해하기는 어려워요. 대부분의 사람들이 이해하기에는 그냥 너무 거대한 숫자입니다. 예를 들어, 여기를 보면 영국에서 1년에 2천만 톤의 석탄을 사용했다고 나와 있죠. 2천만 톤은 고사하고 1톤의 석탄은 얼마나 될까요? **1A/3A** 이렇게 거대한 숫자들이 무엇을 의미하는지, 그리고 이 숫자들이 실제로 갖는 경제적 영향력은 어떠한지를 상상하기란 매우 어렵습니다. 그래서 우리는 유령 에이커의 개념을 이용합니다. 석탄의 경우, 유령 에이커는 이 석탄을 에너지원으로 대체하기 위해 필요한 목재를 제공할 정도의 나무를 기르는 데 필요한 면적의 땅이죠. 이 개념은 한 나라에서 실제로 생산되지 않는 어떠한 자원으로도 확장될 수 있습니다. 이 자원을 그곳에서 생산하려면 필요한 토지에 비교하는 것이죠. 이 자원은 다른 나라에서 수입될 수도 있고, 바다에서 얻을 수도 있으며 석탄처럼 땅에서 캐낼 수도 있습니다.

산업 혁명 당시 영국이 의존했던 유령 에이커를 보면, 수입을 하지 않았더라면 영국이 산업 혁명을 경험하는 최초의 나라가 되지 못했을 거라는 사실이 꽤나 분명해집니다. 1830년에 영국은 약 1천 7백만 에이커의 농지, 2천 5백만 에이커의 가축 목초지, 그리고 2백만 에이커 미만의 숲이 있었습니다. 산업화가 불러온 폭발적인 성장을 지탱하기에는 충분하

Lesson 01 Lectures

Caribbean, one million ghost acres of wood from Canada, 23 million ghost acres of cotton from the United States, and 15 million ghost acres of coal from underground. All told, the British Isles were consuming well over twice as much food and resources as they were capable of producing on their own. In addition, the Americas, Australia, and the other territories of the British Empire provided a kind of safety valve for England's population growth. Many of the people who would have lacked work in England instead emigrated overseas, taking some of the pressure off of their homeland. Well, your textbook doesn't go into much detail on how Britain was able to become industrialized, but the data is clear if you take the time to analyze it. Without the extensive ghost acres that it depended upon, without the food, cotton, and fuel that it imported, that is, Britain would have collapsed entirely. But **4B** England did have access to those resources, and that permitted the Industrial Revolution to begin there. Other nations certainly had the resources for industrial growth. Sweden produced much of the iron that England used to support its industrial growth, and it was covered in forests that could have replaced coal. However, it could not provide the food that was needed to support a population like England's.

지 않았을 거예요. 이러한 성장을 위한 유령 에이커는 대영 제국의 식민지와 무역 상대국으로부터 왔습니다. 영국은 카리브해에서 2백만 유령 에이커의 설탕을, 캐나다에서 백만 유령 에이커의 목재를, 미국에서 2천 3백만 유령 에이커의 목화를, 지하에서 나온 1천 5백만 유령 에이커의 석탄을 소비했습니다. 모두 합해 영국 제도는 스스로 생산할 수 있는 식량과 자원보다 두 배도 넘는 양을 소비하고 있었어요. 그리고 미 대륙, 호주와 대영 제국의 다른 영토들이 영국의 인구 성장에 안전 밸브 역할을 제공했습니다. 영국에서 일자리를 얻을 수 없던 많은 이들이 대신 해외로 이민을 가서 본국의 부담을 덜어주었죠.
음, 여러분의 교과서는 영국이 어떻게 산업화될 수 있었는지를 자세히 설명하지 않지만 시간을 들여 자료를 분석해보면 자료는 명백합니다. 영국이 의존했던 광범위한 유령 에이커가 없었다면, 영국이 수입한 식량과 목화, 석탄이 없었다면 영국은 완전히 무너졌을 겁니다. 그러나 **4B** 영국은 이러한 자원에 접근할 수 있었고 그러한 점이 영국에서 산업 혁명이 시작될 수 있게 해주었죠. 다른 나라들도 분명히 산업 성장을 위한 자원을 보유하고 있었습니다. 스웨덴은 산업 성장을 뒷받침하기 위해 영국이 사용했던 철의 대부분을 생산했으며, 석탄을 대체할 수 있는 숲으로 덮여 있었어요. 그러나 영국과 같은 인구를 먹여 살릴 수 있는 데 필요한 식량을 공급할 수 없었습니다.

노트

MI) ghost ac. England 19c 주제) 19세기 영국의 유령 에이커

Mal. trap - agri. 〈 pop. 멜서스의 덫 – 농업 생산량 〈 인구
b/ Eng. indus. rev. free 그러나 영국은 산업 혁명으로 벗어남
- ghost ac. (coal - land needed) 유령 에이커 (석탄 – 필요한 땅)
- cons. 〉 prod. 소비 〉 생산량
- sugar, wood, cotton → I.R 설탕, 목재, 목화 수입 → 산업 혁명
- Swe. - iron b/ X food 스웨덴 – 철을 생산했지만 식량을 공급할 수 없었음

Type: Main Idea

1. 강의의 주제는 무엇인가?

Ⓐ 유령 에이커의 개념과 19세기 영국에서 유령 에이커가 한 역할
Ⓑ 유령 에이커를 증대하기 위해 영국이 수립한 무역 네트워크
Ⓒ 한 나라의 증가하는 인구에 유령 에이커가 기여하는 방식
Ⓓ 유령 에이커에 대해 점차 높아지는 의존도와 그에 대처하는 방법들

해설 강의 도입부에서 교수는 인구수와 식량 자원인 농업 생산량의 불균형 패턴인 '멜서스의 덫(Malthusian trap)'의 개념으로 강의의 주제에 대한 배경을 간단히 언급하고, 핵심 내용으로의 전환을 의도하는 표시어인 However 이하에서 본격적으로 이 강의의 주제가 영국의 산업 혁명과 밀접한 관련이 있음을 나타낸다. 또한 지문의 전체적인 흐름을 봤을 때 중심이 되는 내용은 산업 혁명 당시 영국이 의존했던 유령 에이커의 개념이라는 것을 알 수 있으므로 (A)가 정답이다.

Type: Details

2. 맬서스의 덫 개념은 다음 중 어떤 주장을 지지하는가?

Ⓐ 농업 성장은 산업이나 기술적 발전에 비교했을 때 너무 더디다.
Ⓑ 인구 성장은 결국 농업 성장을 따라잡고 사람들이 고통받게 될 것이다.
Ⓒ 산업 성장과 인구 성장을 동시에 유지하는 것은 불가능하다.
Ⓓ 산업 혁명은 인구 성장을 증대하는 데 가장 중요한 역할을 했다.

해설 강의 도입부에 교수가 '맬서스의 덫'의 개념에 대해 설명할 때, 인구는 스스로를 먹여 살릴 수 있는 능력치보다 더 많아지고 이 때문에 인구와 나라 자체가 무너질 것이라고 말한다. 따라서 인구가 의지하던 산업인 농업의 생산량과 인구 수의 증가 속도가 맞지 않아 결국 인구와 나라가 고통받게 된다고 적절히 다른 말로 바꿔서 표현한 (B)가 정답이다.

Type: Details

3. 강의에 따르면, 유령 에이커는 무엇인가?

Ⓐ 수입했거나 채굴한 자원을 생산하는 데 필요한 토지의 면적
Ⓑ 짧은 기간 동안 외국에서 들여오는 다양한 물품 수입
Ⓒ 그 나라에는 존재하지 않지만 다른 나라에서 수입해 올 수 있는 자원들
Ⓓ 절감된 가격으로 다른 나라에서 수입해 올 수 있는 산업 자원들

해설 강의 중반부에 교수는 영국에서 급속히 일어난 산업화의 규모를 증명해 주는 거대한 숫자들이 갖는 의미와 이것이 갖는 경제적 영향력을 파악하기란 어렵다고 말한 후, 이를 이해하기 위한 유령 에이커의 개념을 설명한다. "For coal, that is the amount of land that would be needed to grow enough trees to provide enough wood to replace that coal as an energy source. 석탄의 경우, 유령 에이커는 이 석탄을 에너지원으로 대체하기 위해 필요한 목재를 제공할 정도의 나무를 기르는 데 필요한 면적의 땅이죠."라고 말한 부분에서 '유령 에이커'란 특정 자원을 생산하는 데 필요한 땅의 면적이라는 것을 알 수 있으므로 (A)가 정답이다.

Type: Connecting Contents

4. 교수는 왜 스웨덴을 언급하는가?

Ⓐ 스웨덴과 대영 제국이 사용할 수 있었던 서로 다른 자원들을 비교하기 위해
Ⓑ 영국이 왜 산업 혁명을 이루어낸 최초의 나라가 되었는지를 설명하기 위해
Ⓒ 스웨덴이 왜 유령 에이커에 의존할 필요가 없었는지 그 이유를 강조하기 위해
Ⓓ 대영 제국과 비슷하게 유령 에이커를 이용했던 또 다른 나라를 논의하기 위해

해설 강의 후반부에 영국의 산업 성장의 동력 자원을 똑같이 보유하고 있었지만 식량 자원이 부족했던 스웨덴의 예를 들면서 그 비슷한 환경에서 영국이 어떻게 산업화될 수 있었는지를 설명하고 있으므로 (B)가 정답이다. 보기 (A)는 스웨덴도 영국과 똑같은 자원을 가지고 있었다고 언급하였으므로 오답이고, (C)는 스웨덴은 유령 에이커를 사용하지 않아 식량 자원의 부족을 겪었다고 하였으므로 오답이며, (D)는 유령 에이커를 사용한 다른 나라에 대한 언급이 없으므로 오답이다.

어휘 empire n 제국 | based upon ~에 기반하여 | agricultural adj 농업의, 농사의 | output n 생산량, 산출량 | despite prep ~에도 불구하고 | discovery n 발견 | advance n 발전, 진보 | little if any 거의 없는 | growth n 증가, 성장 | individual adj 개인의 | income n 소득, 수입 | benefit n 혜택, 이득 | serve v ~의 역할을 하다 | population n 인구 | eventually adv 결국 | outgrow v ~보다 더 커지다[많아지다] | feed v 먹여 살리다 | collapse v 무너지다, 붕괴되다 | concept n 개념 | Malthusian trap 맬서스의 덫 | in honor of ~에게 경의를 표하여 | outline v 개요를 서술하다, 윤곽을 잡다 | point out ~을 지적하다 | production n 생산 | linear rate 선형 비율 | exponentially adv 기하급수적으로 | predict v 예측하다 | ultimately adv 결국, 궁극적으로 | succumb v 굴복하다, 무릎 꿇다 | fate n 운명 | enter v 진입하다 | Industrial Revolution n 산업 혁명 | free of ~을 벗어난 | massive adj 거대한, 엄청나게 큰 | industrialization n 산업화 | rapidly adv 급속히, 신속히 | textbook n 교과서 | attest v 증명하다, 입증하다 | scope n 범위, 영역 | appreciate v 진가를 알아보다, 인식하다 | grasp v 완전히 이해하다 | coal n 석탄 | let alone ~은 커녕[고사하고] | economic adj 경제의 | impact n 영향 | ghost acreage 유령 에이커 | replace v 대신[대체]하다 | energy source 에너지원 | compared to ~와 비교하여 | expand v 확대하다, 확장하다 | resource n 자원 | import v 수입하다 n 수입 | dig out ~을 파내다[캐내다] | dependent adj 의존[의지]하는 | if not for ~이 없었다면 | farmland n 농지, 경지 | grazing land 목초지 | livestock n 가축 | explosive adj 폭발적인 | colony n 식민지 | trade partner 무역 상대국 | consume v 소비하다 | underground n 지하 adj 지하의 | British Isles 영국 제도 | capable adj ~할 수 있는 | territory n 영토, 지역 | safety valve n 안전 밸브 | lack v ~이 없다[부족하다] | emigrate v 이민을 가다, 이주하다 | overseas adv 해외로, 외국으로 | pressure n 압박(감) | homeland n 고국, 조국 | go into detail 자세히 설명하다 | clear adj 명백한, 분명한 | analyze v 분석하다 | extensive adj 광범위한, 아주 넓은 | depend upon ~에 의존하다 | fuel n 연료 | entirely adv 완전히 | have access to ~에 접근하다 | permit v 허용하다, 허락하다 | certainly adv 분명히, 틀림없이 | iron n 철, 쇠 | establish v 수립하다, 설립하다 | contribute to ~에 기여하다 | dependence n 의존도 | deal with ~에 대처하다 | compare v 비교하다 | technological adj 기술적인 | advance n 발전 v 발전하다 | overtake v 따라잡다, 추월하다 | suffer v 고통받다 | keep up with ~을 따라가다 | mine v 채굴하다 | emphasize v 강조하다 | utilize v 이용하다

Lesson 01 Lectures

Passage 2

Man: Professor | Woman: Student

[1-4] Listen to part of a lecture in a psychology class.

M 1C Today, we are going to talk about Piaget's theory of cognitive development. Jean Piaget was a psychologist from Switzerland who revolutionized ideas about childhood development. Through his observation of children, um, he formulated four stages of cognitive development that children undergo from the moment they are born until they reach adulthood. 3D Actually, prior to his influential work, many scientists operated under the assumption that children's minds were merely smaller, slower versions of adult minds that simply needed to be filled up with knowledge. However, instead of simply being empty vessels, Piaget proposed that children think in fundamentally different ways. Anyway, he believed that their minds undergo qualitative changes until they are capable of understanding and thinking about the world around them in the same ways as adults.

As we discussed earlier, the human mind creates schemas as it attempts to understand the world. What are schemas?

W They are patterns of thought that organize categories of information and establish relationships between the data.

M Correct. You know, Piaget focused on two concepts that children utilize in this process. Assimilation occurs when humans experience new things and interpret that information so that it fits in with their existing schemas. Accommodation, on the other hand, occurs when new information does not conform to pre-existing schemas and forces the person to alter existing schemas to fit the new information.

2A So, Piaget's theory states that people progress through four different stages from infancy to adulthood. Can anyone tell me what those stages are called?

W 2A The sensorimotor stage, the preoperational stage, the concrete operational stage, and the formal operational stage. Each stage is further divided into sub-stages that—

M 2A Yes, thank you, but we won't be delving too deeply into those just yet.

First, the sensorimotor stage begins at the moment of birth, when infants' rudimentary senses are first able to provide them with information unimpeded by their mothers' bodies. Newborns are completely driven by instinct, but they quickly begin to correlate the information their inexperienced eyes, ears, and noses provide them with what they learn by physically interacting with things through motor action. That is done mostly with the hands and mouth. Later, children begin to understand symbolic meaning and object permanence. They understand that they are separate from their environments and that objects continue to exist even though they cannot sense them. They also begin pretending.

남자: 교수 | 여자: 학생

심리학 수업의 강의 일부를 들으시오.

남 1C 오늘, 우리는 Piaget의 인지 발달 이론에 대해 이야기할 거예요. Jean Piaget는 유아기 발달에 대한 생각에 대변혁을 일으킨 스위스의 심리학자였습니다. 그는 아동 관찰을 통해, 음, 아이들이 태어난 순간부터 성인이 될 때까지 거치는 네 가지 인지 발달 단계를 정립했어요. 3D 사실, Piaget의 영향력 있는 연구 전에는, 많은 과학자들이 아이들의 생각은 그저 지식만 차면 되는, 더 작고 느린 버전의 성인의 생각이라는 가정하에 연구했습니다. 그러나 Piaget는 아이들이 그저 빈 그릇 같은 존재가 아니라 근본적으로 다른 방식으로 생각한다고 제안했어요. 아무튼, 그는 아이들이 어른들과 같은 방식으로 세상을 이해하고 세상에 대해 생각할 수 있게 될 때까지 아이들의 생각은 질적인 변화를 겪는다고 믿었습니다.

우리가 저번에 논의했듯이, 인간의 생각은 세상을 이해하고자 하는 시도에서 도식을 만들어 냅니다. 도식이란 무엇일까요?

여 정보의 범주를 정리하고 자료들 사이의 관계를 정립하는 사고의 패턴입니다.

남 맞습니다. 아시다시피, Piaget는 아이들이 이 과정에서 사용하는 두 가지 개념에 집중했어요. 동화는 인간이 새로운 것을 경험하고, 그 정보를 기존의 도식에 맞아 들어갈 수 있도록 해석할 때 일어납니다. 반면 조절은 새 정보가 이전부터 존재했던 도식에 맞지 않고, 그 사람으로 하여금 새 정보에 맞추기 위해 기존의 도식을 고치도록 만들 때 일어납니다.

2A 그래서, Piaget의 이론은 사람들이 유아기부터 성인기까지 네 가지 다른 단계를 거친다고 주장합니다. 누가 이 단계들을 뭐라고 부르는지 말해줄 수 있나요?

여 2A 감각운동기, 전조작기, 구체적 조작기, 그리고 형식적 조작기입니다. 각 단계는 하위 단계들로 더 나뉘며—

남 2A 그렇습니다. 고마워요. 하지만 거기까지는 지금 깊게 다루지 않을 겁니다.

먼저, 감각운동기는 유아의 기본적인 감각이 어머니의 신체에 의해 방해받지 않고 처음으로 정보를 제공할 수 있는 때, 곧 태어난 순간부터 시작됩니다. 신생아는 완전히 본능에 이끌리지만, 미숙한 눈과 귀, 코가 주는 정보를 운동 동작을 통해 신체적으로 사물과 교류함으로써 배우는 것들과 빠르게 연관 짓기 시작합니다. 이는 주로 손과 입으로 하게 되죠. 그 뒤 아이는 상징적 의미와 사물의 영속성을 이해하기 시작합니다. 자신이 주변 환경과 분리되어 있다는 것과, 그리고 자신이 사물을 감지할 수 없더라도 사물은 계속해서 존재하고 있다는 점을 이해하죠. 그리고 또한 무언가를 하는 척하기 시작합니다.

Following the first stage, the transition into the preoperational stage occurs when children begin to speak, around age two. Well, during this stage, linguistic ability grows rapidly as children learn to use words and pictures to represent objects. Anyway, the emergence of true language usage is exemplified by the asking of questions—constantly. The chief word in a child's vocabulary at this stage is "Why?" Children understand that things happen for a reason and that there is cause and effect. But they still lack the ability to complete tasks mentally instead of physically.

And the third stage is that... around the age of seven, a child will enter the concrete operational stage, which is when the child learns the appropriate use of logic. They can think logically and apply logical reasoning to specific concrete examples. Actually, they begin to use inductive reasoning, but they struggle with deductive reasoning. And they also begin to display less egocentrism. So, they come to understand that other people do not necessarily share their thoughts, feelings, or opinions. **4D** They learn that their thoughts are unique to them and that they can know things that others do not, and vice versa.

Lastly, the formal operational stage begins around age 12 and continues for the rest of a person's life. As an adolescent, a person learns to think abstractly and use logic to solve hypothetical problems. Well, they can conceive of ideal examples of things and compare those to reality. And they can also imagine multiple solutions to problems and scientifically determine which one is the best option. In the end, this gives rise to social, moral, ethical, and philosophical concepts that require abstract reasoning.

첫 단계 후에, 전조작기로의 전환은 아이가 두 살쯤 말을 하기 시작할 때 일어납니다. 음, 이 단계에서, 아이가 사물을 나타내기 위해 단어와 그림을 사용하는 것을 배우면서 언어 능력이 급속히 성장합니다. 어쨌든, 진정한 언어 사용의 시작은 질문하기가 전형적인 예시입니다. 계속해서 질문하죠. 이 단계에서 아이가 쓰는 가장 중요한 단어는 "왜?"입니다. 아이들은 무언가가 이유가 있어 일어난다는 것을, 그리고 인과가 있다는 것을 이해합니다. 하지만 여전히 신체적인 것 대신 정신적으로 일을 완수하는 능력이 부족하죠.

그리고 세 번째 단계는... 일곱 살쯤 되면, 아이는 논리의 적절한 사용을 배우게 되는 구체적 조작기에 들어갑니다. 논리적으로 사고할 수 있으며 논리적 추론을 구체적이고 명확한 예시에 적용할 수 있습니다. 사실, 귀납적 추리를 사용하기 시작하지만, 연역적 추리는 어려워해요. 그리고 그들은 또한 자기중심주의를 전보다 덜 보여 주기 시작합니다. 따라서, 다른 사람들이 반드시 자신의 생각과 감정, 의견을 공유하지는 않는다는 것을 이해하게 되죠. **4D** 자신의 생각은 자기 고유의 것이며 다른 사람이 알지 못하는 것을 자기가 알 수도 있고, 그 반대가 될 수도 있다는 것을 배웁니다.

마지막으로, 형식적 조작기는 12세 정도에 시작되고 한 사람의 생애 내내 지속되죠. 청소년일 때, 사람은 추상적으로 생각하고 가상의 문제를 해결하기 위해 논리를 사용하는 법을 배웁니다. 음, 무언가의 이상적인 예시를 생각해 낼 수 있고 그것을 현실과 비교할 수 있어요. 그리고 문제에 대해 다수의 해결책을 상상하고 어떤 것이 가장 좋을지 과학적으로 결정할 수도 있죠. 결국, 이는 요약 추론을 요구하는 사회적, 도덕적, 윤리적, 그리고 철학적 개념들이 생겨나게 해 줍니다.

노트

MI) Piaget's theory – stages of childhood develop. Piaget의 이론 – 유아기 발달의 단계들

schemas – patterns of thoughts 도식 – 사고의 패턴
- assimi. – exp. new things, fits sch. 동화 – 새로운 것을 경험, 도식에 맞춤
- accomo. – alter sch, fit new info. 조절 – 도식을 수정함, 새로운 정보에 맞춤

stages 단계들

1. sensorimotor stage 감각운동기
   - instinct, physical interact. 본능, 신체적 교류
   - understand symb. meaning & obj. 상징적 의미와 사물 이해함

2. preoperational stage 전조작기
   - age 2 – use words & pic 2세 때 – 단어와 그림을 사용함
   - ask Q "why?" "왜?"라고 물어봄
   - understand cause & effect 인과를 이해함

3. concrete operational stage 구체적 조작기
   - age 7 – use logic 7세 때 – 논리 사용
   - inductive reasoning 논리적 추론
   - less egocen. 덜한 자기중심주의

4. formal operational stage 형식적 조작기
   - age 12 – solve hypothe. prob. 12세 때 – 가상의 문제를 해결함
   - abstract reasoning 요약 추론

Type: Main Idea

1. 강의의 주된 주제는 무엇인가?

Ⓐ 유명한 심리학자의 연구
Ⓑ 유아기 발달에 대한 새로운 이론
Ⓒ 유아의 정신적 발달 단계
Ⓓ 인간 뇌의 성숙

해설 강의 도입부에서 교수는 주제를 나타내는 표시어 "Today, we are going to talk about ~" 이하에 Piaget의 인지 발달 이론에 대해 강의를 할 것이라고 말한다. Jean Piaget라는 스위스 심리학자에 대한 소개와 더불어 그가 연구한 아이들의 인지 발달 이론 정립 배경을 언급하고 Piaget 이론의 네 가지 발달 단계가 무엇인지 학생들에게 질문을 던진 후 유아의 정신적 발달 단계를 순차적으로 설명하므로 (C)가 정답이다.

Type: Function

2. 강의의 일부를 다시 듣고 질문에 답하시오.

M So, Piaget's theory states that people progress through four different stages from infancy to adulthood. Can anyone tell me what those stages are called?
W The sensorimotor stage, the preoperational stage, the concrete operational stage, and the formal operational stage. Each stage is further divided into sub-stages that—
M Yes, thank you, but we won't be delving too deeply into those just yet.

남 그래서, Piaget의 이론은 사람들이 유아기부터 성인기까지 네 가지 다른 단계를 거친다고 주장합니다. 누가 이 단계들을 뭐라고 부르는지 말해줄 수 있나요?
여 감각운동기, 전조작기, 구체적 조작기, 그리고 형식적 조작기입니다. 각 단계는 하위 단계들로 더 나뉘며—
남 그렇습니다. 고마워요. 하지만 거기까지는 지금 깊게 다루지 않을 겁니다.

교수는 왜 이렇게 말하는가:

M Yes, thank you, but we won't be delving too deeply into those just yet.

남 그렇습니다. 고마워요. 하지만 거기까지는 지금 깊게 다루지 않을 겁니다.

Ⓐ 자기가 나중에 다룰 주제를 학생이 논의하는 것을 막으려고
Ⓑ 다음 시간에 자신이 무엇을 논의할지 학생들에게 알려 주려고
Ⓒ 학생이 답변을 하는 동안 말한 오류를 정정하려고
Ⓓ 학생이 자기 질문의 요점을 놓쳤다는 점을 지적하려고

해설 강의 중반부에 교수는 Piaget의 이론의 네 가지 단계 이름을 학생들에게 질문한다. 한 학생이 그에 대한 대답으로 세부적인 단계까지 말하려 하자 교수는 중간에 대답을 끊고 거기까지 깊게 다루지 않겠다고 말한다. 수업에서 당장 배울 주제가 아닌, 즉 나중에 배울 주제를 학생이 언급하는 것을 막고자 그렇게 말한 것이므로 (A)가 정답이다.

Type: Details

3. Piaget의 이론은 유아기 발달에 대해 무엇을 주장하는가?

Ⓐ 아이들의 생각은 지식이 차야만 하는 텅 빈 그릇 역할을 한다.
Ⓑ 아이들의 생각은 아이들의 뇌가 더 작기 때문에 더 약하다.
Ⓒ 아이들의 생각은 성인의 생각처럼 세상을 이해할 수 있다.

Ⓓ 아이들의 생각은 성인의 생각과 다른 방식으로 작용한다.

해설 강의 도입부에서 Piaget의 연구는 이전의 많은 과학자들이 가정했던 것과는 다르게 아이들의 생각이 성인보다 더 작고 느린 것이 아니라 근본적으로 다른 방식으로 생각한다고 제안한 것으로(Instead of simply being empty vessels, Piaget proposed that children think in fundamentally different ways.) 보아, (D)가 정답이다.

Type: Details

4. 교수에 따르면, 구체적 조작기에 아이들에게는 무슨 일이 일어나는가?

Ⓐ 원인과 결과를 이해하기 시작한다.

Ⓑ 극히 자기중심적이 된다.

Ⓒ 귀납적 추리를 하는 것을 어려워한다.

Ⓓ 사람들의 생각은 개별적이라는 것을 배운다.

해설 강의 후반부에 교수는 아이들이 일곱 살쯤 되면 구체적 조작기(concrete operational stage)에 들어가게 된다고 말한다. 이 단계에 아이들은 자기중심주의가 약해지면서 다른 사람들이 반드시 자신의 생각과 감정, 의견을 공유하지는 않는다는 것을 이해하게 되고 자신의 생각은 자기 고유의 것이라는 사실을 배운다고(They learn that their thoughts are unique to them) 아이들의 발달 단계를 설명한다. 따라서 이를 적절히 패러프레이징한 (D)가 정답이다.

어휘 cognitive development 인지 발달 | psychologist n 심리학자 | revolutionize v 대변혁을 일으키다 | childhood development 유아기 발달 | observation n 관찰 | formulate v 정립하다, 만들어 내다 | undergo v 겪다, 받다 | adulthood n 성인 | prior to ~ 전에 | influential adj 영향력 있는 | operate v 일하다, 운용하다 | assumption n 가정 | merely adv 그저, 그냥 | fill up ~을 채우다 | knowledge n 지식 | empty adj 비어 있는 | vessel n 그릇 | fundamentally adv 근본적으로, 본질적으로 | qualitative adj 질적인 | capable adj ~할 수 있는 | schema n 도식 | attempt v 시도하다 | organize v 정리하다 | establish v 정립하다 | focus on ~에 집중하다 | concept n 개념 | utilize v 이용하다 | assimilation n 동화 | occur v 일어나다 | interpret v 해석하다, 이해하다 | existing adj 기존의 | accommodation n 조절 | on the other hand 반면 | conform v 맞다[일치하다], 순응하다 | pre-existing adj 이전부터 존재하는 | alter v 고치다[수정하다], 바꾸다 | progress v 지나다, 나아가다 | infancy n 유아기 | sensorimotor stage 감각운동기 | preoperational stage 전조작기 | concrete operational stage 구체적 조작기 | formal operational stage 형식적 조작기 | sub-stage 하위 단계 | delve into ~을 캐다, 파고들다 | rudimentary adj 기본적인, 기초적인 | unimpeded adj 방해받지 않는 | newborn n 신생아 | instinct n 본능 | correlate v 연관성이 있다 | inexperienced adj 미숙한, 경험이 부족한 | physically adv 신체적으로 | interact v 교류하다, 소통하다 | motor action 운동 동작 | symbolic adj 상징적인, 상징하는 | permanence n 영속성 | separate adj 분리된 | environment n (주변의) 환경 | sense v 감지하다 | pretend v ~인 척하다, 가장하다 | transition n 전환 | linguistic adj 언어의 | rapidly adv 급속히, 빠르게 | represent v 나타내다, 대표하다, 대변하다 | usage n 사용 | exemplify v 전형적인 예가 되다 | constantly adv 계속해서, 지속적으로 | cause and effect 인과 | lack v ~이 부족하다 | complete v 완수하다 | mentally adv 정신적으로 | appropriate adj 적절한 | logically adv 논리적으로 | apply v 적용하다 | logical reasoning 논리적 추론 | specific adj 구체적인, 명확한 | concrete adj 명확한, 구체적인 | inductive reasoning 귀납적 추리 | struggle v 어려움을 겪다 | deductive reasoning 연역적 추리 | display v 보여 주다 | egocentrism n 자기중심주의 | not necessarily 반드시 ~은 아닌 | unique adj 고유의, 독특한 | vice versa 거꾸로, 역으로 | adolescent n 청소년 | abstractly adv 추상적으로 | hypothetical adj 가상적인, 가설의 | conceive v 생각을 품다, 상상하다 | compare v 비교하다 | reality n 현실 | imagine v 상상하다 | multiple adj 다수의 | solution n 해결책 | scientifically adv 과학적으로 | social adj 사회적인 | moral adj 도덕의 | ethical adj 윤리적인 | philosophical adj 철학의 | abstract reasoning 요약 추론 | renowned adj 유명한 | maturation n 성숙 | assert v 주장하다 | prevent v 막다, 방해하다 | address v 다루다 | inform v 알리다 | correct v 고치다[정정하다] | point out ~을 지적하다 | individual adj 개별적인, 개인적인

Lesson 02 Lectures

Lesson 02 Details

본서 | P. 148

Practice

01 A 02 C 03 A 04 A, D

Test

Passage 1	1. B	2. C	3. D	4. D
Passage 2	1. D	2. D	3. A, B	4. A, B, C

01

Man: Professor

Listen to part of a lecture in a biology class.

M OK, let me ask you a question. Do you think chimpanzees care about and help others? Researchers have conducted many experiments to evaluate the seemingly altruistic behavior of chimpanzees, and recent ones have revealed that they tend to help only family members. In one experiment, researchers used two groups of animals. Animals in one group were mothers and their young, while the other group was composed of three pairs of genetically unrelated animals. First, the chimpanzees were each given a set of simple tools that were needed to open a box that contained food. The animals were all able to determine how to use the tools to reach the food. Next, each chimpanzee was given an incomplete set of tools. In order to open the box, they had to share their tools with each other, and they did. However, the related animals freely offered their tools to each other, whereas the strangers only offered a missing tool if the chimpanzee that needed it asked for it. If they were truly altruistic, they would not need to be asked first. So, while they are perfectly capable of helping each other, chimpanzees take no interest in doing so when it is a non-relative that needs help. This is why they are not considered capable of selfless acts.

남자: 교수

생물학 수업의 강의 일부를 들으시오.

남 좋아요. 여러분에게 질문 하나 해 볼게요. 여러분은 침팬지가 다른 이들을 신경 쓰고 도와준다고 생각하나요? 연구원들은 보기에는 이타적인 듯한 침팬지의 행동을 평가하기 위해 많은 실험을 했으며, 최근의 실험들은 침팬지들이 가족만 도와주는 경향이 있다는 것을 밝혔습니다. 한 실험에서 연구원들은 두 그룹의 동물들을 이용했어요. 한 그룹에는 엄마들과 새끼 동물들이 있었고, 다른 그룹에는 유전학적으로 관계 없는 세 쌍의 동물들이 있었습니다. 먼저, 각 침팬지에게 음식이 담겨 있는 상자를 열기 위해 필요한 간단한 도구 세트를 주었습니다. 그 동물들은 모두 음식을 먹기 위해 도구들을 어떻게 써야 하는지 알아낼 수 있었죠. 그 다음에는, 각 침팬지에게 불완전한 도구 세트를 주었습니다. 상자를 열기 위해서는 서로 도구를 공유해야 했고, 실제로 그렇게 했죠. 그러나 친족인 침팬지들은 자유롭게 자신이 가진 도구를 서로에게 제공한 반면, 서로 관계 없는 침팬지들은 빠진 도구가 필요한 다른 침팬지가 그 도구를 요청했을 때에만 도구를 제공했습니다. 그들이 진짜로 이타적이었다면, 먼저 도구를 요청받지 않아도 됐겠죠. 그래서 침팬지들은 서로를 돕는 능력은 완벽히 갖추고 있지만, 도움을 필요로 하는 존재가 가족이 아니라면 돕는 데 관심을 보이지 않습니다. 그래서 침팬지들은 이타적인 행동을 할 수가 없다고 여겨지는 겁니다.

노트

MI) altruistic behavior of chimp.

EX) 1. mothers & young: freely offered tools
2. unrelated: helped only if chimp. asked
∴ chimp = X selfless

주제) 침팬지의 이타적인 행동

예) 1. 엄마와 새끼: 자유롭게 도구를 제공
2. 혈연이 아닌 관계: 침팬지가 요청할 때만 도와줌
따라서, 침팬지는 이타적이지 않음

Q. 연구원들은 왜 침팬지들이 이타적 행동을 할 수 없다는 결론을 내렸는가?

Ⓐ 혈연 관계가 아닌 침팬지들에게 필요한 도구를 제공할 생각이 없었다.
Ⓑ 때때로 가족이 도구 세트를 완성하는 것을 돕지 않았다.
Ⓒ 다른 침팬지들이 자신에게 없는 도구를 빌리고 싶어할 때면 도와주려 하지 않았다.
Ⓓ 무엇을 해야 하는지 몰랐기 때문에 서로 협력하지 않았다.

해설 연구원들이 침팬지의 이타적인 행동을 평가하는 실험에서, 관계가 있는 즉 혈연 관계의 침팬지 그룹은 서로에게 자유롭게 도구를 사용하게 끔 하고 있었고, 관계가 없는 즉 혈연 관계가 아닌 침팬지 그룹은 다른 침팬지가 요청할 때에만 빠진 도구를 제공했다고(the strangers only offered a missing tool if the chimpanzee that needed it asked for it) 말한다. 이는 침팬지가 가족이 아니고서는 돕는 데 관심을 보이지 않는(이타적이지 않은) 성격이 있다는 것을 보여 준다. 따라서 후자의 그룹 행동을 다른 말로 바꿔서 적절히 표현한 (A)가 정답이다.

어휘 conduct v (특정 활동을) 하다 | experiment n 실험 | evaluate v 평가하다 | seemingly adv 겉보기에는 | altruistic adj 이타적인 | behavior n 행동 | reveal v 드러내다 | tend v (~하는) 경향이 있다 | young n (동물의) 새끼 | be composed of ~로 구성되다 | pair n 쌍, 짝 | genetically adv 유전적으로 | unrelated adj 관계 없는, 혈연 관계가[친족이] 아닌 | contain v 담고 있다 | determine v 알아내다, 밝히다 | incomplete adj 불완전의, 미완성의 | share v 공유하다 | related adj 관계 있는, 혈연 관계인[친족인] | freely adv 자유롭게, 막힘없이 | offer v 제공하다 | whereas conj 반면에 | stranger n 모르는[낯선] 사람 | missing adj 빠진 | perfectly adv 완벽히 | capable adj (~할) 능력이 있는 | selfless adj 이타적인, 사심 없는

02

Man: Student | Woman: Professor

Listen to part of a lecture in an art history class.

W The paints that Venetian artists used were rich colors that seem to be almost translucent, which sometimes is exactly what they are. If you look closely, you can see that they often blended ground-up glass into their paints. This was done to add translucence to the paint, and in some cases it was how they added color as well. One pigment that used glass for this purpose was smalt blue, which gets its color from cobalt in the glass. Now, where would they get the idea to add glass to paint? What is Venice well known for?

M Hmm, isn't it famous for glass? The finest glass blowers were, and probably still are, from Venice.

W Correct; and they were very skilled at making colored glass. They could make beads that looked like gems by adding various chemicals to the glass. These beads looked exactly like real rubies, emeralds, and sapphires unless you looked very carefully.

남자: 학생 | 여자: 교수

미술사 수업의 강의 일부를 들으시오.

여 베네치아 화가들이 사용한 물감은 거의 반투명해 보일 정도로 깊은 색조들이었는데, 때로는 정확히 그러합니다. 가까이서 들여다보면, 종종 잘게 빻은 유리를 물감에 섞었다는 것을 알 수 있어요. 이는 물감에 반투명함을 더하기 위해 행해졌으며, 어떤 경우에는 색을 추가한 방법이기도 했습니다. 이러한 목적으로 유리를 사용한 염료 중 하나는 화감청색인데, 이 색은 유리의 코발트에서 그 색을 얻어요. 자, 그들은 물감에 유리를 첨가하는 아이디어를 어디서 얻었을까요? 베네치아는 무엇으로 유명한가요?

남 흠, 유리로 유명하지 않아요? 가장 우수한 실력을 가진 유리 공예가들이 베네치아 출신이었고, 지금도 그렇잖아요.

여 맞습니다. 그리고 그들은 색유리를 만드는 데 매우 솜씨가 뛰어났어요. 유리에 다양한 화학 약품을 첨가해서 보석처럼 보이는 비즈를 만들기도 했습니다. 이 비즈들은 아주 주의 깊게 들여다보지 않는 한 진짜 루비나 에메랄드, 사파이어와 완전히 똑같아 보였어요.

노트

MI) paints of Venetian artists 베네치아 화가들의 물감

- used translucent colors 반투명한 색을 사용
- blended ground-up glass to add trans. & color (smalt blue)
  반투명함과 색을 더하기 위해 잘게 빻은 유리를 섞음 (화감청색)
- Venice = famous for glass 베네치아 = 유리로 유명함

Q. 강의에 따르면, 베네치아 화가들은 왜 물감에 빻은 유리를 첨가했는가?

Ⓐ 그림이 빛을 더 잘 반사하게 하려고
Ⓑ 색을 더 밝게 만들려고
Ⓒ 반투명함을 더하려고
Ⓓ 물감을 더 두텁게 만들려고

해설 교수가 "If you look closely, you can see that they often blended ground-up glass into their paints. This was done to add translucence to the paint 가까이서 들여다보면, 종종 잘게 빻은 유리를 물감에 섞었다는 것을 알 수 있어요. 이는 물감에 반투명함을 더하기 위해 행해졌다"라고 말한 부분에서 베네치아 화가들이 반투명함을 더하기 위해서 물감에 빻은 유리를 첨가하는 방법을 사용했다는 것을 알 수 있으므로 (C)가 정답이다.

어휘 Venetian adj 베네치아[베니스]의 | translucent adj 반투명한 | exactly adv 정확히, 꼭 | closely adv 가까이 | blend v 섞다, 혼합하다 | grind up ~을 잘게 빻다, 갈아 부수다 | glass n 유리 | add v 더하다, 첨가하다 | pigment n 염료, 색소 | smalt blue 화감청색 | cobalt n 코발트, 짙은 청록색 | well known adj 유명한 | fine adj 우수한, 뛰어난 | glass blower n 유리 부는 직공 | skilled adj 솜씨가 좋은, 숙련된 | gem n 보석 | chemical n 화학 약품 | ruby n 루비 | emerald n 에메랄드 | sapphire n 사파이어 | carefully adv 주의 깊게, 신중히

03

Man: Professor

Listen to part of a lecture in an astronomy class.

M In order to possess liquid water, a planet must meet certain criteria. First, the planet must be located within its star's habitable zone, which is also referred to as its "Goldilocks Zone." This means that the planet must be located within an area where it is neither too close to nor too far away from the star. If it is too far away, it will be too cold, and if it is too close, it will be too hot. Next, the planet must be large enough to hold an atmosphere, but it must have an atmosphere that is neither too thick nor too thin. So, there are three planets within the habitable zone of our Sun, but only Earth has water and life. The thing is, Venus has an extremely thick atmosphere that is mostly carbon dioxide, which created a runaway greenhouse effect that turned any water it used to have into water vapor, which left the planet. Mars, on the other hand, has a very thin atmosphere because it is too small to have a strong magnetic field. This means that the solar wind stripped away its former atmosphere. Without atmospheric pressure, liquid water again turns into water vapor that the planet cannot hold, so what little water remains on Mars is contained in ice at its poles.

남자: 교수

천문학 수업의 강의 일부를 들으시오.

남 액체 상태의 물을 보유하기 위해서 행성은 특정한 기준을 충족해야만 해요. 먼저, 행성은 그 별의 서식 가능 영역, 혹은 '골디락스 존'이라고 불리는 영역 안에 위치해 있어야 합니다. 이는 행성이 별에서 너무 가까워서도 안 되고, 너무 멀어서도 안 되는 영역에 있어야 한다는 의미입니다. 만약 별에서 너무 멀면 굉장히 추울 것이고, 너무 가까우면 너무 더울 겁니다. 다음으로, 행성은 대기를 붙잡아둘 수 있을 정도로 커야 하지만, 대기층이 너무 두껍지도 얇지도 않아야 합니다. 따라서, 태양의 서식 가능 영역 내에 행성이 세 개 있지만, 지구에만 물과 생명체가 있습니다. 사실, 금성의 대기는 무척이나 두터우며 이 대기의 대부분이 이산화탄소인데, 이는 걷잡을 수 없는 온실 효과를 만들어 냈고 금성에 있는 물을 모두 수증기로 바꿔 행성에서 날아가게 했죠. 반면, 화성은 너무 작아서 강력한 자기장을 가질 수 없기 때문에 대기가 매우 얇아요. 이는 태양풍이 그전에 있던 대기를 모두 날려보냈다는 걸 의미하죠. 기압이 없으면, 물은 행성이 붙잡아둘 수 없는 수증기로 바뀌기 때문에 화성에 있는 아주 적은 양의 물은 극지방에 얼음으로 남아 있죠.

노트

planet, liquid water
R) - located in star's habitable zone (X close, X far from star)
- large, hold atmosphere (X thick / X thin)
H
- Earth: water & life
- Venus: thick atmo. (CO_2, greenhouse effect → water vapor)
- Mars: thin atmo. (small, X mag.), → X atmos. → water vapor → ice

행성, 액체 상태의 물
조건 - 별의 서식 가능 영역에 위치 (별에서 가까워서도 안 되고, 멀어서도 안 됨)
- 큼, 대기를 붙잡음 (두껍지도 얇지도 않아야 함)
서식 가능
- 지구: 물과 생명체
- 금성: 두터운 대기 (이산화탄소, 온실 효과 → 수증기)
- 화성: 얇은 대기 (작음, 자기장 없음), 대기 기압 없음 → 수증기 → 얼음

Q. 강의에 따르면, 화성과 금성의 차이점은 무엇인가?

Ⓐ 금성의 대기층은 화성의 대기층보다 훨씬 더 두텁다.
Ⓑ 금성에는 물이 약간 있지만, 화성에서는 물이 즉시 수증기로 바뀐다.
Ⓒ 화성은 금성과 크기가 비슷하지만, 강한 자기장을 갖고 있다.
Ⓓ 금성은 극지방 주변에 얼음이 있지만, 화성에는 없다.

해설 금성의 대기에 대해 설명한 후, "Mars, on the other hand, ~"라고 시작하는 부분은 화성과 금성의 차이점을 언급하는 표시어이므로, 그 이하에 나온 내용을 알맞게 표현한 보기가 정답이다. 따라서 교수는 화성은 금성과 반대로 대기가 얇다고 말하고 있으므로 (A)가 정답이다. 나머지 보기는 모두 금성과 화성의 차이점을 반대로 이야기하고 있으므로 오답이다.

어휘 possess v 소유[보유]하다, 갖추고 있다 I liquid adj 액체 형태의 n 액체 I planet n 행성 I certain adj 특정한 I criteria n 기준, 표준(criterion의 복수형) I habitable adj 거주할 수 있는 I refer to A as B A를 B라고 부르다[말하다] I Goldilocks Zone n 골디락스 존(행성이 지구와 유사한 조건을 가지고 있어 물과 생명체가 존재할 수 있는 항성 주변의 구역) I neither A nor B A도 B도 아닌 I atmosphere n 대기 I thick adj 두꺼운, 두터운 I thin adj 얇은 I Venus n 금성 I extremely adv 극도로, 극히 I carbon dioxide n 이산화탄소 I runaway adj 걷잡을 수 없는, 고삐 풀린 I greenhouse effect n 온실 효과 I vapor n 증기 I Mars n 화성 I magnetic field n 자기장 I solar wind 태양풍 I strip away ~을 벗겨내다 I former adj 이전의 I pressure n 압력 I contain v ~이 들어 있다 I pole n 극, 극지 I instantly adv 즉시

---

04 Woman: Professor

Listen to part of a lecture in a geology class.

W The mantle is divided into three zones: the upper mantle, the transition zone, and the lower mantle. First, the depth of the crust varies considerably, but its limit is around 100 kilometers deep. From there to about 410 kilometers down is the region called **A**the upper mantle. The pressure in this area is so intense that the rocks in it soften and actually melt somewhat. **A**The rocks there are more ductile than usual, which means that they can stretch and deform under stress. These fluid characteristics of the upper mantle are what allow the tectonic plates of the crust to move around.
Next, the lower mantle extends from about 660 kilometers below the surface to the outer core around 2,700 kilometers down. **D**The rocks in the lower mantle are much more solid than those in the upper mantle, even though it is much hotter. This is because the pressure is so great that it keeps them solid.
Lastly, the gap between the upper and lower mantle from 410 to 660 kilometers down is appropriately called the transition zone. The rocks here do not melt or break down; instead, their crystalline structure is altered, and the rocks become incredibly dense.

여자: 교수

지질학 수업의 강의 일부를 들으시오.

여 맨틀은 세 개의 구역으로 나뉩니다. 상부 맨틀, 전이대, 그리고 하부 맨틀이죠. 먼저, 지각의 깊이는 지역마다 매우 다르지만, 한계는 약 100킬로미터의 깊이입니다. 거기서부터 약 410킬로미터 아래까지가 **A**상부 맨틀이라고 불리는 구역입니다. 이 구역의 압력이 너무나 강해서 그 안에 있는 암석들이 부드러워지고 실제로 어느 정도 녹기도 합니다. **A**이곳의 암석들은 보통 때보다 연성이 더 좋은데, 이 말은 암석들이 압력의 영향으로 늘어나고 변형될 수 있다는 의미입니다. 상부 맨틀의 유동적인 특징은 지각의 텍토닉 플레이트(지질 구조판)가 움직일 수 있게 합니다.
다음으로, 하부 맨틀은 지각 아래 약 660킬로미터에서부터 외핵이 있는 2,700킬로미터까지 뻗어 있습니다. **D**하부 맨틀은 상부 맨틀보다 훨씬 더 뜨거운데도 그곳의 암석들은 상부 맨틀의 암석들보다 훨씬 더 단단합니다. 압력이 너무 강해서 그것들을 단단하게 유지시키는 것이죠.
마지막으로, 상부 맨틀과 하부 맨틀의 사이에 있는 410-660킬로미터 구역은 이에 적당한 이름인 전이대라고 불립니다. 이 구역의 암석들은 녹거나 부서지는 대신 결정 구조가 변형되고, 밀도는 엄청나게 높아집니다.

노트

mantle
- upper mantle: ~410 km, pr. intense, rocks soften & melt
- transition zone: 410-660 km, rocks X melt, dense
- lower mantle: 660-2,700 km, rocks solid, hotter ← high pr.

맨틀
- 상부 맨틀: 410km까지, 압력이 강함, 암석들이 부드러워지고 녹음
- 전이대: 410-660km, 암석들이 녹지 않음, 밀도가 높아짐
- 하부 맨틀: 660-2,700km, 암석들이 단단함, 높은 압력으로 인해 더 뜨거움

Q. 강의에 따르면, 상부 맨틀과 하부 맨틀의 차이점은 무엇인가? 2개의 답을 고르시오.

Ⓐ 상부 맨틀의 암석들이 연성이 더 좋다.
Ⓑ 상부 맨틀이 하부 맨틀보다 훨씬 더 두껍다.
Ⓒ 하부 맨틀의 특성이 지질 구조판을 움직이게 한다.
Ⓓ 하부 맨틀의 기온이 훨씬 더 높다.

해설 "the rocks in it(= the upper mantle) soften ~ 상부 맨틀 안에 있는 암석들이 부드러워지고"과 "The rocks there(= in the upper mantle) are more ductile than usual ~ 이곳의 암석들은 보통 때보다 연성이 더 좋으며" 부분에서 상위 맨틀의 암석이 더 부드럽다는 것을 알 수 있다. "The rocks in the lower mantle are much more solid than those in the upper mantle, even though it is much hotter. 하부 맨틀은 상부 맨틀보다 훨씬 더 뜨거운데도 암석들은 상부 맨틀의 암석들보다 훨씬 더 단단합니다." 부분에서는 하위 맨틀의 기온이 더 높다는 것을 알 수 있다. 따라서 이 차이점에 해당하는 (A)와 (D)가 정답이다.

어휘 mantle n (지구의) 맨틀 | divide v 나누다 | zone n 구역 | upper adj 상부의, 위쪽의 | transition zone 전이대 | lower adj 하부의, 아래쪽의 | depth n 깊이 | crust n 지각 | vary v 서로[각기] 다르다 | considerably adv 상당히 | limit n 한계 | region n 구역 | pressure n 압력 | intense adj 강렬한, 극심한 | soften v 부드러워지다 | melt v 녹다 | ductile adj 연성인 | usual adj 보통의 | stretch v 늘어나다, 늘이다 | deform v 변형되다, 변형시키다 | stress n 압력 | fluid adj 유동적인 | characteristic n 특징 | tectonic plate n 텍토닉 플레이트(지질 구조판) | extend v 뻗다, 확장되다 | outer adj 외부의 | core n 핵 | solid adj 단단한, 고체의 | gap n 틈, 간격 | appropriately adv 적당히, 알맞게 | break down 분해되다, 나누어지다 | crystalline adj 결정체의, 수정 같은 | alter v 변하다, 바꾸다 | incredibly adv 엄청나게, 믿을 수 없을 정도로 | dense adj 밀도가 높은 | property n 특성, 속성 | temperature n 기온

Test

본서 | P. 160

Passage 1

Woman: Professor

[1-4] Listen to part of a lecture in an art history class.

W Okay, let's start with conceptualism. What is conceptualism? Conceptualism is an art movement that focuses on the idea or concept behind artwork. Traditional aesthetic and material considerations are often of little to no consequence to the artist as they are only means to display that concept. **2C** This means all of the necessary planning and decisions are made before the final work is begun, making the physical creation of the artwork merely a final, sometimes unimportant step. In the words of Sol LeWitt, "The idea becomes a machine that makes the art." Since the concept is the most important part of any conceptual artwork, the artists that are considered a part of this movement have worked in a wide variety of media. Some of these artists have worked on a very large scale, actually reshaping the land with their art. **1B** One such artist was Robert Smithson.
Alright, let's take a close look at his work. **1B** Although his earliest works were paintings and collages, Smithson is best known for his sculptures. Many of his early sculptures consisted of geometric forms made from industrial materials. They were constructed indoors and meant to be viewed there. **1B** Later, he worked with two unusual types

여자: 교수

미술사 수업의 강의 일부를 들으시오.

여 자, 개념주의로 시작해 봅시다. 개념주의는 무엇인가요? 개념주의는 예술품 뒤의 생각이나 개념에 초점을 맞추는 예술 운동입니다. 전통적인 미적, 유물론적 고려 사항들은 개념을 드러내기 위한 수단에 불과하기에 보통 예술가에게 거의 중요하지 않습니다. **2C** 이 말은 필요한 모든 계획과 결정은 최종 작품이 시작되기 전에 이루어지고, 작품의 물리적인 창조는 그저 마지막, 때로는 그다지 중요하지 않은 단계로 여겨진다는 것을 의미합니다. Sol LeWitt은 "생각은 예술을 만들어 내는 기계가 된다"고 말했습니다. 모든 개념 예술 작품의 가장 중요한 부분은 개념 자체이므로 이 운동에 속한 예술가들은 아주 다양한 미디어로 작업했어요. 일부 예술가들은 자신의 작품으로 땅의 지형을 실제로 바꾸는 등 매우 거대한 규모로 작업했습니다. **1B** 그중 한 명이 Robert Smithson이었어요.
자, 그의 작품을 자세히 살펴봅시다. **1B** 그의 초기 작품들은 그림과 콜라주였지만, Smithson은 조각으로 가장 잘 알려져 있습니다. 초기의 조각품 다수는 산업 재료로 만들어진 기하학적 형태들로 구성되어 있었어요. 실내에서 만들어졌고 실내에서 감

of sculpture called *Sites* and *Non-sites*. **3D** For the *Sites*, he traveled to barren areas that did not look like they had been altered by humans and areas that had obviously been damaged by humans and placed mirrors in them. Then he photographed the landscapes as the mirrors altered them. For the *Non-sites*, he took rocks, gravel, soil, and other natural items and placed them indoors with mirrors to create his desired effect. The driving concept behind these works was human intervention in the natural landscape.

1B In the late 60s, Smithson began planning his Earthworks, the most famous of which is *Spiral Jetty*. He constructed *Spiral Jetty* in 1970 on the shore of the Great Salt Lake, in Utah. After searching for a remote location, he purchased the land and built a 1,500 foot long 15 foot wide jetty that turns into a counter-clockwise spiral. It was made of mud, basalt rocks, and salt that formed on the structure from the lake water. The spiral shape was inspired by the growth patterns of crystals. It looks ancient and futuristic at the same time.

The reason why he chose the location is that the water there is red from the bacteria and algae that live in the extremely salty environment. **4C** It reminded him of the primordial sea from which all life came. **4A** At the same time, the coloration was caused by that section of the lake being cut off by an extension of the Southern Pacific Railroad. So he was also showcasing the damage that people do to the environment. **4B** He also liked the location because of its remoteness. People that wanted to see his sculpture would have to make an effort to do so, instead of simply going to an art gallery. He wanted the sculpture to be something that viewers had to participate in to appreciate properly.

상하는 목적이었죠. **1B** 후에, 그는 *Sites*와 *Non-sites*라고 불리는 두 개의 특이한 형태의 조형물을 작업했습니다. **3D** *Sites*를 위해 인간에 의해 변형되지 않은 듯한 황량한 지역과 인간에 의해 분명히 손상을 입은 지역으로 가서 거울을 설치했어요. 그 다음 거울에 비춰져 바뀐 풍경을 사진 촬영했습니다. *Non-sites*의 경우, 바위와 자갈, 흙과 다른 자연적인 소재를 거울과 함께 실내에 두어 원하는 효과를 만들어 내려고 했습니다. 이 작품들의 동력이 된 개념은 자연 풍경에 대한 인간의 개입이었어요.

1B 60년대 후반, Smithson은 대지 미술 작품을 구상하기 시작했고, 이들 중 가장 유명한 작품은 *Spiral Jetty*(나선형 방파제)입니다. Utah의 Great Salt Lake 해안가에서 1970년에 만들었죠. 외진 지역을 찾던 그는 이 땅을 매입해 1,500피트(457미터) 길이와 15피트(4.6미터) 폭을 가진, 시계 반대 방향의 소용돌이형 방파제를 만들었습니다. 진흙, 현무암, 그리고 호수의 물에서 구조물에 붙어 형성된 소금으로 만들어졌어요. 이 나선형 구조는 광물 결정체의 성장 패턴에서 영감을 받았죠. 아주 오래된 것처럼 보이기도 하고 동시에 초현대적으로 보이기도 합니다.

Smithson이 이 장소를 선택한 이유는 이곳의 물이 극도로 염분이 강한 환경에서 서식하는 박테리아와 바닷말로 인해 붉은색이었기 때문입니다. **4C** 모든 생명체가 유래된 고대의 바다를 떠올리게 했기 때문이죠. **4A** 동시에 이 착색은 호수의 해당 지역이 남태평양 철도의 확장으로 분리되는 바람에 야기된 것입니다. 따라서 Smithson은 인간이 환경에 주는 피해를 보여 주고 있기도 했어요. **4B** 그리고 그는 이 지역이 외딴 곳이었기 때문에 좋아했습니다. 그의 조각품을 보고자 하는 사람들은 단순히 미술관에 가는 대신 작품을 보기 위해 노력을 해야만 했어요. 관람객들이 제대로 감상하기 위해서는 참여해야만 하는 그런 작품이 되길 원했습니다.

Lesson 02
Lectures

노트

MI) conceptualism - Robert Smithson 주제) 개념주의 – Robert Smithson

- known for sculpt. 조각으로 잘 알려짐
- worked *Sites* & *Non-sites* *Sites* & *Non-sites* 작업

Sites - barren areas w/ mirror *Sites* – 황량한 지역에서 거울 설치

Non-sites - rocks indoors w/ m → desired effect
Non-sites – 바위를 거울과 함께 실내에 두어 원하는 효과를 만들어 냄

concept - human interven. in landscape 개념 – 풍경에 대한 인간의 개입

- *Spiral Jetty* 나선형 방파제

  built jetty w/ counter-cl. spiral sh. 시계 반대 방향의 소용돌이형 방파제 지음

  red water b/c bac. algae = lake cut off by railroad
  박테리아와 바닷말로 인한 붉은색 물 = 철도로 인해 분리된 호수

  show damage to env. 환경에 주는 피해를 보여 줌

  remote – viewers partici. 멀리 떨어져 있음 – 관객들의 참여

Type: Main Idea

1. 강의의 주된 주제는 무엇인가?

Ⓐ 거대한 미술 작품 창조
Ⓑ Robert Smithson의 예술 활동
Ⓒ 개념주의의 발전
Ⓓ 인간이 자연에 끼치는 영향

해설 강의 도입부에 교수는 개념주의라는 일반적인 개론을 먼저 언급하고 개념주의라는 예술 운동에 동참한 대표적인 예술가 중 한 명인 Robert Smithson의 작품 활동(*Sites* and *Non-sites*, *Sprial Jetty*)을 시간의 흐름에 따라 자세히 설명하고 있다. 따라서 강의의 주된 내용을 적절히 나타낸 (B)가 정답이다.

Type: Inference

2. 개념주의에 대해 무엇을 추론할 수 있는가?

Ⓐ 많은 개념주의 작품들이 복잡한 기계를 포함했다.
Ⓑ 이 사조를 따른 예술가들은 많은 다양한 미디어를 이용했다.
Ⓒ 어떤 개념주의 작품들은 실제 작품을 포함하지 않았다.
Ⓓ 한 예술 작품의 가장 중요한 단계는 사람들이 그 작품을 감상할 때이다.

해설 강의 초반부에 교수는 개념주의의 개론을 설명하면서 예술품 뒤의 생각이나 개념에 초점을 맞추었기 때문에 작품의 물리적인 창조는 그다지 중요하지 않은 단계로 여겨졌다고 말한다. 이를 통해 어떤 개념주의 작품들은 실제 작품이 포함되지 않았을 수도 있었다는 것을 추론해 볼 수 있으므로 (C)가 정답이다.

Type: Connecting Contents

3. 교수는 왜 거울을 언급하는가?

Ⓐ Smithson이 사진에 자신을 등장시키기 위해서 거울을 어떻게 이용했는지 설명하려고
Ⓑ Smithson은 거울이 자신의 작품을 어떻게 그리 초현대적으로 보이게 했던 건지 생각했다는 것을 보여 주려고
Ⓒ Smithson의 초기 콜라주가 사회를 어떻게 반영하려 했다는 것을 가리키려고
Ⓓ Smithson이 인간에 의해 다루어진 자연 재료를 포착하기 위해 어떻게 거울을 사용했는지 보여 주려고

해설 강의 중반부에 교수는 Smithson이 작업한 조형물 *Sites*와 *Non-sites*에서 자연 풍경에 대한 인간의 개입을 보여 주기 위해 자연적인 소재들을 거울에 비추어 사진 촬영을 하거나 거울을 함께 두어 원하는 효과를 만들어 냈다고 말하므로 이를 다른 말로 적절히 패러프레이징한 (D)가 정답이다.

Type: Details

4. 다음 중 Smithson이 이 장소를 선택한 이유가 아닌 것은 무엇인가?

Ⓐ 물의 상태는 인간의 활동으로 야기되어졌다.
Ⓑ 이 지역은 가까운 도시에서 멀리 떨어져 있었다.
Ⓒ 물의 색이 고대의 바다를 떠올리게 했다.
Ⓓ 기차가 쉬운 운송 수단이 되어주었다.

해설 강의 중반부에 교수는 60년대 후반에 작품을 위해 외딴 지역인 Utah의 Great Salt Lake 해안가의 땅을 사게 되었다고 말한다. Smithson이 이 장소를 선택한 이유 중 먼저 바닷말 때문에 붉은색의 물이 모든 생명체가 유래된 고대의 바다를 떠올리게 했기 때문이라(It reminded him of the primordial sea from which all life came.) 했고, 그 다음 이 착색은 호수의 해당 지역이 남태평양 철도의 확장으로 분리되는, 즉 인간의 활동으로 인해 야기되었다고(At the same time, the coloration was caused by that section of the lake being cut off by an extension of the Southern Pacific Railroad.) 말한다. 마지막에는 지역이 외딴 곳에 위치해서 Smithson이 좋아했다고(He also liked the location because of its remoteness.) 언급한다. 따라서 언급되지 않은 것은 (D)이다.

어휘 conceptualism n 개념주의 I art movement 예술[미술] 운동 I focus on ~에 초점을 맞추다 I concept n 개념 I artwork n 예술품, 미술품 I traditional adj 전통적인 I aesthetic adj 심미적인, 미의 I material adj 물질적인 n 재료, 소재 I consideration n 고려 사항, 숙고 I consequence n (영향의) 중요함, 결과 I means n 수단 I display v 보이다, 전시하다 n 전시 I necessary adj 필요한 I planning n 계획, 기획 I decision n 결정 I final adj 마지막의, 최종의 I physical adj 물질[물리]적인, 실제의 I creation n 창조 I merely adv 그저, 단지 I unimportant adj 중요하지 않은, 하찮은 I scale n 규모 I reshape v 모양을 고치다, 개조하다 I painting n 그림 I collage n 콜라주(색종이나 사진 등의 조각들을 붙여 그림을 만드는 미술 기법) I sculpture n 조각품, 조소 I geometric adj 기하학의, 기하학적인 I industrial adj 산업의, 공업용의 I construct v 구성하다, 건설하다 I indoors adv 실내에서 I unusual adj 특이한, 흔치 않은 I barren adj 황량한, 척박한 I alter v 변경하다, 달라지다 I obviously adv 분명히, 확실히 I damage v 손상하다 n 손상, 피해 I photograph v 사진을 찍다, 촬영하다 I landscape n 풍경 I gravel n 자갈 I soil n 토양 I desired adj 원하는, 바라는 I effect n 효과 I driving adj 동력을 전달하는, 강력한 I intervention n 개입, 중재, 조정 I spiral adj 나선형의 n 나선, 소용돌이 I jetty n 방파제, 둑 I shore n 해안, 해변 I remote adj 외진, 외딴 I purchase v 구매하다 I counter-clockwise adj 시계 반대 방향의 I mud n 진흙, 진창 I basalt n 현무암 I inspire v 영감을 주다 I growth n 성장 I crystal n 결정체, 수정 I ancient adj 아주 오래된, 고대의 I futuristic adj 초현대적인 I bacteria n 박테리아, 세균 I algae n 바닷말, 조류(藻類) I primordial adj 태고의, 원시 시대부터의 I coloration n 착색, 천연색 I cut off ~을 자르다, 분리하다 I extension n 연장 I showcase v 공개적으로 보이다 I remoteness n 멀리 떨어짐 I make an effort 노력하다 I instead of ~ 대신에 I viewer n 관람객 I participate v 참여하다 I appreciate v 감상하다, 진가를 알아보다 I properly adv 제대로 I involve v 포함하다 I illustrate v 보여 주다, 설명하다 I reflect v 반영하다 I manipulate v 다루다 I transportation n 운송 수단

Passage 2

Man: Professor

[1-4] Listen to part of a lecture in an environmental science class.

M Species can migrate to new areas in many ways, but in Australia, most of the new species, both plant and animal, were introduced by people. This often happens accidentally, when animals hide on ships or people transport plant seeds on their clothing. However, in many cases organisms have been intentionally introduced to the island, and sometimes the results have been disastrous. **2D** Rabbits, for example, were deliberately imported to provide settlers with a familiar animal to raise and eat. Later, they were released into the wild for hunting purposes. The rabbits had no natural predators, so their population exploded, which had serious repercussions for the local plant species, particularly grasses.

1D Native grass species are adapted to dry, low fertility soils, periodic burning in brush fires, and occasional feeding by animals with soft feet, like kangaroos. These grasses began to deteriorate in the early 19th century when people introduced European livestock with cloven hooves, like cattle and sheep. These animals are kept in large herds when they graze, so the plants that they don't eat are ground into the dirt by their hard feet. When rabbits became an invasive pest, they ate most of the rest of the grasses. By 1900, the reduction of range land, increased droughts, and high numbers of livestock starving to death had become impossible to ignore.

1D In order to cope with the problem, many foreign grass species were introduced. Most of those species grow more densely than local grasses and provide much better groundcover and feed for livestock. **3B** Unfortunately,

남자: 교수

환경 과학 수업의 강의 일부를 들으시오.

남 종들은 많은 방법으로 새로운 지역에 이주할 수 있지만, 호주에서는 새로운 식물이나 동물 모두, 종의 대부분이 사람에 의해 유입되었습니다. 이는 동물이 배에 숨어들거나 사람들의 옷에 식물의 씨가 붙어 오는 등 종종 우연히 일어납니다. 그러나 많은 경우 생물이 섬에 의도적으로 도입되었으며, 때때로 그 결과는 처참했습니다. **2D** 예를 들어, 토끼는 정착민들에게 기르고 잡아먹을 수 있는 익숙한 동물을 제공하기 위해 의도적으로 수입되었습니다. 나중에는 사냥을 목적으로 야생에 놓아줬죠. 토끼에게는 천적이 없었기 때문에 개체 수가 폭발했고, 지역의 식물 종, 특히 잔디에 심각한 영향을 미쳤습니다.

1D 토착 잔디 종은 건조하고 비옥하지 않은 토양, 주기적인 관목 지대의 화재, 그리고 캥거루와 같이 조용히 움직이는 동물들에게 종종 먹히는 일에 적응했습니다. 이 잔디는 19세기 초에 사람들이 소와 양처럼 갈라진 발굽을 가진 유럽의 가축을 도입하면서 악화되기 시작했어요. 이 동물들은 풀을 뜯을 때 크게 무리를 지어 뜯으므로 이들이 먹지 않는 식물은 이들의 딱딱한 발에 밟혀 잘게 부서져 땅 밑으로 꺼지게 됩니다. 토끼가 침입충이 되자 남은 잔디 대부분을 다 먹어 버렸죠. 1900년이 되자 방목장 감소와 가뭄 증가, 그리고 굶어 죽어 가는 가축의 수가 많아지는 것은 무시하기 어려워졌습니다.

1D 문제를 해결하기 위해 많은 외래 잔디 종이 도입되었습니다. 이들 중 대부분은 지역의 잔디들보다 더 밀집해서 자랐으며 가축들에게 훨씬 더 나은 지표 식물 그리고 먹이가 되었죠. **3B** 안타깝게도, 이런 잔디는 훨씬 더 많은 물을 필요로 했기에 해안

they also require much more water, so they cannot thrive outside of coastal temperate areas. In wetter areas, the grasses have become invasive, and they crowd out local species, but their spread is limited. Only about 5% of Australia's grazing land has been converted to introduced species, but around 40% of livestock depend upon those improved pastures. **3A** Scientists have attempted to breed new, hardier versions of these grasses, but they still cannot survive in areas with marginal soil. Since the introduced species cannot cope with the conditions in Australia, the clear answer is to encourage native grasses to grow. After all, they have been there for millions of years, so they are well adapted to the unfavorable conditions.

One species that shows particular promise is *Microlaena stipoides*, more commonly known as weeping grass. **4A** It tolerates both droughts and frosts well, **4B** it prefers to grow in acidic soil, and it only needs moderate amounts of water. This makes it well suited to many of the biomes found in Australia, although it would not do well in desert areas. Weeping grass can therefore be used to reclaim areas that used to be used for grazing but cannot support introduced species anymore. It also responds well to fertilizers, growing very thickly with the extra nutrition that they provide. **4C** Its ability to grow in poor soil is illustrated by the fact that it has become invasive in the Hawaiian Islands. The soil there is volcanic and sandy, so it does not retain water well, but weeping grass's deep roots allow it to capture what it needs.

For all of these reasons, the government has endorsed the widespread use of weeping grass to improve grazing land. There are also pilot programs that have been set up to determine whether weeping grass can be used as a viable perennial grain crop.

의 온후한 기후 지역을 벗어나서는 잘 자랄 수가 없었습니다. 더 비가 많이 오는 지역에서는 이 잔디가 침습성이 되어 지역 종들을 밀어냈지만, 확산은 제한적입니다. 호주 목초지의 단 5%만이 도입된 종들로 바뀌었지만, 약 40%의 가축이 이 개선된 목초지에 의지하고 있죠. **3A** 과학자들은 이 잔디의 새롭고 더 강인한 버전을 재배하려고 시도했으나, 이들은 여전히 생산력이 거의 없는 지역에서는 생존하지 못합니다. 도입된 종들이 호주의 이런 조건에 대처할 수 없었으므로, 명백한 답은 토착 잔디가 자라도록 장려하는 방법입니다. 결국 이 토착 잔디는 호주 땅에서 수백만 년 동안 자라왔기 때문에, 좋지 않은 조건에도 잘 적응했습니다.

특별한 가능성을 보여 주는 한 종은 *Microlaena stipoides* 또는 더 흔히 위핑 그라스(weeping grass)라고 알려진 식물입니다. **4A** 이 잔디는 가뭄과 서리를 잘 견뎌내며, **4B** 산성 토양에서 자라는 것을 좋아하고, 물은 적절한 양만 필요로 합니다. 이것은 이 잔디가 사막 지역에서는 잘 자라지 못하지만 호주에서 볼 수 있는 많은 생물군계에 잘 맞게 하죠. 그래서 위핑 그라스는 방목을 위해 사용되었으나 도입된 종들을 더 이상 지탱할 수 없는 지역을 복구하는 데 사용될 수 있습니다. 또한 비료에 잘 반응해서, 비료가 제공하는 여분의 영양분으로 아주 두텁게 자라나죠. **4C** 척박한 토양에서 자라날 수 있는 능력은 이 잔디가 하와이 제도에서 침습성이 되었다는 사실로 설명됩니다. 그곳의 토양은 화산에서 나온 것이며 모래가 많아서 물을 잘 보유하지 못하지만, 위핑 그라스의 깊은 뿌리는 필요한 수분을 붙잡을 수 있도록 해 주죠.

이 모든 이유로, 정부에서는 목초지를 향상시키기 위해 위핑 그라스를 널리 이용 할 것을 지지했어요. 위핑 그라스가 다년생 곡류 작물로 이용될 수 있을지를 알아내기 위해 만들어진 시범 프로그램도 있습니다.

노트

MI) Aus. native & foreign grass 주제) 호주의 토착 잔디와 외래 잔디
Aus. - org. introduced → disast. 호주 – 생물이 도입됨 → 처참함
e.g. rabbit & grasses 예를 들어, 토끼와 잔디

native grass 토착 잔디
- dry, ↓ fert. soil 건조함, 비옥하지 않은 토양
- ↓ range land, droughts, death 감소하는 방목장, 가뭄, 죽음
  → foreign grass introduced → 외래 잔디 도입됨
- require more water 더 많은 물을 필요로 함

- X survive - soil 살아 남지 못함 – 토양
  → native grass. grow - *Micro* ~ weeping grass → 토착 잔디 자람 – *Mircolaena stipoides* 위핑 그라스
- droughts, acidic soil, mod. water 가뭄, 산성 토양, 적절한 양의 물
- reclaim areas 지역을 복구함
- invasive in Hawaiian Is. 하와이 제도에서 침습성이 됨

Type: Main Idea

1. 강의의 주된 주제는 무엇인가?

Ⓐ 호주의 침입종들
Ⓑ 호주에서의 농업의 어려움
Ⓒ 호주 식물군에 가축이 주는 영향
Ⓓ 호주의 토착 잔디와 유입 잔디

해설 강의 도입부에 교수는 호주의 의도적인 동식물 종의 도입과 그것이 미친 영향에 대한 설명을 시작으로, 본론에서는 대표적으로 동식물 종의 도입이 토착 잔디 종에 미친 악영향과 이를 해결하기 위한 외래 잔디 종의 도입 및 토착 잔디 재배 장려에 대한 중심 내용으로 연결하고 있다. 따라서 본론에서 말하고 있는 호주의 토착 잔디와 도입된 외래 잔디 종이 강의의 주제이므로 (D)가 정답이다.

Type: Connecting Contents

2. 교수는 왜 토끼에 대해 논의하는가?

Ⓐ 호주의 중요한 식량원을 소개하기 위해
Ⓑ 토끼가 가축 동물들과 어떻게 경쟁했는지 보여 주기 위해
Ⓒ 무엇이 지역의 잔디 종을 파괴했는지 설명하기 위해
Ⓓ 의도적으로 도입된 종의 예를 들기 위해

해설 강의 도입부에 교수는 호주에 의도적으로 도입된 동식물 종이 지역에 미친 영향을 설명하며 예시를 언급하는 표시어인 For example 뒤에 토끼의 예를 들고 있으므로 (D)가 정답이다. 나머지 보기는 강의에서 언급한 일부 사실만을 이야기하고 있으므로 오답이다.

Type: Details

3. 도입된 잔디가 어디서 자랄 수 있는지에 영향을 미치는 요인은 무엇인가? 2개의 답을 고르시오.

Ⓐ 토양의 질
Ⓑ 물의 양
Ⓒ 높은 기온
Ⓓ 풀을 뜯는 동물

해설 강의 중반부에 교수는 도입된 외래 잔디 종은 더 많은 물을 필요로 했고(they(= foreign grass species) also require much more water), 이 종의 확산이 제한적이라서 과학자들은 새롭고 더 강인한 버전으로 재배하려고 시도했으나 생산력이 거의 없는 지역에서는 생존하지 못한다고(Scientists have attempted to breed new, hardier versions of these grasses, but they still cannot survive in areas with marginal soil.) 설명한다. 따라서 물의 양과 토양의 질이 도입된 잔디가 잘 자랄 수 있는 환경 조건이므로 (A)와 (B)가 정답이다.

Type: Details

4. 교수에 따르면, 위핑 그라스가 서식 환경에 잘 맞는 이유는 무엇인가? 3개의 답을 고르시오.

Ⓐ 매우 높은 기온과 낮은 기온을 견딜 수 있다.
Ⓑ 산성 토양 조건에서도 잘 자란다.
Ⓒ 영양분이 부족한 지역에서도 잘 자랄 수 있다.
Ⓓ 비료를 주면 밀집해서 자라난다.
Ⓔ 더 비가 많이 오는 지역에서 빠른 성장을 보인다.

해설 강의 중후반부에 가서 교수는 호주의 서식 환경에서 자라기엔 외래 잔디 종의 생존력이 약하다고 말하며 결국 토착 잔디가 잘 자라도록 장려하는 것이 답이라고 말한다. 그중 가능성을 보여주는 한 종으로 위핑 그라스를 이야기하는데, 이 잔디는 가뭄과 서리를 잘 견뎌내고(It tolerates both droughts and frosts well), 산성 토양에서 자라는 것을 좋아하며(it prefers to grow in acidic soil), 척박한 토양에서 자라날 수 있는 능력(Its ability to grow in poor soil)을 갖추었다고 설명한다. 따라서 이를 적절히 패러프레이징한 보기 (A), (B), (C)가 정답이다.

어휘 species n 종 | migrate v 이주하다 | introduce v 도입[유입]하다 | accidentally adv 우연히 | transport v 운반하다 | organism n 생물체, 유기체 | intentionally adv 의도적으로 | disastrous adj 처참한 | deliberately adv 의도적으로 | import v 수입하다 | settler n 정착민 | familiar adj 익숙한 | raise v 기르다 | release v 놓아주다 | wild n 야생 | hunting n 사냥 | predator n 포식자 | population n 개체 수 | explode v 폭발하다, 폭발적으로 증가하다 | serious adj 심각한 | repercussion n 영향, 파급 효과 | local adj 지역의, 현지의 | particularly adv 특히 | grass n 잔디 | native adj 토착의, 토박이의 | adapt v 적응시키다, 조정하다 | fertility n 비옥함 | soil n 토양 | periodic adj 주기적인 | burn v 불타다 | brush fire 관목 지대의 화재 | occasional adj 가끔의 | feeding n 먹이 주기 | deteriorate v 악화되다, 더 나빠지다 | livestock n 가축 | cloven hoof 갈라진 발굽 | cattle n 소 | sheep n 양 | herd n 떼 | graze v 풀을 뜯다 | grind v 혹사하다, 갈다 | dirt n 흙 | invasive adj 침입하는, 침습성의 | pest n 유해 동물 | reduction n 감소, 삭감 | range land 방목장 | increased adj 증가한 | drought n 가뭄 | starve v 굶주리다 | ignore v 무시하다 | cope with ~을 대처하다, 해결하다 | densely adv 밀집하여, 빽빽이 | groundcover n 지피[지표] 식물 | unfortunately adv 안타깝게도 | thrive v 번성하다, 잘 자라다 | coastal adj 해안의 | temperate adj 온화한 | crowd out ~을 밀어내다 | spread n 확산 v 확산되다 | limited adj 제한적인 | convert v 전환시키다, 개조하다 | depend upon ~에 의지하다 | improved adj 향상된 | pasture n 목초지, 초원 | attempt v 시도하다 | breed v 사육하다, 번식하다 | hardy adj (척박한 환경에) 강인한 | marginal adj (토지가) 생산력이 거의 없는, 미미한 | encourage v 장려하다 | unfavorable adj 좋지 않은, 불리한 | promise n (성공할) 가능성, 장래성 | commonly adv 흔히 | tolerate v 견디다, 용인하다 | frost n 서리 | acidic adj 산성의 | moderate adj 보통의, 중간의 | suited adj 맞는, 적합한 | biome n 생물 군계 | desert n 사막 | reclaim v 복구하다, 되찾다 | respond v 반응하다 | fertilizer n 비료 | thickly adv 두텁게 | nutrition n 영양분 | ability n 능력 | illustrate v 분명히 보여 주다, 설명하다 | volcanic adj 화산의 | sandy adj 모래로 뒤덮인 | retain v 유지[보유]하다 | capture v 붙잡다 | endorse v 지지하다, 보증하다 | widespread adj 널리 퍼진, 광범위한 | pilot adj 시험[실험]하는 n 시험[시범] 프로그램 | determine v 결정하다 | viable adj 실행 가능한 | perennial adj 다년생의 n 다년생 식물 | grain n 곡물, 낟알 | agriculture n 농업 | compete v 경쟁하다 | destroy v 파괴하다 | withstand v 견디다 | thrive v 잘 자라다 | nutrient n 영양분 | fertilize v 비료를 주다

Lesson 03 Function & Attitude

본서 | P. 164

Practice

01 D 02 D 03 D 04 A

Test

Passage 1	1. A	2. C	3. B	4. C
Passage 2	1. B	2. A, C	3. C, D	4. A

Practice

본서 | P. 168

01 Woman: Professor

Listen to part of a lecture in a biology class.

W So, as we discussed eariler, altruism is considered to be one of humanity's defining characteristics. Our ability to act in a way that sacrifices our own well-being for the benefit of others is without parallel in nature. Many animals have been observed to do things that appear altruistic, but most of these examples have later been disproven on the grounds that the animals were usually helping their kin or seeking to benefit in some way, which made their actions selfish. Indeed, altruism seems to go against the principles of evolutionary theory. Animals tend to take actions that ensure the survival of their genes, either through their own offspring or the young of other family members. This means that they generally do not help animals that are strangers,

여자: 교수

생물학 수업의 강의 일부를 들으시오.

여 자, 앞서 말했듯이, 이타심은 인류를 정의하는 특징들 중 하나로 여겨집니다. 다른 이들의 이익을 위해 스스로의 행복을 희생하는 능력은 자연에서는 유례를 찾아볼 수 없죠. 많은 동물들이 이타적으로 보이는 행동을 하는 것이 관찰되었지만, 나중에 동물들이 대개 친족을 돕고 있었다거나 어떠한 방식으로 이득을 취하려 하고 있었기에 결국 이기주의적인 행동을 했다는 것을 근거로 이런 사례 대부분이 틀렸음이 입증되었습니다. 실제로, 이타심은 진화 이론의 법칙에 반하는 것처럼 보이죠. 동물들은 자기 자손이나 다른 가족 구성원의 새끼를 통해 자기 유전자의 생존을 보장하는 행동을 취하는 경향이 있습니다. 이 말은 즉 보통 낯선 동물을 잘 돕지 않으

particularly if they are not members of the same species.

며, 특히 같은 종의 동물이 아니라면 더더욱 그러하다는 뜻입니다.

노트

MI) animals X altruistic 주제) 동물들은 이타적이지 않다

- help their kin 친족을 도와줌
- go against evol. theory 진화 이론에 반함
- X help strangers 낯선 동물을 도와주지 않음

Q. 교수는 왜 이렇게 말하는가:

W Indeed, altruism seems to go against the principles of evolutionary theory. Animals tend to take actions that ensure the survival of their genes, either through their own offspring or the young of other family members.

여 실제로, 이타심은 진화 이론의 법칙에 반하는 것처럼 보이죠. 동물들은 자기 자손이나 다른 가족 구성원의 새끼를 통해 자기 유전자의 생존을 보장하는 행동을 취하는 경향이 있습니다.

Ⓐ 이타심의 특징과 어떻게 동물들이 이타심을 보이는지를 설명하려고
Ⓑ 인간과 동물이 진화 이론에 어떻게 반응하는지를 비교하려고
Ⓒ 진화 이론이 동물들의 경우 어떻게 작용하는지를 자세히 보여 주려고
Ⓓ 이타적인 행동은 동물의 본성에 포함되어 있지 않다고 설명하려고

해설 교수는 동물이 이타적인 행동을 하는 것처럼 보이지만 그들의 이기주의적인 행동을 근거로 그것이 틀렸음이 입증되었다고 말한 후, 이타심과 진화 이론의 관계에 대해 언급한다. 진화 이론을 언급하는 이유는 동물들이 사실은 이타심에 반대되는 본성을 가지고 있다는 것을 보여 주기 위해서이므로 (D)가 정답이다.

어휘 altruism n 이타심 | humanity n 인류 | define v 정의하다 | characteristic n 특징 | ability n 능력 | sacrifice v 희생하다 | well-being n 행복, 웰빙 | benefit n 이익 v 이익을 얻다 | without parallel 유례를 찾기 힘든 | observe v 관찰하다 | disprove v 틀렸음을 입증하다 | on the grounds that ~라는 근거로 | kin n 친족, 친척 | seek v ~하려고 (시도)하다, 추구하다 | selfish adj 이기적인 | go against ~에 반대하다 | principle n 원칙, 원리 | evolutionary theory 진화론 | tend v (~하는) 경향이 있다 | ensure v 보장하다 | survival n 생존 | gene n 유전자 | offspring n 자식, 새끼 | generally adv 보통, 일반적으로 | stranger n 낯선 사람, 이방인 | particularly adv 특히 | species n 종

02

Man: Professor | Woman: Student

Listen to part of a lecture in an astronomy class.

M Alright, class. It is important to remember that scientists have discovered planets revolving around stars of varying sizes. The size and temperature of a star determines where its habitable zone lies, so even large, intensely hot stars could potentially have planets with liquid water on their surface. They would only have to orbit their stars much farther away than the Earth is from the Sun. The opposite would also be true, so planets that orbit stars that are smaller or dimmer than our Sun would have to be closer to their stars.

W How about a white dwarf? Could planets that orbit a star like that have life?

M I was just coming to that. Until recently, this was a purely theoretical question as we had never observed a planet that actually orbits a white dwarf.

남자: 교수 | 여자: 학생

천문학 수업의 강의 일부를 들으시오.

남 자, 여러분. 과학자들이 다양한 크기의 별들 주변을 도는 행성들을 발견했다는 사실을 기억하는 것이 중요합니다. 별의 크기와 온도가 서식 가능 지역이 어디인지를 결정하기 때문에 크고 극심하게 온도가 높은 별들조차도 표면에 액체 상태의 물이 있는 행성을 가질 수 있습니다. 지구가 태양에서 떨어져 있는 것보다 훨씬 더 멀리 떨어져 별들의 궤도를 돌면 됩니다. 반대도 마찬가지입니다. 우리의 태양보다 더 작거나 더 흐린 별들 주변을 도는 행성들은 별들에 더 가까이에서 궤도를 돌면 됩니다.

여 백색 왜성은요? 그런 별의 궤도를 도는 행성들도 생명체를 가질 수 있나요?

남 이제 막 얘기하려던 참이었습니다. 백색 왜성의 궤도를 실제로 도는 행성을 관찰한 적이 없기 때문에 이 질문은 최근까지 순전히 이론적인 질문이었어요.

Lesson 03 Lectures

노트

- planets revolve around stars of varying sizes 행성은 다양한 크기의 별들 주위를 돔
- size, temp. determine habitable zone 크기, 온도가 서식 가능한 지역을 결정함
- white dwarf? planet X observed around w.d 백색 왜성은? 백색 왜성 주위를 도는 행성이 관찰되지 않음

Q. 강의의 일부를 다시 듣고 질문에 답하시오.

M The opposite would also be true, so planets that orbit stars that are smaller or dimmer than our Sun would have to be closer to their stars.
W How about a white dwarf? Could planets that orbit a star like that have life?
M I was just coming to that.

남 반대도 마찬가지입니다. 우리의 태양보다 더 작거나 더 흐린 별들 주변을 도는 행성들은 별들에 더 가까이에서 궤도를 돌면 됩니다.
여 백색 왜성은요? 그런 별의 궤도를 도는 행성들도 생명체를 가질 수 있나요?
남 이제 막 얘기하려던 참이었습니다.

교수는 왜 이렇게 말하는가:

M I was just coming to that.

남 이제 막 얘기하려던 참이었습니다.

Ⓐ 방해받는 것을 좋아하지 않는다는 사실을 가리키려고
Ⓑ 학생이 잘못 추측했다고 암시하려고
Ⓒ 왜 어떠한 개념이 이해하기 어려운지 설명하려고
Ⓓ 학생이 자신의 다음 요점을 예측했다는 것을 나타내려고

해설 교수가 말한 한마디 "I was just coming to that."을 직역하면 "저는 막 그것에 가고 있는 중이었습니다."라고 해석되지만 그 속뜻은 "내가 그 말을 막 하려던 참이었습니다."가 된다. 즉, 학생이 질문함으로써 본인이 하려던 말을 정확히 예측했다는 표현을 하기 위한 의도로 한 말이므로 (D)가 정답이다.

어휘 discover v 발견하다 | planet n 행성 | revolve v 돌다, 회전하다 | varying adj 다양한, 가지각색의 | temperature n 온도, 기온 | determine v 결정하다 | habitable adj 주거할 수 있는 | lie v 있다, 위치해 있다 | intensely adv 극렬히, 매우, 몹시 | potentially adv 가능성 있게, 잠재적으로 | liquid adj 액체 상태의 | surface n 표면 | orbit v (다른 천체의) 궤도를 돌다 | opposite adj 반대의 | dim adj 어둑한[흐릿한] | close adj 가까운 | white dwarf n 백색 왜성(밀도가 높고 흰빛을 내는 작은 별) | recently adv 최근에 | purely adv 순전히, 전적으로 | theoretical adj 이론의, 이론적인

---

03 Man: Professor

Listen to part of a lecture in an anthropology class.

M The Spanish noticed the khipu when they invaded the Inca Empire, but they did not know what the khipu was. Legend has it that an old man once told them that the cords were records, and that the one he had listed the evil deeds of the Spanish. They burned his khipu, and most of the others that they found, but many still exist today. At first glance, khipu look like they are just masses of knotted string, which is essentially what they are. But they may also be a great deal more than that. Khipu consist of a main woven cord about three millimeters in diameter that has thinner woven strands hanging down from it. The hanging strings have knots tied in them and many of them have been dyed bright colors. The knots are clearly tied in patterns, and while the patterns

남자: 교수

인류학 수업의 강의 일부를 들으시오.

남 스페인인들은 잉카 제국을 침략했을 때 키푸의 존재를 눈치챘지만, 키푸가 무엇인지 알지 못했습니다. 전설에 따르면 한 노인이 스페인인들에게 이 실들이 기록이며, 그가 가진 하나는 스페인인들의 악행을 열거한 것이라고 말했다고 합니다. 스페인인들은 이 노인의 키푸와 찾아낸 키푸 대부분을 태워 버렸지만, 오늘날에도 여전히 다수가 존재합니다. 처음 보면, 키푸는 그냥 매듭을 지은 실 뭉치처럼 보이고, 본질적으로 그러합니다. 그러나 또한 그 이상의 훨씬 많은 의미를 가지고 있을 수 있어요. 키푸는 지름이 약 3밀리미터가 되는 중심 실 하나와 그 실에 매달린 더 얇은 실들로 만들어져 있어요. 매달린 실들에는 묶인 매듭들이 있으며 많은 실들

repeat from one sample to the next, most of the khipu are unique. This implies that they are not mere decorations or art, but until the 1920s no one could figure out what they signified.

이 밝은 색으로 염색되어 있습니다. 매듭이 분명히 어떤 패턴들에 따라 묶여 있으며 이 패턴들이 한 샘플에서 다른 샘플로 반복되지만 대부분의 키푸는 독특한 점을 갖고 있습니다. 이는 키푸가 그저 장식품이나 예술품이 아니라는 것을 암시하지만, 1920년대까지 키푸가 무엇을 나타내는지 아무도 알아낼 수 없었습니다.

노트

MI) khipu 주제) 키푸

- X know what K is 키푸가 무엇인지 모름
- consist of woven cord, hanging string 엮은 실과 매달린 실로 이루어짐
- knots dyed bright color, tied in pattern 밝은 색으로 염색된 매듭, 패턴에 따라 묶임

∴ X mere deco. 따라서 그저 장식품이 아님

Lesson 03 Lectures

Q. 강의의 일부를 다시 듣고 질문에 답하시오.

M At first glance, khipu look like they are just masses of knotted string, which is essentially what they are. But they may also be a great deal more than that.

남 처음 보면, 키푸는 그냥 매듭을 지은 실 뭉치처럼 보이고, 본질적으로 그러합니다. 그러나 또한 그 이상의 훨씬 많은 의미를 가지고 있을 수 있어요.

교수는 왜 이렇게 말하는가:

M But they may also be a great deal more than that.

남 그러나 또한 그 이상의 훨씬 많은 의미를 가지고 있을 수 있어요.

Ⓐ 왜 연구원들이 키푸 해석에 실패했는지를 설명하려고
Ⓑ 키푸를 다른 고고학적 발견들과 비교하려고
Ⓒ 키푸를 제대로 제작하는 데 필요한 기술을 설명하려고
Ⓓ 키푸가 단순해 보이지만 그렇지 않을 수 있다는 점을 강조하려고

해설 다시 들려준 교수의 말 앞 문장에서 키푸는 그냥 매듭을 지은 실 뭉치처럼 보인다고 하며 이는 본질적으로도 그러하다고 말한다. 뒤이어 대조를 나타내는 접속사 But 뒤에 단순히 보이는 모습과는 달리 키푸는 훨씬 더 많은 의미를 가지고 있을 수도 있다며 앞과 대조되는 중심 내용을 말한다. 따라서 뒤에 오는 내용을 더 강조하려는 의도라는 것을 알 수 있으므로 (D)가 정답이다.

어휘 notice v 알아차리다 | khipu n 키푸(= quipu, 잉카 제국에서 쓰던 결승(結繩) 문자로서 면이나 낙타 섬유 따위에 매듭을 지어 기호로 삼은 문자) | invade v 침략하다 | legend has it (that) 전설에 따르면 | cord n (가는 새끼) 줄, 끈 | record n 기록 | list v 열거하다, 나열하다 | evil adj 사악한 | deed n 행위 | burn v 태우다 | exist v 존재하다 | at first glance 첫눈에, 얼핏 보면 | mass n 덩어리, 뭉치 | knotted adj 매듭이 있는 | string n 실, 끈, 줄 | essentially adv 본질[근본]적으로 | consist of ~로 구성되다 | main adj 주된 | weave v 짜다[엮다], 짜서[엮어서] 만들다 (weave-wove-woven) | diameter n 지름 | thin adj 얇은, 가는 | strand n 가닥 | tie v 묶다 | dye v 염색하다 | clearly adv 분명히, 명백히 | repeat v 반복하다 | unique adj 독특한 | mere adj 단순한, 단지 ~에 불과한 | decoration n 장식품 | figure out ~을 알아내다 | signify v 의미하다, 뜻하다 | fail v 실패하다 | interpret v 해석하다, 번역하다 | compare v 비교하다 | archaeological adj 고고학적인 | illustrate v 설명하다 | properly adv 제대로, 적절히 | emphasize v 강조하다

04 Man: Student | Woman: Professor

Listen to part of a lecture in a climatology class.

W Typically, atmospheric CO_2 and methane reach their highest concentrations just after the ice sheets begin their

남자: 학생 | 여자: 교수

기후학 수업의 강의 일부를 들으시오.

여 일반적으로, 대기 중의 이산화탄소와 메탄은 빙하가 돌아올 수 없이 물러서기 시작한 바로 직후 가장

irreversible retreat. But then, the concentration of those gases immediately begins to drop. There is a bit of a lag before the temperature follows suit, but it will gradually drop as well until the next glacial period begins. But during our current interglacial period, this pattern has not emerged. The concentration of gases did begin to lower, but around 11,000 years ago, it started to rise again. So, what could have caused this new development?

M Uh, human activity?

W Would you care to elaborate?

M Isn't that around the time when humans began to engage in agriculture instead of hunting and gathering?

W Yes. Raising crops and livestock releases large amounts of greenhouse gases.

높은 농도에 도달합니다. 그러나 그 뒤, 이 가스들의 농도가 즉시 떨어지기 시작하죠. 온도 역시 뒤를 따르기 전까지는 약간의 시간차가 있지만, 온도도 서서히 다음 빙하기가 시작될 때까지 감소할 겁니다. 그러나 우리의 현재 간빙기 동안 이 패턴은 등장하지 않았습니다. 가스들의 농도는 실제로 낮아지기 시작했지만, 약 11,000년 전 다시 상승하기 시작했어요. 그렇다면 무엇이 이 새로운 전개를 야기했을까요?

남 음, 인간의 활동이요?

여 좀 더 자세히 설명해 주겠어요?

남 인류가 수렵과 채집 대신 농업 활동을 시작한 시기가 이쯤 아닌가요?

여 맞아요. 작물과 가축을 기르면 많은 양의 온실가스가 배출되죠.

노트

typical 보통

- ice sheet retreat → CO_2, methane ↑ → gases ↓ 빙하 후퇴 → 이산화탄소와 메탄 상승 → 가스 감소

current 현재

- X same pattern 같은 패턴이 아님
- gases ↓ b/ rise again 가스 감소, 하지만 다시 상승
- b/c raising crops, livestock → greenhouse gases ↑ 왜냐하면 작물과 가축을 기름 → 온실가스 상승

Q. 강의의 일부를 다시 듣고 질문에 답하시오.

W The concentration of gases did begin to lower, but around 11,000 years ago, it started to rise again. So, what could have caused this new development?

M Uh, human activity?

W Would you care to elaborate?

M Isn't that around the time when humans began to engage in agriculture instead of hunting and gathering?

여 가스들의 농도는 실제로 낮아지기 시작했지만, 약 11,000년 전 다시 상승하기 시작했어요. 그렇다면 무엇이 이 새로운 전개를 야기했을까요?

남 음, 인간의 활동이요?

여 좀 더 자세히 설명해 주겠어요?

남 인류가 수렵과 채집 대신 농업 활동을 시작한 시기가 이쯤 아닌가요?

교수는 왜 이렇게 말하는가:

W Would you care to elaborate?

여 좀 더 자세히 설명해 주겠어요?

Ⓐ 학생의 답이 충분하지 않다는 것을 가리키기 위해

Ⓑ 답이 불필요하게 복잡하다고 지적하기 위해

Ⓒ 학생의 답에 대한 자신의 인정을 보여 주기 위해

Ⓓ 학생이 잘못 알고 있다고 알려주기 위해

해설 화자의 의도 파악 문제는 주어진 말 앞뒤를 잘 파악해야 한다. 학생이 이전에 한 말 "human activity? 인간의 활동이요?"에 대해 교수가 "Would you care to elaborate? 좀 더 자세히 설명해 주겠어요?"라고 말한 것은 학생의 대답이 불충분했기에 더 많은 설명을 원한다는 의미이므로 (A)가 정답이다. 참고로 동사 elaborate는 '자세히 말하다, 정성 들여 만들다'라는 뜻을 가지고 있다.

어휘 typically adv 일반적으로, 보통 | atmospheric adj 대기의 | CO_2 n 이산화탄소 (= carbon dioxide) | methane n 메탄 | reach v 도달하다 | concentration n 농도 | ice sheet n 대륙 빙하, 빙상 | irreversible adj 되돌릴 수 없는 | retreat n 후퇴 | immediately adv 즉시 | lag n 시간적 격차, 뒤에 처짐 | temperature n 온도 | follow suit ~의 뒤를 따르다 | gradually adv 서서히, 점진적으로 | glacial adj 빙하기의 | current adj 현재의 | interglacial adj 간빙기의 | emerge v 등장하다 | lower v 낮아지다 | rise v 오르다[상승하다] | development n 새로이 전개된 사건[국면] | care v 노력하다, 애를 쓰다 | elaborate v 더 자세히 말하다 | engage in ~에 관여하다, 종사하다 | agriculture n 농업 | instead of ~ 대신에 | hunting and gathering 수렵과 채집 | raise v 기르다 | livestock n 가축 | release v 방출하다 | greenhouse gas n 온실가스 | insufficient adj 불충분한 | point out ~을 지적하다 | unnecessarily adv 불필요하게 | complicated adj 복잡한 | approval n 인정 | mistaken adj 잘못 알고 있는

Test

본서 P. 176

Passage 1

Man: Student | Woman: Professor

[1-4] Listen to part of a lecture in a biology class.

W In today's class, we're going to talk about a very interesting relationship between organisms. Well, in general, any organisms live in close relationships with other organisms that don't just belong to entirely different species but sometimes even different kingdoms! When these symbiotic relationships benefit both organisms, they are called "mutualistic." **1A** Many mutualistic symbiotic relationships involve animals and bacteria, and a model example of this type of relationship is the one between *Euprymna scolopes*, also known as the Hawaiian bobtail squid, and the bioluminescent bacteria *Vibrio fischeri*.

Um, the name sounds unfamiliar, but *V. fischeri* is a type of bacterium that is found throughout the world's oceans in tropical and temperate areas. It is nearly undetectable in the open water, but it is found in high concentrations in symbiotic relationships with deep sea organisms. Actually, *V. fischeri* lives in the digestive systems of many marine animals, but it is better known for living in the light producing organs of other animals, known as photophores. The bacteria produce light in the same way as many other bioluminescent organisms, using the light emitting pigment luciferin and an enzyme called luciferase. The luciferin reacts with oxygen to create light, and the luciferase speeds up the reaction. The excited luciferin releases energy as short wavelength light, and the short wavelength means that the light is blue.

M Professor, are these bacteria the reason that dead fish sometimes glow as they decompose?

W I have heard of that before, but that may be caused by different species of bacteria. As far as I know, *V. fischeri* are most famous for what they do for animals while they are alive, particularly for the bobtail squid. These squid spend the daytime resting in deep, dark water, but they come up closer to the surface at night to feed on small shrimp and other crustaceans. **3B** Unfortunately, when a squid is so

남자: 학생 | 여자: 교수

생물학 수업의 강의 일부를 들으시오.

여 오늘 수업에서, 우리는 생물체들 간의 매우 흥미로운 관계에 대해 이야기할 거예요. 음, 일반적으로, 많은 생물들이 완전히 다른 종이나, 때로는 종을 벗어나 심지어 다른 계에 속한 생물들과 밀접한 관계를 맺으며 살아갑니다! 이러한 공생 관계가 양쪽 생물 둘 다에게 유익할 때, 이는 '상리 공생 관계'라고 불립니다. **1A** 많은 상리 공생 관계들이 동물 및 박테리아와 관련이 있으며, 이런 유형 관계의 모범이 되는 예시는 하와이 짧은 꼬리 오징어로 알려진 *Euprymna scolopes*와 발광 박테리아인 *Vibrio fischeri* 사이의 관계입니다.

음, 이름이 낯설게 들리지만, *V. fischeri*는 열대나 온대 지방의 바다 전역에서 발견되는 유형의 박테리아입니다. 열린 바다에서는 거의 볼 수 없지만, 심해 생물과의 공생 관계에서는 많이 발견됩니다. 사실, *V. fischeri*는 많은 바다 동물들의 소화기 계통에서 살지만, 발광기(發光器)라고 알려진, 다른 동물들의 빛을 내는 기관에서 사는 걸로 더 잘 알려져 있죠. 박테리아는 다른 많은 발광 생물들과 마찬가지로 빛을 내는데, 빛을 내는 색소인 발광소(發光素)와 발광 효소라고 불리는 효소를 이용합니다. 발광소는 산소와 반응하여 빛을 만들어 내고, 발광 효소는 반응을 촉진시킵니다. 들뜬 발광소는 에너지를 짧은 파장의 빛으로 방출하고, 짧은 파장은 빛이 푸른색이라는 것을 의미하죠.

남 교수님, 죽은 물고기가 부패하면서 때때로 빛나는 이유가 이 박테리아들 때문인가요?

여 저도 그 이야기를 들어본 적이 있지만, 그건 아마 다른 종류의 박테리아로 인해 일어난 걸 거예요. 내가 아는 한, *V. fischeri*는 동물들이 살아 있을 때에 빛을 내도록 하는 걸로 가장 잘 알려져 있는 박테리아이고, 특히 짧은 꼬리 오징어가 잘 알려져 있어요. 이 오징어는 낮 시간을 깊고 어두운 바다 속에서 보내지만, 밤에는 작은 새우와 다른 갑각류를 잡아먹기 위해 해수면 가까이로 올라옵니다. **3B** 불행

close to the surface, it will cast a shadow below it because of the moonlight. This makes it easy for predators to locate and attack the squid, so the squid uses its light organ to get rid of that shadow by a process called counter illumination. The light it emits breaks up its outline and effectively destroys its shadow. Therefore, when predators look at the counter-illuminated squid, they cannot tell it from the surface water around it.

However, when bobtail squid hatch from their eggs, they cannot emit light. **1A/2C** In order to create light, the squid first have to attract *V. fischeri* bacteria to live in their photophores. Then the *V. fischeri* bacteria use their flagella to move through mucus into the squid's light organ. **1A/2C** Once the bacteria are firmly situated within the organ, they are provided with food in the form of a sugar and amino acid solution. The bacteria also multiply rapidly, and a young squid is able to use its light organ to counter-illuminate within 12 hours of hatching from its egg. The bacteria emit far more light when they are in a large group, and when they are inside a squid they can glow brighter still. But the illumination uses up energy quickly, and the squid cannot support such a large population of bacteria indefinitely. So every morning when the squid returns to the depths, it releases about 90 percent of its bacteria population back into the water. Of course, this allows the squid to conserve energy, and its reduced bacteria population will recover by the next night. In fact, it is unclear if this helps the bacteria that are released in any way, but it does ensure that there are bacteria adapted to the squid living in the ocean. **1A/4C** This is clearly helpful to future generations of bobtail squid, because it means that the appropriate bacteria will be available to them.

히도, 오징어가 수면에 너무 가까워지게 되면, 달빛으로 인해 그 아래로 그림자를 드리우게 돼요. 이는 포식자들로 하여금 오징어의 위치를 알아내서 공격하기 쉽도록 만들죠. 그래서 오징어는 반대 조명이라고 불리는 과정을 통해 자신의 그림자를 없애려고 빛이 나는 기관을 이용합니다. 방출하는 그 빛으로 인해 몸의 윤곽이 흐릿해지고 효과적으로 그림자를 없애죠. 따라서, 반대 조명을 받고 있는 오징어를 포식자들이 보게 되면, 오징어와 그 주변의 지표수를 구분할 수가 없게 됩니다.

그렇지만 짧은 꼬리 오징어가 알에서 부화할 때는 빛을 발할 수가 없어요. **1A/2C** 빛을 만들어 내기 위해서 오징어는 *V. fischeri* 박테리아를 먼저 끌어들여서 몸 내부의 발광기에서 살도록 해야만 합니다. 그러면 *V. fischeri* 박테리아는 편모를 이용하여 점액을 통과해 오징어의 빛 발산 기관으로 이동합니다. **1A/2C** 일단 박테리아가 기관에 확실하게 자리잡고 나면, 이들은 당과 아미노산 용액의 형태로 영양분을 공급받게 됩니다. 박테리아는 또한 급격하게 번식하고, 어린 오징어는 알에서 부화한 지 열두 시간 안에 반대 조명을 위해 빛 발산 기관을 사용할 수 있게 되죠. 박테리아는 큰 무리로 있을 때 훨씬 더 많은 빛을 발하며, 오징어의 내부에 있을 때 훨씬 더 밝게 빛날 수 있어요. 하지만 빛을 내는 일은 에너지를 빠르게 소진하고, 오징어는 무기한으로 그렇게 많은 개체 수의 박테리아를 먹여 살릴 수가 없습니다. 그래서 매일 아침 깊은 바다로 돌아갈 때면, 오징어는 박테리아 개체 수의 90퍼센트를 다시 바다로 방출합니다. 물론, 이는 오징어로 하여금 에너지를 보존하도록 해 주며, 줄어든 박테리아 개체 수는 저녁이 되면 다시 회복됩니다. 사실, 이것이 방출되는 박테리아에게 어떤 방식으로 이로운 것인지는 밝혀지지 않았지만, 그것으로 오징어에 적응된 박테리아들이 바다에서 살아간다는 것은 확실해요. **1A/4C** 이는 후세대의 짧은 꼬리 오징어들에게 확실히 도움이 됩니다, 왜냐하면 그들이 적절한 박테리아를 찾아낼 수 있다는 의미니까요.

노트

MI) mutualistic relation. - Hawaiian ~ & *Vibrio* ~

주제) 상리 공생 관계 – 하와이 짧은 꼬리 오징어와 *Vibrio fischeri*의 관계

V. fischeri *V. fischeri*

- bacteria 박테리아
- live in photophores 발광기에서 살고 있음
- produce light 빛을 냄

bobtail squid 짧은 꼬리 오징어
- surface - shadow → use light organ 해수면 – 그림자 → 빛 발산 기관 이용
- hatch - X emit light → attract *V. fischeri* 부화함 – 빛을 발하지 못함 → *V. fischeri*를 끌어들임
- *V. fischeri* → mucus → light organ *V. fischeri* → 점액 → 빛 발산 기관
- X support → bac. released back 먹여 살릴 수 없음 → 박테리아를 다시 방출함

Type: Main Idea

1. 강의는 주로 무엇에 관한 것인가?

Ⓐ *V. fischeri*와 하와이 짧은 꼬리 오징어가 어떻게 관계를 유지하는가
Ⓑ *V. fischeri*와 하와이 짧은 꼬리 오징어 사이의 기생적인 관계
Ⓒ 살아남기 위해 몸에서 빛을 내는 하와이 짧은 꼬리 오징어의 전략
Ⓓ 하와이 짧은 꼬리 오징어가 생존을 위해 이용하는 다른 종류의 박테리아들

해설 강의 도입부에 교수는 주제를 나타내는 표시어 "In today's class, we're going to talk about ~" 이하에서 생물체들 간의 흥미로운 관계, 즉 생물의 상리 공생 관계(mutualistic symbiotic relationships)에 대한 개론으로 강의를 시작한다. 이러한 유형 관계의 좋은 예시는 하와이 짧은 꼬리 오징어로 알려진 *Euprymna scolopes*와 발광 박테리아인 *V. fischeri*의 관계라고 말하며 강의의 주제를 소개하고, 이 둘 사이의 관계가 어떻게 유지되는지에 대한 설명이 이 강의의 주를 이루고 있으므로 (A)가 정답이다. 보기 (B)는 공생 관계(상호적으로 이익을 주고받는 방식)를 기생적인 관계(상대에게 악영향을 주면서 기대는 방식)라고 잘못된 단어를 사용하여 오답이다.

Type: Details

2. *V. fischeri*와 발광기의 관계는 무엇인가?

Ⓐ 공생 관계를 유지하고 있다.
Ⓑ *V. fischeri*는 발광기 이외의 환경에서는 살아갈 수 없다.
Ⓒ 발광기는 *V. fischeri*가 잘 자랄 수 있는 장소이다.
Ⓓ 둘 다 빛을 내는 기관에서 잘 번식할 수 있다.

해설 강의 중반부에 교수는 짧은 꼬리 오징어가 수면 위로 올라올 때 포식자의 눈에 띄지 않기 위해 자신의 몸에서 나는 빛을 이용하는데, 알에서 부화했을 때는 빛을 발할 수 없다고 말하면서 빛을 만들어 내기 위해서 *V. fischeri* 박테리아를 끌어들여 몸 내부의 발광기 안에서 살도록 해야 한다고 말한다. 뒤이어 몸 내부 기관 안에 박테리아가 자리를 잡고 나면 박테리아가 번식할 수 있도록 영양분을 공급한다고 설명한다. 따라서 발광기는 *V. fischeri* 박테리아를 모으고 번식시키기 위한 하나의 기관(장소)이라는 것을 알 수 있으므로 (C)가 정답이다. 보기 (A)는 *V. fischeri* 박테리아와 짧은 꼬리 오징어의 관계를 공생 관계라고 말하므로 오답이고, (B)는 오징어가 무기한으로 많은 수의 박테리아를 먹여 살릴 수 없어 바다로 다시 돌려보낸다고 말하므로 오답이다.

Type: Connecting Contents

3. 교수는 왜 그림자를 언급하는가?

Ⓐ *V. fischeri*가 열린 바다에 있을 때 안전한 장소를 제공한다.
Ⓑ 오징어들이 빛을 내야만 하는 이유이다.
Ⓒ 오징어들이 먹이를 찾을 때 보호 장치를 제공한다.
Ⓓ 빛을 내는 것 외에 오징어들이 사용하는 전략들 중 하나이다.

해설 강의 중반부에 교수는 오징어가 먹이를 찾아 해수면 가까이로 올라오는데, 이때 달빛으로 인해 그림자를 드리우게 된다고 설명한다. 이는 포식자들에게 오징어의 위치를 노출시키게 되어, 오징어는 살아남기 위해 자신의 그림자를 없애는 반대 조명을 몸에서 발산한다. 따라서 오징어는 자신의 그림자를 없애기 위해 반대 조명이라는 빛을 내야만 한다는 사실을 알 수 있으므로 (B)가 정답이다.

Type: Attitude

4. 교수는 하와이 짧은 꼬리 오징어의 *V. fischeri* 방출에 대해 어떻게 생각하는가?

Ⓐ 박테리아들이 빛을 계속해서 내기 때문에 이들에게 있어 에너지를 보존하기 좋은 방법이다.
Ⓑ 어린 오징어들이 더 빠르게 성장할 수 있도록 도와준다.
Ⓒ 박테리아를 다른 오징어, 특히 어린 오징어들과 공유하기에 효율적인 방법이다.
Ⓓ 오징어가 다음 날 필요한 박테리아를 보충하는 것을 어렵게 한다.

해설 강의 마지막에 교수는 오징어가 박테리아 개체 수 90퍼센트를 다시 방출하는 것에 대해, 방출된 박테리아에게 어떤 방식으로 이로움을 주는지는 밝혀지지 않았지만, 오징어에 적응된 박테리아가 바다에서 살아갈 것이고, 이는 후세대의 오징어가 그 적절한 박테리아를 찾는 데 확실히 도움이 되는 일이라고 말한다. 교수는 방출이 도움이 되는, 즉 효율적인 방법이라 보고 있으므로 (C)가 정답이다.

어휘 organism n 생물, 유기체 | close adj 가까운[밀접한] | relationship n 관계 | belong to ~에 속하다 | entirely adv 완전히 | species n 종 | kingdom n (생물을 분류하는 가장 큰 단위) 계 | symbiotic adj 공생의, 공생하는 | benefit v 유익하다, 이득을 보다 | mutualistic adj 상리 공생의 | involve v 관련시키다 | model adj 모범이 되는 n 모범, 본보기 | bobtail squid 짧은 꼬리 오징어목 | bioluminescent adj 생물 발광의 | tropical adj 열대의 | temperate adj 온대의, 온화한, 차분한 | nearly adv 거의 | undetectable adj 감지[식별]할 수 없는 | concentration n 농도 | deep sea 심해 | digestive system 소화기 계통 | photophore n 발광기(몸에서 빛을 내는 기관) | emit v 내다, 내뿜다 | pigment n 색소 | luciferin n 발광소 | enzyme n 효소 | luciferase n 발광 효소 | react v 반응하다, 반응을 보이다 | oxygen n 산소 | speed up ~을 촉진시키다 | release v 방출하다, 내보내다 | wavelength n 파장 | glow v 빛나다 | decompose v 분해[부패]되다 | alive adj 살아 있는 | particularly adv 특히 | daytime n 낮 (시간) | surface n 표면, 수면 | crustacean n 갑각류 | unfortunately adv 불행히도, 안타깝게도 | cast v (그림자를) 드리우다, (빛을) 발하다 | predator n 포식자 | locate v 위치를 찾아내다 | attack v 공격하다 | organ n 기관, 장기 | get rid of ~을 없애다 | counter adj 반대의 | illumination n 조명, 불빛 | outline n 윤곽 | effectively adv 효과적으로 | destroy v 파괴하다, 죽이다 | hatch v 부화하다 | attract v 끌어들이다 | mucus n 점액 | myriad n 무수함 | flagella n 편모 (flagellum의 복수형) | firmly adv 확고히 | situate v 위치시키다 | sugar n 당 | amino acid n 아미노산 | solution n 용액, 용해 | multiply v 증식[번식]하다, 크게 증가하다 | rapidly adv 급속히, 빠르게 | use up ~을 소진하다, 다 쓰다 | population n 개체군, 개체 수 | indefinitely adv 무기한으로 | depth n 깊이 | conserve v 아끼다, 보존하다 | recover v 되찾다, 회복하다 | unclear adj 불확실한 | adapt v 적응시키다, 적응하다 | generation n 세대 | appropriate adj 적절한 | maintain v 유지하다 | parasitic adj 기생적인 | strategy n 전략 | thrive v 번창[번식]하다 | reproduce v 잘 자라다, 번식하다 | protection n 보호 장치 | constantly adv 계속해서, 거듭 | effective adj 효율적인 | replenish v 보충하다

Passage 2

Man: Professor | Woman: Student

[1-4] Listen to part of a lecture in an art history class.

M **1B** When attempting to authenticate an artwork or an artifact, it is vital to establish the item's provenance. That is, the history of who owned a particular piece or where it was located between its making and the present. Most importantly, we must determine when, where, and by whom that particular piece was actually made. The current owner may claim that an artist sculpted the statue he owns, but it must be independently confirmed. Researchers have many methods that they can utilize to accomplish this, but many of those methods unfortunately require damaging or even destroying small pieces of the object. However, modern technology has provided us with far less destructive techniques such as using ion beams.

2A When an ion beam strikes an object, it triggers atomic reactions that emit radiation with wavelengths that are in the x-ray portion of the electromagnetic spectrum. **1B/2A/2C** This process is called "particle or proton-induced X-ray emission" (PIXE), because the ion beam is actually made of protons that interact with the electrons of atoms in the sample, which then emit X-rays. **2C** Each element creates rays at wavelengths that are specific to that element, which the machine that created the beam can analyze. This provides a wealth of information that we can use to determine the origin of an artwork without causing any damage whatsoever to it.

For example, the Louvre has a small statue of the Mesopotamian female deity Ishtar that came into its collection in 1866. It was excavated in what is modern-day Iraq, and the artistic style was a mixture of Greek and Mesopotamian styles that was common in the region

남자: 교수 | 여자: 학생

미술사 수업의 강의 일부를 들으시오.

남 **1B** 예술 작품이나 공예품이 진짜임을 증명하려고 할 때에는 그 물건의 출처를 밝히는 것이 필수입니다. 말하자면, 그 특정 작품을 누가 소유했는지나 제작 시점과 현재 사이에 어디에 있었는지의 역사이죠. 가장 중요한 것은, 언제, 어디서, 그리고 누구에 의해 그 특정 작품이 실제로 만들어졌는지를 밝혀내야 합니다. 그 작품의 현재 소유주가 한 예술가가 자신이 소유한 동상을 조각했다고 주장할 수 있지만, 이는 별도로 확인해 봐야 합니다. 연구원들에게는 이를 밝혀내기 위해 사용할 수 있는 많은 방법들이 있지만, 그중 많은 방법들은 안타깝게도 물체를 손상하거나 심지어 작은 조각들을 파괴할 필요가 있습니다. 그러나 현대의 기술은 이온 빔 사용과 같은 훨씬 덜 파괴적인 기술을 우리에게 제공했죠.

2A 이온 빔은 어떤 물체에 닿으면 전자기 스펙트럼의 X선 부분에 있는 파장과 함께 방사선을 내보내는 원자핵 반응을 일으킵니다. **1B/2A/2C** 이 과정은 입자 혹은 양성자 유도 X선 방출(PIXE)이라고 불리는데, 그 이유는 이온 빔이 사실 샘플에 있는 원자가 가진 전자와 반응을 일으키고 그렇게 되면 X선을 내뿜는 양성자로 만들어져 있기 때문입니다. **2C** 각 원소는 그 원소의 특징이 되는 파장으로 광선을 만들어 내며, 빔을 쏘는 기계가 이 광선을 분석합니다. 이는 예술 작품에 그 어떤 손상을 입히지 않고도 출처를 알아내는 데 사용할 수 있는 풍부한 정보를 제공해 줍니다.

예를 들어, 루브르 미술관에는 1866년 미술관 소장품이 된 메소포타미아의 여신 이슈타르의 동상이 있습니다. 오늘날의 이라크에서 출토되었으며, 그리스와 메소포타미아 양식이 섞인 예술 양식이었고,

between 200 BCE and 200 CE. They knew that it had been carved from a soft, white calcium-based stone called alabaster, and that it had three small red jewels in its eyes and navel. **3C** It was assumed that the jewels were colored glass, but when researchers used PIXE to examine the stones, it was revealed they were rubies.

3D In fact, since there are no sources of gems in Mesopotamia, the rubies must have come from somewhere else. By focusing the PIXE ion beam so it could analyze the rubies on a microscopic level, they were able to exactly measure the trace elements in the stones. That showed that they were from either modern-day Myanmar or Vietnam. Since ruby mining in Vietnam began in the 20th century, they had to be from Myanmar. So what does that imply?

W That means that there must have been trade between Babylon and some culture in Myanmar 2,000 years ago.

M Correct. Of course, PIXE can be useful with more than just statues. We can use it to analyze paintings and even drawings. Look at this sketch by Albrecht Durer. Like many artists at the time, Durer used silverpoint to draw sketches and to plan out paintings on canvases. As you can see, the silverpoint technique is very delicate and does not deposit much material on the page. Using PIXE, we can determine the exact elemental makeup of the material on the page and compare that to other drawings that are already confirmed as that person's work. This allowed researchers to tell that this sketch was done by Durer, and that he did it on a trip to Italy.

W Can we use PIXE to know what technique was used in a painting?

M Yes, we can. Rembrandt's paintings have been analyzed using ion beams, and that has revealed a great deal about his techniques and painting process. **4A** This makes it much easier to evaluate newly-discovered paintings to see who really painted them. PIXE can also be used to detect forgeries. The paints used today often contain very different pigments than those of similar colors did in the past. If a painting contains pigments that had not been invented when the artist lived, it is clearly a forgery. This kind of PIXE data has actually been used as evidence in court.

기원전 200년에서 서기 200년까지 그 지역에서 흔했던 양식이었죠. 그들은 이 동상이 설화 석고라는 부드럽고 흰 칼슘 기반의 돌로 조각된 작품이라는 것과 눈과 배꼽에 세 개의 작고 붉은 보석이 박혀 있었다는 것을 알았습니다. **3C** 그 보석은 유리에 색을 입힌 것이라고 추측했지만, 연구원들이 PIXE를 이용해 이 돌을 관찰하자, 이 돌이 루비라는 사실이 드러났어요.

3D 사실, 메소포타미아에서는 보석이 나올 만한 근원이 없었기 때문에, 이 루비들은 다른 곳에서 온 것이 분명했습니다. 현미경 차원에서 루비를 분석하기 위해 PIXE 이온 빔을 루비에 맞추었을 때 그들은 돌들의 미량 원소를 정확히 측정할 수 있었어요. 그리고 이 돌들이 오늘날의 미얀마나 베트남 지역에서 온 것이라는 사실이 밝혀졌습니다. 베트남의 루비 채굴은 20세기에 시작되었기 때문에, 미얀마에서 온 게 틀림없었죠. 그러면 이 사실은 무엇을 암시하나요?

여 2,000년 전에 바빌론과 미얀마에 존재했던 어떤 문화 사이에 틀림없이 교역이 있었다는 뜻입니다.

남 맞습니다. 물론, PIXE는 동상 외의 다른 작품에도 유용하게 쓸 수 있어요. 물감으로 작업한 작품과 소묘까지 분석하는 데 사용할 수 있죠. Albrecht Durer의 이 스케치를 보세요. 당시의 많은 예술가들처럼, Durer 역시 스케치를 그리고 캔버스에 할 물감 작업을 계획하기 위해 은필을 사용했어요. 보시다시피, 은필 기법은 매우 섬세하며 종이에 많은 재료를 남기지 않아요. PIXE를 사용하면 종이에 남은 재료의 정확한 원소 구성 요소를 알고, 그 예술가의 작품이라고 이미 인정 받은 다른 작품들과 비교해 볼 수도 있습니다. 이를 통해 연구원들은 이 스케치가 Durer가 그린 것이고, 그가 이탈리아 여행을 갔을 때 그렸다는 사실을 알 수 있었죠.

여 그림에서 어떠한 기법이 사용되었는지를 알기 위해 PIXE를 사용할 수도 있나요?

남 네, 할 수 있습니다. Rembrandt의 그림을 이온 빔으로 분석했고, 그의 기법과 그림 그리는 과정이 굉장히 많이 드러났죠. **4A** 이렇게 되면 새로 발견된 그림을 누가 그렸는지 평가하는 일이 훨씬 더 쉬워집니다. PIXE는 위조 작품을 알아내는 데도 사용될 수 있어요. 오늘날 사용되는 물감은 보통 과거의 비슷한 색들이 사용했던 염료와는 아주 다른 염료를 함유하고 있습니다. 만약 어떤 그림이 그 예술가가 살던 당시 발명되지 않은 염료를 포함하고 있다면, 그 그림은 확실히 위조품이죠. 이러한 PIXE의 자료는 실제로 법정에서 증거로 사용되어 왔습니다.

노트

MI) PIXE - how used in artwork 주제) PIXE – 예술 작품에 어떻게 사용되는지

ion beam emit radiation = PIXE - emit X-rays 이온 빔이 방사선 방출 = PIXE – X선 방출

- e.g. Louvre - Statue of Ish~ colored glass b/ PIXE - rubies
  예를 들어, 루브르 – 이슈타르 동상의 색을 입힌 유리, 그러나 PIXE – 루비
  - rubies ← Myan. mining 루비는 미얀마 채굴에서 옴
  - ∴ trade 따라서 교역을 함
- Durer - silverpoint Durer – 은필
  X much mater. 많은 재료를 남기지 않음
  PIXE deter. exact element PIXE는 정확한 구성 요소를 앎
  ∴ done by Durer, b/ on trip 따라서 Durer에 의해 그려졌으나, 여행 가서 함
- tech. - Remb. 기법 – Rembrandt
  who painted, forg. 누가 그렸는지, 위조 작품

Type: Main Idea

1. 강의의 주제는 무엇인가?

Ⓐ PIXE가 세계 각지의 연구원들과 예술가들에게 어떻게 사용되고 있는지
Ⓑ PIXE라는 이름의 최신 발명 기술이 예술에 어떻게 사용되고 있는지
Ⓒ 작품의 출처를 알아내는 데 도움을 주는 PIXE의 흥미로운 특징들
Ⓓ PIXE라고 불리는 스캐닝 기술의 발달

해설 도입부에 교수는 예술 작품이 진짜인지를 증명하기 위해서는 작품의 출처를 밝히는 것이 중요하다고 말한다. 그리고 그 출처를 밝히기 위해 현재의 다른 어떤 기술보다도 덜 파괴적인 이온 빔을 사용하는 PIXE에 대해 설명한다. 또한, 그것의 사용이 우리에게 어떤 정보를 제공하는지, 여러 종류의 작품에 어떻게 쓰이는지, 사용된 기법을 어떻게 알아보는지, 위조품을 어떻게 알아보는지와 같이 PIXE가 예술 작품에 다양하게 사용되는 방법에 대해 다루고 있으므로 (B)가 정답이다.

Type: Details

2. 양성자 유도 X선 방출(PIXE)의 특징은 무엇인가? 2개의 답을 고르시오.

Ⓐ 전자를 만나면 방사선을 배출하는 이온 빔을 이용한다.
Ⓑ 특정 종류의 광물을 감지하면 원자핵 반응을 일으킨다.
Ⓒ 그림에 사용된 재료를 감지하는 X선을 방출한다.
Ⓓ 전자에 반응하기 때문에 스캔한 재료를 파괴한다.

해설 강의 초반부에 교수는 PIXE를 소개하며 그 특징을 함께 언급한다. PIXE는 물체에 들어 있는 원자가 가진 전자와 반응을 일으켜 X선 부분에 있는 파장과 함께 방사선을 내보내는 이온 빔을 이용하는데, 이는 예술 작품에 손상을 입히지 않고 출처를 알아낼 수 있다고 설명하고 있으므로 (A)와 (C)가 정답이다. 보기 (B)는 특정 종류로 한정 짓지 않았기에 오답이고, (D)는 PIXE가 예술 작품에 어떠한 손상도 입히지 않는다고 말한 것과 반대되므로 오답이다.

Type: Details

3. 다음 중 루브르 박물관에 있는 이슈타르 여신의 동상에 대해 사실인 것은? 2개의 답을 고르시오.

Ⓐ 고고학자들은 약 100년 전에 터키에서 이 동상을 발견했다.
Ⓑ 동상 제작자는 동상이 더 오래 지속되도록 만들기 위해 일부러 단단한 돌을 사용했다.
Ⓒ 동상은 유리라고 여겨졌던 보석을 보유하고 있었다.
Ⓓ 동상의 몸에 있는 돌이 근처 지역에서 나온 게 아니라는 점을 보여 주었다.
Ⓔ 당시 꽤 찾아보기 힘든 미술 양식으로 만들어졌다.

해설 강의 중반부에 교수는 PIXE로 실제 출처를 밝힌 루브르 박물관의 예술품을 예로 들어 설명한다. 그리스와 메소포타미아 양식이 섞인 이슈타르 여신 동상에 세 개의 작고 붉은 보석이 박혀 있었는데, 처음엔 유리에 색을 입힌 것이라고 추측하였다가(It was assumed that the jewels were colored glass) 연구원들이 PIXE를 이용하여 관찰한 결과 그 돌이 루비라는 것을 밝혀냈다. 그 당시 메소포타미아에는 보석이 나올 수 없었기에 그 보석은 다른 곳에서 온 것이 분명했다고(Since there are no sources of gems in Mesopotamia, the rubies must have come from somewhere else.) 덧붙여 말한다. 따라서 이를 적절히 패러프레이징하여 나타낸 (C)와 (D)가 정답이다.

Type: Attitude

4. PIXE에 대한 교수의 의견은 무엇인가?

Ⓐ 작품을 진짜로 창조한 예술가를 찾는 과정을 향상시킨다.
Ⓑ 범죄자들이 그럴듯한 위조품을 만드는 일을 더 쉽게 했다.
Ⓒ 법정에서 사용될 수 있기 때문에 예술가들에게 필수적인 도구가 되고 있다.
Ⓓ 그림의 모든 층을 분석할 수 없는 구식 기법이다.

해설 PIXE를 사용함으로써 그림의 기법과 그림 그리는 과정이 드러나기 때문에 새로 발견된 그림을 누가 그렸는지 평가하는 일이 훨씬 더 쉬워진다고 말하는 부분에서 작품의 창작자를 밝혀내는 과정을 향상시킨다는 것을 알 수 있으므로 (A)가 정답이다. 보기 (B)는 지문에서 PIXE가 범죄자들의 위조품을 가려낼 수 있다고 말했으므로 오답이고, (C)는 PIXE의 자료가 법정에서 증거로 사용될 수 있다는 사실은 언급되었지만 예술가들에게 필수적인 도구가 된다는 내용은 틀렸으며, (D)는 도입부에서 PIXE는 훨씬 덜 파괴적인 현대 기술이라고 말했으므로 오답이다.

어휘 attempt v 시도하다 | authenticate v 진짜임을 증명하다 | artwork n 예술 작품, 미술품 | artifact n 공예품 | vital adj 필수적인 | establish v (사실을) 규명하다[밝히다], 확립하다 | provenance n 출처, 기원, 유래 | own v 소유하다 | particular adj 특정한 | locate v 위치시키다 | present n 현재 | most importantly 가장 중요하게도 | determine v 알아내다, 밝히다 | current adj 현재의 | claim v 주장하다, 요구하다 | sculpt v 조각하다 | statue n 조각상 | independently adv 별도로, 독립하여, 자주적으로 | confirm v 확인하다, 확정하다 | method n 방법 | utilize v 활용하다 | accomplish v 해내다, 완수하다 | unfortunately adv 안타깝게도, 불행히도 | damage v 손상하다 n 손상, 피해 | destroy v 파괴하다 | modern adj 현대의 | destructive adj 파괴적인 | ion beam 이온 빔(전기장이나 자기장을 이용하여 방향을 조정한 이온의 흐름) | strike v 치다, 부딪치다 | trigger v (일을) 일으키다, 유발하다, 촉발시키다 | atomic adj 원자의 | reaction n 반응 | emit v 내다, 내뿜다 | radiation n 방사선, 복사 | wavelength n 파장 | portion n 부분 | electromagnetic spectrum 전자기 스펙트럼 | particle n 입자 | proton-induced 양성자를 유도하는 | emission n 방출, 배출 | interact v 상호 작용을 하다 | electron n 전자 | element n 원소, 요소 | specific adj 특유의, 구체적인 | analyze v 분석하다 | a wealth of 풍부한 | origin n 출처, 기원, 근원 | excavate v 발굴하다 | Mesopotamian adj 메소포타미아의 | carve v 조각하다, 깎아서 만들다 | calcium n 칼슘 | alabaster n 설화 석고 | jewel n 보석 | navel n 배꼽 | assume v 추측[추정]하다 | source n 근원 | gem n 보석 | focus v 맞추다, 집중시키다 | microscopic adj 현미경을 이용한, 미세한 | measure v 측정하다, 재다 | trace element n 미량 원소 | mining n 채굴 | imply v 암시하다, 함축하다 | trade n 교역, 무역 | silverpoint n 은필 | delicate adj 섬세한, 연약한 | deposit v 두다, 쌓다 | material n 재료 | makeup n 구성 요소 | compare v 비교하다 | reveal v 드러내다, 밝히다 | process n 과정, 절차 | evaluate v 평가하다 | detect v 알아내다, 감지하다, 발견하다 | forgery n 위조 | pigment n 염료 | invent v 발명하다 | evidence n 증거 | characteristic n 특징 | archaeologist n 고고학자 | precious stone n 보석용 원석 | exceptional adj 찾아보기 힘든, 드문 | genuine adj 진짜의 | criminal n 범죄자 | convincing adj 그럴듯한, 설득력 있는 | out-of-date adv 구식의

Lesson 04 Connecting Contents

본서 | P. 180

Practice

01 D 02 B – A – C 03 Yes – B, C / No – A, D

04 Production-oriented era – C, F / Sales-oriented era – A, D / Marketing-oriented era – B, E

Test

Passage 1 1. D 2. B 3. A 4. D

Passage 2 1. D 2. C 3. C, D 4. C

Practice

본서 | P. 184

01 Man: Professor

Listen to part of a lecture in a paleontology class.

M Tiktaalik lived during the Devonian period about 375 million years ago. The creature was a predator with a head shaped somewhat like a crocodile's and filled with sharp teeth. Tiktaalik had gills, scales, and fins like other fish, but it had

남자: 교수

고생물학 수업의 강의 일부를 들으시오.

남 Tiktaalik은 약 3억 7천 5백만 년 전 데본기에 살았습니다. 이 생물은 악어와 비슷한 머리 모양에 날카로운 이빨이 잔뜩 난 포식자였어요. Tiktaalik은 다른 물고기들처럼 아가미, 비늘, 그리고 지느러미를

a distinctive feature that differentiates it from them. Its gills were actually two nostril-like holes on top of its head above the eyes called spiracles. This means the location of the spiracles would have allowed Tiktaalik to breathe air at the surface of the water without having to climb out, much like a whale. Of course, gills do not work unless they are wet, so Tiktaalik must have developed some form of basic lungs to pull oxygen out of the air it breathed. This is supported by the fact that it had a strong, rounded ribcage.

갖고 있었지만, 그들과는 구별되는 독특한 특징이 있었습니다. 이 생물의 아가미는 사실 기문(氣門)이라고 불리는, 눈 위쪽 머리 꼭대기에 난 두 개의 콧구멍 같은 구멍이었죠. 이는 기문의 위치 덕분에 Tiktaalik은 고래처럼 물 밖으로 나가지 않고도 수면에서 숨을 쉴 수 있었을 거라는 겁니다. 물론, 아가미는 물에 젖어 있지 않으면 기능을 하지 못하므로, Tiktaalik은 틀림없이 호흡한 공기에서 산소를 끌어오기 위해 기본적인 폐의 형태를 발달시켰을 겁니다. 이 주장은 Tiktaalik이 강하고 둥근 흉곽을 가졌었다는 사실로 뒷받침됩니다.

노트

MI) Tiktaalik 주제) Tiktaalik

- shaped like croco., filled w/ sharp teeth 악어 같은 모양, 날카로운 이빨이 잔뜩 있었음
- had gills, scales, fins 아가미, 비늘, 지느러미를 갖고 있었음
- spiracles allowed to breathe @ the surface of water (whale) 기문이 물 밖에서 숨을 쉴 수 있게 해 줌 (고래)
- lungs pull oxygen 폐는 산소를 끌어옴

Q. 교수는 왜 고래를 언급하는가?

Ⓐ 비슷한 이행을 한 다른 동물을 말하려고
Ⓑ 많은 수중 생물이 공기로 숨을 쉰다고 강조하려고
Ⓒ 어떤 생물이 진화하여 고래가 되었을 수 있다고 제시하려고
Ⓓ 비슷한 신체 구조의 예를 들려고

해설 교수는 Tiktaalik이 기문(spiracles)이라고 불리는 콧구멍 같은 구멍이 눈 위쪽 머리 꼭대기에 있기 때문에 물 밖으로 나가지 않고도 수면에서 숨을 쉴 수 있었다는 차별화된 점을 이야기하며, 이와 비슷한 신체 구조를 가진 고래를 예로 언급한 것이므로 (D)가 정답이다.

어휘 Devonian adj 데본기의 I creature n 생물 I predator n 포식자 I shaped adj ~의 모양의 I crocodile n 악어 I filled with ~로 가득한 I sharp adj 날카로운 I gill n 아가미 I scale n 비늘 I fin n 지느러미 I distinctive adj 독특한, 특유의 I feature n 특징, 특색 I differentiate v 구별하다, 구분 짓다 I nostril n 콧구멍 I spiracle n 기문(氣門), 숨구멍 I breathe v 숨을 쉬다 I surface n 표면 I climb v 올라가다 I whale n 고래 I wet adj 젖은 I develop v 발달시키다 I basic adj 기본적인 I lung n 폐 I oxygen n 산소 I support v 뒷받침하다, 지지하다 I rounded adj (모양이) 둥근 I ribcage n 흉곽

02 Woman: Professor

Listen to part of a lecture in an engineering class.

W Engineers in the field have developed a lot of new techniques to build earthquake-resistant buildings. In the case of a relatively small building, they have discovered that all that needs to be done is to secure the building to its foundation and provide support walls. These support walls are called shear walls. ^A^Shear walls are made of reinforced concrete, which means concrete with steel rods in it. This type of construction reduces the effects of violent building tremors during an earthquake, hurricane or typhoon.
You've all gone on field trips for your tutorials, haven't you? Have you ever seen a building being built and noticed a vertical row of x over the structure? This is referred to as

여자: 교수

공학 수업의 강의 일부를 들으시오.

여 현장의 공학자들은 지진에 견딜 수 있는 건물들을 짓기 위해 많은 신기술을 개발해 왔어요. 상대적으로 작은 건물의 경우에, 그들은 건물을 그 토대에 고정하고 지지벽을 제공하기만 하면 된다는 걸 알아냈죠. 이 지지벽을 전단(剪斷)벽이라고 하죠. A전단벽은 철근 콘크리트, 즉 강철봉이 안에 들어 있는 콘크리트로 되어 있어요. 이런 종류의 건축은 지진, 허리케인, 또는 태풍이 발생했을 때 건물에 미치는 거센 진동의 영향을 줄여 주죠.
여러분 모두 개별 지도 과정의 일환으로 견학을 했죠? 공사 중인 건물의 구조에서 수직 x열을 본 적이 있나요? 이것을 교차 버팀대라고 해요. 아마 전

cross-bracing. You may have seen this pattern before. B The steel beams intersect diagonally from the ceiling to the floor of every floor of a building.

In addition to everything we've been talking about today, architects have also developed what they call "base isolators" to further reinforce many types of structures. C Base isolators are placed under the building to absorb the shaking of sideways that occurs during an earthquake. This tremor can damage a building and make it fall apart. C Base isolators consist of two materials: steel and rubber. Steel and rubber are used to absorb shockwaves.

에 이런 설계를 봤을 거예요. B 강철 빔이 건물의 각 층의 천장에서 바닥까지 대각선으로 가로지릅니다.

오늘 우리가 이야기 나눈 모든 것들 외에도, 건축가들은 많은 종류의 구조물을 더욱 강화하기 위해 '면진 장치'라는 것도 개발했어요. C 면진 장치는 지진이 일어나는 동안 발생하는 측면 진동을 흡수하기 위해 건물 아래에 놓입니다. 이런 진동은 건물에 손상을 가해 건물을 무너지게 할 수 있어요. C 면진 장치는 강철과 고무, 이 두 개의 자재로 구성됩니다. 강철과 고무가 충격파를 흡수하는 데 사용되죠.

노트

MI) tech. to build earthquake-resistant buildings 주제) 지진에 견딜 수 있는 건물을 짓기 위한 기술

1. shear walls 전단벽
   - made of concrete 콘크리트로 만들어짐
   - reduce building tremors 건물 진동을 줄여 줌
2. cross-bracing 교차 버팀대
   - steel beams intersect diag. 대각선으로 가로지르는 강철 빔
3. base isolators 면진 장치
   - placed under build. 건물 아래에 위치함
   - consist of steel, rubber 강철, 고무로 구성됨
   - absorb shock 충격을 흡수함

Q. 다음 각 용어가 설명하는 기술은 무엇인가? 표의 오른쪽 열에 해당 기술을 표시하시오.

Ⓐ 전단벽
Ⓑ 교차 버팀대
Ⓒ 면진 장치

바닥에서 천장까지 대각선으로 놓인 강철 빔	Ⓑ
콘크리트를 관통하는 강철봉	Ⓐ
건물 토대에 위치한 강철과 고무	Ⓒ

해설 교수는 지진에 견딜 수 있는 건물들을 짓기 위한 여러 가지 신기술들을 소개하고 있다. 첫 번째로 전단벽을 사용하는 기술에 대해 설명하면서 이는 강철봉이 안에 들어 있는 콘크리트로 되어 있다고(Shear walls are made of reinforced concrete, which means concrete with steel rods in it.) 말한다. 그다음, 교차 버팀대를 설명하면서 강철 빔이 각 층의 천장에서 바닥까지 대각선으로 가로지르는 설계라고(The steel beams intersect diagonally from the ceiling to the floor of every floor of a building.) 말한다. 마지막으로, 면진 장치란 강철과 고무로 구성되며(Base isolators consist of two materials: steel and rubber.) 충격을 흡수하도록 건물 아래에 놓인다고(Base isolators are placed under the building ~) 말한다. 따라서 각 용어의 알맞은 내용을 연결하면 순서대로 (B), (A), (C)이다.

어휘 engineer n 공학자 | field n 현장 | develop v 개발하다 | technique n 기술 | earthquake n 지진 | resistant adj ~에 잘 견디는[강한] | relatively adv 비교적 | discover v 알아내다, 발견하다 | secure v (단단히) 고정시키다 | foundation n 토대, 기초 | support wall n 지지벽 | shear walls n 전단(剪斷)벽, 내진벽 | be made of ~으로 만들어지다 | reinforced concrete n 철근[강화] 콘크리트 | steel n 강철 | rod n 막대 | reduce v 줄이다 | effect n 효과 | violent adj 거센, 격렬한 | tremor n 진동, 떨림 | hurricane n 허리케인, 폭풍 | typhoon n 태풍 | field trip n 견학 | tutorial n 개별 지도 | notice v 알아차리다 | vertical adj 수직의 | structure n 구조 | refer to A as B A를 B라고 부르다[일컫다] | cross-bracing n 교차 버팀대 | intersect v 가로지르다, 교차하다 | diagonally adv 대각선으로 | ceiling n 천장 | in addition to ~ 외에도, ~에 더하여 | architect n 건축가, 설계자 | base isolator n 면진 장치 | reinforce v 강화하다 | absorb v 흡수하다 | sideway n 측면 | occur v 발생하다 | damage v 손상시키다 | fall apart 무너져 내리다 | consist of ~으로 구성되다 | material n 자재, 재료 | rubber n 고무 | shockwave n 충격파

03 Woman: Professor

Listen to part of a lecture in a sociology class.

W Yesterday, we talked about employee-manager relationships, right? And today I'm going to share with you the differences between leaders and managers.

A Great leaders have an innate ability to understand the forces that shape the times in which they live, and to seize the opportunities that come with it. They usually possess contextual intelligence, which means they understand more than just the social, political, technological and demographic contexts of their time; A they also understand how to adapt companies to better survive and benefit from these forces. So if things like cheaper labor or more corporate-friendly environmental laws are required, they find new locations for factories and offices.

Okay... And as for managers... well, it's their job to keep companies running smoothly without worrying about how the business environment is changing. B/C They implement the instructions and translate the vision of a leader into concrete actions on the ground by finding ways to ensure that employees remain efficient, satisfied and properly trained. In spite of these responsibilities, D they are never expected to seriously transform a company's products, services or operating procedures, which we expect leaders to handle.

여자: 교수

사회학 수업의 강의 일부를 들으시오.

여 어제는 직원과 관리자의 관계에 대해 이야기했죠? 오늘은 지도자와 관리자의 차이점에 관해 이야기 나눠 보겠어요.

A 위대한 지도자들은 그들이 살고 있는 시대를 만들어 나가는 힘을 이해하고, 그 결과로 생기는 기회를 포착할 수 있는 타고난 능력이 있습니다. 그들은 대개 전후 사정과 관련된 지식을 가지고 있는데, 이 말은 즉 그들이 그들 시대의 사회적·정치적·기술적·인구 통계학적 전후 사정 그 이상을 이해한다는 것입니다. A 그들은 이러한 힘으로부터 더 나은 생존과 수익을 위해 회사를 어떻게 적응시켜야 하는지도 이해합니다. 그래서 더 저렴한 노동력이나 더 기업친화적인 환경 법안들 등의 일이 요구되면, 그들은 공장과 사무실로 쓸 새로운 장소를 찾습니다.

좋아요... 그러면 관리자들에 관해서는... 음, 그들의 임무는 경영 환경이 변해 가는 방식에 대해 걱정하지 않고 회사가 매끄럽게 운영되도록 하는 것입니다. B/C 그들은 직원들을 확실히 효율적이고 만족스럽고 제대로 훈련 받은 상태로 만들 방법을 찾아냄으로써, 지시를 수행하고 지도자들의 비전을 현장에서 구체적인 행동으로 옮깁니다. 이러한 책임에도 불구하고, D 그들은 회사의 제품, 서비스, 운영 절차 등을 바꾸는, 우리가 지도자로 하여금 처리하길 기대하는 그러한 것들을 실행하도록 요구받지 않습니다.

노트

MI) diff. btw leaders and managers 주제) 지도자와 관리자 사이의 차이점

Leaders 지도자	Managers 관리자
- understand times 시대를 이해함	- instruct. 지시
- context. intelligence 전후 사정의 지식	- vision → concrete actions 비전 → 구체적인 행동
- adapt comp. to survive 생존을 위해 회사를 적응시킴	- X transform product 제품을 바꾸지 않음

Q. 강의에서, 교수는 관리자의 역할을 설명한다. 다음 각 설명이 관리자의 역할에 해당하는지 표시하시오. 각 구절에 대해 맞는 칸에 표시하시오.

	예	아니오
(A) 경영의 추세를 따르고 기업의 방향을 새롭게 지시한다		✓
(B) 추상적 아이디어를 구체적 행동으로 옮긴다	✓	
(C) 직원들을 생산적으로 유지한다	✓	
(D) 더 큰 이익을 위해 제품을 변형한다		✓

해설 교수는 지도자와 관리자의 차이점에 대해 이야기하겠다고 말한 후, 먼저 "Great leaders have ~"라고 지도자들에 대한 설명을 하고 나서 "And as for managers..."라는 표현으로 관리자에 대한 설명을 전개한다. 따라서 교수의 전개 방식이 두 가지 대상을 대조하는 것임을 빠르게 파악하여 정보가 정확히 구분되도록 노트테이킹 한 후 이를 토대로 답을 골라야 한다. 문제는 관리자의 역할을 제대로 설명한 보기에 참과 거짓을 표시하는 것이다. 첫 번째 보기는 지도자의 역할로 언급된 내용(Great leaders have an innate ability to understand the forces that shape the times in which they live / they also understand how to adapt companies to better survive and benefit from these forces)을 패러프레이징한 것이니 관리자의 역할이 아니다. 또한, 관리자는 직원들을 효율적인 상태로 만들 방법을 찾아냄으로써 지도자들의 비전을 구체적인 행동으로 구현해 낸다는(~ translate the vision of a leader into concrete actions on the ground by finding ways to ensure that employees remain efficient) 교수의 말에서 두 번째와 세 번째 보기는 관리자의 역할임을 알 수 있다. 네 번째 보기는 관리자들은 회사의 제품을 바꾸는 것을 절대 요구받지 않는다고(they are never expected to seriously transform a company's products) 했기 때문에 관리자의 역할로서 틀린 내용이다.

어휘 employee n 고용인, 종업원 I manager n 관리자 I difference n 차이점 I leader n 지도자 I innate adj 타고난, 선천적인 I ability n 능력 I force n 힘 I shape v 만들다, 형성하다 I seize v (기회 등을) 포착하다, 붙잡다 I opportunity n 기회 I come with ~의 결과로 생기다, ~이 딸려 있다 I possess v 가지고 있다, 소유하다 I contextual adj 전후 사정[맥락]과 관련된 I intelligence n 지식, 정보, 지능 I social adj 사회적인 I political adj 정치적인 I technological adj 기술적인 I demographic adj 인구 통계학적인 I context n 전후 사정, 맥락 I adapt v 적용하다 I benefit n 수익, 이익 I labor n 노동력 I corporate-friendly adj 사업하기 좋은 I environmental adj 환경의 I as for ~에 관해서는 I smoothly adv 매끄럽게, 순조롭게 I implement v 수행하다, 시행하다 I instruction n 지시 I translate v 옮기다, 바꾸다 I concrete adj 구체적인 I on the ground 현장에서 I ensure v 확실히 하다 I efficient adj 효율적인 I satisfied adj 만족한 I properly adv 제대로, 적절히 I train v 훈련시키다 I in spite of ~에도 불구하고 I responsibility n 책임 I transform v 바꾸다, 변형시키다 I operating procedure 운영 절차 I handle v 처리하다 I keep up with ~을 따라가다 I trend n 추세, 유행 I redirect v 방향을 새롭게 지시하다 I abstract adj 추상적인 I productive adj 생산적인 I profit n 이익

---

04 Man: Professor

Listen to part of a lecture in a communications class.

M As you all know, advertising is about selling goods. However, it was not until the early 19th century Industrial Revolution that genuine product advertising began. This is due to the fact that for the first time the products were mass-produced rather than custom-produced. That led to three periods in marketing.

C/F The first era had a production focus. When mass production started, there were still limitations. **C** Demand exceeded supply. **F** It was not necessary to advertise products when they were sold as soon as they were manufactured.

But over time, production increased and created a surplus of goods. **A** Supply outweighed demand. **A/D** This led to an era focused on selling. Businesses would promote their products to persuade consumers to buy their products rather than those of their competitors. However, **D** manufacturers always produced whatever they wanted, relying on their ability to sell their products.

Ultimately, however, supply so far surpassed demand that consumers had more choices than any promotion could overcome. Furthermore, **E** they have developed resistance to "hard-sell" advertising. **B** Producers started to realize that it was more logical to know what consumers wanted before making items, rather than trying to convince buyers to buy something afterwards. **B** To a large extent, we are now living in this marketing-oriented era.

남자: 교수

커뮤니케이션 수업의 강의 일부를 들으시오.

남 여러분 모두 알다시피, 광고의 목적은 제품을 판매하는 것입니다. 그러나, 진정한 상품 광고가 시작된 것은 19세기 초반 산업 혁명 이후였습니다. 이것은 주문을 받아서 제품을 만드는 것이 아니라, 처음으로 제품이 대량 생산되었기 때문입니다. 이것은 마케팅의 세 가지 시기로 이어졌습니다.

C/F 첫 번째 시기는 생산에 초점을 맞추었습니다. 대량 생산이 시작되었을 때는 여전히 제한이 있었습니다. **C** 수요가 공급을 능가했었죠. 제품이 생산되자마자 팔리던 시기에는 **F** 제품을 선전할 필요가 없었습니다.

그러나 시간이 지나면서, 생산이 늘어나고 제품을 과잉 생산했습니다. **A** 공급이 수요보다 더 컸던거죠. **A/D** 이것은 판매에 초점이 맞춰진 시기로 이어졌습니다. 회사들은 경쟁사의 제품보다 자사 제품을 구매하도록 소비자들을 설득하기 위해 자사 제품을 선전하게 되었습니다. 그럼에도 불구하고, **D** 제조사들은 여전히 자신들의 제품 판매력을 믿고 그들이 원하는 제품만을 생산했습니다.

그렇지만 결국, 공급이 수요를 엄청나게 능가해서, 소비자들은 판촉으로는 극복할 수 없을 만큼 넓은 선택의 폭을 갖게 되었습니다. 게다가, **E** 그들은 '끈질긴 판매' 광고에 대해 반감도 갖게 되었습니다. 생산자들은 구매자들에게 어떤 제품을 구입하라고 사후에 설득하기보다는 제품을 만들기 전에 **B** 소비자들이 원하는 것이 무엇인지를 알아내는 것이 더

타당하다는 것을 깨닫기 시작했습니다. B우리는 오늘날 상당 부분 이러한 마케팅 지향적인 시기에 살고 있습니다.

노트

MI) eras in marketing 주제) 마케팅의 시기들

1. production era 생산 시기
   - demand 〉 supply 수요 〉 공급
   - X need to promote prod. 제품을 선전할 필요가 없었음
2. sales era 판매 시기
   - supply 〉 demand 공급 〉 수요
   - promote prod. 제품을 선전함
   - still produced what they want 여전히 그들(생산자)이 원하는 것을 생산함
3. marketing era 마케팅 시기
   - supply 》 demand 공급 》 수요
   - resis. to hard-sell adv. 끈질긴 판매 광고에 반감
   - find out what consumers want 소비자가 무엇을 원하는지 알아냄

Q. 강의에서, 교수는 마케팅의 세 가지 시기를 설명한다. **각 시기에 대해 맞는 칸에 표시하시오.**

	생산 지향적 시기	판매 지향적 시기	마케팅 지향적 시기
Ⓐ 공급이 수요를 능가했다.		✓	
Ⓑ 생산자들은 소비자들이 원하는 것이 무엇인지 알아보기 시작했다.			✓
Ⓒ 수요가 공급을 능가했다.	✓		
Ⓓ 생산자들은 자신들이 원하는 것을 만들었다.		✓	
Ⓔ 소비자들이 '끈질긴 판매' 광고에 반감을 갖게 되었다.			✓
Ⓕ 제품을 선전할 필요가 없었다.	✓		

해설 교수는 대량 생산을 가능케 한 산업 혁명이 가져 온 마케팅의 세 가지 시기를 분류하여 설명하고 있다. 첫 번째로 생산 지향적 시기(Production-oriented era)에는 수요가 공급을 능가했기 때문에(→ (C)) 제품을 선전할 필요가 없었고(→ (F)), 판매 지향적 시기(Sales-oriented era)에는 공급이 수요를 능가했기 때문에(→ (A)) 자사 제품을 구입하도록 소비자를 설득하기 위해 선전을 하긴 했지만, 생산자들은 여전히 자신들이 원하는 제품을 생산했다고(→ (D)) 말한다. 그 후 결국 공급이 수요를 엄청나게 능가하면서 마케팅 지향적 시기(Marketing-oriented era)가 도래하였고, 이 시기의 소비자들은 지나치게 끈질긴 판매 광고에 대해 반감을 가졌기 때문에(→ (E)) 생산자들은 소비자들이 원하는 것이 무엇인지를 먼저 알아보기 시작했다고(→ (B)) 설명하고 있다.

어휘 advertising n 광고 | goods n 제품, 상품 | it was not until 비로서 ~가 되어서야[이후에] | Industrial Revolution n 산업 혁명 | genuine adj 진정한, 진짜의 | due to ~ 때문에 | mass-produce v 대량 생산하다 | rather than ~하지 않고, ~ 대신에 | custom-produced adj 주문 생산한 | lead to (결과 등을) 가져오다, 초래하다 | period n 시기 | era n 시기 | focus n 초점 v 초점을 맞추다 | limitation n 제한 | demand n 수요 | exceed v 능가하다 | supply n 공급 | necessary adj 필요한 | manufacture v 생산하다 | surplus n 잉여, 과잉 | outweigh v ~보다 더 크다 | promote v 선전하다, 홍보하다 | persuade v 설득하다 | consumer n 소비자 | competitor n 경쟁자 | rely on ~을 믿다, 신뢰하다 | ultimately adv 결국, 궁극적으로 | surpass v 능가하다, 뛰어넘다 | overcome v 극복하다 | develop v 발전시키다 | resistance n 반감, 저항감 | hard-sell n 끈질긴 판매술, 강매 | logical adj 타당한, 사리에 맞는 | convince v 설득하다 | to a large extent 상당 부분, 매우 | -oriented adj ~ 지향적인

Passage 1

Man: Professor | Woman: Student

[1-4] Listen to part of a lecture in a paleontology class.

M 1D As early four-legged animals, or tetrapods, moved out of the water and onto the land, they encountered many difficulties. They had to support the weight of their own bodies, their skin and other tissues could dry out fairly quickly, and most importantly it was difficult to breathe. Aquatic organisms live in the water, but they cannot breathe water. Instead, they use their gills to filter out oxygen that is suspended in the water. They also use their gills to expel the small amounts of carbon dioxide that they take in from the water. If an organism cannot expel CO_2, then it will build up in the animal's blood, making it increasingly acidic. If the blood becomes too acidic, then it will begin to destroy the animal's internal organs, and eventually the animal will die.

When animals began to leave the water, the amount of oxygen in the air was lower than it is today, but it was much higher than what was available in the water. Unfortunately, the amount of CO_2 was also greater, so the animals had a greater need to rid their bodies of the toxic gas. Many of the early explorers of the land had developed basic lungs, but they also retained their gills. By possessing both kinds of breathing organs, they were able to breathe the air for short periods, and they could return to the water to expel the CO_2 through their gills. This meant that they were still primarily aquatic creatures, and they continued to possess other more fish-like traits.

2B However, other animals developed sturdy limbs and strong muscles that show they clearly spent most of their time out of the water. How were these tetrapods able to get rid of the CO_2 they breathed in?

W 2B Hmm, couldn't they just expel it through their skin? Don't some amphibians still do that?

M Yes, that is a possibility, but they would have to be smaller animals like the amphibians that still do so. Once animals reach a certain size, that method is no longer effective. They have to have a certain surface area to total mass ratio for that system to be efficient. Not only that, but their skin must be kept moist at all times, so they are still closely tied to the water. Many of these tetrapods were quite large by comparison, with some over a meter long. 3A They also had robust skeletons, but they were primitive, so their ribs could not move like those of later land-dwelling vertebrates. This meant that they could not effectively expel CO_2 through their mouths and nostrils. And yet, we know that they lived on land and breathed the air, so they must have had a way

남자: 교수 | 여자: 학생

고생물학 수업의 강의 일부를 들으시오.

남 1D 초기의 다리가 네 개 달린 동물, 즉 사지동물이 물에서 나와 육지로 올라왔을 때, 이들은 많은 어려움에 맞닥뜨렸습니다. 자신의 몸무게를 지탱해야만 했고, 피부 껍질과 다른 조직들이 상당히 빠르게 말라 버렸으며, 가장 중요한 점은 숨을 쉬기가 어려웠다는 것이죠. 수중 생물은 물속에서 살지만, 물로 숨을 쉴 수 없습니다. 대신, 이들은 아가미를 사용해 물속에 떠다니는 산소를 걸러내죠. 또한 아가미를 사용해 물에서 흡수한 적은 양의 이산화탄소를 배출합니다. 만약 생물이 이산화탄소를 배출할 수 없으면, 이것이 동물의 피에 축적되고 피를 점점 산성으로 만듭니다. 피가 너무 산성화되면, 동물의 내부 장기를 파괴하기 시작해서 결국 동물이 죽고 말 것입니다.

동물들이 물 밖으로 나오기 시작했을 때, 공기 중의 산소의 양은 오늘날보다 적었지만, 물속에서 얻을 수 있는 산소의 양보다 훨씬 더 많았습니다. 안타깝게도, 이산화탄소의 양 또한 더 많았기에, 동물들은 이 유독 가스를 몸에서 제거할 더 큰 필요가 있었죠. 육지의 초기 탐험가들은 기본적인 폐를 발달시켰지만, 아가미 역시 보유했습니다. 두 종류의 호흡 기관을 가지고 있음으로써, 짧은 시간 동안 호흡을 할 수 있었고, 물로 돌아가서 아가미를 통해 이산화탄소를 배출할 수 있었죠. 이는 이 동물들이 여전히 주로 수중 생물이었으며, 다른 더 많은 물고기를 닮은 특징들을 계속해서 지니고 있었다는 의미입니다.

2B 그러나 다른 동물들은 자신들이 대부분의 시간을 물 밖에서 보냈다는 것을 뚜렷하게 보여 주는 튼튼한 사지와 강한 근육을 발달시켰습니다. 이 사지동물들은 호흡해서 들이마신 이산화탄소를 어떻게 제거할 수 있었을까요?

여 2B 흠, 피부를 통해 배출할 수 있지 않았을까요? 아직도 일부 양서류가 그렇게 하지 않나요?

남 네, 그럴 수도 있지만, 그건 여전히 그렇게 하는 양서류와 같은 더 작은 동물들이어야 했을 겁니다. 동물들이 특정한 크기에 다다르면, 그 방법은 더 이상 효과가 없어요. 그러한 시스템이 효과를 발휘하려면 동물이 특정한 표면적 대 전체 질량 비율을 가져야만 합니다. 그뿐만이 아니라 피부가 항상 젖어 있어야 해서, 여전히 물과 밀접하게 관련이 있는 것이죠. 이 사지동물들의 다수는 그에 비해 크기가 상당히 컸으며, 일부는 길이가 1미터가 넘기도 했습니다. 3A 튼튼한 뼈대를 가지고 있긴 했지만, 원시적인 단계여서 나중에 등장한 육지에서 사는 척추동

Lesson 04 Lectures

to mitigate the CO_2 and acid that built up in their blood. A recent theory suggests that they may have used dermal bones to do so.

Many of these tetrapods had thick layers of bone and calcified tissue on their skulls and shoulders that had a rough outer surface covered in pits, ridges, and furrows. When these structures were analyzed on a microscopic level, they were found to contain an unusually large amount of blood vessels. Other animals that had smoother bones on the surface of their skin most likely used them for structural support or armor, but the number of vessels in the textured bone surface seems to indicate another reason.

Many modern air-breathing animals that spend long periods of time submerged in the water use their bones to neutralize the CO_2 that builds up in their blood while they are underwater. Turtles and crocodilians sacrifice the calcium in their bones to neutralize the acid, and turtles in particular present an interesting point of contrast. **4D** Because of their shells, it is difficult for them to breathe. Like early tetrapods, their ribs cannot expand much, so CO_2 builds up in their bodies. In addition, their muscles are forced to work without much oxygen, which builds up lactic acid in the muscle tissues. So they have a lot of acid to neutralize, and the bones that they rely upon the most to do this are their shells, which are dermal bones.

물의 갈비뼈처럼 갈비뼈를 움직일 수 없었어요. 이는 그들이 입과 콧구멍으로 이산화탄소를 효율적으로 배출할 수 없었다는 뜻입니다. 그럼에도 불구하고, 우리는 이 동물들이 육지에 살았으며 공기를 호흡했다는 사실을 알고 있으니, 이들은 분명히 피에 축적되는 이산화탄소와 산을 완화하는 방법을 갖고 있었을 겁니다. 최근의 한 이론은 이 동물들이 이를 위해 진피성 경골을 이용했을지도 모른다고 제안합니다.

이 사지동물의 다수는 두개골과 어깨에 두터운 층의 뼈와 석회화된 조직이 있었고, 거친 외부 껍질은 움푹 패인 자국, 솟은 부분, 그리고 길쭉한 홈으로 덮여 있었어요. 이 구조들을 현미경으로 분석하자, 이들 안에 대단히 많은 양의 혈관이 있는 것으로 밝혀졌어요. 피부 표면에 더 매끈한 뼈를 갖고 있었던 다른 동물들은 이 뼈를 구조적 지지나 갑옷으로 이용했을 가능성이 높지만, 질감이 있는 뼈대 표면 내부의 혈관 숫자는 다른 이유를 가리키는 것처럼 보입니다.

물속에 잠긴 채 오랜 시간을 보내는 공기로 호흡하는 오늘날의 동물들 다수는 피에 축적되는 이산화탄소를 중화하기 위해 물속에 있는 동안 자신들의 뼈를 사용합니다. 거북과 악어는 뼈의 칼슘을 희생하여 산을 중화하며, 특히 거북은 흥미로운 차이점을 보여 줍니다. **4D** 거북은 등껍질 때문에 숨을 쉬기가 어렵습니다. 초기의 사지동물들처럼, 이들의 갈비뼈는 많이 확장될 수 없기에, 이산화탄소가 체내에 쌓이게 됩니다. 그리고, 거북의 근육은 많은 산소가 없이 일해야만 하기 때문에, 근육 조직에 젖산이 쌓이죠. 그래서 거북은 중화해야 하는 산 성분이 많으며, 이를 위해 거북이 가장 많이 의지하는 뼈는 바로 진피성 경골인 등껍질입니다.

노트

MI) tetrapod - how breathed on the land 주제) 사지동물 - 육지에서 어떻게 숨을 쉬었는지

water → land - X breathe 물에서 육지로 - 숨을 쉴 수가 없음

when leave water - lungs, gills → brth air 4 short period
물 밖으로 나왔을 때 - 폐, 아가미 → 짧은 시간 동안 호흡

tetrapods - out of water 사지동물 - 물 밖에서

- large 크기가 큼
- rib X move → X expel CO_2 갈비뼈 움직이지 못함 → 이산화탄소 배출 못함
- may use dermal bones 진피성 경골을 이용했을 수도 있음
- large bl vessels 많은 혈관
- turtles - acid to neutralize → rely on shells (dermal)
  거북 - 중화해야 하는 산 → 등껍질에 의지 (진피성 경골)

Type: Main Idea

1. 강의의 주된 주제는 무엇인가?

Ⓐ 피의 이산화탄소로 야기되는 문제들
Ⓑ 지구의 초기 대기에 일어난 변화
Ⓒ 동물들이 물을 떠난 이유
Ⓓ 최초의 육지 동물들이 숨을 쉰 방법

해설 강의 도입부에 교수는 초기의 사지동물이 물에서 나와 육지로 올라왔을 때 숨을 쉬기 어려웠다는 이야기로 강의를 시작한다. 그 후 물 밖에서 잠시 산소를 마시고 다시 물속으로 들어가서 아가미로 이산화탄소를 배출하는 수중 생물을 언급하면서 육지에 올라와 살던 사지동물은 물 밖에서 이산화탄소를 어떻게 제거할 수 있었는지 밝히는 몇 가지 이론을 뒤에 소개한다. 따라서 대체로 육지로 올라온 사지동물의 숨을 쉰 방법에 대해 논하는 강의를 진행하고 있으므로 (D)가 정답이다.

Type: Function

2. 강의의 일부를 다시 듣고 질문에 답하시오.

M However, other animals developed sturdy limbs and strong muscles that show they clearly spent most of their time out of the water. How were these tetrapods able to get rid of the CO_2 they breathed in?
W Hmm, couldn't they just expel it through their skin? Don't some amphibians still do that?

남 그러나 다른 동물들은 자신들이 대부분의 시간을 물 밖에서 보냈다는 것을 뚜렷하게 보여 주는 튼튼한 사지와 강한 근육을 발달시켰습니다. 이 사지동물들은 호흡해서 들이마신 이산화탄소를 어떻게 제거할 수 있었을까요?
여 흠, 피부를 통해 배출할 수 있지 않았을까요? 아직도 일부 양서류가 그렇게 하지 않나요?

학생은 왜 이렇게 말하는가:

W Don't some amphibians still do that?

여 아직도 일부 양서류가 그렇게 하지 않나요?

Ⓐ 교수가 이미 자신의 질문에 답변했다는 것을 알리려고
Ⓑ 그녀의 제안을 설명하는 예시를 제공하기 위해
Ⓒ 교수의 설명 때문에 자신이 혼란스럽다는 것을 보이려고
Ⓓ 왜 자신이 교수가 실수를 했다고 생각하는지 설명하려고

해설 교수가 사지동물은 어떻게 이산화탄소를 제거할 수 있었을까 질문하자 그에 대한 의견으로 학생은 피부를 통해서도 배출할 수 있는 방법을 제안하며 양서류를 예시로 들고 있다. 따라서 학생이 양서류를 언급한 것은 방법을 제안하고 그 예시를 들기 위해 한 말이므로 (B)가 정답이다.

Type: Details

3. 교수에 따르면, 초기 사지동물들이 몸에서 이산화탄소를 쉽게 배출하지 못했던 이유는

Ⓐ 흉곽을 확장하거나 수축할 수 없었기 때문이다
Ⓑ 너무 작아서 피부로 배출할 수 없었기 때문이다
Ⓒ 항상 피부가 젖은 상태여야 했기 때문이다
Ⓓ 아직 콧구멍이 발달하지 않았었기 때문이다

해설 강의 중반부에 교수는 사지동물들은 튼튼한 뼈대를 가지고 있었지만 원시적인 단계여서 갈비뼈는 움직일 수 없었고, 이는 입과 콧구멍으로 이산화탄소를 효율적으로 배출할 수 없었다는 뜻이라고(They also had robust skeletons, but they were primitive, so their ribs could not move like those of later land-dwelling vertebrates. This meant that they could not effectively expel CO_2 through their mouths and nostrils.) 말한다. 따라서 'ribs could not move'를 'could not expand or contract their rib cage'로 적절히 패러프레이징한 (A)가 정답이다.

Type: Connecting Contents

4. 교수는 왜 강의에서 거북을 언급하는가?

Ⓐ 사지동물들과 같은 종류의 환경에서 산다.
Ⓑ 진피성 경골을 갑옷으로 이용하는 또 다른 동물이다.
Ⓒ 파충류가 진화할 때 다음 발달 단계였다.
Ⓓ 초기 사지동물들과 많은 신체적 특징을 공유한다.

해설 강의 후반부에 교수는 뼈를 이용하여 물속에 잠긴 채 공기로 호흡하는 동물들로 거북과 악어를 언급하며, 특히 거북이 흥미로운 비교할 점을

Lesson 04 Lectures

보여 준다고(and turtles in particular show an interesting point of contrast) 말한다. 등껍질과 확장할 수 없는 갈비뼈 때문에 숨을 쉬기가 어려웠던 점(Like early tetrapods, their ribs cannot expand much), 중화해야 하는 산 성분이 많았던 점(they have a lot of acid to neutralize)이 초기 사지동물과 공통된 신체적 특징들이라고 설명하므로 (D)가 정답이다.

어휘 tetrapod n 사지동물 I encounter v 맞닥뜨리다, 부딪히다 I difficulty n 어려움 I support v 지탱하다, 지지하다 I weight n 무게 I tissue n 조직 I dry out 메마르다 I fairly adv 상당히 I most importantly 가장 중요하게도 I breathe v 숨을 쉬다, 호흡하다 I aquatic adj 물속에서 자라는, 수생의 I organism n 생물(체) I gill n 아가미 I filter out ~을 걸러 내다 I oxygen n 산소 I be suspended in ~ 속에 움직이지 않고 떠돌다 I expel v 배출하다, 내쫓다 I carbon dioxide n 이산화탄소 (= CO_2) I build up 축적되다 I increasingly adv 점점 더 I acidic adj 산성의 I destroy v 파괴하다 I internal adj 내부의, 체내의 I organ n 장기, 기관 I eventually adv 결국 I unfortunately adv 안타깝게도 I rid v 제거하다 I toxic adj 유독성의 I explorer n 탐험가 I develop v 발달시키다 I lung n 폐 I retain v 유지하다 I possess v 소유[보유]하다 I primarily adv 주로 I creature n 생물 I trait n 특징, 특성 I sturdy adj 튼튼한, 견고한 I limb n 사지, 팔다리 I muscle n 근육 I get rid of ~을 제거하다 I amphibian n 양서류 I possibility n 가능성, 가능한 일 I certain adj 특정한, 어떤 I method n 방법 I no longer 더 이상 ~ 않는 I effective adj 효과적인, 실질적인 I surface n 표면 I mass n 질량 I ratio n 비율 I efficient adj 효과가 있는, 효율적인 I moist adj 촉촉한 I be tied to ~와 관련이 있다 I closely adv 밀접하게 I by comparison 비교해 보면 I robust adj 튼튼한, 원기 왕성한 I skeleton n 뼈대, 골격 I primitive adj 초기의, 원시의 I rib n 갈비, 늑골 I dwell v 살다, 거주하다 I vertebrate n 척추동물 I nostril n 콧구멍 I mitigate v 완화시키다, 경감시키다 I dermal adj 진피의, 피부의 I thick adj 두꺼운 I calcified adj 석회화된 I skull n 두개골 I rough adj 거친 I outer adj 외부의 I pit n 구덩이 I ridge n 길쭉하게 솟은 부분, 산마루 I furrow n (얼굴의) 깊은 주름, 고랑, 골 I analyze v 분석하다 I microscopic adj 현미경을 이용한, 미세한 I contain v ~이 들어 있다 I unusually adv 대단히, 몹시 I blood vessel n 혈관 I structural adj 구조적인 I armor n 갑옷, 철갑 I textured adj 특별한 질감이 나는 I indicate v 보여 주다, 나타내다 I modern adj 오늘날의 I submerge v 물에 잠그다, 잠수하다 I neutralize v 중화하다 I underwater adj 물속의 I turtle n 거북 I crocodilian n 악어 I sacrifice v 희생하다 I calcium n 칼슘 I in particular 특히 I contrast n 차이, 대조, 대비 I shell n (거북이의) 등껍질, 껍질 I expand v 확장되다, 확장하다 I lactic acid n 젖산 I rely upon ~에 의지하다 I atmosphere n 대기 I illustrate v 설명하다 I suggestion n 제안 I confused adj 혼란스러운 I remove v 배출하다, 제거하다 I contract v 수축하다 I physical adj 신체적인 I characteristic n 특징

Passage 2

Man: Student | Woman: Professor

[1-4] Listen to part of a lecture in a geology class.

W 1D Around 34 million years ago, the Earth's climate underwent a dramatic cooling period that led to what is known as the Eocene-Oligocene transition. Like many such periods of transition, this division is marked by the widespread extinction of many plant and animal species, although not enough to count among the five major extinction events. **This particular transition is recognized by the disappearance of many mammalian species in Europe that were subsequently replaced by Asian species. The majority of species that went extinct were actually aquatic, though.** 1D At this time, the continent of Antarctica also began to develop the thick ice sheet that still blankets it today. So, there is ample evidence that cooling took place, but the cause of said cooling remains somewhat of a mystery. The transition cannot be linked to any catastrophic volcanic eruptions or asteroid impacts that were responsible for similar events at other times. Many theories have been proposed, but what do you think could have caused such an event?

M I would guess that it was plate tectonics. When mountain ranges form from uplift, it can cool off the climate.

W That is true, but that kind of cooling is usually localized, and it would not affect the worldwide climate at the rate that we are dealing with. Mountain building alone could not have caused the transition.

남자: 학생 | 여자: 교수

지질학 수업의 강의 일부를 들으시오.

여 1D 약 3천 4백만 년 전 지구의 기후는 오늘날 시신세-점신세(에오세-올리고세) 과도기라고 알려진 엄청난 냉각기에 들어갔습니다. 다른 많은 과도기와 비슷하게, 이 시기 구간은 5개의 주요 멸종 사건에 낄 만큼 거대하지는 않지만, 많은 동식물 종들의 광범위한 멸종이 특징입니다. **이 특정 과도기는 유럽에서 포유류 종이 다수 멸종하고 그 뒤에 아시아의 종이 그 자리를 대체했다는 점이 눈에 띕니다. 하지만 멸종된 대부분의 종은 사실 수중 생물이었어요.** 1D 이 당시에, 아직 오늘날에도 남극 대륙을 덮고 있는 두터운 얼음 덩어리 또한 만들어지기 시작했습니다. 그래서, 냉각이 일어났었다는 증거는 충분하지만, 이 냉각의 원인은 여전히 미스터리로 남아 있습니다. 다른 시기의 비슷한 사건들을 일으켰던 재앙적 화산 폭발이나 소행성 충돌과 이 과도기를 연결할 수가 없어요. 많은 이론이 제시되었지만, 무엇이 이러한 사건을 일으켰을 거라고 생각하나요?

남 판구조론이었다고 생각합니다. 땅의 융기로 산맥이 만들어지면 기온이 낮아지니까요.

여 그건 사실이에요, 그러나 그러한 냉각은 보통 지역에 국한되지, 우리가 다루고 있는 규모의 전 세계 기후에 영향을 주지는 않아요. 산의 형성 하나만으로 이 과도기를 일으키지는 못했을 겁니다.

M 2C Well, the two worst ice ages were caused by a reduction of carbon dioxide in the atmosphere. Almost the entire planet was covered in ice sheets, and the ice ages lasted for hundreds of millions of years. Could this have been a smaller decrease in CO_2 levels?

W 2C That is a good theory that has been suggested before. But again, it could not be the only reason. In fact, one of the most plausible theories incorporates what you have said: that 3C/3D the Eocene-Oligocene transition was the result of the uplift of the Tibetan Plateau, which created the Himalaya Mountains and reduced the amount of CO_2 in the atmosphere.

160 million years ago, the supercontinent of Gondwana began to break apart due to plate tectonics. This supercontinent contained what are modern-day South America, Africa, Antarctica, India, and Australia. Africa was the first to split off, followed by the Indian subcontinent, and then Australia. The Indian subcontinent drifted to the northeast until it collided with the Eurasian plate about 55 million years ago. This collision began deep beneath the ocean. Over the next 20 million years, the Indian landmass continued to push northwards, plunging down beneath the Eurasian plate, causing it to bulge upwards. This uplift eventually formed the Himalaya Mountains and the Tibetan Plateau around 38 million years ago. Over the next three million years, this uplift exposed huge expanses of silicate rocks to the elements. As the rocks weathered, they absorbed huge quantities of carbon dioxide from the atmosphere. Since CO_2 is a powerful greenhouse gas, removing it caused the temperature to lower worldwide.

4C And what's more, the creation of the mountains and plateau also altered the oceanic and wind currents dramatically, which resulted in the monsoon flow that is still present today. However, as the monsoon cycle established itself, the weather in Antarctica was getting colder. This cooling trend was severe enough to cause extinctions on every continent and in the oceans, thereby creating the Eocene-Oligocene transition.

Now, let's take a look at some of the species that went extinct during this period of transition.

남 2C 음, 가장 극심했던 빙하기 두 번은 대기 중의 이산화탄소 감소 때문에 일어났죠. 지구의 거의 전체가 얼음으로 덮였고, 빙하기는 수억 년간 지속되었어요. 이산화탄소 수치가 약간 낮아져서 그랬던 건 아닐까요?

여 2C 전에도 제시된 적 있는 타당한 이론입니다. 그러나 다시 말하지만, 이것만이 유일한 이유가 될 수는 없어요. 사실, 가장 그럴듯한 이론 중 하나는 학생이 지금 말한 것들을 포함하고 있습니다. 3C/3D 시신세-점신세 과도기는 히말라야 산맥을 만들고 대기 중 이산화탄소 양을 감소시킨 티베트 고원의 융기 때문에 일어난 것이라고요.

1억 6천만 년 전에 곤드와나의 초대륙이 판구조론 때문에 분열되기 시작했습니다. 이 초대륙은 오늘날의 남아메리카와 아프리카, 남극, 인도와 호주를 포함하고 있었죠. 제일 먼저 떨어져 나간 대륙은 아프리카였고, 그 뒤에는 인도 아대륙, 호주 순서였습니다. 인도 아대륙은 동북쪽으로 흘러가 5천 5백만 년 전쯤 유라시아 판과 충돌했죠. 이 충돌은 바다 깊은 곳에서 시작되었어요. 그리고 다음 2천만 년 동안 인도 땅덩어리는 계속 북쪽으로 향했고, 유라시아 판 아래로 파고들어 그곳이 위로 올라오도록 만들었습니다. 이 융기는 결국 3천 8백만 년 전쯤 히말라야 산맥과 티베트 고원을 형성했습니다. 향후 3백만 년 동안 이 융기는 거대한 규소암 지역을 비바람에 노출시켰습니다. 암석이 풍화 작용을 거치면서 대기에서 엄청난 양의 이산화탄소를 흡수했죠. 이산화탄소는 강력한 온실가스이기에, 이산화탄소가 제거되자 전 세계적으로 기온이 떨어지게 되었습니다.

4C 그뿐 아니라, 산맥과 고원의 형성은 해류와 바람의 흐름 또한 극적으로 바꾸었고, 이는 오늘날에도 여전히 존재하는 몬순 흐름을 만들어 냈습니다. 하지만 몬순 주기가 자리를 잡아가면서, 남극 대륙의 날씨는 점차 추워지고 있었죠. 이러한 냉각 추세는 모든 대륙과 해양에서 멸종을 일으킬 정도로 충분히 심각했고, 시신세-점신세 과도기를 만들어 냈습니다.

이제, 이 과도기 동안 멸종된 종의 일부를 살펴보도록 합시다.

Lesson 04 Lectures

노트

MI) cooling event - Eocene-Oligocene trans. 주제) 냉각기 - 시신세-점신세 과도기

E-O trans. - cooling, extinct. 시신세-점신세 과도기 - 냉각, 멸종

E-O ← plate tectonics 판구조론으로 인한 시신세-점신세 (과도기)

uplift of Tib. Plateau → Himala. mt. → CO_2↓ 티베트 고원의 융기 → 히말라야 산맥 → 이산화탄소 감소

alter ocean wind currents → monsoon flow → Actarc. colder
해류를 바꿈 → 몬순 흐름 → 남극 대륙은 더 추워짐

Type: Main Idea

1. 강의의 주된 주제는 무엇인가?

Ⓐ 행성의 냉각 추세에 대한 이유
Ⓑ 주요 멸종 사건으로 여겨지기 위한 조건
Ⓒ 선사 시대 사건의 연대를 추정하는 과정
Ⓓ 특정 과도기의 원인

해설 강의 도입부에 교수는 약 3천 4백만 년 전 지구의 기후는 엄청난 냉각기에 들어갔다고 말하며 시신세-점신세(에오세-올리고세) 과도기라고 알려진 한 특정 과도기의 개론으로 강의를 시작한다. 그러고 나서 무엇이 이러한 사건을 일으켰다고 생각하는지 질문을 던지며(Many theories have been proposed, but what do you think could have caused such an event?) 강의의 주제를 암시하고 있으므로 (D)가 정답이다.

Type: Function

2. 강의의 일부를 다시 듣고 질문에 답하시오.

M Well, the two worst ice ages were caused by a reduction of carbon dioxide in the atmosphere. Almost the entire planet was covered in ice sheets, and the ice ages lasted for hundreds of millions of years. Could this have been a smaller decrease in CO_2 levels?
W That is a good theory that has been suggested before. But again, it could not be the only reason.

남 음, 가장 극심했던 빙하기 두 번은 대기 중의 이산화탄소 감소 때문에 일어났죠. 지구의 거의 전체가 얼음으로 덮였고, 빙하기는 수억 년 간 지속되었어요. 이산화탄소 수치가 약간 낮아져서 그랬던 건 아닐까요?
여 전에도 제시된 적 있는 타당한 이론입니다. 그러나 다시 말하지만, 이것만이 유일한 이유가 될 수는 없어요.

교수는 왜 이렇게 말하는가:

W That is a good theory that has been suggested before.

여 전에도 제시된 적 있는 타당한 이론입니다.

Ⓐ 자신이 답변에 만족하지 않는다는 사실을 드러내려고
Ⓑ 답변이 참신하지 않다는 점을 지적하려고
Ⓒ 학생의 노력을 칭찬하려고
Ⓓ 자신이 왜 학생들의 의견을 물었는지 설명하려고

해설 강의의 주제인 과도기를 일으킨 원인에 관하여 학생이 자신의 의견을 말한 것에 대해 교수는 타당한 이론(good theory)이라고 응답하였다. 바로 이어서 그게 유일한 이유는 아니라고 반박을 하였지만, 학생이 좋은 이론을 제시하였다는 칭찬의 의도로 말한 것이므로 (C)가 정답이다.

Type: Details

3. 교수에 따르면, 어떤 요인들이 시신세-점신세 과도기의 원인이 되었는가? 2개의 답을 고르시오.

Ⓐ 격렬한 화산 폭발
Ⓑ 행성 충돌
Ⓒ 거대한 융기
Ⓓ 고갈된 이산화탄소 수치

해설 강의 중반부에 "In fact, one of the most plausible theories incorporates what you have said: 사실, 가장 그럴듯한 이론 중 하나는 학생이 지금 말한 것들을 포함하고 있습니다."에서 교수는 특정 과도기의 원인에 대한 가장 그럴듯한 이론을 가리키려 한다는 것을 알 수 있다. 그 다음 문장인 "Eocene-Oligocene transition was the result of the uplift of the Tibetan Plateau, which created the Himalaya Mountains and reduced the amount of CO_2 in the atmosphere 시신세-점신세 과도기는 히말라야 산맥을 만들고 대기 중 이산화탄소 양을 감소시킨 티베트 고원의 융기 때문에 일어난 것이라고요"에서 티베트 고원의 융기와 이것이 일으킨 이산화탄소 양의 감소가 과도기의 원인이라는 것을 밝히고 있다. 따라서 (C)와 (D)가 정답이다.

Type: Connecting Contents

4. 교수는 왜 몬순 주기를 언급하는가?

Ⓐ 지구의 온도를 더 내려가게 만든 원인이 무엇인지 지적하려고
Ⓑ 남극 대륙의 이동이 얼마나 중요했는지 설명하려고
Ⓒ 지금까지 남아 있는 익숙한 날씨 패턴 예시를 제공하려고
Ⓓ 어떤 사건이 얼마나 최근에 일어났는지 이야기하려고

해설 강의 후반부에 교수는 과도기의 원인인 산맥과 고원의 형성이 해류와 바람의 흐름 또한 바꾸면서, 오늘날에도 존재하는 몬순 흐름을 만들어 냈고 몬순이 자리 잡아가면서 남극 날씨가 점점 추워지고 있었다고 말한다. 여기서 몬순 흐름을 언급한 이유는, "which resulted in the monsoon flow that is still present today 이는 오늘날에도 여전히 존재하는 몬순 흐름을 만들어 냈습니다"에서 쓰인 still present today라는 표현에서 알 수 있다. 오늘날에도 여전히 존재하는 몬순 흐름을 예시로 제공함으로써 이러한 날씨 변화 패턴의 이해를 돕고자 한 것이므로 (C)가 정답이다.

어휘 climate n 기후 | undergo v 겪다, 받다 | dramatic adj 극적인 | cooling n 냉각 | Eocene n 시신세(始新世), 에오세 | Oligocene n 점신세(漸新世), 올리고세 | transition n 과도기 | division n 구간, 부분, 분할 | mark v 특징 짓다 | widespread adj 광범위한, 널리 퍼진 | extinction n 멸종 | species n 종 | count v 포함되다, 중요하다 | major adj 주요한 | particular adj 특정한 | recognize v 알아보다, 인식하다 | disappearance n 사라짐, 소실 | mammalian adj 포유류의 | subsequently adv 그 뒤에, 나중에 | replace v 대신하다, 대체하다 | the majority of 대부분의 | aquatic adj 물속에서 자라는, 수생의 | continent n 대륙 | ice sheet n 얼음 덩어리, 빙상, 대륙 빙하 | blanket v 뒤덮다 | ample adj 충분한 | evidence n 증거 | take place 일어나다, 발생하다 | link v 연결하다 | catastrophic adj 큰 재앙의, 대이변의, 파멸의 | volcanic eruption 화산 폭발 | asteroid n 소행성 | impact n 충돌 | responsible adj (~의) 원인이 되는 | propose v 제시하다 | plate tectonics n 판구조론 | mountain range 산맥 | uplift n (땅의) 융기 | localized adj 국지적인[국부적인] | affect v 영향을 미치다 | deal with ~을 다루다 | ice age n 빙하기 | reduction n 감소, 축소 | carbon dioxide n 이산화탄소 (= CO_2) | atmosphere n 대기 | last v 지속되다 | decrease n 감소, 하락 | plausible adj 그럴듯한, 이치에 맞는 | incorporate v 포함하다, 통합하다 | Tibetan Plateau 티베트 고원 | supercontinent n 초대륙 | break apart 분열[분리]되다 | Antarctica n 남극 대륙 | followed by 뒤이어 | subcontinent n 아대륙 | drift v 떠가다, 표류하다 | collide v 충돌하다, 부딪치다 | landmass n 광대한 땅, 대륙 | plunge v 잠기다, 가파르게 내려가다 | bulge v 툭 튀어나오다 | upwards adv 위쪽으로 | eventually adv 결국 | form v 형성하다 | expose v 노출시키다 | expanse n 넓게 트인 지역 | silicate rock 규소암 | elements n (복수형) 비바람 | weather v 풍화되다, 풍화시키다 | absorb v 흡수하다 | greenhouse gas n 온실가스 | lower v 떨어뜨리다, 낮추다 | alter v 바꾸다 | current n (물, 공기의) 흐름, 기류 | result in (그 결과) ~가 되다 | monsoon n 몬순, 우기, 장맛비 | present adj 존재하는 | flow n 흐름 | cycle n 주기 | establish v 자리 잡게 하다, 확고히 하다 | severe adj 심각한 | planetary adj 행성의 | qualification n 조건 | prehistoric adj 선사 시대의 | factor n 요인 | contribute to ~의 한 원인이 되다 | violent adj 격렬한 | massive adj 거대한 | deplete v 고갈시키다, 대폭 감소시키다 | significant adj 중요한 | familiar adj 익숙한 | remain v 남아 있다 | to date 지금까지

Lesson 05 Lectures

Lesson 05 Inference

본서 | P. 198

Practice

01 C	02 C	03 A	04 B

Test

Passage 1	1. C	2. A	3. D	4. B
Passage 2	1. B	2. A	3. D	4. A

Practice

본서 | P. 202

01 Woman: Professor

Listen to part of a lecture in a geology class.

W There are many theories on why dinosaurs disappeared from Earth, but one widely accepted theory is the asteroid impact theory. I'm sure you're all quite familiar with the theory, but let's go through it briefly before we proceed. Okay, so... this theory says that approximately 65 million years ago, a huge asteroid struck the Earth. When this asteroid struck the Earth, it created a huge cloud of dust. The enormous cloud of dust covered the whole Earth and blocked most of the sunlight for months, lowering the global

여자: 교수

지질학 수업의 강의 일부를 들으시오.

여 공룡이 지구에서 사라진 이유에 대해서는 많은 이론이 있지만, 널리 받아들여지는 이론은 소행성 충돌 이론입니다. 여러분 모두 이 이론을 잘 알고 있을 줄 압니다만, 강의를 계속하기 전에 잠깐 살펴보도록 하겠습니다. 좋습니다, 자... 이 이론에 따르면, 약 6천 5백만 년 전에 거대한 소행성이 지구에 충돌했습니다. 이 소행성이 지구에 충돌했을 때, 그 소행성은 거대한 먼지 구름을 일으켰습니다. 이 거대한 먼지 구름은 지구 전체를 덮어버렸고, 여러 달

temperature. As there had been no sun for many months and, as you know, plants get their energy from the Sun, they were the first to be affected. Most of the plant species died. Then, not long after the plants died, herbivores, such as dinosaurs, which ate these plants, starved to death.

동안 햇빛의 대부분을 가려서 지구의 온도를 떨어뜨렸습니다. 여러 달 동안 햇빛이 들지 않았기 때문에, 여러분도 아는 것처럼, 태양에서 에너지를 얻는 식물들이 가장 먼저 영향을 받았습니다. 대부분의 식물 종이 죽었습니다. 그리고 나서 식물들이 죽은 지 얼마 지나지 않아, 공룡처럼 이 식물들을 먹는 초식 동물들이 굶어 죽었습니다.

노트

MI) why dino. disappeared → asteroid impact theory 주제) 공룡이 왜 사라졌는지 → 소행성 충돌 이론

asteroid struck Earth → huge dust 소행성이 지구와 충돌함 → 거대한 먼지

→ blocked sunlight & global temp.↓ → 햇빛 차단 & 지구 온도 떨어짐

→ plants died → dino. died → 식물이 죽음 → 공룡이 죽음

Q. 6천 5백만 년 전의 지구에 대해 무엇을 추론할 수 있는가?

Ⓐ 공룡이 점차적으로 사라졌다.

Ⓑ 일부 공룡들은 키가 100피트가 넘었다.

Ⓒ 여러 생명체가 추위로 인해 고통받게 되었다.

Ⓓ 추운 날씨에서 살아남은 식물들은 하나도 없었다.

해설 소행성의 지구와의 충돌로 인해 커다란 먼지 구름이 지구 전체를 덮어버려 여러 달 동안 햇빛이 들지 않아 지구 온도가 떨어지고 그러한 추위로 여러 식물 및 초식 공룡이 멸종될 정도로 큰 고통을 받았으리라는 것을 유추해 볼 수 있으므로 (C)가 정답이다. 보기 (A)의 경우, 6천 5백만 년 전에 소행성이 지구에 충돌함으로써 공룡이 멸종되었다고 했는데, 이것은 지구의 오랜 역사와 비교해 볼 때 점차적이라기보다는 갑작스런 결과라 할 수 있으므로 정답이 될 수 없고, (D)는 모든 식물이 죽은 것이 아니라 대부분이 죽었다고 했으므로 오답이다.

어휘 theory n 이론 | dinosaur n 공룡 | disappear v 사라지다 | widely adv 널리 | accept v 인정하다, 받아들이다 | asteroid n 소행성 | familiar adj 잘 아는, 익숙한 | go through ~을 살펴보다 | briefly adv 잠시, 간단히 | approximately adv 약, 거의 | strike v 부딪히다, 충돌하다 | dust n 먼지 | enormous adj 거대한 | cover v 뒤덮다, 가리다 | block v 막다, 차단하다 | lower v 떨어뜨리다, 낮추다 | global adj 지구의 | temperature n 온도, 기온 | affect v 영향을 끼치다 | species n 종 | herbivore n 초식 동물 | starve v 굶주리다, 굶어 죽다

02

Man: Student | Woman: Professor

Listen to part of a lecture in an art history class.

M Um, Professor, if Veronese was such a master of using rich color, why does the sky he painted look so dull? It looks more grey than blue.

W That is both an excellent point and a great question. The sky was originally a much more vivid blue. Veronese used smalt blue, which can fade over time. Smalt blue is actually made from cobalt, and it contains potassium. The cobalt is the element that creates the blue color, but the potassium makes it visible. Unfortunately, potassium reacts with moisture, and it slowly leaches out of the paint when it is exposed to humidity. So the blue fades even though the cobalt is still there. Had the artist used ultramarine, it would have maintained its color better. Ultramarine was an important part of the Venetian palette, but it was extremely

남자: 학생 | 여자: 교수

미술사 수업의 강의 일부를 들으시오.

남 어, 교수님, 만약 Veronese(베로네세)가 풍부한 색조 사용의 엄청난 달인이었다면, 그가 칠한 하늘이 왜 이렇게 칙칙해 보이는 건가요? 푸른색이라기보다는 회색으로 보이는데요.

여 아주 훌륭한 지적이자 굉장히 좋은 질문입니다. 하늘은 원래 더 선명한 푸른색이었어요. Veronese는 시간이 흐르며 색이 바래는 화감청색을 사용했습니다. 화감청색은 코발트로 만들어지는 색이며, 칼륨을 함유하고 있습니다. 코발트는 푸른 빛을 내는 원소이지만, 이를 눈에 보이게 해 주는 건 칼륨이죠. 불행히도, 칼륨은 수분에 반응하여, 습도에 노출되면 물감에서 서서히 침출되기 시작합니다. 그래서 코발트가 여전히 남아 있음에도 푸른색이 바래죠. 만약 이 화가가 군청색을 사용했다면, 색이 더 잘

expensive, so it was not typically used for large, less important parts of paintings like the sky.

보존됐을 겁니다. 군청색은 베네치아 색조의 중요한 부분이지만, 극히 비싼 염료여서 하늘처럼 그림에서 크고 덜 중요한 부분에는 일반적으로 사용되지 않았어요.

노트

MI) Veronese's use of color 주제) Veronese의 색의 사용

smalt blue 화감청색
- used to paint sky 하늘을 칠할 때 사용
- made from cobalt 코발트로 만들어짐
- potassium react moisture → leach 칼륨은 수분에 반응 → 침출됨

ultramarine 군청색
- expen. 비쌈
- X used in large, less imp. parts 크고 덜 중요한 부분에 사용되지 않음

Q. 군청색 염료(Ultramarine pigment)에 대해 무엇을 추론할 수 있는가?

Ⓐ 공기 중의 습도에 반응한다.
Ⓑ 깊은 푸른 색조는 코발트와 칼륨에서 나온다.
Ⓒ 그림의 아주 중요한 부분에 보통 사용되었다.
Ⓓ 화감청색만큼 쉽게 바래는 염료이다.

해설 군청색은 극히 비싼 염료여서 그림에서 크고 덜 중요한 부분에는 일반적으로 사용되지 않았다는 점으로 미루어 보아, 그림의 아주 중요한 부분에는 사용되었음을 추론할 수 있으므로 (C)가 정답이다.

어휘 master n 달인, 명인 | dull adj 칙칙한, 흐릿한 | originally adv 원래, 당초 | vivid adj 선명한, 생생한 | smalt n 화감청색 | fade v (색이) 바래다[희미해지다] | cobalt n 코발트, 짙은 청록색 | contain v ~이 들어[함유되어] 있다 | potassium n 칼륨 | element n 원소 | visible adj 눈에 보이는 | react v 반응하다 | moisture n 수분 | leach v 침출되다, 걸러지다 | expose v 노출시키다 | humidity n 습기 | ultramarine n 군청색 | maintain v 보존하다, 유지하다 | palette n 색조 | extremely adv 극히, 대단히 | expensive adj 비싼 | typically adv 흔히

03 Man: Professor

Listen to part of a lecture in a paleontology class.

M Since the 19th century, scientists have been looking for what are referred to as "missing links." These are organisms that bridge the gap between an earlier animal group and other groups that are believed to have evolved from that group. Based upon the concepts of evolution, researchers have reasoned that these organisms must have existed. Unfortunately, the fossil record is far from complete, so many of these transitional species have been difficult to find. It is easy to see that fish evolved long before tetrapods, or four-legged animals, which were the animals that moved from the water onto the land. Therefore, there must have been one or more species that shared characteristics of both fish and tetrapods.

남자: 교수

고생물학 수업의 강의 일부를 들으시오.

남 19세기 이래, 과학자들은 '미싱 링크'라 불리는 것들을 탐색해 왔습니다. 이 미싱 링크란 초기의 동물군과 이 동물군에서 진화했다고 여겨지는 다른 동물군 사이의 차이를 메우는 생물들이죠. 진화의 개념에 기반하여, 연구원들은 이 생물들이 분명히 존재했을 거라고 추론했습니다. 안타깝게도, 화석 기록은 완성과 거리가 멀어서, 이 과도기의 종들의 다수를 찾기가 어려웠어요. 사지동물, 즉 다리가 네 개 달린 동물들은 물에서 살다 육지로 옮겨 간 동물들이므로 물고기가 사지동물보다 훨씬 더 먼저 진화했다는 사실은 알기 쉽습니다. 그래서 물고기와 사지동물 둘 다의 특성을 공유하는 종이 틀림없이 하나 혹은 그 이상 존재했었을 겁니다.

Due to the number of traits that Tiktaalik shares with both fish and tetrapods, and the fact that it predates tetrapods by a few million years, it is a strong candidate for being a missing link. There were many other animals at this time that developed similar features, so it is difficult to say which one was the ancestor of land animals. However, there doesn't necessarily have to be one link. There could have been many transition animals from which land animals descended.

Tiktaalik이 물고기와 사지동물 둘 모두와 공유하는 특성의 수, 그리고 사지동물을 몇 억 년 앞선다는 사실로 인해, 이 생물은 미싱 링크가 될 수 있는 강력한 후보입니다. 이 시기에 비슷한 특성을 발달시킨 다른 동물들도 많이 존재했기에, 어떤 동물이 육지 동물의 조상인지 말하기는 어려워요. 그러나 미싱 링크가 꼭 하나여야 할 필요는 없습니다. 육지 동물이 진화하면서 거쳐 온 많은 종류의 과도기의 동물이 존재했을 수도 있어요.

노트

MI) missing link 주제) 미싱 링크

- species btw fish & tetra. 물고기와 사지동물 사이의 종
- Tikta. share traits Tiktaalik은 특성을 공유함
- could be many links 많은 링크가 존재했을 수도 있음

Q. 미싱 링크에 대해 무엇을 추론할 수 있는가?

Ⓐ 사람들은 종종 비슷한 특징을 가진 동물들은 같은 조상을 가졌을 것이라고 가정한다.
Ⓑ 과도기의 생물들은 화석 기록이 완전하지 않아서 찾기가 어렵다.
Ⓒ 많은 미싱 링크 화석들이 19세기에 발견되었다.
Ⓓ 미싱 링크 생물들은 항상 다른 서식지들 사이의 이행을 보여 준다.

해설 초기의 동물군과 진화된 다른 동물군 사이의 차이를 메우는 생물을 미싱 링크라 하는데, 사지동물보다 몇 억 년 앞서는 Tiktaalik이 물고기와 사지동물 둘 모두와 공유하는 특성을 가지고 있어 미싱 링크의 강력한 후보라고 말한 점으로 미루어 보아, 사람들은 특성이 비슷한 생물들의 조상이 같을 수도 있다고 가정했으리라 추론할 수 있으므로 (A)가 정답이다.

어휘 missing link n 미싱 링크(잃어버린 고리, 전체를 이해하거나 완성하는 데 필요한 정보 같은 것) | refer to A as B A를 B라고 부르다[일컫다] | organism n 생물 | bridge v (공백을) 메우다, ~의 가교 역할을 하다 | gap n 차이, 간격 | evolve v 진화하다 | based upon[on] ~에 기반하여 | concept n 개념 | evolution n 진화 | reason v 추론하다, 판단하다 | exist v 존재하다 | unfortunately adv 안타깝게도, 불행히도 | fossil n 화석 | complete adj 완전한, 완결한 | transitional adj 과도기의, 이행의 | species n 종 | tetrapod n 사지동물 | share v 공유하다 | characteristic n 특성, 특징 | due to ~로 인해 | trait n 특성 | predate v ~보다 앞서 오다 | candidate n 후보 | similar adj 비슷한 | feature n 특성 | ancestor n 조상 | not necessarily 반드시 ~은 아닌 | descend v 내려오다, 전해지다 | incompleteness n 불완전함 | habitat n 서식지

04 Man: Professor

Listen to part of a lecture in a botany class.

M In our last class, we discussed the temperate deciduous forest biome, which has four distinct seasons: winter, spring, summer, and fall. We also talked about the special adaptations that animals and plants have in dealing with those annual changes.

"Deciduous" refers to what the leaves of these trees do: they change color in fall, fall off in winter and regrow in spring. This adaptation makes it possible for trees in the forest to survive in winter. As with all living creatures, deciduous trees and plants have special adaptations to keep themselves alive. Summer is an active season for deciduous

남자: 교수

식물학 수업의 강의 일부를 들으시오.

남 지난 시간에 우리는 온대 낙엽수림의 생물 군계에 대해서 이야기했는데, 그곳에는 겨울, 봄, 여름 그리고 가을의 뚜렷한 사계절이 있죠. 또한 이처럼 일년 동안 발생하는 변화에 대처하는 데 동식물이 갖고 있는 특별한 적응력에 대해서도 이야기해 보았어요.

'낙엽성'이란 나뭇잎의 행동을 나타내는데, 가을에 색을 바꾸고, 겨울에 떨어지고, 봄에 다시 나는 것을 의미해요. 이러한 적응은 숲에 있는 나무들이 겨울을 날 수 있도록 도와주죠. 모든 생물과 마찬가지로, 낙엽성 나무와 식물은 살아남기 위한 특별한 적

trees. The wide surface of their leaves captures the Sun's energy and converts it into food via photosynthesis. Most of the food is used for growing, but part of it is stored in the roots for next spring. Also, to get ready for winter, deciduous trees and plants become dormant. They lose their leaves and seal the places where the leaves were attached with a protective coating called a leaf scar. If they retained their leaves, water in the leaves would freeze into ice, damaging the leaves and leaving the plant vulnerable to bacteria or fungi. The plants also generate concentrated sugar solution to keep water from freezing in their stems. Longer days and warmer spring weather signal trees to grow new leaves and start photosynthesizing again.

응력을 갖고 있어요. 여름은 낙엽성 나무들에게 몹시 바쁜 때예요. 넓은 면적의 잎들이 태양의 에너지를 받아서 광합성을 통해 그것을 에너지원으로 전환하죠. 대부분의 에너지원은 물론 성장에 사용되지만, 일부는 다음 해 봄을 위해 뿌리에 저장돼요. 게다가, 겨울을 준비하기 위해 낙엽성 나무와 식물은 휴면 상태가 돼요. 잎이 떨어진 후 잎이 있던 자리는 엽흔이라는 보호용 코팅으로 봉해지죠. 만약 잎을 계속 갖고 있다면, 잎에 있는 수분이 얼어서 잎을 손상시키고 식물은 박테리아나 곰팡이에 취약한 상태로 남게 되겠죠. 식물은 또한 줄기에서 수분이 얼어버리는 것을 막기 위해 농축된 당액을 만들어 내요. 낮이 길어지고 기온이 따뜻해지는 봄 날씨는 나무들에게 새 잎을 생성해서 광합성을 다시 시작하라는 신호를 보내게 되죠.

Lesson 05 Lectures

노트

MI) deciduous trees & plants 주제) 낙엽성의 나무와 식물
deciduous = what leaves do 낙엽성 = 잎이 하는 것

summer 여름
- capture Sun's energy, photosyn. 태양 에너지를 받아 광합성

winter 겨울
- become dormant 휴면 상태가 됨
- lose leaves → seal with leaf scar 잎을 잃음 → 엽흔으로 봉함

spring 봄
- grow new leaves & photosyn. again 새 잎이 자라고 다시 광합성

Q. 강의에서 낙엽성 나무에 대해 무엇을 추론할 수 있는가?

Ⓐ 광합성을 통해 생성되는 모든 에너지원은 성장하는 데 사용된다.
Ⓑ 겨울에는 아마도 광합성을 하지 않을 것이다.
Ⓒ 일 년 내내 잎이 떨어지고 다시 생성된다.
Ⓓ 열대 우림의 생물 군계에서도 찾아볼 수 있다.

해설 낙엽성 나무와 식물은 겨울에는 휴면 상태에 들어가며 봄이 되면 다시 광합성을 하라는 신호를 받게 된다는 것으로 미루어 보아, 겨울에는 광합성을 하지 않는다는 것을 추론할 수 있으므로 (B)가 정답이다. 보기 (A)는 에너지원 일부가 다음 봄을 위해 뿌리에 저장되기도 한다고 말했으므로 답이 될 수 없고, 일 년 내내 잎이 떨어지고 다시 생성되는 것이 아니라 겨울에만 떨어진다고 했으므로 (C)는 답이 될 수 없으며, (D)는 언급된 바 없으므로 오답이다.

어휘 temperate adj 온대의 I deciduous adj 낙엽성의 I biome n 생물 군계 I distinct adj 뚜렷한 I adaptation n 적응(력) I deal with ~에 대처하다 I refer to ~을 나타내다 I creature n 생물 I alive adj 살아 있는 I capture v 붙잡다 I convert v 전환하다 I photosynthesis n 광합성 I store v 저장하다 I dormant adj 휴면하는 I seal v 봉하다 I attach v 붙이다 I protective adj 보호용의, 보호하는 I coating n 덮음, 칠하기 I leaf scar n 엽흔(줄기에 남은 잎자국) I retain v 계속 유지하다 I damage v 손상시키다 I vulnerable adj 취약한, 상처받기 쉬운 I fungi n 곰팡이 (fungus의 복수형) I concentrated adj 농축된 I solution n 용액, 용해 I stem n 줄기 I signal v 신호를 보내다

Passage 1

Man: Professor

[1-4] Listen to part of a lecture in a film study class.

M **1C** The distinctions between classical acting and method acting can be difficult to define. Before the development of the motion camera, all acting was done upon the stage, and such performances demanded particular abilities from the actors. Since they were separated from the audience, they had little need to express their emotions through their facial expressions. Of course, they could still use their body language, but the gestures had to be exaggerated to allow the audience to see them. Since the entire story of the play was told through the actor's lines and the narrator's retelling of events, an actor's main tool was their voice.

An actor had to train their voice in many ways. They needed to be able to be loud—not to yell, but to project their voice so that the whole audience could hear them. They needed to train their lungs and vocal chords to withstand long monologues and long overall performances. **2A** Shakespeare's plays would often take many hours to perform, and they still do today. Performers also needed to have good pronunciation and an easily understood accent. So, an actor really needed to train and take good care of their voice.

When films began, the voice suddenly was no longer a factor, because the films did not have sound. The overstated body language of the stage was still useful, though, and more importantly, the camera could do close-ups. This made the nuances of normal facial expressions suddenly clearly visible to the audience, and they became a vital part of acting. When sound was introduced through the first talkies, speaking came back to the forefront. This is when we can begin to talk about classical acting in respect to film. Constantin Stanislavski created the classical acting system and he published his theories in English in the 1936 edition of his book *An Actor Prepares*. His training method includes many techniques.

First, there is an emphasis on physical acting, such as body language and other physical actions. Next, Stanislavski focuses on the script itself, finding the "through line of actions" that unifies the plot of the story. He also stresses exploring the subtext, the underlying elements of the story that are not overtly stated. And finally, he strongly advocates using one's imagination as a way to find the soul of the character and to relate to the other actors. Specifically, Stanislavski encourages actors to personalize the role through affective memory—to take one's own real-life experiences that are similar to those of the character

남자: 교수

영화학 수업의 강의 일부를 들으시오.

남 **1C** 고전 연기와 메소드 연기의 차이는 정의하기 어려울 수도 있습니다. 모션 카메라가 개발되기 전에는 모든 연기가 무대 위에서 이루어졌고, 그러한 연기는 배우들에게 특정한 능력을 요구했습니다. 관객과 떨어져 있기 때문에, 얼굴 표정을 통해 감정을 표현할 필요가 그다지 없었죠. 물론, 보디랭귀지는 여전히 사용할 수 있었지만, 관객이 볼 수 있도록 몸짓을 과장해야만 했습니다. 극의 줄거리 전체가 배우의 대사와 내레이터가 사건을 다시 이야기해 주는 것으로 전달되었기 때문에, 배우의 주된 도구는 자신의 목소리였습니다.

배우는 많은 방법으로 자신의 목소리를 훈련시켜야 했어요. 소리를 지르지 않고도 모든 관객이 들을 수 있도록 큰 소리를 낼 수 있어야 했습니다. 긴 독백과 긴 공연 전반을 견딜 수 있도록 폐와 성대를 훈련시켜야 했습니다. **2A** 셰익스피어의 연극은 공연하는 데 많은 시간이 걸렸었고, 오늘날에도 여전히 그러합니다. 배우는 또한 발음이 좋아야 하며, 쉽게 알아들을 수 있는 억양을 가져야 했습니다. 그래서 배우는 자신의 목소리를 훈련하고 잘 챙겨야 했죠.

영화가 시작되면서, 갑자기 목소리는 더 이상 한 요인이 아니게 되었습니다. 왜냐하면 영화에는 소리가 없었기 때문이죠. 하지만 무대에서 쓰였던 과장된 보디랭귀지는 여전히 유용했고, 더 중요한 점은 카메라가 클로즈업을 할 수 있었다는 것입니다. 이로 인해 보통의 얼굴 표정이 지닌 뉘앙스가 갑자기 관객에게 뚜렷하게 보이게 되었고, 연기에서 가장 중요한 부분이 되었어요. 최초의 발성 영화를 통해 소리가 도입되자, 말하기가 다시금 중요해졌습니다. 이 시점에 우리는 영화에 관한 고전 연기에 대해 이야기할 수 있습니다. Constantin Stanislavski가 고전 연기 체계를 만들었고 그의 책인 〈An Actor Prepares〉의 1936년판에서 자신의 이론을 영어로 출간했습니다. 그의 훈련 방법에는 많은 기법이 있죠.

먼저, 보디랭귀지 및 다른 신체적 행동과 같은 신체적 연기에 중점을 둡니다. 다음으로, Stanislavski는 이야기의 줄거리를 통일하는 '관통선'을 찾아내며 극본 자체에 집중합니다. 그는 또한 명백히 나타나지 않은, 이야기의 숨겨진 요소인 서브텍스트 분석을 강조해요. 그리고 마지막으로, 그는 등장인물의 영혼을 찾고 다른 배우들과 관계를 쌓기 위해 상상력을 사용할 것을 강하게 지지합니다. 구체적으로 말해, Stanislavski는 정서적 기억을 통해 역할을 자신의 것으로 만들라고 배우들을 장려했어요.

and use them as a way to identify more closely with that character.

Later, Lee Strasberg, who was trained in classical acting, developed his own system, which is now called method acting. Method acting training involves many of the same basic techniques as classical acting, but it approaches the performance from a different angle. **3D** In classical acting, actors try to understand their characters and to put themselves inside those characters. The actors ask themselves how their characters would react to a situation and act accordingly. **3D** In method acting, actors put the characters into themselves—they internalize the characters. They become the characters so completely that they do not ask how they should react; the actors simply react in the way that feels natural to them. This creates an emotional rawness and sensitivity that earlier acting often seemed to be lacking.

4B Many method actors become their characters so completely that they "stay in character" even when they are not filming, or even on set. To do so, some actors go to extreme lengths of transformation. They will lose or gain large amounts of weight, learn foreign languages, study other jobs, and even give themselves physical disabilities.

극중 인물의 경험과 비슷한, 배우가 실제로 겪은 경험을 이용해 그 인물과 더 비슷해질 수 있도록 하는 것이죠.

시간이 흘러, 고전 연기를 훈련 받은 Lee Strasberg가 오늘날 메소드 연기라고 불리는 자신만의 체계를 발전시켰습니다. 메소드 연기 훈련은 고전 연기의 기본적인 기법과 많은 점에서 같지만, 다른 관점으로 연기에 접근합니다. **3D** 고전 연기에서, 배우는 인물을 이해하려고 하고, 그 인물에 자신을 집어넣으려고 하죠. 어떠한 상황에서 그 인물이 어떻게 반응할지를 자신에게 묻고 그에 따라 연기합니다. **3D** 메소드 연기에서는, 배우가 자기 자신에게 인물을 대입합니다. 인물을 내면화하는 것이죠. 자기 자신이 완전히 그 인물이 되어 그가 어떻게 반응할지 묻지 않아도 될 정도입니다. 그저 자신에게 자연스러운 방식으로 반응하죠. 이는 기존의 연기에 부족해 보였던 있는 그대로의 감정과 감성을 만들어 냅니다.

4B 많은 메소드 연기자들이 너무 완전히 자신이 맡은 인물이 되다 보니 촬영을 하고 있지 않을 때나 촬영장에서도 '그 인물로 머물러' 있습니다. 그렇게 하기 위해, 어떤 배우들은 엄청난 변신을 거칩니다. 몸무게를 엄청나게 감량하거나 늘리기도 하고, 외국어를 배우고, 다른 직업들에 대해 연구하고, 스스로에게 신체적으로 장애를 주기도 합니다.

노트

MI) distinc. btw classical act. & method act. 주제) 고전 연기와 메소드 연기의 차이점

before motion camera 모션 카메라 (개발) 전에
- done on stage - ↓emotion, ↑gesture 무대에서 이루어짐 - 감정은 적게, 몸짓은 크게
- voice imp. 목소리가 중요함
  e.g. shakesp. plays 예를 들어, 셰익스피어 연극

film 영화
- close-ups → facial express. visible 클로즈업 → 얼굴 표정이 보임
- Constan. Stani~ book *An Actor Prep.* Constantin Stanislavski의 책 〈An Actor Prepares〉
  physical act. 신체적 연기
  focus on script, subtext 극본과 서브텍스트에 집중함
  use imag. to find soul of charac. 등장인물의 영혼을 찾기 위해 상상력 이용함
- Lee Stras~ method act. Lee Strasberg의 메소드 연기
  internalize charac. 인물을 내면화함
  stay in charac. - transform 인물에 머물러 있음 - 변신함

Type: Main Idea

1. 강의의 주된 주제는 무엇인가?

Ⓐ 무대 연기에 필요한 조건들

Ⓑ 메소드 연기의 발달
Ⓒ 고전 연기와 메소드 연기의 비교
Ⓓ 영화가 연기에 가져온 변화

해설 강의 첫마디에서 교수는 고전 연기와 메소드 연기의 차이는 정의하기 어렵다고 말하면서 강의에서 다루게 될 주제를 언급한다. 그 다음 고전 연기에 대해 설명한 후, 메소드 연기가 발달되면서 고전 연기와 비슷하지만 어떻게 다른지 설명한다. 따라서 전반적으로 고전 연기와 메소드 연기를 비교하고 있으므로 정답은 (C)이다.

Type: Details

2. 교수에 따르면, 셰익스피어 연극을 연기하기 어렵게 만드는 것은 무엇인가?

Ⓐ 공연하는 데 몇 시간이 걸렸다.
Ⓑ 배우들이 특정 억양을 사용하도록 했다.
Ⓒ 배우들이 크게 말해야만 했다.
Ⓓ 대사를 발음하기 어려웠다.

해설 강의 중반부에 셰익스피어의 연극은 공연하는 데 많은 시간이 걸린다고(Shakespeare's plays would often take many hours to perform) 하였으므로 (A)가 정답이다. 보기 (B)는 배우는 특정 억양이 아닌 쉽게 알아들을 수 있는 억양(easily understood accent)을 가져야 한다고 했으므로 오답이고, (C)와 (D)는 언급되지 않은 내용이라서 오답이다.

Type: Details

3. 고전 연기와 메소드 연기의 차이점을 가장 뚜렷하게 드러내는 것은 무엇인가?

Ⓐ 연기자가 거치는 발성 훈련의 종류
Ⓑ 연기가 촬영되는 방식
Ⓒ 영화 출연진에 대한 감독의 대우
Ⓓ 인물과 배우와의 관계

해설 강의 후반부에 교수는 Lee Strasberg가 오늘날의 메소드 연기라고 불리는 체계를 확립했는데, 고전 연기에서 배우는 자기 자신을 그 인물에 집어넣어서 인물을 이해하려고 하는(In classical acting, actors try to understand their characters and to put themselves inside those characters.) 반면, 메소드 연기에서는 배우가 인물을 스스로에게 대입함으로써 인물을 내면화한다고(In method acting, actors put the characters into themselves—they internalize the characters.) 비교 설명을 통해 연기에 대한 접근법이 서로 다르다고 말한다. 즉 고전 연기와 메소드 연기의 차이점을 인물과 배우와의 관계에 있어 다른 관점을 가지고 있다고 패러프레이징한 (D)가 정답이다.

Type: Inference

4. 메소드 연기에 대해 무엇을 추론할 수 있는가?

Ⓐ 배우들은 때때로 자신을 신체적으로 대폭 변화시킨다.
Ⓑ 극중 인물로 지내는 것은 배우의 개인적 삶에 영향을 줄 수도 있다.
Ⓒ 배역 준비는 배우들이 엄청난 연구를 하도록 한다.
Ⓓ 배우들은 보통의 모습으로 완전히 돌아오지 못할 수도 있다.

해설 강의 후반부에 많은 메소드 연기자들이 너무 완전히 자신이 맡은 인물이 되다 보니 촬영을 하지 않을 때에도 그 인물로 머물러 있다고 말하는 것으로 보아, 극중 인물로 지내는 것이 배우의 개인적 삶에 영향을 줄 수도 있다는 것을 추론해 볼 수 있으므로 (B)가 정답이다.

어휘 distinction n 차이 | classical adj 고전적인, 전통적인 | method acting n 메소드 연기 | define v 정의하다 | development n 개발, 발달 | stage n 무대 | performance n 연기, 공연 | demand v 요구하다 | particular adj 특정한 | separate v 떼어 놓다, 분리하다 | audience n 관객, 관중 | express v 표현하다 | facial expression 얼굴 표정 | body language n 보디랭귀지(몸짓을 통한 감정 · 생각의 전달) | gesture n 몸짓, 제스처 | exaggerate v 과장하다 | entire adj 전체의 | actor n 배우 | narrator n 내레이터, 서술자 | retell v 다시 이야기하다[말하다] | train v 훈련하다 | loud adj (소리가) 큰 | yell v 소리지르다 | project v 보여 주다, 나타내다 | lung n 폐 | vocal chord 성대 | withstand v 견뎌내다, 이겨내다 | monologue n 독백 | overall adj 종합적인, 전체의 | pronunciation n 발음 | accent n 억양 | take care of ~을 돌보다[챙기다], 신경 쓰다 | no longer 더 이상 ~이 아닌 | factor n 요인 | overstate v 과장하다 | useful adj 쓸모 있는, 유용한 | close-up n 클로즈업, 근접 촬영 | nuance n 뉘앙스, 미묘한 차이 | clearly adv 뚜렷하게, 확실히 | visible adj 보이는 | vital adj 극히 중요한, 필수적인 | introduce v 도입하다 | talkie n 발성 영화 | forefront n 가장 중요한 위치, 맨 앞, 선두 | in respect to ~에 관하여 | publish v 출판하다 | theory n 이론 | technique n 기법 | emphasis n 중점, 강조 | physical adj 신체적인, 물리적인 | focus on ~에 집중하다 | script n 극본, 대본 | unify v 통일하다, 통합하다 | plot n 줄거리 | stress v 강조하다 | explore v 탐구[분석]하다 | subtext n 서브텍스트, 언외의 의미, 숨은 이유 | underlying adj 뒤에 숨은, 근본적인, 근원적인 | element n 요소 | overtly adv 명백히, 공공연하게 | advocate v 지지하다, 옹호하다 | imagination n 상상력 | specifically adv 구체적으로 | personalize v 개인의 필요에 맞추다 | affective adj 정서적인 | experience n 경험 | identify with ~와 동일시하다 | involve v 포함하다, 관련시키다 | approach v 접근하다 | angle n 관점, 각도 | react v 반응하다 | accordingly adv 그에 따라, 부응해서 | internalize v 내면화하다 |

completely adv 완전히 | natural adj 자연스러운 | emotional adj 정서의, 감정의 | rawness n [감정적인] 원초성 | sensitivity n 감성, 세심함 | lack v 부족하다, 결여되다 | transformation n 변화, 변신 | disability n 장애 | requirement n 필요 조건 | comparison n 비교 | treatment n 대우 | cast n 출연진 | drastically adv 대폭, 급격히 | affect v 영향을 주다 | return v 돌아오다 | normal adj 보통의

Passage 2

Man: Professor

[1-4] Listen to part of a lecture in an archaeology class.

M The population of Europe carries a mixture of genes from three diverse ancient sources. **1B** The currently accepted theory holds that modern humans moved out of Africa and into the Middle East, Asia, and eventually Europe 42,000 to 45,000 years ago. Over time, these groups formed into three distinct populations, whose descendants developed the unique physical traits that they have today. The new arrivals in Europe were not alone, as Neanderthals had been there for about 400,000 years. Both groups were hunter-gatherer societies, and they apparently mingled enough to produce offspring. **1B** Then, about 5,000 years later, nomads also spread into Europe from the steppes of western Asia. Of course, the percentage of Middle Eastern and Asian DNA that individuals possess today varies by ethnic group and location, but this was long held to be the pattern by which modern Europeans developed.

However, a recent find from the Kostenki site in Russia has put this all into question. I say recent, but that is not entirely accurate. The human remains that the researchers were working with, called Kostenki 14, were recovered in 1954, but they only recently discovered just how old they are and what the man's ethnic makeup was. Based upon artifacts found at the site, the man has been placed in the Aurignacian culture, which is believed to have reached Eastern Europe between around 43,000 and 40,000 BCE. **2D** These included tools, **2C** personal ornaments, **2B** and even a piece of carved ivory that may be meant to be a human head. This is a key find, because the Aurignacian were among the first to create representational art. The researchers took samples from the man's arm bone in 2014 and used them to sequence his DNA. They were able to determine that the man had dark skin and eyes and that he had a little more Neanderthal DNA than Europeans and Asians have today.

The researchers also used radiocarbon dating to determine when he died, and the data indicates that his bones are 36,200 to 38,000 years old. **3D** His grave was dug through a layer of ash that was laid down by volcanic eruptions in Italy 39,300 years ago. The artifacts were found both above and well below this ash layer, and the way the tools were made indicates that they belonged to the same culture. So what does this all mean when taken together? The man had distinctly African features with a DNA sequence that is

남자: 교수

고고학 수업의 강의 일부를 들으시오.

남 유럽의 인구는 세 개의 다양한 고대 근원에서 온 유전자 혼합물을 갖고 있습니다. **1B** 현재 받아들여진 이론은 현대 인류가 약 4만 2천 년에서 4만 5천 년 전에 아프리카에서 나와 중동, 아시아, 그리고 결국 유럽으로 이동했다고 주장합니다. 시간이 흐르며 이 집단들은 세 개의 구별되는 인구 집단으로 형성되었고, 이들의 자손은 오늘날 갖고 있는 독특한 신체적 특성을 발달시키게 되었죠. 유럽에 새로 도착한 건 그들만이 아니었어요. 네안데르탈인도 그 지역에 약 40만 년간 살고 있었기 때문이죠. 두 집단은 수렵-채집인 사회였고, 분명 자손을 남길 정도로 충분히 뒤섞이게 되었습니다. **1B** 그러다 5천 년 뒤, 서아시아의 스텝 지대에서 온 유목민들 또한 유럽으로 퍼져나갔습니다. 물론 오늘날 개인이 보유한 중동과 아시아의 DNA 비율은 인종 집단과 지역에 따라 다르지만, 이것은 현대의 유럽인들이 발달한 패턴으로 오랫동안 여겨져 왔습니다.

그러나 러시아의 Kostenki 부지에서 최근에 발견된 것이 이 모든 것에 의문을 제기했습니다. 제가 최근이라고 말했지만, 사실 완전히 정확하지는 않아요. 연구원들이 연구 중인 인간의 유해는 Kostenki 14라고 불리며 1954년에 복원되었지만, 이 유해가 얼마나 오래된 것이며 이 남자의 인종 구성이 어떻게 되는지는 최근에서야 밝혀졌어요. 현장에서 발견한 유물들을 토대로 할 때, 이 남자는 동부 유럽에 기원전 4만 3천 년에서 4만 년 사이에 도착한 것으로 여겨지는 오리냐크 문화에 속했습니다. **2D** 유물에는 도구, **2C** 개인의 장식품, **2B** 그리고 인간의 머리인 것처럼 보이는 조각된 상아 조각까지 포함되어 있었어요. 오리냐크인들은 재현 예술을 만들어 낸 최초의 사람들 중 하나였기에 이는 무척 중요한 발견이었습니다. 연구원들은 2014년에 남자의 팔뼈에서 표본을 채취해 DNA 배열 순서를 알아내는 데 사용했습니다. 남자가 어두운 피부색과 눈을 갖고 있었고, 오늘날의 유럽인들과 아시아인들이 가지고 있는 것보다 조금 더 많은 네안데르탈인 DNA를 갖고 있다는 것을 알아낼 수 있었어요.

연구원들은 또한 남자가 언제 죽었는지 밝히기 위해 방사성 탄소 연대 측정법을 이용했고, 데이터는 남자의 뼈가 36,200년에서 38,000년 전의 것이라고 밝혔습니다. **3D** 남자의 무덤은 39,300년 전 이탈리아에서 일어난 화산 폭발로 내려앉은 화산재 층을 뚫고 발굴되었어요. 유물들은 이 화산재 층의

Lesson 05 Lectures

very close to modern Europeans, he lived around 37,000 years ago, and as I mentioned, his people had been in the area since before the ash layer was deposited. We cannot really be more accurate than that since radiocarbon dating cannot reliably measure dates earlier than 50,000 years ago. **1B** The researchers concluded that the accepted theory on European ancestry may not be entirely correct. This man shows that all four groups, namely Asians, Middle Easterners, ancient Europeans, and Neanderthals, intermixed much earlier than we had thought. They estimated when his ancestors first mated with Neanderthals and determined that it happened around 54,000 years ago. Our timescale for the evolution of Europeans may need to be changed, but it is a bit early to say that with any certainty. **4A** The Kostenki tribe could be a unique case due to its location. Kostenki 14's tribe had already mixed with the other human populations, and they had moved quite far north. That last bit is still somewhat of a mystery.

위와 그리고 아주 아래쪽에서도 발견되었으며 도구들이 만들어진 방식은 이들이 서로 같은 문화에 속했다는 것을 보여 줍니다. 그래서 이 모든 것을 종합하면 무슨 의미일까요? 이 남자는 뚜렷한 아프리카인의 특징을 가지고 있었으며 오늘날의 유럽인들과 아주 비슷한 DNA 배열을 갖고 있었고, 약 3만 7천 년 전에 살았으며 제가 언급했듯이 그가 속한 문화의 사람들은 화산재 층이 쌓이기 전부터 그 지역에 살고 있었습니다. 방사성 탄소 연대 측정법이 5만 년 전보다 그 이전으로 넘어가면 확실히 시기를 측정할 수 없기 때문에 이 이상 더 정확히 알 수는 없어요. **1B** 연구원들은 유럽 혈통에 대해 받아들여진 이론이 완전히 옳지는 않을 수도 있다는 결론을 내렸습니다. 이 남자는 네 그룹 모두, 즉 아시아인과 중동인, 고대 유럽인과 네안데르탈인이 우리가 생각한 것보다 훨씬 더 전에 섞였다는 것을 보여줬어요. 연구원들은 남자의 조상이 언제 맨 처음으로 네안데르탈인과 짝을 지었다는 것을 짐작할 수 있었고, 그 일이 5만 4천 년 전에 일어났다는 사실을 알아냈죠.

유럽인들의 진화에 대해 우리가 알고 있던 시간 단위는 바뀌어야 할 수도 있지만, 확신을 갖고 말하기는 좀 이릅니다. **4A** Kostenki 부족은 위치 때문에 특이한 경우가 될지도 모르거든요. Kostenki 14의 부족은 다른 인류와 이미 섞였고, 이들은 상당히 먼 북쪽으로 이동했어요. 그 마지막 부분이 여전히 수수께끼로 남아 있습니다.

노트

MI) pattern of expan. Europe 주제) 유럽으로 확장한 패턴

Europeans - 3 genes 유럽 인구 - 3개의 유전자
Neanderthals lived 네안데르탈인 살고 있었음
W.A nomads → Europe 서아시아 유목민들 → 유럽

Kostenki - Aurignacian culture Kostenki - 오리냐크 문화
- tools, orna., ivory 도구, 장식품, 상아
- dark skin, eye - Neanderthal DNA. 어두운 피부, 눈 - 네안데르탈인 DNA
- bones age - vol. 뼈 나이 - 화산
  ∴ 4 gr. intermixed earlier 따라서 네 그룹이 이전에 섞임
  first mated w/ Neander. 맨 처음에 네안데르탈인과 짝을 지음
- moved north 북쪽으로 이동

Type: Main Idea

1. 강의의 주된 주제는 무엇인가?

Ⓐ 현대의 인류가 왜 네안데르탈인의 DNA를 가지고 있는가
Ⓑ 유럽으로의 전통적인 확장 패턴
Ⓒ 인류 정착 시기 알아내기
Ⓓ 왜 현대 인류가 네안데르탈인을 대체했는가

해설 강의 도입부에서 유럽 인구[혈통]의 근원에 대한 내용을 다룰 것임을 파악할 수 있다. 전반적인 강의의 흐름이 현대 인류가 세 개의 다양한 고대 근원에서 결국 유럽으로 이동하게 된 패턴을 설명하는 몇 가지 이론들과 이를 뒷받침하는 근거로 이루어져 있으므로 (B)가 정답이다. 보기 (A)와 (C)는 강의 내용의 일부만을 다루고 있어 오답이며, (D)는 현대 인류가 네안데르탈인의 DNA를 보유하고 있다는 내용은 있으나, 이를 대체했다는 내용은 없으므로 오답이다.

Type: Details

2. 다음 중 Kostenki 14가 오리냐크 문화의 일원이었다는 증거가 아닌 것은 무엇인가?

Ⓐ 의복
Ⓑ 상아 조각품
Ⓒ 장식품
Ⓓ 도구

해설 강의의 세부적인 정보를 정확히 들었는지 확인하는 문제로, 러시아의 Kostenki 부지에서 발견된 인간의 유해인 Kostenki 14는 현장에서 함께 발견된 유물로 오리냐크 문화의 사람인 것으로 밝혀졌는데, 그 유물에 대해 교수는 "These included tools, personal ornaments, and even a piece of carved ivory that may be meant to be a human head. 유물에는 도구, 개인의 장식품, 그리고 인간의 머리인 것처럼 보이는 조각된 상아 조각까지 포함되어 있었어요."라고 말한다. 따라서 유물로 언급되지 않은 것은 (A)이다.

Type: Details

3. 교수에 따르면, 화산재 층의 중요성은 무엇인가?

Ⓐ 유물들의 안 좋은 상태를 설명해 주었다.
Ⓑ 남자의 유해를 보존하도록 도와주었다.
Ⓒ 남자의 사망 원인을 밝혀냈다.
Ⓓ 남자가 언제 죽었는지 밝히는 데 사용되었다.

해설 강의 중반부에 교수는 발견된 남자의 뼈가 36,200년에서 38,000년 전의 것이라고 밝혀졌다는 것을 언급한 후, "His grave was dug through a layer of ash that was laid down by volcanic eruptions in Italy 39,300 years ago. 남자의 무덤은 39,300년 전 이탈리아에서 일어난 화산 폭발로 내려앉은 화산재 층을 뚫고 발굴되었어요."라고 이어 말한다. 따라서 화산재를 통해 남자가 죽은 시기를 알 수 있었음을 알 수 있으므로 (D)가 정답이다.

Type: Inference

4. Kostenki 부족에 대해 무엇을 추론할 수 있는가?

Ⓐ 유럽인들 대다수를 대표하지 못할 수도 있다.
Ⓑ 이들이 가진 더 많은 수의 네안데르탈인 DNA가 이들이 추위에 더 잘 적응하도록 해 주었다.
Ⓒ 인구가 밀집된 유라시아 지역에서 살았다.
Ⓓ 대부분의 부족원은 Kostenki 14보다 덜 다양했다.

해설 강의 후반부에 교수는 유럽인들의 진화 시간 단위에 대해 확신을 갖고 말하기엔 이르다고 말한 후, 동부 유럽으로 이동한 Kostenki 14의 유전자를 분석한 결과, 아시아인, 중동인, 고대 유럽인, 네안데르탈인 모두와 이미 섞였고, 그의 종족이 먼 북쪽으로 이동한 이유가 아직 수수께끼로 남아 있다고 말한다. 따라서 이 부족이 유럽 혈통을 대표한다고 말하기엔 아직 밝혀지지 않은 부분이 있다는 것을 의미하므로 (A)가 정답이다.

어휘 population n 인구 | mixture n 혼합물 | gene n 유전자 | diverse adj 다양한 | ancient adj 고대의 | source n 근원 | currently adv 현재, 지금 | accepted adj 받아들여진, 인정된 | theory n 이론 | hold v 주장하다 | modern adj 현대의 | eventually adv 결국, 종내 | distinct adj 뚜렷한 | descendant n 자손, 후손 | unique adj 독특한 | physical adj 신체적인, 물리적인 | trait n 특성 | Neanderthal n 네안데르탈인 | hunter-gatherer n 수렵-채집인 | society n 사회 | apparently adv 분명히, 보아하니 | mingle v 섞이다, 어우러지다 | produce v (자식을) 낳다, 생산하다 | offspring n 자손 | nomad n 유목민 | steppe n (유럽 동남부, 시베리아의) 스텝 지대 | individual n 개인 | possess v 소유[보유]하다, 지니다 | vary v 각기 다르다 | ethnic adj 인종의, 종족의 | recent adj 최근의 | site n 부지, 현장 | entirely adv 완전히 | accurate adj 정확한 | remains n (죽은 사람의) 유해 | recover v 회복[복원]하다 | makeup n 구성, 구조 | based upon ~에 기반하여 | artifact n 유물 | Aurignacian adj 오리냐크 사람의[문화의] n 오리냐크 사람[문화] | ornament n 장식품 | carve v 조각하다 | ivory n 상아 | representational art n 재현 예술(품) | sequence v 배열 순서를 밝히다 n 배열 | determine v 알아내다, 밝히다 | radiocarbon dating n 방사성 탄소 연대 측정법 | grave n 무덤 | dig v 파다 | ash n 재 | lay down ~을 내려놓다 | volcanic eruption 화산 폭발 | indicate v 나타내다, 보여 주다 | belong v 속하다 | deposit v 침전[퇴적]시키다 | reliably adv 믿을 수 있게, 확실히 | measure v 측정하다 | conclude v 결론을 내리다 | ancestry n 가계, 혈통 | correct adj 옳은 | namely adv 즉, 다시 말해 | intermix v 섞다, 섞이다 | estimate v 추정하다, 추산하다 | timescale n 기간, 시간의 척도 | evolution n 진화 | certainty n 확실한 것, 확실성 | tribe n 부족, 종족 | mystery n 수수께끼, 미스터리 | expansion n 확장 | settlement n 정착 | replace v 대체하다 | proof n 증거, 증명 | significance n 중요성 | reveal v 밝히다 | representative n 대표 | majority n 대다수 | suit v 적응시키다 | densely adv 밀집하여 | populate v 살다 | diverse adj 다양한

IV. Actual Test

Actual Test 1

본서 | P. 216

Conversation 1	1. B	2. B, C	3. B	4. C	5. A	
Lecture 1	1. B	2. A, B	3. D	4. A	5. B	6. B
Conversation 2	1. A	2. C	3. C	4. C	5. D	
Lecture 2	1. D	2. B, E	3. B	4. D	5. C	6. C
Lecture 3	1. A	2. A	3. C	4. B	5. C	6. D

Conversation 1

본서 | P. 218

Man: Student | Woman: Employee

[1-5] Listen to part of a conversation between a student and an employee at a university career services office.

W Hi, come in! What can I do for you?

M I just wanted to ask a few questions regarding the jobs fair next week.

W Certainly, ask away.

M 1B I guess I just wanted to know how I could prepare for the fair. It seems like a great opportunity, and I just wanted to make the most of it.

W You're smart to want to go prepared. Lots of people go to the fair without preparing, and they either end up talking to too many companies or not enough because they're not sure which company to approach.

M Oh, I can imagine that. It must be a pretty big fair.

W It absolutely is. 2C So first, do your research. It will make such a big difference for you to know which companies you're interested in. You can do some research on the company's history so that you can have some good small talk with the representatives. Remember, the jobs fair is trying to match people who might work well together. It's like a huge group dating event, really! But the only difference is, with the jobs fair, you can do some research ahead of time so that you know how to approach and impress the representatives.

M 3B Interesting. That's a funny metaphor, but it makes sense now. Should I wear a suit and carry around my résumé?

W 3B Well, I guess that depends on how serious you are. A guy in a suit holding a résumé will definitely look more attractive to prospective employers!

남자: 학생 | 여자: 직원

대학 진로 서비스 사무소에서 학생과 직원 사이의 대화 일부를 들으시오.

여 안녕하세요, 들어오세요! 뭘 도와 드릴까요?

남 다음 주 취업 박람회에 관해 몇 가지 질문을 하고 싶었어요.

여 당연히 되죠, 얼마든지 물어보세요.

남 1B 박람회 준비를 어떻게 하면 좋을지 궁금해서요. 좋은 기회인 것 같고, 최대한 활용하고 싶었어요.

여 준비한 상태로 가고 싶어 하다니 당신은 똑똑하군요. 많은 사람들이 준비 없이 박람회에 가고, 어느 회사에 접촉해야 할지 잘 모르기 때문에 결국 너무 많은 회사와 이야기를 나누거나 아니면 여러 회사와 충분히 이야기 나누지 못하거든요.

남 오, 그럴 수 있겠네요. 꽤 큰 박람회임에 틀림없겠네요.

여 확실히 그렇죠. 2C 자, 먼저 조사를 해 보세요. 학생이 어떤 회사에 관심이 있는지 아는 것은 학생에게 큰 차이를 가져올 거예요. 학생은 대표자들과 적절한 잡담을 나눌 수 있도록 회사의 역사에 대해 조사를 좀 하면 돼요. 취업 박람회는 함께 일을 잘할 수 있는 사람들을 연결하려고 노력하고 있다는 것을 기억하세요. 이건 마치 거대한 단체 데이트 행사 같아요! 하지만 유일한 차이점은, 취업 박람회에서는, 학생이 미리 조사를 하여 그 대표들에게 어떻게 접근하고 깊은 인상을 줄 수 있는지 알 수 있다는 것이에요.

남 3B 흥미롭네요. 재미있는 비유이지만, 이제 이해가 되네요. 정장을 입고 이력서를 가지고 다녀야 하나요?

여 3B 글쎄요, 그건 학생이 얼마나 진지하냐에 따라 다르다고 생각해요. 이력서를 들고 정장을 입은 남자가 장래의 고용주들에게 분명히 더 매력적으로 보이지 않을까요!

M Haha, alright, good point.

W 2B Another thing you can do is to have some questions ready for them. You can ask anything, really. For example, you can ask what it was like for them working at the company as a new recruit and if they started working there straight out of college. Then if they say they used to work somewhere else before starting there, you can ask why they decided to switch companies. That way, you can even find out how the company compares with other companies and so on.

M Can I ask dumb questions like how much sunlight they get in their offices?

W Absolutely! Companies know that the work environment is a huge selling point. No matter how much a company pays, they still face stiff competition from the company that pays less but has a masseuse on the third floor! Oh, and of course, feel free to ask how much they pay. That's not considered rude at all.

M Okay, thank you. This is helping. What should I do if I don't know which companies to talk to?

W I mean, obviously you should talk to companies that are related to your major.

M Well, what if I don't have a major?

W 4C Are you not a senior? Did you not know that this jobs fair is only for juniors and seniors?

M 4C I'm still a sophomore. Sorry, I should've made that clear. I think I just wanted to go around and find out what working for different companies is like. I thought it might help me decide what major I should go into.

W Well, that's smart thinking, 4C but unfortunately you can't attend this fair. But you know what, 5A there is an information session for freshmen and sophomores the day after. The same companies come to appeal to undecided underclassmen just like you. Do some light research, maybe have a few questions, but don't worry about wearing a suit.

M Wow, I'm glad I came and talked to you! I might've made a fool of myself!

W No problem! I hope you find what you're looking for.

남 하하, 맞네요, 일리가 있네요.

여 2B 학생이 할 수 있는 또 다른 일은 그들에게 할 몇 가지 질문을 준비하는 것이에요. 정말로 뭐든지 물어보세요. 예를 들어, 그들에게 신입 사원으로서 회사에서 일하는 것이 어땠는지, 대학 졸업 후 바로 그곳에서 일하기 시작했는지 물어볼 수 있죠. 그런 다음 그들이 그 전에 다른 곳에서 근무했었다고 하면 왜 회사를 옮기기로 결정했는지 물어보면 되겠네요. 그렇게 하면, 학생은 심지어 그 회사가 다른 회사들과 어떻게 비교되는지 등을 알 수 있어요.

남 그들의 사무실에 햇빛이 얼마나 잘 드는지와 같은 멍청한 질문을 해도 될까요?

여 당연하죠! 기업들은 업무 환경이 엄청난 장점이라는 것을 알고 있어요. 회사가 아무리 많은 돈을 주더라도, 그들은 적은 돈을 주지만 3층에 마사지사가 있는 회사와 여전히 치열한 경쟁을 하거든요! 아, 그리고 물론, 그들이 얼마를 주는지 자유롭게 물어보세요. 그건 전혀 무례하다고 여겨지지 않아요.

남 네, 감사합니다. 도움이 되네요. 어떤 회사와 이야기해야 할지 모르는 경우 어떻게 해야 합니까?

여 제 말은, 분명히 학생은 학생의 전공과 관련된 회사들과 이야기해야 하겠지요.

남 음, 만약 제가 전공이 없다면요?

여 4C 4학년 아니세요? 이번 취업 박람회가 3학년과 4학년만을 위한 행사라는 거 몰랐어요?

남 4C 저는 아직 2학년이에요. 죄송해요, 제가 분명히 말씀드렸어야 했는데 그냥 여기저기 돌아다니면서 여러 회사에서 일하는 게 어떤 건지 알고 싶었던 것 같아요. 어떤 전공을 해야 할지 결정하는 데 도움이 될 것 같아서요.

여 그건 현명한 생각이지만, 4C 불행하게도 학생은 이 박람회에 참석할 수 없겠네요. 하지만 있잖아요, 5A 그다음 날 신입생과 2학년을 위한 설명회가 있어요. 같은 회사들이 학생처럼 아직 아무것도 결정하지 않은 하급생들의 관심을 끌기 위해 옵니다. 약간의 조사를 해 보세요. 몇 가지 질문들을 해도 좋지만 정장 입는 것에 대해서는 걱정하지 마세요.

남 와우, 당신과 이야기해서 다행이에요! 제가 바보 같은 짓을 했을지도 모르겠네요!

여 문제없어요! 학생이 찾고 있는 것을 찾길 바랍니다.

1. What are the speakers mainly discussing?

Ⓐ How to find the best employer at a jobs fair
Ⓑ How to come prepared for a jobs fair
Ⓒ What questions to ask at a jobs fair
Ⓓ The difference between two jobs fairs

1. 화자들은 주로 무엇에 관해 논의하고 있는가?

Ⓐ 취업 박람회에서 최고의 고용주를 찾는 방법
Ⓑ 취업 박람회를 준비하는 방법
Ⓒ 취업 박람회에서 물어볼 질문들
Ⓓ 두 취업 박람회의 차이점

Actual Test 1

2. What does the employee recommend the student do?
Choose 2 answers.

Ⓐ Print multiple copies of his résumé
Ⓑ Prepare some questions
Ⓒ Do some research
Ⓓ Arrive early
Ⓔ Decide on his major

3. Listen again to part of the conversation. Then answer the question.

M Interesting. That's a funny metaphor, but it makes sense now. Should I wear a suit and carry around my résumé?
W Well, I guess that depends on how serious you are.

Why does the woman say this:

W Well, I guess that depends on how serious you are.

Ⓐ She is insisting that the student should be more serious.
Ⓑ She is implying that a suit and a résumé are a good idea.
Ⓒ She is indicating that suits and résumés are reserved only for the most serious of candidates.
Ⓓ She is pointing out that a suit and a résumé are good but not necessary.

4. Why can't the student attend the jobs fair?

Ⓐ He isn't prepared.
Ⓑ He hasn't decided on a company.
Ⓒ He is an underclassman.
Ⓓ He doesn't have a major.

5. What can be implied about the information session?

Ⓐ It is more casual.
Ⓑ It is available for students of all grades.
Ⓒ It is only for sophomores.
Ⓓ It is for people with undecided majors.

2. 직원은 그 학생이 무엇을 할 것을 추천하는가?
2개의 답을 고르시오.

Ⓐ 이력서를 여러 장 인쇄하기
Ⓑ 몇 가지 질문 준비하기
Ⓒ 조사하기
Ⓓ 일찍 도착하기
Ⓔ 전공 정하기

3. 대화의 일부를 다시 듣고 질문에 답하시오.

남 흥미롭네요. 재미있는 비유이지만, 이제 이해가 되네요. 정장을 입고 이력서를 가지고 다녀야 하나요?
여 글쎄요. 그건 학생이 얼마나 진지하냐에 따라 다르다고 생각해요.

여자는 왜 이렇게 말하는가:

여 글쎄요. 그건 학생이 얼마나 진지하냐에 따라 다르다고 생각해요.

Ⓐ 학생이 더 진지해야 한다고 주장하고 있다.
Ⓑ 정장과 이력서가 좋은 생각이라는 것을 암시하고 있다.
Ⓒ 정장과 이력서는 가장 진지한 지원자들만을 위해 따로 남겨 둔 것이라고 말하고 있다.
Ⓓ 정장과 이력서는 좋지만 꼭 필요한 것은 아니라고 알려 주고 있다.

4. 학생은 왜 취업 박람회에 참석할 수 없는가?

Ⓐ 준비가 안 되어 있다.
Ⓑ 회사를 정하지 않았다.
Ⓒ 하급생이다.
Ⓓ 전공이 없다.

5. 설명회에 대해 무엇을 추론할 수 있는가?

Ⓐ 더 간단하다.
Ⓑ 모든 학년의 학생들이 이용할 수 있다.
Ⓒ 2학년 학생만을 위한 것이다.
Ⓓ 전공이 정해지지 않은 사람들을 위한 것이다.

어휘 regarding prep ~에 관해 I jobs fair n 취업 박람회 I prepare v 준비하다 I opportunity n 기회 I make the most of ~을 최대한 활용하다 I end up V-ing 결국 ~하게 되다 I approach v 접촉하다, 접근하다 I absolutely adv 확실히 I research n (연구) 조사 I difference n 차이 I interested adj 관심이 있는 I representative n 대표자 I match v 연결시키다 I impress v 깊은 인상을 주다, 감동을 주다 I metaphor n 비유, 은유 I make sense 이해가 되다, 일리가 있다 I résumé n 이력서 I depend on ~에 따라 다르다, ~에 달려 있다 I serious adj 진지한 I definitely adv 분명히, 확실히 I attractive adj 매력적인 I prospective adj 장래의 I employer n 고용주 I recruit n 신입 사원 I straight adv 곧바로 I switch v 옮기다, 바꾸다 I and so on 등, 기타 등등 I dumb adj 멍청한, 바보 같은 I sunlight n 햇빛 I selling point n 장점 I face v 직면하다 I stiff adj 치열한 I competition n 경쟁 I masseuse n 여성 마사지사 I feel free to do 자유롭게[마음대로] ~하다 I consider v 여기다, 보다 I rude adj 무례한 I obviously adv 분명히 I be related to ~와 관련이 있다 I major n 전공 I senior n (4년제 대학의) 4학년 학생, 상급생 I junior n (4년제 대학의) 3학년 학생 I sophomore n (대학의) 2학년 학생 I unfortunately adv 불행하게도 I attend v 참석하다 I freshman n 신입생 I appeal v 관심을 끌다 I underclassman n 하급생[1, 2학년 학생] I make a fool of oneself 바보 같은 짓을 하다 I recommend v 추천하다 I multiple adj 여러 개의 I insist v 주장하다 I imply v 암시하다 I indicate v 말하다, 가리키다 I point out ~을 지적[언급]하다 I reserve v (~의 몫으로) 남겨 두다 I necessary adj 필요한 I casual adj 간단한, 약식의 I available adj 이용할 수 있는 I grade n 학년

Lecture 1

본서 P. 220

Woman: Professor

[1-6] Listen to part of a lecture in a linguistics class.

W I want to continue our discussion on cooperative principles. You may remember me mentioning Paul Grice, a well-known linguistic philosopher. He created a set of principles called the Gricean maxims. He came up with these principles while studying the way meaning is derived from language. **1B** He came to realize that humans had to communicate in specific ways to communicate effectively. He came up with four key maxims, with each of them having sub-maxims, but I'd like to focus on the key maxims for today's class.

6B The first maxim is the maxim of quality. This is probably the easiest one for us to understand with our moral compass. **2A** Basically, for effective communication to take place, you shouldn't say anything that is false. In other words, don't lie. **2B** This extends to mean that we shouldn't say anything that we don't have proof for. Something like this should be stated as an opinion, and this intention should be made clear to the other party.

But it isn't enough to just tell the truth. Imagine if you asked me what the time was and I replied by saying, "I just finished my homework." Even though it might be true that you just finished your homework, the other person just asked for the time. **6B** This means that what you say must be relevant. When someone asks for the time, effective communication means you should respond with something regarding the time, even if it's an "I don't know."

3D/6B The next maxim that somehow feels similar to the maxim of relevance is clarity. This requires communicators to be clear with what they are saying. This isn't simply a matter of not mumbling. He describes the importance of not using ambiguous or obscure language. That's sometimes difficult for professors who often write on esoteric subjects. **3D** For professors to communicate effectively, they must avoid language that the student might not understand, with sentences that aren't overly complicated and don't use more words than are needed. In fact, this maxim is a skill that many writers admire and strive for. Conveying the intended message with the least amount of words is an incredible skill and increases the impact that a sentence has on the reader.

여자: 교수

언어학 수업의 강의 일부를 들으시오.

여 협력 원칙에 대한 우리의 논의를 계속하고 싶네요. 여러분은 제가 유명한 언어철학자 Paul Grice를 언급했던 것을 기억할지도 모릅니다. 그는 그라이스의 격률(Gricean maxims)이라고 불리는 일련의 원칙을 만들었습니다. 그는 의미가 언어에서 파생되는 방법을 연구하면서 이러한 원리를 생각해 냈어요. **1B** 그는 인간이 효과적으로 의사소통을 하기 위해서는 특정한 방법으로 의사소통을 해야 한다는 것을 깨닫게 되었습니다. 그는 네 가지 핵심 격률을 생각해 냈고 각각에 하위 격률들이 있지만, 저는 오늘 수업에서 핵심 격률들에 초점을 맞추고 싶습니다.

6B 첫 번째 격률은 질의 격률입니다. 이것은 아마도 우리의 도덕적 잣대로 우리가 이해하기 가장 쉬운 것일 겁니다. **2A** 기본적으로, 효과적인 의사소통이 이루어지기 위해서는 거짓된 말을 해서는 안 됩니다. 다시 말해서, 거짓말하지 말라는 것이죠. **2B** 이것은 우리가 증거가 없는 것은 어떤 것도 말하지 말아야 한다는 의미로 확장됩니다. 이러한 것은 의견으로 진술해야 하고, 이러한 의도를 상대방에게 분명히 해야 합니다.

하지만 진실을 말하는 것만으로는 충분하지 않습니다. 만약 여러분이 몇 시냐고 물었고 제가 "방금 숙제를 끝냈어요"라고 대답했다고 상상해 보세요. 숙제를 막 끝낸 게 사실일 수도 있지만, 상대방은 그냥 시간을 알려 달라고 요청했어요. **6B** 이것은 당신이 말하는 것이 반드시 관련이 있어야 한다는 것을 의미합니다. 누군가 시간을 물어봤을 때 효과적인 의사소통은 비록 "모르겠다"라는 말이더라도 무언가 시간에 관해서 답변해야 한다는 뜻이에요.

3D/6B 다음 격률은 관련성의 격률과 어쩐지 비슷하게 느껴지는 명확성입니다. 이것은 의사소통자들에게 그들이 말하는 것을 명확히 할 것을 요구하는 것이죠. 이것은 단순히 중얼거리지 않는 문제가 아니에요. 그는 애매모호하거나 이해하기 힘든 언어를 사용하지 않는 것의 중요성을 설명합니다. 그것은 종종 난해한 주제에 관해서 글을 쓰는 교수들에게 때때로 어렵습니다. **3D** 교수들이 효과적으로 의사소통을 하기 위해서는 지나치게 복잡하지 않고

6B Finally, there is the maxim of quantity. This relates to the length and depth of a communicator's content. There is a bit of overlap with the previous maxim, but this maxim states that effective communicators should never give more information than is required. If the maxim of clarity focuses on the words themselves, the maxim of quantity focuses on the content. If I ask for the time, your response should be about the time and nothing more. If you respond by saying, "It's 4:00, and I finished my homework", that fails to meet the requirements of this maxim. Just stick to giving the time. 4A Right now, we're in election season, and it will be interesting for you to notice how candidates fail to use these maxims properly or twist them to their benefit. I find nothing more annoying than diplomatic answers, which are notoriously vague. They beat around the bush, and it sounds like they're answering the question, when in reality, they're using different strategies to avoid answering the question directly. Politicians may use big words to evade the answer, or they might answer the question without being 100 percent relevant. For example, if a journalist asks a candidate what they plan on doing to combat inflation, they might answer by saying something like inflation is a key point in their policies and that they plan to do everything they can. While this may sound relevant or clear, they might use big words to make their answer sound informed when it really isn't. Or they might begin to talk about the reasons for inflation without giving a clear course of action they plan on taking. They may also begin to answer a question and literally veer into a completely different topic. Or politicians may go as far as to give complete lies. They may say they actually did something when in reality they didn't. 5B These are extremely common occurrences that many voters fall prey to, and it is important for voters to recognize these instances so they can be more informed voters.

필요 이상의 단어를 사용하지 않는 문장을 쓰고, 학생이 이해하지 못할 수도 있는 언어를 피해야 합니다. 사실 이 격률은 많은 작가들이 동경하며 얻으려고 노력하는 기술입니다. 의도된 메시지를 최소한의 단어로 전달하는 것은 놀라운 기술이며 문장이 독자에게 미치는 영향을 증가시킵니다.

6B 마지막으로, 양의 격률이 있습니다. 이는 의사소통자가 전달하는 내용의 길이 및 깊이와 관련이 있습니다. 이전 격률과 다소 중복되는 부분이 있지만, 이 격률은 효과적인 의사소통자는 필요한 것보다 더 많은 정보를 제공해서는 안 된다고 명시합니다. 명확성의 격률이 단어 자체에 초점을 맞춘다면, 양의 격률은 내용에 초점을 맞춥니다.
내가 시간을 묻는다면, 여러분의 대답은 시간에 관한 것이어야 하고 그 이상이 되면 안 됩니다. 만약 여러분이 "지금 4시인데 나는 숙제를 끝냈어"라고 대답한다면, 그것은 이 격률의 요구 조건을 충족시키지 못하는 것입니다. 그냥 시간을 말하는 것에만 충실하세요.

4A 지금 선거철인데, 후보들이 어떻게 이러한 격률들을 제대로 사용하지 못하거나 그들에게 유리하도록 왜곡하는지 알아보는 것은 흥미로울 것입니다. 저는 애매하기로 악명 높은 외교적 답변보다 더 짜증나는 것은 없다고 생각해요. 그들은 둘러대며, 질문에 답하는 것처럼 들리지만 실제로 그들은 질문에 직접적으로 답하는 것을 피하기 위해 다른 전략을 사용하고 있어요. 정치인들은 대답을 회피하기 위해 어려운 단어를 사용할 수도 있고, 그들은 100퍼센트 관련이 없는 대답을 할 수도 있습니다. 예를 들어, 기자가 후보자에게 인플레이션과 싸우기 위해 무엇을 할 계획인지 묻는다면, 그들은 인플레이션이 정책의 핵심이며 그들이 할 수 있는 모든 것을 할 계획이라고 대답할 수 있습니다. 이것이 적절하거나 명확해 보일 수 있지만, 그들은 자신들의 대답이 실제로 그렇지 않음에도 불구하고 도움이 되는 것처럼 들리게 하기 위해 어려운 단어를 사용할 수 있어요. 아니면 그들이 취할 계획인 명확한 행동 방침을 제시하지 않고 인플레이션의 이유에 대해 말하기 시작할 수도 있어요. 그들은 또한 질문에 대답하기 시작하고 말 그대로 완전히 다른 주제로 전환할 수도 있어요. 아니면 정치인들은 완전히 거짓말을 할 수도 있어요. 그들은 사실은 하지 않았지만 실제로 무언가를 했다고 말할 수 있어요. 5B 이는 많은 유권자들이 피해자가 되는 극히 흔한 일이며, 유권자들이 이러한 사례들을 인식하여 더 잘 아는 유권자가 되는 것이 중요합니다.

1. **What is the main topic of the lecture?**
   Ⓐ Paul Grice's contributions to linguistic philosophy
   Ⓑ The four Gricean maxims of effective communication
   Ⓒ Common strategies in evading the Gricean maxims in politics
   Ⓓ The interrelatedness of quantity, quality, relevance, and clarity in communication

2. **According to the lecture, which of the following are features of the maxim of quality?** Choose 2 answers.
   Ⓐ Telling the truth
   Ⓑ Presenting a fact that is supported by evidence
   Ⓒ Giving only necessary details
   Ⓓ Communicating with effective terminology
   Ⓔ Using your moral compass when communicating

3. **According to the lecture, which of the maxims directs communicators to avoid long, complicated sentences?**
   Ⓐ The maxim of quantity
   Ⓑ The maxim of quality
   Ⓒ The maxim of relevance
   Ⓓ The maxim of clarity

4. **What is the professor's opinion on politicians?**
   Ⓐ She despises the vague answers some politicians give to questions.
   Ⓑ She notices almost all politicians break the Gricean maxims.
   Ⓒ Election season is one of the most annoying times of the year for her.
   Ⓓ She believes all politicians should take classes on effective communication.

5. **What can be inferred about voters through the lecture?**
   Ⓐ It is a difficult but achievable skill to notice when politicians twist the truth.
   Ⓑ Many voters fail to recognize when politicians don't follow these maxims.
   Ⓒ They should ask more questions to their politicians during town hall sessions.
   Ⓓ Voters are responsible for keeping their politicians accountable.

6. **How does the professor organize the information in the lecture?**
   Ⓐ By discussing the most easily understood concept to the most complicated

1. **강의의 주된 주제는 무엇인가?**
   Ⓐ 언어 철학에 대한 Paul Grice의 공헌
   Ⓑ 효과적인 의사소통의 네 가지 그라이스의 격률
   Ⓒ 정치에서 그라이스의 격률을 피하는 일반적인 전략
   Ⓓ 의사소통에서 양, 질, 관련성 및 명확성의 상호 연관성

2. **강의에 따르면, 다음 중 질의 격률의 특징은 무엇인가?** 2개의 답을 고르시오.
   Ⓐ 진실을 말하는 것
   Ⓑ 증거로 뒷받침되는 사실을 제시하는 것
   Ⓒ 필요한 세부 정보만 제공하는 것
   Ⓓ 효과적인 용어로 의사소통하는 것
   Ⓔ 의사소통을 할 때 도덕적 잣대를 사용하는 것

3. **강의에 따르면, 의사소통자들에게 길고 복잡한 문장을 피하도록 지시하는 격률은 어느 것인가?**
   Ⓐ 양의 격률
   Ⓑ 질의 격률
   Ⓒ 관련성의 격률
   Ⓓ 명확성의 격률

4. **정치인에 대한 교수의 의견은 어떠한가?**
   Ⓐ 그녀는 일부 정치인들이 질문에 하는 애매한 대답을 경멸한다.
   Ⓑ 그녀는 거의 모든 정치인들이 그라이스의 격률을 어긴다는 것을 알아차린다.
   Ⓒ 선거철은 그녀에게 일년 중 가장 짜증나는 시기 중 하나이다.
   Ⓓ 그녀는 모든 정치인들이 효과적인 의사소통에 관한 수업을 들어야 한다고 생각한다.

5. **강의를 통해 유권자에 대해 무엇을 추론할 수 있는가?**
   Ⓐ 정치인들이 진실을 왜곡할 때 알아차리기는 어렵지만 성취할 수 있는 기술이다.
   Ⓑ 많은 유권자들은 정치인들이 이러한 격률들을 따르지 않을 때 인식하지 못한다.
   Ⓒ 그들은 시의회 기간 동안 정치인들에게 더 많은 질문을 해야 한다.
   Ⓓ 유권자들은 정치인들이 해명할 책임을 지도록 할 책임이 있다.

6. **교수는 강의에서 정보를 어떻게 구성하는가?**
   Ⓐ 가장 쉽게 이해할 수 있는 개념부터 가장 복잡한 개념 순으로 논의함으로써

Actual Test 1

Ⓑ By analyzing the ideas in sequence from one maxim to the next
Ⓒ By comparing and contrasting each principle with each other
Ⓓ By presenting some of the implications of each principle

Ⓑ 하나의 격률에서 다음 격률까지 순차적으로 아이디어를 분석함으로써
Ⓒ 각 원칙을 서로 비교하고 대조함으로써
Ⓓ 각 원칙의 시사점들을 제시함으로써

어휘 discussion n 논의 | cooperative adj 협력적인 | principle n 원칙 | mention v 언급하다 | well-known adj 유명한 | linguistic adj 언어의 | philosopher n 철학자 | maxim n 격률, 격언 | come up with ~을 생각해 내다 | be derived from ~에서 파생하다 | communicate v 의사소통을 하다 | specific adj 특정한 | effectively adv 효과적으로 | sub-maxim n 하위 격률 | focus on ~에 초점을 맞추다 | key adj 핵심적인 | quality n 질 | moral compass n 도덕적 잣대 | basically adv 기본적으로 | take place 일어나다 | false adj 거짓된 | in other words 다시 말해서 | lie v 거짓말하다 | extend v 확장되다 | proof n 증거 | intention n 의도 | clear adj 분명한, 명백한 | party n 상대방 | truth n 진실 | reply v 대답하다 | relevant adj 관련이 있는 | respond v 대응하다 | similar adj 비슷한 | clarity n 명확성 | communicator n 의사소통자 | simply adv 단순히 | mumble v 중얼거리다 | ambiguous adj 애매모호한, 여러 가지로 해석할 수 있는 | obscure adj 이해하기 힘든, 모호한 | esoteric adj 난해한 | subject n 주제 | overly adv 지나치게, 너무, 몹시 | complicated adj 복잡한 | admire v 동경하다 | strive v 노력하다, 애쓰다 | incredible adj 놀라운 | impact n 영향 | quantity n 양 | relate to ~와 관련이 있다 | length n 길이 | depth n 깊이 | content n 내용 | overlap v 중복되다 | previous adj 이전의 | state v 명시하다 | fail to do ~하지 못하다 | stick to ~에 충실하다 | election n 선거 | candidate n 후보자 | properly adj 제대로, 적절히 | twist v 왜곡하다 | benefit n 이익 | annoying adj 짜증 나는 | diplomatic adj 외교적인 | notoriously adv 악명 높게 | vague adj 애매한 | beat around the bush 둘러대다 | in reality 실제로 | strategy n 전략 | avoid v 피하다 | directly adv 직접적으로 | politician n 정치인 | evade v 회피하다 | journalist n 기자 | combat v 싸우다 | inflation n 인플레이션, 통화 팽창 | policy n 정책 | literally adv 말 그대로 | veer v 전환하다, 방향을 바꾸다 | completely adv 완전히 | extremely adv 극히, 극도로 | common adj 흔한 | occurrence n 일 | voter n 유권자, 투표자 | recognize v 인식하다 | instance n 사례 | contribution n 공헌 | interrelatedness n 상호 연관성 | feature n 특징 | present v 제시하다 | support v 뒷받침하다 | evidence n 증거 | terminology n 용어 | despise v 경멸하다 | achievable adj 성취할 수 있는 | town hall n 시청(사) | responsible adj 책임이 있는 | accountable adj (해명할) 책임이 있는 | organize v 구성하다 | easily adv 쉽게 | concept n 개념 | analyze v 분석하다 | in sequence 순차적으로, 차례대로 | compare v 비교하다 | contrast v 대조하다 | implication n 시사점

Conversation 2

본서 P. 222

Man: Professor | Woman: Student

[1-5] Listen to part of a conversation between a student and a professor.

M Come in, Morgan!

W Hello, Professor. I just wanted to touch base with you regarding several things.

M Absolutely! I wanted to tell you that I'm so glad you chose food science as your major. You have good insight when it comes to our class discussions. I think you'll become a very gifted food scientist if that's your goal.

W Well, it seems like there are a lot of opportunities with food science! I feel like food security and sustainability are such buzz words these days.

M You're right. In the type of world we live in, scientists really are rushing to find different ways to keep food safe and abundant. After I graduated from university, I worked with the Food and Drug Administration as a junior advisor. It was intense to see how much food and agriculture was an issue at the top levels of governance. What is it about food science that interests you the most?

남자: 교수 | 여자: 학생

학생과 교수 사이의 대화 일부를 들으시오.

남 들어와요, Morgan!

여 안녕하세요, 교수님. 저는 단지 몇 가지 사항에 대해 교수님과 대화하고 싶었어요.

남 물론이죠! 학생이 식품 과학을 전공으로 선택해서 정말 기쁘다고 말하고 싶었어요. 우리 반 토론에 대해서라면, 학생은 통찰력이 좋았어요. 학생은 아주 재능 있는 식품 과학자가 될 거라고 생각합니다, 그게 학생의 목표라면요.

여 음, 식품 과학에는 많은 기회가 있는 것 같아요! 저는 요즘 식량 안보와 지속 가능성이 유행어라고 느끼거든요.

남 맞아요. 우리가 사는 세상에서는, 과학자들이 정말로 음식을 안전하고 풍부하게 유지하기 위한 여러 다른 방법들을 찾기 위해 서두르고 있죠. 대학을 졸업한 후, 나는 식품 의약품 안전청에서 보조 고문으로 일했어요. 최상위 수준의 지배 구조에서 식량과 농업이 얼마나 많이 이슈가 되는지 보는 것은 강렬했죠. 식품 과학에 대해 학생이 가장 흥미를 느끼는 것은 무엇인가요?

W 2C Well, I think I want to put a focus on international food and resource economics. I feel like no matter how many countries fix their own problems, in an interconnected world like today's, countries really need to fix problems together.

M 2C I hope you got good grades in econ.

W I've gotten A's in both micro and macroeconomics. My math grades are okay too. Right now I'm taking an international trade class, and it's tough because the professor really dives into particular issues.

M Ah, Professor Fisher. He is notorious for that. But he's amazing at studying case studies and linking them to the bigger picture.

W 4C I had heard rumors too, so I'm really trying to enjoy the class, although I think sometimes it's too difficult for that to be possible.

M That's okay. I have confidence that you will do well.

W I appreciate that. 1A Anyways, I'm glad I mentioned my focus because that brings me to why I came here in the first place. I was wondering if I could write about something regarding food science and international trade. I know you assigned a topic on foodborne illness, but it seems like the two topics are related. I know with illnesses like salmonella and swine flu there's definitely the potential out there for those to spread through global trade.

M 3C Wow, you've done your homework! That's a lot more than I can say for some of your classmates. I like the idea. I think you should polish this paper as much as you can because it seems like something that can potentially become a part of your senior portfolio.

W Great! I was really hoping you would say that.

M 4C What aspects were you planning on focusing on in particular?

W 4C Well funny enough, I was thinking of following Mr. Fisher's footsteps and focusing on a case study. I'm interested in the Cyclospora outbreak in the United States and Canada. Apparently, the government concluded that it spread from Guatemalan raspberries. I read that Guatemala lost $10 million worth of income from the outbreak. That must have been tough for many farmers. I want to start from there and connect that with other outbreaks and how international trade played a role. I also want to see how local farmers could have prevented that, how governments failed farmers, etc.

여 2C 음, 저는 국제 식량 자원 경제에 초점을 맞추고 싶습니다. 저는 오늘날과 같은 상호 연결된 세계에서는 아무리 많은 국가들이 자신들의 문제를 해결한다 할지라도, 국가들은 정말로 함께 문제를 해결할 필요가 있다고 느껴요.

남 2C 나는 학생이 경제학에서 좋은 점수를 받았기를 바랍니다.

여 저는 미시경제학과 거시경제학 모두에서 A를 받았어요. 수학 성적도 괜찮고요. 지금 국제 무역 수업을 듣고 있는데, 그 교수님이 특정 문제에 너무 몰두하셔서 힘드네요.

남 아, Fisher 교수님. 그분은 그것으로 악명이 높으시죠. 하지만 그분은 사례 연구를 하고 그것들을 더 큰 그림으로 연결시키는 능력이 놀랍죠.

여 4C 저도 소문을 들은 적이 있어서, 그 수업을 즐기려고 노력하고 있습니다만, 그러기에는 너무 어렵다고 생각할 때도 가끔 있어요.

남 괜찮아요. 나는 학생이 잘할 거라고 확신해요.

여 감사합니다. 1A 어쨌든, 저는 제 관심사를 언급하게 되어 기뻐요, 왜냐하면 그것이 제가 애당초 왜 여기에 왔는지를 알려 주니까요. 저는 제가 식품 과학과 국제 무역에 관한 무언가를 쓸 수 있을지 궁금해서요. 식품 매개 질병에 대한 주제를 내주신 건 알지만, 두 주제가 관련이 있는 것 같아서요. 저는 살모넬라균과 돼지 독감 같은 질병들이 세계 무역을 통해 확산될 가능성이 분명히 있다는 것을 알고 있습니다.

남 3C 와, 과제를 다 했군요! 내가 학생의 반 친구들 중 몇 명에게 말할 수 있는 것보다 훨씬 그 이상이네요. 그 아이디어 좋네요. 나는 학생이 이 논문을 최대한 다듬어야 한다고 생각해요, 왜냐하면 그것은 학생의 4학년 포트폴리오의 일부가 될 수 있을 것 같기 때문이에요.

여 좋아요! 그렇게 말해 주시길 정말 바랐어요.

남 4C 특별히 어떤 측면에 조점을 맞출 계획이었나요?

여 4C 음 재미있게도, 저는 Fisher 교수님의 발자취를 따라 사례 연구에 집중할 생각이었어요. 저는 미국과 캐나다에서 있었던 시클로스포라 발생에 관심이 있어요. 듣자 하니, 정부는 과테말라 산딸기에서 퍼졌다고 결론을 내린 것 같아요. 저는 그 발생으로 과테말라가 천만 달러 상당의 수입을 잃었다고 읽었어요. 그것은 많은 농부들에게 꽤 힘들었을 거예요. 저는 거기서부터 시작하여 다른 발생 및 국제 무역이 어떠한 역할을 했는지를 연결시키고 싶습니다. 저는 또한 지역 농부들이 어떻게 그것을 막을 수 있었는지, 정부가 어떻게 농부들을 실망시켰는지 등을 보고 싶습니다.

Actual Test 1

M Sounds like you have a very good starting point. You also have a heart for people, so I expect you to write with real conviction. 5D If you need any resources, let me know. Since I did work with the FDA, I still have colleagues there that might have some useful information they can share with you.

W Wow, that's so nice of you! Thank you so much.

M You're very welcome.

1. **Why does the student go see the professor?**

Ⓐ To ask a question about a paper
Ⓑ To find out more about Professor Fisher
Ⓒ To share ideas on the student's study focus
Ⓓ To discuss possible career prospects

2. **Why does the professor ask about the student's econ grades?**

Ⓐ He is not confident the student chose the right focus.
Ⓑ Food science involves many studies in econ.
Ⓒ Econ is an important part of the student's focus.
Ⓓ He is giving the student advice on which steps to take next in her focus.

3. **What can be inferred about the professor's students?**

Ⓐ Morgan is the best student in his class.
Ⓑ Most of the students are taking steps to research for their papers.
Ⓒ Some of the students are not yet prepared for the paper.
Ⓓ Other students share similar interests with Morgan.

4. **Listen again to part of the conversation. Then answer the question.**

M What aspects were you planning on focusing on in particular?
W Well funny enough, I was thinking of following Mr. Fisher's footsteps and focusing on a case study.

Why does the woman say this:

W Well funny enough

Ⓐ To explain some of the more humorous parts of her paper
Ⓑ To imply that she doesn't understand why she chose this method
Ⓒ To signal that what she is about to say may seem ironic
Ⓓ To add comic relief to a serious conversation

남 출발점이 아주 좋은 것 같네요. 학생은 또한 사람을 위하는 마음이 있기 때문에, 나는 학생이 진정한 확신을 가지고 글을 쓰기를 바랍니다 필요한 자료가 있으면 내게 알려줘요. 5D 내가 FDA와 일했기 때문에, 유용한 정보를 가지고 있고 학생과 공유할 수 있는 동료들이 아직 그곳에 있거든요.

여 와우, 정말 친절하시군요! 진심으로 감사합니다.

남 천만에요.

1. **학생은 왜 교수를 만나러 가는가?**

Ⓐ 논문에 대해 질문을 하기 위해서
Ⓑ Fisher 교수에 대해 더 알고 싶어서
Ⓒ 학생의 학습 초점에 대한 아이디어를 공유하기 위해서
Ⓓ 가능한 직업 전망에 대해 논의하기 위해서

2. **교수는 왜 학생의 경제학 성적에 대해 물어보는가?**

Ⓐ 학생이 올바른 관심사를 선택했다고 확신하지 못한다.
Ⓑ 식품 과학은 많은 경제학 연구를 포함한다.
Ⓒ 경제학은 학생의 관심사에서 중요한 부분이다.
Ⓓ 학생의 관심사에서 다음에 취해야 할 조치에 대해 학생에게 조언을 해 주고 있다.

3. **교수의 학생들에 대해 무엇을 추론할 수 있는가?**

Ⓐ Morgan은 그의 반에서 가장 우수한 학생이다.
Ⓑ 대부분의 학생들은 논문을 위해 연구 단계를 밟고 있다.
Ⓒ 몇몇 학생들은 아직 논문을 쓸 준비가 되지 않았다.
Ⓓ 다른 학생들은 Morgan과 비슷한 관심사를 가지고 있다.

4. **대화의 일부를 다시 듣고 질문에 답하시오.**

남 특별히 어떤 측면에 초점을 맞출 계획이었나요?
여 음 재미있게도, 저는 Fisher 교수님의 발자취를 따라 사례 연구에 집중할 생각이었어요.

여자는 왜 이렇게 말하는가:

여 음 재미있게도

Ⓐ 그녀의 논문에서 더 유머러스한 부분들 중 몇 가지를 설명하기 위해서
Ⓑ 그녀가 왜 이 방법을 선택했는지 이해하지 못한다는 것을 암시하기 위해
Ⓒ 그녀가 말하려는 것이 아이러니하게 보일 수 있다는 신호를 보내기 위해
Ⓓ 진지한 대화에 재미있는 기분 전환 거리를 더하기 위해

5. **What kind of help is the professor willing to give the student?**

Ⓐ A visit to the FDA offices of his coworkers
Ⓑ Further help whenever she visits his office
Ⓒ Money from a $10 million university grant
Ⓓ Additional resources from a previous employer

5. **교수는 학생에게 어떤 도움을 줄 의향이 있는가?**

Ⓐ 동료들의 FDA 사무실로의 방문
Ⓑ 학생이 그의 사무실을 방문할 때마다 더 많은 도움
Ⓒ 1천만 달러의 대학 보조금
Ⓓ 이전 고용주로부터의 추가 자료

어휘 touch base with ~와 대화하다 | food science 식품 과학 | major n 전공 | insight n 통찰력 | when it comes to ~에 대해서라면 | discussion n 토론 | goal n 목표 | opportunity n 기회 | food security 식량 안보 | sustainability n 지속 가능성 | buzz word n 유행어 | rush v 서두르다 | safe adj 안전한 | abundant adj 풍부한 | graduate v 졸업하다 | Food and Drug Administration (FDA) 식품 의약품 안전청 | junior adj 보조의, 하급의 | advisor n 고문 | intense adj 강렬한 | agriculture n 농업 | governance n 지배 구조, 통치 | interest v 흥미를 끌다 | focus on ~에 초점을 맞추다 | international adj 국제적인 | resource economics 자원 경제 | fix v 고치다 | interconnected adj 상호 연결된 | grade n 성적 | microeconomics n 미시경제학 | macroeconomics n 거시경제학 | trade n 무역 | tough adj 힘든 | dive into ~에 몰두하다 | particular adj 특정한 | notorious adj 악명 높은 | case study n 사례 연구 | link v 연결하다 | rumor n 소문 | confidence n 자신, 확신 | appreciate v 감사하다 | mention v 언급하다 | in the first place 애당초, 초반에 | assign v 주다 | foodborne illness n 식품 매개 질병 | related adj 관련된 | salmonella n 살모넬라균 | swine flu n 돼지 독감 | definitely adv 분명히 | potential adj 가능성 있는 | spread v 확산되다 | global adj 세계의 | polish v 다듬다 | senior n 4학년 학생, 상급생 | aspect n 측면 | in particular 특별히 | funny adj 재미있는 | footstep n 발자취 | outbreak n 발생 | apparently adv 겉보기에는 | conclude v 결론을 내리다 | worth adj ~상당의, ~의 가치가 있는 | income n 수입 | prevent v 막다, 예방하다 | starting point n 출발점 | conviction n 확신, 신념 | resource n 자료, 자원 | colleague n 동료 | useful adj 유용한 | share v 공유하다 | prospect n 전망 | involve v 포함하다 | humorous adj 유머러스한, 재미있는 | imply v 암시하다 | method n 방법 | signal v 신호를 보내다 | ironic adj 아이러니한 | comic adj 재미있는 | relief n 기분 전환 거리, 안도 | serious adj 진지한 | conversation n 대화 | coworker n 동료 | further adj 더 많은 | grant n 보조금 | additional adj 추가적인 | employer n 고용주

Lecture 2

본서 | P. 224

Man: Professor | Woman: Student

[1-6] Listen to part of a lecture in a biology class.

M Last class, we discussed how birds forage for food. We focused on seagulls and how their bills function when hunting for small mammals and fish. 1D Today, our class will focus on an interesting bird behavior known as distraction displays. When a predator approaches a nest, many small birds are unable to fight back because their bodies are not equipped with parts that aid in effective aggression. Instead, parent birds will often do anything they can to draw the predator away from their babies. This is when distraction displays come into play. Commonly, a parent bird would position itself far from the nest and behave like one of its wings is injured. It might drag a wing or a tail along the ground, making sure to spread it out wide so the predator could easily spot it. This is called broken-wing displays, and is most common in birds with ground nests, such as shorebirds and waterfowls.

2 Distraction displays can come in the form of other techniques as well. False brooding is common among ground-nesting birds as well. When a predator approaches a nest, the mother will sit at another location far from her

남자: 교수 | 여자: 학생

생물학 수업의 강의 일부를 들으시오.

남 지난 수업에서, 우리는 새들이 먹이를 찾는 방법에 대해 토론했습니다. 우리는 갈매기와 갈매기가 작은 포유류와 물고기를 사냥할 때 그 부리가 어떻게 작용하는지에 초점을 맞췄습니다. 1D 오늘, 우리 수업은 주의 전환 과시 행동이라고 알려진 흥미로운 새 행동에 초점을 맞출 것입니다. 포식자가 둥지에 접근할 때, 많은 작은 새들은 그들의 몸이 효과적인 공격을 하는 데 도움이 되는 부분이 갖추어져 있지 않기 때문에 대항할 수 없습니다. 대신에, 어미 새들은 종종 포식자의 주의를 새끼들로부터 돌리게 하기 위해 그들이 할 수 있는 모든 것을 할 것입니다. 이때 주의 전환 과시 행동이 작동합니다. 보통, 어미 새는 둥지에서 멀리 떨어져 있고 날개 중 하나가 다친 것처럼 행동합니다. 그것은 날개나 꼬리를 땅에 질질 끌고 갈 수도 있는데, 포식자가 쉽게 발견할 수 있도록 그것을 넓게 펼칩니다. 이것은 부러진 날개 과시 행동이라고 불리며, 해안가 새와 물새처럼 땅에 둥지를 틀고 있는 새들에게 가장 흔합니다.

2 주의 전환 과시 행동은 다른 기술의 형태로도 나

nest to make it look like she is actually nesting at another nest. 2B Another method called the rodent trick involves a bird hunching into a shape similar to a small mouse. It uses its wings to make it look like it has another pair of legs. It then straightens its feathers to give the illusion that it has fur and makes a squealing noise to imitate a rodent. 2E Pseudo-sleeping is another type of distraction that has been observed among Eurasian Oystercatchers. In this, the parent bird acts like it's sleeping, making it an even easier target for the predator!

W 3B Professor, some of these sound really hard to do if the bird isn't a ground-nesting bird.

M 3B Absolutely. Putting on some of these shows isn't as easy on a tree. But interestingly, tree-nesting birds have adapted these displays to work in their favor. For example, some warblers have been observed acting sick instead of injured. This lets them lure the predator with minimal movements but noticeable enough cues to make it look sick. But all the displays have the same ending: once the parent has lured the predator far enough from the nest, it flies away back to safety like nothing ever happened. You can only imagine how confused the predator must feel!

Distraction displays are fascinating because acts of aggression usually involve making the predator end its search for food. 4D For example, if a bird acts hostile towards the predator, it may give up out of fear for its own life. However, distraction displays have the same end goal but accomplish it by making the predator switch its focus.

Do these displays work? Many ornithologists have observed successful cases of distraction displays working. There have been documented cases of distraction displays successfully luring dogs, otters, foxes, deer, and even snakes away from nests. Of course, there are bound to be unsuccessful cases, too.

5C What baffles scientists still is how birds learned to do this. On the surface, putting your life in danger to pretend like you are easy food for a predator seems like an extremely complex thought process, and parent birds must be instinctually aware that they may well die from this type of behavior. Animal behaviorists think distraction displays may be a product of a combination of conflicting desires, namely the desire of the parent bird to flee from the predator, to return to the nest, and to act aggressively towards the predator. Others observe that ritualized behaviors similar to distraction displays are observed commonly among animals that experience more threats from predators, making some wonder if these types of complex behaviors are only natural when animals are constantly under threat. 6C But one thing is for sure: fear is a necessary trigger for distraction

타날 수 있습니다. 거짓 알 품기도 땅에서 둥지를 트는 새들 사이에서 흔합니다. 포식자가 둥지에 접근할 때, 어미는 둥지에서 멀리 떨어진 다른 곳에 앉아 다른 둥지에서 실제로 둥지를 틀고 있는 것처럼 보이게 할 것입니다. 2B 설치류 속임수라고 불리는 다른 방법은 새가 작은 쥐와 비슷한 모양으로 등을 구부리는 것을 의미합니다. 그것은 날개를 사용하여 다른 한 쌍의 다리를 가진 것처럼 보이게 합니다. 그런 다음 털을 가진 것 같은 착각을 일으키기 위해 깃털을 곧게 펴고 쥐를 흉내 내기 위해 끽끽거리는 소리를 냅니다. 2E 유사 수면은 검은머리물떼새 사이에서 관찰되는 또 다른 종류의 주의 전환입니다. 여기에서 어미 새는 마치 잠자는 것처럼 행동하여 포식자에게 훨씬 더 쉬운 표적이 되도록 합니다!

여 3B 교수님, 이것들 중 일부는 만약 그 새가 땅에서 둥지를 트는 새가 아니라면 정말 하기 힘들 것 같습니다.

남 3B 물론이죠. 이 쇼들 중 일부를 행하는 것은 나무 위에서 쉬운 일이 아닙니다. 하지만 흥미롭게도, 나무에 둥지를 튼 새들은 이 과시 행동들을 자신들에게 유리하게 작용하도록 바꿨습니다. 예를 들어, 일부 울새들은 부상을 입은 대신 아픈 것처럼 행동을 하는 것으로 관찰되었습니다. 이것은 그들이 최소한의 움직임으로 포식자를 유인할 수 있게 하지만 그것이 아픈 것처럼 보이게 할 만큼 충분히 눈에 띄는 단서로 포식자를 유인할 수 있게 해줍니다. 하지만 모든 과시 행동들은 같은 결말을 가지고 있어요: 일단 어미 새가 포식자를 둥지에서 충분히 멀리 유인하면, 그것은 아무 일도 일어나지 않은 것처럼 안전한 곳으로 날아갑니다. 여러분은 포식자가 얼마나 혼란스럽게 느낄지 상상할 수 있을 것입니다!

주의 전환 과시 행동은 매력적입니다, 왜냐하면 공격 행위에 보통 포식자가 먹이 찾는 것을 끝내도록 하는 것이 포함되기 때문입니다. 4D 예를 들어, 만약 새가 포식자에게 적대적으로 행동한다면, 그것은 자신의 목숨에 대한 두려움 때문에 포기할지도 모릅니다. 그러나 주의 전환 과시 행동은 같은 최종 목표를 가지고 있지만 포식자가 초점을 바꾸게 함으로써 그것을 달성하지요.

이 과시 행동들은 효과가 있나요? 많은 조류학자들은 주의 전환 과시 행동이 작동하는 성공적인 사례들을 관찰했어요. 개, 수달, 여우, 사슴, 심지어 뱀까지 둥지로부터 성공적으로 유인하는 주의 전환 과시 행동이 기록된 사례들이 있습니다. 물론 실패한 사례도 있을 수밖에 없어요.

5C 과학자들을 여전히 당혹스럽게 하는 것은 새들이 어떻게 이것을 하는 법을 배웠는가입니다. 겉으로 보기에, 포식자에게 쉬운 먹이인 것처럼 가장하

displays. Tame birds simply do not exhibit this sort of behavior.

기 위해 자신의 생명을 위험에 빠뜨리는 것은 극도로 복잡한 사고 과정처럼 보이고, 어미 새들은 이런 종류의 행동 때문에 죽을 수도 있다는 것을 본능적으로 알고 있어야 합니다. 동물 행동심리학자들은 주의 전환 과시 행동이 상충되는 욕망들의 조합 결과일 수도 있다고 생각합니다. 즉, 어미 새가 포식자로부터 도망치고, 둥지로 돌아가고, 포식자에게 공격적으로 행동하고 싶어 하는 욕망들 말이죠. 다른 사람들은 주의 전환 과시 행동과 유사한 의례적인 행동이 포식자로부터 더 많은 위협을 경험하는 동물들 사이에서 흔히 관찰된다는 것을 보고, 어떤 사람들은 이러한 유형의 복잡한 행동이 동물들이 지속적으로 위협을 받을 때만 자연스러운 것인지 의문을 갖게 합니다. **6C** 하지만 한 가지 확실한 것은 두려움은 주의 전환 과시 행동에 필요한 촉발 기제라는 것입니다. 길들여진 새들은 정말로 이런 종류의 행동을 보이지 않습니다.

1. What is the main topic of the lecture?

Ⓐ The distraction displays of ground-nesting birds
Ⓑ The reasons birds use distraction displays
Ⓒ The behaviors that lead to distraction displays
Ⓓ The methods and function of distraction displays

2. Which of the following are examples of distraction displays among ground-nesting birds that the professor mentions? Choose 2 answers.

Ⓐ Behaving like one of its wings has been bitten off
Ⓑ Pretending like it is a rodent
Ⓒ Acting like it is being chased by a predator
Ⓓ Showing symptoms of being ill
Ⓔ Acting like it is sleeping

3. Listen again to part of the lecture. Then answer the question.

W Professor, some of these sound really hard to do if the bird isn't a ground-nesting bird.
M Absolutely. Putting on some of these shows isn't as easy on a tree.

Why does the professor say this:

M Putting on some of these shows isn't as easy on a tree.

Ⓐ To imply that distraction displays are not as common among tree-dwelling birds
Ⓑ To confirm that most of the displays discussed so far are limited to ground-nesting birds

1. 강의의 주된 주제는 무엇인가?

Ⓐ 땅에 둥지를 트는 새들의 주의 전환 과시 행동
Ⓑ 새들이 주의 전환 과시 행동을 이용하는 이유
Ⓒ 주의 전환 과시 행동으로 이어지는 행동들
Ⓓ 주의 전환 과시 행동의 방법들과 기능

2. 다음 중 교수가 언급한 땅에 둥지를 트는 새들 사이에서 나타나는 주의 전환 과시 행동의 예는 무엇인가? 2개의 답을 고르시오.

Ⓐ 날개 하나가 물어뜯긴 것처럼 행동하기
Ⓑ 설치류인 척하기
Ⓒ 포식자에게 쫓기는 것처럼 행동하기
Ⓓ 아픈 증상을 보이기
Ⓔ 잠자는 것처럼 행동하기

3. 강의의 일부를 다시 듣고 질문에 답하시오.

여 교수님, 이 새들 중 일부는 만약 그 새가 땅에서 둥지를 트는 새가 아니라면 정말 하기 힘들 것 같습니다.
남 물론이죠. 이 쇼들 중 일부를 행하는 것은 나무 위에서 쉬운 일이 아닙니다.

교수는 왜 이렇게 말하는가:

남 이 쇼들 중 일부를 행하는 것은 나무 위에서 쉬운 일이 아닙니다.

Ⓐ 나무에서 사는 새들 사이에서 주의 전환 과시 행동이 흔하지 않다는 것을 암시하기 위해
Ⓑ 지금까지 논의된 대부분의 과시 행동들이 땅에 둥지를 트는 새에 국한된다는 것을 확인해 주기 위해

Ⓒ To emphasize that the performance factor is what makes these displays effective
Ⓓ To question the effectiveness of these displays among tree-dwelling birds

4. How are distraction displays different from displays of aggression?
Ⓐ Distraction displays attempt to interrupt the predator's search for food.
Ⓑ Displays of aggression are not as effective as distraction displays.
Ⓒ Distraction displays are much more complex displays of behavior.
Ⓓ Distraction displays involve making the predator switch its focus.

5. Why does the professor mention behaviorists in the lecture?
Ⓐ To illustrate the dangers of distraction displays, especially for the parent bird
Ⓑ To question the validity of the arguments they put forth regarding distraction displays
Ⓒ To propose possible factors behind the development of distraction displays
Ⓓ To point out the expertise of those in the field of distraction displays and bird behavior

6. What will the professor most likely discuss next?
Ⓐ How birds tame themselves after being approached by a predator
Ⓑ Other highly-predated animals that demonstrate similar behaviors
Ⓒ The emotional factors behind distraction displays
Ⓓ The environmental triggers that lead to distraction displays

Ⓒ 연기 요인이 이러한 과시 행동들을 효과적으로 만든다는 것을 강조하기 위해
Ⓓ 나무에서 사는 새들 사이에서 이러한 행동들의 효율성에 대해 의문을 제기하기 위해

4. 주의 전환 과시 행동은 공격성 행동과 어떻게 다른가?
Ⓐ 주의 전환 과시 행동은 포식자의 먹이 찾기를 방해하려는 시도를 한다.
Ⓑ 공격성 행동은 주의 전환 과시 행동만큼 효과적이지 않다.
Ⓒ 주의 전환 과시 행동은 훨씬 더 복잡한 행동의 표시이다.
Ⓓ 주의 전환 과시 행동은 포식자가 초점을 바꾸도록 하는 것을 포함한다.

5. 교수는 왜 강의에서 행동심리학자들을 언급하는가?
Ⓐ 특히 어미 새에 대한 주의 전환 과시 행동의 위험성을 설명하려고
Ⓑ 주의 전환 과시 행동과 관련하여 그들이 제시한 주장의 타당성에 의문을 제기하려고
Ⓒ 주의 전환 과시 행동의 발달 이면에 있는 가능한 요인들을 제안하려고
Ⓓ 주의 전환 과시 행동 및 조류 행동 분야의 전문 지식을 지적하기 위해

6. 교수는 다음에 무엇을 논의할 것 같은가?
Ⓐ 포식자가 접근한 후 새들이 어떻게 스스로를 길들이는지
Ⓑ 유사한 행동을 보이는 다른 고도로 포식된 동물들
Ⓒ 주의 전환 과시 행동의 이면에 있는 감정적 요소들
Ⓓ 주의 전환 과시 행동으로 이어지는 환경적 촉발 기제

어휘 discuss v 토론[논의]하다 | forage v 먹이를 찾다 | focus on ~에 초점을 맞추다 | seagull n 갈매기 | bill n 부리 | function v 작용하다 n 기능 | hunt v 사냥하다 | mammal n 포유류 | behavior n 행동 | distraction display 주의 전환 과시 행동 | predator n 포식자 | approach v 접근하다 | nest n 둥지 | unable adj ~할 수 없는 | fight back 대항하다 | be equipped with ~을 갖추다 | aid v 도움이 되다, 돕다 | effective adj 효과적인 | aggression n 공격 | draw A away from B A의 주의를 B로부터 돌리다 | come into play 작동하다 | commonly adv 보통 | position v 위치시키다 | injured adj 다친, 부상당한 | drag v 끌다 | tail n 꼬리 | ground n 땅 | spread v 펼치다 | spot v 발견하다 | broken adj 부러진 | shorebird n 강변에 사는 새 | waterfowl n 물새 | technique n 기술 | false adj 거짓된, 가짜의 | brood v 알을 품다 | method n 방법 | rodent n 설치류 | trick n 속임수 | involve v 의미하다, 포함하다 | hunch v 구부리다 | similar adj 비슷한 | straighten v 곧게 펴다 | feather n 깃털 | illusion n 착각 | fur n 털 | squeal v 끽끽거리는 소리를 내다 | imitate v 흉내 내다 | pseudo- 유사의, 가짜의, 허위의 | observe v 관찰하다 | Eurasian Oystercatcher n 검은머리물떼새 | target n 표적 | adapt v 바꾸다, 조정하다 | in one's favor ~에게 유리하게 | warbler n 울새, 휘파람새 | lure v 유인하다, 꾀다 | minimal adj 최소한의 | movement n 움직임 | noticeable adj 눈에 띄는 | cue n 단서 | ending n 결말 | safety n 안전한 곳, 안전 | confused adj 혼란스러운 | fascinating adj 매력적인 | aggression n 공격 | hostile adj 적대적인 | give up 포기하다 | fear n 두려움 | accomplish v 달성하다 | switch v 바꾸다 | ornithologist n 조류학자 | successful adj 성공적인 | case n 사례 |

document v 기록하다 | otter n 수달 | be bound to do ~할 수밖에 없다, 반드시 ~하다 | baffle v 당혹스럽게 하다 | on the surface 겉으로 보기에 | put A in danger A를 위험에 빠뜨리다 | pretend v 가장하다 | extremely adv 극도로 | complex adj 복잡한 | thought n 사고 | process n 과정 | instinctually adv 본능적으로 | aware adj (~을) 알고[인식하고] 있는 | animal behaviorist 동물 행동심리학자 | product n 결과물, 산물 | combination n 조합 | conflicting adj 상충되는, 모순되는 | desire n 욕망 | flee v 달아나다 | aggressively adv 공격적으로 | ritualize v 의례적으로 하다 | threat n 위협 | natural adj 자연스러운 | for sure 확실히 | necessary adj 필요한 | trigger n 촉발 기제 | tame adj 길들여진 v 길들이다 | exhibit v 보이다 | lead to ~로 이어지다 | bite off ~을 물어뜯다 | chase v 뒤쫓다 | symptom n 증상 | imply v 암시하다 | dwell v 살다 | confirm v 확인하다 | limited adj 국한된 | emphasize v 강조하다 | performance n 연기 | factor n 요인 | question v 의문을 제기하다 | attempt v 시도하다 | interrupt v 방해하다 | illustrate v 설명하다 | validity n 타당성 | argument n 주장 | propose v 제안하다 | point out ~을 지적하다 | expertise n 전문 지식 | demonstrate v 보여 주다 | emotional adj 감정적인 | environmental adj 환경적인

Lecture 3

본서 P. 226

Man: Professor | Woman: Student

[1-6] Listen to part of a lecture in a musical history class.

M When you think of classical music, there are so many common examples that might come to mind. You might think of symphonies, sonatas, concertos, or maybe waltzes. One type that is quite different from the rest because of its unique blend of music and drama is opera. **1A** Opera started in Italy around the 1600s. Different historians propose different forms of music as possible precursors to opera, but the most agreed-upon forerunner to opera is monody, a form of music where the singer sings melodic lines with simple chords for instrumental accompaniment. In the late 1500s, a group of artists and intellectuals called the Florentine Camerata started this style in an attempt to restore ancient Greek styles of dramatic singing. **2A** Vincenzo Galilei, father of Galileo Galilei, was a member of this group. He was actually an accomplished musician and a big figure in Renaissance music. Who would have known that Galilei was surrounded by a family of geniuses! Anyways, I digress. This musical style is quite similar to what early opera sounded like. The group created a new way of singing called recitativo, a sort of middle-ground between speaking and singing. Monodies were characterized by this interesting style, and it later became a hallmark of operas as well. In monodies, the focus was on the voice, and instrumentals served to simply carry and highlight the voice. There are other historians who propose that opera's roots are religious. Mystery plays and miracle plays were dramatic reenactments of Biblical stories. You may have heard of Hildegard of Bingen from Germany. He is one of the most important names behind these plays. But most historians agree that there isn't enough proof that the two artforms were connected.

남자: 교수 | 여자: 학생

음악사 수업의 강의 일부를 들으시오.

남 여러분이 클래식 음악을 생각할 때, 떠오를 수도 있는 아주 많은 흔한 예들이 있습니다. 여러분은 교향곡, 소나타, 협주곡, 혹은 왈츠를 생각할지도 모릅니다. 음악과 연극의 독특한 조합이기 때문에 오페라는 다른 것들과 상당히 다른 한 유형이죠. **1A** 오페라는 1600년대경 이탈리아에서 시작되었습니다. 여러 역사가들은 오페라의 가능한 전신으로 각각 다른 형태의 음악을 제안하지만, 오페라의 가장 합의된 전신은 모노디인데, 그것은 가수가 악기 반주를 위해 단순한 화음으로 멜로디 라인을 부르는 음악의 형태입니다. 1500년대 후반에, 피렌체의 카메라타라고 불리는 예술가들과 지식인 집단이 고대 그리스 스타일의 극적인 노래를 복원하기 위한 시도로 이 스타일을 시작했습니다. **2A** Galileo Galilei의 아버지인 Vincenzo Galilei는 이 그룹의 일원이었습니다. 그는 사실 뛰어난 음악가였고 르네상스 음악의 거물이었어요. Galilei가 천재 가족들에게 둘러싸여 있었다는 것을 누가 알았겠어요! 아무튼, 주제에서 벗어났네요. 이 음악 스타일은 초기 오페라로 들렸던 것과 꽤 비슷합니다. 그 그룹은 말하는 것과 노래하는 것 사이의 일종의 중간 위치예요. 레시타티보라고 불리는 새로운 노래 방법을 만들었는데 모노디는 이러한 흥미로운 스타일로 특징지어졌고, 후에 오페라의 특징이 되기도 했습니다. 모노디에서, 초점은 목소리에 맞춰졌고, 악기들은 단순히 목소리를 전달하고 강조하는 역할을 했어요. 오페라의 뿌리가 종교적인 것이라고 주장하는 다른 역사가들이 있습니다. 추리극과 기적극은 성경의 이야기를 극적으로 재현한 것이었어요. 여러분은 독일에서 온 Hildegard of Bingen에 대해 들어봤을지도 모릅니다. 그는 이 연극들의 배후에 있는 가장 중요한 이름들 중 하나입니다. 하지만 대부분의 역사가들은 두 예술 형태가 연결되었다는 충분한 증거가 없다는 것에 동의합니다.

Actual Test 1

In any case, almost all musical historians agree that *Dafne* by Jacopo Peri was the first opera ever. Peri was also part of the Florentine Camerata. The ensemble for this opera consisted of nothing more than a harpsichord, a lute, a violin, and a few flutes. Again, the singer was the star of the show, and the dramatic singing of this piece was so different from the polyphonic compositions that were so popular during the Renaissance. Once again, in an attempt to restore Greek theater traditions, the opera centered on the story of Apollo falling in love with a nymph named Daphne.

Unfortunately, we have no surviving music from this opera except for a few verses. This is unfortunate because Peri was incredibly popular during his time. **3C** The first opera for which we have retained the music is *Euridice* by Giulio Caccini. This opera also featured a story from Greek mythology, Orpheus and Eurydice to be more precise.

W **4B** Was Caccini also a member of the Florentine Camerata?

M **4B** Was it really that obvious? The Florentine Camerata was a driving force behind the development of opera. Like I said, their primary goal was to revive the styles of the Greek theater, and the medium they developed to do this was opera. But in general, the group had such influential artists among their members, and they truly made Florence the birthplace of opera.

1A But opera didn't stay in Florence. It quickly spread to other urban areas in Italy and eventually made its way to France around 1650. But it wasn't an instant success like you might have imagined. Ballet and their own version of musical-spoken drama were already in high favor in the courts. As a result, a lot of French operas, ended up evolving to suit their tastes. **5C** Under the patronage of King Louis XIV, opera began to grow in popularity, and French ballet became a beautiful blend of singing, acting, ballet, and a distinctly French type of decadence. Today, the Paris Opéra is one of the world's preeminent opera companies.

1A Opera had a hard time finding a foothold in England as well. England already had such a rich tradition in the theater. Plus, they had their own version of ballet called masque, which was popular with the English courts. Added to that was the impoverished state of the monarchy after the English Civil Wars. They simply couldn't fund such lavish artforms. **6D** It wasn't until the arrival of George Frideric Handel from Germany that English operas really took off. He was a genius, and it showed through his music. He was a revolutionary because his operas transcended some of the traditional models of opera that were common in his day. Though eventually his style sadly fell out of fashion, his operas regained popularity in the 1920s and became a

어쨌든, 거의 모든 음악 역사가들은 Jacopo Peri의 〈Dafne〉가 최초의 오페라였다는 것에 동의합니다. Peri 역시 피렌체의 카메라타의 일원이었습니다. 이 오페라의 앙상블은 하프시코드, 류트, 바이올린, 그리고 플루트 몇 개만으로 구성되어 있었어요. 다시 한번, 그 가수는 그 공연의 스타였고, 이 작품의 극적인 노래는 르네상스 시대에 정말 인기가 많았던 다성부의 작품들과는 너무 달랐어요. 다시 한번, 그리스 연극 전통을 복원하려는 시도로, 이 오페라는 Apollo(아폴로)가 Daphne(다프네)라는 님프와 사랑에 빠지는 이야기에 초점을 맞췄습니다.

불행하게도, 우리에게는 이 오페라에서 몇 구절을 제외하고는 남아 있는 음악이 없습니다. Peri가 그의 시대에 엄청나게 인기가 있었기 때문에 이것은 유감스러운 일이죠. **3C** 우리가 그 음악을 보존하고 있는 첫 번째 오페라는 Giulio Caccini의 〈Euridice〉입니다. 이 오페라는 또한 그리스 신화 이야기, 더 정확히 말하면 Orpheus(오르페우스)와 Eurydice(에우리디케)의 이야기를 특징으로 하였습니다.

여 **4B** Caccini도 피렌체의 카메라타의 일원이었나요?

남 **4B** 그것이 정말 그렇게 명백히 보였나요? 피렌체의 카메라타는 오페라의 발전의 원동력이었어요. 제가 말했듯이, 그들의 주된 목표는 그리스 극장의 스타일을 되살리는 것이었고, 이를 위해 그들이 개발한 매체는 오페라였습니다. 그러나 일반적으로, 그 그룹은 구성원들 사이에 그렇게나 영향력 있는 예술가들을 보유하고 있었고, 그들은 진정으로 피렌체를 오페라의 발상지로 만들었어요.

1A 하지만 오페라는 피렌체에 머물지 않았습니다. 그것은 이탈리아의 다른 도시 지역으로 빠르게 퍼졌고 결국 1650년경에 프랑스로 이동했습니다. 하지만 그것은 여러분이 상상했던 것처럼 즉각적인 성공은 아니었습니다. 발레와 그들만의 가극은 이미 궁정에서 높은 인기를 얻고 있었습니다. 결과적으로, 많은 프랑스 오페라가 그들의 취향에 맞게 진화하게 되었습니다. **5C** 루이 14세의 후원 아래 오페라는 인기를 끌기 시작했고, 프랑스 발레는 노래, 연기, 발레, 그리고 뚜렷하게 프랑스식 퇴폐의 아름다운 혼합물이 되었습니다. 오늘날, Paris Opéra는 세계에서 가장 뛰어난 오페라 극단 중 하나입니다.

1A 오페라는 영국에서도 발판을 마련하는 데 어려움을 겪었습니다. 영국은 이미 연극에서 꽤나 풍부한 전통을 가지고 있었습니다. 게다가 그들은 영국 궁정에서 인기 있었던 가면극이라고 불리는 그들만의 발레 버전을 가지고 있었어요. 여기에 더해 영국 내전 이후 왕가의 빈곤한 상태도 더해졌어요. 그들은 단순히 그렇게 호화로운 예술 형태에 자금을 댈 수 없었습니다. **6D** 독일에서 George Frideric standard part of the repertoires of many opera companies.

Handel이 도착하고 나서야 영국 오페라가 정말 큰 인기를 얻었어요. 그는 천재였고, 이는 그의 음악을 통해 나타났어요. 그는 혁명가였습니다, 왜냐하면 그의 오페라는 그의 시대에 흔했던 오페라의 전통적인 모델들 중 일부를 능가했기 때문입니다. 비록 결국 그의 스타일은 슬프게도 유행에서 뒤떨어졌지만, 그의 오페라는 1920년대에 인기를 되찾았고 많은 오페라 회사들의 레퍼토리의 표준 부분이 되었습니다.

1. What does the professor mainly talk about?

Ⓐ The origin and spread of opera
Ⓑ The most important opera composers in history
Ⓒ A comparison of opera in different countries
Ⓓ The Florentine Camerata and their first operas

1. 교수는 주로 무엇에 관해 이야기하는가?

Ⓐ 오페라의 기원과 확산
Ⓑ 역사상 가장 중요한 오페라 작곡가들
Ⓒ 여러 나라의 오페라들 비교
Ⓓ 피렌체 카메라타와 그들의 첫 오페라

2. Listen again to part of the lecture. Then answer the question.

M Vincenzo Galilei, father of Galileo Galilei, was a member of this group. He was actually an accomplished musician and a big figure in Renaissance music. Who would have known that Galilei was surrounded by a family of geniuses! Anyways, I digress.

Why does the professor say this:

M Anyways, I digress.

Ⓐ To admit that he is rambling about something irrelevant
Ⓑ To emphasize the intellectual prowess of the Galilei family
Ⓒ To signal that he is moving on to the next topic
Ⓓ To imply that he is mentioning something very important

2. 강의의 일부를 다시 듣고 질문에 답하시오.

남 Galileo Galilei의 아버지인 Vincenzo Galilei는 이 그룹의 일원이었습니다. 그는 사실 뛰어난 음악가였고 르네상스 음악의 거물이었어요. Galilei가 천재 가족들에게 둘러싸여 있었다는 것을 누가 알았겠어요! 아무튼, 주제에서 벗어났네요.

교수는 왜 이렇게 말하는가:

남 아무튼, 주제에서 벗어났네요.

Ⓐ 그가 관련이 없는 것에 대해 횡설수설하고 있다는 것을 인정하기 위해서
Ⓑ Galilei 가족의 지적 능력을 강조하기 위해서
Ⓒ 다음 주제로 넘어간다는 신호를 보내기 위해서
Ⓓ 그가 매우 중요한 것을 언급하고 있다는 것을 암시하기 위해서

3. According to the lecture, what were the first operas about?

Ⓐ They were about Biblical stories.
Ⓑ They were about the Florentine Camerata and its members.
Ⓒ They were about Greek mythology.
Ⓓ They were dramatic plays that celebrated past musical achievements.

3. 강의에 따르면, 최초의 오페라는 무엇에 관한 것이었는가?

Ⓐ 그것들은 성경 이야기에 관한 것이었다.
Ⓑ 그것들은 피렌체 카메라타와 그 회원들에 관한 것이었다.
Ⓒ 그것들은 그리스 신화에 관한 것이었다.
Ⓓ 그것들은 과거의 음악적 성취를 축하하는 극적인 연극들이었다.

4. Listen again to part of the lecture. Then answer the question.

W Was Caccini also a member of the Florentine Camerata?
M Was it really that obvious?

4. 강의의 일부를 다시 듣고 질문에 답하시오.

여 Caccini도 피렌체의 카메라타의 일원이었나요?
남 그것이 정말 그렇게 명백히 보였나요?

Why does the professor say this:

M Was it really that obvious?

Ⓐ To suggest that the group was the driving force behind all Renaissance art, including opera
Ⓑ To imply that the biggest figures behind the birth of opera were all members of the Florentine Camerata
Ⓒ To tell the student that she shouldn't make assumptions regarding the Florentine Camerata
Ⓓ To say that Caccini was a part of the Florentine Camerata, as was nearly every opera composer in history

5. Why does the professor mention King Louis XIV in the lecture?

Ⓐ To explain how he was behind the interesting blend of styles that are featured in French operas
Ⓑ To illustrate the French's stubborn love for ballet and local arts
Ⓒ To indicate that his patronage was a turning point in French operas
Ⓓ To emphasize just how much the royal courts enjoyed opera

6. What can be inferred about English operas?

Ⓐ Many of their operas were inspired by the tragedies of the English Civil Wars.
Ⓑ The English people were generally not musically talented enough to create their own operas.
Ⓒ English operas successfully blended their own theater traditions with Italian opera styles.
Ⓓ English operas enjoyed limited success until George Frideric Handel arrived.

교수는 왜 이렇게 말하는가:

남 그것이 정말 그렇게 명백히 보였나요?

Ⓐ 그 그룹이 오페라를 포함한 모든 르네상스 예술의 원동력이었음을 암시하기 위해서
Ⓑ 오페라의 탄생을 이끈 가장 큰 인물들이 모두 피렌체의 카메라타의 일원이었다는 것을 암시하기 위해서
Ⓒ 학생에게 피렌체의 카메라타에 대해 추측하지 말라고 말해주기 위해서
Ⓓ 역사상 거의 모든 오페라 작곡가들이 그랬듯이 Caccini가 피렌체의 카메라타의 일원이었다고 말하기 위해서

5. 교수는 왜 강의에서 루이 14세를 언급하는가?

Ⓐ 프랑스 오페라의 특징인 흥미로운 스타일의 혼합 뒤에 그가 어떻게 있었는지 설명하기 위해
Ⓑ 발레와 지역 예술에 대한 프랑스인들의 완고한 사랑을 설명하기 위해
Ⓒ 그의 후원이 프랑스 오페라의 전환점이었다는 것을 나타내기 위해
Ⓓ 궁정들이 오페라를 얼마나 즐겼는지 강조하기 위해

6. 영국 오페라에 대해 무엇을 추론할 수 있는가?

Ⓐ 그들의 많은 오페라는 영국 내전의 비극에서 영감을 받았다.
Ⓑ 영국인들은 일반적으로 그들만의 오페라를 만들 만큼 음악적 재능이 충분하지 않았다.
Ⓒ 영국 오페라는 성공적으로 그들 자신의 극장 전통과 이탈리아 오페라 스타일을 혼합했다.
Ⓓ 영국 오페라는 George Frideric Handel이 도착하기 전까지 제한된 성공을 누렸다.

어휘 classical music 클래식 음악, 고전 음악 | common adj 흔한 | come to mind 떠오르다, 생각나다 | symphony n 교향곡 | sonata n 소나타 | concerto n 협주곡 | waltz n 왈츠 | unique n 독특한 | blend n 조합, 혼합 v 혼합하다 | drama n 연극, 드라마 | historian n 역사가 | propose v 제안하다 | precursor n 전신, 선구자 | agreed-upon 합의된 | forerunner n 전신, 선구자 | monody n 모노디, 단선율(의 악곡), (그리스 비극의) 독창가 | simple n 단순한 | chord n 화음 | instrumental adj 악기의, 악기로 연주되는 | accompaniment n 반주 | intellectual n 지식인 | attempt n 시도 | restore v 복원하다, 되찾게 하다 | ancient adj 고대의 | dramatic adj 극적인 | accomplished adj 뛰어난 | figure n 인물 | surround v 둘러싸다 | genius n 천재 | digress v 주제에서 벗어나다 | middle-ground n 중간 위치, 절충안 | characterize v 특징짓다 | hallmark n 특징 | serve v 역할을 하다 | highlight v 강조하다 | root n 뿌리 | religious adj 종교적인 | reenactment n 재현, 재연 | Biblical adj 성서의 | proof n 증거 | artform n 예술 형태 | connect v 연결하다 | ensemble n 앙상블, 합주단 | consist of ~로 구성되다 | harpsichord n 하프시코드(현을 뜯어 소리를 내던 피아노 비슷한 중세 악기) | lute n 류트(연주법이 기타 비슷한 초기 현악기) | polyphonic adj 다성(多聲)부의 | composition n 작품, 작곡 | tradition n 전통 | center on ~에 초점을 맞추다 | nymph n 님프(정령) | unfortunately adv 불행하게도 | survive v 살아남다 | except for ~을 제외하고는 | verse n 구절 | incredibly adv 엄청나게 | retain v 보존하다 | feature v ~을 특징으로 하다 | to be more precise 더 정확히 말하면 | obvious adj 명백한 | driving force 원동력, 추진력 | primary adj 주된 | revive v 되살리다 | medium n 매개체 | influential adj 영향력 있는 | birthplace n 발상지 | spread v 퍼지다 n 확산 | urban adj 도시의 | eventually adv 결국 | instant adj 즉각적인 | in high favor 높은 인기를 얻는, 호평을 받는 | court n 궁정 | end up V-ing 결국 ~하게 되다 | evolve v 진화하다 | taste n 취향 | patronage n 후원 | grow in popularity 인기가 상승하다 | distinctly adv 뚜렷하게 | decadence n 퇴폐 | preeminent adj 뛰어난 |

have a hard time V-ing ~하는 데 어려움을 겪다 | foothold n 발판 | masque n 가면극 | impoverished adj 빈곤한 | state n 상태 | monarchy n 군주제 | fund v 자금을 대다 | lavish adj 호화로운 | take off 급격히 인기를 얻다[유행하다] | revolutionary n 혁명가 adj 혁명적인 | transcend v 능가하다, 초월하다 | out of fashion 유행에서 뒤떨어진 | regain v 되찾다 | standard n 표준 | repertoire n 레퍼토리, 상연 목록 | origin n 기원 | comparison n 비교 | admit v 인정하다 | ramble v 횡설수설하다 | irrelevant adj 관련이 없는 | emphasize v 강조하다 | intellectual adj 지적인 | prowess n 능력, 기량 | signal v 신호를 보내다 | imply v 암시하다 | mythology n 신화 | celebrate v 축하하다 | achievement n 성취 | suggest v 제안하다 | assumption n 추측, 추정 | stubborn adj 완고한 | turning point n 전환점 | inspire v 영감을 주다 | tragedy n 비극 | talented adj 재능이 있는 | limited adj 제한된

Actual Test 2

본서 | P. 228

Conversation 1	1. C	2. C	3. A	4. B, E	5. A	
Lecture 1	1. B	2. D	3. D	4. A, C	5. C	6. A
Lecture 2	1. A	2. B, C	3. D	4. C	5. B	6. A
Conversation 2	1. B	2. C	3. A	4. C	5. B	
Lecture 3	1. D	2. C	3. D	4. A	5. B	6. C
Lecture 4	1. D	2. C, D	3. D	4. C	5. A	6. B

Conversation 1

본서 | P. 230

Man: Professor | Woman: Student

[1-5] Listen to part of a conversation between a student and a professor.

W Hello, Professor Bouchard. Are you busy?

M No, not really. Come on in, um... sorry, I'm afraid I don't know your name.

W Oh, that's no surprise. You teach biology, and I am actually studying to be a math teacher, so I don't take many science courses. I am taking your biology-121 course this semester. My name is Diana Price.

M Hello, Diana. It's a pleasure to meet you. Since you are a math education major, I'm curious—what made you want to take my class?

W Honestly, at the outset, it just was to fulfill my science requirement. I wasn't really very interested in biology before, but your class is one of my favorites this semester.

M Oh really? I'm happy to hear that. **2C** What about the class do you find interesting?

W **2C** Many things, but I found your lectures last week about how birds learn to sing particularly interesting, especially the information on how non-coding RNA is involved. I mean, it's obvious that they have to learn from the adults around them, but the fact that so much of their singing ability is hard-wired into their brains...

남자: 교수 | 여자: 학생

학생과 교수 사이의 대화 일부를 들으시오.

여 안녕하세요, Bouchard 교수님. 바쁘신가요?

남 아니요, 딱히 바쁘진 않아요. 들어오세요. 어... 미안하지만, 학생의 이름을 모르겠네요.

여 아, 놀랄 일은 아니에요. 교수님께서는 생물학을 가르치시지만, 전 사실 수학 선생님이 되려고 공부 중이거든요. 그래서 과학 수업을 많이 듣지 않아요. 이번 학기에 교수님의 생물학-121 강의를 듣고 있어요. 제 이름은 Diana Price입니다.

남 안녕, Diana. 만나서 반가워요. 학생이 수학 교육 전공이라니, 궁금하네요. 왜 제 수업을 듣게 된 거죠?

여 솔직히 처음에는, 과학 필수 학점을 채우기 위해서였어요. 전에는 생물학에 별로 흥미가 없었지만, 이번 학기에는 교수님의 수업이 제가 제일 좋아하는 수업 중 하나예요.

남 오, 그런가요? 그거 반가운 소리네요. **2C** 수업의 어떤 점이 흥미로운 건가요?

여 **2C** 많은 점들이 있지만, 어떻게 새들이 노래하는 법을 배우는지에 대해 얘기한 지난주의 강의가 특히 흥미로웠어요. 특히 비암호화 RNA가 어떻게 관계되었는지에 대한 정보요. 제 말은, 그들이 주변의 어른들에게서 배우는 건 분명하지만, 노래하는 능력의 그렇게 많은 부분이 이미 뇌에 입력되어 있다는 점이 말이에요...

M Yes, it is a fascinating topic, **3A** although avian genetics is not really my area of expertise. If you are interested in learning more about that, you should talk to Professor Janet Hiller. She actually took part in the genome mapping project. She focused on birds, and on the zebra finch specifically. Much of the research into the brains of song birds focuses on zebra finches.

W Yes, and **1C** since I am an education major, I thought it might be useful for me to learn about the biology of learning. For that reason, I looked through the course catalog, and I saw that professor Hiller would teach a course next semester called *Genetics and Learning*. I wanted to ask you if this course would be okay for a non-science major student like me.

M Ah, I see. However, did you notice the class number?

W Um, no. I must have missed that in my excitement.

M Fair enough, but look at this catalog. The class is designated as a 450 level course. That means it is only intended for biology majors, for whom it's a required course. There are also prerequisite courses you must complete first. It might be too advanced for you. And in any case, they probably wouldn't let you register for it.

W **5A** Yeah, I guess you're right. I'm sorry if I wasted your time.

M **5A** Well now, hold on a second. You certainly didn't waste my time—I'm glad that you are interested in the topic. It is always good to branch out into subjects other than the one you are majoring in. I wouldn't be doing my job properly if I discouraged you from doing that. **4B** Dr. Hiller and her colleagues have written many articles about their research. Some of those articles were published in journals that deal with more general science, so those articles are written so that a layperson can understand them.

W Oh! Could you tell me which ones?

M Of course—I'd be glad to. **4E** You might also be interested to know that there is a science club on campus. The members are studying many different areas of science, and some are not science majors at all. You should be able to discuss a variety of developmental and learning topics with them.

W That sounds like an excellent opportunity. When and where do they meet?

M They meet in Michener Hall on Tuesdays and Thursdays at 7 P.M.

W Thank you, Professor!

남 맞아요. 정말 흥미로운 주제죠. **3A** 조류 유전학이 내 전문 분야는 아니긴 하지만요. 만약 학생이 그 주제에 대해 더 배우고 싶다면, Janet Hiller 교수님에게 가서 얘기해 보세요. 유전체 지도 작성 프로젝트에도 참여하신 분이거든요. 새 전문이시고, 특히 금화조에 대해 잘 아세요. 명금(鳴禽)의 뇌에 대한 대부분의 연구가 금화조에 집중되어 있죠.

여 네, 그리고 **1C** 저는 교육 전공이니까 학습의 생물학적인 면을 배우는 게 유용할 수도 있겠다고 생각했어요. 그래서 강의 목록을 살펴봤고, Hiller 교수님이 다음 학기에 '유전학과 학습'이라는 이름의 강의를 가르치신다는 걸 봤죠. 저처럼 과학 전공이 아닌 학생이 이 강의를 들어도 괜찮을지 여쭤보고 싶었어요.

남 아, 그렇군요. 그렇지만, 강의명에 적힌 숫자를 봤나요?

여 어, 아니요. 흥분해서 못 봤나 봐요.

남 그건 괜찮지만, 이 강의 목록을 봐요. 이 수업은 450번대 레벨의 강의로 지정되어 있어요. 그건 이 강의가 필수 과목인 생물학을 전공하는 학생들만 대상으로 한다는 거죠. 그리고 이 수업을 들으려면 먼저 끝마쳐야 하는 필수 강의들도 있어요. 학생에게는 너무 어려울지도 모르겠네요. 그래서 아마 학생이 등록하게 해주진 않을 거예요.

여 **5A** 네, 교수님 말씀이 맞아요. 제가 교수님의 시간을 낭비했다면 죄송합니다.

남 **5A** 그렇지만 잠깐만요. 학생은 내 시간을 낭비하지 않았어요. 그 주제에 관심이 있다니 좋네요. 전공하는 과목 외에 다른 과목에도 새롭게 관심을 갖는 건 항상 좋죠. 만약 학생이 그렇게 하지 못하도록 내가 막았다면 난 내 할 일을 제대로 하고 있지 않은 거예요. **4B** Hiller 박사님과 동료들은 자신들의 연구에 대해 많은 논문을 집필했어요. 그 논문들의 일부는 더 일반적인 과학을 다루는 저널에도 실린 적이 있죠. 그래서 그 논문들은 비전문가도 이해할 수 있도록 쓰여 있어요.

여 오! 어떤 논문들인지 말해주실 수 있으세요?

남 물론이죠. 기꺼이요. **4E** 그리고 캠퍼스에 과학 동아리가 있다는 점에도 관심을 가질지 모르겠네요. 회원들은 여러 다양한 과학 분야를 공부하는 사람들이고, 몇몇 회원은 과학 전공이 아닌 사람들이기도 해요. 그 사람들과 다양한 발달 및 학습 주제를 이야기할 수 있을 겁니다.

여 정말 좋은 기회 같아요. 모임은 언제 어디서 하나요?

남 매주 화요일과 목요일 저녁 7시에 Michener Hall에서 만나요.

여 감사합니다, 교수님!

1. **Why did the student come to see the professor?**
   Ⓐ To get the professor's permission to take an advanced level course
   Ⓑ To ask some questions about Professor Hiller and her courses
   Ⓒ To see if the course she wants to take is too difficult to handle
   Ⓓ To get the professor's advice on deciding which classes to take

2. **What feature of song birds grabbed the student's attention?**
   Ⓐ The birds are able to remember songs that they have heard only once.
   Ⓑ The birds display the ability to sing right after they hatch.
   Ⓒ The young birds can sing but older birds also teach them.
   Ⓓ The young birds have almost the same ability to sing that adults have.

3. **Why does the professor mention zebra finches?**
   Ⓐ To introduce a professor who has a deep understanding of the genetics of birds
   Ⓑ To describe Professor Hiller's genome mapping project in detail
   Ⓒ To discuss the interesting behavior of zebra finches with the student
   Ⓓ To explain that they are not the only specialty of Professor Hiller

4. **What does the professor suggest the student do?**
   Choose 2 answers.
   Ⓐ Go to the library to check out the science journals that he recommends
   Ⓑ Find some science journals to read articles on a topic she is interested in
   Ⓒ Become a member of a science club to learn more about birds in general
   Ⓓ Participate in a research project about avian genetics involving zebra finches
   Ⓔ Join a campus club to discuss scientific topics with a diverse group of students

5. **Listen again to part of the conversation. Then answer the question.**
   W Yeah, I guess you're right. I'm sorry if I wasted your time.

1. **학생은 왜 교수를 찾아왔는가?**
   Ⓐ 상급 레벨 강의를 듣기 위해 교수의 허락을 받으려고
   Ⓑ Hiller 교수와 그녀의 강의에 대해 몇 가지 질문을 하려고
   Ⓒ 자신이 듣고 싶어 하는 수업이 감당하기엔 너무 어려운지 알아보려고
   Ⓓ 어떤 수업을 들어야 할지 결정하는 일에 교수의 조언을 얻기 위해

2. **명금의 어떠한 특징이 학생의 관심을 끌었는가?**
   Ⓐ 그 새들은 단 한 번만 들은 노래라도 기억할 수 있다.
   Ⓑ 그 새들은 알에서 부화하자마자 노래할 수 있는 능력을 보여 준다.
   Ⓒ 그 어린 새들은 노래를 부를 수 있지만, 더 나이 많은 새들이 가르쳐 주기도 한다.
   Ⓓ 그 어린 새들은 어른 새들과 거의 비슷한 노래 능력을 갖추고 있다.

3. **교수는 왜 금화조를 언급하는가?**
   Ⓐ 새의 유전학에 대해 깊은 지식을 갖고 있는 교수를 소개하기 위해
   Ⓑ Hiller 교수의 유전체 지도 작성 프로젝트를 더 자세하게 설명하기 위해
   Ⓒ 금화조의 흥미로운 행동을 학생과 논의하기 위해
   Ⓓ 금화조가 Hiller 교수의 유일한 전문 분야는 아니라고 설명하기 위해

4. **교수는 학생에게 무엇을 하라고 제안하는가?**
   2개의 답을 고르시오.
   Ⓐ 도서관에 가서 자기가 추천하는 과학 저널을 찾아보라고
   Ⓑ 학생이 관심을 갖고 있는 주제에 관한 논문을 읽기 위해 과학 저널을 찾으라고
   Ⓒ 새에 대해 전반적으로 배우기 위해 과학 동아리의 회원이 되라고
   Ⓓ 금화조를 포함해 조류 유전학을 연구하는 프로젝트에 참여하라고
   Ⓔ 다양한 학생들과 과학적 주제에 대해 논의하기 위해 캠퍼스 동아리에 가입하라고

5. **대화의 일부를 다시 듣고 질문에 답하시오.**
   여 네, 교수님 말씀이 맞아요. 제가 교수님의 시간을 낭비했다면 죄송합니다.

M Well now, hold on a second. You certainly didn't waste my time—I'm glad that you are interested in the topic. It is always good to branch out into subjects other than the one you are majoring in. I wouldn't be doing my job properly if I discouraged you from doing that.

Why does the professor say this:

M I wouldn't be doing my job properly if I discouraged you from doing that.

Ⓐ He thinks it is his job to encourage students to try new things.
Ⓑ He considers his job to be quite difficult to do properly.
Ⓒ He feels worried that he might have given the student false hope.
Ⓓ He does not think that the student can benefit from learning biology.

남 그렇지만 잠깐만요. 학생은 내 시간을 낭비하지 않았어요. 그 주제에 관심이 있다니 좋네요. 전공하는 과목 외에 다른 과목에도 새롭게 관심을 갖는 건 항상 좋죠. 만약 학생이 그렇게 하지 못하도록 내가 막았다면 난 내 할 일을 제대로 하고 있지 않은 거예요.

교수는 왜 이렇게 말하는가:

남 만약 학생이 그렇게 하지 못하도록 내가 막았다면 난 내 할 일을 제대로 하고 있지 않은 거예요.

Ⓐ 학생들이 새로운 것을 시도하도록 격려하는 것이 자신의 일이라고 생각한다.
Ⓑ 자신의 일이 제대로 하기에 꽤나 어려운 일이라고 생각한다.
Ⓒ 학생에게 헛된 희망을 준 건 아닌지 걱정하고 있다.
Ⓓ 학생이 생물학을 배워서 이득을 얻을 것 같다고 생각하지 않는다.

어휘 biology n 생물학 | semester n 학기 | pleasure n 기쁜[반가운] 일 | major n 전공 | curious adj 궁금한 | honestly adv 솔직히 | at the outset 처음에는 | fulfill v (요구·조건 등을) 채우다, 만족시키다 | requirement n 필요 조건 | particularly adv 특히 | non-coding RNA 비암호화 RNA | involve v 관련시키다 | obvious adj 분명한, 명백한 | ability n 능력 | hard-wired adj 내장된 | fascinating adj 대단히 흥미로운 | avian adj 새[조류]의 | genetics n 유전학 | expertise n 전문 지식, 기술 | take part in ~에 참여하다 | genome mapping 유전체 지도 작성 | focus on ~에 집중하다 | zebra finch n 금화조 | specifically adv 분명히, 명확하게 | song bird n 명금(鳴禽) | useful adj 유용한 | look through ~을 살펴보다 | miss v 놓치다 | excitement n 흥분, 신남 | designate v 지정하다, 지명하다 | intend v 의도하다, 작정하다 | prerequisite adj 필수의 n 필수 조건 | complete v 끝마치다, 완료하다 | advanced adj 상급의, 고급의 | register v 등록하다, 신청하다 | waste v 낭비하다 | branch out into ~로 새로 진출하다, ~을 시작하다 | subject n 주제, 과목 | properly adv 제대로, 적절히 | discourage v 막다, 의욕을 꺾다, 낙담하게 하다 | colleague n 동료 | publish v 출판하다 | deal with ~을 다루다 | general adj 일반적인 | layperson n 비전문가 | a variety of 다양한 | developmental adj 발달의 | permission n 허락 | handle v 다루다, 감당하다 | feature n 특징 | grab one's attention ~의 관심을 끌다 | display v 보여 주다 | hatch v 부화하다 | introduce v 소개하다 | in detail 자세하게 | behavior n 행동 | specialty n 전문 분야 | in general 전반적으로 | participate in ~에 참여하다 | diverse adj 다양한 | encourage v 격려하다 | consider v 여기다[생각하다], 고려하다 | worried adj 걱정하는 | false adj 헛된, 거짓된 | benefit v 이득을 얻다

Lecture 1

본서 P. 232

Man: Student | Woman: Professor

[1-6] Listen to part of a lecture in a fine art class.

W Good morning everyone, I am glad that you were all able to make it to our field trip last week to the modern art museum. So, let's get right into it. What were your impressions of the exhibits?

M **1B/2D** I enjoyed the museum, but I have to say that I did not really understand why one of the exhibits was there. I think it was called *The Art of the Automobile*... Do cars actually qualify as fine art? I mean, since they are mass produced.

남자: 학생 | 여자: 교수

미술 수업의 강의 일부를 들으시오.

여 안녕하세요 여러분, 저번 주에 현대 미술관 현장 학습에 여러분 모두 참석할 수 있어서 다행이라고 생각합니다. 그러니 바로 이야기를 시작하죠. 전시회에 대해 여러분은 어떤 인상을 받았나요?

남 **1B/2D** 저는 미술관은 좋았지만 전시회들 중 하나가 왜 거기 있었는지 이해가 안 갔다고 말해야겠네요. '자동차의 예술'이라는 이름이었던 것 같아요... 자동차가 예술이라고 불릴 수 있는 자격이 있는 건가요? 제 말은, 자동차는 대량 생산되잖아요.

W That is a fair question. Do mass-produced items qualify as art? Would you consider the prints that are made of paintings and sold as posters to be art? Do they detract from the value of the original paintings in any way? Do they make the original painting any less of an artwork?

M No, I wouldn't say that. The posters are worth far less than the original painting because they only copy the image. But, with the cars, they are actual physical copies. It's as if the artist made multiple identical paintings and sold them all.

W Alright, **1B** so you are thinking about their monetary value, but what about their artistic merit? Now, if you take any automobile and reduce it down to its component parts, most of the aesthetic value will be lost. The internal parts of a car are designed by engineers to be functional. Can they be beautiful? Yes. Are they meant to be beautiful? No, not really. However, if we look at a fully assembled vehicle, then we move beyond pure functionality. If you look at some of the earliest automobiles, it is plain that they were only meant to be machines, but as they became an actual means of transportation, designers started to care about how they looked. **3D** Early cars were mostly custom-built machines, but then Henry Ford integrated the assembly line into the car-making process. His company was the first to mass-produce automobiles, and they were meant to be reliable and affordable, but not beautiful. Luxury cars, however, remained mostly hand-built, and they were designed to be beautiful.

One of the biggest art movements of the early 20th century was the Art Deco movement, which affected architecture, furniture, jewelry, and even cars. You saw some examples of these cars in the museum. **4A/4C** They are characterized by the long, clean, curving lines of the body work, the heavy use of chrome for accents, and windows and grills that looked like they belonged on airplanes. This evolved into the style called Streamline Moderne, which deliberately tried to make cars, trains, and even household appliances look aerodynamic. Air travel was in its infancy at this point, and people were fascinated by anything that looked like airplanes. This fascination found new life after World War II with the invention of jet aircraft, and many of the cars made in the 1950s looked like they were part car and part jet. They had grills like jet air intakes and tailfins like planes. Some even appeared to have short wings. After we began to explore space, the designs continued to become even more outlandish. Of course, not all of these designs were actual production models.

Car companies make what are called concept cars, which are meant to explore ideas about engineering. Sometimes these cutting-edge designs become standard,

여 좋은 질문입니다. 대량 생산되는 물건이 예술로서의 자격이 있나요? 여러분은 그림에서 만들어져 포스터로 팔리는 것들을 예술이라고 생각하겠어요? 원작의 가치를 어떤 식으로든 깎아내리나요? 원작을 미술품이 아닌 걸로 만드나요?

남 아니요, 저는 그렇게 말하진 않을 거예요. 포스터는 그저 그림을 복사하는 거니까 원본보다 훨씬 가치가 떨어지죠. 하지만 자동차의 경우는, 실제 물리적 복사품이잖아요. 마치 예술가가 같은 그림을 여러 장 그려서 그걸 전부 판매하는 것과 같아요.

여 알겠어요. **1B** 그래서 학생은 그것들의 금전적 가치를 생각하고 있네요. 그렇다면 예술적 가치는 어떤가요? 여러분이 자동차 하나를 기기 부품으로 분해하면 대부분의 미적 가치는 사라질 겁니다. 자동차의 내부 부품은 기능을 하도록 엔지니어들이 디자인한 것이죠. 이것들이 아름다울 수 있을까요? 네. 이것들이 아름다움을 위해 만들어진 것일까요? 아니요, 그런 건 아닙니다. 하지만 완전히 조립된 차를 보면 순수한 기능 그 이상으로 넘어갑니다. 가장 초기의 자동차 몇 대를 보면 이들이 그저 기계로 존재하기 위해 만들어졌다는 게 분명하지만, 이들이 실제 교통수단이 되자 디자이너들은 자동차의 생김새를 신경 쓰기 시작했어요. **3D** 초기의 자동차들은 대부분 주문 제작된 기계였지만, Henry Ford가 조립 라인을 자동차 제작 과정에 통합시켰습니다. 그의 회사는 자동차를 대량 생산한 최초의 회사였으며 이 자동차는 믿을 만하고 가격대가 적절해야 했지만 아름다울 필요는 없었습니다. 그러나 고급 자동차는 대부분 수작업으로 만들어지며 아름답게 디자인되었어요.

20세기 초반의 가장 큰 미술 운동은 건축과 가구, 보석은 물론 자동차에까지 영향을 미친 아르 데코 운동이었습니다. 여러분도 미술관에서 이 자동차의 몇 가지 예시를 봤죠. **4A/4C** 이들은 길고 깔끔한 곡선의 차체 작업과 강조를 위해 크롬을 많이 사용했고 항공기에 달려 있어야 할 것 같은 창문과 그릴이 특징입니다. 이는 유선형 모더니즘이라고 불리는 양식으로 진화했으며, 이 양식은 의도적으로 자동차와 기차, 심지어 가전까지 공기 역학적으로 보이도록 만들려 했습니다. 이 시점에 항공기 여행은 초기 단계에 있었고, 사람들은 비행기를 닮았다면 어떤 것에든 매료되었습니다. 제2차 세계 대전이 끝난 뒤 제트기의 발명으로 이 관심은 새로운 삶을 찾게 되었고, 1950년대에 만들어진 많은 자동차들이 일부분은 자동차로 보이고 일부분은 제트기로 보였죠. 제트기의 흡입구 같은 그릴과 비행기처럼 지느러미 모양 돌출부가 있었습니다. 어떤 차는 심지어 짧은 날개를 달고 있는 것처럼 보이기도 했어요. 우주를 탐사하기 시작한 뒤에 디자인은 계속 더 이상

but usually they never go beyond a few example models. **5C** Car companies often let their chief designers ignore the restrictions of practicality when they design concept cars and go wherever their imaginations carry them. **1B** Those cars can be truly bizarre, but they are often beautiful. They are also essentially one-of-a-kind, much like an artist's painting. Still, every car is actually the culmination of the work of many artists and engineers, whether it gets mass-produced or not.

6A If you look at all of the production models and concept cars that were released by major car companies over the decades, you can trace the progression of many of the same art and cultural movements that we typically discuss in classes about fine art. Therefore, I turn the original question back to you.

M **6A** Er, yes, I guess that they do. It seems perfectly reasonable to include an exhibit of automobiles in a museum of modern art.

해졌습니다. 물론, 이러한 디자인 모두가 실제 생산 모델인 것은 아니었어요.

자동차 회사들은 공학에 관한 아이디어를 탐구하는 의미로 콘셉트 카라고 불리는 자동차를 제작합니다. 때때로 이 최첨단 디자인은 표준이 되기도 하지만, 보통 소수의 예시 모델 그 이상이 되지는 않습니다. **5C** 자동차 회사에서는 콘셉트 카를 디자인할 때면 수석 디자이너가 실현 가능성의 제약을 무시하고 상상력이 이끄는 대로 디자인하게 두죠. **1B** 이 자동차들은 정말로 별날 수도 있지만, 종종 아름답습니다. 그리고 예술가의 그림과 아주 비슷하게 근본적으로 특별하죠. 하지만 모든 자동차는 사실 대량 생산되든 아니든 많은 예술가와 엔지니어들이 이뤄낸 작업의 정점입니다.

6A 지난 수십 년 동안 주요 자동차 회사에서 출시한 생산 모델과 콘셉트 카 전부를 보면 우리가 예술에 대해 수업에서 흔히 논의하는 동일한 여러 예술과 문화 운동의 진전을 찾아볼 수 있어요. 그래서 저는 학생이 원래 했던 질문을 다시 해주고 싶네요.

남 **6A** 어, 네, 저는 자동차가 예술로 간주되는 것 같습니다. 현대 미술관에 자동차 전시회를 포함하는 게 완벽하게 이치에 맞는 것 같네요.

1. What is the main topic of the lecture?

Ⓐ The early history of automobile production
Ⓑ The merits of automobiles as art
Ⓒ The art styles of the early 20th century
Ⓓ The field trip that the students recently took

2. What aspect of automobiles has the student focused upon?

Ⓐ Collectability
Ⓑ Physical usage
Ⓒ Copying of ideas
Ⓓ Mass production

3. What does the professor imply about Henry Ford's automobiles?

Ⓐ They were custom-built for rich customers.
Ⓑ They were handmade by skilled workers.
Ⓒ They were intended to be attractive.
Ⓓ They were made in an innovative way.

4. According to the professor, what characteristics defined Streamline Moderne? Choose 2 answers.

Ⓐ Long, curving lines
Ⓑ Small wings
Ⓒ Chrome accents
Ⓓ Leather interiors

1. 강의의 주된 주제는 무엇인가?

Ⓐ 자동차 생산의 초기 역사
Ⓑ 예술로서 자동차가 지닌 장점
Ⓒ 20세기 초반의 예술 양식
Ⓓ 학생들이 최근 다녀온 현장 학습

2. 학생은 자동차의 어떤 측면에 집중했는가?

Ⓐ 수집 가능성
Ⓑ 물리적 사용
Ⓒ 아이디어 모방
Ⓓ 대량 생산

3. 교수는 Henry Ford의 자동차에 대해 무엇을 암시하는가?

Ⓐ 부유한 고객들을 위해 주문 제작되었다.
Ⓑ 숙련된 작업자들에 의해 손으로 제작되었다.
Ⓒ 멋지게 보이도록 의도되었다.
Ⓓ 혁신적인 방법으로 만들어졌다.

4. 교수에 따르면, 유선형 모더니즘을 정의하는 특징은 무엇인가? 2개의 답을 고르시오.

Ⓐ 긴 곡선
Ⓑ 작은 날개
Ⓒ 크롬 강조
Ⓓ 가죽 내부 장식

5. According to the professor, why do companies develop concept cars?

Ⓐ To create one-of-a-kind car models
Ⓑ To test the market for new car ideas
Ⓒ To push the boundaries of vehicle design
Ⓓ To compete with aircraft designers

6. Listen again to part of the lecture. Then answer the question.

W If you look at all of the production models and concept cars that were released by major car companies over the decades, you can trace the progression of many of the same art and cultural movements that we typically discuss in classes about fine art. Therefore, I turn the original question back to you.
M Er, yes, I guess that they do.

Why does the professor say this:

W Therefore, I turn the original question back to you.

Ⓐ To indicate that she wants the student to draw his own conclusion
Ⓑ To point out that the student should already know this information
Ⓒ To show how disappointed she is with the student's misunderstanding
Ⓓ To inform the student of an individual assignment she wants him to complete

5. 교수에 따르면, 회사에서는 왜 콘셉트 카를 개발하는가?

Ⓐ 특별한 자동차 모델을 창조하기 위해
Ⓑ 새로운 자동차 아이디어 시장을 시험해 보려고
Ⓒ 자동차 디자인의 경계를 확장하기 위해
Ⓓ 항공기 디자이너들과 경쟁하기 위해

6. 강의의 일부를 다시 듣고 질문에 답하시오.

여 지난 수십 년 동안 주요 자동차 회사에서 출시한 생산 모델과 콘셉트 카 전부를 보면 우리가 예술에 대해 수업에서 흔히 논의하는 동일한 여러 예술과 문화 운동의 진전을 찾아볼 수 있어요. 그래서 저는 학생이 원래 했던 질문을 다시 해주고 싶네요.
남 어, 네, 저는 자동차가 예술로 간주되는 것 같습니다.

교수는 왜 이렇게 말하는가:

여 그래서 저는 학생이 원래 했던 질문을 다시 해주고 싶네요.

Ⓐ 학생이 스스로 결론을 내리기를 원한다는 것을 보여 주기 위해
Ⓑ 학생이 이미 이 정보를 알고 있어야 한다는 점을 지적하기 위해
Ⓒ 학생의 오해에 자신이 얼마나 실망했는지를 보여 주기 위해
Ⓓ 학생이 마쳤으면 하는 개별 과제에 대해 알려 주기 위해

어휘 make it (모임 등에) 참석하다 | field trip n 현장 학습 | modern adj 현대의 | get into ~을 시작하게 되다 | impression n 인상 | exhibit n 전시(회) | automobile n 자동차 | qualify v 자격이 있다, 자격을 주다 | fine art n 미술 | mass-produce v 대량 생산하다 | fair adj 좋은, 괜찮은 | consider v 고려하다 | be made of ~으로 만들어지다 | detract v (가치 등을) 깎아내리다, 손상시키다 | value n 가치 | original adj 원래의 | worth adj ~의 가치가 있는 | physical adj 물리적인 | multiple adj 여러 개의 | identical adj 동일한, 똑같은 | monetary adj 금전상의, 통화의, 화폐의 | artistic adj 예술의 | merit n 가치, 훌륭함 | reduce v 줄이다, 축소하다 | component part 기기 부품 | aesthetic adj 미적인, 심미적, 미학적 | internal adj 내부의 | engineer n 엔지니어, 공학자 | functional adj 기능 위주의, 실용적인 | assembled adj 조립된 | vehicle n 차량, 탈것 | pure adj 순수한 | functionality n 기능, 기능성 | transportation n 교통수단 | custom built adj 주문 제작된 | integrate v 통합시키다 | assembly line n 조립 라인[공정] | reliable adj 믿을 만한 | affordable adj 가격이 알맞은 | luxury adj 고급의 | hand-built 수작업의 | movement n 운동 | Art Deco 아르 데코(1920~30년대에 유행한 장식 미술의 한 양식. 기하학적 무늬와 강렬한 색채가 특징) | affect v ~에 영향을 미치다 | architecture n 건축 | characterize v 특징짓다 | curve v 곡선을 이루다 | chrome n 크롬 | accent n 강조 | grill n 그릴 | evolve into ~로 진화하다 | belong v 제자리에 있다, 속하다 | streamline moderne 유선형 모더니즘 | deliberately adv 의도적으로 | household appliance 가전제품 | aerodynamic adj 공기 역학의 | infancy n 초기, 유아기 | fascinated adj 매료된 | invention n 발명 | jet aircraft 제트기 | intake n 흡입[유입]구 | tailfin n (자동차의) 지느러미 모양의 돌출부, 꼬리 지느러미 | explore v 탐구[탐사]하다 | outlandish adj 기이한, 이상한 | production n 생산 | concept car n 콘셉트 카, 미래형 시제차 | engineering n 공학 기술, 공학 | cutting-edge adj 최첨단의 | standard adj 표준의 n 기준, 모범 | ignore v 무시하다 | restriction n 제한, 제약 | practicality n 실현 가능성, 현실성 | bizarre adj 별난, 기이한, 특이한 | essentially adv 근본적으로, 본질적으로 | one-of-a-kind 특별한, 독특한 | culmination n 정점, 최고조 | release v 출시하다 | major adj 주요한 | decade n 10년 | trace v 찾아내다, 추적하다 | progression n 발달, 진행, 진전 | typically adv 흔히, 일반적으로 | perfectly adv 완벽하게 | reasonable adj 사리[이치]에 맞는, 합리적인 | aspect n 측면 | collectability n 수집 가능성 | skilled adj 유능한 | attractive adj 멋진, 매력적인 | innovative adj 혁신적인 | characteristic n 특징 | define v 정의하다 | leather n 가죽 | boundary n 경계, 한계 | compete v 경쟁하다 | draw a conclusion 결론을 내리다 | disappointed adj 실망한 | misunderstanding n 오해 | individual adj 개별의

Woman: Professor

[1-6] Listen to part of a lecture in an archaeology class.

W Throughout nearly two centuries of archaeology, Uruk and other sites in southeastern Iraq were thought to be the earliest urban centers in the Fertile Crescent. The importance of Uruk to western history is signified by the fact that the period when those cities were built, from 4000 to 3200 BCE, is called the Uruk period. However, **1A** recent research farther up the Euphrates River in Syria, at a site called Tell Zaidan, has shown that those cities did not spring up fully formed, but rather evolved from earlier ones in the region. Prior to the Uruk period came the Ubaid period, but little was known about that culture except that they made and traded pottery. Excavations near the city of Raqqa, Syria, have revealed that people of the Ubaid culture lived on that site from 5500 to 4000 BCE, traded widely, made sophisticated tools, and may have constructed large-scale public buildings.

2 Tell Zaidan is a valuable site for many reasons. **2C** Firstly, the site has remained largely undisturbed for about 6,000 years. Unlike other Ubaid sites, which were built over and over again for millennia, Tell Zaidan was basically abandoned and remained buried until nearby farms recently encroached upon it. **2B** The site also provides a detailed look at the entire Ubaid period. While excavating the site, researchers found artifacts that show almost 2,000 years of continuous occupation. People of the Halaf culture lived there first, followed by long occupation by the Ubaids, and then two short periods of late Copper Age cultures.

The community covered about 125,000 square meters including three mounds with large structures on them, a residential area of homes, and a large pottery production area with kilns. Excavations have also unearthed thick walls that may have comprised public buildings like temples, or even a protective outer wall. Tell Zaidan is easily the largest Ubaid community thus far discovered and the most sophisticated.

Found where the Balikh River joins the Euphrates River, the location was an important crossroads for major trade routes in the Euphrates River valley. **3D** Archaeologists have found obsidian tools and copper ore that come from locations hundreds of kilometers away in modern-day Turkey. These prove that the people traded widely and that they were skilled craftsmen. The obsidian may have come from near Lake Van, but it was fashioned into blades at Tell Zaidan. This is shown by the wealth of incomplete blades and fragments from fashioning them that were found on site.

여자: 교수

고고학 수업의 강의 일부를 들으시오.

여 대략 2세기에 걸친 고고학의 역사 동안, Uruk과 이라크 남동쪽에 있는 다른 유적지들은 비옥한 초승달 지대의 최초 도심부로 여겨져 왔습니다. 서양 역사에서 Uruk의 중요성은, 이 도시들이 지어졌던 기원전 4천 년에서 3천 2백 년의 기간이 Uruk 시대라고 불린다는 사실에서도 나타나죠. 그러나 **1A** 시리아의 유프라테스강 상류의 Tell Zaidan이라고 불리는 유적지에서 시행된 최근 연구는 이 도시들이 완전히 형태를 갖춘 채 등장한 것이 아니라, 그 지역에 있던 초기 도시들에서 발달한 것이라는 것을 보여 주었습니다. Uruk 시대 전에는 Ubaid 시대가 있었지만, 이들이 도자기를 제작해 무역을 했다는 것 외에는 이 문명에 대해 알려진 것이 거의 없어요. 시리아의 Raqqa라는 도시 근처의 발굴은 Ubaid 문명의 사람들이 기원전 5천 5백 년에서 4천 년까지 이곳에 살았으며 널리 교역을 했고, 정교한 도구를 만들었으며 대규모의 공공 건물을 지었을지도 모른다는 사실을 밝혀냈습니다.

2 Tell Zaidan은 많은 이유로 귀중한 유적지입니다. **2C** 먼저, 이곳은 약 6천 년 동안 대부분 누구도 손대지 않은 채 보존되었어요. 수천 년에 걸쳐 계속 다시 지어졌던 다른 Ubaid 유적지들과 달리, Tell Zaidan은 본래 버려졌고, 근처의 농장이 최근 그곳을 잠식하기 전까지 계속 묻혀 있었습니다. **2B** 이 유적지는 또한 Ubaid 시대 전체를 자세히 들여다볼 수 있도록 해 줍니다. 이곳을 발굴하며 연구자들은 거의 2천 년간 계속된 사람들의 거주를 보여 주는 유물들을 찾아냈어요. Halaf 문화의 사람들이 이곳에 먼저 살았으며, 그 뒤 Ubaid 사람들이 오랫동안 거주했고 그다음에는 후기 동기 시대 문화가 짧게 두 시기가 이어졌습니다.

이 지역 사회는 12만 5천 제곱미터에 달했으며 이곳에는 거대한 건물들이 지어진 세 개의 언덕들, 집들이 있는 주거 지역, 그리고 가마들이 있는 커다란 도자기 제조 구역이 있었습니다. 발굴은 또한 사원 같은 공공건물을 구성했을지도 모르는 두터운 벽, 혹은 보호를 위한 외벽까지 파냈습니다. Tell Zaidan은 의심의 여지 없이 지금까지 발견된 가장 거대하고 정교한 Ubaid 지역 사회입니다.

Balikh 강이 유프라테스강과 합쳐지는 곳에서 발견된 이 장소는 유프라테스강 유역의 주요 교역로들을 위한 중요 교차로였습니다. **3D** 고고학자들은 오늘날의 터키에서 수백 킬로미터 떨어진 장소들에서 온 흑요석 도구와 구리광을 발견했습니다. 이것들은 사람들이 널리 교역했으며 솜씨 좋은 공예가

5B And copper smelting was cutting-edge technology at the time. Since they were engaged in a new industry that demanded resources that they had to obtain from far away, they were not merely experimenting with the process. 5B This proto-city existed before the invention of the wheel and the domestication of donkeys, so the heavy copper ore had to be carried for hundreds of kilometers by people. They must have had skilled copper smiths living there to justify such effort.

4C There is also evidence that they engaged in large-scale agriculture. Many small flint sickles have been found, and their blades are shiny from long-term use. **The stalks of grain contain silica, which polished the blades as they cut the plants.** 4C There also appear to be irrigation ditches that were used to direct water from the rivers to the grain fields. In the homes of the residential area, large ceramic storage jars have been found. **These jars were buried with only the mouths showing above ground, and they were used to store grain.** 4C If the people had enough surplus grain to need such storage containers, then they were successful farmers. **One of the most important finds was a stone seal depicting a deer. The seal was made of red stone that is not native to the area, and the deer design is very similar to a seal that was found near Mosul, Iraq, about 300 kilometers away.** 6A A seal is used to show ownership—it shows that someone had the authority to restrict other people's access to things. That means that there was social stratification—there were different classes of people within the community. **And since the seal was used in sites that were far apart, there was a system of leadership across a broad area that shared not only a set of symbols but also a common cultural concept of superior social standing.**

였다는 것을 증명합니다. 이 흑요석은 Van 호수 근처에서 왔을 수도 있지만 Tell Zaidan에서 칼날로 다듬어졌습니다. **유적지에서 발견된 많은 미완성 칼날과 칼날을 다듬을 때 떨어져 나온 조각들이 이러한 점을 보여 주죠.**

5B 그리고 구리 제련은 당시 최첨단 기술이었습니다. 멀리서 얻어야 하는 자원을 필요로 하는 새로운 산업에 종사했기 때문에, 이들은 이 과정을 단지 실험만 하는 것이 아니었어요. 5B 이 원래의 도시는 바퀴의 발명과 당나귀의 가축화 이전에 존재했기 때문에 무거운 구리광은 사람들에 의해 수백 킬로미터씩 운반되어야 했어요. 이러한 노력을 정당화해줄 만한 솜씨 좋은 구리 세공인이 살고 있었던 것이 분명합니다.

4C 이들이 대규모 농업에 종사했다는 것을 보여 주는 증거도 있습니다. 작고 부싯돌로 만들어진 낫들이 많이 발견되었고, 이들의 날은 오랜 사용 때문에 반짝거렸어요. **곡물의 줄기에는 이산화규소가 들어 있는데, 이것은 칼날이 식물을 벨 때 날을 닦는 역할을 했습니다.** 4C 강의 물을 곡식밭으로 직접 연결해 오기 위해 사용한 관개 배수로로 보이는 것도 있었어요. 주거 지역의 집들에서는 큰 도자기 보관 병들이 발견되었습니다. **이 병들은 땅 위로 입구만 보인 채 파묻혀 있었으며, 곡물을 보관하는 데 사용되었어요.** 4C 이러한 보관 용기를 필요로 할 정도로 남는 곡물이 있었다면, 이들은 성공한 농부였을 겁니다.

가장 중요한 발견 가운데 하나는 사슴을 묘사한 돌 인장이었습니다. 이 인장은 이 지역의 것이 아닌 붉은 돌로 만들어졌으며 사슴 디자인은 약 300킬로미터 떨어진 이라크의 Mosul 근처에서 발견된 인장과 매우 비슷해요. 6A 인장은 소유권을 보여 주기 위해 사용됩니다. 누군가가 무언가에 대한 다른 이들의 접근을 제한할 권한을 가지고 있었다는 것을 보여 주죠. 이는 사회 계층화가 있었다는 것, 즉 지역 사회 내에 다른 계급의 사람들이 존재했던 겁니다. **그리고 이 인장이 서로 멀리 떨어진 유적지들에서 사용되었기에, 넓은 지역에 걸쳐 상징뿐만 아니라 우월한 사회적 계급에 대한 공통의 문화적 개념을 공유했던 지도부 체계가 있었다는 사실을 알 수 있습니다.**

1. **What is the main topic of the lecture?**
   - (A) The significance of an archaeological site
   - (B) The cities that were built during the Uruk period
   - (C) The impact of agriculture on historical artifacts
   - (D) The reasons why a settlement was abandoned

1. **강의의 주된 주제는 무엇인가?**
   - (A) 한 고고학 유적지의 중요성
   - (B) Uruk 시대에 지어졌던 도시들
   - (C) 역사적 유물에 끼친 농업의 영향
   - (D) 한 정착지가 버려진 이유들

2. According to the professor, what are some key characteristics of Tell Zaidan? Choose 2 answers.

Ⓐ It contains evidence of the earliest use of copper.
Ⓑ Its occupation spans the entire Ubaid period.
Ⓒ It was left untouched for thousands of years.
Ⓓ It is the oldest known settlement in the region.

3. Why does the professor mention Lake Van?

Ⓐ To provide information about where the people originated
Ⓑ To explain how the people transported goods without the wheel
Ⓒ To indicate the source of the water used for agriculture
Ⓓ To show how extensively the people traded for resources

4. What can be inferred about the settlement at Tell Zaidan?

Ⓐ It was the largest settlement in the Fertile Crescent.
Ⓑ The settlement was located near an important trading route.
Ⓒ The economy was based on agricultural products.
Ⓓ The people were forced to leave by drought conditions.

5. Listen again to part of the lecture. Then answer the question.

> W And copper smelting was cutting-edge technology at the time. Since they were engaged in a new industry that demanded resources that they had to obtain from far away, they were not merely experimenting with the process.

Why does the professor say this:

> W they were not merely experimenting with the process

Ⓐ To indicate that the people must have learned from neighboring tribes
Ⓑ To point out how skilled the people must have been with the technology
Ⓒ To show how much time they devoted to studying and education
Ⓓ To explain why they traded with people who were located so far away

6. According to the professor, why is the seal so important?

Ⓐ It indicates a class system and ownership of goods.
Ⓑ It shows an extremely high level of craftsmanship.
Ⓒ It was owned by the leader of the region.
Ⓓ It is similar to artifacts found in other locations.

2. 교수에 따르면, Tell Zaidan의 중요한 특징들은 무엇인가? 2개의 답을 고르시오.

Ⓐ 구리의 가장 초기 사용을 보여 주는 증거를 포함하고 있다.
Ⓑ 이곳에서의 거주는 Ubaid 시대 전체에 걸쳐 있다.
Ⓒ 수천 년 동안 손대지 않은 채로 고스란히 남겨져 있었다.
Ⓓ 그 지역에서 알려진 가장 오래된 정착지이다.

3. 교수는 왜 Van 호수를 언급하는가?

Ⓐ 그 사람들이 어디에서 왔는지에 대한 정보를 제공하려고
Ⓑ 그 사람들이 바퀴 없이 물건을 어떻게 수송했는지 설명하려고
Ⓒ 농업에 사용된 물의 원천을 가리키려고
Ⓓ 사람들이 자원을 얼마나 광범위하게 교역했는지 보여 주려고

4. Tell Zaidan의 정착지에 대해 무엇을 추론할 수 있는가?

Ⓐ 비옥한 초승달 지대에서 가장 큰 정착지였다.
Ⓑ 중요한 교역로 가까이 위치한 정착지였다.
Ⓒ 경제가 농작물에 기반했다.
Ⓓ 사람들은 가뭄 상황 때문에 떠나야만 했다.

5. 강의의 일부를 다시 듣고 질문에 답하시오.

> 여 그리고 구리 제련은 당시 최첨단 기술이었습니다. 멀리서 얻어야 하는 자원을 필요로 하는 새로운 산업에 종사했기 때문에, 이들은 이 과정을 단지 실험만 하는 것이 아니었어요.

교수는 왜 이렇게 말하는가:

> 여 이들은 이 과정을 단지 실험만 하는 것이 아니었어요

Ⓐ 사람들이 이웃에 사는 부족에게서 배운 게 분명하다고 설명하려고
Ⓑ 이 기술을 가진 사람들이 얼마나 실력이 좋았는지 가리키려고
Ⓒ 이들이 얼마나 많은 시간을 학습과 교육에 쏟았는지 보여 주려고
Ⓓ 왜 그렇게 멀리 있는 사람들과 교역했는지 설명하려고

6. 교수에 따르면, 인장은 왜 이렇게 중요한가?

Ⓐ 계급 체계와 물품의 소유권을 가리킨다.
Ⓑ 고도의 솜씨를 보여 준다.
Ⓒ 그 지역의 지도자가 소유한 것이었다.
Ⓓ 다른 지역에서 발견된 유물들과 비슷하다.

어휘 archaeology n 고고학 | site n 유적(지), 부지, 위치 | urban adj 도시의 | Fertile Crescent 비옥한 초승달 지대 | importance n 중요성 | signify v 나타내다, 의미하다, 뜻하다 | spring up 갑자기 생겨나다[등장하다] | fully adv 완전히 | formed adj 형태를 갖춘 | evolve v 발달하다, 진화하다 | region n 지역 | prior to ~ 전에 | except (that) conj ~라는 것 외에 | trade v 무역하다, 교역하다 | pottery n 도자기 | excavation n 발굴 | reveal v 밝히다, 드러내다 | sophisticated adj 정교한, 세련된 | construct v 짓다, 건설하다 | large-scale adj 대규모의 | valuable adj 귀중한, 소중한 | undisturbed adj 누구도 손대지 않은, 누구의 방해도 받지 않은 | unlike prep ~와는 달리 | millennium n 천 년 (복수형: millennia) | basically adv 본래, 근본적으로, 기본적으로 | abandoned adj 버려진 | bury v 묻다, 매장하다 | nearby adj 근처의 | encroach v 침해[침입]하다, 잠식하다 | artifact n 유물, 공예품 | continuous adj 계속되는, 지속적인 | occupation n 거주, 점령 | Copper Age 동기 시대 | community n 지역 사회 | cover v 걸치다, 덮다 | mound n 언덕, 흙(돌)더미 | residential adj 주거의 | kiln n 가마 | unearth v 파내다, 발굴하다 | comprise v 구성하다 | temple n 사원 | protective adj 보호용의, 보호하는 | outer adj 외부의 | crossroad n 교차로 | major adj 주요한 | trade route 교역로, 무역로, 통상로 | obsidian n 흑요석 | copper ore 구리광 | prove v 증명하다 | skilled adj 솜씨 좋은, 숙련된 | craftsman n 공예가 | fashion v (손으로) 만들다, 빚다 | blade n 칼날 | incomplete adj 미완성의 | fragment n 조각, 파편 | smelting n 제련 | cutting-edge adj 최첨단의 | engage in ~에 종사하다, 관여하다 | industry n 산업 | demand v 필요로 하다, 요구하다 | resource n 자원 | obtain v 얻다 | merely adv 그저, 한낱, 단지 | experiment v 실험하다 | proto- 원래의, 최초의 | exist v 존재하다 | domestication n 가축화, 길들이기 | smith n 세공인, 대장장이 | justify v 정당화하다 | evidence n 증거 | agriculture n 농업 | flint n 부싯돌 | sickle n (단단한 돌로 된) 낫 | stalk n (식물의) 줄기, 대 | grain n 곡물 | contain v ~이 있다, 포함하다 | silica n 실리카, 이산화규소 | polish v 윤이 나게 닦다, 광택을 내다 | irrigation n 관개 | ditch n 배수로 | direct v ~로 향하다 | ceramic n 도자기 | storage n 보관 | store v 보관하다 | surplus n 남는 것, 여분, 과잉 | container n 용기, 그릇 | successful adj 성공적인 | seal n 인장, 도장 | depict v 묘사하다 | be made of ~로 만들어지다 | native adj 토박이의, 토종의 | similar adj 비슷한 | ownership n 소유 | authority n 권한 | restrict v 제한하다 | access n 접근 | stratification n 계층화 | leadership n 지도부 | superior adj 우월한, 우세한 | social standing 사회적 지위, 신분 | significance n 중요성 | impact n 영향 | settlement n 정착지 | key adj 중요한 | characteristic n 특징 | entire adj 전체의 | transport v 수송하다 | extensively adv 광범위하게 | force v 어쩔 수 없이 ~하게 만들다, 강요하다 | drought n 가뭄 | neighboring adj 이웃하는 | tribe n 부족 | devote v 쏟다, 바치다

Conversation 2

본서 | P. 236

Man: Professor | Woman: Student

[1-5] Listen to part of a conversation between a student and a professor.

M [1B]Did you receive my email about the community project?

W [1B]Yes, but I don't know why you think I should participate. I'm a theater major, not a teacher. Why would high school students listen to me at all, much less discuss English literature with me? I don't think I am qualified to do that.

M That's where you are wrong. [2C]High school students love dramas, which is why so many television shows are aimed at that demographic. But that is also the problem. They don't appreciate literature or plays anymore. That is why the English Department started their After School Shakespeare Program a few years ago. We want to make the classics come alive for high school students to get them interested in classics.

W I understand that. How exactly does the program work?

M You work mostly with small groups of students, sometimes just one-to-one. There will be larger group discussions sometimes, especially after the students watch movie versions of the plays together. [3A]So the mentors have to teach the same plays at the same time, but beyond that, it is pretty much up to each person how they present the material. You can have the students read sections at home

남자: 교수 | 여자: 학생

학생과 교수 사이의 대화 일부를 들으시오.

남 [1B]공동체 프로젝트에 대해 내가 보낸 이메일 받았나요?

여 [1B]네, 하지만 왜 제가 참여해야 한다고 생각하시는지 잘 모르겠어요. 저는 연극 전공자이지 교사가 아닌걸요. 고등학생들이 저와 영문학에 대해 토론하는 건 고사하고 제 말을 듣기는 할까요? 그 일을 맡기에는 제가 자격이 안 되는 것 같아요.

남 그게 잘못된 생각이에요. [2C]고등학생들은 드라마를 좋아해요. 그래서 그렇게 많은 TV 쇼가 그 연령대를 목표로 잡고 있는 거고요. 하지만 그게 문제이기도 해요. 문학이나 연극의 진가를 잘 모르거든요. 그래서 영문학과에서 몇 년 전에 '방과 후 Shakespeare(셰익스피어) 프로그램'을 시작한 거예요. 고등학생들이 고전에 관심을 갖도록 고전을 되살리고 싶어요.

여 이해합니다. 프로그램은 정확히 어떻게 진행되는 건가요?

남 대부분 소그룹 학생들과 함께하고 때로는 1대 1로 할 거예요. 때때로 더 큰 그룹 토론이 있을 수도 있어요. 특히 학생들이 연극의 영화 버전을 함께 본 후에 그럴 거예요. [3A]그래서 멘토들이 같은 연극을 동시에 가르쳐야 하지만, 그 외에 자료를 어떻게

and discuss them together, or you could act out the scenes with them. Since you are a theater major, that should appeal to you.

W Has the first play been selected?

M No, but you will be working with ninth and tenth graders, so the play will probably not be very difficult.

W So... maybe a tragedy like *Julius Caesar*?

M Could be. That is the type of material you would be working with. What could you focus on with that play?

W I suppose characterization in drama. **4C** It is difficult in plays to explain the motivations of a character, so they often seem underdeveloped. But, in that play, Shakespeare uses the first two acts to illustrate how Brutus was transformed from a loyal servant into an assassin.

M How did he do that?

W Brutus was well treated by Julius during the civil wars, and he was even given high-level positions by him. Cassius, on the other hand, seems to have always hated Julius. From the beginning of the play, he is trying to convince Brutus to turn against Julius. He points out his weakness and illnesses and attacks him repeatedly. He cannot wear down Brutus or make him hate Julius, but he does convince him that Julius could be very bad for Rome. Shakespeare lets us hear Brutus' inner turmoil through soliloquies where he argues with himself about what he should do. In the end, Brutus remains loyal to Rome and faithful to his ideals, but he decides that he must kill Julius to keep those things.

M **5B** That—that's exactly what I mean! **1B** You are more than qualified to help out these kids. That is a great analysis of characterization and how it was used in that play. You often engage in such reasoned analysis in class, too. That is why I asked you to see me and suggested joining the program.

W Thanks! But I'm a little concerned because my schedule is kind of busy this semester.

M I am sure that you have had to deal with a busy schedule before.

W Yes, I suppose it will be alright. When and how often would I need to meet with the students?

M The schedule is already set. Hang on a second while I find the file on my computer.

보여 주는가는 각자에게 달려 있어요. 학생들에게 집에서 어떤 부분을 읽어 오라고 한 뒤 같이 토론을 할 수도 있고, 함께 장면들을 연기해 볼 수도 있죠. 학생은 연극 전공이니, 그쪽이 학생의 마음에 들겠네요.

여 첫 연극은 선택하셨나요?

남 아니요. 하지만 학생은 9학년과 10학년 학생을 가르치게 될 거라 연극은 아마 그다지 어렵지 않을 거예요.

여 그렇다면... 어쩌면 〈Julius Caesar(줄리어스 시저)〉 같은 비극일 수도 있겠네요?

남 그럴 수도 있죠. 그게 학생이 가르치게 될 종류의 연극입니다. 이 연극에서는 어떤 점에 집중할 건가요?

여 극에서 성격 묘사를 다룰 수 있을 것 같아요. **4C** 연극에서 한 인물의 동기를 설명하는 건 어려운 일이라 종종 인물이 덜 만들어진 것처럼 보이거든요. 하지만 이 비극에서 Shakespeare(셰익스피어)는 첫 두 막을 이용해서 Brutus가 충실한 신하에서 암살자로 어떻게 바뀌었는지 보여 줬어요.

남 어떻게 했죠?

여 Brutus는 내전 시기에 Julius에게 좋은 대접을 받았고, 심지어 높은 지위까지 받았습니다. 반면, Cassius는 언제나 Julius를 미워하는 것처럼 보여요. 연극 초반부터, Cassius는 Julius에게 등을 돌리라고 Brutus를 설득하고 있습니다. Julius의 약점과 그가 앓던 질병을 지적하며 계속해서 공격하죠. Brutus의 마음을 완전히 꺾거나 Julius를 미워하게 만들지는 못하지만, Julius가 Rome에 매우 나쁜 영향을 끼칠 수 있다고 설득하긴 합니다. Shakespeare(셰익스피어)는 Brutus가 어떻게 해야 할지 자신과 싸우는 독백을 통해 그의 내적 혼란을 관객이 듣게 해 주죠. 결국, Brutus는 Rome에 계속 충성하고 자신의 이상에 충실하지만, 이것들을 지키기 위해서는 Julius를 죽여야 한다고 결심합니다.

남 **5B** 그거예요—내가 말한 게 바로 그거예요! **1B** 학생은 이 아이들을 도울 자격을 갖춘 그 이상이에요. 성격 묘사와 그것이 극에서 어떻게 쓰였는지도 아주 잘 분석했네요. 수업 시간에도 논리적인 분석을 자주 하잖아요. 그래서 내가 학생에게 만나자고 요청하고 이 프로그램에 참여하라고 제안한 거예요.

여 감사합니다. 하지만 이번 학기에 일정이 좀 바빠서 약간 걱정이 되는데요.

남 학생이 전에도 바쁜 일정을 소화해 봤을 거라고 생각해요.

여 네, 괜찮을 것 같아요. 언제 얼마나 자주 학생들을 만나야 하나요?

남 일정은 이미 나와 있어요. 컴퓨터에서 파일을 찾을 테니 잠깐만 기다려요.

1. **Why did the professor ask the student to come to see him?**
   Ⓐ To get her opinion about a drama project
   Ⓑ To convince her to join a community program
   Ⓒ To see if she received an important message
   Ⓓ To give her suggestions for a writing assignment

2. **According to the professor, why was the program started?**
   Ⓐ To inspire high school students to study drama
   Ⓑ To provide an after-school activity for high school students
   Ⓒ To interest high school students in classic literature
   Ⓓ To get high school students to watch less television

3. **Listen again to part of the conversation. Then answer the question.**

   M So the mentors have to teach the same plays at the same time, but beyond that, it is pretty much up to each person how they present the material. You can have the students read sections at home and discuss them together, or you could act out the scenes with them. Since you are a theater major, that should appeal to you.

   Why does the professor say this:

   M Since you are a theater major, that should appeal to you.

   Ⓐ He thinks that she would enjoy such activities.
   Ⓑ He considers her experience to be appropriate.
   Ⓒ He believes she can get credits for her major.
   Ⓓ He does not think she is taking him seriously.

4. **Why does the student mention Brutus?**
   Ⓐ To introduce an important historical figure
   Ⓑ To describe a character she identifies with
   Ⓒ To discuss an example of a literary technique
   Ⓓ To explain why a character seemed underdeveloped

5. **What is the professor's attitude after the student's analysis of characterization?**
   Ⓐ He is surprised by what the student said.
   Ⓑ He is excited by the student's response.
   Ⓒ He wants the student to be more specific.
   Ⓓ He wishes the student would participate more.

1. **교수는 왜 학생에게 자신을 찾아오라고 청했는가?**
   Ⓐ 한 드라마 프로젝트에 대한 학생의 의견을 듣기 위해
   Ⓑ 학생에게 공동체 프로그램에 참여하라고 설득하기 위해
   Ⓒ 학생이 중요한 메시지를 받았는지 확인하기 위해
   Ⓓ 학생의 작문 과제에 대해 제안하기 위해

2. **교수에 따르면, 이 프로그램은 왜 시작되었는가?**
   Ⓐ 고등학생들에게 연극을 공부하라고 동기 부여를 해 주기 위해
   Ⓑ 고등학생들에게 방과 후 활동을 제공하기 위해
   Ⓒ 고등학생들이 고전 문학에 관심을 갖도록 하기 위해
   Ⓓ 고등학생들이 TV를 덜 보도록 하기 위해

3. **대화의 일부를 다시 듣고 질문에 답하시오.**

   남 그래서 멘토들이 같은 연극을 동시에 가르쳐야 하지만, 그 외에 자료를 어떻게 보여 주는가는 각자에게 달려 있어요. 학생들에게 집에서 어떤 부분을 읽어 오라고 한 뒤 같이 토론을 할 수도 있고, 함께 장면들을 연기해 볼 수도 있죠. 학생은 연극 전공이니, 그쪽이 학생의 마음에 들겠네요.

   교수는 왜 이렇게 말하는가:

   남 학생은 연극 전공이니, 그쪽이 학생의 마음에 들겠네요.

   Ⓐ 학생이 이러한 활동들을 즐길 것이라고 생각한다.
   Ⓑ 학생의 경험이 적합할 것이라고 본다.
   Ⓒ 학생이 전공 학점을 받을 수 있다고 생각한다.
   Ⓓ 학생이 자신의 말을 진지하게 듣고 있지 않다고 생각한다.

4. **학생은 왜 Brutus를 언급하는가?**
   Ⓐ 중요한 역사적 인물을 소개하기 위해
   Ⓑ 그녀가 공감하는 인물을 묘사하기 위해
   Ⓒ 문학적 기법의 예시를 논의하기 위해
   Ⓓ 왜 어떤 인물이 덜 만들어진 것처럼 보였는지 설명하기 위해

5. **학생의 성격 묘사 분석 뒤 교수의 태도는 어떠한가?**
   Ⓐ 학생이 한 말에 놀랐다.
   Ⓑ 학생의 반응에 흥분했다.
   Ⓒ 학생이 좀 더 구체적으로 말하길 원한다.
   Ⓓ 학생이 더 참여해 주기를 원한다.